조직신학 서론

코넬리우스 반틸 지음

이승구 & 강웅산 옮김

크리스찬출판사

This book was first published in the United States by
Presbyterian and Reformed Publishing Company with the Title of
An Introduction To Systematic Theology,
Copyright ⓒ 2007 by the P&R Publishing Company Phillipsburg, New Jersey

이 책은 미국의 P&R 출판사에 의해 2007년에 출판된
*An Introduction To Systematic Theology*의 원본을 크리스챤출판사에서 번역한 것이다.

Korean Edition
Copyright ⓒ 2009 by Christian Publishing House
Seoul, Korea

조직신학 서론
계시, 성경, 하나님의 서문

2009년 2월 15일 1판 1쇄 발행

저　　자	코넬리우스 반틸
옮 긴 이	이승구 & 강웅산
발 행 인	류근상
발 행 처	크리스챤출판사
주　　소	경기도 고양시 덕양구 토당동 364 현대 107-1701호
전　　화	031) 978-9789
핸 드 폰	011) 9782-9789, 011) 9960-9789
팩　　스	031) 978-9779
등　　록	2000년 3월 15일
등록번호	제79호
판　　권	ⓒ 크리스챤출판사 2009

ISBN 978-89-89249-53-5

An Introduction To Systematic Theology

-Prolegomena and the
Doctrines of Revelation, Scripture, and God

By Cornelius Van Til
Translated by Seung-Goo Lee & Woong-San Kang

서 문 • 5
개 론 • 9
제1장 조직신학의 개념과 가치 • 23
제2장 조직신학의 방법 • 39
제3장 기독교 인식론 • 81
제4장 기독교 인식론 (찰스 핫지의 입장) • 103
제5장 기독교 인식론(헤르만 바빙크와 발렌틴 헤프의 입장) • 127
제6장 기독교 유신론적 계시 • 163
제7장 자연에 관한 현재의 일반계시 • 191
제8장 사람에 관한 현재의 일반계시 • 213
제9장 하나님에 관한 현재의 일반계시 • 241
제10장 특별계시 • 261
제11장 성경 • 305
제12장 성경의 영감 • 329
제13장 하나님의 불가해성(不可解性) • 355
제14장 하나님의 불가해성의 변증학적 의미 • 385
제15장 내재적 신지식과 획득적 신지식 • 421
제16장 하나님의 이름들과 비공유적 속성들 • 433
제17장 하나님의 삼위일체 • 471
제18장 하나님의 공유적 속성들 • 497

서문

이 책의 첫 판은 약 35년 전에 강의 요목(syllabus)의 형태로 나타났었다. 그 때의 제목은 『조직신학 서론』(*An Introduction to Systematic Theology*)이었다. 그러나 그 이후로 신학계(神學界)는 상당히 변하였다. 그런데도 옛 강의안 (syllabus)을 거의 고치지 않고 그대로 제출하고 있다. 근자의 신학의 주된 변화에 대해서는 (이하에 간단히 언급할) 저자의 다른 저작들을 참고하기 바란다.

근자에 일어난 신학적 발전 중 가장 중요한 것은 신 정통주의의 발전이다. 칼 바르트(Karl Barth)의 『교회 교의학』(*Kirchliche Dogmatik*)은 신정통주의의 가장 중요한 금자탑으로 서 있다. 저자는 이 신 정통주의를 『신 현대주의』(*The New Modernism*)와 『기독교와 바르트주의』(*Christianity and Barthianism*)에서 다루었다.

바르트의 신학은 (북미장로교회의) 『1967년 신앙고백서』(*The Confession of 1967*)의 기본적 배경이었다. 그래서 저자는 이 새로운 신앙고백서를 『1967년 신앙고백서: 그 신학적 배경과 에큐메니칼적 의의』(*The Confession of 1967: Its Theological Background and Ecumenical Significance*)에서 다루었다. 저자는 신정통주의가 명목상의 기독교일 뿐, 실제로는 기독교가 아니라고 믿는다.

신정통주의가 유럽에서 발전하는 동안에 미국에서는 신복음주의(New Evangelicalism)라고 불리는 운동이 발전하고 있었다. 신 복음주의는 역사적 개신교 신앙의 진술과 변호에 있어서 근본주의(Fundamentalism)를 대치해 보려고 노력했다. 저자는 이 신복음주의의 주된 대변자 중 하나라고 할 수 있는 에드워드 카르넬(Edward J. Carnell)에 의해 진술된 신 복음주의를 『칼빈주의 입장』(*The Case for Calvinism*)에서 다루었다. 저자는 개혁신앙(the reformed faith)만이 성경적 계시에 대한 적절한 진술이고, 그리고 개신교 신학 일반이 아니라, 개혁신앙만이 신 정통주의를 우리시대의 대표적인 이단 (the outstanding heresy of the day)으로 다룰 수 있는 준비를 갖추고 있다고 확신한다.

그동안에 헤르만 훅세마(Herman Hoeksema)교수께서 『개혁교의학』(Reformed Dogmatics, 1966)을 준비하고 출판하셨다. 훅세마의 작품은 일반적으로는 상당히 좋은 주해들에 근거하고 있다. 그러나 저자는 일반은총(common grace)에 대한 그의 부인에 동의할 수 없다. 저자가 믿기로는 일반은총 교리 (the doctrine of common grace)는 상당히 건전한 성경주해에 근거하고 있고, 참으로 성경적인 신학과 성경적인 변증학의 중요한 요소가 된다. 저자는 『일반은총』(common grace)이란 제하의 책에서 이 확신을 설명한 바 있다.

또 지난 30년 동안에 상당한 주해와 폭넓은 역사적 지식에 근거한 여러 권으로 이루어진 신학적 작품이 출판되었다. 그것은 베르까우어(G. C. Berkouwer) 박사의 『신학연구』(*Theological Studies*)이다. 그는 또한 이 기간 동안에 로마 가톨릭과 바르트주의 신학의 발전에 관해서도 폭 넓게 글을 썼다는 점에서 베르까우어 박사의 작업은 동시대적이다. 그런데 이 기간 동안에 로마 가톨릭과 바르트주의적 가르침에 대해서 태도의 변화를 겪었다고 할 수 있다. 그 변화는 그 두 운동에 대한 대립을 좀 완화하는 방향으로 나타난 것이다. 로마 가톨릭과 신정통주의 신학과의 관계에 대한 이 변화의 배후에는 그의 성경관의 변화가 있다. 그는 이전의 개혁신학자들보다도 좀 더 성경계시의 인간적 요소(human element)에, 그리고 그와 함께 성경계시의 일반 역사적 성격에 더 충실해 보려는 관심으로 그의 성경관을 변화 시켰던 것이다. 저자는 아직 이 베루까우어의 저작과의 본격적이고 전면적인 논의를 할 기회를 얻지 못했다. 그러나 여러 곳에서 이 문제를 지적했고, 『은총의 주권성』(*The Sovereignty of Grace*)이란 소책자에서 이 문제를 다룬 바 있다.

이 강의안은 전반적으로 변증학적 동기를 가지고 있다. 개혁신학은 개혁주의 변증 방법론에 의해 보충되어야만 한다.[1] 이것은 역사적 기독교 입장 (the historic Christian position)을 현대 철학과 신학의 입장과 관련시켜보는 것을 함의한다. 그런데 현대 철학과 신학은 그 가장 전형적인 표현을 임마누엘 칸트(Immanuel Kant)와 그의 추종자들의 인식론에서 찾고 있다고 여겨진다.

현대 철학과 현대 신학에서는 고대 철학에서보다도 더 분명하게 그 모든 언급에 있어서 사람을 최종 준거점(the final reference point)으로 삼고 있다. 로버트 콜링우드(Robert G. Collingwood)의 철학은 이 사실을 아주 분명히 예증해 준다. 많은 실존주의 철학자들과 신학자들이, 많은 과정 철학자들과 과정 신학자들과 함께, 그들의 사유방법에 대한 정당화를 콜링우드의 역사적 의식 개념(the idea of the historical consciousness)에서 찾고 있다.

저자는 이 "역사적 의식"의 영미적 배경을 또 다른 강의안인 『기독교 인식론 개요』(A Survey of Christian Epistemology)에서 간단히 다룬바 있다고, 이 역사의식의 독일적 배경에 대해서는 『후기 하이데거와 신학』(The Later Heidegger and Theology)에서 간단히 다룬 바 있다.

기독교 신앙은 전체로서 비기독교 신앙 전체와 대조되어야만 한다.[2] 부분적인 변증은 부적절하며, 특히 우리 시대에는 더욱 더 그러하다. 기독교적 전체상은 기독교적 신학관 뿐만 아니라, 학문 방법론과 철학 방법론에 대한 기독교적 관점을 요구한다.[3] 참된 기독교 학문과 철학이 없이는 참된 기독교 신학도 있을 수 없는 것이다.

기독교 전체상의 개발을 위해서 저자는 암스테르담의 볼렌호벤(D. H. Th. Vollenhoven)교수와 헤르만 도이베르트(Herman Dooryeweerd)교수, 그리고 포체스트룸(Potchefstroom)의 스토커(H. G. Stoker) 교수에 의해 진술된 『우

---

1) 이 주장은 Cornelius Van Til의 생애 전체를 총괄한 주장이라고 할 수 있다. 즉, 그는 개혁신학에 걸맞는 개혁주의적 변증 방법(개혁주의 변증학)을 제시하고, 그에 근거해서 변증작업을 하는데 그의 생애를 바쳤기 때문이다. 원문대조: "A Reformed theology needs to be supplemented by a Reformed mothod of apologetics" (역자주).
2) 원문대조: "The Christian faith as a whole, as a unit, must be set over against the non-Christian as a whole" (역자주).
3) 원문대조: "A Christian totality picture requires a Christian view of the methodology of science and philosophy as well as a Christian view of theology" (역자주).

주법적 개념의 철학』(Philosophy of the Cosmonomic Idea)에서 상당한 도움을 얻었다. 특히 철학사에 대한 도이 베르트의 상세한 분석이 큰 도움이 되었다. 그러나 도이베르트 박사는 온전한 성경적 입장(the full biblical position)을 진술 가능성의 초월적 전제(the transcendental presupposition of the possibility of predication)로 삼는 본 필자와 동의하기 어려워하였다. 도이베르트는 내가 종교적인 문제를 너무 일찍이 도입해 온다고 말한다. 반면에, 나는 우리가 처음부터 모든 실재에 대한 (성경에서 주어진) 전체적 해석을 어떤 지적인 질문을 할 수 있는 가능성의 전제로 제시하지 않으면, 우리는 참된 기독교적 입장(the Christian position for what it really is)을 참으로 제공할 수 없다고 확신한다. 도이베르트의 견해에 대한 나의 첫 비판은 (등사판으로 된) 강의안 『기독교 내의 논쟁』(Christianity in Conflict)에 나타났었고, 나의 견해에 대한 도이베르트의 비판과 그것에 대한 나의 답변은 『예루살렘과 아덴』(Jerusalem and Athens)에 실려 있다.

이런 자료들을 훑어봄이 관심있는 독자들에게 왜 지금의 이 책이 처음 나왔을 때와 거의 같은 형태로 그대로 나왔는지를 이해하는데 도움을 주었으면 한다. 이 책 전체에서는 루이스 벌코프(Louis Berkhof)와, 그 배후에 있는 헤르만 바빙크(Herman Bavinck), 그리고 아브라함 카이퍼(Abraham Kuyper)와 같은 이전 개혁파 신학자들에게 힘입고 있음이 분명히 드러날 것이다.

1971년 8월
코넬리우스 반틸

개론

윌리엄 에드가

본서의 주 제목인 『조직신학서론』 An Introduction to Systematic Theology 은 그릇된 인상을 줄 수도 있다. 그래서 이것이 제2판에 왜 부제가 삽입되었는지 그 이유가 되는 것이다. 왜냐하면 본서가 조직신학 전체를 개관하는 것이 아니라 단지 신학적 철학적 지지대로서의 기초적 의미에서의 개론서이기 때문이다. 따라서 루이스 벌콥의 『조직신학』이나 헤르만 바빙크의 『개혁주의 교의학』과는 달리, 본서는 옛 용어법에 따라, 조직신학 서언 (*prolegomena*)으로 제한된다. 따라서 본서는 조직신학의 본질과 방법, 지식의 문제(인식론), 일반과 특별계시만을 다룬다. 그러나 대부분의 서언과는 달리 본서는 신학 자체 또는 신론까지 다룬다. 본서가 이렇게 구성되어 있는 이유는 분명히 코넬리우스 반틸이 무엇보다도 변증학과 신앙의 변증에 관심이 있었기 때문이다.

그는 스스로 1971년 판(본래 1936년에 썼던)에서 "현 강의안 전체는 변증학적 취지가 흐르고 있다"라고 밝힌바 있다. 특별히 그는 개혁주의 신학을 전수하기 위해 오늘날 변증학은 기초적인 것으로 매우 필요한 학문이라고 부가하고 있다. 옳은 종류의 변증학이 인간 중심의 조망으로부터 우리를 분리해주는데 도움이 되기 때문에 특별히 더욱 그러하다. 반틸의 견해에 의하면, 임마누엘 칸트는 동시대의 이론 분야를 아주 잘 정의해서 철학과 신학이 자신의 방법론에 의해 지배되게 만든 인물이다. 반틸이 지적하고 있듯이 칸트 철학의 정수는 하나님이 아니라 인간 존재를 모든 서술의 궁극적 권위로 만든다. 즉 말하자면, 만일 우리가 어떤 것을 이해되게 하기 위해서는 모든 실재의 의미와 가치를 부여하는 전제는 인간의 자율성이라는 것이다. 칸트는 그의 사상의 "코페르니쿠스적 혁명"이라는 대단한 업적 때문에 매우 획기적인 인물이다. 이미 정의된 실재가 우리 밖으로부터 우리에게 오게 하는 대신, 우리가 실재를 우리 머리로부터 정의하게 만든 것이다. 또는 이것을 좀 더 현대적인 표현으로 바꾸자면, 마르크스주의 이후의 접근법을 묘사하면서, 반틸은 우리의 사상의 방법에 있어서 일치된 기초로서, 콜링우드가 역사적 의식(historical consciousness)라고 부른 그러한 자율성의 실례를 인용한다.

　물론 서술과 지식의 근거를 인간 존재에 두는 것은 전혀 새로운 일이 아니다. 따라서 칸트의 이론 역시 근본적으로 새로운 이론은 아니다. 여전히 그는 합리주의가 이어지는 세대에 영향을 끼친 그 정도에 있어서 큰 변화를 일으킨 인물이다. 그의 업적은 궁극적으로 거의 모든 선도적인 서구 철학의 형이상학의 몰락을 가져왔다. 형이상학은 존재(본체로)와 우주(우주철학)에 대한 물음을 추구한다. 칸트는 과학을 초월하는 영역에 속한 것으로 간주하면서 이것들을 합리적인 공격으로부터 보호하고자 했다. 그러나 그 결과는 불행하게도 그것의 적실성이 궁극적으로 사라지는 것이었다.

　니체는 유명하게 칸트의 알 수 없는 절대적 세상이 위로가 되며 구속적이며, 절대적인 것이기 때문에 아무짝에도 쓸모없는 것임을 지적한바 있다. 현재로선 반형이상학적 견해로부터 출현한 치환에는 끝이 없는 것 같아 보인다. 니체의 후예들은 풍자적으로 지식을 일종의 능력으로 격하시켰다. "후기현대"라고 알려진 해석학적 철학자들의 다양성은 "네러티브 이후의" 것이 더 이상 신뢰되지 않을 때, 어떤 종류의 의미를 추구하는 시도와 같다. 하이데거는 시문학을 통한 존재의 재발견을 제안했다. 객관적 진리를 아는 대신, 우리가 현재 소유하고 있는 것은 인간의 의식 즉 가치가 배제된 존재 자체 또는 세상 안에 있음이다. 우리의 주요 과업은 이 존재를 해석하는 것이어야 한다. 하이데거는 간접적으로 데리다와 푸코 그리고 크리스테바를 포함한 후기 구성주의 사상가들을 배출했다. 그들에게 있어서 이 세상이 미리 독점하고 있는 궁극적 의미는 존재하지 않는다. 예를 들면, 데리다는 존재에 대한 그 어떤 동경도 배격하며, 인문주의를 재소개하려는 그 어떤 시도도 해체한다. 그럼에도 불구하고 그는 우리가 언어를 통해서 우리의 정체성을 찾아야 한다고 주장한다. 그러므로 이 사상가들 가운데 다수에 있어서 전통적 의미는 유린되고, 아름다운 꽃병을 산산이 부수어 깨진 조각들 가운데서 양질의 속성을 찾아내기를 결정했음에도 불구하고 오직 파편만 남게 되는 것이다.

어떤 특정한 신학자들이 형이상학과 합리적 주장으로는 도달할 수 없는 기독교 신앙의 가능성을 확증함에 있어서 이러한 후기 칸트주의자들의 견해를 따르기 시작했다. 그들은 대담하게도 신앙의 모험을 변증법이나 포스트모더니즘과 같은 모델과 동일시하는 노력을 시도했다. 로마 가톨릭 철학자인 기아니 바티모는 우리가 순전히 합리적인 의미로서의 실재를 이해하기 위해 노력하는 철학적인 요구로부터 자유로운 "비종교적인 기독교"를 수용해야 한다고 주장한다. 그는 인간 역사의 비극적인 행진의 긍정적인 국면은 자신의 비하로 세상의 구속을 이끌었던 그리스도의 성육신에서 절정을 이루는 *비하*의 원리에 대한 계시라고 확증한다.[1]

다양한 후기 복음주의 개신교도들 역시 이 학파들에 대한 그들의 고유한 견해를 채택했다. 스탠리 그렌츠는 창조 타락 구속을 근거로 하는 동기와 반대되는 기독론적 중심과 구속에 대한 비직선적 요약으로부터 포스트모던 모델을 이끌어 냈다.[2] 이러한 수정의 문제는 인간적 피조물과 창조주이신 하나님을 객관적인 범주 안에 연관시킬 수 없다는 점에 있다. 창조주-피조물 관계의 참된 신학의 결핍 때문에 그들은 완전성으로부터의 죄의 타락에 대한 역사적 본질을 인정할 수 없게 된다. 그리고 이것 때문에 그들은 타락을 낳았던 도덕적 혁명을 온전히 인지할 수 없게 된다. 따라서 인간의 상태에 대한 문제점은 더 이상 도덕적 범죄가 아닌 것이다. 그 결과 구속이란 역사 안에서 그리스도를 통하여 진노로부터 은혜로 인도하는 온전한 하나님의 자비가 아닌 것이다. 대신 그들은 손으로 더듬어 신적 자유를 암중모색하고 계시를 타락한 인류를 향해 하나님께서 자신을 나타내 보여주시는 자비로운 은혜가 아니라 일종의 자아의 투영으로 보는 것이다.

이에 진정한 대안을 제공하기 위해, 반틸은 본서와 그의 전 작품을 통해서 창조주와 피조물의 올바른 관계에 대한 매우 강력한 호소를 던지고 있

---

[1] Gianni Vatimmo, *Apres la chretiente: Pour un christianisme non religieux* (Paris: Calmann-Levy, 2004), 76, 103.
[2] 예를 들면 스탠리 그렌츠의 *Theology for the Community of God* (Grand Rapids: Eerdmans, 2002), 348을 참조하라.

다. 모든 페이지에서 그는 자충족적이신 우주의 하나님을 제시한다. 하나님께서 창조하실 때만, 피조물은 창조주와 피조물의 구분으로 인해 의미와 중요성을 갖게 된다. 이것은 반틸이 강력하게 주장하고 있듯이 이원론이 아니다. 이것은 계시를 피조물의 참된 세상으로부터 분리되어 있는 추상적 명제로 만드는 지성주의도 아니다. 이원론주의자와 지성주의자 모두는 참된 세상을 넘어서는 사상을 자랑한다. 그들은 의미를 추구하기 위해 위를 바라보지만, 들판의 꽃들과 수천 개의 언덕에 있는 가축들을 추상적으로만 보는 것이다. 역사의 모든 국면에 나타나시는 하나님의 손길을 찾는 섭리주의를 경계하기 위한 사상으로, 이원론자는 초자연적인 세상과 자연적인 세상에 일종의 벽을 세워놓았다. 그 결과 계시가 발생할 때, 그것은 반드시 그 벽을 "뚫고 나와야" 하며, 특별한 인물이나 사상 또는 사건에 머물러야만 한다. 조화나 이데아 그리고 자유와 같은 고등한 것들이 어떤 방법을 통해서든지 우리가 살고 있는 이 하등한 세상에서 성취되어야 하는 것이다.

반틸은 이러한 이원론을 강력하게 비판한다. 대신 그는 창조의 모든 것이 거룩하신 하나님으로부터 *분리*되어 있지만 그럼에도 불구하고 하나님의 통치와 계시를 설명해주는 의미로 *충만*하다는 것을 인식하고 있다. 이것은 오직 하나님의 속성이 그의 존재와 동연적일때만 가능한 것이다. 그는 창조의 만물이 하나님을 계시하고 있음을 주장한다. 우주와 관계되어 있는 물리적 대상들 역시 모두 함께 하나님을 계시한다. 수학의 법칙이나 논리학의 법칙들은 고등한 실재들이나 창조된 세상의 세목으로부터 분리되어 있지 않다. 시간 그 자체는 **"유한한 존재의 형식으로서의 하나님의 창조물"**이다.[3] 하나님은 악의 조성자가 아니지만, 악 조차도 하나님의 계획의 일부분이다.

창조된 세상이 어떻게 계시에 의해 정의된 통일성과 다양성, 내재성과 초월성을 나타내는가? 그것은 하나님의 자존성 때문에 그러하다. 하나님은 하나님이시며, 당신을 정의해 줄 외부의 표준이 필요 없으신 분이시다. 그

---

[3] Cornelius Van Til, *An Introduction to Systematic Theology* (Nutley, N.J.: Presbyterian and Reformed, 1974), 66.

는 그 안에서 통일성과 다양성이 동일하게 궁극적인 삼위일체 하나님이시다. 만일 우리가 "존재론적 삼위일체"와 함께 시작하지 않는다면 우리는 동시에 합리주의와 비합리주의의 딜레마에 빠지게 될 것이다. 합리주의는 진리가 독립적인 인간의 이성을 통해 알려질 수 있는 어떤 것이라 주장한다. 비합리주의는 진리가 합리적이지 않고 신비적이라 말한다. 이 두 가지 모두는 그 정도에 있어서 서로 다를 뿐 불신앙과 관계되어 있다. 반틸은 이러한 딜레마를 배격하며, 계시 때문에 인간의 이해가 완전하지는 않지만 참될 수 있다는 것을 확증하는 다른 종류의 방법을 제시한다. 이것은 오직 하나님께서 "온전히 합리적"일 때만 가능하다. 우리의 합리성은 파생적이다. 우리가 하나님보다는 작으며 우리의 지식이 그의 지식보다 양적으로 작다고 말하는 것만으로는 충분하지 않다. 사실상 우리는 질적으로 아주 다른 존재이다.

그렇다면, 우리는 어떻게 모든 것이 서로 연결될 수 있으며, 그것이 진실하다는 것을 어떻게 알 수 있는가? 그것은 아주 명백하게도 하나님께서 피조물을 의존적이지만 중요한 존재로서 당신의 형상대로 만드실 수 있기 때문이다. 우리는 완전히 알 수는 없지만 참되게 알 수 있는 것이다. 실제로 반틸은 인간의 지식에 대하여 아주 놀라운 진술을 한다. 예를 들면, 그는 아주 담대하게 "인간은 존재하는 모든 것에 대하여 어떤 것을 안다"고 주장한다. 심지어 신적 본질역시 우리에게 알려질 수 있다. 그는 우리의 지식과 하나님의 지식이 "모든 점에서 조화된다"고 진술한다.[4] 반틸이 우주를 하나님과 사람 사이에 공통적인 추상적 원리로 제시하지 않고서 피조물에 대한 그러한 지식을 주장하게 만드는 요인은 무엇인가?

그것은 바로 하나님이 바로 하나님이시기 때문에 그러하다. 그의 속성에 있어서 전능하시며, 편재하시며, 자충족적이신 하나님은 그렇게 하실 수 있으시며, 그의 피조물들에게 그렇게 알려주실 수 있는 분이시다. 절대적으로 자의식적이신 분으로서, 하나님은 필연적으로 당신의 형상을 지닌 자들에게 계시하시는 것이다. 하나님의 형상을 지녔다는 것은 우리가 마치 채워져야

---

4) Ibid., 164.

하는 적절한 환영과 같이 올바른 규격의 "기계들"인 것처럼 계시를 받을 수 있는 존재임을 의미하지 않는다. 창조주와 피조물 사이의 제3의 실재는 존재하지 않는다. 그가 우리를 창조해야만 했던 하나님과 분리되는 사상이나 양식은 존재하지 않는다.5) 하나님의 형상을 지닌다는 것은 우리가 실제로 그 체질상 하나님을 *의식하게* 됨을 의미한다. 우리의 내적 의식이 바로 계시이며, 그럼에도 불구하고 당신 밖에 존재하는 우주를 창조하시는 뜻을 지니신 전적으로 주권적이신 하나님이 계시다는 명백한 추론이다. 본서는 바로 이러한 관계의 많은 국면을 고찰하고 있다.

******

코넬리우스 반틸(1895-1987)은 웨스트민스터신학교에서 지난 1929년부터 1979년까지 약 50여 년간 변증학을 가르쳤다. 본서와 같이 그의 몇 권의 작품은 본래 신학교 강의안이었기 때문에 잘 다듬어지지 않은 산문체로 약간의 편집만을 통해 출판되었다. 그러나 교과서 이상이었음에도 불구하고, 그것들은 훌륭하게 편집되지 못했다. 여기에는 상당한 분량의 반복적인 본문이 있다. 그럼에도 불구하고 개요는 매우 분명하다. 반틸은 종종 특정한 이슈와 저자들에 대해 훌륭하고도 풍성한 주석의 방식으로 집필했다. 여기서도 이러한 형식에 걸맞게 반틸은 칼 바르트와 올리버 버스웰, 그리고 고든 클락과 같은 그의 주요 대적자들과 그가 존경하고 때때로 젊잖게 비판하는 특정한 개혁주의 신학자들에 대해 상당하게 언급하고 있다. 그는 찰스 핫지와 헤르만 바빙크 그리고 발렌타인 헤프의 적절한 본문들을 다루기 위해 여러 장을 할애하기도 한다. 특별히 그는 바빙크의 『개혁주의 교의학』을 좀 더 충실히 따르는 신론을 다루기 위해 마지막 몇 장을 통째로 할애하기도 한다.

---

5) Ibid., 63.

아마 어떤 이들은 반틸이 어떤 저자들이나 주석들의 특별한 문장들을 연속적으로 계속해서 주석 형식으로 다루기 때문에 이러한 접근법을 현학적이라고 생각할지도 모른다. 그러나 우리는 이러한 계속적인 주석이 모든 가능한 자료들을 다 수색해야 하기 때문에 특정한 이슈들을 아주 깊이 있게 연구하는데 도움을 준다는 사실을 지적해야만 할 것이다. 또한 이것은 논의되고 있는 문제들을 다룸에 있어서 주의와 공정성을 제공할 것이다. 예를 들면, 반틸은 제11장에서 테일러의 견해와 씨름한다. 여기서의 이슈는 성경적 권위에 관한 것이다. 테일러에 의하면, 피조물은 창조주와 너무나 분리되어 있기 때문에 피조물은 그가 알고 있는 것이 절대적으로 참된 것인지 확신할 수 없다고 주장한다. 반틸은 인간이 실재의 궁극적 해석자이며 따라서 주어진 계시의 절대성과 접촉할 능력이 없다는 전제를 추적해낸다. 그리고 나서 그는 "하나님을 위해 절대적으로 주어진 계시"는 없기 때문에 하나님께서는 모든 것을 꿰뚫어 보실 수 있다는 성경적 견해를 주장한다. 테일러의 견해는 하나님께서 완전히 자의식적이지 않다는 것을 암시하는 견해를 제공한다. 그것은 또한 악이 본래 우주의 한 부분이어야만 한다는 이교적 사상까지 끌어들인다. 테일러에 대한 반틸의 연구의 철저함은 그의 주장을 좀 더 철저하게 따를 수 있게 해 준다.

또 다른 예로, 제5장에서 반틸은 발렌타인 헤프의 견해를 고찰한다. 그는 헤프가 성령의 내적 증거와 연결시키는 헤르만 바빙크의 이성의 견해를 좀 더 발전시켰음을 인지한다. 이것은 헤프로 하여금 건전한 경험론과 사상에 있어서의 가장된 중립성을 비판할 수 있게 해 준다. 그러나 그 후에 그는 헤프 자신이 이것을 충분히 다루지 않고 있다는 점을 지적한다. 예를 들면, 헤프는 그 기초로부터 칸트를 비판하려 하지 않는다. 그는 인간의 이성을 기초로 하는 과학에 있어서 칸트와 동의하며, 계시를 심각하고도 진지하게 다루지 않는다는 점에서 그를 비판한다. 문제는 하나님께서 오직 주권적이시며, 모든 것이 그의 계시에 의존적일 때만 그 어떤 인간적 사상도 효용성을 지닐 수 있다. 만일 칸트가 인간의 이성이 궁극적이라는 그의 견해가 옳다면, 과학이란 결코 존재하지 않을 것이다. 이것은 헤프에 대한 매우 점잖지만 확고한 비평이다. 나아가 그는 지성에 미치는 죄의 영향을 충분히 인식하지 못한다. 헤프에 대한 반틸의 비평은 매우 계몽적이다.

어떤 주장은 매우 대담하지만 동시에 매우 난해하다. 예를 들면, 제8장에서 신성에 대한 지각에 대해 논하면서 반틸은 스코틀랜드 관념론자들이 제안하는 대로 직관이 이성보다 더 신뢰할만한 것인지에 대해 논하기를 머뭇거린다. 그러한 가능성은 일견 직관이 추론만큼이나 많은 오류에 빠질 가능성이 상대적으로 적었기 때문에 그럴듯해 보인다. 그와 동시에 반틸이 지적하듯이 "추론은 자의식적인 직관일 뿐"이기 때문에 양자 모두 죄로 말미암아 왜곡되는 것이다. 이것은 대담한 사상이다. 이 안에는 직관에 대한 어려운 문제와 관련된 인간론에 대한 성경적 계시의 빛이 빛나고 있다.

다른 곳에서와 마찬가지로 제13장에서 반틸은 고든 클락의 사건(1944-48)을 철저하게 논의하고 있다. 정통장로교회의 초기 년도에 하나님의 지식과 인간의 지식 사이의 유사성과 상이성에 관한 아주 독특한 논쟁이 발생했다. 이 논의의 사건은 고든 클락의 목사 안수 신청 건으로 촉발되었다. 이에 그의 견해에 대한 "항의서"가 반틸을 포함한 필라델피아 장로회의 회원인 12명의 장로에 의해 제출되었다. 이 항의서는 클락의 견해가 창조주와 피조물 사이의 간극을 희미하게 만들어버리는 방법으로 하나님의 지식과 인간의 지식을 상호 연관시키는 결과를 낳는다고 주장했다. 이 항의서가 부정되는 것으로 끝이 나긴 했지만 이 사건에 제기된 이슈는 반틸의 변증학과 아마도 틀림없이 웨스트민스터신학교의 미래에 있어서 치명적으로 중요한 것이었다. 그 무엇보다도 위기에 처한 것은 계시의 수위성과 참되지만 결코 포괄적이지 않은 인간 지식의 전적인 의존성이었다.

본서는 단연 매력적인 고찰들로 가득 차 있다. 제15장에서 반틸은 그가 끝도 없이 존경해 마지않는 바빙크의 명민한 차이점으로 되돌아온다. 그는 신학과 인식론이 부분적으로 겹치는 특정한 부분을 논의한다. 이것은 내재적 지식과 획득적인 지식과 같은 주제와 고전적 증거주의에 대한 그의 독특한 접근법에 관한 주제들에 대해 평가할 때도 역시 동일하게 발생한다. 제17장에서 그는 바빙크에 의해 잘 예시된 전통적인 개혁주의 정통과 그 자신의 통찰력을 결합시킨다. 그는 하나님은 삼위 안에서의 한 하나님이실 뿐만 아니라 동시에 한 분이시라고 주장한다. 첫째로, 그는 이것이 계시의 데이터에 적합하기 때문에 그렇게 주장하는 것이다. 성경은 도처에서 한 분이신 하나님을 선포하고 있다. 둘째로, 그는 그의 실재와 위격이라는 두 범주로 신성을 구분하는 것을 피하는데 최선을 다하고 있다. 많은 사람들은 실재가 위격보다 좀 더 기본적인 것이라 생각한다. 그러한 이분법은 위격이 실재보다 더 이해하기 쉬운 것이라는 합리주의를 용인하는 것이 되고 만다. 이것은 삼위일체의 신비와 삼위일체를 향한 접근가능성을 훼손하는 것이다. 따라서 반틸에게 있어서 하나님은 한분이시자 동시에 세 분(위격)이시다.[6]

본서 전체를 통해서 반틸은 자신이 참고문헌의 대가임을 나타낸다. 그의 속사포와 같은 필체는 성급히 결론에 도달하는 듯한 인상을 주기도 하겠지만, 사실은 그가 만드는 모든 진술에 대해 차근차근 설명할 수 있다는 것을 의미한다. 심지어 그가 아무런 각주나 인용 없이 결론에 도달한다 할지라도 그가 모든 것을 다 알고 있다는 것을 의미한다. 반틸과 함께 이것을 연구하는 특권을 지닌 우리들은 어떤 특정한 저자나 주제에 대한 자신의 견해가 도전을 받을 때 요구되는 모든 곳까지 상세하게 논할 수 있는 그의 능력과 재능을 기억해야 한다. 우리가 기억해야 할 또 하나의 인상은 그가 성경적 주해를 많이 하지 않는다는 점이다. 반틸이 이것을 인정했음에도 불구하고, 본서의 어떤 부분에서는 아주 풍성한 성경본문을 인용하기도 한다. 실상 성경과 위대한 신조들이 그의 뼈대를 구성하고 있다. 따라서 그는 성경을 발산하고 있는 것이다. 그는 신앙고백들과 신조들을 사랑한다. 그리고 그는 어거스틴, 칼빈 그리고 워필드와 같은 고전적 작가들을 아주 철저하게 알고

---

[6] 여기서의 관심사는 아마도 위격의 정의에 관한 것일 것이다. 교부들에게 있어서 이 개념은 성부와 성자의 관계를 설명하는 데 도움이 되기 위해 발전되었다. 만일 하나님께서 한 분이시라면 다른 분과의 관계는 어떠한 것인가? 그는 자충족적이신 분인가? 하지만 만일 위격이, 반틸이 그렇게 생각하듯이, 의식의 중심 그 이상이라면 그의 주장은 매우 흥미로운 것이 된다.

있다. 그는 토마스 아퀴나스, 조셉 버틀러, 로버트 벨라마인, 찰스 핫지, 윌리엄 마셀링크 그리고 다른 많은 작가들과 폭 넓게 대화한다. 그는 또한 영감과 불가해성과 신적 속성 등에 대한 당시 유행하고 있는 저작들에도 능통했다. 그는 실로 학식 그 자체로서는 별 가치가 없다는 것을 잘 알고 있던 깊은 학식의 소유자였다.

어떤 부분은 이해하기 어렵고 매우 힘들다는 것은 인정된 사실이다. 이런 종류의 글에 익숙하지 않은 독자들에게는 어떤 특정한 부분을 읽을 때 인내심이 필요하게 될 것이다. 그리고 또 어떤 부분은 반복적이다. 또 어떤 부분은 불필요하게 호전적이기도 하다. 나는 이 새로운 책에 담긴 주석이 이 책을 읽어나가는데 도움이 되기를 소망하는 바이다. 이것들은 몇 가지 반틸의 주요 관심사를 설명해준다. 또한 반틸의 가장 큰 관심사가 교회가 하나님을 예배함에 있어서 좀 더 깊어져야 하며, 완전한 복음의 이해를 회복하며, 그 복음을 모든 사람들에게 제공하는 것이었다는 사실을 기억하는 것은 아주 도움이 되는 것이다. 그는 제1장 마지막 부분에서 다음과 같이 결론짓고 있다. "이 모든 유익이 목사와 교회에 오려면, 우리는 우리의 사역을 하나님께 깊이 의존하는 정신에서, 또 주께서 우리를 당신의 영광을 위한 도구로 사용해 주시기를 기도하는 심정에서 행해야만 한다는 것은 말할 필요도 없다"[7]

우리는 심지어 코넬리우스 반틸이 목사의 심정을 지녔다고 말할 수 있을 것이다. 확실히 본서와 같은 책은 회중들을 위한 요리문답이나 또는 설교문과 같지는 않다. 그럼에도 불구하고 하나님의 백성들을 향한 목회자적 관심이 본서 전체에 스며들어 있다. 우리가 살펴본 바와 같이 그는 교회 안의 지성주의를 염려한다. 그는 이러한 특정한 경향을 위한 배경이 그저 죄를 "왜곡시키는 영혼 안에 있는 세력"으로 보지 않고 일종의 오해로 치부해버리는 죄에 대한 경망스러운 견해라고 판단한다. 이 급진적인 왜곡에 대한

---

[7] Van Til, *An Introduction to Systematic Theology*, 7.

해결책은 당신의 백성을 향하신 "하나님의 구원의 능력의 영광"에만 있는 것이다.8) 때론 그의 목회적 심성이 독자들을 방심하게 만들기도 한다. 반틸은 기도의 실재를 믿었으며, 철학적 신학의 전문적 서적 안에서 기도를 언급하는 것을 부끄럽게 여기지 않았다. 예를 들면, 조지 헨드리와 니버의 신학의 정태적인 성질에 대한 전문적인 토론의 한 가운데서 그는 모든 곳에서 우리를 만나주시는 하나님의 개인적 활동에 대해 언급한다. 그리고 나서 반틸은 이렇게 결론짓는다. "그러므로 하나님의 계시에 대한 순종은 그가 실험실에서 열심히 실험을 하고 있든지 아니면 기도의 집에서 기도를 하고 있든지 간에 인간이 취해야 할 합당한 태도이다."9)

나는 1960년대 현대신학에 대해 반틸 박사가 지도했던 세미나를 기억한다. 한 학생이 교수님이 우리 모두에게 원했던 비판적인 종류의 명민한 발표를 하지 못했다. 세미나가 끝난 후 그는 우리들 중 몇 명을 따로 불러서 과연 우리의 그 친구가 영적으로 옳은지 물으셨다. 그리고는 우리 모두와 함께 그를 위해 기도하셨다.

******

그의 훌륭한 소책자인 *Van Til: The Theologian* (Phillipsburg, N.J.: Pilgrim, 1976)와 더 큰 작품인 *Cornelius Van Til: An Analysis of His Thought* (Phillipsburg, N.J.: P&R, 1995)을 통해 존 프레임은 철학을 아는 교조주의자로서의 반틸의 중요성을 강조한다. 물론 그것은 다른 방법으로 그렇게 되기도 한다. 따라서 두 권의 제목은 매우 의도적이다. 그는 신학자이다. 그리고 두 번째 책은 그의 *변증학* 보다는 반틸의 *사상*에 대한 분석이다. 프레임은 "이 변증학의 가장 독특한 국면은 개혁주의 신학과의 일관성에 있다."10)고 진술한다. 철학의 넓은 국면으로 보았을 때는 논쟁적이라고

---

8) Ibid., 130-31.
9) Ibid., 166.

생각하지만, 나는 이것이 정확하고 통찰력 있는 진술이라고 믿는다. 많은 사람들이 변증학(또는 철학적 신학)과 교리학 사이에 날카로운 분리의 선을 그을 것이다. 변증학이 신학이라는 종교적 언어를 사용하는 대신 철학적 담화를 사용함으로 반드시 철학적 이슈를 독점적으로 다루어야 한다는 사상은 계몽주의 시대부터 시작된 것으로 아주 오래된 것이다. 라이프니치는 대부분 철학적 범주를 사용함으로 신정론이나 악의 문제 등과 같은 변증학적 문제들에 대해 썼다. 프리드리히 슐라이어마허 역시 인문학과 역사를 탐구함으로 동일한 일을 했다. 우리 시대에는 윌리엄 레인 크레이그와 무어랜드 그리고 아마 알빈 플란팅가도 동일한 범주에 포함시킬 수 있을 것이다. 아마도 칼 바르트는 절대로 변증학을 하지 않는다고 주장함에도 불구하고 매우 다르다고 말할 수 있을 것이다. 그럼에도 그가 철학을 다룰 때, 그는 항상 신학이나 성경주해와 충분히 관련되어 있지 않다.

그러나 반틸은 그 필법에 있어서 아주 광범위하게 철학적이긴 하지만 그 무엇보다도 신학자이다. 독자들은 전문가들이 반틸이 성경에서 철학과 교리로 자유자재로 이동하는 모습을 보고 놀라는데 익숙해 있다. 예를 들면, 특별 계시를 다루는 제10장에서 타락으로부터 부활과 키에르케고르, 알미니안주의, 칼빈, 로마 가톨릭 교회, 무에서 유로의 창조, 버틀러 감독, 이적들, 고든 클락, 히브리어와 헬라어 용어들, 매튜 아놀드, 천사의 현현, 예수 그리스도에 이르는 엄청나게 많은 주제들에 대해 설명한다. 그러는 동안 반틸은 특별계시의 양태와 필요성에 대해 토론하고 있는 것이다. 때로 그는 이런 관계들을 아주 명확하게 밝힌다. 또 다른 예를 들어보자. 제14장에서 우리는 철학, 교리와 변증학의 직접적인 관계를 보게 된다. "하나님의 불가해성에 대한 변증학적 의미"라는 제목의 본 장은 하나님의 초월성의 교리를 버스웰과 칼 바르트 그리고 에밀 부르너와 같은 신학자들의 어려움과 관련해서 설명하며, 키에르케고르와 특별히 철학자인 헤겔과 같은 저자들과 관련해서 설명하고 있다. 반틸의 관심사는 만일 우리가 교리적으로 분명한

---

10) John M. Frame, *Cornelius Van Til: An Analysis of His Thought* (Phillipsburg, N.J.: P&R, 1995), 241.

입장을 취하지 않는다면, 우리는 결코 복음의 근본적인 요구와 함께 우리의 동시대의 사상을 진정으로 도전하지 못할 것이라는 점에 있다. 하나님의 불가해성에 대한 완전한 성경적 교훈을 변호함에 있어서, 반틸은 현대의 합리주의와 현대의 비합리주의를 공격한다. 그것들을 용인하는 것은 어떤 것이라도 우리 안에 있는 소망을 포기하는 것과 같은 것이다. 따라서 그는 "충만한 복음으로 현대인을 도전하는 일에 실패하는 결과를 낳는다"고 결론짓는 것이다.

이것을 다른 말로 표현하자면, 신학의 담화는 세계관의 담화라 할 수 있다. 본서는 상당한 분량의 교리적이며 철학적 이슈들을 다루고 있지만, 본서의 목적은 그리스도의 복음을 중심으로 하는 기독교 세계관의 총체를 제시하는데 있다. 어떤 종류의 명칭이나 논쟁들은 다소 구식으로 보일 수도 있다. 그러나 그 메시지는 전혀 그렇지 않다. 그것을 면밀하게 연구하면, 풍성한 유익을 얻게 될 것이다.

『조직신학서론』이라는 본서의 내용은 실질적으로 원본과 동일하다. 본서는 구두점과 용어의 통일, 대문자 구분과 철자 그리고 문법을 가볍게 수정함으로 새롭게 편집되었다. 어떤 문장들은 아주 가끔 현대의 의미에 맞게 수정되거나 또는 본래의 의미에 맞게 수정되었다. 본서에는 외국어의 번역이나 그 용어의 간결한 설명으로서의 약간의 삽입구가 활자체로 첨가되었다. 본서에 주로 새롭게 첨가된 부분은 바로 반틸이 사용했던 인용으로부터 더 긴 설명을 제공하기 위해 새로운 독특한 활자체의 주석이 달린 각주들이다. 이 각주들 가운데 일부는 본문 안에 아주 간략하게 제시된 이슈들을 좀 더 명료하게 만들고자 하는 목적으로 그 사상을 좀 더 확대한다. 다른 것들은 독자들에게 인용된 원서들을 제시해주거나 반틸의 다른 저작들의 보충적인 글을 제공하기 위해 사용되었다. 여전히 나머지 각주들은 반틸의 접근법과 그가 어떻게 그런 생각을 했는지에 대해 언급하기 위해 사용되었다. 이런 모든 도움들은 반틸의 원문을 오늘날의 독자들이 더 용이하게 접근하게 만들기 위한 소망으로 제공된 것이다.

제1장

조직신학의 개념과 가치

1. 조직신학의 개념

우리는 이 책에서 정통 기독교 신앙인(the orthodox believer in Christianity)이 이해하는 신학에 대해 다루려고 한다. 기독교에 대한 정통적 관점(the orthodox view of Christianity)은 개혁신앙(the Reformed Faith)에서 가장 일관성있는 표현을 발견하게 된다.[1] 정통적인 것에서 가장 근본적인 것은 선재(先在)하시는 하나님의 자기존재와 성경 가운데서 인간에게 주신 그의 자신에 관한 무오한 계시의 전제이다. 조직신학은 하나님에 관하여 성경이 가르치는 바에 대한 질서 있는 진술을 제공하려고 애쓰는 학문이다.

그러므로 신학은 종교학(the science of religion)으로 정의 되어서는 안 된다. 때때로 개혁신자들도 신학을 종교학으로 정의한일이 있기도 하였었다. 예를 들어서 핫지(A. A. Hodge)는 "신학은, 가장 일반적인 의미에서는, 종교학이다."[2] 고 말한 일이 있다.

그러나 "종교"란 말이 현대에 있어서 어떻게 사용되고 있는가를 생각할 때, 신학을 종교학이라고 함으로써 현대의 비기독교적 신학과 정통신학 사이의 문제를 혼동하는 것은 불운한 일이다. (예를 들어서, "종교 심리학" 문헌들에서 나타나는 바와 같은) 현대의 정의들에 의해 종교는 성경의 하나님과는 거의 아무런 관련이 없다. 사람들은 객관적 지시(objective reference)의 문제를[3] 완전히 도외시하면 종교에 대한 "본래적 증언"(the native witness)을 얻을 수 있다고들 말한다. 그러나 진실한 기독교는 참된 종교이기 위해서는 그 객관적 지시(the objective reference)가 가장 중요하다고 주장한다. 우리가 알기를 원하는 것은 성경의 하나님이란 말이다.

물론 이것은 하나님에 대해서만 알기를 원한다는 뜻은 아니다. 이는 단지 우리는 **주로, 기본적으로**(primarily)하나님에 대해 말한다는 뜻이다. 우리는 하나님께서 우리가 알기를 원하시는 모든 것을 알기를 원하는 것이다. 예를 들어서, 성경은 우주에 대해서도 많이 말하고 있다. 그러나 그 계시에 관여하는 것은 과학과 철학의 일이다. 그러므로 간접적으로 과학이나 철학도 신학적이어야 한다.4) 또한 성경은 우리의 구원과 우리에 관한 많은 것들에 대한 정보로 가득차 있기도 하다. 그러나 그렇다고 해서 사람이 신학의 중심이라고 말할 수는 없는 것이다. 인간에 관해서, 특히 인간의 구원에 관해서 성경이 말하는 모든 것은 결국 하나님의 영광을 위한 것이다. 우리의 삶이 하나님을 중심으로 해야 하므로, 우리의 신학도 하나님 중심적이어야만 한다.

또한 성경에는 그리스도에 대해서도 많이 말하고 있다. 죄가 세상에 들어온 후에, 하나님을 알 수 있는 유일한 길은 그리스도를 통해서이다. 그는 우리가 다른 방식으로 아버지를 알 수 있는 것보다도 **더 온전히** 아버지를 알 수 있게 하시는 분이실 뿐 아니라. **오직** 그를 통해서**만** 우리가 아버지께로 나아갈 수 있는 그런 분이시다. 더 나아가서, 그리스도는 하나님이시다. 그러므로 우리가 그를 알 때, 우리는 하나님을 아는 것이다. 이 모든 것에도 불구하고, 그리스도의 사역은 목적을 이루기 위한 수단이라는 것을 기억해야만 한다. 그리스도께서 삼위일체의 제2위시라는 것을 생각할 때에도, 우리가 궁극적으로 관련을 맺고, 최종적으로 알기를 원하는 것은 온전한 하나님이심을 다시금 기억해야 한다. 그러므로 신학은 그리스도 중심적이기 보다는 근본적으로 하나님 중심적인 것이다.5)

여기서 조직신학과 신학의 다른 분과들과의 관계를 지적하는 것이 좋을 것이다. "조직신학"(Systematic Theology)이란 명칭은 다른 신학분과들이 그 작업에 있어서 비조직적이라는 뜻은 아니다. 이것은 오히려 그 중에서 조직신학은 성경이 계시하는 대로의 하나님에 관한 진리를 전체적으로(as a whole), 통일된 체계로(as a unified system)제공해 보려고 노력하는 학문이라는 뜻이다. 주해(exegesis)는 성경을 취하여 그 각 부분을 자세히 분석하는 것이다. 성경 신학(biblical theology)은 주해의 결과를 취하여서, 그것들을 다양한 단위들로 조직화해서, 성경에 나타난 하나님의 계시를 역사적 발전에 따라서 추적해 나가는 학문이다. 그래서 성경 신학은 각기 다른 계시의 시대에 다양한 저자들에 의해서 우리에게 주어진 하나님 말씀의 각 부분의 신학을 드러내어 준다. 그 후에 조직신학은 주해와 성경 신학적 노고의 열매를 취하여서 그 모든 것을 하나의 연결된 체계(a concatenated system)로 드러내는 작업을 한다. 그러면 변증학(Apologetics)은 이 성경적 진리의 체계를 잘못된 철학과 잘못된 과학에 대항하여 옹호하려고 한다. 실천신학이 이 성경적 진리의 체계를 어떻게 선포하고 가르칠 것인가를 가지고 고민하는 것이라면, 교회사(敎會史)는 이 진리의 체계를 수세기에 걸쳐서 어떻게 받아들여 왔는가를 추적한다고 할 수 있다.6)

이런 신학 분류학(theological encyclopedia) 문제에 관하여 개혁 신자들 간에 상당한 논의가 있어 왔다. 그 중에 한 요점만을 언급하려고 한다. 그것은 조직신학과 변증학의 관계에 관한 문제이다. 이점에 관해서 월필드(Benjamin Breckinridge Warfield)박사와 그와 함께 하는 신학상 "프리스톤 학파"(the Princeton School)는 카이퍼(Abraham Kuyper)박사, 바빙크(Herman Bavinck)박사 그리고 신학상 "화란 학파"(the Dutch School of theology)와는 서로 의견을 달리한다.7)

그 차이점은 주로 변증학의 성격에 관한 것이다. 월필드는 신학적 분과 중에서 변증학은 하나님의 존재, 인간의 종교적 본성, 성경 가운데서 우리에게 주신 하나님의 역사적 계시의 진리성 문제와 같은 "조직신학의 전제들"을 수립하는데 바쳐져야 한다고 말한다. 이와는 대조적으로 카이퍼는 변증학이 조직신학에서 주어진 것을 변증하려고 해야 한다고 말한다.8) 월필드는 주장하기를, 만일 우리가 카이퍼의 방법을 따른다면, 그것은 먼저 기독교 체계를 설명한 후에 그 후에야 우리가 과연 사실을 다루고 있는 것인지 상상의 산물을 다루고 있는 것인지를 묻게 된다고 한다. 이에 비해서, 카이퍼는, 만일 우리가 변증학이 신학의 전제들을 수립하도록 허용한다면 우리는 사실상 자연인(自然人, the natural man)이 기독교의 진리를 이해 할 수 있는 능력이 있다고 인정해 주는 것이며, 그것은 실질적으로 전적 타락 교리를 부인하는 것이라고 주장한다.

우리는 여기서 이러한 주장들을 깊이 있게 논의할 수도 없고, 또 그럴 필요도 없다. 우리는 언제나 중생한 정신(the regenerate mind)과 중생하지 못한 정신(the unregenerate mind)의 구별을 염두에 두어야 한다는 카이퍼의 기본적인 주장은 변증학이 반드시 조직신학 뒤에 와야하고, 따라서 소극적이어야 한다는 것을 의미하는 것은 아니다. 변증학은 처음에 올수 있고, 조직신학에 드러낼 진리의 체계를 일반적으로 전제 할 수 있다. 물론 최선의 변증학은 진리의 체계가 잘 알려진 후에야 주어질 수 있다는 것이 사실이다. 그러나 진리의 체계는 그것이 오류와 대조되어 보여질 때에야 잘 알려질 수 있다는 것도 사실인 것이다. 조직신학 자체도 상당히 오류와 대립하는 가운데서 발전한 것이다. 그러므로 변증학과 조직신학은 상호 의존적인 학문이다.

그러나 우리는 월필드의 입장에 비해서 카이퍼의 기본적 주장이 옳다고 주장한다. 월필드는 때때로 마치 다른 신학의 다른 학문분과가 사용될 수 없을 때 **변증학**이 자연인에게 접근하는 방법으로 사용되어야 한다고 주장한다.9) 그는 (신학분과 중에서) 변증학만이 하나님을 전제하지 않으므로, 신학의 다른 학문분과와는 다른 방법으로 기독교의 진리 전체를 수립할 수 있는 것처럼 주장한다. 말하자면 (신학의)다른 분과는 변증학이 그 작업을 끝내기를 기다려야 하고, 그 후에야 변증학으로부터 하나님의 존재와 같은 사실들을 받아 들여야 한다고 하는 것이다. 그러나 나는 변증학 방법론과 (신학의) 다른 분과의 방법론을 이렇게 나누는 것은 잘못된 것이라고 생각한다. **모든 학문분과가 하나님을 전제해야만 하고, 동시에 전제(presupposition)는 최선의 증명이다.** 변증학은 이것을 밝히려는 특별한 노력을 기울인다. 이것이 변증학의 주된 과제라고 할 수 있다는 말이다. 그러나 이렇게 하므로 변증학의 방법론이 (신학의) 다른 분과의 방법론보다 더 중립적인 것이라 할 수는 없다. 변증학의 주된 목적들 중의 하나는 중립성(neutrality)이란 불가능하며, 사실상은 그 누구도 중립적이지 않다는 것을 밝히려는 것이다. 그러므로 우리는 변증학이 조직신학에 의해 우리에게 주어진 체계적 진리의 원의 바깥 주위에 있어서 그 체계적 진리를 변호하기 위한 것이라고 결론짓는다.10)

어떤 학자들은 "교의신학"(dogmatic theology)이란 용어를 선호하고, 또 어떤 이들은 "조직신학"(systematic theology)이란 말을 즐겨한다. 이것은 그렇게 중요한 문제가 아니다. 어떤 이들이 "교의학"(dogmatics)이란 용어를 선호하는 이유는 이 학문 분과에서 우리가 교회의 교의들, 또는 교회의 진리를 다루고 있다는 개념을 표현하기에 더 적절해 보이기 때문이다.11) 이것은 조직 신학과 교회의 "신조나 신앙 고백"의 관계가 무엇인가 하는 문제를 제기한다. 조직신학은 주로 교회의 신앙고백(confessions of the church)을 어떻게 다루는 것인가? 아니면 조직신학은 주로 성경의 교의(dogmas), 또는 성경의 진리들을 다루는 것이라고 말해야 하는가? 근본적으로는 이점에 대해서 모든 주도적인 개혁신학자들 사이에 의견의 일치가 있다. 모든 이가 동의하기를 교회의 교의(the dogmas of the church)는 성경으로부터 인출 되었다고 하는 것이다. 그러므로 궁극적으로는 조직신학이 성경 가운데서 주어진 진리의 체계를 밝히려고 한다는 것은 사실이다. 조직 신학자들이 성경에 대해 상당한 작업을 한 뒤에야 교회가 그 교의를 정형화 할 수 있는 것은 아니다. 교회의 신조들은, 그 내용의 관한 한, 성경에 진리에 대한 체계적 진술일 뿐이다. 그것이 조직신학에 의해 주어지는 "성경의 진리에 대한 체계적 진술"과 다른 점은 (a) 신조의 진술이 더 간명하다는 것(이는 신조가 가장 본질적인 것들에만 그 관심을 제한하기 때문이다). 그리고 (b) 그 신조들은 교회 회의(the councils of the church)에서 표준 문서들(standards)로 공식적으로 받아 들여졌으므로 권위적 성격을 가진다는 것뿐이다.

한번 이렇게 교회의 표준문서나 교의가 수납되면, 조직신학에 관한 책을 저술하는 신학자가 그 표준문서에 주어진 해석에 따라서 그 조직신학 '책'을 쓰리라는 것은 말할 나위 없는 것이다. 그렇게 하는 것이 그의 자유를 막는 것이라고 말하는 것은 그가 교회의 한 지체로서 이 신조들을 자유롭게 수납하지 않았다고 말하는 것이 된다.12) 더구나 교회의 표준문서들에 따라서 해석한다는 것은 성경을 무시한다는 뜻이 아니다. 계속해서 이 표준문서들이 성경에 근거한 것임을 밝힐 필요가 있는 것이다. 이에 덧붙여서, 조직 신학자들은 이 표준문서들에 대하여 이 표준문서들에서 이미 언급된 진리들의 더 구체적인 표현을 찾을 수 있는지, 또 이 표준문서들에서 아직 언급하지 않은 성경의 진리들은 찾아 진술해 보려고 해야만 한다. 그리함으로써 그는 교회를 성경의 진리 가운데로 더 깊이 인도하는데 그 나름의 조그만 기여를 할 수 있는 것이다. 신조들은 때때로 개정되고 보충되어져야만 한다. 그러나 그리 되려면 조직신학이 신조들 이상으로 진전해 있어야만 하는 것이다.

신조들이 마땅히 어떻게 개정되어야 하는지를 주목해 보는 것은 아주 중요하다. 1925년에 채택된 (미국)연합장로교회(the United Presbyterian Church)의 신조는 신조들이 어떻게 개정되어서는 안되는지에 대한 매우 시사적인 예(例)를 제공해 준다. 이 신조는 웨스트민스터 신앙고백의 개정판으로써 제안되었다. 그런데 이 신조는 웨스트민스터 신앙고백서에서 찾아 볼 수 있는 구체적이고 정확한 성경의 가르침을 애매한 일반화로 그 강조점을 낮추어 제시하고 있다. 이런 종류의 신조 개정은 무용(無用)한 것 이상으로 악(惡)한 것인데, 이는 퇴보적(retrogressire)이기 때문이다. 교회가 필요로 하는 것은 늘 새롭고 변화하는 형태로 나타나는 이단들에 대항하여 교회의 교리들을 더 정확하게 진술하는 것이고, 성경적 진리를 더 온전히 진술하는 것이다.[13]

월필드는 어떤 학문이든지 그 주제에 대한 점점 더 구체적인 지식을 추구한다는 것을 지적하고 있다. 그는 이렇게 말한다.

> 그 어떤 진보적 학문에서든지 건전한 사상가가 그리할 수 있는 이미 수납된 지식으로부터 출발하는 양은 점점 적어지고, 이는 탐구와 연구가 점점 더 점증하는 수의 사실들을 점진적으로 수립하는 정도에 따라서 더 해지는 것이다. 오늘날 갈렌(Galen)의 의학으로 되돌아가려는 의사는 알렉산드리아의 클레멘트(clement of Alexandria)의 신학을 재생해 보려는 신학자만큼이나 미친 것이다.[14]

2. 조직신학의 가치

우리가 조직신학, 또는 다른 어떤 신학분과의 가치를 말할 때, 우리는 실용주의적 입장을 취하는 것이 아니다. 가치의 문제는 우리가 가장 먼저 질문해야 할 문제는 아니다. 진리와 의무의 문제가 더 기본적이고 선결적인 것이다. 우리가 성경의 내용을 취하여 그것을 체계적인 전체(a systematic whole)로 함께 드러내는 일이 하나님께서 우리에게 부여하신 의무이다. 하나님께서 우리에게 주신 계시를 우리가 알아야만 한다는 것은 자명하다. 그러나 만일 우리가 계시의 여러 부분들을 서로 연관시키지 아니하고 그 부분들만 안다면, 우리는 계시를 적절히 아는 것이 아니다. 그 계시의 각 부분이 그 참된 의미로 드러내 보이는 것은 하나님의 계시 전체의 한 부분으로써 인 것이다. 우리는 마땅히 조직적이고 **체계적으로** 생각해야만 한다. 우리가 계시의 내용을 가지고 작업을 할 때 우리는 이렇게 조직적이고 **체계적으로** 사유하는 '하나님께서 창조하신 정신을' 가지고서 작업해야 하는 것이다.

그러나 이 아주 단순한 하나님이 주신 과제가 동시에 우리의 영적인 삶을 위해 가장 유익한 것이라는 것을 생각할 수 있다.15) 윌필드는 다음과 같이 말하고 있다:

> 우리는 종교의 진리들을 추상적으로 그 하나하나를 분리하여 가지고 있지 않다. 우리는 그것들을 서로 관련시켜서만 가지고 있는 것이다. 따라서…만일 우리가 한 진리를 다른 진리들과 연관시켜서, 즉 체계적으로 알지 아니하면, 우리는 그 어느 하나도 바로 알지 못하는 것이며, 그것이 우리의 삶에 온전한 영향력을 미치지 못하는 것이다. 우리가 이렇게 조직적으로 알지 못하면, 우리는 그것이 우리의 행위에 미치는 능력을 반감시키는 것이다. 물론 그런 진리를 전혀 알지 못하는 것보다는 낫지 않겠느냐고 말한다면 그것은 별개의 문제이겠지만 말이다. 또한 이에 덧붙여서, 우리가 일단의 교리를 체계적으로 알지 못하면, 우리는 분명히 그 다소간의 요소의 성격을 잘못 받아들이고, 또 더 조직적인 지식이 더 잘못되기 쉬운 것이어서, 우리의 종교적 신념과 우리의 종교생활이 기형화되고 잘못 조형된다고 생각하게 된다.16)

우리의 인격의 통일성과 유기적 성격은 우리가 행위의 근거로써 통일된 지식(unified knowledge)을 가지고 있을 것을 요구한다. 만일 우리가 성경적 진리 전체(the whole of biblical truth as a system)에 주의를 기울이지 않으면, 우리는 교의적으로 일면적(一面的)이게 되고, 교의적 일면성은 결국 영적인 일면성을 낳게끔 되는 것이다. 인간으로써 우리는 자연적으로 어느 한 편에 치우치게 되어 있다. 그래서 어떤 이는 좀 더 지적(知的)이고, 어떤 이는 좀 더 감정적이며, 또 어떤 이는 좀 더 행동 중심적인 것이다. 어떤 이는 오직 선지자 역할만 하려고, 또 어떤 이는 오직 제사장 역할만, 또 어떤 이는 오직 왕 역할만 하는 성향이 있다는 말이다. 그러나 우리는 이 모든 것을 조화롭게 드러내어야만 하는 존재들이다. 조직신학 연구는 우리의 영적인 균형을 유지하고 개발시키는 데 도움을 줄 것이다. 즉, 이는 우리의 성향 때문에 우리에게 특히 좋아 보이는 것에만 주의를 기울이는 것을 피할 수 있게 해 주는 것이다.

더 나아가서, 개개인의 신자들에게 유익한 것은 또한 목사에게도, 그리고 결과적으로 교회 전체에도 유익한 것이다.[17] 목사들은 성경만 숙지하면 되지, 조직신학의 훈련을 받을 필요가 없다는 주장이 때때로 있어 왔다. 그러나 조직신학을 전혀 가르침 받지 않고 성경만을 읽고 배웠다는 설교가들이 흔히 잘못된 것을 선포하는 일이 많이 있다. 그들은 어떤 점에서는 복음을 잘 알고, 그것에 충실하려고 하는데도, 그들은 종종 오류를 선포한다. 오늘날에는 그들의 성경 연구가 구원론에만 너무나 제한되어 있어서 그리스도의 인격에 관한 이단들에 대해서 그 양떼들을 보호할 수 없는 설교자들이 "정통파" 안에도 너무 많이 있다는 것이다. 때로는 자신들이 의식하지도 않은 사이에 그리스도의 인격에 대해 아주 분명히 이단적인 개념을 말하는 일도 발생하는 것이다.

이런 개념을 한걸음 더 전진시키면 우리는 조직신학의 연구가 사람들로 하여금 신학적으로 선포하는 일에 도움을 줄 수 있다는 것을 알 수 있게 된다.[18] 조직신학 연구는 사람들로 하여금 하나님의 전 경륜(the whole counsel of God)을 선포하도록 도울 것이다. 많은 목사님들은 성경의 하나님의 계시의 풍성한 것에서 상당한 부분을 전혀 언급도 하지 않는다. 그러나 조직신학은 설교자들로 하여금 하나님의 전 경륜을 선포하도록 도우며, 그리함으로써 하나님이 그들의 사역의 중심이 되도록 하는 것이다.

교회사(敎會史)는 하나님 중심의 설교가 그리스도의 교회에 가장 가치 있다는 것을 분명히 증언해 주고 있다. 말씀 사역자들이 가장 참되게 하나님의 전 경륜을 선포할 때에 교회는 영적으로 부요케 된다. 그렇게 되면, 이 온전하고 균형 잡힌 설교가 교회가 세속화되는 것을 막는 것이다. 또한 그런 설교는 교회가 건강하지 못하게 저 세상에만 집착하는 것을 막아준다. 이렇게 균형집한 설교(well-rounded preaching)는 이 세상의 것들을 하나님의 선물로 사용할 수 있도록 가르쳐 주면서, 또한 우리가 그런 것들을 인간 실존의 궁극적 목적인 하나님의 영광을 위해 종속적으로 사용하도록 한다는 면에서 그런 것들을 마치 가지지 않은 듯이 소유하도록 가르쳐 주는 것이다.

만일 교회의 말씀 사역자들이 하나님의 전 경륜을 잘 이해하고 선포함으로써 교회가 강해진다면, 그런 교회는 모든 종류의 잘못된 가르침으로부터 스스로를 잘 보호할 수 있다고 기대하는 것이 자연스럽다. 교회의 교리를 잘 알지 못하는 그리스도인들은 여호와의 증인이나 신령주의자들, 또는 오늘날 이 나라에 만연하고 있는 수많은 이단에 쉽게 사로잡히게 될 것이다.19) 성경 전체의 가르침을 잘 모르는 그리스도인들(one-text Christians)은 이런 이들에 대한 방어무기를 전혀 가지지 못한 것이다. 그들은 예를 들어서, 영원한 심판에 대한 많은 성구를 인용할 수 있을는지는 모른다. 그러나 여호와의 증인들은 그 구절 하나만 가지고 보거나 그 깊은 의미에 주의를 기울이지 않으면 멸절설(annihilation)을 가르치는 듯한 성구들을 인용할 수 있을 것이다. 결과는 기껏해야 확신의 결여로 인한 영력의 상실이다. 이처럼 성경 전체의 교훈에 잘 가르침을 받지 못한 사람들이 유혹자들의 목소리에 노략된 예가 많이 있는 것이다.

우리는 이미 가장 변증적인 방어는 성경의 진리 체계를 가장 잘 알고 있는 사람에 의해서 될 것임을 시사 한 바 있다. 현대에서는 기독교와 비기독교의 싸움이 국지전이 아니다. 그것은 두 가지 서로 대립적인 인생관과 세계관의 생사를 건 투쟁인 것이다.20) 비기독교의 공격이 때때로는 역사적으로 구체적인 문제에 대해 오기도 하고, 성경의 어떤 교훈(예를 들어서, '창조')에 대한 반론의 형태로 오기도 하며, 그저 단순히 어떤 일이 일어났는가 하고 묻는 식으로 오기도 한다. 그러나 이 세세한 공격의 배후에는 하나님과 인간이 연관되어 있고 상호 상관적 이라는 비기독교적 형이상학(the non-Christian metaphysics of the correlativity of God and man)에 대한 끊임없는 가정이 있는 것이다. 조직신학의 훈련을 받지 않은 이는 때때로 이 공격을 어떻게 감당하느냐에 걸려 길을 잃게 된다. 물론 세세한 문제에 관한 한 그 공격을 받아 내는 일에 있어서는 매우 노련할 수 있다. 그러나 그가 그 적수의 입장의 그 토대를 제거하지 않는 한, 그는 늘 새로운 공격이 오리라고 영원히 두려워하고 있어야 할 것이다.

이와 연관해서 목사의 의무는 점점 더 기독교를 위한 변증자의 작업이라는 것이 잊혀져서는 안된다.[21] 일반적인 교육 수준이 그 어느 때보다도 높아졌다. 많은 젊은이들이 고등학교와 대학교에서 진화론에 대해 듣는다. 그들의 부모들은 그들과는 아무 관계가 없는 것으로서 진화론에 대해 들었을 뿐이지 결코 그것에 대해 들어본 일이 없다. 만일 목사가 이 젊은이들을 돕기 위해서는, 그가 좋은 변증가여야만 하는데, 그렇게 되기 위해서는 그가 먼저 좋은 조직신학자여야만 하는 것이다.

결론적으로, 우리는 성경의 진리 체계에 대한 철저하고 온전한 지식이 이단에 대한 최선의 방어가 되듯이, 그것이 또한 진리를 선포하는데도 최선의 도움이 된다는 것을 생각해야만 한다. 이는 앞서 말한 것의 이면(裏面)일 뿐이다. 잘 조직된 군대는 그렇지 않은 군대에 비해서 기습공격에 의해 그리 쉽게 정복되거나 무너지지 않는 것과 같이, 잘 조직된 군대는 그렇지 않은 군대보다 공격도 더 잘할 수 있는 것이다. 공격에 임할 때 각 예하제대가 전군의 보조와 보호를 받게 될 것이기 때문에 사기도 높을 것이다. 적들이 대포로 공격하면, 우리는 그들 위에 원자폭탄을 투하할 수 있어야 한다. 적들이 우리의 근저를 공격해올 때 우리는 이 근저(토대, foundations)를 보호할 수 있어야만 하는 것이다.

만일 교회가 복음을 모든 사람에게 전하라는 하나님이 주신 과제를 이루기를 원한다면, 그 가르치는 기능에 대한 강조어로 되돌아 가야만 할 것이다. 오늘날의 교회가 경련적이고 변덕적인 전도만을 유일한 선포수단으로 삼고 있는 상황은 그 빈곤을 인정하는 것이 된다. 일반적으로 말해서, 교회의 가르침을 잘 살펴보면 그것이 현대주의(modernism)로 가득 차 있음을 발견하고 놀라게 된다.[22] 성봉주의의 선포는 아주 좁은 의미의 복음전도에만 제한되어 있다. 여기서 가르치는 수단을 잘 보면, 그것이 기독교를 받아들이지 않는 이들이 이해하는 "이성" 그리고 "사실"의 개념들에 대한 너무

무비판적인 수용으로 가득 차 있다. 그 결과는 불신에 도전할 기독교의 가르침이 없다는 것이다. 부흥 운동가들은 될 수 있는 대로 빨리 자신들을 불필요하게 만들어야만 한다. 정통주의는 빨리 교회의 가르치는 기능을 다시 회복하여 취하며, 그 이전보다도 더 잘 구비된 지식을 가지고서 그 작업을 해야만 한다.[23]

이 모든 유익이 목사와 교회에 오려면, 우리는 우리의 사역을 하나님께 깊이 의존하는 정신에서, 또 주께서 우리를 당신의 영광을 위한 도구로 사용해 주시기를 기도하는 심정에서 행해야만 한다는 것은 말할 필요도 없다.

각주

1) 반틸은 동방정교회가 아닌 옳은 교리를 확증하기 위해 정통(orthodox)이란 용어를 사용하고 있다. 개혁주의 신앙이란 종교개혁의 또 다른 유파인 루터파와 재세례파와 구별되는 16세기 개혁교회의 신앙고백과 관계된 신학을 지칭하는 말이다. 그것은 성경의 궁극적 권위를 회복하는 것이며, 따라서 종교개혁시대와 오늘날에 이르기까지 특별히 칼빈의 신학을 통해 새롭게 잘 표현된 역사적인 기독교 정통주의의 근원을 제시하는 것이다.
2) A. A. Hodge, *Outlines of Theology* (New York: Robert Carter & Bros., 1878; Grand Rapids: Eerdmans, 1949), 15.
3) "선천적 증언"이란 인류학자들에 의해 관찰된 종교적 본능을 의미한다. 반틸은 그러한 인간적 원인과 방법으로부터 분명하게 구별된 정통주의 신학을 계속 견지할 것을 역설한다.
4) 성경이 그리스도의 사역에서 그 절정을 이루는 하나님의 구원의 행위에 대한 기록으로서 특별계시에 속한다면, 일반계시는 하나님의 창조와 우리 양심을 통해 나타나며, 과학에도 접근 가능한 것이 된다. 그럼에도 과학은 전혀 중립적이지 않으며, 신앙적이거나 계시가 아니거나 둘 가운데 하나일 뿐이다.
5) 반틸은 여기서 하나님이 삼위일체의 하나님이심을 강조한다. 그는 칼 바르트의 신학에서 발견되는 제2위 하나님에게 적절치 못한 강조를 둔 그리스도 일원론 (Christomonism)이라는 이슈를 다룬다.
6) 학과 분류의 이 간결한 제시는 지식을 조직화하고 신학교과과정의 뼈대를 제공한다. 특별히 중요한 것은 주경신학과 성경신학 그리고 조직신학과의 관계이다. 또한 조직신학의 세 분야인 변증학, 실천신학 그리고 교회사를 주목하라.
7) 이어지는 글에서 반틸은 조직신학과 관계되어 있는 워필드와 카이퍼의 변증학의 견해에 대한 자신의 해석을 요약한다. 워필드는 우리가 설명하는 조직신학이 시작하기에 실제에 입각한 참된 것임을 확신하기 위해서 변증학을 최우선 과제로 삼는다. 반면에 카이퍼는 변증학을 철학의 공격을 다루는 분야로서의 교의학 (조직신학)과 윤리학의 부분집합으로 본다. 변증학이 부차적이며 근본적으로 부정적이라는 카이퍼의 주장에 동의하지 않는다 할지라도, 반틸은 워필드를 반대하기 위해 카이퍼의 편에 선다. 왜냐하면 변증학은 조직신학과 다른 내용이나 표준을 삼지 않기 때문이다. 편집자의 입장으로 볼 때, 반틸이 워필드의 주장을 공정하게 다루었는지는 확실치 않다.
8) B. B. Warfield, "The Idea of Systematic Theology," in *Studies in Theology* (New York: Oxford University Press, 1932), 57. 특별히 (아래에 다시 재현한) p.74의 도표를 참조하라. Abraham Kuyper, *Encyclopedia of Sacred Theology: Its Principles*, trans. J. Hendrik de Vries, "Introduction" by B. B. Warfield (New York: Charles Scribner's Sons, 1898).

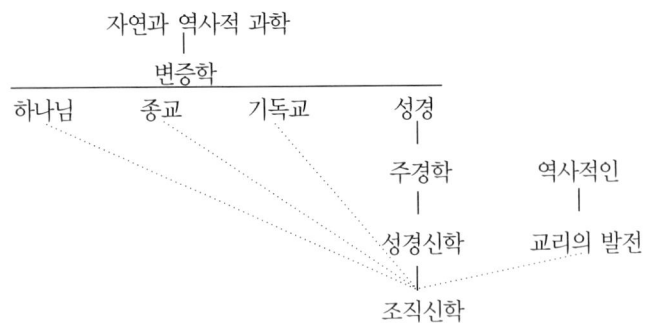

9) B. B. Warfield, "Apologetics," in *Studies in Theology*, 3-21.
10) 원의 바깥 주변이라는 이미지는 변증학이 사실상 변호에 강조를 둔 조직신학의 한 부분임을 의미한다.
11) 헬라어 도케이마(*dokeima*)는 견해를 의미한다. 도그마는 교훈 또는 교회의 교리를 의미해 왔다. 반틸은 모든 교리가 제일 먼저 성경에서 나오며 단지 조직과 교의로 표현되는 것에 일치하기만 하다면 조직신학과 교의신학 사이의 명명법 전문술어의 우월성에 대해 무관심하다.
12) 여기서부터 반틸은 계속해서 일반적으로 남성명사를 사용한다.
13) 반틸은 조직신학이 탁월한 명료성과 엄밀성을 가져올 만큼 발전하는 조건으로만 신조가 개선될 수 있음에 동의한다. 1925년의 수정판에 대한 그의 비판은 1967년의 신앙고백에 대한 반대에 비하면 아주 관대한 것이다. 그의 The Confession of 1967: *Its Theological Background and Ecumenical Significance* (Philadelphia: Presbyterian and Reformed, 1967)를 참조하라.
14) Warfield, "The Idea of Systematic Theology," 78. 갈레노스는 주후 129년에 버가모에서 출생한 그리스의 의사이자 철학자로서 19세기까지 고대 세계와 유럽의 의학계에 영향을 끼쳤던 인물이다. 알렉산드리아의 클레멘트(주전 150-215)는 철학을 신학의 '시녀'라 불렀으며, 참된 지식의 길로서의 로고스 연구로 유명한 그리스도의 교부이다.
15) 이어지는 글에서 반틸은 인간 마음의 중심적인 통일성 때문에 조직신학의 지식이 우리로 하여금 극단으로 치우치지 않도록 도와준다고 주장한다.
16) Warfield, "The Idea of Systematic Theology," 83.
17) 교사로서의 목사의 특별한 책임이 여기에 강조되어 있다. 서문에서 밝혔듯이 반틸은 변증학을 대단히 강조하고 있으며 그것을 조직신학에 있어서의 목사의 훈련과 관계시킨다.
18) 여기서 반틸은 조직신학의 지식이 반드시 세속주의와 또 다른 세속주의 모두를 피하게 만드는 하나님 중심의 설교를 확보해야 한다고 주장한다.
19) 여호와의 증인의 설립자인 찰스 타제 럿셀(1852-1916)에 대한 언급이다. 그의 독특한 성경 읽기에 대한 접근법이 결국 이단적인 교리를 낳고 말았다. 그는 성경적 연대에 대한 해독이 역사에 관한 주요 일시를 결정한다고 가르쳤다

이 단체는 그리스도의 완전한 신성을 부인했고 "절멸설"을 즉 불신자의 영원한 형벌이 아닌 것으로 가르쳤다. 반틸은 전체 성경의 문맥에서 특정한 본문을 취함으로 조직신학을 부인하게 되면, 럿셀의 추종자들이나 그러한 유파를 효과적으로 대처할 수 없다고 주장한다.
20) Christian Apologetics, 2nd ed., ed. William Edgar (Phillipsburg, N.J.: P&R, 2003), 128-35와 같은 여러 다른 곳에서 주장하고 있듯이, 올바른 변증학은 사실에 입각한 단편적인 주장과 맞서는 사실에 입각한 또 다른 단편적인 주장으로서가 아니라 신앙과 불신앙의 체계에 관한 세계관을 대적하는 것으로서의 "전제에 입각한 것"이어야 한다.
21) 반틸에게 있어서 이것은 단순히 개인적 관심사가 아니다. 그 시대가 변증학을 요구하고 있다는 것이다. 더 나아가 훌륭한 변증학은 훌륭한 신학에 기초하고 있다는 것이다.
22) "현대주의"란 그 표면적인 유사성에도 불구하고 역사적 기독교의 입장을 반대하는 견해를 지칭하는 말이다. 이 용어는 20세기 초반의 자유주의 신학을 대적하던 그들의 논쟁에 있어서 정통주의의 지성적 지도자인 그레샴 메이첸 (1881-1937)이 선호하던 단어였다.
23) 반틸은 불신앙을 진정으로 도전하지 못하는 복음주의자들("부흥주의자들")을 날카롭게 비평한다. 왜냐하면 그들은 완전한 전 방위적 기독교의 입장을 충분히 대변하지 않기 때문이다. 따라서 그들의 변증학은 절대로 중립적이지 않은 "이성"과 "사실"에 대한 결함있는 견해를 충분히 폭로하지 못한다.

제2장

조직신학의 방법

조직신학 연구를 위해서는 방법 문제가 근본적 중요성을 가진다. "만일 어떤 사람이 잘못된 방법을 사용하면, 그것은 마치 그가 원하는 곳으로 그를 전혀 인도할 수 없는 잘못된 도로를 달리는 것과 같다."[1] 더구나, 방법의 문제는 현대 과학과 철학에 있어서 아주 중요한 점이다. 만일 정통신학이 현대 상황에 적절하게 나타나기를 원한다면, 그 자체의 방법론과 현대 방법론 일반에 대해서 자의식적(自意識的)인 입장을 취해야만 한다.[2] 물론 정통주의 방법론을 옹호하는 것은 조직신학의 과제이기 보다는 변증학의 과제이다. 그러나 변증학이 그 작업을 바로 하려면, 조직신학이 그 자체의 방법론을 온전히 제시하는 것이 아주 중요하다. 그리고 이 문제를 다루는 것은 조직신학 서론의 특별한 과제인 것이다.

그러나 조직신학의 연구의 적절한 방법을 찾으려면, 우리가 먼저 방법론 일반 문제를 간단하게라도 논의할 필요가 있다. 전체로서의 기독교 유신론은, 그 모든 부문에 있어서, 실재에 대한 다른 일반적 해석들과는 아주 다르다는 것이 밝혀진 후에야 조직신학이 취할 바른 방법이 나타날 것이기 때문이다.

1. 기독교 유신론적 방법

방법의 문제는 중립적인 것이 아니다. 절대적이고 자의식적인 존재이시며, 모든 유한한 존재와 지식의 원천이신 하나님에 대한 우리의 전제는 우리로 하여금 기독교 유신론적인 방법을 모든 비기독교적 방법과 구별하는 일이 필수적이게끔 한다.

우리는 기독교 유신론적 방법의 독특한 성격을 드러내기 위해서 여러 가지 다른 명칭들을 사용할 수 있다. 예를 들어서, 우리는 기독교 유신론의 방법을 함의의 방법(the method of implication)이라고 할 수 있다. 이 명칭으로서 우리는 기독교 유신론이 방법에서 선험적(a priori) 측면과 후험적(a posteriori) 측면이 모두 있다는 사실을 드러내려는 것이다.[3] 그 후험적 측면은 핫지(Hodge)가 말한바 성경의 사실들을 모으고 배열하는 일에서 잘 드러난다.

또 선험적 측면은 우리가 모으는 것이 일반적인 사실들이 아니라 **성경**의 사실들(the facts of scripture)이라는 데서 나타난다. 또는 선험적 요소가 우리는 적어도 성경의 빛에서(in the light of scripture) 다루는 모든 사실들을 해석한다는 사실에 있다고 말할 수 있다.[4]

그러나 우리의 방법에는 선험적인 측면도 있고, 후험적인 측면도 있어야만 한다고 말하는 것으로는 충분치 않다. 관념주의 논리학자들은 우리의 이런 주장이 옳다고 즐겨 승인할 것이다. 브래들리(F. H. Bradley)와 보생큐트(B. Bosanquet)에 의해서 잘 드러난 바와 같이 근대의 관념주의 논리의 핵심에는 모든 참된 논리는 선험적 측면과 후험적 측면을 가지고 있어야만 한다는 주장이 있어 왔던 것이다.[5] 그러나 그들은 거기서 그치지 않았다. 모든 방법은 후험적 측면만이 아니라 선험적 측면도 가지고 있어야만 한다고 일반적인 진술을 했을 뿐만이 아니라, 그들은 그들이 말하는 선험적 측면의 성격을 정의하기까지 했던 것이다. 그들은 이 선험적 측면이 영원성 개념에 들어 있다고 말한다. 보생큐트(Bosanquet)는 강경하게 주장하기를, 실재에 영원한 측면이 있지 않으면, 우리는 아무 것도 알 수 없다고 하였던 것이다. 그래서 그는 자신의 방법론을 함의의 방법이라고 말한 바 있다(Implication and Linear Inference, Esseentials of Logic). 이 **함의**(implication)란 용어가 실재로는 방법의 후험적 측면에서가 아니라, 선험적 측면에서 빌어 왔다는 점을 주목해야 할 것이다. 그것은 전체, 즉 진리의 체계 개념을 새로운 진리의 발견 개념 앞에 놓는 듯이 보인다. 그 어떤 관념론 논리학자도 그의 방법의 명칭을 그의 방법의 선험적 측면에서만 노출시킬 권리를 가지고 있다고 생각하지 않는다. 왜냐하면, 그의 방법론에는 선험적 측면과 후험적 측면이 모두 같이 중요하기 때문이다. 관념주의 자들에게는 "영원성"이란 용어가 현세적인 것들의 항존적 측면들 이외에 다른 것이 아니다. 보생큐트(Bosanquet)는 실재가 영원한 새로움(an eternal novelty)을 가진다고 말할 때 이를 말하고 있는 것이다. 그는 이것이 처음에는 **영원한 새로움**(an eternal novelty)이라고 말하고, 또한 두 번째로는 그것이 영원한 **새로움**(an eternal novelty)이라고 말하고 있다는 말이다.

관념주의 논리에 대한 이 논의로부터 우리는 존재론(theory of being)과 방법론(theory of method)이 얼마나 밀접히 연관되어 있는가를 알 수 있다. **실재**(實在, reality)는 시간적인 것과 영원한 것의 합성물이라는 보생큐트(Bosanquet)의 확신 때문에, 그는 그 방법론에서 후험적 측면과 선험적 측면의 동일한 궁극성을 믿는 것이다.

더구나, 보생큐트의 입장에 대한 이 논의로부터, 우리가 말하는 선험적 요소의 성질이 관념론자들이 이해하는 선험적 요소의 성질과 다르다는 점을 지적함으로써 우리의 방법론을 관념론적 방법과 조심스럽게 구별해야 할 필요가 있음이 잘 나타난다. 우리가 말하는 선험적 요소의 성질은 우리의 하나님 개념에 의해서 분명히 규정된 것이다. 또한 우리의 후험적인 것도 관념론자들의 후험적인 것에 대한 개념과 그 성질이 다르므로, 우리가 말하는 사실들은 하나님에 의해 피조 되고 규제되는 것임에 비해서, 관념론의 사실들은 그런 것이 아닌 것이다.[6]

(1) 지식의 존재 원리(the principium Essendi)로서의 하나님

우리 방법론의 선험적 측면의 성질을 드러내기 위해서, 우리는 이것을 근자의 신학책에서 **지식의 존재 원리**(the principium essendi)에 대하여 말하는 바와 관련하여 논의할 수 있을 것이다.[7] 그의 교의신학에 관한 기념비적 저서 『개혁파 교의학』(*De Gereformeerde Dogmatiek*)에서 헤르만 바빙크(Herman Bavinck)는 **지식의 존재원리**(the principium essedi of knowledge)에 대해서 긴 논의를 하고 있다. 그가 이 말로써 의미한 바는 자의식적(自意識的)이고, 자존적(自存的)인 하나님 개념 없이는 우리가 그 어떤 것도 알 수 없다는 것이다. 이제 이 개념을 좀 더 깊이 논의해 보기로 하자.[8]

세상이 있기 전(前)에 하나님께서는 모든 영원부터 자충족적인 존재(a self-contained and self-sufficient being)로 존재하였었다. 기독교적 관점에서는 하나님의 비존재(非存在, non-existence)를 생각하는 것은 불가능한 일이다. 사실 우리는 이 세상이 먼 옛날에는 존재하지 않았다가 하나님에 의해서 무에서부터 창조되었다고 믿는 것이다.

물론, 이미 우리가 피조함을 받은 후에, 이 세상이 먼 옛날에는 존재하지 않았다는 것을 우리가 온전히 이해할 수 있음(comprehend)을 시사 하려는 것은 아니다. 그 사실을 온전히 이해한다(comprehend)는 것은 하나님을 온전히 이해한다는 것이니, 이는 우리가 하나님을 생각하면서 우리가 우리 자신의 피조물 됨을 넘어서서 생각할 수 있다는 것을 의미하는 것이 될 것이기 때문이다. 그러나 '사람은 하나님을 온전히 이해할 수 없다' (man cannot comprehend God)는 것은 우리의 신 개념의 본질이다. 만일 하나님께서 자족적이며, 영원히 자의식적인 존재로 실제로 존재하신다면 우리는 그의 피조물로서 그를 온전히 다 이해할 수 없다는 것이 자연스러운 것이다.[9)]

사람들이 다시 한번 신비의 개념을 말하는 이 시기에 하나님의 불가해성(the incomprehensibility of God) 개념으로 무엇을 뜻하는가를 잘 살펴보는 것은 특히 중요하다. 그것은 하나님이 그 자신에게 불가해적(不可解的, incomprehensible)이시라는 뜻이 아니다. 반면에, 사람이 하나님을 온전히 다 이해할 수 없음은 하나님이 온전히 자기 이해적(自己理解的, self-comprehensive)이시라는 사실에 근거하는 것이다. 하나님은 절대 합리성(絕對 合理性, absolute rationality)이시다.[10)] 그는 유일한 자족적 전체(自足的 全體), 즉 절대 진리의 체계이셨고, 또 영원히 그러하시다. 그러므로, 하나님의 지식은 전적으로 분석적(分析的, analytic)이다.[11)] 즉 그의 지식은 자기 의존적(自己依存的, self-dependent)인 것이다. 하나님이 탐구하셔야 할 '하나님으로부터 독립하여 존재하는' 사실들은 결코 없다. 하나님은 한 분의 유일한 궁극적 사실이시다. 그 안에서, 즉 그 자신의 존재와 관련해서는 사실과 사실의 해석이 동연적(同延的, coterminous)이시다.

여기에 우리는 성경 가운데서 가르쳐진 대로의 삼위일체는 지식의 존재 원리로서의 하나님에 대해 가능한 가장 근본적 묘사를 제공해 준다고 덧붙여 말해야만 한다. 지식의 문제는 전체적으로 하나(the one)와 여럿(the many)을 함께 말하는 문제였었다.[12)] 사람이 자신과 자신의 안을 바라볼 때, 그는 **다양한 사실들**이 있음을 보게 된다. 이때 곧 떠오르는 질문은 이 다양성 안에 어떤 **통일성**(unity)이 있느냐, 즉 그에 따라서 이 잡다한 많은 것들이 나타나고 발생하는 어떤 한 가지 원칙이 있느냐는 것이다. 모든 비기독교적 사상은, 만일 그것이 초지상적 존재(a supra-mundane existence)개념을 사용했다면, 그런 어떤 초지상적인 존재(this supra-mundane existence)가 지식의 통일성, 또는 선험적 측면을 제공하는 것으로 생각하되, 지식의 후험적 측면은 우주에 의해서 제공되는 어떤 것으로 여긴다. 이에 반해서, 기독교는 "일찍이 지식의 후험적 측면이 전혀 없었던 때가 있었다."(there once was no a posteriori aspect to knowledge at all)고 말한다.13) 즉 하나님께서만 존재하셨을 때는 시간을 지닌 우주도 없었고, 그 어떤 새로운 사실의 발생도 없었던 것이다. 존재하는 유일한 지식 활동은 삼위일체 하나님의 상호 침투적 인격성들 내에서만 완결되어 있었을 뿐이었다. 우리가 지식의 선험적 요소와 후험적 요소의 관계를 말할 수 있는 것은 오직 사람과 관련하여서일 뿐이다. 하나님께는 그런 구별이 있을 수 없는 것이다. 신격(the Godhead)의 복수성은 우리가 피조된 우주에서 보는 바와 같은 새로운 사실들의 발생과 비교할 수 없다. 하나님의 삼위성은 하나님의 단일성만큼이나 영원한 것이다. 지식이란 영원한 새로움이라는 보생큐트의 개념은 결코 하나님께는 적용될 수 없다. 하나님 안에 새로움이란 없다. 또한 하나님께 대해 새로운 것도 있을 수 없는 것이다.

(2) 유비적인 '인간의 지식'

그러므로 우리는 기독교 유신론의 방법은 관념론 철학의 방법과 아주 잘 구별되어야만 한다는 것을 알 수 있다. 지식에서 궁극적인 선험적 측면이 있어야만 한다는 사실에 대한 그 모든 강조와 함께 관념론은 지식에는 똑같이 궁극적인 후험적 측면이 있음도 주장한다. 이것이 관념론의 논리에 있어서는, 그 어떤 다른 비기독교적 논리에서와 마찬가지로, 기독교적 신 개념이 처음부터 실질적으로 버려졌음을 의미한다. 우주가 하나님처럼 그렇게 궁극적인 것이라고 당연히 받아들여지는 것이다. 또한 하나님께서 지식의 선험적 측면을 제공하시며, 우주가 그 후험적 측면을 제공해야 한다는 것이 당연시되는 것이다. 신격 안에서의 하나와 여럿의 동등한 궁극성이 부인되는 것이다.그러므로, 모든 비기독교적 지식론과 기독교적 지식론의 구별되는 특징은 다른 모든 비기독교적 이론들에서는 사람들이 일의적(univocally)으로 추론하는 데 비해서, 기독교에서는 사람들이 유비적(analogically)으로 추론해야 한다고 주장하는 데에 있다.14)

이 구별로써 나는 모든 비기독교적 방법론은 시간과 영원을 상호연관된 것의 한 측면들로 여기며, 하나님과 사람을 같은 지평에 있는 존재들로 생각하는 것을 당연시함을 드러내어 본다. 하나님과 사람이 서로 연관된 상호관련적인 것으로(as correlative to one another)생각되는 것이다. 또한 하나님과 사람이 그들보다 더 높으며, 그들과는 독자적으로 존재하는 논리 체계 하에서 움직이는 것으로 여겨지는 것이다. 모순율(the law of contradiction)이 하나님과 사람에게서 독립해 있는 것으로, 또는 적어도 하나님과 사람 안에서 같은 수준에서 작용하는 것으로 생각되는 것이다.

이와는 대조적으로, 기독교는 그 어떤 시간의 제한을 받는 존재가 존재하기 전에 하나님께서 계셨다고 주장한다. 그는 자의식적이고 자존적이며 자기 일관성을 가진 존재로 존재하셨다. **그러므로 우리가 아는 대로 모순율은 피조물의 수준에서 하나님의 본성 내의 내적 응집성을 표현해 낸 것일 뿐이다.**그러므로 그리스도인은 모순율이 그 자체로써 무엇이 참되고 그른 것인지를 규정하는 어떤 것으로 여기고, 결코 그런 일을 위해 모순율에 호소해서는 안 된다.15) 만일 모순율이 이런 방식으로 인간 사상이 궁극적으로 호소할 수 있는 표준(the ultimate standard of appeal in human thought)으로 여겨지면 어떻게 되는가를 역사적으로 잘 예증해 주는 것이 파르메니데스(Parmenides)이다.16) 파르메니데스는 결론짓기를 역사적인 어떤 것을 이해하기 위해서는 그것이 무시간적 범주 체계의 요소들로 환원되어야 한다고 하였다 그러므로 그는 모든 역사적 다원성과 복수성의 실재와 의미를 부인하였다. 현대에는 파르메니데스가 주장한 바와 같이 모순율을 긍정적으로 사용하기 보다는 부정적으로 사용하는 일이 일반화되었다. 그래서 겉으로 보기에는 이것이 역사적 사실성(historical factuality)의 여지를 남기는 듯 보인다. 그러나 현대에도 이 역사적 사실성이 알 수 없고, 부조리하다고 여기기 때문에 별로 큰 의미가 없어 보일 수도 있다.17)

물론 그리스도인들은 긍정적으로든, 부정적으로든 모순율을 사용해야 하는데, 이때 그들은 계시의 사실들을 체계화하는 수단으로 이를 사용해야 하는 것이다. 이 계시의 사실들이 폭 넓은 우주에서 발견되는 것이든지 아니면 성경에서 발견되는 것이든지, 모순율은 하나님의 본성(the nature of God)이라는 배경하에서 외에는 그 어디서도 작용하는 것으로 사유되어서는 안 된다. 하나님께서 이 세상을 창조하셨으므로 이 피조된 세계가 그와 동등한 실재의 요소를 제공할 수 없는 것이다. 그리스도인들의 창조관은 관념주의적 논리 개념을 영원히 불가능하게 한다. 그런데 창조론은 기독교의 신개념에 함의되어 있다. 따라서 창조론을 부인하는 것은 기독교적 신개념을 부인하는 것이 된다. 피조된 존재나 피조된 실재 일반은 창조주께서 제공하시는 영속성의 요소와 동등한 것을 제공할 수 없다.

그러므로 만일 우리가 창조론을 믿는다면, 우리는 이 우주 내의 새로운 요소가 하나님의 영원한 계획에 종속하는 것이라고 말해야만 한다. 그리스도인들은 자충족적인 하나님의 존재의 수준과 하나님의 존재의 수준에서 파생한 인간 존재의 수준이 있다는 두 수준의 존재관(two levels of existence)을 가진다. 그렇기 때문에 그리스도인들은 또 두 수준의 지식관(two levels of knowledge)을 가지는데, 이에 의하면 절대적으로 전포괄적이고 자충족적인 하나님의 지식의 수준과 전포괄적이지 않고 파생적이며 재해석적인 사람의 지식의 수준이 있다고 본다. 그러므로 우리는 그리스도인으로서 사람의 지식은 하나님의 지식에 대해 유비적(analogical)이라고 믿는다고 말한다.[18]

특주(Note) 1

신비 문제에 관한 근래의 논의에 하나님의 지식과 인간의 지식에 대한 특히 위험스러운 형태의 혼동이 나타나고 있다. 예를 들면, 프린스톤의 고(故) 도날드 맥캔지(Donald Mackenzie)교수는 『기독교 하나님의 역설』(Christianity the Paradox of God)이란 책을 썼는데, 이 책에서 그는 우주의 궁극적 신비성이란 현대적 개념과 하나님의 불가해성이란 기독교적 개념을 혼동하고 있다. 사실상 이 둘 사이엔 언어적 유사성 외에는 그 어떤 유사성도 없는 것이다 하나님의 불가해성에 대한 기독교회의 개념은 하나님의 절대적 자기 존재에 근거한 것이며, 그 논리적 결국인 것이다. 하나께서는 영원하시고 독립적인 존재이시나, 우리는 시간적 존재이므로 우리는 그의 존재를 다 파악할 희망조차 갖지 못하는 것이다. 그러나 이 하나님의 불가해성은 그것이 하나님의 절대적 합리성에 근거한 것이므로 우리 지식의 참된 합리적 성격과 불일치하는 것이 아니다. 오히려 하나님이 철저히 합리적이시므로 우리의 지식도 합리적이다. 동시에 하나님이 철저히 합리적이시므로 그는 우리에게는 불가해적(incomprehensible)이시다. 하나님이 비합리적(irrational)이어서 우리가 그를 철저히 다 알 수 없는 것이 아니고, 오히려 하나님이 합리적(rational)이시고 그것도 본질상 철저히 합리적(ultimately rational)이시므로, 우리가 그를 다 파악할 수 없는 것이다. 하나님이 어두움이시기 때문에 그가 우리에게 불가해적인 것이 아니라, 그가 빛이시고, 그것도 그 본질상 절대적인 빛이시기에 우리에게 불가해적인 것이다. 하나님께서는 그 누구도 가까이하지 못할 빛에 거하신다. 우리는 하나님의 빛에 의해 눈멀게 되는 것이 아니라, 오직 하나님의 빛에서만 우리가 빛을 보는 것이다.[19]

사람의 존재가 하나님 편의 자원적인 창조 행위에 의존하는 것처럼, 사람의 지식도 하나님의 사람들에 대한 자원적(自願的) 계시 행위에 의존하는 것이다. 사람을 창조하신 행위조차도 이미 하나님의 계시라고 할 수 있다.[20] 그러므로 우리 편에서의 지식은 아무리 작은 것이라고 해도 모두 다 파행적인 것이고 재해석적인 것이다. 사람의 지식이 "유비적"(analogical)이라고 하는 의미가 여기에 있다.

천주교도 인간의 지식이 유비적이라고 말한다. 그러나 천주교는 원래적 존재로서의 하나님과 피조된 존재인 인간 사이의 날카로운 구별을 하지 않는다. 먼저 **존재 일반**에 대한 많은 주장을 한 후에야 그 구별을 도입하는 것이다. 그러므로 천주교의 견해에 의하면, 인간의 지식이 언제나, 어디서나 선행적인 하나님의 본래적 행위(a prior original act of God)에 의존하는 것이 아닌 것이 된다. 그러므로 사실 천주교의 견해에 의하면, 인간의 지식이 결코 전적으로 파생적이거나 재해석적이지 않은 것이 된다. 따라서 천주교는 실질적으로는 인간의 지식이 하나님의 지식에 대해 유비적이라고 생각한다고 주장할 수 없는 것이다.[21]

천주교가 유비적 지식에 대한 참으로 기독교적인 개념을 가지지 않았음은 그 입장이 현대의 이상주의적 관념론 사상과 명확히 구별될 수 없다는 사실에서 가장 분명히 나타난다. 예를 들어서, 이 점에 관해서 우리는 『**형이상학적 사유의 성질**』(*The Nature of Mefaphysical Thinking*, London, 1946)에 나타난 도로띠 에메트(Dorothy M. Emmet)의 유비(analogy)에 관한 논의를 생각해 볼 수 있다. 현대 철학 일반의 경우와 같이, 에메트

(Emmet)양은 사람이 그의 궁극적 참조점이라고 가정한다. 그리고는 알려졌다고 생각한 영역으로부터 그녀는 유비(analogy)의 도움으로 알려지지 않은 영역에로 나아간다. 그리고 항상 그녀는 사람의 자율성(autonomy)에 대한 가정에 근거하여, 이 유비의 방법으로 사람이 경험을 "실천적" 의미에서만 해석할 수 있다고 하는 것을 예리하게 의식하고 있다. 그녀에 의하면, 실재는 궁극적으로 신비하다. 그러나 우리는 대개(somehow) 알려지지 않은 것 **신비한 것**이 알려진 것과 비슷하리라고 믿는다는 것이다. 천주교의 입장도 어떤 점에서는 "이성"이 궁극적이라는 입장에서 출발한다. 천주교에 의하면, 그 자체를 피조된 것으로 생각하든지, 아니면 피조되지 않은 것으로 가정하든지 간에, "이성"은 자연을 어느 정도까지는 참되게 해석할 수 있다고 본다. 물론, 천주교회도 이성이 연약하고, 특히 하나님의 신비들에 대해 알려면 보충을 받아야만 한다고 주장한다. 그러나 바로 이 점이 문제점을 야기하는 것이다. 에메트 양(Miss Emmet)과 같은 입장이 솔직하게 이성을 궁극적인 것으로 놓고 출발하고, **성경과 이에 따르는 개혁신앙의 입장이 솔직하게 하나님을 궁극적인 것으로 놓고 출발한다면**, 천주교회의 입장은 그 둘 사이를 왔다 갔다 하는 것이다. 그래서 에메트 양의 입장에서나 천주교회의 입장에서는 개혁신앙이 인간의 모든 지식을 성경의 자존하시는 하나님 편에서 행하신 창조와 계시의 행위에 의존시키는 것을 모순이라고 여기는 것이다.[22]

그러므로 하나님의 불가해성에 대한 정통주의적 개념을 현대 사상이 말하는 우주의 궁극적 신비성과 혼동하는것은 상당히 위험하다. 현대 사상 일반과 특히 현대 논리는 보생퀴트(Bosanquet)와 함께 하나님은 기껏해야 전체로서의 실재의 한 측면이라고 여긴다.[23] 그러므로 마치 사람이 어두움이나 신비로 둘러싸여 있듯이, 하나님 자신도 그러하다는 것이다. 달리 말하면, 현대 사상은 궁극적 비합리주의(an ultimate irrationalism)를 믿는데 비해서, 기독교는 궁극적 합리성(an ultimate rationality)을 믿는 것이다. 이 두 형태의 사상은 더 이상 적대적일 수 없다고 생각된다. 지식의 세계에서 생각할 수 있는 가장 근본적 대립이 여기 있는 것이다. 그러므로 정통주의 신학자들이 기독교와 비기독교적 사상에 대한 이 근본적 구별을 하지 못하는 것은 아주 놀라운 일이 아닐 수 없다. 만일 하나님의 궁극적 합리성(the ultimate rationality of God) 개념이 포기되면, 모든 기독교 신학의 근거가 상실되는 것이다. 하나님의 궁극적 합리성 개념에 근거해서만 우리가 "체계적 해석"(a systematic interpretation)과 같은 것을 세울 수 있으리라고 희망할 수 있기 때문이다.

특주(Note) 2

 모든 난점을 피할 수 있는 방법에 대한 용어를 발견하기가 불가능한 것임을 유념해야 한다.24) 따라서 우리의 방법을 '함의의 방법'(the method of implication)이라고 할 수도 있는데, 이때 우리는 "함의"라는 용어로써 좀 다른 어떤 것을 생각해야만 한다. 마치 "귀납"(induction)이란 말을 우리가 사용할 때 비기독교적 논리학자가 의미하는 것과 의미가 다르듯이 말이다. 사실은 참으로 "함의"(implication)를 말할 수 있는 이는 그리스도인뿐이다. 왜냐하면, 그리스도인만이 절대적 체계(an absolute system)란 개념을 신중하게 사용하기 때문이다. 물론, 보생퀴트(Bosanquet)도 말하기를, 만일 우리가 무엇에 대해서 알려면 절대적 체계에 대한 통찰을 가져야 한다고 하였다. 그러나 그는 그런 절대적 체계를 가질 준비가 되어있지 않은 것이다. 그리스도인으로서 우리는 말하기를 지식을 갖기 위해 우리 자신이 절대적 체계를 가져야만 하는 것이 아니라, 우리가 지식을 가지려면 하나님께서 절대적 체계를 가지시든지 혹은 절대적 체계가 되실 필요가 있다고 주장하는 것이다.

 또한 우리의 방법을 초월적(transcandental) 방법이라고 할 수도 있다. 그러나 이때에도 이 말로써 우리가 의미하는 바는 칸트적인 또는 현대적인 의미와는 다르다고 하는 것을 유념해야 한다. 칸트의 사상은 그 최종거점을 하나님에게서 찾지 않는다.25) 또한 현대 사상 일반은 실재를 영원한 범주로 해석하지 않는다. 현대 사상은 실재를 영원의 범주와 시간의 범주의 합성으로 해석하려 하는 것이다. 우리가 위에서 살펴본 바와 같이, 모든 비기독교적인 사상에 대해서, 영원이란 결코 시간의 상대 개념이기만 한 것은 아니다. 실재를 영원의 범주만으로 해석할 수 있는 이들은 그리스도인들뿐인데, 그것은 그리스도인들만이 자충족적인 하나님을 믿고 시간적 실재에 의존하지 않기 때문이다.

2. 신학적 방법

 모든 유비적 지식은 신학적 지식이라고 불리울 수 있다. 심지어 우리가 원하면, 우리는 유비적 지식의 개념을 신학적 지식의 개념과 동일시할 수도 있다. 우리의 영혼이나 구원에 대해서 알고 싶을 때 뿐만 아니라, 물리나 심리학에 대해서 알고 싶을 때에도 하나님 없이 그리할 수는 없는 것이다. 이 우주 안에 그 어떤 한 가지 사실도 하나님의 존재를 인정하지 않으려고 한다해도 그럼에도 불구하고 하나님의 존재 사실은 사람이 하나님께 대해 알고 있는 지식의 양을 설명하는 것이다. 이것이 그래야만 한다는 것을 우리는 쉽게 알 수 있다. 창조 개념 또한 자충족적인 하나님 개념 안에 함의되어 있다. 이 우주 안에 있는 모든 사실이 하나님에 의해 창조되었고, 사람의 정신과 사람의 정신이 알고 있는 모든 것이 하나님에 의해서 피조되었다면, 그런 사실하에서는 만일 하나님이 존재하지 않으셨다거나 모든 유한한 존재들이 하나님의 계시가 아니라면, 인간 지식의 전 분야가 다 무너져 버릴 것은 말할 나위 없는 것이다.

우리는 이 점을 강조하는데, 그 이유는 오늘날 신학과 다른 학문을 다음과 같이 구분해서 말하는 것이 유행하기 때문이다. 신학의 경우에는 하나님께서 우리를 가르치시기를 허용해야 하지만, 다른 학문의 경우에는 우리의 눈을 크게 떠서 주위를 둘러보아야 할 필요가 있다. 그러므로, 우리는 다음과 같은 것을 강조해야 할 필요가 있다. 즉, 신학과 다른 학문의 차이는 신학에는 하나님이 필수적인데 다른 학문에는 그렇지 않다는 데에 있는 것이 아니고, 단지 하나님이 지식의 상황(the knowledge situation)에 도입되는 **직접성의 정도**(the degree of directness)에 있는 것이다.[26]

신학적 방법이 유비적 방법 일반에서보다 더 직접적으로 하나님과 관여한다는 말의 의미는 신학의 경우에는 우리가 성경으로 가고, 다른 학문의 경우에는 다른 곳으로 간다는 말로써 충분히 정확하게 표현될 수 없다. 물론 다른 학문을 할 때보다는 신학을 할 때에 더 직접적으로 성경에 관여한다는 것은 사실이다. 그러나 다른 학문을 할 때에 우리가 성경에 전혀 관여하지 않는 것이 아닌 것이다. 우리가 그리스도인으로서 공부하고 연구하는 모든 것에 대해 성경은 무차별적으로 빛을 비춰준다. 성경에는 우리의 삶의 모든 사실을 해석하는데 사용할 수 있는 사실의 철학이 있다. 그러므로 예를 들어서, 참으로 예수의 몸을(땅속에서) 찾으러 나가는 고고학자들과 함께 발굴에 나서는 이는 그리스도인이 아닌 것이다. 또한 그리스도인은 사람과 동물 사이의 "빠진 고리"를 찾을까 하는 의도로 나아가는 진화론적 기대를 가지고 탐험에 나설 수도 없는 것이다. 그러나 또한 연구실과 탐험의 문제에서는 성경이 간접적으로만 관여된다는 것도 사실이다. 우리가 다루는 사실들을 찾기 위해 성경을 뒤지지는 않는 것이기 때문이다. 반면에, 신학의 경우에는 하나님에 관한 사실들을 거의 오직 성경에서만 찾는다는 것도 사실이다. 우리가 '거의' 오직 성경에서 찾는다고 말했음에 유의하자. 이는 우리가 자연에서도 하나님에 대해서 배우기 때문이다. 그러므로 우리는 이것이 강조점의 차이일 뿐이라고 말해야만 한다. 우리가 무엇인가를 공부하고 연구할 때 우리는 성경에만 우리 자신을 제한하지 않아야 하는 것이다.[27]

신학의 방법과 다른 학문의 방법의 차이를 드러내기 위해 우리가 때때로 말하는 것의 또 한 방식으로 신학에서는 우리가 구속을 다루는데 비해서, 다른 학문에서는 그렇지 않다고 하는 말이 있다. 그러나 이것도 역시 강조점의 문제로써만 옳은 것이다. 신학에서 우리는 구속의 문제만을 다루는 것이 아니라, 하나님의 영광을 위해 존재하는 우주의 문제도 다루기 때문이다. 또한 우리가 참으로 기독교적 동기(the Christian motif)에서 움직인다면, 이것은 다른 것을 연구할 때에도 우리의 관심이 된다. 그러나 신학의 경우에 우리가 다른 학문에서 보다도 구속의 문제와 하나님과의 직접적 관계의 문제에 더 집중한다는 것은 사실이다.

이 요점, 즉 그리스도인에게 있어서는 자연의 그 어떤 사실에 대한 모든 해석이 자의식적(自意識的)으로 하나님의 계시에 대한 재해석의 행위로 이루어져야만 한다는 것을 분명히 하지 않으면 기독교적 증언을 심각하게 약화시킬 수가 있다. 기독교적 증언을 그와 같이 약화시킨 전형적인 예(例)는 샤퍼(Lewis Sperry Chafer)의 『조직신학』(Systematic Theology)에서 발견할 수 있다. 요약판이 아닌 판에서도 여기서는 현대 사상과 관련한 기독교적 방법론에 대한 논의를 가지고 있지 않다. "이성"이 비그리스도인들의 경우에는 중생을 통하여 그 자신들을 하나님의 피조물로 생각하며, 인생에 있어서 그 과제를 하나님과의 언약을 지키는 것으로 생각하는 이들에 의해 사용된다는 것을 분명히 하는 대신에 샤퍼(L.S. Chafer)는 신학이 그 자료를 "계시와 이성에서"(both revelation and reason) 이끌어 낸다고 말한다. 그 뒤에 덧붙이기를, "여기서 말하는 이성은 진리를 추구함에 있어서 초자연적인 도움과는 상관없이 행사되는 사람의 지적, 도덕적 기능들을 의미한다"고 말한다.[28] 그러나 그렇게 묘사된 이성은 실제에 있어서 자연인의 이성일 뿐이다. 그리고 자연인은 그 주위와 그 안에 있는 계시를 억누르는 것이다. 우주와 자신에 관한 한 그의 근본적 결론은 언약을 지키는 이들의 입장이 아니고 , 언약 파기자의 입장이다. 이 결론들은 계시에 의해 보충될 필요도 없고, 보충될 수도 없는 것이다. 그 결론들은 반드시 뒤집어져야만 하는 것이다. 사람은 진리를 전적으로 억압할 수 없고, 하나님의 오래 참으심이 그를 회개케 할 수도 있다는 사실 때문에, 자연인이 때때로 어떤 진리들에 대해 빛을 비추일 수 있다. 자연인의 해석의 "체계"가 전복되어야 할 필요가 있다 해도 그런 대로의 조명이 있을 수는 있다. 그런데도, 이 사실을 지시하는 대신에 샤퍼(Chafer)는 천주교의 연약함에 물든 입장을 따르고 있는 것이다.

앞서 말한 "기독교적 증언을 약화시키는"또 다른 형태는 고고학이나 기적들과 같은 역사의 사실들에 대해서 그리스도인들이나 불신자나 기독종교의 기본적 전제를 도입하지 않고서도 만족스럽게 같은 결론에 도달할 수 있다는 논의에 수긍하는 것이다. 기독교적 관점에서는 시공간의 우주 안의 모든 사실이 하나님에 의해서 피조된 것이며, 하나님의 계획안에 있음으로 해서 그 성격을 부여받은 것이다. 그러므로 "자연"과 역사의 모든 사실에서 부분적으로 표현된 것은 하나님의 계획에 대한 그의 계시이다. 그러므로 그리스도인은 모든 사실은 이 계획과 관련하여 그 자체가 무엇인지를 적극적으로 계시한다는 주장을 해야만 한다.

천주교가 가진 입장에 근거해서는 천주교는 이런 주장을 할 수 없다. 천주교회의 **존재의 유비**(analogia entis) 개념은 하나님의 존재와 인간의 존재에 대한 사전 구별 없이, 또한 본래적 사유(original thought)와 파생적 사유(derivative thought)에 대한 사전 구별 없이도 존재와 합리성 일반에 대해 말하는 것이 가능하다고 가정한다. 그런 입장에서는 그리스도인들이 창조주 하나님과 피조물인 인간에 대한 구별을 도입하지 않고서도 "사실들"(facts)과 "합리적 우주"(a rational universe)에 대해 불신자와 합리적인 이야기를 할 수 있는 것이 된다. 또한 이런 입장에서는 그리스도인들이 변증하는 종류의 기독교는 어느 정도는 비그리스도인들의 허용 또는 묵인에 의해 사는 어떤 것이 된다.

알미니안의 입장도 천주교회(로마주의)의 입장과 비슷하다.29) 천주교회와 같이 역사 내에서 일어나는 많은 사실들이 하나님의 계획과는 상관없이 인간의 결정에 의해 일어난 산물이라고 가정하므로, 알미니안은 하나님의 계획을 이끌어 들이지 않고서 고고학과 이적들에 대해 불신자들과 논의할 수 있게 되는 것이다.

역사적 사실에 대한 알미니안적 형태의 논의로 근자에 나타난 한 예가 루이스(C.S. Lewis)의 『이적들』(*Miracles*, New York, 1947)에서 발견될 수 있다. 루이스는 논의하기를 "큰 이적"(the grand miracle)은 역사적 존재 일반의 세계에서 흔히 일어나는 일의 현저한 예일 뿐이라고 한다. "만일 기독교의 교리가 참되다면, 우리가 이해할 수 있는 것은 우리 자신의 복합적인 존재가 그저 겉으로 보이는 것과 같은 순전한 변칙, 또는 예외적인 것이 아니라, 신적 성육신 자체의 희미한 이미지이다. 그러므로 이는 조금 작게 나타난 같은 주제(성육신)인 것이다."30) 이는 자연인이 그 자신의 가정에 근거해서 받아들일 수 있는 종류의 논의이다. 존재일반에 대한 논의이기 때문이다. 그러나 안타까운 결과는 그렇게 참된 것으로 증명된 듯이 보이는 기독교는 그 안에 하나님과 인간이 같이 우주 안에 포괄되어 둘 다 우주의 존재의 법칙과 합리성에 순종해야 되는 형태의 기독교이다.31)

우리는 천주교와 알미니안주의가 하나님과 그의 계획에 대한 기독교적 전제를 끌어들이지 않고 불신자들과 역사적 사실 문제에 관한 논의를 해도 그것이 자신들의 입장과 일관성을 유지하는 것이라고 말하였다. 그러나 개혁신앙을 고백하는 이가 그리한다는 것은 아주 일관성이 없는 일이다. 그럼에도 불구하고 그런 일은 자주 발생한다. 근자에 나타난 한 예를 든다면, 고오든 H. 클락(Gordon H. Clark)의 작품 『기독교 교육 철학』 (*A Christian Philosophy of Education*, Grand Rapids, 1946)을 말할 수 있다. 고고학 일반에 대해 말하면서 클락은 이와 같이 말한다. "고고학은 상당히 가치있고, 지지될 만하다. 그러나 고고학은 성경이 참되다고 증명하지 않는다. 더구나 하나님의 존재를 증명하기는 더욱 어렵다."[32) 고고학이 성경이 참되다고 증명하지 않는다고 언급된 이유는 문제의 성격상 고고학의 범위에 들어올 수 있는 사실들에 관해서 성경이 말하는 **모든 경우에 있어서** 성경이 참되다고 밝혀질 수 없기 때문이라는 듯하다. "별로 주의성 없는 어떤 그리스도인들이 일반적으로 진술하기를 원하듯이, 성경이 이 백여 번의 경우에서 참되다고 밝혀졌으므로, 성경은 아직 검증되지 않은 수천 경우에도 참되다는 추론을 할 수는 없는 것이다…"[33)

그러나 개혁파 신자는 분명히 칼빈과 함께 역사의 **모든** 사실은 지금 여기서 실제적으로 하나님의 계시라고 강조해야만 한다. 그러므로 그 **어떤** 사실과 **모든** 사실이 하나님의 존재와 성경의 진리성을 증명하는 것이다. 만일 그렇지 않다면, 그 어떤 사실도 결코 이를 증명하지 못할 것이다. 모든 사실이 하나님의 존재를 증명하는 것은 하나님과 그의 경륜이란 전제 없이는 그 어떤 사실도 전혀 특성을 가질 수 없기 때문이다. 개혁파 사상이 강조하는데 가장 관심을 기울여야 할 이 점을 강조하는 것은 실제적으로는 기독교 신앙만의 전제인 것을 기독교인과 불신자가 공유하는 전제라고 놓고서 고고학의 사실들이나 역사 일반의 사실들에 대해 추론하기를 그만두는 것이다. 개혁파 조직신학과 변증학이 천주교나 알미니안의 조직신학과 변증학과 다른 것은 바로 개혁신학의 독특한 주장, 즉 모든 사실이 하나님의 계획의 표현이며, 이 계획을 전제하지 않고서는 그 어떤 사실도 무엇을 증명하거나 반증할 수 없다는 주장에 기인한다.[34)

고고학에 관한 클락의 논의의 결점은 역사 일반의 사실들에 의해서 증명될 수 있는 것에 대한 그의 개념에서 일반적으로 나타나는 것이다. 그의 역사관은 그의 기적 개념에서 가장 잘 나타난다. 클락은 말하기를, 역사적 사실들이 그 자체로서는 유신론(theism)을 형성하지 못한다는 실용주의자들의 주장이 본질적으로 옳음을 그리스도인들은 마땅히 받아들여야만 한다고 한다. 성경의 기적들은 일반적인 형태의 관념론이나 유물론이 가정하는 일률적인 세계(world uniformity)와는 분명히 공존할 수 없다는 것이다. "그러나 그것들은 유신론의 일률성에서나 실용주의에서도 논리적으로 불가능하지 않으나 이상스러운 위치를 차지한다. 이 사건들은 기독교 유신론을 규정하기 보다는 철학적 해석을 필요로 하는 것이다."35)

그러므로 클락은 성경의 기적들이 "실용주의에서 뿐만 아니라 일반적 유신론에서도 논리적으로 불가능하지는 않으나 기묘한 위치(a queer place)를" 차지한다고 주장하는 것이다. 이런 주장은 천주교나 알미니안주의적 개념과 잘 들어 맞으며, 그에 의하면 하나님과 그의 계획을 말하기 이전에 이미 존재 일반과 합리성 일반에 대해 말할 수 있고, 그렇게 하는 것이 적절하다고 하기 때문이다. 그것은 그리스도의 부활조차도 논리적으로 실용주의의 구조에 맞아 들어 갈 수 있다는 생각을 함의한다.

그러므로 그 부활조차도 모든 증명력(evidential value)을 상실하게 되는 것이다. 따라서 클락은 사실들로부터 시작하는 것과 하나님으로부터 시작하는 것을 절대적으로 대조시킨다. "역사에 대한 실용주의적 입장, 보편률, 형이상학, 초자연적 해석에 대한 그 실증주의적 부인을 생각할 때, 사실들로부터 시작해서 후에 하나님을 발견하는 대신에, 우리가 하나님으로부터 시작하지 아니하면 우리가 결코 하나님으로 마칠 수도 없고, 사실들에 이를 수도 없다는 결론을 예기적으로 시사하는 것이 허용될 수 있을 것이다."36) 개혁파 신앙을 가진 이가 사실들(facts)로부터 시작해서 후에 하나님을 발견하는 방법을 취하지 않는 다는 것은 사실이다. 그러나 또한 그 어떤 개혁신앙가도 하나님으로부터 시작해서 후에야 사실들을 발견할 수도 없음 역시 사실인 것이다. 사실들이 하나님의 계획 때문에 지금 그런 성격을 지닌 것이라면 그 계획이 어느 정도는 그 사실들 안에 분명히 나타나는 것이다. 그러므로 사실들로부터 시작하는 바른 방법은 그 사실들이 기독교가 말하는 것대로가 아니라면 그것들은 인지할 수 없는 것들(unintelligible)이라고 주장하는 것이다. 그 어떤 사실도 논리적으로 실용주의의 구조에 들어맞지 않으며, 모든 사실이 논리적으로 기독교적 구조에 맞는 것이다. 그러므로 이 적들을 포함해서 사실들 일반을 기독교적 구조에 뿐만 아니라 실용주의적 구조에도 맞을 수 있는 것으로 말하는 것은 마치 알미니안주의나 천주교회가 그리하듯이 기독교적 증언을 약화시키는 것이다. 그것은 불합리주의적 사실관(an irrationalist philosophy of fact)을 가정하는 것이다.37)

더구나, 예를 들어서 이적들과 같은 사실들이 실용주의적 구조에 잘 맞아 들어갈 수 있다고 말하는 것은 사실상 하나님의 본성을 도외시하고, 또는 그 위에 있는 추상적 논리에서 출발하는 것이 된다. 만일 사실들이 비합리주의적으로 받아들여지면, 논리도 비유신론적으로 이해되는 것이기 때문이다. 다음과 같은 비교를 해보면 이 점이 분명하게 드러난다. 사실들을 유신론적으로 이해하면, 사실들이란 그것들이 하나님의 본성에 따라, 하나님의 뜻에 의해 생성되었기 때문에 바로 지금의 모습과 양태를 갖는 것으로 이해된다. 이런 경우엔 사실들이 하나님의 계획을 드러내게 된다.

그러나 실용주의자들의 "논리"는 추상적이고 비인격적인 논리(abstract impersonal logic)여서, 이 논리는 실질적으로 사실들은 하나님의 계획을 능히 드러낼 수 없다고 주장하는 것이다. 그러므로 이런 논리는 추상적으로 하나님께서 무엇을 할 수 있고, 없다는 것을 규정하게끔 되어 있는 논리이다. 파르메니데스는 늘 이런 종류의 논리에 호소하여, 직접적으로 결론짓기를 무(無)로부터의 창조는 불가능하다고 하였던 것이다. 실용주의도 같은 종류의 논리에 호소하고서, 간접적으로나마 무(無)로부터의 창조는 불가능하다고 결론짓는 것이다. 현재적인 문제에 대한 그 모든 비합리주의적 결론들에도 불구하고, 실용주의는 또한 파르메니데스만큼이나 합리주의적(rationalistic)이다. (이들의 경우에서도) 비합리주의는 합리주의와 관여하고, 합리주의는 비합리주의에 묻혀있는 것이다.38)

이 모든 것의 유비(analogy)에 대한 의의는 다음과 같다. 결국 서로 배타적인 두 가지 방법론이 있는 것이 된다. 자연인의 방법론은 인간 정신의 궁극성을 가정한다. 이에 근거해서 사람은 자기 자신을 궁극적 준거점(the ultimete reference point)으로 여기고서, 실질적으로 모든 실재를 한 수준으로 환원시키고서는 가능한 것과 불가능한 것을 규정하는 하나님의 경륜(the counsel of God)을 부인해 버린다. 그래서 하나님의 계획 대신에 존재와 합리성의 가능성, 또는 개연성이란 추상적 개념을 가정하는 것이다. 그러므로 이런 이들은 일의적으로 사유한다(reason univocally)고 할 수 있다. 물론 여기서도 "유비"란 용어가 사용될 수는 있다. 그러나 이때 이 용어는 신적인 지식이 인간의 지식에 대해 유비적이게끔 하는 것이다.

이에 반해서 기독교적인 입장과 그 방법론이 있다. 일관성있게 표현 되었을 때. 기독교적 입장은 하나님의 자기 존재와 계획, 그리고 그의 자충족적인 자기 지식이 모든 피조된 존재와 지식의 전제가 된다고 하고 출발한다. 이 경우에는 모든 사실들이 하나님의 존재와 그의 계획을 드러내고 또한 증명하는 것이다. 또한 모든 인간의 지식은 자의식적(自意識的)으로 그 계획에 복종해야만 한다. 이때 조직신학의 과제는 가능한 한 하나님의 계시를 질서있게 정돈해 내는 것이 된다. 그렇게 하여 생성된 "체계"(system)-예를 들어서 개혁파 신앙고백서들에서 표현된 것과 같은 그런 체계는 유비적인 체계(an analogical system)로 여겨진다. 그 어디서도 그런 체계가 하나님의 정신의 그 원체계(the original system of the mind of God)와 동일한 내용을 일일이 진술한다고 말하지는 않는 것이다. 만일 그 어디서도 그런 기독교적 체계가 하나님의 정신을 철저히 다 재생하고 있다고 주장한다면, 그것은 하나님의 정신 전체의 재생(reproductive of the whole mind of God)이라고 주장하는 것이 된다. 그러나 기독교적 체계가 어느 한 점에서도 신적인 체계와 동일하다고 주장하는 것은 인간의 지식이 하나님의 뜻에 의존하는 그 의존 관계를 깨는 것이다. 그런데 이 의존 관계가 파괴되면, 사람의 지식이 자충족적인 것으로 여겨지고 말게 된다.[39]

이렇게 철저히 배타적인 이 두 가지 입장 중간에 천주교의 절충. 양보적 입장이 있다. 또한 알미니안주의도 대개는 천구교의 입장과 비슷한 것이다. 또한 개혁신학자들이라도 불신자들의 기본적 전제를 도전하지 아니하고서 그들과 논의하는 것은 본질적으로는 성격상 천주교의 입장에 따라서 논의하는 것이 된다.

특주(Note) 1

우리가 신학적 방법에 대해 말할 때 우리는 조직신학만의 방법을 말하는 것이 아니라, 모든 신학 분과를 말하는 것이다. 더구나 조직신학 전체를 놓고, 그것을 (전통적인 방식에 따라) 신론, 인간론, 기독론, 구원론, 교회론, 그리고 종말론으로 분류했을 때 신론에서만 신학적 방법(the theological method)을 사용한다는 이야기는 더 더욱 아니다. 다양한 학문들과 신학의 관계, 그리고 다양한 신학 분과들의 관계를 가장 적절히 표현해 낼 수 있는 방법으로 몇 가지 동심원들을 그리는 것을 생각할 수 있다. 하나님께서는 이 동심원들의 중앙에 계신다. 가장 바깥쪽의 큰 원은 신학을 제외한 다른 모든 학문들의 사실들을 포함한다. 그리고 두 번째 작은 원은 모든 신학 분과들을 포함하는 것이다. 세 번째 더 작은 원은 신론을 다루는 것이다.[40]

특주(Note) 2

방법의 문제 전체를 이 장(章)에서 다룬 바와 같이 여기면 많은 혼동을 피할 수 있다고 믿는다. 일반적으로 있을 수 있는 가장 큰 혼동은 기독교 유신론적 방법과 비유신론적인 방법 외에 다양한 방법을 구별하는 것이다. 이런 혼동은 찰스 핫지의 조직신학의 방법론을 다룬 장(章)에서 나타나고 있다[41] 그는 다양한 방법들에 대해서 다음과 같은 일반적인 진술을 하고 있다. "가장 큰 포괄적인 방법들은 선험적(a priori) 방법과 후험적(a posteriori) 방법이다. 선험적 방법은 원인으로부터 결과를 논의하고, 후험적 방법은 결과로부터 원인을 논의하는 것이다."[42] 그러나 우리가 살펴본 바와 같이, 선험이나 후험이라는 말이 기독교인에 대해서와 비그리스도인에 대해서 서로 다른 의미를 지니는 것이라면, 가장 큰 기본적인 구별을 기독교 유신론적인 방법과 비유신론적인 방법의 구별로 삼아야 할 것이다.[43]

만일 이런 기본적인 구별을 하게 되면, 다른 방법들에 대한 우리의 비판이 더 유효하고 적절한 것이 될 것이다. 핫지(Hodge)가 신학 연구에서 사용되어 온 다양한 방법들을 논의할 때, 그는 이 다양한 방법들이 대개는 한 가지 비유신론적인 방법의 변형임을 밝히려고 하지 않는다. 그는 단순히 사용되어 왔던 다양한 방법들에 대한 역사적 고찰만을 할뿐이다. 그는 사변적 방법(the speculative method), 신비적 방법(the mystical method), 그리고 연역적 방법(the inductive method)에 대해서 말하고 있다. 그러나 가장 중요하게 주목해야 할 점은 이들 방법들에 대한 주된 비판이 세세한 점들에 있는 것이 아니라, 이런 방법들이(우리가 말하는 의미에서) 유비적(analogical)이지 않다는 사실, 더 구체적으로 말해서 그 방법들이 신학적

(theological)이지 않다는 사실에 있는 것이다. 선험적인 것이 주도하는 합리주의적 방법(a rationalistic method)은 그 자체로써는 철저히 실증적이거나 후험적인 방법보다 더 나쁜 것은 아니다. 만일 기독교적인 선험과 후험 개념을 가지고서 사용되기만 한다면, 두 방법 모두 받아들일 수 있는 것이다. 또한 합리적 측면과 실증적 측면을 합해도 그 자체로써는 합리주의적 방법(a rationalistic method)이나 실증주의적(혹, 경험론적) 방법(an empirical method)보다 더 나은 방법을 내는 것이 아니다. 아무리 0을 많이 합해도 그 답은 0이기 때문이다. 이들 방법들 중 어떤 것은 다른 것들보다 상대적으로 더 높은 가치를 가진 것일 수 있다 (왜냐하면, 우리는 절대적인 악과 비교해서 상대적인 선이 있을 수 있다고 믿기 때문이다). 그러나 이 방법들을 그대로 더하거나 빼서 신학의 목적을 위해 쓰기에 적절한 방법을 얻을 수는 없는 것이다.[44)]

2장에 대한 부록

그의 강의안(syllabus)인 『일반 은총과 기독교 교육』(*Common Grace and Christian Education*)에서 윌리엄 마셀링크 박사(Dr. William Masselink)는 나의 전 사상 체계가 '절대적 윤리적 대립' 개념(the idea of the Absolute Ethical Antithesis)을 가지고서 시작한다고 하며 나의 사상을 비판했다.[45]

나는 이런 비판에 대해서 『일반 은총에 대한 한 편지』(*A Letter on Common Grace*)라는 팜플렛에서 답변을 한 바 있다.[46] 그 팜플렛에서 나는 나 자신을 오히려 하나님의 형상으로 지음받은 사람의 창조로부터 시작한다는 것을 분명히 하였다. 그때 나는 칼빈을 따르면서 모든 사람이 어찌할 수 없게 하나님을 안다고 말하였다(롬 1:19). 모든 사람들은, 타락 이후에라도, 그들의 심정 깊은 곳에서는 그들이 하나님의 피조물들이며, 따라서 하나님에게 순종해야만 했는데, 실제로는 하나님의 법을 깨뜨렸다는 것을 안다.

그러므로, 타락 이후에는 모든 사람들이 그들의 존재에 붙박혀 있는 자신들에 대한 이 진리를 억누르려고 한다. 그들은 하나님께 대해 대립하고 있다. 이것이 인간의 부패에 대한 성경적 가르침이다. 그러므로 우리가 기독교의 진리를 사람들에게 제시하려면, 사람들의 이런 위치로부터 출발해야만 한다.

첫째로, 그들은 하나님의 형상으로 만들어진 피조물들이다. 그 자체가 하나님의 능력과 신성을 계시하는 세상에 둘러싸여진 그런 하나님의 형상인 것이다. 그러므로 하나님에 대한 그들의 반립은 결코 형이상학적인 것이 아니다. 그들은 어떤 상황에서든지 오직 하나님의 형상일 뿐이다. 그들은 주변에 있는 우주에서나 그들 자신의 구성에 있어서 하나님을 직면하지 않을 수 없다. 그러므로 하나님께 대한 그들의 반립은 윤리적인 것일 뿐이다.

둘째로, 하나님의 일반 은총 때문에 죄인 편에서의 하나님께 대한 이 윤리적 반립은 제한되어지며(restrained), 결국 사람의 창조력이 건설적일 수 있게 되는 것이다. 이 세상에서 죄인은 '좋은' 일을 많이 할 수 있다.(예를 들어서) 그는 정직하고, 다른 이들의 고난을 경감시키기 위해 노력을 하며,

도덕법을 '지키는' 것이다. 그러므로 형이상학적이기보다는 윤리적인 반립이 또한 다시 한 번 제한된다. 그 윤리적 반립은 원칙의 반립이고, 완전히 다 표현되지는 않는다. 만일 자연인이 그의 영혼 안에 있는 하나님께 대한 윤리적 적개심의 원리를 온전히 다 표현해 낸다면, 그는 정말 악마일 것이다. 그러나 그가 그런 존재로 나타나지 않는 일이 더 흔히 있는 일이다. 그는 결코 그가 될 수 있는 최대의 악한 자가 아닌 것이다.

이 모든 것은 이 책에도 나타나고, 나의 다른 강의안에서도 나타날 것이다. 특히 이 점이 『일반 은총에 대한 한 편지』(A Letter on Common Grace)에서 지적되었다. 그런데도 바셀링크 박사(Dr. Masselink)는 내가 절대적이고 윤리적 반립 개념으로부터 나의 전 사상 체계를 시작하고 있다고 계속해서 말하며, 이 '절대적 윤리적 반립' 이란 말로써 내가 사람이 "현재로는 그가 할 수 있는 한 최대한으로 악하다"는 것을 의미한다고 주장한다.[47]

마셀링크는 말하기를 개혁신학에 의하면 반립(反立, the antithesis)은 '원칙적' 인 것이지, 절대적인 것이 아니라고 한다. "나는 개혁신학이 '절대적 윤리적 반립' 을 말한 일이 있다고 믿지 않는다. '원칙의 반립' (Principial Antithesis)이란 말은 자연인이 원칙상(in principle) 죄에서 죽어 있고, 완전히 부패되었다는 뜻이다. "그러나, 자연인은 원칙상 절대적으로 부패한 것이다."[48] 그러므로 마셀링크는 '절대적' 이란 용어를 인간의 전적 타락과 관련해서도 사용하는 것이다. 그리고 나는 타락이 원리적으로만(only in principle) 절대적이라는 제한적 설명을 여러번 사용한 바 있다. 이점에서의 유일한 차이는 내가 마셀링크보다 그 제한적 설명을 한번 더 가하고 있다는 점에 있다고 생각된다. 나는 반립이 형이상학적인 것이 아니고, 윤리적인 것임을 조심스럽게 지적하였다. 그런데 마셀링크에게서는 이 구분을 발견할 수가 없다. 아마도 이것이 그가 다른 곳에서 윤리적인 반립을 원칙상 절대적인 것으로 여기지 않는 듯한 원인일 것이다. 여기서 나는 그가 가진 그리스도인들과 비그리스도인이 아무런 원리적 차이(principal difference)를 찾을 수 없는 하나님과 사람과 우주에 대한 일반적 개념들이 있다는 개념에서 그가 발렌틴 헤프(Dr. Valentine Hepp)를 따르고 있다는 사실을 지적하는 것이다.[49]

여기서 '절대적 반립'이란 말이 마셀링크가 생각하듯이 그렇게 사용되지 않은 말이 아니라는 것을 지나가는 말로 언급해 볼 수 있을 것이다. 예를 들어서, 헤르만 카이퍼(Dr. Herman Kuiper)는 이 용어를 사용하며, 이를 기독교의 절대성과 밀접하게 연관시키고 있다. 그는 이렇게 말한다. "이와 관련해서 칼빈의 일반 은총 개념이 기독교의 절대성을 주장하는 데 도움을 줄 수 있다는 것을 주목할 수 있을 것이다. 특히 근자에는 기독교를 믿는다고 하는 많은 이들이 정통적 기독교 개념을 유일한 참 종교라고 인정하지 않으려고 하는 일이 많이 있다. 기독교와 모든 비기독교의 절대적 반립을 주장하기 보다는 기독교가 모든 사람의 심중에 심겨진 종교의 씨앗의 최고의 발전이라고 보려고 하는 것이다"[50]

마셀링크와 다른 이들이 나의 견해에 대해 가하는 두 번째 비판은 논리의 법칙에 관한 것이다. 마셀링크는 다음과 같이 말한다. '그의 근자의 출판물인 『일반 은총에 대한 한 편지』에서 반틸은 이성 일반에 대해서 "그런 것은 사실상 존재하지 않는다"고 말한다. 반틸과 우리 사이의 문제는 기독교인과 비그리스도인의 지식의 정도의 차이에 관한 것이 아니라, 우리가 카이퍼와 함께 자연인 안에 있는 논리의 법칙이 죄에 의해서 완전히 파괴되지는 않았다고 말할 수 있는가에 관한 것이다.[51] 그러나 죄인에게 있어서 논리의 법칙이 파괴되었다고 말하는 것은 이 책에서 취한 입장과는 전적으로 반대되는 것임을 독자들은 곧 알 수 있을 것이다. 반립이 형이상학적이지 않고 윤리적이라고 말하는 그 구별의 요점은 하나님의 형상으로 만들어진 피조물로서 합리적이며 도덕적인 존재로서의 사람의 구성이 파괴되지 않았다는 데에 있다. 죄인들이 하나님으로부터 분리된 것은 윤리적인 것이다(형이상학적인 것이 아니다). 도대체 어떻게 형이상학적 분리가 있을 수 있겠는가? 잃어 버려진 자들도 합리적이고 도덕적 규정력을 상실한 것은 아니다. 그들의 잃어진 상태를 의식하기 위해서라도 이 형상을 가지고 있어야만 하는 것이다.

그리고 이것은, 내 견해에 의하면, 죄인의 의식은 완전히 "윤리적 내용을 결여하고 있다"는 것이 될 것이라는 마셀링크의 요점에 대해 무엇인가 말해 주는 것이 있다. 그는 이렇게 말한다. "만일 이 신 의식과 도덕 의식이 전적으로 윤리적 내용을 결여하고 있다면, '시민적 의'(civil righteousness)를 말하는 우리의 신조는 참되지 않은 것이 될 것이다."[52] 그러나 형이상학적 반립과 윤리적 반립을 구별한 것은 사람이 도덕 의식을 결여할 수 있는 단계가 있을 수 있다는 개념을 피하려는 구체적인 목적에서 나온 것이다. 천주교의 입장에서는 이 구별이 주어질 수 없으므로, 죄의 영향력이 존재의 피라미드 속에서 생각된 것이다. 존재의 유비에 대한 아리스토텔레스적 개념 하에서는, 사람이 순수 자연상태(in puris naturalibus)에서는 윤리 의식을 가지고 있지 않아도 된다. 그래서 그에게 도덕의식을 주기 위해서 낙원에서도 '덧붙여진 은사'(the *donum superadditum*)라는 형이상학적 개념이 필요하게 될 것이다. 그리고 죄가 들어온 후, 즉 이 '덧붙여진 은사'가 제거된 후, 사람은 다시 존재의 깊이 속으로 내려가며, 선악을 분별하는 능력도 저하된다고 한다.

마셀링크가 이런 사유의 선에로 계속 떨어지는 것을 막기는 어려울 것이다. 그는 다음에 인용한 문장에서 존재의 피라미드(the scale of being) 개념을 가지고서 생각하는 듯하다. "지옥에서는 하나님과 자연인 사이의 반립이 절대적이다. 그곳에서 일반은총도 시민적 의도 없는 것이다" 물론 잃어버려진 지위에는 일반 은총이 없다는 것은 참되다. 그러나 잃어 버려진 자들이 '윤리적 내용을 결여하고 있는가? 그들의 양심은 계속해서 그들이 하나님의 거룩성을 범과했다고 두드리고 있지 않은가? 마셀링크는 '윤리적 내용' 개념 자체를 일반 은총의 존재에 의존하도록 하고 있다. 그럼으로써 그는 자신의 견해에 의하면 죄의 원리를 제한하는 데서 일반 은총이 사람으로 하여금 더 이상 도덕 의식을 가질 수 없는 상태에 떨어지는 것을 막고 있다는 것'을 보여주고 있다. 이것은 죄가 사람에게 형이상학적 영향을 미치고 있다고 보는 점에서 천주교적 죄 개념을 따르고 있다고 할 수 있다.

죄의 영향력에 관한 문제, 그것이 윤리적인가 아니면 형이상학적인가 하는 문제 전체는 만일 일반 은총이 들어오지 않았더라면 사람을 포함한 전 세상이 다 산산조각 났을 것이라는 (그들의) 개념에서 잘 표현되어진다. 헤르만 카이퍼(Herman Kuiper)는 다음과 같은 말에서 이 개념을 아주 옳게 거부하고 있다. "우리는 또한 『강요』 II, 2, 17의 칼빈의 가르침이 '사람의 타락이, 만일 하나님께서 우리를 살려 두지 않으셨더라면, 우리의 전본성의 파괴를 초래했다' 는 것이라고 생각하는 것을 반박한다. 칼빈은 여기서 천사들 세계에서의 반란이 그 결과로 마귀들이 모든 사유하는 능력을 상실하게 하지는 않았다는 것을 잊은 듯하고, 또한 그는 언젠가는 고통하는 곳에 거하게 될 잃어 버려진 영혼들이 계속해서 사람으로 남아 있고, 어느 정도의 지적 능력을 유지하리라는 것을 고려하지 않고 있다."53)

『일반 은총에 대한 한 편지』에서 나는 우리가 '형이상학적,' '윤리적'이란 용어와 개념을 사람의 타락과 관련해서는 한계 개념 또는 보완 개념으로 사용할 필요가 있다고 말한 바 있다.54) 우리는 마치 죄가 하나님의 일을 파괴한 것 같이 말해야만 하는 것이다. 그러나 이것은 분명히 그 윤리적 의도와 관련해서 말하는 것이다. 우리는 이것이 궁극적이고 윤리적인 가능성이 아님을 알고 있으며, 그것은 죄가 그리스도의 사역을 통해서 멸하여지리라는 것은 이미, 영원 전부터, 하나님의 계획의 한 부분이기 때문이다.

개혁주의적 사유에 있어서 참된 진보는 지난 세대에 보완적 개념들을 사용하는 일로부터 왔다고 할 수 있다. 이렇게 보완적 개념을 사용함으로써 베르까우워(G. C. Berkouwer)와 다른 이들은 만일 그들이 이런 개념들은 사용하지 않았더라면 갖기 쉬웠을 번쇄주의(scholasticism)의 몇몇 측면을 잘 피할 수 있었다. 신학에서는 대개 선택 개념에 근거하여 우리가 하나님이 한 집단으로서의 인류에 대한 어떤 애호의 태도를 가지신다고 할 수 없다고 추론할 때 번쇄주의가 나타났었다 또한 우리가 책임 개념을 주장하므로, 선택이란 없다고 추론하는 데도 이런 번쇄주의가 나타나는 것이다. 또한 선택 개념과 유기 개념이 동등한 궁극성을 가질 수 없다고 말하거나, 아담의 순종의 선택이나 불순종의 선택이 똑같은 궁극성을 가진 것이라고 말하는 데서도 이런 번쇄주의가 나타난다. 신학적 개념들이 이와 같이 서로에게 보완적이지 않도록 사유하게 되면 우리는 논리주의(logicism)에 빠지게 되는 것이다. 그렇게 하면 우리는 역사의 흐름의 중요성을 논리의 정적인 범주들로 환원시켜 버리고 마는 것이다.

하나님께서는 사람들에게 논리적 사유의 은사를 주셔서 그에게 주시는 하나님의 계시를 정돈할 수 있도록 하셨다. 논리적 사유의 은사는 사람이 스스로 가능한 것과 현실적인 것을 규정하도록 하기 위하여 부여된 것이 아니다. 사람이 성경 가운데서 그에게 주어진 계시의 내용을 체계화할 때에, 이 체계는 성경에 대해 독립적인 것이 아니라, 성경에 종속하는 것이다. 그러므로 그리스도인들이 사용하는 체계의 개념은 현대 철학이 사용하는 체계의 개념과는 상당히 다른 것이다.

그러므로 그리스도인이 비그리스도인에게 먼저 그 의미를 설명해 주지 않고서 기독교는 '모순률과 일치한다'고 말하는 것은 아무런 의미도 없는 일이다. 왜냐하면 비그리스도인은 이 진술을 그리스도인이 말하는 의미와는 전적으로 다른 뜻으로 이해할 것이기 때문이다. 비그리스도인은 창조를 믿지 않는다. 그에게 모순률이란, 다른 모든 법칙처럼, 하나님의 창조 활동에서 그 궁극적 원천을 찾을 수 없는 어떤 것이다. 따라서 비그리스도인들은 모순률을 사용해서, 그리스도인이 하나님으로써 하는 일을 하려고 추구할 것이다. 그리스도인은 하나님께서 가능한 것과 불가능한 것을 규정하신다고 생각한다. 비그리스도인은 사람이 스스로를 위해서 가능한 것과 불가능한 것을 규정하도록 한다. 적극적으로든, 소극적으로든 비그리스도인들은 가능성의 영역과 역사의 흐름을 모순률을 수단으로해서 규정할 것이다.

이것은 비그리스도인에게는 그가 모순률을 사용하면서 채용하는 개념들이 그들이 표현하려고 하는 '사물의 본질'을 다 표현하는(exhaustive) 것으로 여겨진다는 것을 의미한다. 그리고 각 개념이 사물의 본질을 전적으로 표현하는 것으로 여김으로써 비기독교적 사상은 실재 전체, 심지어 시간적 실재도 정적인 개념들로써 표현해 보려고 한다. 심지어, 현대 사상에서 일반적으로 그러하듯이, 실재가 전적으로 시간적이며, 따라서 개념으로써는 전혀, 또는 충분히는 표현될 수 없다고 해도, "개념들로 표현된 것이 사람이 알 수 있는 모든 것이라는 것"이 주장되고 가정되어진다. 그렇게 되면 사람들은 계시란 실재를 아는 또 하나의 방식이라고 말할 것이다. 그들은 심지어 이 다른 실재가 개념적 작업을 통해 알게된 것보다 더 근본적이라고까지 말할 수도 있다.

그렇게 되면 그들은 이 전적으로 다른 실재를 아는 신앙 개념과 현상계를 아는 이성 개념의 이원론을 상정할 것이다. 어떻게 하든지 간에 역사의 사실들의 참된 의미는 파괴되는 것이다.

이것은 변증법 신학의 경우에서 가장 분명하게 나타난다. 역사 사실들의 독특성을 주장하기 위해서 변증법 신학은 일반 역사(ordinary history)와는 다른 원역사(primal history)를 말하는 것이 필요하다고 생각한다. 바르트와 부룬너는 말하기를 일반 역사는 독특한 것을 그 어떤 것도 나타낼 수 없다고 한다. 그리고 그들이 그와 같이 말하는 이유는 그들이 사람은 그 역사를 비기독교 사상이 그것을 해석하듯이 일반사를 해석하여야만 한다고 가정하기 때문이다. 말하자면, 일반사는 개념을 수단으로 해서 해석되어야만 하는데, 개념은 그들의 견해에 의하면 모든 개별성을 파괴하기 때문이다. 개념들은 추상적인 본질들만을 다룰 수 있다고 하는 것이다. 개별적인 것들은 이 개념들에 의해서 어떤 류의 한 경우로 환원된다는 것이다. 사실 개별적인 것은 그것을 묘사하는 개념들 안에서 전적으로 상실된다는 말이다.

오직 개혁신학에서만이 이런 현대적 접근에 반할 수 있는 수단이 주어질 수 있다. 그것은 개혁신학이 다른 이에게는 열려져 있지 않은 "실재를 조작할 수 있는 어떤 수단들"에 접근할 수 있기 때문이 아니며 오히려 개혁신학만이 사람의 창조주로서의 하나님 개념에 공정하고 충실할 수 있기 때문이다. 만일 하나님이 참으로 사람의 창조자이시라면, 사람의 사고는 유비적인 것으로 생각되어야만 한다. 그러므로 이 개념들은 환원적 체계의 수단들로 옳게 사용될 수 없다. 오히려 이 개념들은 하나님의 계시의 풍성함을 나타내는 수단으로 사용되어져야만 한다. 이때에는 사람이 자신에 대한 하나님의 관계를 알려고 할 때 늘 그러하듯이 끝으로 보기에는 모순적인 것이 나타날 수는 있으나, 모순률의 이름으로 선택이나 인간의 책임 그 어느 하나도 부인하지 않는다.

일반 은총의 일반적 문제에 적용될 때 한계 개념, 또는 보완적 개념은 우리로 일반 은총을 부인하게 하지도, 또한 일반 은총이 신자와 불신자 사이의 중립지대를 만든다고 하지도 못하게 하는 것이다.

1. 사람 안에 있는 하나님의 형상

한계 개념 또는 보완적 개념을 사용해야 하는 필요성은 하나님의 형상을 지닌 자로서의 사람의 개념에 이런 한계 개념, 또는 보완적 개념이 사용되지 않을 때 어떤 일이 일어나는지를 관찰함으로 잘 살펴볼 수 있다.

개혁신학을 하는 이들 중에서는 넓은 의미의 하나님의 형상과 좁은 의미의 하나님의 형상을 구별하는 것이 관례로 되어 있다. 그러나 이 구별이 연역적으로 철저하게 수행되지 아니한다는 것을 분명하게 강조하지 아니하면 난점이 발생하게 된다.

이 난점은 예를 들어서, 아브라함 카이퍼 쥬니어(Abraham Kuyper, Jr.)가 간단히 요약한 『하나님의 형상』(The Image of God, Het Beeld Gods)에서 발견할 수 있다. 그는 말하기를 넓은 의미의 하나님의 형상은 사람의 본질에서 발견되어야만 한다고 한다.[55] 그리고 이 사람의 본질은 타락한 사람에게서 불변하며 남아 있다는 것이다.[56] "사람은 그의 깊은 타락에도 불구하고 상당히 많은 것을 유지하고 있으며 상당한 것을 할 수 있는 것으로 인정되어야 한다. 그것은 그가 그 본질 가운데 하나님의 형상을 가지고 있으며, 그를 돕기 위하여 일반 은총이 왔기 때문이다."[57] "이 하나님의 형상은 잃어질 수 없으니, 사람이 그것을 잃는 그 순간에 그는 사람이기를 그만 두기 때문이다. 넓은 의미(sensu latiore)의 하나님의 형상은 사람 안에 있는 인간적인 것, 그것에 의하여 사람이 다른 모든 피조물들과 구별되어 사람인 것, 사람이 천사가 아니고, 동물이 아니고, 식물이 아닌 것이 되는 그 어떤 것을 지칭하는 것이다."[58]

그는 넓은 의미로 형상에 대한 자신의 논의를 사람의 불변하는 본질로 요약하면서 말하기를 첫째로 이것은 "그것을 통하여 사람이 인격인 것, 그리고 이 놀라운 '내'가 규제하고 통제하는 두 가지 기능인 '알 수 있는 능력'과 '의도하는 능력'에서 찾아져야만 한다고 말한다.[59]

좁은 의미의 하나님의 형상은 참된 지식과 의(義)와 거룩성이라고 언급된다. 늘 그러하듯이 에베소서 4:23, 24과 골로새서 3:10이 이를 지지하는 구절로 인용된다. 카이퍼 2세는 또한 불멸성(immortality)도 하나님 형상의 한 부분이라고 말한다.60) 그러나 여기서 그의 분석을 세세히 다 따라갈 필요는 없으리라고 생각된다.

우리는 이 좁은 의미의 형상이 상실되었다고 언급된다는 사실에 관심을 기울이고자 한다. "그러므로 좁은 의미의 하나님의 형상은 참된 지식과 의와 거룩함으로 구성된다. 이 형상은 상실되었고, 그 자리에 암매와 죄책과 죄로 가득참이 온 것이다."61) 이 형상은 상실되었고, 사라진 것이다.

그러면 우리는 이 좁은 의미의 형상의 상실이 넓은 의미의 형상에 미친 영향은 무엇인가고 묻게끔 된다. 넓은 의미의 형상은 잃어 질 수 없다는 점이 기억될 것이다. 그래서 이는 '형상 자체'(image as such, *als zoodanig*)라고 불리웠다.62)그리고 이 형상 자체에 대한 지식이 지식 그 자체(knowledge as such)라고 불리웠다.63) 그리고 죄를 통해서 사람의 불변하는 본질에 속하는 이성이 어두워졌다고 한다.64) 낙원에서 그가 가지고 있던 불멸성이 상실된 것이다.65) 그의 의지 안에는 더 이상 그 어떤 의(義)도 있지 않은 것이다.66)

그렇다면 사람의 본질, 그의 인격, 그의 이성과 의지가 이 참의와 참지식, 그리고 참거룩의 상실에 의해 어떤 방식으로도 영향을 받지 않았다고 계속해서 말할 수 있는가? 또는 사람의 본질(essence)은, 그의 성질(nature)이 변했음에도 불구하고, 변하지 않고 그대로 남아 있다고 계속해서 말할 수 있는가? 그의 본질은 결국 전적으로 내용없는 실체가 되지 아니 하였는가?

좁은 의미의 하나님의 형상과 관련해서도 비슷한 문제에 직면할 수 있다. 좁은 의미의 하나님의 형상은 사람의 본질에 그렇게도 느슨히, 그렇게도 '우연적으로'(accidentally) 연관되어 있어서, 그것은 그 본질에는 전혀 영향을 미치지 않고 상실될 수 있는 것일까? 사람의 본질, 사람의 인격, 형상 자체와 지식 자체는 완전히 윤리적 내용을 결여하고 있는가? 그렇다면, 윤리적 내용은 천주교의 '덧붙여진 은사'(*donum superadditum*) 식으로 전(前) 구속적인 일반 은총의 은사인 것인가? 그렇다면, 타락 이후의 은혜는 타락 전에 주어진 것과 같은 종류의 것이기는 하나 더 큰 은혜일 것이다.

이렇게 되면 불변하는 본질(changeless essence)과 변화하는 성질(a changing nature) 사이의 이 원래의 반립적 구별이 그와는 정반대의 것이 되고 만다. 본질은 온전한 성질의 상실에 의해서 영향을 받지 않는다고 주장될 수 없으므로, 죄는 결국 인간의 본질에도 그것을 손상시키는 영향을 미친다고 할 수 있다.

그렇게 되면 그 형이상학적 정황을 손상없이 보존하기 위해서 일반 은총이 요청되는 것이다. "여호와 하나님께서는 '사람으로서의 사람(man as man)'에게 주신 은총인 일반 은총을 가지고 개입하셨다. 그것을 통해서 죄가 제한되고, 저주가 완화되고, 지상의 자연적인 삶이, 아무리 급격하게 변화했어도, 지켜지도록 하신 것이다. 인류는 발전하고, 역사는 그 과정을 시작할 수 있었다는 말이다. 일반 은총의 도입없이는 이것이 전혀 불가능했을 것이다."67)

죄인들 안에 남아 있는 하나님 형상의 잔재들은 좁은 의미의 형상의 잔재들이라고 이야기 된다. "하나님의 형상은 하나님께 대한 참된 지식과 하나님 섬김, 그리고 의(義)와 거룩으로만 이루어지는 것이 아니고 (그 잔재들은 자연인의 종교적 감정과 그들의 도덕적 삶에서 보존되고 있거니와) 사람이 땅을 왕으로서 지배하는 것으로도 이루어진다."68) 이런 사유의 선에서 저자는 다음과 같이 말한다. "일반 은총의 도입이 없이 사람은 하나님의 형상을 상실했을 것이고, 하나님께 적대적으로 대립하게 되며, 삶은 죄와 불의로 폭발하는 데 이르렀을 것이다. 그의 영혼의 삶은 악마의 삶과 같았을 것이니, 그에게 대해서는 일반 은총을 전혀 말할 수 없기 때문이다."69)

그리하여 일반 은총은 넓은 의미의 하나님 형상의 어떤 잔재를 보존하는 것이라고도 말해지며, 좁은 의미의 하나님 형상의 잔재를 보존하는 것이라고도 말하여 지는 것이다. 전자의 경우에 있어서는 일반 은총이 형이상학적 상황을 손상시키지 않고 보존해야 하는 것이 된다. 그래서 우리는 실질적으로 천주교의 '덧붙여진 은사' 개념에로 되돌아가는 것이 된다. 후자의 경우에는 일반 은총이 전적 부패 교리를 약화시키는 수단으로 나타나는 듯하다. 그러면 자연인 안에 있는 하나님 형상의 잔재가 참지식과 참된 의(義)와 참된 거룩함의 잔재인 것이 된다. 그렇게 되면 신자와 불신자의 차이는 정도의 차이가 될 것이다.

그러므로 '본질'(essence)이나 '성질'(nature)과 같은 개념들을 그것이 서로 어떻게 제한하며, 보완하는 지를 규정하지 않고 사용하면, 우리가 이렇게 혼동과 모순에 빠질 뿐만 아니라, 우리가 피하려고 애쓰는 입장에로 자신도 모르게 빠지게 될 수 있는 것이다.

또한 이 모든 것은 별로 놀라운 일이 아니다. 천주교 사상이 아리스토텔레스에게서 취한 바와 같은 비기독교적 방법론에서는 사람이 언급의 최종적 준거점이다. 이 근거로써 사람은 하나님의 피조물이라고 여겨지지 않으며 그의 지성은 하나님께 의존하는 것이라고 생각되지 않는다. 물론 사람의 사상과 하나님의 사상에 대한 관계를 묘사하기 위해 유비라는 말이 사용된다. 그러나 아리스토텔레스적인 근거에서는 이런 유비 개념이 창조 개념 보다는 참여 개념에 근거하는 것이다. 사람은 그의 지성을 수단으로 해서 신의 존재에 참여하는 것으로 생각되어 진다. 그의 개념을 수단으로 해서 그는 '실재의 본질'이란 '전적으로 불변하는 어떤 것'이라고 여기게 되는 듯 하다. 그렇게 되면, 피조된 우주 안의 변화는 우연과 같은 것으로 여겨진다. 즉 피조된 세상의 개별적 사실들이 우연으로 특징지워지는 것으로 여겨지는 것이다. 또는 그것들이 실재를 가진다면, 신적인 것의 영원성에 참여하기 때문이라고 생각되어지는 것이다. 그 결과로 사람이 시간적 세상의 사실들을 질서 지우려고 할 때, 그는 그 실재를 비시간적인 본질의 세계에서 찾아야만 한다. 그러므로 이런 근거에서는 설명한다는 것이 설명되어야 할 것을 온전히 다 설명해 버리는(explain away) 것이 된다.

이런 아리스토텔레스적인 구조를 사용하고, 이를 사람 안에 있는 하나님의 형상에 적용함으로써 천주교 신학은 존재의 피라미드(the scale of being) 개념으로 나아간 것이다. 비존재에 가깝게 순수 자연 상태(in *puris naturalibus*)의 사람이 있다. 그는 거기서 실지로 윤리적 내용을 결여하고 있는 것이다. 그 윤리적 내용은 신성에의 잠재적 참여 개념에 의해서 인위적으로 주어져야만 하는 것이 된다.

그러므로 개혁신학에서는 사람 안에 있는 하나님의 형상 개념을 참으로 유비적인 방식으로 하나님의 계시를 정리해 보는 즉 하나님의 계시를 생각하려는 분명한 의도를 가지고서 사용하는 것이 아주 중요하다. 인간의 개념들을 이와 같은 방식으로 사용하는 것은 각 개념들이 하나님의 계시 전체에 끊임없이 종속되어야만 한다는 의식을 순간순간 깊이 가지는 것을 의미한다. 그리고 이것은 사람의 본질(essence)이나 성질(nature)과 같은 개념들을 서로 분명한 상관 관계로 연관시킴을 함의한다. 사람의 본질 개념은 전적으로 불변하는 어떤 것을 지칭하는 것으로 여겨져서는 안된다. 또한 성질 개념도 전적으로 변하는 어떤 것을 지칭하는 것도 아니다. 그러므로 우리는 실제에 있어서는 변형이 끊임없이 일어남을 보게 된다. 본질은 그 성질이 겪는 변화에 의해 영향을 받는다고 이야기 된다. 또는 성질은 그 자체로 전혀 변화할 수 없는 그 안의 있는 '성질'(a nature within itself)을 필요로 하는 것이다.

그러므로 이 두 개념들이 자의식적으로 서로를 보완하는 것으로 취하여질 때, 우리가 표현하려고 하는 계시의 내용에 좀 더 공정하게 된다. 그러면 온전하게 창조되었으나 죄에 빠진 인간은 일반 은총의 수혜자이며, 어떤 경우에는 그의 역사적 발전에서 특별 은총을 받았음이 나타나기도 하는 것이다.

그렇게 되면 일반 은총 교리도 사람의 역사적 발전에 공정할 수 있다. 스콜라주의적 견해는 그 성격상 역사의 의미에 대해 공정치 못하게 되는 것이다.

다음과 같은 두 가지 중의 하나가 언제나 일어나기 때문이다. 즉 사람의 본질과 성질을 인위적으로 구분하게 되든가, 아니면 그 분리를 극복한다면 그것을 정도의 차이로 환원시킴으로써 그리하는 것이다. 형이상학적인 것과 윤리적인 것이 완전히 분리되든지, 아니면 정도의 차이 정도로 환원되는 것이다.

과거를 바라 볼 때, 이것은 다음과 같은 방식으로 나타난 바 있다. 일반 은총이든지 특별 은총이든지를 막론하고, 은총의 개념이 구속 이전의 사람에게는 전혀 적용될 수 없다고 하였다. 왜냐하면 이는 죄인된 사람에게만 적용될 수 있을 것이라고 하기 때문이다. 이것은 역사적인 것의 의의(意義),

즉 인간의 타락 사실의 의의를 강조하려는 관심에서 나타난 것일 수 있다. 그러나 실제에 있어서는 이것이 역사적인 것을 비관계적인 것, 또는 비합리적인 것에로 환원시킴으로써 역사적인 것을 파괴하는 데로 나아가고 만다. 낙원에서 아담이 선을 선택하는 것이 악을 선택하는 것과 똑같은 궁극성을 가진 것이라고 하는 주장에서 우리가 발견하는 것은 바로 그와 같은 종류의 것이다. 그것은 결국 하나님께서 일어날 모든 일을 통제하고 있지 않으며, 사람의 행위가 궁극적이라는, 본질적으로 알미니안주의적 개념인 것이다.

반면에, 이런 스콜라주의적 근거에서, 타락 이전과 이후의 사람에 대한 하나님의 태도의 연속성을 찾을 때는 윤리적인 연속성보다는 형이상학적 연속성을 찾는 일이 있다. 사람이 전적으로 마귀가 아니라는(윤리적인) 개념이 사단과 잃어 버린 자들이 계속 선과 악을 구별할 수 있는 능력을 가지고 있다는 사상으로 환원되거나, 아니면 적어도 그것과 혼합해 버리는 것이다. 그러면 일반 은총은 하나님 형상의 잔존을 주장하는 것과 서로 바꿀 수 있는 것이 되어 버린다. 사람이 윤리적인 것을 전혀 결여하고 있다는 개념을 피하기 위해서는 우리가 아담이 가졌던 참지식과 참된 도덕성의 잔재를 가지고 있다고 말하는 것이 필요하다고 생각되어진 것이다.

칼빈이 하나님의 계시는 사람의 심리적 존재의 깊숙한 곳에로 파고들 수 있다고 했을 때 그는 아주 현명하게 이런 스콜라주의적 접근을 피했던 것이다. 신의식(神意識, the sense of deity)은 사람의 윤리적 반응이 그에 관계하여 일어난다고 전제한 연속성의 원리이다. 이것은 사람이 언제나 이 하나님의 계시에 대해서 윤리적으로 반응한다는 것을 의미한다. 그는 처음에는 하나님의 일반적 애호 아래서 살고, 그에 대해 제대로 반응했다. 그러던 그가 그에 대항해서(unfavorably) 반응하자, 하나님의 진노 아래 놓이게 되었다. 그의 윤리적 내노에 관한 한, 이것은 원칙상 하나님께 전적으로 적대적인 것이다. 그런 상황에서 은혜가, 구원하는 은혜와 구원하지는 않는 일반적 은혜가 개입된 것이다. 그것은 넓은 의미의 하나님의 형상이나 좁은 의미의 하나님 형상의 어떤 것을 잔존시키는 일을 하는 것이 아니다(이 개념들이 스콜라주의적 방식으로 사용되는 한 말이다). 일반 은총이 어떻게 죄가 하나님께 대한 원칙적인 적대감이 되지 않도록 할 수 있다는 말인가? 부패의 원리에는 정도의 차이가 있는 것이 아니다. 이런 의미에서는 하나님의 형상이 상실된 것이다. 반면에, 일반 은총이 넓은 의미의 형상의 잔재를 보존하는 것도 아니다.넓은 의미의 형상이 불변하는 것으로 생각되는 한 말이다. 어떻게 결코 변할 수 없는 것에서 잔재는 예외가 될 수 있다는 말인가?

또한 "일반 은총으로는 죄를 제한하고, 특별 은총으로는 죄를 청산하신다"70)고 말하는 것도 적절치 않다(마셀링크는 내가 일반 은총의 '적극적 작용'에 대해 공정치 않다고 비판한 뒤에, 그 자신은 계속해서 일반 은총을 순전히 소극적인 용어로 정의하는 것이다). 특별 은총도 일반 은총만큼이나 죄를 제한하는(restrains) 것이다. 사실 이 세상 안에 구원하는 은혜를 제한하시는 사역이 없었다면, 일반 은총의 제한하는 사역도 없게될 것이다. 반면에, 구원하는 은혜만이 적극적으로 작용할 뿐만 아니라, 일반 은총 역시 그러한 것이다. 그것은 그것에 의하지 않고서는 사람이 할 수 없는 많은 적극적인 일들을 하도록 하는 것이다. 그리고 이 모든 것에 전제되어져 있는 계속성의 원리는 그 자체가 하나님의 계시인 하나님의 형상 개념이다. 성령께서는 사람에게 그 자신의 구성과 그 주위의 우주의 사실들을 통해서, 그가 하나님의 소생이며, 그러한 자로서 행동해야만 한다고 증언해 준다. 죄인들은 그 자신 안과 밖에 있는 이 계시를 억누르려고 하는 것이다. 물론 그가 완전히 그렇게 할 수는 없다. 그는 계속해서 하나님의 형상을 지닌 자이며, 심지어 잃어버려진 자들이라도 계속해서 하나님의 형상을 지닌 자들인 것이다.또한 그들은 계속해서 그들 자신의 구성으로부터 하나님의 계시를 받는다. 그들은 윤리적인 반응을 결여하고 있을 수 없는 것이다. 따라서 신앙고백서가 말하는 잔재들은 사람의 종교성의 사실이나, 또는 그가 선악의 구별을 알고 있다는 사실을 지칭하는 것일 수 없다. 그가 선악의 구별을 알고 있다는 사실을 지칭하는 것일 수 없다. 그가 선악의 차이를 안다는 것은 그가 하나님께 대항하는 죄를 짓는 일의 전제이다. 그리고 어떤 방식으로든 하나님의 은총을 받고 있는 그의 존재의 전제이기도 하다. 그러므로 일반 은총이란 죄인들에게 주어지는 애호(은혜)인바, 이로써 그들은 그들 안에 있는 죄의 원리가 온전히 역사하는 것으로부터 지켜지며, 그럼으로써 그들 자신의 구성과 밖의 우주의 사실들을 통하여서 그들에게 말씀하시는 하나님의 법에 대해서 자신의 의지에 반하는(involuntary) 존중과 높이심을 어느 정도 나타내 보일 수 있도록 하는 것이다.

각주

1) Charles Hodge, *Systematic Theology*, 3 vols. (New York: Charles Scribner's Sons, 1871-73; Grand Rapids: Eerdmans, 1979), 1:3. 찰스 핫지 (1797-1878)는 프린스턴 신학교의 교수였다. 그의 조직신학은 비범한 영향력을 끼친 작품이다. 이 작품의 첫 장에는 방법론에 대한 해박한 논의가 포함되어 있다. 반 틸은 제4장 이하에서 특별히 이 부분을 언급할 것이다.
2) 방법의 우선성에 대한 이러한 강조는 반틸의 모든 작품과 가르침의 특징이다. 누구라도 조직신학의 특정 분야를 다루기 전에 반드시 먼저 전제가 확립되어야만 한다. 이어지는 글을 요약하자면, 우리가 하나님과 그의 계시로 시작하지 않는다면, 그 어떤 것도 사리에 맞지 않게 될 것이라고 말할 수 있을 것이다. Cf. *The Defense of the Faith*, 3rd ed. (Philadelphia: Presbyterian and Reformed, 1967), 96ff.
3) *priori* (라틴어, "이전 것으로부터", 선험론적)란 용어는 연역적인 방법 즉 그것을 해석하기 위해 우리의 존재로부터의 독립되어 미리 확립된 전제로 시작함을 의미한다. 반면에 *posteriori* ("후자로부터", 후험론적)는 경험(데이터와 사실들)으로부터 시작해서 가정이나 규칙을 산출하는 귀납적 방법을 의미한다. 때때로 여기서와 마찬가지로 반틸은 연역적 방법을 선호하는 듯하다. 그럼에도 그는 계시 위에 인간의 자율적 명제를 위치시키는 연역주의자가 아니다. 오히려 그는 전제주의자(반틸 자신이 이 용어를 아주 삼가서 사용하긴 했지만)이다. 왜냐하면 그의 방법론은 인간의 사상 밖에 계셔서 의존적인 존재인 인간에게 당신을 계시하시는 하나님의 자증으로 시작하기 때문이다(ibid., 258).
4) Hodge, *Systematic Theology*, 1:10을 보라.
5) 관념론은 실재를 그 본질상 근본적으로 이지적인 것으로 간주한다. 그것은 주관적이거나 초월적이다. 그것은 사실주의의 반대이다. 반틸은 종종 관념론의 옹호자들과 논의하곤 했는데 여기 두 사람이 인용되어 있다. 헤겔의 영향을 받았던 영국의 절대관념론자인 프란시스 허버트 브래들리(1846-1924)는 통일성과 전체성이 인간의 사고와 언어의 한계와 분열을 넘어서는 것으로 기려야 한다는 럿셀과 무어를 반대했다. 버나드 보생큐트(1848-1923) 역시 유사한 견해를 견지했지만, 사회 전체가 개인보다 훨씬 중대하다는 관념론의 사회학적 내포를 강조했다. 20세기 중반에 접어들면서 관념론은 점점 쇠퇴하기 시작했다. 그럼에도 불구하고 이 사상은 비트겐스타인과 사르트르에 이르기까지 여러 철학자들에게 반향을 일으켰다. 관념론에 대한 반틸의 비평은 창조주와 피조물의 관계의 부정과 따라서 인간의 지식이 명료하다는 즉 선험적이며 후험적인 측면 모두를 함께 지니고 있어야 하는 그 요구의 부정(우리 지식과 궁극적 실재 모두에 있어서 동일한 의미를 지닌 자율적 지식)에 집중되어 있다.
6) 관념론자의 선험론은 모든 것에 의미를 부여하시는 창조주 하나님이 아니며, 또한 관념론자의 후험론 역시 그에 종속적인 사실로서의 피조물이 아니다.

7) 존재와 실재와 지식에 대한 궁극적 근원을 특징짓는 전통적 방식이다. 그것은 "제1원리" 또는 "기초"라고 표현할 수 있다. 여기서 관심을 두는 것은 지식의 근거이다.
8) Herman Bavinck, *Gereformeerde dogmatiek*, 4 vols, (Kampen: Kok, 1923-30). 바빙크의 이 전집은 영어 번역서로 계속 출판되고 있다. *Reformed Dogmatics*, ed. John Bolt, trans. John Vriend (Grand Rapids, Baker, 2003 -). 원리(principia)에 대한 논의는 제1권 3부에 포함되어 있다. 반틸은 조직신학 서론의 서문에서 "루이스 벌콥과 그 배후에 있는 헤르만 바빙크와 아브라함 카이퍼"의 영향을 인정하고 있다.
9) 반틸은 포괄적인(comprehensive)이라는 용어를 오직 하나님만이 소유하고 계시는 모든 것을 포함하는 철저한 지식을 의미하기 위해 사용한다.
10) 그의 지식이 포괄적인 지식이기 때문에 "하나님은 절대적으로 합리적이시다"라고 말할 수 있다. 반틸은 하나님의 주권적인 지식을 묘사하기 위해 다음과 같은 매우 다양한 표현들을 사용한다. 하나님은 자신에 대해서 철저한 이해를 가지신다. 그는 충만하게 합리적이시다. 그는 절대적 체계를 지니신다. 그의 계획은 내재적으로 합리적이시다. 이런 표현들이 관념론과 유사해 보인다 할지라도 결코 관념론과 혼동하지 않는 것은 매우 중요하다.
11) 반틸에게 있어서 분석적이란 용어는 그 어떤 것으로부터도 독립적인 것이며, 분석적 명제가 전적으로 자립적이며 따라서 일상적이라고 주장하는 칸트의 견해(논리적 실증주의로 확대되는)와 혼동해서는 안된다. 특정한 반틸에 대한 비평은 분석적 판단에 대한 인간적 모델을 하나님께 적용한다고 오해하기도 했다.
12) 전체적으로 "하나와 여럿"은 반틸의 작품에 계속해서 반복되는 주제이다. 이것에 대한 충분한 논의는 그의 *The Defense of the Faith*, 24ff에서 발견된다. 비그리스도인의 사상이 언제나 세상을 절대화하기 때문에, 그들의 사상은 특정한 것(이 오크 나무)이나 일반적인 개념(모든 오크 나무 또는 모든 나무들)에 의미를 부여할 수 없다. 나아가 그들의 사상은 특정한 사실들을 일반적인 존재에 관계시키지 못한다. 삼위일체 교리는 하나와 여럿이 동등하게 궁극적임을 나타낼 뿐만 아니라 그 어떤 독립적인 인간의 계획이 아니라 오직 이 원리만이 나머지 모든 것에 의미를 부여할 수 있음을 나타내고 있다.
13) 관념론자들은 하나님께서 스스로 충만하신 분임을 보지 못한다. 그들은 통일성을 확립하기 위해 기꺼이 선험적인(먼저 오는) 원리와 시작하겠지만, 하나님께서 다양성 또는 완전함을 확립하기 위해 후험적인 세상(말하자면, 나중에 오는)이 필요 없으신 분이라는 사실은 인정하지 않는다.
14) 결과적으로 관념론은 창조주-피조물의 구분을 부정할 뿐만 아니라 창조주의 통일성과 다양성도 부인한다.
15) 이 견해는 모순률을 절대화하는 소위 고전적 변증학이라 불리는 것과 강한 대조(그것을 신성에 기초시킨다는 주장에도 불구하고)를 이룬다. 따라서 반틸은 여기서 그리고 계속해서 삼위일체로부터 연원되는 하나와 여럿의 "동일한 궁극성"이 있다는 것을 말하기 좋아한다. 아리스토텔레스의 논리학의 절대규칙에 의하면, 이것은 불가능한 것이다.

16) 소크라테스 문하의 철학자들 이전에 가장 중요한 철학자인 엘리아의 파르메니데스(ca. 515-450 B. C.)는 참된 것은 하나이며, 분리될 수 없고 움직이지 않는다고 믿었다. 다양성과 움직임은 단지 현상일 뿐이라는 말이다. 반틸은 종종 파르메니데스를 만물은 "유전"(끊임없이 변화된다)된다는 교리로 기억되는 에베소의 헤라클레이토스(ca. 576-480 B. C.)와 비교했다.
17) 파르메니데스는 논리학은 절대적 존재에 속한 것이기 때문에 참되다고 생각했다. 그러므로 모순률은 역사 안에 기초하지 않기 때문에 긍정적이다. 오늘날 법칙은 종종 부정적으로 표현되기 때문에 즉 역사적 실재를 위한 여지로 나타나는 참된 모순은 역사에 존재할 수 없는 것이다. 그러나 그것은 그렇지 않다. 왜냐하면 우리에게는 여전히 한 존재만 있기 때문이다.
18) 이 논의는 반틸이 그 어떠한 모순율의 존재 자체를 부정했다고 생각할지도 모르는 사람들을 안심시켜야만 한다.
19) 디모데전서 6:16; 시편 36:9절을 참조하라. 반틸은 이 구절에 대한 좋은 설명을 제공한다. 기본적으로 반틸은 인간의 합리성과 하나님께서 궁극적이 완전히 합리적이시라는 근거 하에서 그 합리성이 지치지 않는 것임을 정당화하는 것이다.
20) 하나님은 완전히 합리적이시다. 그는 합리적이시며, 창조되지 않았고 궁극적 권위자이시며, 따라서 그는 자율적으로 행동하신다.
21) 중세철학은 우리가 오직 유비를 통해서만 하나님을 알 수 있다고 주장한다. 그러나 이 지식은 피조물이 비교하고 대조함으로 하나님을 향해 올라가는 방식으로 시작됨을 의미한다.
22) 에메트 양(Miss Emmet)과 유사한 입장을 취하고 천주교의 입장에 접근하는 것으로서는 A. E. Taylor, *The Faith of a Moralist* (London: Macmillan, 1931)를 참조하라.
23) 위의 미주 5번을 참조하라.
24) 반틸이 용어들을 해설함으로 방법론의 문제를 해결하기 위해 노력하지 않는다는 것은 중대하다. 유비와 내포와 귀납과 초월적이란 용어들은 특정하게 중요한 개념들을 전달하고 있기는 하지만 이것들 중 그 어떤 것도 혼동에서 자유롭지 못하다.
25) 초월적이란 용어가 칸트의 주장을 가져오기는 하지만 (결국 칸트는 인간의 지성이 경험의 유일한 해석자라고 생각했다), 그럼에도 불구하고 반틸의 방법이 합당하게 초월적이라는 용어로 불려야만 하는 중요한 방식이 있다. 그것은 우리가 사실들 그 자체에 직접 가기 전에, 먼저 사물이 의미를 지니게 되는 선조건을 조사해야 함을 요구한다. 그것은 또한 순전히 경험적인 방법이 아니라 전제적인 방법을 통해 명제를 증명하는 것이다.
26) 반틸은 종종 세계관적인 정황 속에서의 지식의 문제를 언급했다. "The Christian Philosophy of Life" in *Christian Apologetics*, 55-82페이지에서 반틸은 성경과 자연계시의 관계 그리고 인간 경험의 모든 국면에 있어서의 지식을 위한 양자의 내포를 논의한다.
27) 반틸은 하나님과 자연에 대한 지식을 얻기 위해 성경으로만 한정할 필요는 없다고 단순히 말하고 있는 것이다. 왜냐하면 모든 계시, 특별히 그 무엇보다도

성경 계시가, 독점적인 것은 아니지만, 우리가 무엇을 알아야 하는지에 대해 말해주고 있기 때문이다.
28) Lewis Sperry Chafer, *Systematic Theology*, 8 vols. (Dallas: Dallas Seminary Press, 1947), 1:49.
29) 야곱 알미니우스 (1560-1609)는 칼빈주의 정통교리에 대항하면서 예정론은 무조건적이지 않으며 거부할 수도 있는 은혜를 향한 인간 결정에 대한 신적 예지에 기초해 있다고 주장했다. 항의자들(성명서 형태로부터 붙여진 용어인)이라고 알려진 알미니우스의 추종자들은 결국 1618-9년에 벌어진 도르트 총회에 의해 정죄 당했다. 그 이후 일반적으로 알미니안주의라고 불리는 여러 다양한 신학사조들이 개신교회 내에 침투해 들어왔다. 이 견해는 인간이 전적으로 타락한 것은 아니라고 주장했고 따라서 인간이 어느 정도 신적 은혜와 협력할 수 있다고 믿었다. 그러나 반틸의 변증학에 의하면 알미니안주의는 불신자의 이성과 추론에 어느 정도 신뢰를 제공할 것이다. 그렇기 때문에 그들은 휑뎅그렁한 불신자의 전제를 충분히 도전하지 않는다. 반틸은 이런 종류의 변증학을 가리켜 "알미니안주의자" 또는 "경험주의자"라고 칭한다. 왜냐하면 이들은 세상을 논하고 측정하기 위한 인간의 자율적인 이성의 능력을 신뢰하기 때문이다. 반틸은 종종 영국의 조셉 버틀러 감독을 이런 접근법의 표본으로 인용하지만 제임스 부스웰과 고든 클락과 C. S. 루이스도 이런 범주에 포함시킨다. 그는 또한 이따금씩 아마도 로마 가톨릭 주의자들 가운데 특별히 토마스주의자들과 알미니안주의자들 사이의 변증학적 방법론에 일종의 공통성이 있기 때문에 "로마주의자"도 포함시킨다.
30) C. S. Lewis, *Miracles: A Preliminary Study* (London: G. Bles, the Centenary Press, 1947), 134.
31) 루이스의 변증학에 익숙한 독자들은 그의 접근법에 미묘한 차이를 덧붙이고자 할 것이다. 그것을 최선을 다해서 설명한다면, 체스터튼과 마찬가지로 루이스 역시 일상적인 방식으로 기적이, 물론 비범하긴 하지만, 결코 다른 신적인 간섭이나 심지어 인간의 행동과 분리되어 있지 않다는 점을 지적하고 있는 것이다. 따라서 기적이 명백하게도 특수하고 독특한 것이지만 그것은 창조주로서의 하나님과 그의 통치에 종속되어 있는 세상과 함께 성경에 묘사된 우주에 속해 있는 어떤 것이다.
32) Gordon H. Clark, *A Christian Philosophy of Education* (Grand Rapids: Eerdmans, 1946), 34.
33) Ibid., 32.
34) 다른 곳에서와 마찬가지로 여기서도 반틸은 매우 강한 어조로 사실상 모든 사실들이 실제로 기독교 신앙을 증명하고 있음을 진술하고 있다. 만일 고고학의 어떤 사실들이 성경과 관계되어 있지 않다 하더라도 그것이 기독교 세계관을 증명하지 않는 것은 결코 아니다. 심지어 악이나 불의조차도 기독교가 참됨을 증명할 뿐이다.
35) Clark, *A Christian Philosophy of Education*, 37.
36) Ibid., 38.

37) 이것은 비이성적이다. 왜냐하면 시작하기 위해서는 사실들이 하나님의 계획과 관계해서 정확히 해석되지 않는 한 결코 의미를 지닐 수 없기 때문이다. 클락은 지금 마치 사실들이 계시가 아닌 것으로서 "하나님과 함께 시작"하려는 것이다. 그래서 반틸은 사실들로부터는 전혀 의미를 부여할 수 없기 때문에 클락이 이것을 논할 자격이 없다고 비판하는 것이다.
38) 파르메니데스에 대해서는 위의 미주 16번을 참조하라. 합리성과 비합리성 간의 상호관계에 대한 반틸의 요점은 불신앙을 진단하기 위한 그의 기초적 방법이다. John F. Frame, *Cornelius Van Til: An Analysis of His Thought* (Phillipsburg, N.J.: P&R, 1995), 231-38을 보라.
39) 따라서 반틸은 우리가 그 체계를 하나님의 계획과 완전하게 관계시키려는 허영심을 피하면서 동시에 순서를 정할 수 있는 체계의 적절성을 유지한다. 현대와 탈현대의 딜레마에 대한 오늘날의 논의에는 이러한 균형이 결핍되어 있다.
40) 그 어떤 지식 분야도 하나님의 계시로부터 독립적인 것은 없다. 조직신학과 같은 특정분야에는 그 어떤 다른 분야보다 더 열심히 연구해야할 계시로 가득 차 있다.
41) 위의 미주 1번을 참조하라.
42) Hodge, *Systematic Theology*, 1:3
43) 이 이슈에 대해서는 미주 3, 5, 6번과 13번에서 상세하게 논의한 바 있다.
44) 반틸이 일반은총으로 인해 부적합한 방법론에도 어느 정도 가치가 있다는 것을 인정한 드문 진술이다.
45) William Messelink, *Common Grace and Christian Education: Or, a Calvinistic Philosophy of Science*, mimeographed (Westminster Theological Seminary: Montgomery Library, 1951).
46) 이제 Cornelius Van Til, *Common Grace and the Gospel* (Nutley, N.J.: Presbyterian and Refomed, 1972), 148-208에 포함되어 있다.
47) *Torch and Trumpet* 3, no. 6 (Feb.-Mar. 1954), 15; 또한 "New Views Regarding Common Grace," in *the Calvin Forum*, April 1954의 논문을 참조하라.
48) *Torch and Trumpet* 15.
49) 일반은총에 대한 편지와 이 요목 안에 있는 헤프(Hepp)에 관한 장를 참조하라.
50) Herman Kuiper, *Calvin on Common Grace* (Goes: Oostebaan & Le Cointre, 1928), 231.
51) *Calvin Forum*, 174.
52) Torch and Trumpet 15.
53) Kuiper, *Calvin on Common Grace*, 226.
54) *A Letter on Common Grace*, 37.
55) Abraham Kuiper, *Het Beeld Gods (The Image of God)* (Amsterdam: Dagblad en Drukkerij de Standaard, 1929), 62.
56) De natuurlijke mensch, die als zondaar leeft, heeft zeer zeker de rede, het verstand de kennir, het intellect, hoe men het noemen wil. Kennis behoort

tot het wezen van den mensch, de mensch is immers, ook de gevallen mensch, een redelijk-zedelik wezen. Ibid., 69.
57) Ibid., 75.
58) Ibid., 123.
59) Ibid., 68.
60) Ibid., 92.
61) Ibid., 126.
62) Ibid., 130.
63) Ibid., 69.
64) Ibid., 70.
65) Ibid., 92.
66) Ibid., 126.
67) Ibid., 180.
68) Ibid., 200.
69) Ibid., 181.
70) Masselink, *Common Grace and Christian Education*, 39.

제3장

기독교 인식론

방법론의 문제와 밀접히 연관된 문제로 신학에서의 이성의 위치와 기능의 문제가 있다.[1] 만일 신학에서 사용되는 방법이 일반적인 귀납적 방법이라면, 인간의 이성은 비그리스도인들이 일반적으로 생각하는 것처럼, 즉 인간의 이성은 죄로의 타락에 의해 영향을 받지 않은 것으로 생각될 것이다. 다시 말해서, 죄의 인지적 영향(the noetic effects of sin)에 대한 인정이 없을 것이란 말이다. 그러면 인간의 이성이 하나님의 이성과 동등한 자리를 차지하게 될 것이다. 비그리스도인들은 하나님과 인간을 포함한 전체로서의 실재(reality as one whole)를 생각하고, 결과적으로 그들은 이성이 어디서나 같으며, 그 이성이 하나님의 것이든, 인간의 것이든 간에 다 같다고 생각한다. 인간의 이성은 잠재적인 신적인 것으로 이야기되거나 가정되는 것이다.

그러므로 인간 이성의 위치에 대한 기독교적 개념과 비기독교적 개념 사이에 차이가 있음을 지적하는 일은 아주 중요하다.

신학에서의 이성의 기능에 관한 이 문제에 대해서 정통파 신학자들 사이에, 일반적으로 말해서, 두 가지 성향이 있어 왔다. 첫째로, "이성"을 너무나도 두려워해서 "이성"에게 그 어떤 위치도 허락하지 않는 이들이 있다. 또 한편에서는, 신학이 그 자체를 학문으로 여길 온전한 자격이 있음을 증명하려고 아주 애쓰는 이들이 있다. 그러나 이 두 가지 성향 모두 기독교적인 이성의 사용(a Christian use of reason)과 비기독교적인 사용(a non-Christian use of reason)을 구별하는 일을 하지 못했다고 본다.

이런 난점들은 어느 정도 피하기 위해서 인간 이성의 위치와 기능에 관한 우리의 개념이 직접적으로 우리의 신 개념(神槪念)과 관여된다는 것을 밝히려고 노력해야만 한다. 우리는 인간의 이성이 하나님과 상관없이 알려질 수 있고 정의될 수 있는 실체로 존재하여서, 우리가 이성을 궁극적 출발점으로 삼고 출발할 수 있다는 개념을 거부해야만 하는 것이다.

신학에서의 인간 이성의 위치에 관한 우리의 입장을 분명히 하기 위해서는, 먼저 신학과 관련하여 우리가 이성에 부여하는 위치와 근본적으로 동일하다는 것을 밝히는 것이 필요하다. 신학적 방법이 기독교 유신론적 방법

일반의 구체적인 한 형태이므로, 신학에서의 이성의 위치는 주로 기독교 유신론적 인식론 일반에 대한 우리의 개념에 의해 규정되는 것이다.[2]

기독교 인식론에 관한 간단한 논의를 삽입하기 위해서, 우리는 지식의 대상에 대한 문제와 지식의 주체 문제에 대해서 기독교적 입장이 다른 입장들과 어떻게 다른가 하는 것을 주목해 보아야만 한다.

지식의 대상과 주체에 관해서 우리에게 관심 있는 문제는 그것들이 하나님의 존재와 상관없이 (a) 그 존재와 (b) 의미를 가질 수 있는가 하는 것이다. 환언하면, 우리는 지식의 대상과 주체의 내포와 외연에 대하여 그 사실과 성격을 물어야만 하는 것이다.[3]

1. 지식의 대상

다행히도 이 문제와 관련하여 기독교 유신론적 입장이 어떤 것인가 하는 것을 살펴보기는 어려운 일이 아니다. 창조론은 시·공간의 세계 전체가 하나님의 뜻에 의해 존재하게 되었다고 말한다. 하나님께서는 무로부터(ex nihilo) 우주를 창조하셨던 것이다.[4] 하나님께서 그로부터 세상을 창조하신 외적으로 존재하던 것은 없다는 말이다. 또한 이 세상과 하나님이 함께 무(the void)로부터 존재하게 된 것도 아니라는 말이다. 우리는 하나님의 비존재(非存在, the non-existence)를 생각 할 수 없다. 그러므로 우주는 하나님 외에 그 어떤 원천에서 그 존재를 얻게 된 것이 아니다.

시·공간의 세계 전체의 존재에 관해서 말할 수 있는 것이 그것의 의미에 대해서도 그대로 해당한다.[5] 하나님의 절대적이고 독자적인 존재가 우주의 파생적 존재를 규정하듯이, 하나님께서 자신에게 대하여 가지고 계신 절대적 의미는 이 우주 안에 있는 모든 사실의 의미가 마땅히 하나님과 연관되어야 함을 시사한다. 성경은 이 세상이 하나님의 영광을 위해 피조되었다는 사실에서 그 전체의 의미를 가진다고 끊임없이 말한다. 이것은 요한계시록 4:11에서 가장 아름답게 나타나는데, 여기서는 구속된 피조계가 창조주에 대한 찬양에서 하나의 커다란 할렐루야 합창에 참여하여 다음과 같이 노래하고 있는 것이다. "우리 주 하나님이시여! 영광과 존귀와 능력을 받으시는 것이 합당하오니, 주께서 만물을 지으신지라. 만물이 주의 뜻대로 있었고, 또 지으심을 받았나이다." 웨스트민스터 신앙고백서는 이 개념을 다음과 같이 표현해 내고 있다: "성부, 성자, 성령 하나님께서는 그의 영원하신 능력과 지혜와 선하심의 영광을 나타내시기 위하여, 태초에 무(無)에서, 세계와 보이는 것이든 보이지 않는 것이든 그 안에 있는 모든 것들을 육일 동안에 창조하시기를 기뻐하셨고, 모든 것이 심히 좋았다."[6] 또한 우리가 바울과 함께 "만물이 주에게서 나오고, 주로 말미암고, 주에게로 돌아감이라. 영광이 그에게 세세에 있으리로다."(롬 11:36)고 주장한다면, 이 우주 안에 있는 모든 사실의 존재와 의미가 결국은 성경의 "자의식 적이며, 영원히 자존하시는 하나님"과 연관되어야만 함을 분명히 알게 되는 것이다.

이것을 사실에 대한 인간의 지식 문제에 적용하면, 인간 정신이 어떤 사실을 참으로 알기 위해서는 하나님의 존재와 우주에 대한 그의 계획을 전제해야만 한다는 것을 말할 수 있다. 우리가 이 세상의 사실들을 알기를 원하면 이 사실들을 법칙과 연관시켜야만 한다. 즉 모든 인지 상황에서 우리는 우리 경험의 구체적인 것들을 보편적인 것들과 연관시켜야만 하는 것이다. 그러므로 예를 들어서 우리는 물리 현상을 중력의 법칙에 따라 움직이는 것으로 말한다. 이 중력의 법칙이 보편적인 것이라고 말할 수 있는 것이다. 이와 비슷하게, 우리가 자연이 아니라 역사를 연구한다면, 즉 공간에서 뿐만 아니라 시간에서도 서로 연관된 이 세상의 구체적인 것들을 연구한다면, 우리는 일정한 역사적 법칙들을 관찰하게 된다. 그러나 이 우주를 이루는 보편과 구체물들을 연관시킴으로써 사실들에 대해 우리가 줄 수 있는 가장 포관적인 해석은 만일 우리가 이 세상 배후의 하나님을 전제하지 않으면 우리의 지식을 완결적이지 않은 것으로 만들어 버린다. 여기서 우리는 우리의 진술의 궁극적 주체가 우주, 실재, 또는 존재 일반(그 안에서 하나님이 보편이고, 역사적 사실들이 구체물인 그런 것)이 아님을 분명히 해야 한다. 만일 그렇다면, 하나님과 우주는 서로 상호 연관되는 것이 될 것이다. 그리고 그런 상호 연관 주의(correlativism)와 기독교적 입장을 명백히 구별하기 위해서, 피조 된 우주와의 관계 이전에, 또 그 관계와는 독자적으로 있는 "하나님 안에서의 하나와 여럿의 동등한 궁극성"을 전제해야만 한다. 그리스도인들로서 우리는 이 우주 안에서는 **파생적인** 하나와 여럿(a derivative one and many)을 다루는데, 이것들이 열매있게 서로 관여할 수 있는 것은, 이 파생적인 하나와 여럿 배후에 하나님 안에 있는 **본래적인 하나와 여럿**(the original one and many)을 가지고 있기 때문이라고 주장한다. 우리의 경험 내에 일관성(coherence)이 있으려면, 우리의 경험이 영원한 일관성을 가진 하나님의 경험과 상응해야 하는 것이다. 인간의 지식은 결국 신성 안에 있는 내적 일관성에 근거하는 것이다.[7]

이 모든 문제에 대해서 비그리스도인들은 말할 바도 없이 정반대되는 입장을 자명한 것으로 여긴다. 즉, 비 그리스도인들은 우리가 이 우주를 자존적이며 그 스스로 의미를 가지는 것으로 지적으로 생각할 수 있다는 것을 자명한 것으로 여긴다. 또한 그들은 우리가 하나님이 계신지 안 계신지를 모른다고 해도 우리의 감각 세계가 참되게 알려질 수 있다는 것을 당연히 한다. 그리고 이 세상의 보편과 구체가 파생적인 것이 아니며 그 자체로 궁극적인 것으로 말한다. 그래서 이 사실들과 세상의 법칙들의 궁극성이 당연시될 수 있는 것처럼 말하는 것이다.

물론 이 세상이 영원하지 않다고 말하는 어떤 비기독교인도 있다. 세상이 무(the void)로부터 어떻게든지, 갑자기 존재하게 되었다고 주장하는 것은 진화에 대한 근자의 개념과도 조화될 것이다. 그러나 이 모든 것은 비그리스도인들이 우주의 궁극성을 당연시한다는 우리의 주장을 수정하도록 하는 것은 아니다. 시공간의 세상이 언젠가 존재하지 않았었다고 주장한다 해도, 비그리스도인은 적어도 이 세상이 자존적이신 하나님으로부터 파생적인 것으로(as a derivative) 존재하는 것은 아니라는 것을 당연시하기 때문이다. 비그리스도인들은 이 세상이 존재하게 되었건, 항상 존재했건 간에, 그 존재와 그 의미가 하나님과는 상관없다고 주장하는 것이다.

특주(Appendix to Chapter 2)

위의 논의는 그 어떤 다른 형태의 비기독교적 사상뿐만 아니고, 고대적 관념론과 현대적 관념론에도 적용된다는 것을 주목해야만 한다. 그 말로만 보고 따지면, 관념론은 이 세상이 하나님께 의존하는 것으로 생각되어야만 한다는 것을 시인하려는 듯이 여겨질 수도 있다. 그러나 실제로는 그 어떤 형태의 관념론도 심지어 창조라는 용어를 사용한다 해도, 우리에게 가장 중요한 것, 즉 하나님은 절대적으로 자존적이시며, 절대적으로 자의식적이시라는 것을 시인하지 않는 것이다. 관념론은 삼위일체에 대한 기독 교회의 개념에서 하나와 여럿(the one and the many)은 동등히 영원하며 조화롭다는 것을 시인하지 않을 것이다. 그 어떤 관념론자도 무로부터(ex nihilo)의 성경적 창조론을 수납할 수 없다. 이상주의적 관념론이 우주(the Universe), 또는 전체(the Whole)라고 부르는 것에서 관념론이 하나님과 기독교의 우주를 포함할 수는 있다. 그러나 이 경우에 하나님은 실재의 선험적 측면(the a priori aspect of Reality)일 뿐 그 이상은 아닌 것이 된다.[8]

2. 지식의 주체

지식의 주체의 문제, 즉 인간 인격의 활동위치의 문제에 관해서도, 우리는 인간 해석자의 존재와 의미도 궁극적 해석자이신 하나님께 종속해야만 한다고 주장한다.[9]

세상이 있기 전에는 하나님께서만 계셨다. 그 안에서는 존재(existence)와 해석(interpretation)이 동연적(co-extensive)이다. 하나님의 영은 하나님의 깊은 것들을 보시는 것이다. 이로부터 그 어떤 인간 해석자들도 파생적인 해석자, 또는 재해석자들이 되어야만 한다는 결론이 나온다.

그러므로 이 세상의 그 어떤 것에 대하여 사람이 부여할 수 있는 해석은 결코 전포관적이거나 철저한 것(comprehensive and exhaustive)이 못된다. 과학하는 사람들 사이에서 근자에 나타나고 있는 우주의 사실들의 신비성에 대한 강조에는 이만큼의 진리성이 있는 것이다. 그러나 그리스도인으로서 우리는 이 우주의 사실들이 가진 신비성의 이유가 오늘날 과학자들이 제시하는 것과 같은 것은 아니라고 주장한다. 오늘날의 과학은 비기독교 사상 일반과 일치해서, 이 우주의 사실들은 궁극적인 무(無), 즉 궁극적 비합리성(an ultimate irrationality)에 의해 둘러싸여져 있다고 주장한다. 그에 반해서 우리는 이 우주의 사실들의 배후에는 절대적인 빛이신 하나님이 계시다고 주장하는 것이다. 원자가 우리에게는 신비하지만, 하나님께서는 그렇지 않다고 주장한다는 말이다.10)

이것은 인간 지식의 타당성 문제에 관한 기독교적 입장과 비기독교적 입장의 근본적 차이를 설명해 준다. 현대 학문은 근본적으로 불가지론적인데 반해서, 기독교는 불가지론과는 정반대되는 것이다. 비기독교적 사상은 결국 사람이 무엇인가를 전 포괄적으로 이해하지 않으면 그런 한도에서 그의 지식이 참되지 않다고 논의하는 것이다. 이에 비해서 그리스도인들은 피조물로서 우리는 그 어떤 것도 온전히 다 전포괄적으로 이해할 수도 없고, 또 그럴 필요도 없다고 말한다. 그렇지만 하나님은 온전히 전포괄적인 이해를 하시고 그것으로 우리는 족하다고 하는 것이다. 하나님의 온전한 지식(God's full comprehension)은 우리의 부분적 지식에 대해 타당성을 부여해 준다. 우리가 원자를 온전히 다 이해할 수 없다는 사실은 원자의 진리와 관련하여 우리가 그렇게 필사적이지 않을 수 있게 해준다. 그리스도인은 원자가 신비에 싸여 있음을 볼 때 하나님께 경배하게 된다. 그러나 비그리스도인인 과학자가 신비에 둘러싸여진 원자를 보면, 그는 무(void)를 경배하는 것이다.

그러므로 그리스도인들로서 우리는 세상과 하나님에 대한 인간의 지식이 (a) 철저하지는 않지만, 그래도 (b) 참되다고 믿는다. 우리는 하나님의 형상으로 지으심을 받았으므로(즉 우리는 피조물이므로), 우리의 지식은 철저할(exhaustive) 수 없다. 그러나 우리는 하나님의 형상으로 지으심을 받았으므로, 우리의 지식은 참된 것이다.11)

이제는 인간 이성에 대한 기독교적 관점과 비기독교적 관점 사이의 둘째 주된 차이를 생각해 보아야 한다. 지금까지 우리는 죄의 문제 이전의 상황에 대해서 생각해 보았다. 즉 그리스도인들은 사람이 하나님의 피조물이라고 믿고, 그리스도인들은 사람이 하나님의 해석을 재해석하는 이가 되어야만 한다고 주장하는 것이다. 이제 우리는 여기에다가 그리스도인으로서 우리는 현존하는 인간 정신이 파생적인 것(derivative)일 뿐만 아니라, **윤리적으로 타락한 것**(ethically depraved)이기도 하다는 것을 덧붙여야만 한다. 그런데 불신자들은 인간의 정신이 **윤리적으로 정상적**(ethically normal)이라고 생각하는 것이다. 더구나 인간 정신의 죄성을 믿지 않는 이들은 그것이 피조 되었다는 것 조차도 믿지 않는 것이다.

지식 상황에 굉장한 복잡성을 던져 주는 것이 바로 이 차이이다. 그것은 지식의 문제 전체를 소위 지적인, 또는 중립적인 상황 밖으로 몰아낸다. 참된 지식의 문제가 생사(生死)의 문제가 되는 것이다. 만일 기독교적 입장이 참되다면, 즉 만일 인간의 정신이 **윤리적으로**(ethically) 부패했다면, 사람은 하나님에 관한 바른 지식을 갖고서 (회복되지 않으면) 영원한 파멸에 이르게 될 것이 분명하다. 반면에, 기독교의 입장이 잘못된 것이라면, 그리스도인들은 그것이 옳다고 주장하는데, 그것을 불신자들이 안타까워하는 것이 된다. 이것은 그리스도인과 불신자의 논의 가능성 문제를 이끌어 들인다.[12]

바울은 "자연인(육에 속한 사람)은 하나님의 성경의 일을 받아들이지 않는다"고 말한다. 그 이유는 이런 것들(즉, 하나님의 성신의 일들)은 "그들에게는 어리석게" 보이기 때문이다. 그러나 더 나아가서, 그들이 그것들을 받을 수 없는 것은 "그런 일들은 영적으로만 분별할" 수 있기 때문이다(고전 2:14). 인간의 타락과 죄에 대해 말하면서, 웨스트민스터 신앙고백서는 다음과 같은 말로써 바울의 가르침을 잘 드러내고 있다. "이 죄(인류의 첫 번째 죄)로 말미암아 그들은 본래의 의(原義, original righteousness)를 잃게 되고, 하나님과의 교통이 끊어지게 되었다. 그래서 죄 가운데 죽었고(엡 2:1~3: '죄와 허물로 죽은 너희를 살리셨도다…'), 영과 육의 모든 기능들과 기관들이 전적으로 더럽혀지고 말았다."[13]

우리는 이(죄로 인해 초래된)문제의 복잡성(complexity)을 인정해야 하고, 그것이 함의하고 있는 문제를 볼 수 있어야 한다. 기독교인과 불신자의 차이를 무시하고서 그저 이성 일반(reason in general)에 대해서 말하는 것으로는 문제 해결이 안된다. 실질적으로는 그런 것이 없기 때문이다(신자와 불신자가 공유하는 이성 일반<reason in general>이 없기 때문이다-보역). 기독교 유신론적 방법과 비유신론적 방법을 분명히 구별하지 않고서 방법 일반에 대해서 말하는 것이 위험한 것처럼, 이성 일반(reason in general) 또는 "일반 의식" 일반("common consciousness" in general)에 대해서 말하는 것도 위험한 것이다. 그러므로 우리는 (인간 의식이 거쳐온 세 가지 상태를 구별하여서) 다음과 같이 차례로 말해야 한다.

(1) 아담적 의식(the Adamic consciousness), 또는 인간타락 이전에 존재하던 "사람의 이성."

이 이성은 파생적(derivative)이었다. 그 이성이 아는 지식은 그 성격상, 철저하지는 못해도 참된 것이었다. 이 이성은 하나님과 적대적이지 않고, 하나님과 언약 관계 가운데 있었다. 그리고 이 이성은 그 자체의 기능이 하나님의 계시를 해석하는 것임을 인정하였었다. 낙원에서 아담은 피조된 우주에 관해서 구체적인 것들을 보편적인 것들과 참되게 연관시켰던 것이다. 그는 동물들을 "그 성질에 따라서" 즉 우주 가운데 하나님께서 그것들을 세우신 위치에 따라서 이름 지었었다. 또한 아담은 우주 일반과 특히 자신들의 삶의 의미에 대해서 하와와 참된 의사소통을 할 수 있었다. 그러므로 이때엔 주체-객체의 관계와 주체-주체의 관계가 정상적이었다. 낙원에서의 인간의 지식은 자의식적(自意識的)으로 유비적(analogical)이었고, 사람은 언약을 지켜야 하는 자로서 자신들의 임무를 성취하기 위하여 우주 안의 여러 사실들을 알고자 했던 것이다.[14]

(2) 둘째로는, 죄된 의식(the sinful consciousness), 즉 죄가 유입된 이후의 "인간 이성"에 대해 생각해야 한다.

그것이 구속되지 않았음을 생각하면서 우리는 중생하지 않은 의식(the

unregenerate consciousness)이라고 말할 수 있다. 이것은 "죄와 허물로 죽은" 자연인의 의식이다. 자연인은 그가 될 수 없는 어떤 것이 되기를 원하는 것이다. 그는 "하나님처럼" 자신이 선악의 판단자가 되고, 자신이 진리의 시금석이 되려고 한다. 그는 자신을 포괄적 지식의 이상으로 세우려고 한다. 그러나 그가 이 이상에 결코 미칠 수 없음을 볼 때에, 그는 모든 실재가 흑암으로 둘러 싸여 있다고 결론짓는다. 어린아이들이 "내가 할 수 없으니까, 그 누구도 할 수 없을 거야"라고 말하는 것처럼, 오늘날 자연인도 사실상 그 자신이 지식을 전 포괄적으로 철저하게(comprehensively) 파악 할 수 없으므로, 하나님도 그리하실 수 없다고 말하는 것이다. 중생하지 않은 사람은 이 시 공간 세계(the space-time world)의 의미가 그 자체 안에 내재하고 있으며, 사람이 이 세상에 대한 궁극적 해석자라고 하는 것을 당연히 받아들인다. 자연인은 수납적으로 재구성적(receptively reconstructive)이려 하지 않고, 창조적으로 구성적(creatively constructive)이려고 하는 것이다.[15]

우리는 불신자들이 어느 한도에서는(as far as it goes) 참된 "이 세상에 대한 지식"을 상당히 가지고 있다는 사실을 잘 의식하고 있다. 즉 어떤 의미에서는 불신자들의 지식의 가치를 허용할 수 있고, 또 허용해야만 하는 것이다, 이것은 언제나 난점이었다. 이것은 신앙과 이성의 문제에 대해 자주 혼동의 원인이 되어온 문제이다. 우리는 우리가 지금 현재 상황을 만족스럽게 다 잘 설명할 수 없다는 것을 인정해야 한다. 어찌해서 하나님께서 진노의 자식들에게도 해와 비나 물리적 번영 일반과 같은 자연적 축복을 주실 수 있으신가에 대한 대답 이상의 것을 이 문제에 대해서 제출하기 어려울 것이다. 이 질문에 대해서 우리가 할 수 있는 것은 (신학상의 여러 가지 다른 문제에 대해서와 마찬가지로) 오류를 방지하기 위해서 울타리를 친 후에, 진리는 그 범위 안에 있다고 말하는 것일 뿐이라고 생각된다.[16]

이 울타리 치기를 위해서 우리는 자연인이 하나님에 대해서 있는 그 **절대적 윤리적 반립**(the absolute ethical antithesis)을 강조하는 데서부터 시작해야 한다고 생각하게끔 된다. 이것은 자연인이 그가 알아야만 하는 때에 그 어떤 것도 바르게 알고 있지 않다는 것을 함의한다. 그러므로 이것은 자연인이 종교와 하나님에 관한 개념에서만 근본적으로 잘못되었을 뿐만 아니라, 원자들이나 중력의 법칙에 대한 개념에서도 근본적으로 잘못되었음을 의미한다. 이 궁극적인 관점에서는 자연인은 그 어떤 것도 참되게 알지 못한다. 그는 그 쇠사슬에 그 목이 묶여 있어서 오직 참된 것의 그림자들만을 볼 뿐이다.

이 점에 대해서 많은 신학자들이 모호한 태도를 보인다. 그들은 자연인이 하나님을 참되게(truly) 알 수 없다고는 분명히 주장한다. 그러나 그들은 자연인이 들의 꽃들에 대해서 참되게(truly) 알 수 없다고는 주장하려 하지 않는다. 하나님을 **참되게** 알 수 없다고 주장하면 되었지, 자연인이 들의 꽃들도 **참되게** 알 수 없다는 것을 좀스럽게 주장하려 하느냐고 물을 사람이 있을 수도 있다. 그러나 문제의 요점은 우리가 자연인이 꽃들도 참되게 알지 못한다고 주장하지 않으면, 우리는 논리적으로 그가 하나님을 참되게 알지 못한다고 주장할 수 없다는 데에 있다. 왜냐하면 모든 지식은 상호 연관적(inter-related)이기 때문이다. 피조세계는 하나님의 본성에 대한 표현이다. 그러므로 만일 어떤 이가 "자연"을 참으로(truly)안다면, 그는 자연의 하나님도 참으로(truly) 아는 것이 된다. 또한 인간의 정신이란 단일체(a unit)이다. 모든 것을 참으로 알지 않고서 하나만을 참으로 알 수는 없는 것이다.

그러므로 자연인은 수많은 다른 것은 알지만 하나님에 대해서는 아무 것도 모른다고 말하는 것으로는 문제가 해결되지 않는다. 또한 자연인이 하나님의 **존재**는 아는데, 그가 어떠하신 분이신지 그 성품(the character)에 대해서는 아무것도 알지 못한다고 말하는 것으로도 충분하지 못하다. 하나님의 존재는 그의 성품의 존재이기 때문이다. 그래서 바울은 이방인들이 "하나님의 영원하신 능력과 신성"을 본다고 말하는 것이다. 그들은 하나님의 성품의 어떤 점을 보는 것이다.[17]

자연인의 신지식(神知識)에 관한 문제는, 만일 우리가 "지식을 갖는다"(having knowledge)는 말이 두 가지 의미로 쓰일 수 있음을 생각한다면, 좀 경감될 수 있을 것이다. 자연인은, 하나님께서 자연과 사람 자신의 의식을 통해서 당신의 임재를 사람이 주목하도록 하신다는 의미에서 참된 신지식(true knowledge of God)을 가진다. 너무나도 분명하고 피할 수 없게 그리하시므로 사람은 하나님을 알지 않을 수 없는 것이다. 바로 이 점이 로마서의 처음 두 장(章)에서 바울이 강조하고 있는 점이다. 사람은 그에게 지울 수 없게 새겨진 신의식(神意識, the sense of deity)을 가지고 있다. 그러므로 그는 하나님을 알고, 자신과 이 세상이 하나님의 피조물임을 아는 것이다. 이것이 그에게 객관적인 계시(objective revelation)이다. 또 이 계시가 그 안에 그 자신의 구성(constitution) 안에 있는 한, 이 계시는 "주체적"(subjective)이라고도 할 수 있으나, 그럼에도 이 계시는 윤리적으로 책임 있는 피조물인 그에게 대해 객관적이고, 그는 이 객관적 계시에 대해 윤리적 인격으로서 반응하도록 되어 있는 것이다.

그런데 자연인이 억누르려고 노력하는 것은 바로 그 자신 안과 밖에 있는 이 객관적 계시이다. 사단과 한 무리가 되어서 사람은 상당히 큰 일원론적(monistic) 가정을 한다. 그의 결론에서만이 아니라, 그의 방법론과 출발점에서도 그는 자신의 궁극성을 당연한 것으로 여기는 것이다. 그가 이 일원론적인 가정에 따라서 작업하는 한 그는 하나님 뿐만이 아니라 꽃들도, 또 다른 모든 것들도 잘못 해석하는 것이다. 그런데 다행히도 자연인은 이 세상에 있을 때 결코 철저히 일관적이지는 않다. 마치 그리스도인들이 그들의 의지에 반해서 죄를 범하듯이, 자연인들도 자신들의 본질적으로 사단적인 원리에 반해 활동하기도 하는 것이다. 마치 그리스도인들이 그들을 저하시키는 그의 "옛 사람"이란 몽마(夢魔)를 가지고 있어서 그 안에 있는 "그리스도의 삶"을 실현하지 못하도록 하는 것처럼, 자연인에게도 그를 끌어내려서 그 안에 있는 사단의 삶을 실현하지 못하도록 하는 신의식(神意識, the sense of deity)이란 몽마(夢魔)를 가지고 있는 것이다.

그러므로 실제의 상황은 언제나 진리와 오류가 혼합되어 있는 것이다. "세상에서 하나님 없이" 있으면서도 자연인은 하나님을 알고, 또한 그 자신에도 불구하고, 어느 정도는 하나님을 인정하는 것이다. 그들이 하나님의 형상으로 지어졌으므로, 또 그들 안에 있는 없앨 수 없는 신의식(神意識,

sense of deity) 덕분에, 그리고 하나님의 억제하시는 일반은총 덕분에, 하나님을 미워하는 이들이 제한된 의미에서 하나님을 알고, 또 선을 행한다.[18]

여기서 우리가 기억해야만 하는 것은 지금 우리는 해결책을 찾기 위해서 울타리를 치고 있을 뿐이지만 사실은 이것이 하나님과 사람의 관계에 관한 그 어떤 문제에 대해서도 우리가 할 수 있는 일의 전부라는 것이다. 우리는 예를 들어서, 사람이 하나님의 형상으로 지어졌음으로 해서 유비적인 행위(analogical action)가 되는 인간의 행위가 어떻게 해서 참된 의미(genuine significance)를 지니게 되는가 하는 것을 '철저히 다 안다'(comprehend)는 의미에서는 이해할 수 없다. 또한 그와 비슷하게, 유비적인 추론(analogical reasoning, 즉 하나님의 해석에 대한 재해석)이 되어야만 하는 인간의 추론(human reasoning)이 어떻게 참되고 의미 있는 해석이 될 수 있는가 하는 것도 '철저히 다 안다'(comprehend)는 의미에서 이해할 수 없는 것이다. 결국, 끊임없이 우리 앞에 놓이는 유혹은 인간의 어떤 행위가 어떻게 의미를 가질 수 있는가 하는 것을 "철저히 다 알려고"(comprehend)하는 것이다. 그러나 우리는 결코 그리할 수 없으니, 그 덕분에 우리가 존재하고, 그 덕분에 우리가 해석되어야만 하는 하나님이 사람에게 불가해적(不可解的, incomprehensible)이기 때문이다.

인간의 이성은 신적인 추론의 단순한 직선적 연장이 아니다. 인간의 활동과 해석은 항상 하나님의 주된 계획이나 목적과 병행하거나, 종속하는 것이다. 이것만 유념된다면, 개혁신학이 주장하여 왔듯이, 자연인의 하나님에 대한 절대적 윤리적 반립에 대한 교리와 그의 상대적으로 참된 지식과 상대적으로 선한 행위에 대한 교리가 같이 주장되어지며, 우리가 그 어떤 비일관성이나 자기모순에 빠지지 않게 되리라는 것을 알 수 있게 된다. 전적으로 파생적인 존재들(즉 피조물들)의 행위와 해석이 참된 의미를 갖는다는 것이 일관된 우리의 주장이다. 아담과 하와가 악을 선택한 것도 참된 선택(a genuine choice)인 것이다. 비록 그 배후에 하나님의 계획이 있음을 알고 있어도 우리는 그렇게 말할 수 있고, 그렇게 말해야 한다. 또한 불신자가 그리스도를 거부하는 것도 참된 의미를 지니고 있어서, 그들은 그들의 불신 때문에 처벌되는 것이다. 비록 그들이 죄와 허물 가운데서 죽은 상태에서 태어나서 영적으로 선한 것을 분별하고 행할 수 없다고 해도 말이다. 그렇다면, 어떤 상대적인 행위들 때문에, 즉 모든 상대적 행위들 배후에 있는 적대적인 행위(an absolute act) 또는 하나님의 경륜 때문에 뿐만 아니라 아담의 죄와 자신의 죄를 통해서 부패한 사람이 이 지상에 있는 동안에 상대적으로 선하다고 생각될 수 있다고 주장한다 해도 그것이 일관성 없는 것은 아닐 것이다.[19]

(3) 아담의 의식에서 시작해서 중생하지 않은 의식을 고찰한 후에, 우리는 중생한 의식(the regenerate consciousness)을 고찰해 보아야만 한다.

중생한 의식은 회복되고(restored), 보강된(supplemented), 그러나 오직 원칙상(in principle), 또는 그 지위(standing)에서만 회복되고 보강된 아담적 의식이다.[20]

첫째로, 중생한 의식은 회복된 아담적 의식(the Adamic consciousness restored)이다. 이 의식은 이제 다시 그 파생적 성격을 새롭게 인식한다. 이는 하나님께서 인간의 의식을 중생시키시고, 그들로 하여금 그 윤리적 부패(ethical depravity)를 고백하게 하심으로써만 가능한 일이다. 즉 하나님께서 자연인의 의식이었던 것을 소생시키셔서. 이제 살게 하신 것이다, 중생한 사람 안에서는 하나님께서 그 안에서 역사하셔서 그들로 의지를 갖게 하시고, 행하게 하시므로, 중생한 의식은 **보강된** 아담적 의식(the Adamic consciousness supplemented)이다. 아담은 **죄를 범할 수 있는**(posse peccare) 상태에 있었는데 비해서, 회복된 아담적 의식은 (원칙상) **"죄를 범할 수 없는"** (non posse peccare) 상태에 있는 것이다.[21] "하나님께로서 난 자마다 죄를 짓지 아니하나니, 이는 하나님의 씨가 그의 속에 거함이요, 저도 범죄치 못하는 것은 하나님께로 났음이라"(요일 3:9).

중생한 의식은 원칙상 회복된 것이지, 그렇다고 완전히 회복된 것은 아니다, 로마서 7장의 투쟁은 모든 그리스도인들이 죽기까지 투쟁하는 그 투쟁이다. 그래서 요한은 이렇게 말한다. "만일 우리가 죄 없다하면, 스스로 속이고, 또 진리가 우리 속에 있지 아니할 것이요" (요일 1:8).[22]

이제 우리는, 아담의 의식, 중생하지 않은 의식, 중생한 의식의 구별을 유념하면서, 신학에 있어서의 이성의 위치에 관한 문제에 접근할 수 있게 되었다.

******

첫째로, 우리는 아담적 의식이 현재 실제로 존재하는 것처럼 생각할 수 없다. 우리는 중생하지 않은 의식과 중생한 의식만을 다룰 뿐이다. 그런 타락한 의식과 중생한 의식의 참된 의미는 그 배후에 아담과 그의 타락의 역사가 없이는 주장될 수 없는 것이다. 그러므로 아담에 관한 창세기 기사를 역사적인 것으로 보느냐, 아니냐 하는 문제는 그저 마음대로 선택할 수 있는 성격의 문제가 아니다. 우리가 이 기사를 역사적으로 볼 때에만 바르고 건전한 신학이 주장될 수 있는 것이다. 아담의 죄는 **하나님의 알려진 계시에 대한 사람의 고의적인 범과**(the wilful transgression of man to the known revelation of God)이었다. 그러므로 만일 우리가 창세기 기사의 역사성을 부인하면, 우리는 죄에 대한 사람의 책임을 아주 극단적으로 환원시켜서 실제로 책임이 아무 것도 없는 것처럼 만드는 것이 된다. 그런 경우에 사람이 죄 됨(sinfulness)이 실제로는 '운명'(fate)과 같은 것이 되어 버리는 것이다. 따라서 창세기 기사를 신화의 수준으로 환원시키는 오토 파이퍼(Otto Piper)나[23] 넬스 페레(Nels F. S. Ferre)[24]같은 신학자들은 결국 죄나 그리스도, 구속에 관한 역사적 기독교의 관점도 부인하게끔 되는 것이다.

둘째로, 위에서 설명한 객관적인 의미 외에서는 인간 이성 일반, 또는 인간 의식 일반을 말할 수 없게 된다. 그러므로 우리는 이를 기독교적 의미에서 "한계 개념"(a limiting concept)이라고 부를 수 있을 것이다.[25] 환언하면, 그 자체로써는 그 어떤 작업을 하도록 사용되어서는 안 되는 개념이라는 말이다. 모든 사람이 다 신의식(神意識, a sense of deity)을 가지나, 동시에 곧 그의 신의식(神意識)을 물들여 버리는 또 다른 어떤 것을 가지지 않은 사람은 또한 한 사람도 없는 것이다. 모든 사람은 하나님과 언약 관계 하에 있든지, 사단과 언약 관계 하에 있는 것이다. 사단과 관계된 이들은 그 안에 있는 일반적 신의식을 억압하고, 따라서 항상 그것을 잘못 해석하려고 노력하는 반면, 하나님과 관련된 이들은 일반적 신의식을 그리스도 안에 있는 하나님의 계시와 연관시키려고 애를 쓴다.

그러므로 일반적인 신의식을 사람에 대한 하나님의 계시적 압력(the revelational pressure)으로 인정하는 것이 아주 중요하지만. 또한 사람들이 그들의 근본적 언약 관계를 의식하는 한, 그들은 모든 관심점에서 전적으로 하나님을 위하거나, 전적으로 하나님을 적대 한다는 것도 그에 못지않게 중요한 것이다.

셋째로, 우리가 분명히 중생하지 않은 의식을 다룰 때, 우리는 그것이 채용하는 일원론적 가정에 따라서 현존하는 그대로의 그 의식을 생각해야만 한다. 그러므로 우리는 중생하지 않은 의식이 신학 문제에 있어서나 다른 문제에 있어서도 판단권을 가진 것처럼 허용할 수 없는 것이다. 성경은 그 어디서도 중생하지 않은 이성을 자격있는 판단자로 여기며 그에 호소하지 않는다. 오히려 성경은 중생하지 않은 이성은 판단할 수 있는 자격이 전혀 없다고 거듭 거듭 말하는 것이다. 성경이 "오라, 우리가 변론하자!"라고 말할 때, 그것은 대개 하나님의 백성에 대해 말하는 것이고, 또 다른 이들에게 말하는 경우라고 해도 그들을 하나님과 동등하게 여기거나, 참으로 판단할 수 있는 능력을 가진 것으로 여기는 일은 결코 없는 것이다. 중생하지 않은 사람도 신지식(神知識)을 가지나, 그것은 그가 억누르려고 하는 신의식, 그 안에 있는 하나님의 계시의 신지식이다. 성경은 사람 안에 있는 이 신의식(神意識, this sense of deity)에 호소하나, 사람이 그가 채용한 일원론적 가정에 따라서 행동할 때에는 참되고 거짓된 것, 옳고 그른 것을 판단 할 수 있는 능력이 전혀 없음을 분명히 하면서 그리하는 것이다.[26]

넷째로, 비록 성경은 자연인을 판단할 수 있는 존재로 보고 그에게 호소하지 않고, 오히려 자연인이 영적인 것들에 대해 눈먼 소경들로 여기고 있지만, 그 영적 소경됨에 대한 책임은 사람이 져야 함을 성경은 분명히 한다.[27]

다섯째로, 성경은 우리로 하여금 이 영적 소경된 사람들과 말하고, 그들에게 선포할 뿐 아니라, 그들과 같이 추론하라고 가르치고 있다. 왜냐하면, 우리는 하나님의 이름으로 말하고 추론하는 것인데, 그 하나님이 눈먼 자들을 보게 하실 수 있으시기 때문이다. 예수께서는 아직 죽어 있는 나사로에게 일어나서 무덤 밖으로 나오라고 하셨다. 선지자도 골짜기의 마른 뼈들에게 외쳐서 그들이 일어나고 살을 얻게끔 하였던 것이다. 그러므로 우리의 추론과 선포는, 그리스도 안에서 하나님께서 우리를 통해서 추론하시고 선포하시는 한 헛되지 아니하다. 우리 자신도 한때는 영적 소경들이었으나, 하나님께서, 어떤 사람을 도구로 하셔서, 우리와 추론하셨고, 이제 우리는 밝히 보는 것이 아닌가?[28]

여섯째로, 하나님께서 우리와 추론하시고, 우리의 정신을 변화시키셔서 우리의 사상이 그리스도께 복종 되도록 까지 하실 때, 우리는 성경 가운데서 당신 자신에 대해 하나님께서 우리에게 주신 계시를 받고, 재해석하기 위해서 우리의 정신, 우리의 지성, 우리의 이성, 우리의 의식을 사용해야만 한다. 그것이 신학에 있어서의 이성의 바른 위치인 것이다. 이 이성과 신앙 사이에는 갈등이 없으니, 왜냐하면 신앙은 이성을 부추겨서 바르게 해석하도록 하는 추진력(the impelling power)이기 때문이다.[29]

특주(Note)

헤르만 바빙크 박사[30]와 루이스 벌코프 교수[31]는 이 장(章)에서 다룬 문제를 "교의학의 원리"(principia of Dogmatics)이란 제하(題下)에서 논의하고 있다. 이 제목을 놓고 그들은 종교의 본질, 종교의 자리, 종교의 기원 등과 같은 문제를 논하고 있다. 이 논의에서 그들은 하나님 편에서 당신 자신을 사람에게 계시하셔야만 한다는 것과 이 계시를 받을 수 있기 위해서 사람은 반드시 하나님의 형상으로 창조되어야 한다는 것을 조심스럽게, 그러나 충분히 드러내 놓고 있다. 이 모든 것은 존중할 만하고 그 자체로써는 아주 필요한 일이다. 그러나 우리의 제한된 시간은 우리로 하여금 이 문제를 충분히 다룰 수 없게 한다. 그래서 나는 여기서 기독교 인식론의

기본적 문제에로 환원시킴으로써 그 폭넓은 논의의 요점들을 제시해 보려고 노력하였다.32)

더구나, 우리는 찰스 핫지(Charles Hodge)의 『조직신학』을 참고로 하므로, 또 그 첫째 권에서 기본적인 요점을 찾아보려고 하므로, 핫지가 이 다양한 문제들을 다룬 방식에 특별한 주의를 기울여 보아야만 할 것이다. 그래서 다음 장에서는 인간 이성과 관련하여 핫지가 말하는 바에 대한 고찰에로 나아가기로 한다.

각주

1) 본장과 다음 장에서 반틸은 지식의 문제를 논의한다. 반틸은 시작부터 죄의 이지적인 영향, 즉 단지 우리의 도덕에 뿐만 아니라 우리의 사고와 생각에 미치는 죄의 영향을 강조한다. 인식론과 계시론 그리고 믿음의 문제가 전통적으로 조직신학 "서론"에서 중요한 자리를 차지해왔다. 이러한 문제들은 본격적인 신학의 분과(신론)와 다른 신학의 주제들(인죄론, 기독론, 교회론, 종말론)을 다루기 이전에 먼저 다루어져야만 하는 이슈들이다. 반틸은 무엇보다도 변증학자이기 때문에 본서는 신학의 본격적 분과인 신론에서 그 논의를 마친다.
2) 기독교 세계관이 포괄적이라는 개념에 의거해보자면, 신학이란 그 자체로 독립적이지 않고 큰 그림의 특별한 부분이라 할 수 있을 것이다.
3) 무엇보다도 먼저 지식에 관한 질문을 던지고 나서 하나님의 존재에 대한 질문을 던지는 오늘날의 많은 동시대적 철학자들과 달리 반틸의 사상에 의하면 지식과 하나님의 존재는 불가분리의 관계에 있다.
4) 문자적으로 "무로부터"라는 말은 하나님께서 미리 존재하는 어떤 것으로부터 창조하시지도 않았고 또한 당신을 확장하시기 위해 우주를 만드셨음을 의미하는 것도 아니다. 더욱이 창조이전에 창조로 말미암아 채워져야 할 혼돈이 있었던 것도 아니다.
5) 의미에 대한 질문은 오늘날의 문화뿐만 아니라 동시대의 철학자들에게 만연해 있는 어떤 것이다. 그 질문은 목적과 희망과 궁극적 중요성에 관한 이슈들에 집중되어 있다.
6) 웨스트민스터 신앙고백서 제4장 1절.
7) 반틸은 각각의 경우에 있는 통일성과 다양성을 주장하면서도 창조주와 피조물 사이에 존재하는 본질적 차이를 매우 강조한다. 창조주는 본래 존재하나 피조물은 파생적이다. 그러므로 우리의 존재가 하나님의 존재와 반응하기 때문에 우리 존재에 대한 의미를 찾을 수 있다. 그럼에도 불구하고 우리는 창조주의 존재의 일부분이 아니다.
8) 이것은 관념론에 대한 반틸의 평가를 요약해주고 그것을 성경적 세계관과 대조시킨다.
9) 그 다음 단계는 인간의 실체를 논의하는 것이다. 이어지는 부분에서 우리는 인식론에 관한 반틸의 가장 독창적인 공헌의 일부분을 보게 된다. 그는 타락 이전으로부터 타락과 중생 받은 심령으로 옮겨가면서 논하는데 그러는 동안 그 배후에 하나님의 계획이 있기 때문에 의미 있는 지식이 가능하다는 것을 확증한다.
10) 반틸은 아마도 톰 해리슨, 줄리안 헉슬리, C.D. 달링턴, 그리고 C.H.와 딘턴과 같은 그의 시대의 특정한 과학자들을 염두에 두고 있는 것 같다. 신비에 대한 그들의 용인은 오늘날의 많은 과학자들에 의해 상세하게 부연 설명되었다. "매혹적 입자"나 "고아 행성"이나 올리버 롯지의 마음과 물질에 대한 연구를 생각해보고 존 씨얼스의 의식의 신비를 고찰해 보라.

11) 반틸이 이것을 계속해서 언급하는 한 가지 이유는 그의 철학에 있어서 이것이 그 무엇보다도 중심적인 것이기 때문이다.
12) 여기에는 몇 가지 중대한 이슈들이 걸려 있다. 첫째로, 형이상학에 부가되어 있는 지식의 도덕적 국면을 어떻게 계산에 넣어야 하는가? 둘째로, 기독교적 인식론에 있어서 이성의 위치는 무엇인가? (반틸은 일반적인 양심이나 이성은 존재하지 않으며, 오직 신앙과 불신앙의 이성이 있을 뿐이라고 주장할 것이다.) 셋째로, 이와 관련해서 그리스도인과 비그리스도인 사이의 반립성으로 인해, 그들은 서로 어떻게 논쟁하고 어떤 공통점을 지닐 수 있는가?
13) 웨스트민스터 신앙고백서 제6장 2절.
14) 이러한 실체를 이해하기 어렵지만 지식만큼이나 근본적인 것으로서의 창조와 문화적 사명에 대한 반틸의 헌신을 보여준다. 창세기 1:26-31절을 보라.
15) 이러한 허식으로 인해 비중생자의 인식은 일의적(철저하게 아는 것을 의미하는)이 되기에도 모자라며, 다의적(전혀 알 수 없는 것을 의미하는)이 되기에도 부족하다(합리론자 대 비합리론자의 죄악적 지식의 특징).
16) 반틸은 여기서 불신자들에게 참된 지식이 가능하지만 그럼에도 불구하고 근본적인 오류가 동시에 존재하는 현 세상의 신비적 성격을 인정하고 있다. 만일 이슈가 적절하게 세워진다면 그것은 사리에 맞기 시작할 것이다. 더 나아가서 신비는 곤혹스러운 것이 아니라 창조주와 피조물의 구분에 있어서 필요한 것이 되며 그것에 의해 예견되는 것이다.
17) 반틸은 종종 불신자가 2+2=4 라는 것을 의미 있게 확증할 수 있다는 것을 인정하지 않았다는 비판을 받곤 했다. 반틸이 분명히 밝히고 있듯이, 그는 그의 종합적인 철학과 관계되어 있는 것 같이 "의미 있음"에 대해 말하고 있는 것이다. 그러므로 실재를 해석함에 있어서 우리가 꽃을 논하고 있는지 하나님을 논하고 있는지 사이에는 아무런 차이가 없는 것이다. 왜냐하면, 두 가지 다 타락한 인간의 지성을 통해 파악되고 있기 때문이다.
18) 로마서 1장에 나타나는 참된 지식과 진리에 대한 불신자의 억제는 반틸의 인식론의 심장과 같으며, 그의 변증학에 있어서 치명적으로 중대한 의미를 내포한다.
19) 반틸은 아마도 우리가 올바르게 이해했다면, 전자의 실재를 부인해서가 아니라 자유라는 사상에 너무나 많은 혼란이 발생했기 때문에 *진정한 선택, 진정한 중요성 그리고 의미, 의지를 넘어서*와 같은 단어들을 선호했을 것이다.
20) 여기 아브라함 카이퍼 뿐만 아니라 게할더스 보스의 흔적도 나타난다. "원칙적으로 또는 지속적인"이라는 그의 표현의 용법은 성화를 부인하는 것이 아니라 완전주의를 배격하기 위해 특별히 그것이 지식과 관계될 때 사용된 것이다.
21) "죄를 지을 수 있는"(타락 이전의 아담의 상태) 그리고 "죄를 지을 수 없는"(영화의 상태) 이라는 번역의 구분은 *non posse non peccare* "죄를 안 지을 수 있는 능력이 없는"(비중생인) 것과 *posse non peccare* "죄를 지을 수 없는"(중생인)을 구분한 어거스틴의 신학에 기인한다.
22) 반틸의 목적에 있어서 "원칙적으로"라는 말은 회심 때에 실제적 변화가 발생했음을 의미한다. 그것은 기본적 방향의 변화이다. 사람들은 각기 다른 수준으

로 회심하는 것이 아니다. 그리스도인의 삶에는 고저가 있는 법이다. 천국에 도달할 때까지 죄 없는 사람은 아무도 없는 것이다.
23) Otto Piper, *God in History* (New York: Macmillan, 1939), 20, 58.
24) Nels F. S. Ferre, *The Christian Faith: An Inquiry into Its Adequacy as Man's Ultimate Religion* (New York: Harper, 1942); *Evil and the Christian Faith* (New York: Harper, 1947).
25) 제한적 개념이란 구절은 비평적 철학의 창시자인 임마누엘 칸트(1724-1804)로부터 온 것이다. 반틸은 현대사상을 정의함에 있어서 획기적인 인물로서의 칸트와 끊임없이 반응한다. 칸트에게 있어서 제한적 개념은 인간의 이성이 더 이상 갈 수 없는 장벽을 의미한다. 개념으로서의 하나님은 그가 존재하시는지 그렇지 않은지 대해 인간의 판단을 제한한다. 그러나 반틸의 경우 제한적 개념은 하나의 교리가 독립적으로 서서 전체 체계를 모두 좌우하지 못하게 하기 위해 다른 교리를 제한하는 것을 의미한다. 따라서 예정론은 의지의 작용 없이는 정의될 수 없으며, 그 반대도 마찬가지이다. 여기서 그는 자의식 자체란 것은 없으며, 단지 중생인의 의식 또는 비중생인의 의식만 있을 뿐이라고 말하고 있다. 하나가 다른 하나에 의해 제한되는 것이다.
26) 그러므로 모든 사람들이 신성에 대한 지각을 지니고 있기는 하지만(롬 1:18-25) 그것 자체가 그들의 견해나 결정들을 정당화하지는 않는 것이다. 지식과 무지, 이해와 어리석음 사이의 긴장은 근본적으로 반틸의 인식론이다.
27) 따라서 수행능력과 책임은 동일한 것이 아니다. 무력함이 언제나 무죄함을 내포하는 것은 아니다.
28) 반틸의 변증학은 불신자의 근거와 진리 사이의 반립성을 확증한다. 그러나 실제로 하나님께서는 그 근거를 변화시키실 수 있는 분이시다. 불신자의 기초에 호소하려는 시도는 불신자들에게 설교하기를 거절하는 것만큼이나 잘못된 것이다.
29) 반틸은 이성에 대해 다음 장에서 더 많이 말할 것이다. 반틸이 맹목적이며 비이성적인 믿음으로서의 신앙주의를 끊임없이 비판하고 있기는 하지만 그는 믿음과 이성의 문제를 거의 상세하게 설명하지는 않는다. 예를 들면, *Christian Apologetics*, 2nd ed., ed. William Edgar (Phillipburg, N.J.: P&R, 2003), 59, 174; *The Protestant Doctrine of Scripture* (Philadelphia: den Dulk Chrisitian Foundation, 1967), 52; *Common Grace and the Gospel* (Nutely, N.J.: Presbyterian and Reformed, 1972), 184를 보라.
30) Herman Bavinck, *Gereformeerde dogmatiek*, 4 vols. (Kampen: Kok, 1923-30), vol. 1.
31) Louis Berkhof, *Systematic Theology* (Grand Rapids: Eerdmans), 1941.
32) 바빙크와 벌콥은 원리에 대한 그들의 고찰에 있어서 인식론에 대해 해박하게 논의한다. 아리스토텔레스의 말을 빌리는 동시에 그를 초월해서 말하자면, 그들은 세 가지 원리들 즉 존재와 실존과 지식을 인지하고 있는 것이다. 실제적인 목적에서 반틸은 한 가지 원리에만 집중하고 있는데 그것이 바로 지식이다. 실상, 그는 인식론 이하에 있는 많은 동일한 관심사들을 포함하고 있다. 하지만 그는 언제나 변증학적 날카로움으로 이 일을 수행한다.

제4장

기독교 인식론
-찰스 핫지의 입장-

신학에서의 이성의 기능에 관한 논의의 연속으로 우리는 앞 장(章)에서 간단히 살펴본 원리를 위대한 개혁신학자들 중의 한 사람인 찰스 핫지(Charles Hodge)의 입장에 적용시켜 보도록 하려고 한다.[1]

1. 이성의 도구적 기능[2]
   (the Usus Instrumentalis of Reason)

핫지는 말하기를 이성의 첫째 기능은 계시를 수납하는 기능이라고 한다. 계시는 합리적 존재들에게 주어졌기 때문이다. "계시는 진리를 정신에 전달하는 것이다. 그런데 이런 진리의 전달은 그것을 받을 수 있는 능력을 전제로 한다. 야수에게나 백치에게 계시가 주어질 수 없는 것이다. 진리가 신앙의 대상으로 받아들여지기 위해서는 지적으로 이해되어야만 하는 것이다."[3]

핫지는 여기서 특정한 형태의 비합리주의(irrationalism)에 반대(反對)하는 것이다. 그것도 그는 실질적으로 우리 시대에 지성의 우위(the primacy of intellect)라고 불리는 것을 주장함으로써 그리하는 것이다. 그의 입장의 약점은 인식론에서 서로 명백히 모든 점에서 대립하는 (그러나 그 둘 다 지성의 우위성을 주장하는) 두 가지 견해를 명백히 구별하지 않고 있다는 점에 있다.[4]

첫째로 기독교적 견해(기독교적 관점)가 있다. 그것은 개혁신학자들에 의해서 가장 잘 표현되어져 왔다. 이 견해는 창조주-피조물의 구별(the Creator-creature distinction)에 근거한 것이다. 자존적(自存的)이신 하나님이 파생적 존재(the derivative)인 사람의 원형이신 것이다. 칼빈은 말하기를 우리들 자신에 대한 우리의 지식은 우리의 원형이신 하나님에 대한 지식에 관여한다고 한다. 죄로부터 결과된 것들을 제외하고서는, 하나님의 형상 담지자(God's image-bearer)로서의 사람 안에서 발견되는 모든 것이 그 원형을 하나님 안에 두고 있는 것이다. 또한 하나님의 형상 담지자로서 사람의 구성 안에서 발견되는 모든 것은, 그것이 정상적일 때에는, 하나님 안에 있는 원형적인 것에서 나온 것(the derivative)으로써 존재하고 움직이는 것이다. 인간의 영에 대한 하나님의 영의 관계에 대해 말하면서도 핫지(Hodge)는 이렇게 말한다. "어떤 종류의 능력이든지 실체(혹 본체, substance)에 속하는 것 같이, 영에 속한 능력, 즉 사유와 느낌과 의지도 자아의 실체(혹 본체, substance)인 영에 속한다. 이 모든 것이 의식이란 가장 단순한 형태 안에서 주어진 것이다. 우리는 우리가 생각하고, 느끼고, 의도할 때에 우리가 존재함을 확신하게 된다. 우리는 자신들을 이렇게 생각하고, 느끼고, 의도하는 것으로 안다. 그러므로 우리는 이 능력들, 또는 기능들이 영(a spirit)의 본질적 속성들이라고, 따라서 모든 영에게 속해야만 한다고 확신하게 된다."5)

인간 인격성의 다양한 측면들이 함께 하나의 단일체(a unity)를 구성하고, 그 단일체 전체는 '하나님의 존재, 또는 그 인격성을 구성하는 그 단일체에 대해 유비적인 것'(the analogue of the unity that constitutes the being or personality of God)이므로, 인간 인격성의 그 어떤 측면도 다른 측면보다 더 높은 것이라고 할 수 없다는 결론이 나온다. 물론 이것은 '경륜상의 우위성'(a primacy of economy)이 없다는 말은 아니다. 예를 들어서, 사람의 의지는 그 대상을 알지 않고서는 기능 할 수 없는 것이다. 즉 사람이 그의 의지를 가지고 반응하거나, 어떤 느낌을 갖기 위해서는 진리를 알아야만 하는 것이다.6) 그러나 이것은 중요한 문제이기는 하나, 여기서는 논의되는 근본적 요점은 아니다.7)

이 점은 아마도 다음과 같은 비교를 통해서 가장 잘 예증될 수 있을 것이다. 하나님의 경우에는 본체론적인 삼위일체(혹 존재론적인 삼위일체, the ontological Trinity)와 경륜적 삼위일체(혹은 경세론적 삼위일체, the economical Trinity)를 구별하는 것이 상례이다. 개혁신학자들은 아주 강조해서 주장하기를 성자와 성신이 존재론적으로, 즉 그 존재의 궁극성에 있어서, 절대적으로 성부와 동등하다고 하였다. 또한 개혁신학자들은 똑같이 강조하여 주장하기를 삼위일체의 다른 두위에 대한 성부의 경륜적 우위성이 있다고 하였다. 우주에 대한 하나님의 모든 사역은 하나이신 삼위일체 하나님에게서 나온다. 그러나 경륜적으로는 성부의 우위성이 있음을 개혁신학자들이 시사한 것이다. 이와 비슷하게 인간 인격성의 여러 측면들도, 그 존재에 있어서는 서로 동등하다. 그렇지 않을 수 없는 것이다. 그의 존재의 모든 측면에서 사람은 하나님과 똑같은 거리에 있는 것이다. (즉, 인간의 어떤 측면은 하나님께 좀 더 가깝고, 어떤 측면은 좀 더 멀고 하는 것이 아니다-보역). 낙원에서의 사람의 도덕적 성질에 대해서 말하면서 찰스 핫지는 이렇게 말한다. "그의 성품의 감성적인 면이 합리적인 면에 대해 반기를 들거나, 그들 사이에 균형이 깨져서 밖으로부터 어떤 은사나 영향력이 개입하여 그들을 통제하거나 균형 잡을 필요가 있거나 하는 일이 없었다."[8] 피조된 인간의 인격성 전체가 자원해서 하나님께 복종했으므로, 의지와 감성에 대한 지성의 우위가 자연히 존재상의 우위가 아니라, 오직 경륜 상의 우위였던 것이다. 인간의 존재 전체가 기쁘게 그 창조주요 주님께 복종하므로, 그 피조물의 어느 한 측면이 다른 측면을 인도하거나 통제한다고 말할 수는 있으나, 그것도 그들의 공동의 주님을 위하여, 그 주인에 대한 순종 가운데서 한 주체가 다른 주체를 지배한다는 의미에서만 그런 것이다. 이런 일반적 개념이 개혁신학자들에 의해 언약 개념으로 표현되었었다.

지성의 우위성에 대한 이 기독교적 개념에 반해서, 고대 철학자들에 의해서 존중된 또 다른 개념이 있다. 다른 모든 사람들과 마찬가지로 이 철학자들도 죄인이었고, 다른 모든 사람들과 같이 그들도 불의로 진리를 억누르려고 했던 것이다. 그들의 입장을 간단히 분석할 때에 우리는 칼빈이 그들에 대해 말하는 바를 따라서 논의하고자 한다.[9]

그의 『기독교강요』 제1권 전체에서 칼빈은 여러 번 고대 철학자들을 언급하고 있다. 그는 그들이 굉장한 자연적인 지성의 힘을 가지고 있었다고 흔쾌히 인정한다. 그는 여러 번 논의하기를 형식적으로나 우연히 그들이 참된 많은 것들을 말하였다고 한다. 칼빈은 이 철학자들이 인간 정신의 구성을 이해함에 있어서 우리를 상당히 많이 도울 수 있다고 기꺼이 인정하고 있다.[10] 그러나 이 모든 것에도 불구하고, 그는 결코 이 사실이 "그들이 그들의 전 인격에서, 또 그들의 행위의 모든 측면에서 자신들을 그들의 창조주이신 하나님께 복종시키기를 거부하는 존재들이다"는 그의 주된 주장을 흐리게 하지는 않는 것이다. 그들은 그들의 지성과 의지와 인간 정신의 그 어떤 능력도 그들의 창조주의 권위에 복종시키지 않으려고 한다. 그들은, 우리가 오늘날 말하는 용어를 써서 표현하자면, 언약 파기자들인 것이다.[11]

그래서 이 철학자들은 인간의 타락을 인정하지 않는다. 이 철학자들에 대해 말하면서, 칼빈은 다음과 같이 말한다. "그들이 세운 원칙은 '사람은 그가 선과 악에 대한 자유로운 선택을 할 수 없으면 합리적인 동물일 수 없다'는 것이었다."[12] 그래서 그들은 사람의 의지가 죄로 부패되었음을 부인한다. 칼빈은 덧붙여서 이런 말도 하고 있다. "그들은 또한 만일 사람이 스스로 자신의 삶을 경영해 가지 않으면 덕과 악의 구별이 파괴된다고 상상하였다. 물론, 사람이 죄에 빠진 그 변화가 없었더라면, 이는 옳았을 것이다. 그들은 이 것을 모르므로, 그들이 모든 것을 혼돈 속에 몰아넣은 것이 그리 놀라운 것은 아니다."[13] 이 철학자들은 "처음에는 영혼의 모든 부분이 바르게 창조되었다"는 사실, 그래서 그때에는 "선을 행하려는 정신의 건전함과 의지의 자유"가 있었다는 사실, 그러나 타락 이후에는 사람이 그의 존재의 모든 측면에서 동일하게 부패되었다는 사실을 알지 못하는 것이다.[14] "반역에 대한 심판인 본성의 부패를 모르므로, (그들은) 서로가 상당히 다른 '사람의 두 상태'를 혼동하는 오류를 범하는 것이다."[15] 이 철학자들이 타락을 인정하지 않는다는 사실에 대한 칼빈의 강력한 주장에 비추어 볼 때, 우리는 어떻게 해서 칼빈이 심리학 자체의 문제에 대해서는 지성의 우위성에 대해서 상당히 이 철학자들과 동의할 수 있고, 동의했었는가 하는 것과 동시에 같은 주장 중에서 그 지성의 죄 없음에 대해 주장할 때에는 어떻게 그들과 철저히 의견을 달리할 수 있었는가를 이해할 수 있게 된다. 이 철학자들에 대해서 언급하면서 칼빈은 다음과 같이 말한다.

> 그들은 영혼의 "물리적 충동(organic movemets)과 합리적인 부분 사이에 상당한 모순이 있다"고 말한다. 마치 이성 자체도 때때로 자신과 대립하는 것처럼, 이성과 그 경륜이 때로는 서로 적대적인 군대들처럼 서로 갈등하는 듯이 말이다. 그러나 이 무질서가 자연의 타락에서 결과되는 것이므로, 기능들이 마땅히 나타내 보여야 할 조화를 나타내지 않는다고 해서 두 영혼이 있는 것처럼 추론 하는 것은 오류이다.[16]

칼빈의 설명에 의하면, 이 철학자들에게 있어서 지성의 우위성에 대한 주장은 지성의 본래적 죄 없음에 대한 주장과 동일한 것이다. 타락으로 인한 "자연의 파괴"란 사실을 생각하지 않고, 그들은 실질적으로 사람의 구성에서 혼란이 일어나는 유일한 원천이 그의 "물리적 충동"이라고 주장하는 것이다. 사람의 지성 그 자체는 잘못될 수 없다고 여기기 때문이다.

칼빈은 이처럼 이 세상과 특히 인간의 영혼에 있는 혼란에 대해서 전인(全人, the whole man)의 창조자이신 하나님을 탓하지 아니한다. 원래, 타락 이전에는 사람의 감성이 지성만큼이나 혼란의 원인과는 거리가 먼 것이었기 때문이다. 또한 동시에 칼빈은 사람의 모든 측면이 다 타락의 영향 하에 있음을 분명히 한다. 즉, 사람이 범죄한 뒤에는 사람의 지성도 그 감정이나 의지만큼이나 혼란된 것임을 밝히는 것이다. 간단히 말해서, 칼빈은 지성의 우위성이라는 심리적으로 옳은 이론이 죄의 사실을 부인하는 데에 사용하는 것을 거부하는 것이다.

더구나, 칼빈에 의하면, 이 철학자들이 가르치는 지성의 우위성이란 죄의 사실을 실질적으로 부인한다는 점에서 창조주-피조물 관계를 실제적으로 항상 부인하는 것이 된다. 사람이 타락의 사실을 부인한다는 것은 언제나 그의 창조를 무시하는 것과 같다. 자신을 하나님께 복종 시키는 것이 피조물에게는 정당한 것이다. 그런데 죄인들은 이 복종을 거부하려고 하는 것이다.[17]

이 철학자들이 이처럼 하나님의 창조주 되심을 부인하는 것은 그들의 잘못된 신개념에 나타난다. 그들은 자신들이 주변과 그들 안에 있는 참 하나님에 대한 계시 아래 있음을 항상 거부하면서 그들은 하나님을 그의 피조계 전체나 그 어떤 측면과 동일시하는 것이다. "가련한 사람들이 하나님을 찾을 때에, 그들이 마땅히 그래야만 하는 것처럼 더 높은 수준으로 오르는 대신에, 그들은 하나님을 그들의 육적인 어리석음으로 측정하고, 바르고 엄격한 탐구를 무시하고서는 헛된 사변 속에서 호기심에로 깊이 파묻혀 버리는 데에 헛됨과 잘못된 자부심이 섞여 나타나는 것이다. 그러므로 그들은 하나님을 주님께서 친히 나타나신 그 성격에 따라 파악하지 않고, 그들 자신의 성급함이 고안해낸 대로 상상하는 것이다. 이 심연은 넓게 열려 있으므로,

그들이 움직이자마자 파멸을 향해 나아가게 된다. 그런 하나님 개념을 가지고 있는 한, 그들이 경배하고 순종하면서 제공하려는 모든 시도가 하나님 보시기에는 전혀 무가치한 것이 된다. 왜냐하면 그들이 경배하는 것은 하나님이 아니고, 하나님 대신에 그들 자신의 심령의 꿈이나 그 한 부분이기 때문이다."[18]

그러므로 지성의 우위성에 대한 철학자들의 개념은 타락 교회의 거부를 함의한다. 그리고 타락을 거부함에서 이런 "지성의 우위성 교리"는 하나님을 피조된 우주나 그 안의 어떤 원칙과 동일시하는 것을 함의하게 된다. 사실, 적어도 많은 철학자들의 가르침에 의하면, 그것은 우주 안에 있는 합리적 원리 개념을 함의한다(이때에 사람은 이 합리적 원리의 한 부분이나 한 측면으로 여겨지는 것이다). 플라토(Plato)나 아리스토틀(Aristotle)과 같은 위대한 철학자들도 하나님을 세계의 창조자라고 생각하지 않는다.[19] 따라서 그들은 사람의 지성이 잠재적으로는 신적인 지성과 동일하다고 생각한다. 사실 신적인 지성과 인간 지성의 차이는 창조주와 피조물로 표현되지 않고, 어느 정도 철저히 알 수 있느냐의 정도로만 표현되는 것이다.

그러므로 성경과 신앙고백서가 말하는 교리들을 보존하고, 창조와 죄에 대한 기본적 교리들을 진술하기 위해서는 위에서 요약하고, 칼빈이 반대한 바와 같은 지성의 우위 개념을 부인하는 것이 아주 중요하다고 하는 점이 분명해진 것 같다.

때때로 만일 우리가 지성의 우위를 주장하지 않으면, 이런 저런 종류의 감정을 따르게 된다는 논의가 있어 왔다.[20] 그러나 이것은 인간의 본성의 관한 비기독교적인 개념에서만 참된 것이다. 오직 비기독교적인 인간 개념에서만 감정이 본래적으로 무질서한 것으로 여겨진다. 기독교적 인간관에서는 감정 또는 감성이 본래적으로 무질서한 것이 아니고, 오직 죄 때문에 그러한 것이 되었다. 또한 죄가 사람의 정신에 들어온 뒤에는 지성도 감정만큼이나 무질서한 것이 된다. 그때에도 진인(眞人)이 그 지체를 하나님의 통치에 복종시키기를 거부하는 것이다. 또한 구원받은 죄인이 그의 감정을 통제하기를 시작할 때 그 근본적인 원인은 그가 지성의 우위를 심리학적인 진리로 이해했기 때문이 아니라, 그의 전 존재에 있어서 그가 하나님에게서 낳기 때문인 것이다.[21] "우리 주님의 정서 생활"(On the Emotional Life of Our Lord)이란 논문에서 월필드 박사가 그렇게 아름답게 밝혀낸 바와 같이, 온전한 사람이신 예수는 사랑과 진노의 강한 감정을 나타내 보이셨으나, 그의 존재의 모든 측면에서의 온전한 조화를 나타내 보이셨으니, 이는 그의 지성이 끊임없이 그의 감성을 잘 통제했기 때문이 아니고, 죄 없으신 분으로서 그의 강한 감정이 자연스럽게 하나님의 거룩하신 뜻에 일치했기 때문인 것이다. 그래서 우리는 칼빈의 다음과 같은 권고를 듣는다고 월필드는 말한다. "스토아 학파의 사람들이 권하듯이 비인간적인 무감정(apatheia)을 추구하면서 우리의 감정을 근절시키지 말고, 아담의 죄 때문에 감정을 지배하는 그 완고함을 고치고 복종시키라."[22]

또한 그것이 창조론의 기초에 선 것이든지 아니든지 상관없이, 지성의 우위성을 주장하는 사람은 누구나 회의주의에 빠지게 되지는 않는다는 논의들도 있다. 물론 감정의 우위성이나 의지의 우위성에 대한 현대의 주장들이 현대인의 근본적 회의주의를 표현하고 있는 것이라는 점은 사실이다. 그러나 칼빈이 반대한 바와 같은 종류의 '지성의 우위성 주장이 초월적이시며 자존적 존재이신 하나님에 대한 직접적 부인이라는 것도 참된 것이다. 또한 그런 지성의 우위가 사람을 회의주의에서 구할 수 있는 것도 아니다. 사실 현대적 형태의 비합리주의는 플라토나 아리스토틀 같은 이들이 가르친 바와 같은 지성의 우위 교리의 자녀나 그 후손인 것이다. 만일 우리가 기독교만이 우리를 회의주의에서 구할 수 있음을 분명히 하려면, 지성의 우위에 대한 개념은 그것이 어떤 종류의 것이든지 우리를 현대의 비합리주의에서 구원해 줄 수 있으리라고 생각하기를 그만 두어야만 한다.[23]

이로부터 비기독교적인 근거에 기초한 '지성의 우위 개념'은 결국 초월적인 신론, 창조론, 타락에 대한 가르침, 그리고 구속 사역에 함의된 다양한 교리들의 부인을 가져오고야 만다는 결론이 뒤따른다. 그리고 이에 대한 그 어떤 양보도 성경의 여러 가르침을 약화시키고야 마는 것이다. 기껏해야 개혁파 신앙고백서들이 말하는 영광스러운 언약 개념에 대한 심각한 손상과 약화가 나타날 뿐이다. 언약 개념이 영광스러운 것은 하나님의 형상으로 지으심을 받은 사람이 그 본성상 그의 존재의 모든 측면의 힘을 다해서 그의 하나님을 섬길 준비가 되어 있고, 또 기꺼이 그리하려고 한다는 데에 있다. 또한 언약 개념은 그리스도를 통해서 하나님의 형상이 새롭게 된 구속된 사람이 그리스도의 사역에 근거해서 새롭게 된 모든 능력을 가지고 있어서, 그에게는 죄 때문에 나타난 혼란이 원칙상 제거되었다는 것을 보여줌에서 영광스럽다. 그의 존재의 모든 측면이 새롭게 된 존재로서 그리스도인들의 영광은 그의 지성이나 의지만이 아니라 그의 감정도 개발할 수 있다는 데에 있다. 그는 그의 지성이나 의지만이 아니라 그의 감정도 개발할 수 있는 것이다. 그의 존재의 그 어떤 측면도 하나님 앞에서 배척될 것이 아니고, 다 받음직하게 되었다는 말이다. 전인(全人)이 이렇게 받을 만하고, 전인이 자신을 하나님께 드릴 수 있다. 심지어 사후(死後)에도 그리스도인의 이상은 추상적인 관조가 아니라, 순종하는 관조(obedient contem-plation)이다. 그것은 그의 창조주의 명령을 이루는 데에만 전념하려는 피조물에 의한 하나님 성찰(contemplation of God)인 것이다. 그리고 그것은 그 감정이 그것이 가장 바라는 목적을 향해 정향된 이의 관조이다. 감정이 경륜적으로 지성에 종속하는 일은 있을 수 있으나, 존재의 측면에서는 그런 일이 없는 것이다. 하나님은 어떤 추상적인, 비인격적인 원리가 아니시고, 살아계신 하나님, 그 안에서 우리가 우리 안에 있는 모든 존재의 측면의 원형을 생각할 수 있는 그런 분이시다. 그러므로 우리의 하나님은 강한 지성과 강한 의지, 강한 감정을 기뻐하시고, 또 이 모든 것을 동등하게 기뻐하시니, 그 모든 것이 하나님의 형상담지자들의 각 부분들이기 때문이다. 특히 이 모든 것들이 그의 본체의 표현된 형상이신 그리스도를 통해 모두 새롭게 되었으므로, 하나님은 이 모든 것을 기뻐하시고, 동등하게 기뻐하시는 것이다.[24]

  이 절(節)에서의 논의의 타당성은 지·정·의의 심리학적 구별의 타당성에 의존하는 것이 아니다. 우리가 지성과 의지만 구별히고 (감정생활을 의지에 복종시킨다고 해도) 지성의 우위성에 대한 기독교적 개념과 비기독교적 개념을 분명히 구별해야 한다는 논의는 여전히 타당한 것이다.[25]

2. 판단자인 이성
(Reason as the Judicium Contradictionis)

핫지가 말하는 둘째 요점이 우리의 논의를 위해서는 더욱 중요한 것이다. 그는 지성의 **도구적 기능**(the usus instrumentalis) 외에도 "그리스도인들은 이성이 판단자(the judicium contradictionis) 역할을 할 수 있다고, 즉 가능한 것과 불가능한 것을 변별하는 대권을 가질 수 있음을 인정한다"고 말한다.[26] "만일 그것이 불가능하다면, 그 어떤 권위도 그 어떤 종류의 증거도 그것을 참된 것으로 받아들이도록 할 수 없을 것이다."[27] 이 주장의 핫지 신학 전체에 대한 중요성은 다음 모든 주제들에 대한 그의 논의 배후에 놓여 있는 것이 이성의 기능에 대한 이런 개념이라는 것을 주목하면 잘 나타난다. "유물론은 의식의 사실들과 모순된다." "유물론은 '이성의 진리들'과 모순된다." "유물론은 '경험의 사실들'과 불일치한다."[28]

판단자로서의 이성의 문제와 관련해서 우리가 위에서 언급한 바 있는 구별, 즉 중생한 의식과 중생하지 않은 의식의 구별을 더 분명히 도입하는 것이 핫지가 세운 천재적인 신학과 일치하는 것이라고 나는 믿는다.[29] 그렇다는 것은 50년 전 핫지가 학문적 노작을 발표할 때보다 오늘날 더 쉽게 알 수 있다. 이는 바로 가능성(possibility)이나 개연성(probability)과 같은 가장 근본적인 문제들에서 유신론자들과 반유신론자들의 큰 의견의 차이가 그 어느 때보다도 오늘날 더 분명히 나타나고 있기 때문이다.[30] 핫지는 이성이 자연히 불가능한 것으로 여기고 있으므로, 계시가 우리로 하여금 그렇다고 믿게 할 수 없는 몇 가지 예들을 들고 있다. 그는 이렇게 말한다.

> '어떤 것이 있다. 그런데 없다'와 같은 말이나 '옳은 것이 그른 것이고 그른 것이 옳은 것이다'와 같이 모순(a contradiction)을 포함하는 것은 불가능하다. 또한 그가 우리의 본성 중에 새겨주신 신념의 법칙들 중 어느 하나와도 모순되는 것을 믿도록 요구하신다는 것은 불가능하다. 그리고 하나의 진리가 또 다른 진리와 모순된다는 것도 불가능하다. 그러므로 그것이 직관이든, 경험이든, 과거의 계시이든지 이미 확실히 드러난 진리와 모순되는 것을 참된 것으로 계시하신다는 것은 불가능하다.[31]

핫지는 이 중의 첫째 것이 전체 주장의 근저에 있다고 한다. 왜냐하면 그것은 직접적으로 서술 자체의 문제를 제기하기 때문이다.32) 문제는 어떤 것에 대해선 어떤 것을 지적으로 말이 되게 말할 수 있고, 어떤 것은 그럴 수 없는가 하는 것이다. 이제 이 문제를 그저 물리적인 대상 에만 적용되는 것으로만 생각하지 말고 좀더 폭넓게 적용시켜 보면, 서술(predication)의 근거 문제에 대해서는 유신론과 반유신론 사이의 이보다 더 근본적인 차이가 없음을 발견하게 된다. 유신론은 모든 서술이 자의식적 존재이신 하나님의 존재를 전제한다고 주장하는데 비해서, 반유신론은 하나님을 언급하지 않고서도 서술(predication)이 가능하다고 주장한다. 이것은 곧 바로 '있다' 또는 '이다' (is), 또 '없다' 또는 '아니다' (is not)와 같은 계사가 전혀 다른 함의들을 가진 수 있음을 시사한다. 반유신론자들에게는 이 용서들이 순전한 가능성의 배경에서 쓰이는 것이다. 그러므로 '있다', '없다' 는 것이 역전될 수도 있는 것이다. 반유신론자는, 사실상, 모순율 자체(the very law of contradiction)를 부인한 것이니, 이는 모순율이 작용하기 위해서는 그 근거를 하나님의 어떠하심에 두고 있어야 하기 때문이다. 반면에, 반유신론자들은 또 그들의 입장에서 유신론자들이 모순율을 부인했다고 말하기를 주저치 않을 것이다. 그는 절대적이고 자의식적인 하나님에 대한 믿음이 사람들로 하여금 계시 위에 서 있는 모순율에 근거해서 하나님의 계시를 검증하도록 하지 않기 때문이다. 절대적으로 자의식적인 하나님 개념은 가능성의 영역을 하나님의 계획에 의해 규정된 것으로 분명히 한계지운다.33) 우리는 보생큐트(Bosanquet)의 논리는 동등하게 궁극적인 부인이 없으면 확인도 없게끔 하는 것을 살펴본 바 있다.34) 이런 입장은 실재가 동시에 본질적으로 분석적이며, 또한 본질적으로 종합적이어야만 한다는 형이상학적 주장 안에 들어있다.35) 그런데 유신론자와 비유신론자 사이에 모순율 자체의 문제에 대한 이와 같은 근본적으로 배타적인 의견의 차이가 있다면, 모순율이 모든 사람이 동의하는 어떤 것인 양 말하는 것은 있을 수 없는 일이다. 물론 형식적인 원리로써는 모든 사람이 다 이에 동의한다. 그러나 두 종류의 사람들이 그 근거와 적용 문제에서 의견을 달리하는 것이다.

사람의 지적인 기능에 그것이 있음을 인정하도록 요구하고, 하나님의 본성에 근거하는, 피조계 내에 작용하는 것으로 발견되는 모순율은 하나님과 상관없이 작용하는 무순율과는 전혀 다른 어떤 것이다. 전자의 경우에는 우주의 사실들이 합리적으로 인식 가능한 것인 한, 궁극적으로는 우리가 알고 있는 모순율에 의존하는 것이 아니라, 모순율 배후에 놓여있는 하나님의 내적인 정합성에 의존하는 것이다. 그러므로 우주의 사실들은 하나님께 대해서, 그러므로 사람에 대해서 그 합리성을 상실하지 않으면서도 사람에게는 새로운 것으로 발견될 수 있다. 그러나 후자의 경우에는 이 세상의 합리성이 하나님에게 의존하는 것이 아니라, 추상적인 모순의 원리에 의존하는 것이 된다. 그런 경우에는 모순율에 따라 작용하는 것을 사람에게는 새로운 것이 못되게 된다.

가능성(possibility) 문제에 대해서도 서술 일반 문제에서 발견한 바와 같은 의견의 차이가 있다. 유신론자에게는 가능성이 하나님께 그 기원을 가지는 것임에 비해서, 반유신론자들에게는 개연성 있는 것이 하나님과는 독립적인 것이다. 그러므로 한 사람이 전적으로 개연성이 있다고 생각하는 것을 또 한 사람은 그것은 전적으로 불가능하므로, 전적으로 개연성이 없다고 생각할 것이다.

그런데 이 차이가 표면에 나타나지 않는 이유는 사실상 모든 사람들이 다 하나님의 형상대로 피조된 존재들이기 때문이다. 그러므로 중생하지 않은 사람조차도, 비록 그가 억제하고 있기는 하지만, 신의식 (神意識, sense of deity)을 가지고 있어서, 그 어떤 신지식의 잔재, 그리고 결과적으로, 가능성과 개연성의 참된 원천과 의미를 가지고 있는 것이다. 그러므로 핫지(Hodge)가 하나님께서 인간의 본성에 심어 놓으신 믿음의 법칙들에 대해 말할 때, 그가 참으로 호소하는 것은 참으로 유신론적인 '경험의 해석'의 이 잔재이다. 이렇게 이런 의미에서의 인간의 공통된 의식(the common consciousness)에 호소하는 것은 적법한 일일 뿐만 아니라, 아주 필수적인 일이기도 하다. 그러나 죄인들이 억누르고 있는 참된 이 "공통의 의식"에 참으로 호소하기 위해서는 먼저 죄인들이 거부하지 않는 "공통된 의식"에 대해서 말하기를 거부해야만 하는 것이다.

중생하지 않은 사람은 모든 수단을 다 동원해서 그의 정신에 남아 있는 참된 유신론적인 해석의 이 잔재를 "억누르려고" 애를 쓴다. 언약 파기자가 된 그의 해석적 원리는 자신을 궁극적인 것으로, 비인격적인 법칙을 궁극적인 것으로 여기는 것이다. 궁극적인 것으로 여겨진 그 자신이, 하나님과는 상관없이 작용하는 논리의 법칙을 사용해서 가능하고 개연적인 것을 규정한다는 말이다. 그러므로 그가 자의식적으로 그 자신의 해석의 원리에서 출발하는 한, 그는 하나님의 존재나 우주의 창조를 개연성이 없을 뿐만 아니라, 불가능한 것이라고 주장한다.[36] 그러나 이렇게 함으로써 그는 (사실상 그가 가지고 있는) 그의 더 나은 지식에 반하여 죄를 범하는 것이다. 즉, 그는 그의 의식 밑에 깊이 숨겨져 있는 것에 반해서 범죄하는 것이다. 이 사실을 지적하는 것은 좋다. 그러나 이 사실을 지적하기 위해서 우리는 이 사실을 모호하지 않게 하도록 온갖 주의를 다 기울여야만 한다. 예를 들어서 그 안에 있는 계시와 신지식으로 자연인의 정신 안에 깊이 감추어져 있는 것과 그가 하나님을 거부하면서 실질적으로 그의 종국적 해석 원리로 받아들이고 있는 것을 분명히 구별하지 않고서 사람의 "공통된 의식"(the common consciousness of man)에 대해 말하는 것은 이를 모호하게 하는 일이다.[37]

천주교인이 추상적인 "논리" 자체에 호소한다는 것은 그의 사상적 입장에서 자연스러운 일이다. 또한 알미니안주의자가 그리하는 것도 그의 입장에서는 자연스럽다.[38] 그러나 개혁신앙을 가진 이가 그리한다는 것은 그 개혁신앙과 맞지 않는 일이다. 왜냐하면 개혁신앙에서만이 하나님의 어떠하심과 그의 뜻이 우주 안에서 가능한 것의 기반과 표준임이 분명해 지기 때문이다. 여러 면에서 이 점을 인정하면서도, 고오든 클락이나 카르넬 같은 이들은 기독교 입장의 변증을 위해서 추상적인 모순 원리에 끊임없이 호소하고 있다. 여기서 그들은 자신들의 목적을 스스로 무너뜨리고 있는 것이 된다. 왜냐하면, 기독교를 위한 유일한 결정적인 논의는 바로 기독교적 가르침의 진리성이란 전제 위에서만 논리와 서술 일반이 실재와 참된 관련을 가질 수 있다는 사실이기 때문이다. 경험을 위한 선험적인 것의 필요성을 덜 강조하면서, 또 다른 개혁신학자들도 추상적 논리에 계속 호소한다. 그래서 윌버 스미스(Wilbur M. Smith)는 "논리의 법칙 자체"가 우리(즉, 모든 사람들)로 하여금 기독교적 창조론을 받아들이도록 한다고 말하는 것이다.39) 그러나 사실은 그 역(逆)이 참인 것이다. 즉 불신자들이 더 일관성 있게 모순율을 적용하면 할수록, 그의 가정 하에서는 그가 더 분명히 창조론을 거부하게 될 것이다. 다양한 기독교 교리들의 합리성을 밝히려는 노력을 하면서 버스웰(J. Oliver Buswell, Jr.)도 추상적으로 인식된 모순율에 의해 규정된 추상적인 가능성에 호소하여, 매번 그 스스로의 목적을 허물고 있다.40)

유신론과 반유신론의 이 근본적 차이를 염두에 두고, 우리는 핫지(Hodge)가 이와 연관해서 제기한 다른 문제들을 간단히 고찰할 수 있을 것이다. 그는 말한다: "도덕적으로 잘못된 것을 하나님이 행하시고, 옳다 인정하시고, 명령하시는 것은 불가능하다." 물론 이것은 객관적으로는 참되다. 그러나 반유신론자들은 상대적 도덕성 이론을 가졌고, 유신론자들은 절대적 도덕성 이론을 가진 것이다. 다라서 마치 그리스도인과 불신자 사이의 일치가 형적이고 우연한 것이 아닌 것처럼 생각하는 그래서 마치 일반적 도덕의식(a general moral consciousness)이 있는 것처럼 여기고, 이에 의해서 참으로 중요한 문제를 해결할 수는 없다.41)

물론 이 문제에 관해서도 천주교도가 신자와 불신자가 공유하는 일반적인 도덕률에 호소한다는 것은 (그의 입장에 비추어 볼 때) 자연스럽다. 또한 루이스(C. S. Lewis)와42) 같은 알미니안주의자가 그리스도인과 불신자 모두에게 적용되는 "중요한 덕들"에 호소하는 것도 (그의 입장에서는) 자연스럽다. 그들의 방법에 반(反)해서 개혁신학자는 기독교와 비기독교의 도덕 체계가 그 목표, 기준, 그리고 동기력(motive power)의 문제에 있어서 서로 상반(相反)된다는 것을 조심스럽게 지적해야만 한다. 이 주장은 로마서 2:14, 15의 바울의 말을 들어서 반박할 수 있는 것이 아니다. 모든 죄인들이 하나님을 알듯이 모든 죄인들이 하나님에 대해 죄를 범한다는 것을 안다는 것도 사실이다(롬 1:19, 20). 그러나 불신자는 이 지식을 그 자신의 윤리 원칙으로 억누르는 것이다. 그리고 그의 윤리 원칙은 배타적으로 내재적이다.43)

핫지는 더 나아가서 하나님께서는 "당신께서 친히 우리의 본성에 새겨 놓으신 믿음의 법칙에 모순된" 어떤 것을 명령하실 수 없다고 말한다. 이것도 객관적으로는 옳으며, 그것은 유신론이 옳기 때문이다. 그러나 반유신론자들은 하나님께서 우리의 본성에 어떤 믿음의 법칙을 새기신 일이 있다고 믿지 않는 것이다. 다라서 유신론자는 반유신론자들에 대해서 그들의 입장에서는 그 어떤 것도 가능하니, 그들의 입장에 의하면 우리의 본성이 변할 수 있기 때문이다. 다른 말로 하자면, 반유신론적인 입장에서 불변하는 법칙을 포함하는 분명한 성질과 같은 것이 있을 근거가 없는 것이다. 이 입장에서는 만일 어떤 법칙이 변하지 않는다는 것도 우연의 문제일 뿐이다.44)

또한 핫지가 이성을 판단자(the judicium contradictionis)로 수립하기 위해 이끌어낸 여러 증거들도 우리가 앞서 말한 구별이 꼭 필요함을 시사하고 있다. 첫째로, 핫지는 그 성질상 모순 판단자(the judicium contradictionis)는 참되다고 말한다. 그는 이렇게 말하고 있는 것이다: "신앙이란 어떤 것이 참되다는 정신의 확언을 포함하는 것이다. 그런데 정신이 참될 수 있는 가능성이 없다고 생각하는 것을 참되다고 확언할 수 있다고 말하는 것은 모순이다. 결과적으로 우리는 부조리하거나, 사악하거나, 하나님께서 우리에게 부여하신 지적, 도덕적 성질과 불일치하는 어떤 것을 하나님께로부터 온 계시라고 받아들이라고 하는 이는 그가 사도이든지, 아니면 하늘의 천사라도 그에게 저주를 선언할 권리가 있고, 또 그리해야만 하는 것이다."45) 이 중 첫 문장은 그대로 참된 것이라는 데에 의심의 여지가 없다. 그러나 우리는 이미 가능한 것에 대해서 그리스도인들과 비그리스도인들이 상당히 다른 개념을 가지고 있다는 것을 살펴 보았다. 예를 들어서, 많은 유물론자들은 자신들의 입장이 참되다고 하는 것을 아주 확신하고 있어서, 그리스도의 신체적 부활을 받아들이는 것이 모순이라고 생각하는 것이다. 이것은 위에서 천명한 추상적 원칙이 각기 다르게 이해될 수 있다는 것을 잘 나타내준다. 둘째로, 우리는 '불멸하는 것'과 '우리의 지적 성격에 일치하지 않는 것'에 대해서도 그리스도인과 비그리스도인들의 개념이 대립함을 밝힌 바 있다. 많은 관념론자들은 절대적인 하나님을 말하면서 동시에 피조계가 하나님의 영광에 보탬이 된다는 것을 믿는 것은 모순이라고 처음부터 말한다. 그들에게는 이미 가득 차 있는 양동이에 물을 더 붓는다는 것이 아주 불가능하고 모순에 차 있는 것이 된다. 그러나 그리스도인들은 그것이 자기모순이 아니며, 단지 우리의 이해를 초월하는 어떤 것일 뿐이라고 주장하는 것이다. 그러므로 여기서도 우리는 추상적으로 진술된 법칙이 그대로 적용될 수는 없다고 결론짓게 되는 것이다. 물론 이 법칙을 구체적으로 적용해 보면, 중생한 의식과 중생하지 않은 의식의 차이가 곧 아주 중요하게 나타나게 되지만 말이다.[46]

핫지가 말하고 있는 둘째 이유는 이방 종교는 부조리한 것을 포함하고 있어서 참될 수 없으므로 우리는 이방 종교를 받아들일 수 없다고 성경 자체가 말한다는 것이다. "다른 복음을 가르치는 이는 천사라도 저주해야 한다고 주장하는 바울도 같은 것을 말하는 것이다."[47] 그러나 성경은 무엇이 가능하고 불가능한가에 대한, 그리고 모순된 것과 모순되지 않은 것에 대한 유신론적 개념을 전제하고 있다. 물론, 바울은 중생한 사람이든지, 중생하지 않은 사람이든지 모든 사람에게 말하고 있다. 그러나 그는 잠시라도 부조리에 대한 유신론적 개념과 비유신론적 개념이 동일한 것이라고 말하거나 생각하지는 않는 것이다. 만일 그가 그리했다면 그는 참으로 자기 모순을 범하는 것이 된다. 중생하지 않은 이들은 그들의 입장에서 참된 복음에 대하여 저주를 선언하고, 중생한 이들은 잘못된 복음에 대해서 저주를 선언하는 것이다. 이것은 추상적으로 진술된 모순율은 적용하기 애매하다는 것을 잘 보여준다. 만일 중생하지 않은 사람들이 그들이 보는대로의 복음에 대해서 그들이 보는대로의 모순율을 적용하라는 말을 듣게 되면, 그것은 복음을 거부하라는 말을 듣는 것이 되는 것이다.[48]

3. 계시의 증거들에 대한 판단자인 이성

핫지가 말하는 이성의 세 번째 적법한 기능은 이성이 그에게 오는 모든 계시를 판단해야만 하는 기능이다.[49] 그는 논의하기를, 신앙은 "적절한 근거에 기초하여 진리를 지적으로 수납하는 것"이라고 하며,[50] 성경은 결코 "적절한 증거에 근거하지 않고서는" 신앙을 요구하지 않는다고 한다.[51]

적어도 겉으로 보기에는 이런 종류의 진술은 중생한 사람이든 중생하지 않은 사람이든 모든 사람이 이성과 증거의 성질에 대해서 동의하리라고 가정하는 듯하다. 그러나 이것은 사실과 전혀 다른 것이다. 오늘날의 일반적인 철학자와 과학자는 비유신론적 이성 개념을 따라서 비유신론적인 증거 개념을 주장한다. 인간 정신과 비인격적인 논리법칙의 궁극성을 가정하면서, 그는 계시가 가르치는바-예를 들어서, 초월적인 하나님의 존재와 우주에 대한 그의 창조 등-에 대한 최선의 증거를 거부하고, 또 (그가 가진 가정에서는) 마땅히 그리해야 하는 것이다. 칸트(Kant)를 따르면서 그는 어떤 증거가 도대체 지적 (intelligible)이려면 경험 이상의 것이어서는 안 된다고 주장하는 것이다. 따라서 시공간의 범주에 종속되지 않는 하나님이 계시다고 주장하는 것은 무의미한 것을 주장하는 것이 된다고 여긴다. 따라서 만일 우리가 계시는 그의 증거의 법칙에 비추어서 믿음직스럽지 않은 것을 그 어떤 것이라도 받아들이도록 요구하지 않는다고 말하면, 그것은 그로 하여금 복음을 거부하도록 요청하는 것이 되는 것이다.[52]

따라서 우리 시대에는 핫지가 주장하는바 진리를 드러내기 위해서는 오직 유신론에서라야 우리가 이성과 증거에 대한 바른 이론을 발견 할 수 있다. 따라서 기독교 유신론에 근거해서라야 이성과 계시의 참된 조화를 찾을 수 있다고 논의하는 것이 필요하다. 여기에 우리는 자연인이라도 그 마음 속 깊은 곳에서는 유신론이 참되다는 것을 알고 있으며, 또한 그가 거부해야만 하는 잘못된 이성관과 증거관을 자신이 주조해 내었다는 것을 알고 있다는 것을 덧붙여야만 한다.[53]

여러면에서 방금 진술한 입장에 동의하는 듯하면서도, 카르넬(Carnell)은 곧 바로, 그것이 그리스도인에 의해서 사용되든 불신자에 의해서 사용되든 간에 이성은 "주어진 권위의 증거를 정사(精査)할 수 있는 권리가 있다는 개념에로 곧 돌아간다.[54] "계시를 가져오라! 그것을 모순율과 역사의 사실들과 대조시키라. 그리하여 모순이 없는 것은 합리적인 사람의 동의를 받을 만한 것이다."[55] 이와 비슷하게 윌버 스미드(Wilbur M. Smith)도 자신이 "논의하는 대상의 실재를 결정하는데 있어서 현대 과학과 현대 심리학자들이 꼭 필요하다고 강하게 주장하는 바와 같은 종류의 증거가 주 예수의 부활에 대한 복음서의 증거들, 즉 인간의 눈으로 보고, 인간의 손으로 만지고, 인간의 귀로 들은 그런 증거라는 사실"에 의해서 큰 인상을 받았다고 말하고 있다.[56] 그러나 불신자들의 일원론적인 가정에 의하면 성자이신 예수의 부활을 믿는다는 것은 모순된 것이다.[57] 초월적인 하나님이란 개념 자체가 불신자의 견해 배후에 있는 일원론에 모순되는 것이다. 그러므로 불신자는 인간 역사 내에서의 초월적인 '기독교의 하나님'의 활동을 증거하는 그 어떤 증거도 참된 것이라고 전혀 허용하지 않는 것이다.

각주

1) 반틸은 종종 이성에 대한 자신의 논의를 돋보이게 하기 위해 벌콥을 사용한다. 여기 특별히 서론에서 그렇게 하는 것은 아주 적절한 것이다. 핫지는 1822년부터 1878년 그가 죽을 때까지 프린스턴 신학교에서 가르쳤다. 이미 언급한 바와 같이, 그의 세권의 조직신학은 상당한 영향을 끼친 바 있다. 이 책은 프린스턴과 다른 신학교에서 표준 교과서와 같은 역할을 했다. 그는 슐라이어마허의 자유주의 신학으로부터 시작해서 다윈의 진화론에 이르기까지 여러 다양한 종류의 시사적인 이슈들을 다루었던 프린스턴 리뷰지 *Princeton Review*를 편집했고 글을 기고하기도 했다. 학문에 있어서 핫지의 접근법이 프란시스 베이컨의 경험론에 가까운 것이긴 했지만 핫지는 독립적인 이성을 완전히 신뢰하지는 않았다. 그 자신이 핫지를 칭송함에도 불구하고 반틸은 여전히 핫지의 견해에서 결함을 지적한다.
2) Charles Hodge, *Systematic Theology*, 3 vols. (New York: Charles Scribner's Sons, 1871-73; Grand Rapids: Eerdmans, 1979), 1:34ff. 반틸은 핫지의 세 가지 종류의 이성을 언급한다. 이성의 도구적 기능(usus instrumentalis)은 정보를 수용하고 그것을 처리하는 지적 능력을 의미한다. 이것은 핫지가 두 번째로 다루고 있는 이성의 판단적 기능(judicium contradictionis), 즉 지성이 어떤 특정한 주장의 가능성과 불가능성을 판단하는 것과 마지막으로 다루는 증거의 판단 기능으로서의 이성과 대조되어 있다.
3) Hodge, *Systematic Theology*, 1:49.
4) 이 두 가지 견해는 외관적으로 서로 일치하기도 하고 불일치하기도 하는 것 같아 보인다. 왜냐하면 이 두 가지 견해는 개념에 의하면 전혀 다른 것들이 되기 때문이다. 본 장은 반틸이 그리스도인의 접근법과 비그리스도인의 접근법 사이의 반립성을 강하게 주장하는 다른 곳에서의 유사한 논의에 대한 반복과도 같다. 그것은 첫째로, 창조주에 의해서 표현되는 사상의 과정과 피조물에 의해서 표현되는 과정 사이의 반립성 그리고 둘째로, 타락하지 않은 사람의 생각의 과정과 타락한 사람의 생각의 과정 사이에 존재하는 반립성과 이러한 독특한 구분을 희미하게 만들어 버리는 비그리스도인의 접근법 사이에 있는 반립성이다. 따라서 그리스도인의 지성의 수위성에 관한 견해는 지성이 종종 의지와 감정을 제어해야 할 소명을 받았다는 견해를 의미한다. 반면에 비그리스도인의 견해는 지성이 하나님의 지성과 같으며, 타락하지 않았고 따라서 언제나 확실한 판단을 내릴 능력이 있다고 말한다. 이 입장에 대해서는 *Cornelius Van Til: An Analysis of His Thought* (Phillipsburg, N.J.: P&R, 1995), 141-49 안에 있는 존 프레임의 흥미로운 비평을 참조하라.
5) Hodge, *Systematic Theology*, 1:373.
6) 여기서 그리고 다음 단락에서 반틸은 삼위일체와 인간의 존재 사이의 유비를 제시한다. 심리와 지성과 감정과 의지의 기능으로서의 이러한 용어들은 삼위일체의 삼위 하나님께서 그 존재에 있어서 동등하신 것처럼 존재론적으로 동등하다.

그러나 우리의 세 가지 기능에는 삼위일체에서의 삼위 하나님의 기능의 경우와 마찬가지로 특정한 경륜적 차이점들이 있다.
7) 요점은 전인을 하나님께 복종시키느냐 그렇지 않느냐에 대한 비교에 있다.
8) Hodge, *Systematic Theology*, 2:99.
9) 아마도 헬라 철학자들인 고대 철학자들에 대해 언급하면서 반틸은 『기독교강요』 제1권에 제시된 칼빈의 인식론을 소개한다. *Institutes of the Christian Religion*, ed. John T. McNeill, trans. Ford Lewis Battles, Library of Christian Classics (Philadelphia: Westminster, 1960)은 현존하는 가장 최고의 현대 영어판으로서의 『기독교강요』이다. 하지만 반틸이 아마도 the 7th American edition, trans. John Allen (Philadelphia: Presbyterian Board of Publication, 1936)으로서의 구판 『기독교강요』를 사용했다는 사실은 지적하고 넘어가야 한다. 그러므로 이 각주들에 나타난 『기독교강요』의 인용은 제목과 구절들로 제시될 것이다.
10) 불신자들도 하나님의 형상을 공유하고 따라서 많은 국면에 있어서 지혜를 소유한다. 반틸의 비평은 때때로 이 진리에 대한 자신의 인정을 간과할 때가 있다. 그는 자아의 각 부분에 대한 거대한 반역의 틀 안에서 지성의 수위권에 대한 기독교적 입장을 보호하기를 원하기 때문에 여기서 이 요점을 분명히 하고 있는 것이다.
11) 철학자들의 지혜는 타락의 결과(언약 파기로서 요약된)로 인해 발생한 그들의 전체적인 조망의 근본적인 잘못된 방향을 막지 못한다.
12) Calvin, *Institutes* 1.15.8.
13) Ibid.
14) Ibid.
15) Ibid., 1.15.7.
16) Ibid., 1.15.6, 강조점은 편집자의 것이다.
17) 여기서 반틸은 인식론적으로 중대한 두 가지 교리인 창조주-피조물의 구분과 역사적 타락을 통합하고 있다.
18) Calvin, *Institutes*, 1.4.1.
19) 반틸은 본서 전체를 통해 플라톤과 아리스토텔레스를 언급할 것이다. 플라톤은(429-346 B.C.) 헬라 철학의 거장이다. 그는 진리를 분명히 하기 위해 방언을 사용한 그의 유명한 『대화』Dialogue를 통해 가르쳤다. 그는 오직 "형상"만이 실제하며 신적이며 불변한 것이라 믿었다. 가장 기본적인 형상은 "선"이다. 인간은 기억을 통해서 형상을 파악할 수 있다. 아리스토텔레스는(384-322 B.C.) 플라톤과 함께 서구에서 가장 영향력 있는 헬라 철학자이다. 그의 잔존하는 작품들은 논리학과 물리학과 형이상학과 심리학과 자연역사와 윤리학을 논한다. 그는 세계의 다양성과 그것을 이해하기 위한 범주를 강력하게 주장했다. 그는 다양한 종류의 인과관계뿐만 아니라 형상과 질료, 본체와 우연, 잠재성과 현실성 사이의 기본적 구분을 가르쳤다. 반틸은 종종 플라톤과 아리스토텔레스 모두가 창조주-피조물의 차이를 명백하게 구분하지 못했으며, 계시가 필수불가결한 요소임을 깨닫지도 못했다고 간주한다.

20) Gordon H. Clark, "The Primacy of the Intellect," *Westminster Theological Journal* 5 (1943): 182-95.
21) 많은 복음주의자들이 우리가 만일 진리에 대해 옳게 생각하기만 하면 우리의 의지와 감정을 제어할 수 있다고 가정한다. 이러한 견해는 지성이 사람의 다른 기능보다 죄에 덜 지배를 받는다는 인상을 준다. 그러나 반틸은 지정의 모두가 죄악적이며, 세 가지 모두가 다 구속을 받아야 한다고 말하고 있는 것이다.
22) Benjamin B. Warfield, "The Emotional Life of Our Lord," in *the Person and Work of Christ*, ed. Samuel Craig (Philadelphia: Presbyterian and Reformed, 1950), 66.
23) 반틸이 여기서 이러한 관계를 계속 추적하지 않는다 할지라도 그에게 있어서 현대 회의론은 근본적으로 플라톤과 아리스토텔레스와 공유하는 동일한 세계관에 기초해 있는 것이다. 예를 들면, *A Christian Theory of Knowledge* (Nutely, N.J.: Presbyterian and Reformed, 1969), 261을 보라.
24) 이 웅변적인 말들은 인식론을 창조와 타락과 구속, 특별히 여호와 하나님을 향한 인간의 언약관계의 특별한 강조에 제휴시킨다. 예를 들면, "Hebrews, the Epistle of the Diatheke," in Redemptive History and Biblical Interpretation: The Shorter Writings of Geerhardus Vos, ed. Richard B. Gaffin Jr. (Phillipsburg, N.J.: Presbyterian and Reformed, 1980), 186을 참조하라.
25) Hodge, *Systematic Theology*, 1:51ff.
26) 미주 2번을 참조하라.
27) Hodge, *Systematic Theology*, 1:51.
28) Ibid., 276-82.
29) 반틸은 핫지를 존중하는 마음으로 그의 견해를 신실하게 개선하기를 원한다.
30) 반틸은 기독교적 입장을 의미하기 위해 "유신론"이라는 용어를 사용한다.
31) Hodge, *Systematic Theology*, 1:51.
32) 무언가를 진술하는 것은 무엇인가에 대한 속성 또는 진리를 확증하는 것이다. 순수문법에 있어서 "이 의자는 검정색입니다." 또는 "하나님은 거룩하십니다."라고 말하는 것은 어떤 것을 이해하게 만드는 것이다. 여기의 이슈는 우리가 이것을 지성적으로 또는 올바른 전제없이 할 수 있는지 없는지에 관한 것이다.
33) 이 구절은 전제와 논리학의 관계에 대한 반틸의 견해를 한 마디로 요약해준다. 그리스도인의 견해("유신론적")에 의하면, 논리학의 규칙은 하나님의 본성과 계획에 의해 규정된다. 하나님께서는 무엇이 가능하고 무엇이 가능하지 않은지, 또한 어떤 것이 모순적이고 어떤 것이 모순되지 않는지를 결정하신다. 비그리스도인의 견해("반유신론적")에 의하면, 궁극적 배경은 무한한 가능성으로 열려져 있으며, 인간존재에 의해 규정된다. 그러므로 그는 무엇이 계시가 될 수 있는지 판단할 수 있으며, 종종 그것이 가능한지 가능하지 않은지 또는 모순되는지 그렇지 않은지를 시험해서 거부할 수 있는 것이다.
34) 제2장 미주 5번을 참조하라.
35) 칸트는 예를 들면 "모든 사촌은 서로 관계가 있다"는 문장에서 술부가 주부 안에 포함되어 있다는 명제를 뚜렷이 한다. 또한 "나의 사촌은 여자이다"라는

문장에서처럼 명제는 더 많은 정보를 필요로 한다는 것을 분명히 한다. 보생큐트에 있어서 이 두 가지 유형은 모두 궁극적인 것이다. 바로 이것이 왜 그가 실재는 모순의 정의를 무한히 열어놓은 것으로서의 영원히 새로운 것이라고 명하는 이유가 된다. 그러나 반틸에 의하면, 하나님의 지식은 당신의 본성에 따라 모든 진리를 정의한다는 의미에서 분석적이다. 이것은 그가 정의할 수 있는 권리의 소유자이시기 때문에 하나님을 모순률을 통치하시는 주권자로 만든다.

36) 예를 들면, Erich Frank, *Philosophical Understanding and Religious Truth* (London: Oxford University Press, 1945)를 참조하라.
37) 이것은 많은 사람들이 얼마나 일상의 삶에서 마치 모순이 궁극적인것 안에 기초해 있는 것처럼 움직이는지를 이해하게 해 주는데 중대한 요점이 된다. 하나님의 형상을 지닌 자로서 그들은 이것을 알고 있다. 그러나 이것은 그들의 근본적인 비그리스도인의 해석적 원리와 모순되는 "하나님의 지식의 잔존물"이다. 변증학에 있어서 우리는 그들의 죄악적인 해석원리를 거부하면서, 동시에 그들의 참된 지식에 호소할 수 있다.
38) John Thomas, *Philosophical Foundations* (London: Westminster City Publishing, 1937); C. S. Lewis, *The Case for Christianity* (New York: McMillan, 1943).
39) Wilbur M. Smith, *Therefore Stand: A Plea for a Vigorous Apologetic in the Present Crisis of Evangelical Christianity* (Chicago: Moody Press, 1945), 273ff.
40) James Oliver Buswell Jr., What Is God? (Grand Rapids: Zondervan, 1937). 버스웰은(1895-1977) 휘튼 대학의 세 번째 총장(1924-41)이었고 커버넌트 신학교의 학장(1956-70)이었다. 그는 성경장로교회와 개혁주의 장로교 복음주의 대회의 지도자였다. 그의 주요 작품은 *A Systematic Theology of the Christian Religion* (Grand Rapids: Zondervan, 1962-63)이다.
41) 자연법을 향한 그의 강력한 공격을 통해 반틸은 목적과 표준과 동기에 있어서의 반립성을 강조한다.
42) C. S. Lewis, *Christian Behavior* (London: Geoffrey Bles, 1943); *Broadcast Talk*은 *The Case for Christianity*의 영국판 제목이다.
43) 그것은 초월적인 시작점이 없는 자율적인 자연법이다.
44) 하나님께서 주권자이시라면, 하나님의 뜻에 대한 합치와 언약의 요구는 당연한 것이다.
45) Hodge, *Systematic Theology*, 1:52.
46) 여기 반틸의 논쟁은 유신론적 입장, 즉 그리스도인의 용어로 모순을 정의하는 것에 맞추어져 있다. 그렇게 할 때, 창조의 중요성이 하나님의 능력과 모순적인 것으로 생각될 수도 있겠지만 실은 그렇지 않다. 반틸은 성경적으로 정의된 모순의 개념이 아닌 일반적으로 수용된 모순의 개념을 빌려온 핫지를 부드럽게 비난하고 있다.
47) Hodge, *Systematic Theology*, 1:52.
48) 그것은 왜냐하면 그들이 성경적으로 구성된 법이 아니라 단지 관념적인 법만을 인정하기 때문이다.

49) 미주 9번을 참조하라. 이 세 번째 범주가 증거를 판단하는 이성이라는 것에 주의하라. 또 다시 말하지만 반틸은 특정한 전제가 수용되는 한도 내에서 그것을 참된 표준으로 간주할 것이다.
50) Hodge, *Systematic Theology*, 1:53.
51) Ibid.
52) 칸트는 경험론적 증거는 현상적 영역에 속한 것이기 때문에, 종교적 진리, 즉 하나님의 존재와 같은 진리를 실체적 범주로 분류하여 그러한 진리를 위한 증거를 찾기 어렵게 만들어 증명되지 못하도록 했다. 제7장 미주 31번을 참조하라.
53) 여기서 반틸은 지식을 위한 전제조건을 심리하는 그의 전제적 방법을 하나님을 알면서도 하나님을 거절하는 자연인을 고발하는 접촉점에 조화시킨다.
54) E. J. Carnell, *An Introduction to Christian Apologetics* (Grand Rapids: Eerdmans, 1948), 72.
55) Ibid., 178.
56) Smith, *Therefore Stand*, 388.
57) 적절한 전제의 정황 없이는, 계시는 진리를 위한 증거로 전환되지 않을 것이다.

제5장

기독교 인식론

-헤르만 바빙크와 발렌틴 헤프의 입장-

헤르만 바빙크(Herman Bavinck)는 현대에 있어서 가장 방대하고, 가장 포괄적인 '개혁파 조직 신학'의 진술을 우리에게 남겨 주었다.[1] 이 장(章)에서 우리는 바빙크의 신학적 작업의 넓이와 깊이를 좀 언급하고, 그가 우리에게 제시해 놓은 입장에서 좀 더 나아간 것이라고 생각하는 것을 지적해 보고자 한다. 이렇게 바빙크의 인식론을 논의한 후에는, 암스테르담의 자유대학교 신학교수의 자리를 승계(承繼)한 발렌틴 헤프(Valentine Hepp) 박사의 인식론으로 넘어가 보기로 한다.

1. 헤르만 바빙크의 입장

바빙크는 만일 우리가 기독교 교의학의 폭넓은 토대를 갖기를 원한다면, 일반적인 '지식의 원리들'(the general principles of knowledge)에 대한 논의에서 시작해야만 한다는 것을 보여주고 있다. 그는 절대적으로 자의식적인 하나님이 모든 인간지식의 원천이라고 지적한다. "피조물 안에 신지식(新知識)이 조금이라도 있다면, 그것은 하나님에게서만 기인하는 것이다. 그는 그 자신이 알려지기를 원하셨기에, 또 그 정도만 알려질 수 있는 것이다. 우리가 어떤 사람을 알고자 할 때에도 우리는 그의 형상, 말, 행위를 통해 그 자신이 자신을 드러내어야만 그를 알 수 있다. 그러나 사람의 경우에는 그것도 상대적이다.

사람들은 원하지 않고서도, 또는 자신의 노력에도 불구하고 자신을 드러내게 된다. 또는 그 자신도 모르는 성격과 특성을 나타내 보일 수도 있다. 또 그는 자신을 거짓되게(허위로) 내어 보일 수도 있다. 그러나 하나님에게서는 이런 제한점이 전혀 발견되지 않는다. 그는 가장 절대적인 의미에서, 우리의 신지식의 **존재의 원리**(principium essendi)이시고 주된 **유효한 원인** (causa efficiens principalis)이시니, 이는 그분이 절대적으로 자유로우시고, 자의식적이시며, 참되시기 때문이다.[2] 그 분의 자기 지식, 그분의 자기 의식은 그에 대한 우리의 지식의 원리(the principium)인 것이다[3] 잠시 후에 바빙크는 이 점을 다시 강조 하면서, 하나님께서 당신에게 대해 가지고 계신 지식은 "절대적이고, 단순하며, 무한하고, 그 절대성 때문에 이는 그 어떤 유한한 의식에게 전달될 수 없는 것이다"고 말한다.4) 그는 또한 덧붙여 말하기를 하나님 당신의 지식과 우리 인간들이 가진 지식의 차이는 그저 양적인 것이 아니라, 질적인 것이기도 하다고 한다.5) 앞서서 그는 참된 신학자를 특정지우기를 그가 존재하시는 대로의 하나님에 대해 사변을 마구 휘두르지 않는 이라고 했었으니, 계시를 떠나서는 존재하시는 대로의 하나님에 대해 그 어떤 지식도 가질 수 없기 때문이다.6) 하나님의 존재가 모든 참된 지식의 **존재의 원리**(the principium essendi) 라는 것에 대한 강조와 상응하는 것은 하나님의 계시를 수납하는 **내적 원리**(the principium internum)로서의 신앙에 대한 강조이다. 바빙크에 의하면, 변증학은 조직신학을 앞서지 못한다. 그는 말하기를, 참된 변증학은 교의(敎義, dogma)를 전제한다고 한다.7) 기독교 교의학 내에는 기독교의 진리성과는 별도로 그것을 사용하여 자연신학(自然神學, natural theology)을 수립할 수 있는 이성의 자리가 없다. 로마 가톨릭 신자가 성경과는 별도로 자연신학을 이루어 보려고 하는 것은 잘못 된 것이라는 말이다. 개혁신학자들도 이 잘못에 빠진 적이 있었다고 바빙크는 말한다. 예를 들자면. S. Van Til은 신학을 두 부분으로 나누어서, 그 하나는 자연신학을, 또 다른 하나는 계시신학을 다루는 것이라고 했다는 것이다.8) 그러나 이 모든 것은 신학에 미친 거짓된 철학적 영향력들에 기인하는 것이라고 바빙크는 말한다. 그는 성경이란 안경을 통해서 그리스도인들이 자연의 책(the book of nature)을 읽어야만 한다고 말하는 칼빈의 입장으로 돌아가기를 원하는 것이다.9) "원래 자연신학은 점차적으로 계시신학으로 이끌어 가는 목적을 이루지 못하였다. 자연신학을 할 때 신학자들은 추론과 증명의 과정을 통해 신앙의 입장에 이르기 위하여 잠정적으로 (provisionally) 이성의 입장을 취했던 것이 아니다. 오히려 신학자는 신앙의 입장에 서서, 신앙의 입장에서 자연을 보고, 따라서 기독교적인 관점과 성경을 수단으로 해서 그가 성경으로부터, 그리고 그리스도를 통하여 그의 하늘 아버지로 알도록 배운 그 하나님의 흔적을 찾았던 것이다."10) 여기에 바빙크는 다음의 말도 덧붙인다. "자연을 통한 신지식(新知識)이 있다고 해도, 그것은 교의학 내에 두 가지 원리들이 있다는 것을 의미하지는 않는다. 교의학에서 오직 한 가지 외적 원리(principicum externum). 즉 성경과, 오직 한 가지 내적 원리(principium internum). 즉 믿는 이성(the believing reason)이 있을 뿐이다."11)

(1) 합리론(Rationalism)과 경험론(Empiricism)에 대한 비판

그런데 바빙크 자신도 그가 여기서 우리에게 제시한 원리를 적용함에 있어서 온전히 일관성을 가지고 있지는 않다. 이것은 특히 그가 과학의 원리들을 다루는 부분에서 잘 나타난다.12) 이 부분에서 그는 자신이 기독교 교의학을 위해 적절한 인식론이라고 여기는 것을 발전시키고 있다. 여기서 그는 그가 "온건한 실재론"(a moderate realism)이라고 부르는 것을 형성함에 있어서 토마스 아퀴나스의 영향을 전적으로 벗어난 것 같지 않아 보이나,13) 그는 핫지가 조직신학의 방법을 "과학"의 귀납법과 동일시하려고 할 때에 핫지를 비판한다.14) 그는 성경에서 우리는 소위 순수 사실(brute facts)을 다루는 것이 아니라, 사실과 그 해석을 같이 다룬다는 점을 지적한다. 그럼에도 불구하고, 형이상학 이론을 형성할 때에는 바빙크 자신도 사실들이 순수 사실인 양 사실들에 호소하는 것이다. 그는 합리론과 경험론을 서로 대립시키면서 이 작업을 한다.15)

합리론과 관념론에 대해서 바빙크는 모든 사람들은 자연히 실재론자들이며, 모든 사람들이 이에 대해서 자연에 의존한다고 논의한다.16) 그는 더 나아가 관념론은 비인격적인 추상에로 이끌어 간다고 지적하면서, 모든 관념론이 서있는 바위는 복수성(plurality)이라고 덧붙인다.17) 관념론에 대한 이런 비판은 그 자체로서는 옳은 것이다. 그러나 그가 충분히 더 나가지 않았다는 데에 대해서 불평하지 않을 수 없다. 그가 하는 비판은 그리스도인이 아닌 실재론자들도 할 수 있는 것이다. 바빙크는 그의 비판의 근거가 자존(自存)하시는 하나님이란 전제임을 말하고 있지 않다. 경험론에 대해서 그는 모든 과학이 경험에서 나오지 않은 일단의 증명되지 않은 선험적 가정들을 가지고 시작해야만 한다고 논의한다.[18] 여기에 그는 덧붙이기를, 과학이란, 그 성질상, "일반적이고, 필연적이며, 영원하고, 논리적인 개념"에 관심한다고 말한다.[19] 더 나아가서 그는 아리스토텔레스로부터 인용하고 있는 토마스 아퀴나스의 다음과 같은 말을 긍정하면서 인용하고 있다. "높은 것에 대해서 가능한 최소한의 지식이 하찮은 것에 대해 가질 수 있는 확실한 지식보다 더 바람직하다."[20]

우리가 이것을 읽을 때에 떠오르는 질문은 바빙크는 과학의 선험적 원리들이 어디에 근거하고 있다고 생각하는가이다. 그리스도인이 아닌 관념론자도 여기서 바빙크와 똑같은 말을 할 수 있겠기 때문이다. 그리스도인에게는 과학에 선험적 요소가 필연적으로 있다고 지적하는 것으로써는 충분치 않은 것이다. 그는 그 선험이 기독교 유신론적인 근거를 가지지 않으면, 참된 선험이 될 수 없다는 것을 보여주어야만 한다.[21]

바빙크는, 위에서 살펴본 바와 같이, 더 높은 것들에 대한 최소의 지식이 낮은 것들에 대한 확실한 지식보다 더 가치있다는 의미의 아퀴나스의 말을 긍정하면서 인용하고 있다. 여기서도 우리는 피조계에서의 점증(gradation)에 대한 기독교적 개념과 아리스토텔레스적 개념의 차이를 지적할 필요가 있지 아니할까 하고 물을 수 있다. 창조론을 믿는 그리스도인은 감각 세계에 속한 것에 희랍적 경멸을 공유할 수 없을 것임이 분명하다.[22] 감각 세계에 대한 멸시는 결국 감각 세계 안에서 일어나는 역사적 기독교의 중요한 많은 사실들에 대한 멸시로까지 나아갈 수 있다. 성경은 그 어떤 형태의 선험적 추론을 그 어떤 형태의 경험론보다 더 나은 것이라고 생각하지 않는다. 성경이 로크(Locke)의 경험론을 배제한다는 것은 분명하다. 그러나 성경은 또한 라이브니쯔(Leibnez)의 합리론도 배제하는 것이다.[23]

(2) 바빙크의 실재론

합리론과 경험론을 비판한 후에 바빙크는 자신이 생각하기에 과학의 기초로서 받아들여질 수 있을만한 실재론을 구성해 보려고 한다.[24] 그는 모든 과학이 외부 세계의 실재적 존재와 지식의 객관성과 진리성에 대한 상식적 가정에서 시작해야 한다고 논의한다.25) 여기에 덧붙여 말하기를, 사람은 그 자신 안에 앞에서 말한 자연적 선험 원리를 가지고 있다고 한다.26) 바빙크는 지성 자체 이외에는 이전에 감각(sensation)되지 않은 것이 지성 안에 있을 수 없다는 라이브니쯔의 말을 긍정하는 듯이 언급하고 토마스 아퀴나스를 말하고, 또 그로부터 보에티우스(Voetius)에게로 간다.27) 바빙크는 말하기를 보에티우스는 사람의 지성이 자연 안에 있는 보편들을 찾을 수 있다는 것을 보여주었다고 하는데, 이는 지성이 자연 안의 하나님을 발견할 수 있다는 의미로 사용된 것이라고 한다.28)

우리는 여기서도 기독교적 인식론과 비기독교적 인식론을 주의 깊게 구별하지 못한 실수를 주목할 수 있다. 바빙크는 자신이 제시하는 실재론(the realism)의 특성들을 말할 때 결국 경험론에 반해서 지성의 어떤 독립성을 주장하고, 합리론에 반해서 지성이 어느 정도는 감각에 의존함을 주장한다고 말할 뿐이다.29) 바빙크는 어느 정도 스콜라주의(Scholasticism)를 교정하기 원하나, 이 교정이 아리스토텔레스주의와 기독교 원칙의 혼합에 대한 거부를 함의하고 있지는 않은 것이다.30) 바빙크는 이렇게 말한다. "가톨릭적 스콜라주의이든, 개신교적 스콜라주의이든 간에 스콜라주의의 잘못은 관찰을 너무 급히 해 버리고 서는 유클리드(Euclid)와 아리스토텔레스, 그리고 교부들의 책들에서 취해진 고백만을 생각한다는 데에 있다."31) 이 입장에 반대하면서 바빙크는 모든 지식이 반드시 관찰에서 시작해야만 한다는 것을 재차 강조하고 있다.32) 결국 바빙크의 탐구는 한편으로는 극단적 실재론을 거부하면서, 또 한편으로는 극단적 관념론을 거부하는 온건한 실재론을 낳는 것이다. 그러나 바빙크의 온건한 실재론에서 우리가 살펴볼 수 있는 것은 그것이 구체적으로 성경이 말하는 하나님의 존재라는 전제에 근거한 기독교적인 입장은 아니라는 것이다. 그러나 그 자신은 거듭해서 우리에게 교의학은 한 가지 원리(principium)에 의해서만 이룩될 수 있다고 말한다. 그 같은 원리가 신학에서와 다른 학문에서의 우리의 사유를 인도하지 않는다면, 어떻게 교의학이 한 원리에 의해 이룩된다고 할 수 있는지는 말하기 어려운 것이다. 만일 우리가 우리에게는 오직 한 가지 해석의 원리가 있을 뿐이라는 바빙크의 요구에 충실하고자 한다면, 우리는 교의학 자체뿐만 아니라 인식론에서도 그 원리를 적용해야만 할 것이다.

(3) 기독교적 확실성과 비기독교적 확실성을 구별하지 못한 바빙크의 잘못

바빙크의 논의의 가장 약한 부분은 아마도 그가 인간 지식의 확실성의 기독교적 근거와 비기독교적 근거를 분명히 구별하지 않은 점에 있지 않나 생각된다. 바빙크 자신은 그리스도인들이 어디서 이 확실성을 찾아야 하느냐에 대한 시사를 주고 있다. 한 곳에서 바빙크는 우리의 보편적 법칙들이 실제 경험과 맞는다고 생각할 수 있는 유일한 이유는 "우리와 우리 안에 있는 사유의 법칙들을 넘어서는 실재를 창조하신" 로고스에 있다고 선언한다.33) 그러나 만일 이것이 참되다면, 바빙크는 지식의 확실성에 대한 기독교적 근거와 비기독교적 근거를 분명히 구별하였어야만 했다. 그 어떤 비기독교적 인식론도 창조주 로고스를 인간 지식의 확실성의 원천으로 제안한 일이 없다.34) 기독교적인 의미에서의 창조 개념은 희랍의 사변에서는 결코 발견되지 않는 것이다. 따라서 희랍인들은 지식의 확실성에 대한 근거를 특히 어떤 구체적인 것에 근거하지 않은 무비판적으로 가정된 선험적 원리들에서 찾았던 것이다.35) 그리고 그들은 지식에서의 참된 확실성은 소위 이 "영원한 원리들"을 보는 것이라고 주장했었다. 그러나 바빙크는 희랍인들이 인간 지식의 보편들(the universals)에 대해 말한 바에 있어서는 그들이 본질적으로 옳았던 것처럼 끊임없이 말하고 있다. 그 중 한 어귀만을 인용 하자면, 그는 이렇게 말한다. "학문의 대상은 구체적인 것들이 아니라, 보편적인 것(the universal), 논리적인 것(the logical), 개념(the idea)이다. 희랍 철학은 이를 옳게 보았던 것이다."36) 그러나 문제는 희랍인들이 "보편"(the universal)이란 말로써 무엇을 의미했는가 하는 것이다. 그들은 자존하며, 영원하고, 비인격적인 법칙들을 의미했었다. 희랍 사상의 보편들은 하나님에 의해서 피조된 것이 아니며, 창조주 하나님의 본성에 근거한 것이 아니다. 그것들은 그 자체로 존재하는 것으로 여겨진 것이다. 따라서 아무리 다듬어도 희랍적인 "보편"을 기독교적인 용법으로 사용할 수 없다.37) 토마스 아퀴나스는 아리스토텔레스의 원리들을 잘 다듬어 내었다. 그러나 그 원리들이 세워진 기초를 거부하지는 않은 것이다. 이 점에서는 바빙크도 상당히 토마스 아퀴나스를 따랐다고 여겨진다. 따라서 바빙크는 한편으로는 우리의 확실성이 창조의 로고스에 근거한다고 말하면서도, 그의 논의 과정에서는 이 로고스에 관해 잊고서 그 원리들의 기초와 상관없이 선험적 원리들이 있다는 사실에 확실성이 있는 것처럼 말하는 것이다.

(4) 자연 이성에 대한 바빙크의 개념

토마스 아퀴나스와 같은 영향으로 바빙크는 소위 자연 이성 (natural reason)에 대한 (우리가 보기에는) 부적절한 개념으로 여겨지는 것을 제공하고 있다. 그는 이 점에 대한 그의 논의를 태양이 인간 지식에 대한 참된 원천이신 하나님을 상징한다는 플라톤의 태양의 비유에 주의를 집중시킴으로써 시작하고 있다. 그는 우리에게 우리가 태양을 직접보면 사물을 볼 수 없으나, 태양 빛 아래서야 사물을 볼 수 있다고 말한다. 이처럼 우리의 이성은 그 자체로는 신적인 것은 아니나, 신적인 것에 참여한다는 것이다. 하나님 자신만이 **본질적으로**(per essentiam) 아시나, 우리는 **참여를 통해서**(per participationeum) 안다는 말이다. 바빙크는 이렇게 말하고 있다. "이 태양의 비유는 이성의 자연의 빛에 대해서 건전하게 말하도록 해준다. 이때 이성의 빛이란 인간이 관찰을 시작할 때부터 후에 그의 모든 관찰과 사유에서 주도적인 역할을 할 기본적 개념들과 기본적 원리들을 형성할 수 있도록 하는 인간 정신의 항존적 능력을 의미하는 것이다. 그러므로 이성의 빛은, 첫째로, 대상에 비추어 그로부터 그 가지성 (intelligibility)을 이끌어 내는 추상 능력인 유효한 지성(effective understanding, intellectus agens)을 닮았고, 둘째로는, 우리의 정신이 그 추상 능력 덕분에 자신의 것으로 할 수 있는 공유 개념 (κοιναὶ ἔννοια, common notion)을 닮았다. 그러나 이 두 가지 의미에서 우리는 이 빛을 하나님께, 더 구체적으로는 로고스이신 주님께로부터 받은 것이다…"38)

이 모든 것에서도 우리는 이미 앞에서 살펴본 바와 같은 모호성을 발견할 수 있다. 바빙크는 자연 이성이 그 나름의 해석의 원리들을 고안해 낼 수 있는 능력이 있다고 인정하지 않으려고 할 것이다. 그는 우리의 지식이 하나님께 근거하기를 원한다.[39] 그런데 왜 그는 마치 아퀴나스가 말한 바가 바로 그 자신이 말하려는 바인 것처럼 추론함으로 그에게 가장 소중한 것을 위험에 빠뜨리려고 하는 것일까? 우리는 이렇게 묻지 않을 수 없다. 사람의 지식은 하나님의 지식에 참여하는 것이라는 아퀴나스의 개념은 플라톤적 아리스토텔레스 사상 안에 있는 그 일원론적 기원에서 자유롭지 못한 것이다.[40] 사람은 하나님에 의해서 피조되었다고 생각되든지, 그렇지 않다고 생각되든지 두 가지 중의 하나이다. 사람이 하나님에 의해 창조되었다고 믿는다면, 사람의 지식은 참여에 대한 플라톤적 개념과는 분명히 구별되어야만 한다. 플라톤에게 있어서는, 인간의 영혼이 실재로는 신적인 존재의 한 부분이고, 그렇기 때문에 그는 지식의 선험적 원리가 인간의 정신에서 직접적으로 발견된다고 생각한다.

그러나 기독교적 입장에서는 지식의 선험(the a priori of knowledge)이 유비적으로만 인간 안에서 발견된다.[41] 토마스 아퀴나스도 유비(analogy) 개념을 사용했으나, 희랍적 참여 개념을 절하게 벗어나지는 못하였다. 그 증거로 우리는 그가 자연 이성, 심지어 죄된 인간의 자연 이성이 하나님의 존재를 증명할 수 있는 충분한 능력이 있다고 인정한 것을 들 수 있다. 그러나 그리하기 위해서는 사람이, 비록 그가 죄인이라도, 그 자신 안에 추론의 참된 원천이 있음을 인정해야 한다. 그러나 이것은 그 어떤 개신교 신학자도, 특히 개혁신학자는 더욱이 허용할 수 없는 것이다. 사람의 윤리적 부패 때문에, 사람은 자신을 피조물로 인정하기를 원하지 않는다.[42] 따라서 그는 인간 추론의 타당성의 근거가 그 자신 안에 있다고 가정하는 것이다. 추론의 근거에 관한 문제에서도 아리스토텔레스와 쉽게 절충할 수 있었던 것이다.[43]

이와 대립해서 우리는 모든 것이 과학이 그 자체로부터 시작하는 전제들과 그것이 추구하여 가는 목적에 의존한다는 바빙크 자신의 말에 동의한다.⁴⁴⁾ 이것이 참되다면, 바빙크 자신은 스스로를 토마스주의적 사변에서 완전히 끊었어야만 한다. 그는 일관성 있는 기독교적 입장을 희랍적 사변과 반(半)은 기독교적이고 반(半)은 희랍적인 토마스주의의 사변과 대립시키는 용감한 태도를 취하였어야만 하는 것이다.

2. 발렌틴 헤프의 입장⁴⁵⁾

이제 우리는 성령의 일반적 증언에 대한 헤프의 견해를 간단히 고찰해 보고자 한다. 이 주제(즉, 성령의 일반적 증언)에 관한 그의 책에서 헤프는 바빙크가 그만둔 그 논의를 다시 시작한다. 인식론 문제에서 가장 핵심적인 것이 사람들이 사용하는 추론의 선험적 원리의 기초에 관한 문제임은 우리가 살펴본 바 있다. 우리는 바빙크가 그리스도인들에게는, 비그리스도인들과는 달리, 추론의 원리의 근거가 하나님께 있음을 분명히 지적하지 않았음을 관찰하였다. 이제 헤프(Valentine Hepp)는 지식의 확실성에 대한 특히 기독교적인 기초를 제공하기를 원한다. 헤프의 책 전체가 인식론 문제에 대한 논의인 것이다. 그는 **성령의 증언**(the testimonium Spiritus Sancti)에 근거하지 않은 그 어떤 지식의 확실성도 사람에게는 없음을 아주 분명히 하고자 한다.

우리가 논의하고자 하는 이 책에서는 구속의 영역에서의 성령의 증언은 다루지 않고 있다. 헤프(Hepp)는 이 주제에 관한 두 번째 책을 쓸 계획을 가지고 있다고 말한다. 그러므로 여기서는 성령의 일반적 증언에 대해서만 다루고 있는 것이다. 이것은 우리의 논의를 위해서는 아주 중요한 책이 아닐 수 없다.⁴⁶⁾

(1) 헤프의 역사적 개요 요약

먼저 헤프의 논의를 요약해 보기로 하자. 처음에 그는 내재적 성령의 증언 (the testimonium Spiritus Sancti Immanens)을 논한다.⁴⁷⁾ 이 말에서 그는 존재론적 삼위일체 안에, 하나님은 성령의 위격에서 자충족적인 존재로서 자신에게 오신다는 것을 뜻한다. 이 성경의 내재적 증언이란 개념에 근거해서 헤프는 이제 외부적 증언(the testimonium exeuns)에 대해 말하기 시작한다.[48] 구원 사역과는 별개로 성령의 사역은 모든 곳에 질서를 부여함으로써 피조계 내에서의 로고스의 사역을 유효하게 한다고 헤프는 논의한다. "성령은 말씀을 세상에, 특히 인간 안에로 이끌어 오신다.[49] 한 지식의 주체와 또 다른 주체 간에 참으로 유효한 사유 관계가 있다는 사실 또한 주체와 지식대상 간에 참으로 유효한 관계가 있다는 사실은 성령의 사역에 기인한다(요일 5:6).[50]

성경 주해에 근거한 이 폭넓은 진술 후에 헤프는 이 문제에 대한 사상사를 개요한다. 그는 결론짓기를, 주로 다음과 같은 두 가지 이유 때문에 성령의 일반적 증언에 대한 인식이 별로 없었다고 한다. 첫째로는, 사람들이 비기독교적 철학의 개념과 방법들에 너무 크게 의존해 있었기 때문이라는 것이다.[51]

사람들은 비기독교적인 로고스 사변의 큰 영향을 받았다고 한다. 화일로(필로, Philo) 같은 이는 로고스 개념을 가지고서 희랍 사상과 성경적 사상을 혼합해 보려고 하였으니, 그는 이 두 사상이 로고스 개념을 공유하고 있다고 생각했기 때문이었다.[52] 그런데 많은 신학자들이 그 전철을 밟았다. 이 로고스 사변에서는 성령의 인격이나 그의 사역이 있을 여지가 없게 된다. 심지어 터툴리안(Tertullian)의 경우와 같이 우주와 필연적으로 연관되는 로고스 개념에 등을 돌리고서, 그 대신에 삼위일체 안에서의 '아들을 낳으심'(filiation) 개념으로 대치했을 때에라도 터툴리안이 성령의 독특한 사역을 충분히 인정한 것은 아니라고 헤프는 말한다.[53]

성령의 구체적 사역을 인정하는 것에 대한 두 번째 장애로 헤프는 모든 비기독교적 철학에서는 인간 지식의 자율성이 가르쳐졌기 때문임을 지적한다.[54] 그의 말을 인용하자면 다음과 같다. "비그리스도인들 가운데서 인정되는 인식론은 지식의 주체인 사람이 지식의 대상, 즉 그를 둘러싼 세상에 의존하지만, 신적인 존재와 관련해서는 인간이 전적으로든지 아니면 부분적으로라도 그 자신으로 충족하다고 가정했다."55) 어거스틴조차도 확실성을 성령의 특별한 사역에 보다는 사람의 선척적인 구성 때문이라고 보았다.56) 그리고 토마스 아퀴나스의 경우에는 하나님의 내재성 (the immanence of God)과 성령의 특별한 사역에 대한 온전한 인정을 기대하기에는 아리스토텔레스적 이신론(理神論)이 너무 많이 발견된다.57) 어거스틴보다 아퀴나스는 사람의 사상의 자율성을 더 강조했다.58) 그리고 보에티우스(Voetius)와 많은 개혁 신학자들의 인식론은 토마스 아퀴나스의 인식론과 아주 비슷하다.59) 그들은 인간 정신의 자율성에 대한 가정에서 시작된 근대 철학의 영향력에서 자신들을 풀어 놓을 수 없었던 것이다.60)

이처럼 ①로고스 사변과 ②인간 이성의 자율성 개념이 신학자들로 하여금 지식의 확실성의 원천이신 성령의 증언에 충실하지 못하도록 한 것이다.61)

물론 과거에도 성령의 증언에 대한 바른 개념을 예기적으로 말한 일들이 있었다. 그 중에 헤프(Hepp)는 다음과 같은 예들을 열거하고 있다.

(a) 터툴리안의 **정신의 증언**(the testimonium animae) 개념(여기에 대해서는 더 이상 말할 필요가 없을 줄 안다.)62)

(b) 인간 정신에 대한 신적 정신의 관계를 검토하려는 노력들. 쯔빙글리(Zwingli)는 주장하기를 그 어디서 발견되건 모든 진리는 성령의 활동에서 기인하는 것이라고 하였다.63) 이것에 근거해서 후에 개혁신학자들은 "보편적 인간의 진리"를 말하였다.64)

(c) 근대에 성령의 사역 개념을 확장하려는 노력이 전개되었다.65)

(d) 마지막으로, 신학자들, 특히 칼빈이 성경의 자증(自證, autopistia)은 교정제로 주체적인 '성령의 증언'을 필요로 한다는 사실을 인정했다. 성경의 객관적 충족성과 성령의 증언이란 이 상호연관은 사람들로 하여금 지식작용이 발생하는 그 어디서나 비슷한 상호연관이 있음을 관찰하게끔 하였다. 헤프

는 다음과 같이 말한다. "만일 칼빈이 한걸음만 더 나아갔다면, 그는 추론의 첫 번째 원리의 자증(autopistia)이 성령의 증언에 의존한다는 것을 발견했었을 것이다."[66]

현대에 와서는 그 누구보다도 성령의 일반적 증언 교리를 진술하는 일에 가까이 왔던 분이 바빙크였다. 그러나 그 자신도 이를 구체적으로 가르치지는 않았다.[67] 바빙크는 성령의 증언이 성경 안에 있는 진리들에 대해서만 말하는 것이라고 함으로써 성령의 참된 증언을 계속해서 제한하려고 한다.

이렇게 역사적인 개요를 한 후에 헤프(Hepp)는 성령의 내적 증언에 대한 신학적, 철학적 필요성을 밝히려고 한다.

이 필요성은 구원이 회복이란 사실 속에 분명히 나타나 있다고 헤프는 말한다. 성령의 모든 구원하시는 사역은 창조에 그 근거를 가지고 있어야만 한다. 구원의 영역에서 성령의 증언은 성경에게 제공된 진리에 대하여 확실성을 준다. 이와 비슷한 방식으로, 우리는 세상에서 우리와 대변하는 우리에 관한 진리들을 확실히 하기 위해 성령의 일반적 증언을 가질 필요가 있다고 헤프는 주장한다.[68] 물론 우리 주위나 우리 안의 이 우주에는 창조의 로고스가 작용하신다. 그러나 이 창조의 로고스는 성령의 증언을 취하시어 그 둘이 유효하게 접촉하도록 하는 것이다.[69] 우주 안에서의 성령의 작용조차도 그 바른 인지를 위해서는 우리 안에서의 성령의 내적 증언을 필요로 한다.[70] 그러므로 우리는 성령의 일반적 증언에서 심지어 자연적인 것들에 관해서도 그 지식에 관한 확실성의 마지막 근거를 발견하는 것이다.[71]

이처럼 헤프는 성령의 일반적 증언의 신학적 필요성을 밝히고서, 그 철학적 필요성을 밝히는 데로 나아간다. 그는 먼저 연역 논리와 귀납 논리 사이의 그 철학적 확실성의 차이를 말하고, 귀납 논리나 연역 논리나 그 자체만 가지고서는 우리가 확실한 지식에 이를 수 없다고 말한다. 확실성을 가지려면 직접적 지식(immediate knowledge)을 가질 필요가 있다는 것이다.[72] 이 점에 대한 헤프의 논의는 그 성격상 경험론과 합리론에 대한 바빙크의 논의와 상당히 비슷하다.

이제 남은 문제는 우리가 무엇을 우리의 직접적 확실성의 근거로 생각해야 하느냐의 문제라고 헤프는 말한다. 사람은 지식의 주체 자신에게서나 지식의 대상에서 확실성을 찾으려고 한다.73) 이들 중 그 어느 하나를 택하지 않을 수 없다는 것이다.

이렇게 말한 후에 헤프는 이 두 가지 확실성의 근거에 대한 비판에 착수한다. 첫째로 주체에서 확실성의 근거를 찾는 것에 대해서는 주관주의는 언제나 회의주의를 이끌어 낸다는 근거에서 반론을 제기한다. 그는 여기에서 이런 말을 덧붙이고 있다. "그러나 무엇보다도 주체 자체 내에서 확실성의 근거를 찾는다는 것 자체가 기독교적 원리(Christian principle)와 모순된다. 그것은 우리가 살펴본 바와 같이, 인간 정신의 자기 충족성으로 이끌어 가기 때문에, 우리는 이 확실성 문제에서나 다른 문제에서나, 그 어떤 의미에서도 우리 스스로 충족적일 수 없다."74) 또한 지식의 주체를 대상의 법칙에 종속시킴으로도 확실성을 찾을 수 없다는 것을 헤프는 비슷한 방식으로 밝혀내고 있다.75) "그러므로 인식론 영역에는 심각한 결여가 있다. 여기에 빠진 고리가 있는 것이다…. **그러므로 주체도 객체도 그 자체로서는 확실성의 마지막 근거를 제공할 수 없다.**"76)이렇게 피조물에게서 확실성의 근거를 찾을 수 없다면, 우리가 그것을 창조주에게서 찾아야만 한다는 것은 합리적이다. 철학도 어느 정도는 이 사실을 의식해 왔다. 많은 관념론 철학자들이 존재의 필연성을 인정했던 것이다. 그들은 우리의 확실성이 초월적 근거에 기초해야만 한다는 것을 실질적으로 인정했다.77) 이 문제에 대한 유일한 대답은 성령의 일반적 증언 개념이다.78)

(2) 헤프 자신의 입장

우리는 이제 헤프의 저작 중에 더 건설적인 부분에 이르렀다. 성령이 성경의 진리성, 구원의 영역에서 우리에게 제시된 진리를 증언해 주듯이, 그는 우리 주변 세상에서의 진리 일반에 대해서도 증언해 주신다.79) 우리 주변 세상 전체는 하나님의 생각을 드러내는 것이다. 우주 안에 나타난 하나님의 생각의 온전한 계시는 성령의 외적인 증언사역(the work of the external testimony of the Spirit)이다. 이 외적인 증언은 우리에게 계시의 진리성을 확신시켜 주는 것은 아니다. 계시의 진리에 대한 확신은 성령의 내적 증언 사역(the work of the internal testimony of the Spirit)이다. 모든 계시 자체는 수단을 통해 일어난다. 그러므로 직접적인 것이 아니다. **계시 자체는 우리에게 확실성을 줄 수 없다.** 만일 우리가 계시만을 가진다면 다음과 같은 결과가 나올 것이라고 헤프는 말한다. "우리는 대상을 그 자체에 근거해서 믿도록 강요된다. 이것은 확실성이 지식의 대상 자체에 있다는 것이 된다. 그런데 우리는 이미 그럴 수 없다는 것을 살펴보았다. 오히려 우리는 대상들이 성령의 사신들(메시지)이라고 말하는 것이 더 나을 것이다. 그것들은 성령의 증언을 가져다 주는 것이다. 그러나 절대적 확실성은 대상 자체와는 상관없이 성령께서 그 계시가 내게 진리를 가져다 준다고 믿을 수 있도록 하실 때만 얻어질 수 있는 것이다. 그리고 그것은 내가 **내적인 일반적 증언**(the testimonium generale Internum)을 받을 때에 일어난다."[80]

헤프는 말하기를 이것이 성령의 일반적 증언에 관련된 핵심이라고 한다. 이 일반적 증언은 계시를 하는 것이 아니고 확신시켜 주는 것이란 말이다. 즉 이것은 우리에 관한 계시의 진리를 확신시켜 주는 것이다. 좀 더 나아가면 이 증언이 우리에 관한 모든 계시를 확신시켜 주느냐는 질문이 제기될 수 있다.

이에 대해서 헤프는 부정적인 대답을 한다. 그는 이 증언은 중심적 진리들만을 확신시켜 준다고 말한다. 그러나 이것으로 충분하다고 덧붙인다. 어떤 진리들은 다른 것들과 논리적으로 연관되기 때문이다. 우리가 스스로 연역해 낼 수 있는 진리들을 성령이 확신시킨다면 그것은 성령이 불필요한 일(unnecessary work)을 하는 것이 된다는 것이다. 물론 인간의 연역 과정에서도 성령이 역사하시지만, 그것은 직접적인 사역이 아니고, 간접적인 사역이라고 한다. 그러나 헤프는 그가 말하는 이 간접적 성령의 사역이란 말로써 그가 무엇을 의미하는지를 우리에게 말하지 않는다.[81] 그러나 "성령은 사람에게 중심적 진리들만을 확신시키신다."고 말하는 것은 아주 분명하다.[82]

헤프는 더 나아가서 성령이 증언하는 몇 가지 중심 진리들이 어떠한 위계 질서(a hierarchy)를 이루며 존재하는 것이 아니라고 말한다. 그 진리들이 상호 연관되어 있다는 데는 의심의 여지가 없지만, 인간으로써는 우리가 그 관계를 알 수 없다고 한다. 그러므로 성령의 한 증언은 상대적으로 서로 독립적인 몇 가지 진리들에 이른다고 한다.[83]

성령이 증언하는 중심 진리들은 세 그룹으로 나눌 수 있는데: ① 하나님에 관한 진리들, ②인간에 관한 진리들, 그리고 ③ 세상에 관한 진리들이 그것이다.

헤프가 생각하는 '하나님에 관한 성령의 증언'을 살펴보기로 하자. 칸트는 신 존재의 증명을 위한 논증에서 유신론에 대한 합리적 변증을 찾기 불가능하다는 것을 잘 예증하고 있다. 이에 근거해서 헤프(Hepp)는 다음과 같이 말한다. 그러므로 "여기서 우리를 구할 수 있는 것은 우리의 지성보다 더 높은, 그래서 나로 하여금 하나님은 존재 하신다고 주장하도록 하는, 어떤 원칙이다. **그러므로** 성령의 내적인 일반적 증언이 있는 것이다. 소위 신 존재에 대한 논증들은 무용(無用) 한 것이 아니다. 그 논증들은 우리 주위에 있는 자연과 우리 안에 있는 본성이 하나님을 증언하고 있음을 가르치고 있다. 즉, (우주론적 논증에서는) 전체로서의 우주, (존재론적 논증에서는) 개념의 세계, (도덕적 논증에서는) 도덕 세계, (역사적 논증에서는) 역사, (목적론적 논증에서는) 사물의 적응 등에서 우리에게 오는 일정한 양식을 세워서 하나님이 통치하시며, 그가 이 땅의 목적을 창조하신 이로서 피곤치도 아니하시고 졸지도 아니하시다는 것을 끊임없이 증언하는 것이다. 이 논증들은 우리 양심에 영향을 미치는 것이다. 그러나 그것이 우리에게 최종적이고 종국적인 확실성을 주지는 못한다."[84] 성령의 증언이 없이는 낙원에 있던 아담과 하와라도 불확실성과 회의 가운데 있었을 것이라고 까지 한다. 회의는 죄이므로, 그렇게 되면 죄가 창조 자체에 내재적인 것이 되었을 것이다. 더 나아가서 성령의 증언이 없었다면, 이방인이 핑계할 수 있게 되니, 하나님에 대한 확실한 지식의 근거가 없어지게 되기 때문이라는 것이다.[85]

중심 진리들의 두 번째 그룹은 사람을 중심으로 한다. 사람이 어떻게 자기 자신의 존재를 확신할 수 있겠는가? 오직 성령의 증언을 통해서이다.[86]

또한 사람이 어떻게 그의 감각, 그의 사상의 규준, 그의 도덕적이며 심미적인 평가의 규범들에 의존할 수 있을까? 오직 성령의 증언을 통해서라고 헤프는 답한다.[87]

중심 진리의 세 번째 그룹은 사람과는 구별되는 세상을 중심으로 한다. 이 세상은 나에게 실제로 존재하는 것으로 그 자체를 드러낸다. 이 증거가 참되다는 것을 어떻게 알 수 있을까? 오직 성령의 증언을 통해서이다.[88] 성령은 우리에게, 그것에 따라서 우리 주변의 우주가 움직이는 그 **기본적 원리**(the prima principia)를 알 수 있게 해준다. 예를 들어서, 전체가 그 각 부분들보다는 더 크다든지, 직선은 두 점 사이의 최단 거리라든지 하는 수학적, 산술적, 기학적 원리들을 제시하는 것이다.

성령의 증언 사역을 요약하면서 헤프(Hepp)는 그것이 과학과 종교와 도덕과 예술의 기초석이라고 옳게 불리워질 수 있다고 한다.[89]

여기까지는 헤프가 주로 일반 계시와 관련한 성령의 증언에 대한 논의를 하였다. 그 뒤에 그는 이 증언에 대한 주관적 수납과 관련해서 이 증언을 논의하고 있다. 여기서 우리는 참으로 기독교적 인식론의 가장 중요한 문제에 직면하게 된다. 그 문제는 신자뿐만 아니라 자연인도 어느 정도는 성령이 그에게 확신 시키려 하는 일반 계시의 진리성을 받아들일 수 있고, 또 실제로 그리하는가 하는 것이다. 만일 자연인이 어느 정도 일반 계시의 진리성을 받아들인다면, 그것이 어떻게 전적 타락 교리와 조화될 수 있겠는가? 여기서 우리는 성령의 증언에 대한 사람의 주관적 수납의 문제에 대하여 헤프(Hepp)가 어떻게 말하고 있는지를 보기로 하자. 그의 말을 먼저 인용해 보자. "하나님, 인간, 그리고 우주에 관한 일반 계시라는 넓은 의미의 계시와 **성령**의 일반적 증언이 결합해서 신앙이 태어난다. 내적인 증언이 외적인 증언을 강화 할 때, 사람은 **거부할 수 없게 된다**." 이런 의미의 신앙은 **일반적 신앙**(a fides generalis)이라고 불리 울 수 있다.[90] 현대 철학은 이런 **일반적 신앙**(fides generale) 개념의 필요성을 아주 일반직인 깃으로 받이들이고, 이 개념을 높이 사기도 하는 것이다.[91] 지식은 사물의 실재를 파고들 수 없다. 오직 신앙만이 그리할 수 있을 뿐이다.[92]

그러나 우리는 그가 여기서 가르치고 있는 **일반적 신앙**(fides generale)을 현대 철학자들이 말하는 일반적 신앙(the general faith)과 동일시하기를 원치 않는다는 것을 덧붙여야만 한다. 그는 그 둘 사이엔 큰 차이가 있다고 말한다. 그 차이는 주로 현대 철학자들에게 있어서의 신앙이란 지식에 비해 부차적인 것이어서, 결국 확실성의 분명한 근거를 부여하지 못하는 것이라는 데에 있다. 반면에 기독교에서 신앙은 학문보다 더 확실한 확실성을 제공하는 것이다.93) 일반적 신앙은 과학이 그러하듯이 주관적인 근거와 객관적인 근거에만 기초하는 것이 아니라, 성령의 직접적 사역에 근거하는 것이다. 그리고 이런 성령의 (일반적) 증언은 모든 사람에게 임하는 것이다.94)

이 (일반적) 증언이 모든 사람에게 임하고, 사람이 이에 저항할 수 없다는 이 사실 때문에 우리가 말한 바 있는 중심적 진리들(the central truths)에 대한 수납이 있는 것이다. "창조 자체로부터 우리에게 말하는 중심적 진리들에 관해서는 사람들 사이에 별로 의심이 없다. 자신들의 잘못된 출발점을 주장하는 몇몇 잘못된 과학자들만이 그들은 하나님이나 사람이나, 이 세상이 참으로 존재하는지를 의심한다고 말한다. 그들은 경험에 근거해서 그런 진술을 한다기 보다는 그들의 체계에 근거해서 그렇게 주장하는 것이다. 우리가 그들에 관해서 많이 듣는다고 해도, 그렇게 주장하는 이들의 수는 아주 적다. 전체적으로 말해서, 인류는 그 중심적 진리들을 부인하지 않는다. 사람들 중 대다수는 그들 위에 있는 큰 능력을 인정하며, 세상과 사람의 실재성을 주저하지 않고 받아들이는 것이다."95) 잠시 후에 헤프는 덧붙이기를 일반적 신앙과 상식(common sense). 또는 옳은 이성(right reason)은 언제나 함께 한다고 말한다.96) 그리고 일반적 신앙은 **특별한 신앙**(the fides speciale)만큼이나 큰 확실성을 가진다고 한다.

헤프의 모든 논의를 다 소개할 필요는 없다고 생각된다. 그러나 한 가지 특별히 언급해야 할 것이 있는데, 그것은 헤프에 의하면, 중생이 성령의 일반적 증언 문제에 그 어떤 직접적 영향도 미치지 않는다는 사실이다. 하나님께서 그의 비를 의로운 자와 불의한 자에게 내리시는 바와 같이 하나님께서는 예외 없이 일반적 증언을 사람들이 갖도록 하신다.97) 죄가 일반적 증언에 영향을 미치지 않는 이유는 주로 이 증언이 직접적이라는데 있다고 헤프는 말한다.98) "성령의 일반적 증언은, 성령의 직접적 사역이기 때문에, 죄에 의해 손상되지 아니한다."99) 직관적, 또는 직접적 사상은 직접적으로 성령의 일반적 증언의 통제 아래 있게 된다. 그러나 반성적 탐구의 경우에는 그렇지 않다.100) 증언의 직접성에 또 하나의 요소가 더해진다. 죄는 인간의 합리성을 파괴할 수 없으나. 사람의 합리성은 그의 본성에만 속한 것이 아니라, 그의 존재 자체에 속해 있는 것이다.101) 사탄도 확실성(certainty)을 가질 수 있는 것으로 일반적 증언은 확실성을 주며, 무슨 일이 일어나든지 계속 그런 사역을 행할 수 있게 한다.102)

이 모든 논의에 근거해서 성령의 일반적 증언의 성격을 요약하면 헤프는 그의 책 제6장에서 다음과 같이 말하고 있다. (1) 성령의 일반적 증언은 초월적(transcendent)이다. 즉, 그것은 초주체적(transubjective)이고, 초객체적(transobjective)이다.103) 2) 그것은 직접적이다.104) (3) 그것은 불가항력적이다.105) (4) 그것은 무오하다.106) (5) 그것은 파고들 수 없다(impenetrable).107) (6) 그것은 형식적(formal)이다.108) (7) 그것은 중심적이다. 즉 파생적 진리들은 성경이 증언하는 중심적 진리들로부터 논리적으로 도출되어야 한다.109) (8) 그것은 각 개인에게 개별적으로 온다는 뜻에서 개별적이다.110) (9) 그러나 그것은 또한 보편적이다. 그것은 모든 사람에게 주어지는 증언이다. (10) 그리고 그것은 계속적이며.111) (11) 알 수 있는 것이다.112)

(3)헤프의 입장에 대한 평가

헤프의 작업을 평가함에 있어서, 우리는 먼저 일관성 있는 기독교 인식론을 제시해 보려는 노력에 대해서 찬사를 표해야만 한다. 그는 바빙크의 좋은 작업을 계속하려고 추구하였고, 그리하여 상당히 성공적인 작업을 하였다고 할 수 있다. 그러나 기독교 인식론에 대한 헤프의 접근에 약점이 있음을 우리는 믿는다.

이 약점은 바빙크의 경우에 관찰된 것과 비슷한 약점이다. 우리는 바빙크의 경우에 그의 경험론과 합리론 비판에서 그가 최소한 어느 정도는 그의 적대자들과 중립적인 근거를 취하였다는 것을 주목했었다. 바로 그와 같은 문제가 헤프에게도 있는 것이다. 헤프도 바빙크처럼 성경과는 독자적으로 존재하는 자연신학을 적극적으로 구성해 보려는 것에 대해서는 적대적이다. 여기에 대해서는 우리도 아주 깊이 동감한다. 그럼에도 불구하고, 헤프가 비기독교적 관점에 대한 부정적 비판에서도 언제나 자의식적으로 기독교적 입장의 진리성을 전제하는 데서 진행해야만 한다는 것을 온전히 분명하게 하지 않는 이상, 그는 자연 신학을 구성해 보려던 이들이 빠진 동일한 오류에 빠지는 일을 피할 수 없다. 그러므로 자연신학의 방법론과 자연신학 건립에 대한 헤프의 반대 논의는 그리 건전한 것이 못된다고 할 것이다. 어느 정도, 또 어디까지는, 그 상대편이 서 있는 논의의 근거를 그대로 취함으로써 그는 자연신학의 건립자들과 함께 인간 이성의 위치에 대한 비기독교적 개념을 취한 것이다.

위에서 살펴본 바와 같이 헤프는 바빙크만큼이나 경험론에 반대하여 논의한다. 처음에는 순전히 중립적인 근거에서 논의한 후에 다음과 같이 덧붙이고 있다: "그러나 무엇보다도 자아에게서 확실성의 최후 근거를 찾으려는 그 노력 전체가 우리의 기독교 신앙에 대립한다."[113] 헤프가 바빙크보다는 좀더 신속하게 기독교적 원리를 이끌어 들인 것에 대해서는 아주 기쁘게 생각한다. 그럴지라도, 헤프에게 있어서는 바빙크 못지않게 잘못된 철학에 반하는 논의에 대한 두 가지 독자적인 근거들이 있음이 분명히 드러난다. 첫째로 순전히 철학적이고, 중립적인 논의의 근거가 있다. 먼저 중립적 근거에서 논의하여 그 철학적 입장이 잘못되었음을 밝힌 후에야 그 입장이 또한 기독교에 대해 적대적임을 밝힐 수 있다는 것이다. 즉 그 후에야 기독교적 입장에 근거한 둘째 형태의 논의에로 나아갈 수 있다는 것이다. 대개 그 결과는 실제로 기독교적인 근거에서는 그 어떤 논의도 없다는 것이 된다. 실제 논의는 그 첫째 근거(즉 중립적 입장에서의 논의)에서 일어나고, 그 뒤에 이런 저런 이유에서 이미 반박된 입장이 또한 기독교적 입장에도 반대된다는 진술을 덧붙이는 격(格)이 된다. 헤프의 경우에는 이것이 특히 그의 성령의 일반적 증언론을 범주적 명령에 대한 칸트의 개념과 비교하는데서 잘 나타난다. 그가 우리는 그리스도인들로서 칸트가 발견할 수 없었던 것, 즉 우리 지식의 확실성을 가진다고 말한 것은 사실이다. 그는 칸트의 입장과 그 자신의 입장 사이에는 아주 상당한 차이가 있다고도 말한다. 그러나 이 모든 것에도 불구하고, 그는 칸트의 입장과 자기 자신의 입장의 유사성을 강조함으로써 과학적 세계의 이목 앞에서 상당한 정당화를 추구하려고 한다. 그는 이렇게 말하는 것이다. "만일 성령의 일반적 증언을 말하는 우리가 비학문적이라면, 칸트는 더 더욱 그럴 것이다. 왜냐하면 그는 우리와 같은 방향에서 확실성 문제의 해결을 추구하였으나, 해결에 이르지 못했기 때문이다. 그는 하나님의 계시에 대해 일정한 편견을 가진 것이다. 그것은 그의 입장에 대해 아주 유해할 수밖에 없는 것이다. 그렇기 때문에, 그의 범주적 명령은 우리가 말하는 성령의 일반적 증언보다 덜 가치있는 것이 된다. 그것은 그것이 마땅히 주어야만 하는 것을 주지 못한다. 그것은 스스로를 파괴하는 것이다."114)

그러므로 헤프의 진술에 의하면, 칸트의 입장은 처음부터 아주 잘못된 것은 아닌 듯하다. 헤프는, 칸트의 입장에 나타난 이 세상에 있는 것들이나 오는 세상에 있는 것들에 대한 그 어떤 학문도 있을 수 없다는 것을 적절히 지적해 내지 못한다. 만일 그가 칸트의 추론의 근거가 인간 정신의 궁극성에 대한 가정에 근거하고 있으며, (해석되지 않은 소위) "순수 사실"(brute fact)이 있다고 가정하는 한 잘못되었다는 것을 밝혔다면, 그는 칸트가 그리스도인들이 추구하는 것과 같은 방향에서(in the same direction) 확실성 문제에 대한 해결을 찾으려 했다고는 말할 수 없었을 것이다. 또한 만일 우리 그리스도인들이 비학문적이라면 칸트 역시도 그러하다고도 말할 수 없었을 것이다. 비기독교적 관점에서 칸트는 온전히 학문적이고, 하나님을 전제하는 우리네 그리스도인들은 전적으로 비학문적이라고 평가되리라는 것이 분명히 인정되어야 한다. 그러므로 헤프가 그 자신의 입장과 칸트의 입장에 대한 비교로 제시한 것들 중에서 우리는 칸트의 결론이 우리의 결론과는 다르다는 여러 요점들의 열거만을 발견할 수 있을 뿐이라는 사실은 '별로 놀라운 일이 아니다.

이와 연관해서, 소위 "유신논증들"에 대한 칸트의 비판에 대해서 헤프가 한 말을 생각해 보자. 헤프에 의하면, 이 논증들은 그 자체로 무가치한 것은 아니라는 것은 위에서 살펴본 바 있다. 그래서 헤프는 칸트가 이 논증들의 타당성을 과소평가하며 평가절하한다고 말한다. 여기서도 다시 헤프는 참으로 유신론적인 논증의 방법과 비유신론적인 논증 방법 사이의 차이를 제대로 지적하지 않는다. **칸트 당시에 진술된 방식대로는** 그런 논증들은 무용(無用)의 것이었을 뿐만 아니라, 더 나쁜 것이기도 했다. 그렇게 진술된 논증들은 그 어떤 심리적 가치를 가지고 있던지 간에, 논리적으로는 유한한 하나님 개념으로 이끌어 간다는 것이 분명하다. 그 논증들이 대개는 인간 정신의 궁극성, 그리고 그 정신이 이 세상에서 부딪히는 사실들의 궁극성이란 가정 위에 세워 졌기 때문에 그로부터 어떤 것을 얻기 어려운 것이다. 그의 존재가 칸트 시대에 유행하던 방식대로 증명될 수 있는 그런 하나님은 독자적인 인간들과 또 완전히 해석되지 않은 사실들을 항상 직면해야 하는 그런 하나님일 것이다. 바로 이 점을 헤프는 보지 못하고 있다. 그리고 이 점을 보지 못하고 있기 때문에 그는 칸트가 이 논증들을 평가절하고 있다고 말하는 것이다. 이런 점에서 헤프는 그리스도인과 비 그리스도인들 사이에 중립적 논리가 있다고 생각하는 듯하다. 즉 중립적 논리 (neutral logic)에 따라서 그들이 하나님의 존재에 대해서 어느 정도는 서로 동의할 수 있다는 것이다.

이 점으로부터 우리는 쉽게 헤프가 그 자신의 주장에도 불구하고 자연신학과 비슷한 어떤 것을 세웠다는 주장에 대한 논증을 시작할 수 있을 것이다. 헤프는 계시와 증언(testimony)을 날카롭게 구별함으로써 자신의 "성령의 일반적 증거"에 대한 교리를 세워보려고 하였다. 위에서 살펴본 바와 같이, 그는 증거란 그 자체로는 내용을 주지 않고, 계시의 내용에 대해서 증거해 주는 것이라고 주장한다. 그리하여 헤프는 유신 논증에 대한 그의 태도에서 살펴본 바와 같이 **신자들과 불신자들이 어느 정도는 적어도 일반계시의 내용에 대해서는 동의한다고** 생각하였다. 일단, 역사적으로 제시된 유신론적 증명들이 어떤 진리 내용을 갖는다는 것을 인정하면, 그렇지 않을 수 없다는 것이 헤프의 생각이다. 유신 논증의 기독교적 진술과 비기독교적 진술의 차이를 전혀 지시하지 않고서 헤프는 이 논증들이 우리의 의식에 강력하게 영향을 미친다고 말하고 있다. 이 논증들에게서 결여된 것은 그것들이 절대적 확실성을 줄 수 없다는 것이다. 그리고 이 논증들과 관련하여 우리가 범하는 가장 큰 잘못은 사람들이 계시와 확실성을 구별하지 않은 것이라고 헤프는 말한다. "이 논증들은 인간 이성이란 렌즈를 통해서 일반계시의 내용을 우리에게 질서있는 형태로 가져오도록 하기 위해서 일반계시의 내용을 모은 것일 뿐이다. 이 논증들은 일반적 외적 증언에 속한다. 이 논증들이 계시하는 것이다. 그러나 바로 그렇기 때문에 확신할 수는 없다."115) 그 논증들 자체는 밤낮으로 하나님께서 존재하심을 부르짖는다고 그는 말한다. 이 논증들과 관련해서 사람은 그가 저항할 수 없는 증언을 필요로 한다. 즉, 그에게 지금 여기서 또는 다른 데서 그에게 주어진 계시가 참되다고 말하는 증언을 필요로 한다는 말이다.116)

헤프는 주어진 일반계시에 성령의 일반적 증언을 더하기만 하면, 자신은 자연신학을 건립하기를 원하는 이들의 실수를 피할 수 있으리라고 느낀다. 헤프에 의하면, 성령의 증언없이 논증 자체의 충족성 위에 무엇인가를 세워보려고 하는 이들은 자연신학을 세우는 것이며 그 잘못은 어떻게 해서든지 피해야만 한다고 헤프는 주장한다. 반면에 계시에 성령의 증언을 더하여 보는 이는 자연신학을 세우려는 노력을 피하는 것이라고 한다.117)

그러므로 헤프에 의하면, 역사적으로 발전된 유신 논증들은 그 자체로서는 잘못된 것이 아니라는 것이다. 그 논증들에 무엇인가가 덧붙여지기만 하면 된다는 것이다. 이러한 그의 견해는 그가 아담에 대해서 말하는 것으로부터 이중적으로 아주 분명하게 나타난다. (타락 이전의) 무구(無垢)의 상태에 서조차도 성령이 증언이 동반됨없이 계시 자체만 있었더라면 회의가 있을 수 있는 여지가 있었다고 그는 말하는 것이다. 성령의 증언없이 일반계시 자체에만 근거하면, 사람은 기껏해야 하나님의 존재에 대해서 추측만을 할 수 있었을 것이라고 헤프는 주장한다.118) 헤프는 (타락 이전의) 그 무구의 상태에서 아담이 정형화했을 유신(有神) 논증은 사람의 타락이 있은 후에 역사적으로 정형화된 유신 논증들과 본질적으로 달랐으리라는 시사를 전혀 주지 않는다. 헤프에 의하면, 사람들이 이 논증들에만 의존했을 때 사람들이 가질 수 있는 불확실성은 이 논증들을 계시하는 이상의 의미를 가지지 않았다는 사실, 즉 이 논증들이 그 진리성을 확신시켜 주려는 의도를 전혀 가지지 않았다는 사실에 기인하는 것이다.

이 모든 것 안에는 헤프가 자연신학을 구축하는 사람이 추론하는 것과 같은 추론상의 오류를 범하고 있다는 아주 분명한 증거가 있다. 우리는, 역사적으로 정형화된 논증들이 무엇인가를 증명한다면, 그것은 유한한 하나님의 존재를 증명한다고 믿는다. 우리는 이미 이것이 분명함을 밝힌 바 있다. 헤프가 말하듯이 하나님이 계신다고 소리높여 외치는 대신에, 이 논증들은 하나님, 즉 기독교 유신론의 하나님이 존재하지 않으신다고 외치는 것이다. 그렇다면 잠시 우리가 헤프의 방식을 따라서 유신 논증에 의해 간접적으로 온 "계시"에 성령의 증언을 더한다고 가정해 보자. 그 결과는 성령이 밤낮으로 (기독교 유신론의) 하나님은 존재하지 않으신다고 주장하는 것이 될 것이다(왜냐하면, 사실 위의 유신 논증이 증명해낸 것은 기껏해야 유한한 하나님이 계신다는 것이기 때문에, 이는 결국 기독교 유신론의 하나님은 계시지 않다는 것이기 때문이다-보역). 그런데도, 헤프는 유신 논증에 의해서 제시된 일반계시의 내용 문제에 대해서는 신자들과 불신자들 사이에 상호 동의가 있다는 것을 당연시한다. 그런데 그것이 바로 자연신학의 본질적인 모습인 것이다.

이런 은밀한 자연신학의 입장에 서서 헤프는 성령의 특별한 증언이 지식의 확실성의 최후 근거가 되어서는 안된다고 주장한다. 성령의 특별한 증언을 학문적 지식의 근거로 만들려고 노력한 라무스(Ramus)를 비판 하면서, 헤프는 이렇게 말한다. "그는(라무스는) 그리스도인들과 비그리스도인들이 서로 만나는 영역이 있다는 것을 너무 많이 잊었다. 우리는 과학과 학문의 영역에서도 다른 그 어떤 영역에서와 같이 일반 은총론을 잊어서는 안 된다. 그러므로 우리는 결코 (성령의) 특별한 증언이 우리의 모든 지식의 근거라고 해서는 안 된다. 오히려 일반적 증언이 그런 기능을 하는 것이다."119)

물론 특별한 증언 배후에 일반적 증언이 있다는 것이 참되다는 의미에서 이것이 옳을 수 있다는 의미가 있음을 우리는 믿는다. 그러나 특별증언 없이 일반 증언의 참된 성격을 그 누구도 이해할 수 없다는 것도 참된 것이다. 즉 먼저 성경에 있는 하나님의 계시를 이해하지 않으면 그 누구도 자연 안에 있는 하나님의 계시를 참되게 이해할 수 없다는 말이다. 그러므로 이런 점에서 특별한 증언은 일반적 증언에 앞서는 것이다. 어떤 이가 특별한 증언 덕에 기독교인이 되어서 일반적 증언이 특별 증언 배후에 있음을 본다고 해도, 이것이 우리로 하여금 (성경의) 일반적 증언이 특별 증언 배후에 있다는 일반적 진술을 아무 조건 없이 말할 수 있도록 하지는 않는 것이다.

이제 이 두 가지 요점을 함께 생각해 보면, 신자와 불신자 사이에 계시적 내용에 대한 동의, 그리고 성령의 일반 증언에 대한 동의 가능성이 있다는 가정에서 우리는 실질적으로 자연신학을 가지는 것이 된다. 헤프에 의하면 이 일반계시와 일반 증언의 연합에서 신앙이 생성 된다고 한다. 물론 그것은 구원하는 신앙(saving faith)은 아니고 일반적 신앙(general faith. fides generalis)인 것이다.120) 이 신앙은 피할 수 없다고 한다. 그의 말을 다시 인용하자면, "**외적 증언**(testimonium externum)에 **내적 증언**(the testimonium internum)이 힘을 더하면, 사람은 동의하지 않을 수 없게 된다. 그리고 신앙이란 기본적으로 이런 저런 형태의 증언 때문에 (무엇인가를) 받아들이는 것이다."121) 현대 철학에서도 **일반 신앙**(fides generalis)의 필요성에 대한 일반적 인식이 있다고 헤프는 말한다.122) 사람들이 학문 그 자체로는 실재에 이를 수 없다는 것을 인정한다는 것이다.

우리는 위에서 헤프가 현대 사상에 의해 받아들여지는 신앙 개념과 그 사신이 제시하는 일반적 신앙 개념 사이에 진혀 차이가 없다고 믿도록 하려는 것이 아님을 살펴본 바 있다. 그러나 그럴지라도 헤프가 말하는 차이는 그저 정도의 차이 이상의 것이 아니다. 그는 말하기를 현대 사상은 신앙을 지식보다 못한 것으로 보나, 우리는 신앙이 지식 보다 더 확실한 것이라고 보아야 한다고 한다.[123] 신앙에서는 성령의 직접적 사역을 다루는데 비해서, 지식에서는 성령의 간접적 작용을 다루기 때문이다. 과학적 확실성은 부분적으로는 사람의 활동에 의존하는데 비해서, 신앙의 확실성(faith certainty) 은 전적으로 하나님께 기인한다는 것이다.[124] 우리는 헤프의 이 구별을 받아들일 수 없다. (타락하지 않은) 옳은 상태에서는 파생된 진리도 직접적으로 계시된 진리만큼의 확실성을 가졌을 것이므로, 그런 상태에서는 오류의 가능성이 있을 수 없기 때문이다. 그러나 이것은 그냥 놓아두도록 하자. 우리의 주된 비판은 헤프가 비 그리스도인들의 일반 신앙 개념과 그리스도인들의 하나님의 계시에 대한 반응의 근본적인 차이를 보지 않는다는 점에 있다. 이것은 우리가 예상하던 대로이다. 만일 그리스도인과 불신자가 동의할 수 있는 일반계시 개념이 있다면, 그것은 그들이 이미 이 일반계시의 진리에 대해서 공통된 동의를 하였기 때문인 것이다.

　우리는 이미, 헤프에 의하면, 상당히 많은 수의 사람들이 하나님, 사람, 그리고 세상에 대한 일반계시의 중심 진리들을 부인하지 않는다는 것을 살펴보았다.[125] 그는 말하기를 선하고 건전한 상식과 일반적 신앙은 함께한다고 한다. 물론 그는 사람들의 추론적 노력에 관해 진리에 대한 상당한 반대가 있다는 것을 자주 강조한다. 그의 요점은 사람들이 그들 자신의 능력으로 일반계시의 일반적 진리들을 직접적으로 또 본능적으로 인식할 수 있으나, 그들이 사태에 대한 추론적 설명을 할 때 상당히 어그러진다는 것이다. 그러나 이 주장은 사태를 급진적으로 변화시키는 것은 아니다. 그 자신은 진리가 결국은 사상내용의 문제라고 말한다.[126] 그리고 우리는 헤프 자신이 신자들과 불신자들의 동의를 직관 문제에만 한정시키지 않는다는 것을 살펴보았다. 유신 논증에서 우리는 아주 분명한 진리 내용을 직면하는 것이기 때문이다. 그리고 이 진리 내용에 대해서 성령이 증언한다고 헤프는 말한다. 그리하여 우리는 결국 신학자들이 흔히 말하던 **공통의 자산**(capita communissima)에로 되돌아가게 되는 것이며 또한 성령의 증언이 불가항력적인 사람들은 이 "일반적 진리들"에 대하여 동의하지 않을 수 없을 것이다.

그러므로 이제는 앞부분에서 제시된 기독교 인식론에서 우리가 문제를 다르게 접근해 보려고 했다는 것이 분명해질 것이다. 우리는 객관적으로 "일반계시의 진리는, 어느 정도는 죄에 의해서 모호해졌으나, 지금도 여전히 사람이 핑계할 수 없을 정도로 충분한 명료성을 가지고서 하나님을 계시해 준다"고 말하는 데서 칼빈을 따를 것이다. 그래서 우리는 로고스의 사역과 관련해서 성령의 사역의 위치를 자세히 드러내어 준 헤프에게 감사를 표한다. 그러나 헤프는 계시와 함께 이를 받아들이는 일에서의 성령의 사역을 너무나도 날카롭게 구별하였다. 그는 마치 계시가 그것에 대한 성령의 증언과는 실질적으로 관계없는 어떤 것으로 여겨질 수 있다는 듯이 논의했다. 계시는 항상 증언이다. 그렇지 않으면 그것은 계시가 아닌 것이다. 계시는 언제나 권위있는 증언이므로, 따라서 순종을 요구한다. 그것은 증언이고 동시에 명령인 것이다. 그러므로 계시는 그 안에 확실성의 온전한 근거를 갖는 것이다. 낙원에 있던 타락하지 않은 사람은 하나님의 작품들을 보면서 그 안에서 하나님을 보지 않을 수 없었다. 직적접 지식에서 뿐만 아니라, 파생적 진리들에서도 하나님은 사람에게 현존하는 것으로 나타났을 것이다. 헤프는 낙원에서도 가변적인 것들은 불변하는 것에 대한 신념을 세울 수 있을 정도로 강한 토대이지는 못하였다고 말한다.127) 이에 반하여 우리는 온전한 사람은 그의 모든 추론에 있어서 불변하는 것은 가변적인 지성을 만들었음을 자연히 가정하리라고 주장할 것이다. 가변적인 것을 불변적인 것의 토대로 삼기 위해서 가변적인 것 자체에 호소하지 않을 것이란 말이다. 우리는 직접적인 진리와 파생적인 진리에 대해서, 마치 직접적인 진리의 확실성이 파생적인 진리의 확실성보다 더 크듯이, 또한 직접적 진리에서는 성령께서 직접적으로 역사하시는데 비해서 파생적 진리에서는 간접적으로만 역사하신다는 식으로 그 둘을 구별할 수 없다. 선하고 필연적인 추론에 의해서 성경에서 추론되어진 것을 성경 가운데서 직접적으로 명령된 것으로 밝혀질 수 있는 것만큼 중요하게 받아들여야만 하고, 따라서 이렇게 파생적인 진리도 직접적 진리만큼 타당한 것으로 받아들여야만 한다.

같은 논의를 계속하자면, 우리는 헤프가 구별한 바 중심진리들(central truths)과 주변적 진리들(peripheral truth)의 구별 또한 부인할 것이다 여기서도 역시 일반적 증언에 대한 특별한 증언의 유비가 사용되어졌다. 헤프는 개혁신학자들이 끊임없이 특별한 증언을 성경의 권위나 신자들의 (하나님의) 자녀됨과 같은 몇 가지 중심적 진리들에만 한정시켰다고 주장한다.[128] 그는 이와 관련해서 바빙크를 언급한다. 그러나 바빙크가 비록 우리에게 성령은 순수 사실(nuda facta)로서 그 어떤 구원의 진리들도 증언하지 않고, 성령의 증언은 성경의 신성에만 제한된다고 말할지라도, 이 신성은 성경 가운데 계시된 모든 진리에 적용된다고 덧붙이고 있는 것이다.[129] 이것은 결국 성령은 성경 가운데서 계시된 진리의 체계에 대해서 증언하고 있다고 말하는 것이 된다. 결국, 하나님에 의해서 우리에게 계시된 것은 진리의 체계인 것이다. 물론 우리는 이 체계를 논리적으로 철저히 다 알 수는 없다. 그러나 이것은 성령이 증언하는 몇 가지 느슨하게 연결된 진리들만이 있다는 것을 의미하지는 않는다. 성령은 하나님의 진리와 전체로서의 그의 계시에 대해서 증언하는 것이다.

이제 우리가 이처럼 하나님의 계시와 성령의 증언을 서로 밀접하게 연관시키면, 사람의 의식에 대한 성령의 증언의 관계가 헤프가 그것에 대해서 말하는 것과는 다르다는 결론이 나온다. 첫째로 진리는 진리라고 단순히 말하는 일반적 증언(a general testimony)과 같은 것은 없는 것이다. 그것은 결국 아무 것도 말하지 않는 것이기 때문이다. 순전히 형식적인 진술은 공허한 진술이다. 분명히 성령은 모든 사람에게 증언한다. 그러나 그는 사람들에게 하나님의 진리를 증언하는 것이다. 그러므로 신자와 불신자의 경우에는 서로 다른 수납이 있는 것이다. 이 다른 수납은 성령의 증언에 대한 모든 반응의 초기부터 시작되는 것이다. 불신자도 물론 이 증언을 듣는다. 그러나 그의 마음의 내재된 악으로 인해 그는 그의 모든 힘을 다 동원해서 그것을 억누르려고 하는 것이다. 그러나 그가 이 일에서 완전히 성공할 수는 없다. 사실 그는 이 증언을 억누르는데 있어서 온전히 성공할 수 없는 것이다. 더구나 그의 의식의 간접적인 활동에서보다 그의 의식의 직접적인 곳에서 더 성공할 수 없다. 따라서 사람의 의식의 직접적인 활동에서는 성령의 증언이 불가항력적이라는 헤프의 주장에는 이만한 진리의 여지가 있는 것이다. 우리는 좀 더 나아가서, 그의 지적인 삶에서나 도덕적인 삶, 뿐만 아니라 그의 간접적인 활동에서도 사람이 하나님의 성령의 증언을 **전적으로** 억제해 버릴 수 없다고 말할 수 있다. 그러므로 그는 하나님을 아는 것이고, 어떤 방식으로는 하나님을 인정하는 것이며, 율법의 일을 하는 것이다. 그는 자신이 안다고 생각하는 여러 신들에게 무엇인가 잘못된 것이 있다고 생각하여 알지 못하는 신에게 제단을 쌓을 수도 있다. 그리고 사단 역시도 하나님을 아는 것이다. 그러나 이 모든 것은 선자들과 불신자들이 동의하는 "일반적 진리들" (general truths)이 있음을 의미하지는 않는다. 사람들이 일반적으로 일반 진리들을 부인하지 않는다고 주장할 때, 헤프 자신도 실질적으로는 모든 사람들이 어떤 종류의 높은 존재가 있다고 믿는다는 것을 말하는 것이다.[130] 그러나 그리스도인들이 하늘을 쳐다보면서 생각하는 것은 그냥 막연히 어떤 높고, 지고한 존재가 아니다. 그는 창조주 하나님을 생각하는 것이다. 우리는 이런 논의를 이렇게 계속할 수 있다. 성령의 가장 직접적 증언에 대한 반응은 사유 활동(thought activity)에서 표현되어야만 한다. 증언이 우리에게 일으키는 반응은 사유 활동에서 표현되기 때문이다. 직접적 증언에 대한 최초 자의적 반응은 이미 사람이 그에게 압력을 가하는 성령의 증언을 낮추려고 밤낮으로 노력한다는 것을 시사해 주는 것이다.

그러므로 성령의 증언은 그 누구도 그 증언이 자신에게는 없도록 할 수 없다는 의미에서 불가항력적이다. 그러나 모든 사람이 그 증언의 내용을 받아들인다는 의미에서 불가항력적인 것은 아니다. 그러므로 만일 우리가 성령의 증언이 불가항력적이라고 말한다면, 사람의 모든 표현된 신념이 모든 표현되지 않은 신념과는 급진적으로 다르다는 것을 말할 준비가 되어 있어야만 한다. 죄인들의 모든 표현된 신념은 하나님이 없다는 것이다. 그는 이것을 어떤 종류의 지고한 존재가 있다고 말하든지, 또는 유신 논증을 할 때처럼, 결국 어떤 유한한 하나님이 있다고 말하는 것으로 표현해 내는 것이다. 그 모든 것에서 그는 결국 하나님이 없다고 끊임없이 말하는 것이다(기독교 유신론이 말하는 그 참 하나님은 없다고 말한다는 의미-보역).

반면에 신자는 일반적 증언의 진리를 확신하는 것이다. 그는 이 증언이 불가항력적임을 알았고, 그것은 그가 성령의 특별한 증언에 의해서 중생(重生)했기 때문이다. 그는 그리스도 안에서 구속주 하나님을 보기 때문에 자연 안에서 창조주 하나님을 본다. 그러므로 모든 계시에 대한 그의 자의식적 반응에서 그는 불신자와는 다르게 반응하는 것이다. 그에게는, 구원의 진리만이 아니라, 수학의 진리들도 하나님 안에 그 근거를 가지는 것이며, 하나님과는 독립적으로 존재하는 어떤 실재에 그 근거를 가지는 것이 아니다. 이처럼 불신자는 모든 점에서 일의적(一義的)으로(univocally) 사유하는데 비해서, 신자는 유비적(類比的)으로(analogically) 사유하는 것이다.

각주

1) 헤르만 바빙크는(1854-1921) 반틸에게 큰 영향을 끼쳤던 주요 인물이다. 그는 아마도 20세기에 복음적 개혁주의 신학에 가장 영향력을 끼쳤던 중요한 인물일 것이다. 그는 1902년 아브라함 카이퍼의 뒤를 이어 화란의 자유대학의 조직신학 교수를 역임했다. 학식과 교리적 명료성이 탁월했던 그는 『개혁주의 조직신학』 Gereformeerde dogmatiek을 포함한 다수의 작품을 집필했다(본장 미주 3번을 참조하라).
2) principium essendi는 본질적인 기초를 의미한다. 하나님은 피조된 만물의 본질적인 근거가 되셨으며, 특별히 신학 작업의 기초가 되신다. 이 기초는 하나님에 대한 우리 지식의 효과적인 원리적 원인이 된다.
3) Herman Bavinck, Gereformeerde dogmatiek, 4 vols. (Kampen: Kok, 1923-30), trans. John Vriend (Grand Rapids: Baker, 2003-), 1:211-12; 이후로부터는 RD로 표기할 것이며, 본장의 모든 인용은 제1권에서의 인용이다.
4) GD, 213; RD, 214.
5) GD, 213; RD, 214를 참조하라.
6) GD, 101; RD, 110-11.
7) GD, 38; RD, 55-56. 내적인 원리principium internum는 계시를 수납할 수 있는 인간적이며 내적인 원리이다.
8) GD, 95; RD, 105. S. 반틸은 18세기 초반의 화란 신학자였다.
9) Bavinck, GD, 1:73; RD, 1:92.
10) GD, 74; RD, 93.
11) GD, 74; RD, 93.
12) GD, 180-207; RD, 208-33.
13) 토마스 아퀴나스는(1255-74) 아리스토텔레스의 철학과 기독교 신학을 통합한 가장 위대한 중세신학자이다. 그는 세상을 신의 반영 또는 모방이라고 보기보다 피조된 세상이 실재하는 것이며, 여러 범주로 분류될 수 있다고 믿었기 때문에 "실재론자" 또는 "수정적 실재론자"라고 불린다. 하나님 자신은 오직 유비를 통해서만 알려질 수 있다. 아퀴나스에게 있어서 신학이란 아리스토텔레스가 하위의 과학 즉 지식이 우주에 대한 개념과 관계된 것이라 불렀던 것처럼 일종의 과학이다.
14) Bavinck, GD, 1:191; RD, 1:219.
15) 그는 분명하게 하나님의 자증하시는 권위로 시작하기보다 이렇게 시작한다.
16) Bavinck, GD, 1:195; RD, 1:223.
17) GD, 218; RD, 246. "질료적" 관념론은 실재의 이지적 표현을 꿈으로부터의 형상의 수준으로 세시한다. 따라서 모든 종류의 무익한 시도들을 주체로부터 객체의 이성과 증명으로 제거하는 것이다.
18) GD, 222; RD, 220.
19) GD, 222; RD, 221.

20) *GD*, 222; *RD*, 221. 또한 Thomas Aquinas, *Summa theologia* 1a.1.1.5를 참조하라.
21) 따라서 반드시 선험적 접근법조차도 존재에 대한 이유를 지녀야 한다. 그것은 단지 일반적인 연역의 방법일수는 없다. 이해하기 쉽게 표현하자면, 완전한 기독교 유신론적(삼위일체적) 전제가 선행되어야 한다는 것이다.
22) 성경적 견해는 "고등한 것"과 "하등한 것"의 대결이 아니라 모든 피조된 존재를 계시의 빛으로 평가하는 것이다.
23) 경험론은 측정할 수 있는 데이터를 추구한다. 만일 그것이 유신론적 세계관에 기초해 있다면, 그것은 적법한 것이다. 로크의 경험론은 그러한 근거를 지니지 못한다. 만일 선험적 이성이 유신론적 세계관에 기초해 있다면 그것 또한 적법한 것이다. 철학자이자 정치가이자 법학이론의 대가인 고트프리드 빌헬름 라이프니츠(1646-1716)는 각각의 구성요소는 그것이 어떻게 전체에 들어맞는지를 앎으로 한 구성요소의 모든 특징들을 추론하기 위해서 하나님께 알려진 완전한 개념의 반영이라는 고등한 이성주의적 체계를 고안했다. 그러므로 만물에는 하나님 자신께서 한정하시는 이유(충분한 이유의 원리)가 있다. 이것은 라이프니츠로 하여금 악이 존재한다 할지라도 그것은 하나님께서 창조하신 세상, 즉 "모든 가능한 최고의 세상"에 필요하기 때문에 존재하는 것이라 주장했다. 라이프니츠의 선험적 추론은 궁극적으로 피조된 세상의 실재를 파악하는데 실패하는 특정한 인간 이성의 자율성에 기초한 합리론이다.
24) 실재론은 세상이 우리 자신들과는 독립적으로 존재한다고 생각하며, 우리의 지성이 실재를 표현하기 때문에 우리가 만드는 그 진술이 참된 것이라고 주장한다. 여러 다양한 종류의 반실재론은 이런 관계를 부정한다. 예를 들면, 관념론은 우리의 지성이 어느 정도 수준의 실재를 구성한다고 주장한다. 그들은 지성이 무엇이 실재하는 지를 표현해준다는 것을 단순히 수용하지 못한다. 반틸은 지성에 표현된 실재가 아니라 우리가 무엇을 어떻게 알 수 있는지를 결정하시는 하나님과 시작할 필요성을 충분히 인식하지 못하는 그의 순진한 실재론을 비난한다.
25) Bavinck, *GD*, 1:224; *RD*, 1:223.
26) *GD*, 200; *RD*, 227.
27) *GD*, 203; *RD*, 230.
28) *GD*, 227; *RD*, 224-25. 기스베르투스 보에티우스는(1589-1676) 화란의 신학자 또는 정통 개혁파 신학자이자 셈어의 전문가이다. 칼빈주의의 강력한 수호자인 그는 5권의 *Selectarum disputationum theologicarum* (Utrecht, 1648-69)의 저자이기도 하다.
29) Bavinck, *GD*, 1:229; *RD*, 1:228. 실제로 경험론과 합리론은 훨씬 더 깊은(부정적) 철학적 의무와 관련되어 있다.
30) 스콜라주의는 중세기의 지배적인 철학과 신학을 위한 약식 용어(그 용어의 안출자에 의해 부정적으로 사용된)이다. 아리스토텔레스에 의해 영향을 받은 스콜라주의는 주로 질문과 대답의 형식을 통해 그럴듯한 피상적 단어으로부터 심원하고 최종적인 결론으로 옮겨가게 하는 진리의 표현을 위한 변증법적 방식을 발전시켰다. 이 방법은 특별히 보에시우스(Boethius), 아벨라드 그리고 토

마스 아퀴나스와 같은 학자들에 의해 예증되었다. 그러나 이 스콜라주의의 가장 큰 위험은 바빙크가 지각적 인식(관찰)에 호소함으로 반대했던 합리론에 있다. 반틸은 그의 비평이 하나님과 함께 진정으로 시작하게 만드는 완전히 발전된 기독교 인식론이 아니라 실재론으로 이끈다는 것을 염려한다.
31) Bavinck, GD, 1:230; RD, 1:229.
32) GD, 230; RD, 229.
33) GD, 237; RD, 235. 바빙크는 사물의 존재는 우리 밖에 남아 있으나 그들의 논법은 사상에 기초하고 있으며, 따라서 인간의 지성에 의해 생각할 수 있는 것이라고 설명한다. 반틸은 이 창조주-피조물의 차이 때문에 논리의 보편화를 날카롭게 비평한다.
34) 반틸은 헬라 철학에 있어서의 로고스의 전통을 잘 알고 있다. 그러나 계속되는 글이 잘 밝혀주고 있듯이 그것은 성경의 창조주의 로고스와는 아무런 상관이 없는 것이다. 그는 헬라의 로고스와 성경적 로고스 개념을 너무나 일반화시킨 저스틴 마터에 비평적이다. 여기서 반틸은 이 차이점을 인식하는데 실패한 바빙크 역시 비판한다.
35) 그러므로 하나님께 기초해 있지 않다면 그들은 근본 원인을 가질 수 없다. 반틸은 때때로 이것을 "하늘을 향한 고속도로"라고 암시한다.
36) Bavinck, GD, 1:232; RD, 1:229.
37) 반틸이 이 부분의 마지막 구절에서 밝히고 있듯이, 바빙크는 과학적 중립성의 신화를 공격한다(그는 심지어 과학과 기독교 신앙의 동맹에 호소하기까지 한다. RD, 298ff., GD, 270.). 그러나 반틸은 바빙크가 헬라 철학에 너무나 가깝다도 느낀다.
38) Bavinck, GD, 1:236; RD, 1:232.
39) 실제로, 하나님의 빛 안에서 빛을 보는 것은 반틸이 가장 선호하는 비유 가운데 하나이다(시 36:9). 그러나 바빙크는 플라톤의 은유로부터 태양의 충분성이라는 묘사로 옮겨가지 않는다.
40) 일원론은 창조주와 피조물이라는 두 종류의 존재가 있다는 반틸의 견해를 반대하기 위해 존재가 오직 하나의 종류만 있다는 견해이다. 일원론에 의하면, 인간의 지식은 하나님을 향한 순종적 복종이 아니라 동일한 존재의 고등한 편대에 참여함으로 얻어질 수 있는 것이다. 아리스토텔레스와 플라톤은 많은 부분에서 서로 다를지라도 일원론자로 간주된다.
41) 반틸의 유비 개념은 그의 모든 작품 속에 암시되어 있다. 하나님께서는 창조주이시기 때문에 우리는 일의적으로 알 수 없고, 이의적으로도 알 수 없다. 대신 우리는 하나님을 따라서 하나님의 생각을 생각하는 유추적인 방식으로 알 수 있다. 이것은 아무리 하나님의 본질을 절대로 알지 못한 채 하나님의 존재에 가깝게 올라가게 하는 일의적 지식과 이의적 지식 사이의 중도를 추구하는 토마스 아퀴나스의 유추적 방식과는 사뭇 다른 것이다.
42) 반틸에게 있어서 타락의 주요 문제는 그것이 추상적인 것이 아니라 윤리적인 것이라는데 있다. 우리는 존재의 규모가 하등한 수준으로 미끄러진 것이 아니라 도덕적으로 하나님을 배반하여 타락한 것이다.

43) "죄의 지성적 영향"은 반틸의 상투적인 후렴구이다. 그것은 죄가 나머지 우리 모든 삶에서와 마찬가지로 지성에도 영향을 미쳤음을 의미한다.
44) *Bavinck, GD*, 1:250; *RD*, 1:276.
45) 발렌타인 헤프(1879-1950)는 반틸의 사상에서 주로 다루어지는 대상이다. 그는 미국 교회에 지대한 관심을 가지고 있던 화란의 개혁파 교회의 목사였으며, 뛰어난 신학적 작가였다. 그는 프리스턴 신학교와의 분리가 너무 성급한 것이었다고 믿었기에 웨스트민스터 신학교의 설립을 인정하지 않았다. 반틸은 헤프에게 감사하고 있으며, 바빙크의 선한 역사의 뒤를 잇는 그의 사역을 찬미했다. 그러나 반틸은 칸트와 유신논증에 대한 그의 비평이 훨씬 덜 근본적이라고 생각한다.
46) 본서의 중대한 관심사는 성령의 사역을 일반계시와 관련시키는 것이다.
47) 바로 이것이 성령께서 신성 안에서 함께 일하시는 방식이다.
48) 바로 이것이 성령께서 이 세상에 일하시는 방식이다.
49) Valentine Hepp, *Het testimonium Spiritus Santi, eerste deel, het testimonium generale* (Kampen: J. H. Kok, 1914), 43).
50) Ibid.
51) Ibid., 57.
52) Ibid., 60. 필로(ca. 20 B.C.-ca. A.D. 50)는 "헬라의 교부"로서 나리사의 필로(아테네 학파의 마지막 수장)와 혼동하지 말아야 하며, 그의 성경 주석과 영적 생활에 대한 저작으로 잘 알려져 있다. 그는 구약성경을 비유적으로 해석했고 헬라와 히브리 사상의 유사성을 찾으려 노력했다. 플라톤의 관념론에 영향을 받은 그는 스토아 학파로부터 로고스 개념을 빌려왔고 그것을 하나님과 질료적 세상의 중보자로서 사용했다.
53) "삼위일체간의 관계"는 아들의 존재가 아버지로부터 파생된 것, 또는 독생한 것을 지칭한다. 서구에 있어서 성령은 성부와 성자에 의해 유출되었다고 진술된다. 헤프는 터툴리안이 로고스 개념을 거절했음에도 불구하고 동시에 성령에 대한 충분한 신학을 세우지도 않았다는 점에 주목한다. Hepp, *Het testimonium Spiritus Santi*, 64-65를 참조하라.
54) Ibid., 69.
55) Ibid.
56) Ibid., 75. 초기 교회의 최고의 신학자였던 히포의 어거스틴(354-430)은 삼위일체와 교회론과 주권적 은혜와 같은 교리들의 발전에 지대하게 공헌했던 인물이다. 반틸이 여기서 인간의 자율성의 흔적으로 인해 어거스틴을 비판하기는 하지만 일반적으로 그를 가장 선대한다.
57) Hepp, *Het testmonium Spiritus Sancti*, 77.
58) Ibid.
59) Ibid., 78.
60) Ibid., 81.
61) Ibid., 83.
62) Ibid.

63) Ibid., 86.
64) Ibid., 83.
65) Ibid., 90ff.
66) Ibid., 99.
67) Ibid., 97.
68) Ibid., 110.
69) Ibid.
70) Ibid., 112.
71) Ibid., 113.
72) Ibid., 122.
73) Ibid., 131.
74) Ibid., 133.
75) Ibid., 135.
76) Ibid., 136.
77) Ibid., 137.
78) Ibid.
79) Ibid., 140.
80) Ibid., 148.
81) Ibid., 149.
82) Ibid.
83) Ibid., 151.
84) Ibid., 153.
85) Ibid., 155.
86) Ibid.
87) Ibid.
88) Ibid., 156.
89) Ibid.
90) Ibid., 157.
91) Ibid., 160.
92) Ibid.
93) Ibid., 161.
94) Ibid.
95) Ibid., 165.
96) Ibid.
97) Ibid., 178.
98) Ibid., 201.
99) Ibid.
100) Ibid. 206.
101) Ibid., 203.
102) Ibid.
103) Ibid., 183-85.

104) Ibid., 185.
105) Ibid., 188.
106) Ibid., 190.
107) Ibid., 191.
108) Ibid.
109) Ibid., 192
110) Ibid., 193.
111) Ibid., 197.
112) Ibid., 198.
113) Ibid., 133.
114) Ibid., 235.
115) Ibid., 153.
116) Ibid.
117) Ibid.
118) Ibid.
119) Ibid., 99.
120) Ibid., 157.
121) Ibid.
122) Ibid., 160.
123) Ibid., 161.
124) Ibid., 162.
125) Ibid., 165.
126) Ibid., 146.
127) Ibid., 154.
128) Ibid., 149.
129) Bavinck, *GD*, 1:588.
130) Hepp, *Het testmonium Spiritus Sancti*, 165.

제6장

기독교 유신론적 계시

이제 우리는 계시 문제에 대한 일반적 논의를 할 때가 되었다. 여기서도 우리는 앞 장(章)들에서와 같은 방식을 따라 논의를 진행시킬 것이다.[1] 먼저 일반적인 기독교 유신론적 관점에서 "계시" 개념의 의미를 살펴볼 것이다.[2] 그런 뒤에야 신학에서 "계시"란 말로써 우리가 의미하는 바를 확언할 수 있을 것이다.

기독교 유신론적 계시 개념의 성격을 규정하려고 할 때 우리는 우리의 하나님 개념에로 되돌아 가야한다.[3]

1. 계시의 전제들

우리의 계시 개념에 분명한 의미를 주는 것은 절대적이며, 절대적으로 자의식적인 존재이신 하나님 개념이다. 계시라는 말로써 무엇을 의미하는지를 조심스럽게 시사하지 않고서 계시 일반에 대해서 말한다는 것은 의미가 없고, 소정의 목적을 이루지 못할 것이다. 상당히 많은 계시개념들이 있다. 이들 중 몇 가지를 논의한 후에 바빙크는 신학자들과 철학자들 간에 계시 개념에 대한 의견 일치가 없다고 말한다.[4] 정통주의 계시 개념을 가지지 않은 많은 신학자들도 계속해서 계시란 용어를 사용하는 것이다. 어떤 이들은 아주 솔직하게 자연주의자이면서도 여전히 계시에 대해서 말한다. 또 어떤 이들은 어떤 종류의 초자연주의를 믿지만, 기독교의 초자연주의를 믿는 것은 아니다. "자연적" 그리고 "초자연적"이란 말이 그들에게 분명한 함의를 가지고 있지 않은 것이다.[5]

모든 비그리스도인들은 기독교적 계시 개념이 잘못된 것이라고 생각한다. 물론 그들이 이를 많은 말로써 언명하는 것은 아니다. 오히려 그들이 그리하였더라면 더 좋았을 것이다. 왜냐하면 만일 그랬다면 상당한 혼동이 제거되었을 것이기 때문이다. 문제는, 적어도 그들 중에 많은 수가 자신들의 입장을 참으로 기독교적인 것이라고 주장한다는 데에 있다. 따라서 다른 이들이 "계시"라는 말을 쓸 때에 무엇을 의미하든지 간에 우리가 이 말로써 의미하는 바는 우리의 절대적이며, 절대적으로 자의식적인 하나님 개념에 근거한 것이고, 그에 함의되어 있는 것이라는 점을 강조하는 것으로 시작해야만 한다. 이 하나님은 당신 자신을 사람에게 계시하시는 하나님이시다.

일반적으로 말해서 현대의 계시 개념은 일원론적이다. 그것은 주로 하나님께서는 우주 안에서 자의식적이 되신다는 헤겔적 개념에 근거해있다.[6] 그래서 계시는 실질적으로 발출(emanation)과 동일시되어졌다. 그러므로 처음부터 기독교적 계시 개념은 현대적 계시 개념과 아주 적대적이라는 것이 분명히 나타난다. 기독교에서는 하나님께서 세상을 창조하시기 전부터 그는 완전히 자의식적이셨다. 그는 자의식적이 되기 위해서 세상을 창조하실 필요가 없으신 것이다.

계시의 또 다른 주된 전제는 하나님께서 사람을 하나님의 형상으로 창조하셨다는 것이다. 이것은 절대적으로 자의식적인 하나님 개념의 필연적 결과일 뿐이다. 하나님이 인간 창조 이전에도 절대적이셨다면 사람은 그 기원을 그 어떤 다른 원천에서 얻을 수 없는 것이다. 그렇다면, 사람은 하나님의 형상에 따라 피조될 수 밖에 없으니, 하나님께서 그것에 따라 사람을 창조하실 개념이나 양상이 하나님의 본성을 떠나서 다른 데서는 찾을 수 없기 때문이다.[7] 이미 앞에서 시사된 바와 같이, 사람이 하나님의 형상으로 창조되었다는 것은 (a) 사람의 지식의 이상이 하나님을 온전히 다 파악하는 것일 수 없다는 사실과 (b) 그럼에도 불구하고 사람의 지식이 참되다는 것을 함의한다.[8]

우리가 여기서 계시의 전제들로써 말한 것은 바로 '참으로 기독교 유신론적인 지식이론'의 전제들이기도 하다. 하나님께서는 영원 전부터 그 자신 안에 모든 지식을 다 가지고 계신다. 시간이 흐름에 따라서 그의 지식에 무엇인가가 더해지는 것은 아니다. 그의 계획에 따라, 또는 (우리가 그렇게 말할 수 있다면) 그의 해석에 따라서 모든 유한한 것들이 만들어졌다. 그러므로 직접적으로 하나님께 관한 것이든지 아니면 피조된 우주 자체 내의 대상들에 관한 것이든지 그 어떤 유한한 피조물이 가질 수 있는 모든 지식은 결국 하나님의 계시에 근거해야만 하는 것이다.[9]

이것의 충분한 의미를 살펴보기 위해서는 이를 좀더 포괄적으로, 온전하게 논의해야 할 것이다.

2. 하나님의 계시로서의 전우주

(1) 범신론에 반(反)하여

그리스도인들은 피조된 우주 전체를 하나님의 계시로 생각한다. 그런데 같은 용어를 사용하지만, 그리스도인들이 의미하는 것과는 전혀 다른 생각을 할 많은 관념론자들 또는 범신론적 신학자들이 있다는 것을 재빨리 덧붙여서 말하지 않을 수 없다. 우리는 이미 범신론자들에게는 계시가 하나님의 자의식적 사실이라는 점을 언급하였다.[10] 그들은 이것에 대해서 하나님이 자기 표현을 하시는 것이라고, 또는 단순히 하나님이 우주 안에서 당신 자신을 표현하신다고 말할 것이다. 이 용어를 쓸 때, 그들이 그리스도인들도 사용하는 용어를 사용하는 것이다. 그렇기 때문에, 그리스도인들이 하나님께서 그의 피조계에서 당신 자신을 표현하신다고 말할 때, 우리는 이로써 하나님이 이미 영원부터 온전히 자의식적인 하나님이셨음을 부인하는 것이 아님을 밝히는 것이 아주 필요한 일이다. 우리는 그가 영원 전부터 자의식적이셨고, 따라서 그가 우주를 창조하시기 전부터 자기 표현적이고, 또 이미 표현되셨음을 강조하는 것이다.

우리는 하나님의 계시와 관련한 이런 입장이 궁극적 이원론이란 혐의를 받을 수 있음을 의식한다. 우리가 하나님께서는 영원부터 온전히 영화로우셨으나 또 영화를 받으시기 위해 세상을 창조하셨다고 말할 때 이원론의 혐의를 받게 되는 것처럼, 우주는 하나님을 보충하는 어떤 것이 아니라고 조심스럽게 말할 때에도 똑같이 우리가 이원론을 말한다는 혐의를 받게 되는 것이다. 우리는 하나님께서는 세상을 창조하실 필요가 없었다고 믿는다. 하나님께서는 당신 자신을 계시하실 필요가 없으셨던 것이다. 그러나 그가 세상을 창조하셨을 때 또한 그가 당신 자신을 계시하셨을 때, 그 창조계와 계시는 **참된 의미**를 가지는 것이다.[11]

(2)지식주의(Intellectualism)에 반하여

기독교의 입장을 범신론의 입장과 분명히 구별하는 것 외에도 우리는 모든 지식주의 (Intellectualism)에 대해서도 조심해야만 한다. 계시를 지적으로 표현된 사상 내용의 전달로만 생각하는 신학자들이 많이 있어 왔다. 그들이 계시를 무엇보다도 창조와는 다른 것으로 생각하는 경향이 있다. 그들은 세상이 사람을 위해 창조되었다는 것에 덧붙여서 하나님께서는 당신 자신을 사람에게 계시하셨다고 말할 것이다. 그들은 창조와 계시가 처음부터 따로 떨어져 있는 두 가지 개념들이라고 생각한다. 그들은 기독교적 개념이 범신론적 개념과 혼동되는 것을 막기 위해서는 이것이 특히 필요하다고 생각한다.[12]

그러나 우리는 이것이 잘못된 것이라고 믿는다. 성경은 우주 전체가 하나님의 영광의 계시라고 끊임없이 말한다. 들의 꽃들과 수천 개의 언덕 위의 가축이 모두 다 하나님의 계시인 것이다. 성경이 끊임없이 말해 주고 있는 것처럼, 전 우주가 하나님의 영광을 드러내기 위해서 창조된 것이라면, 그것이 동시에 하나님의 계시가 아니고서는 그리할 수 없는 것이다.

전우주가 하나님의 계시라는 사실을 주장할 필요성은 우리가 구속계시(redemptive revelation)의 문제에 이를 때에 더 분명히 나타나게 될 것이다. 거기서 우리는 하나님께서는 사상 정보를 사람에게 전달하셨을 뿐만 아니라, 전 우주를 구속하기 위해서 이적으로써 당신 자신을 계시하시기도 하셨음을 보게될 것이기 때문이다. 성경 전체에서 온 세상은 하나의 단위로 여겨졌다. 사람과 함께 온 세상이 하나님의 영광을 위해 피조된 것이다. 또한 원칙상 사람과 함께 '온 세상'이 구속된 것이다. 그리고 사람과 함께 '온 세상'이 언젠가는 온전히 영화롭게 될 것이다.[13]

물론, 일반적 계시로서의 창조와 더 특별한 형태의 계시를 구별할 필요성이 없다는 말은 아니다. 아마도 이를 구별하는 최선의 방법은 전피조계를 조심스럽게 분석하여 어떤 점에서 피조계 자체에 있는 것 보다 좀더 구체적인 특별한 형태의 계시를 필요로 하는지를 살펴보는 일일 것이다.

3. 계시의 다양한 영역들

사람은 (1) 자연에 대해, (2) 사람에 대해, 그리고 (3) 하나님에 대해 계시를 받을 수 있다. 더구나 그는 이런 계시들을 세 가지 각기 다른 원천에서 받을 수 있다. 즉, 자연과 사람과 하나님이라는 세 가지 각기 다른 간접적 원천들에서 받을 수 있는 것이다.[14] 이는 다음과 같이 조직적으로 표현될 수 있을 것이다.

(1)자연에 관한 계시
 ① 자연으로부터, 즉 물리학을 통해서
 ② 자아로부터, 즉 심리-물리학을 통해서
 ③ 하나님으로부터, 즉 신학적 물리학을 통해서

(2)사람 자신에 대한 계시
 ① 자연으로부터, 즉 물리-심리학을 통해서
 ② 자아로부터, 즉 심리학 자체를 통해서
 ③ 하나님으로부터, 즉 신학적 심리학을 통해서

(3)하나님에 관한 계시
 ① 자연으로부터, 즉 자연신학을 통해서
 ② 자아로부터, 즉 합리적 신학을 통해서
 ③ 하나님으로부터, 즉 신학 자체를 통해서

이 조직이 말해주는 그대로, 이 도식은 피조된 우주와 그것이 하나님께 대해 갖는 관계를 한 장에 표현해 보려고 한 것이다. 그러므로 이것은 처음에 하나님에게서 온 대로의 객체-객체의 관계, 주체-객체의 관계, 그리고 주체-주체의 관계를 표현하고 있다. 그러나 우리는 자연적으로 역사를 통해 나타난 대로의 전체 사태를 생각해야만 한다.[15] 우리는 만일 인간이 죄에 빠지지 않았더라면 인간의 지식이 어떠하였을까를 생각할 수 있다. 그러나 이에 대해서는 직접적인 정보를 가지고 있지 않은 것이다. 이 주제에 대한 우리의 생각은 항상 다소간 사변적이다. 만일 죄가 세상에 들어오지 아니하였더라면 어떠하였을까란 개념 자체가 기독교적인 의미에서 한계 개념으로 사용되어야만 하는 것이다. 이 사변의 가치는 이것이 우리로 하여금 죄가 이미 세상에 들어온 지금 상태에서 인간 지식의 본성이 참으로 어떠한 것인지를 더 잘 이해할 수 있도록 한다는 데에 있다. (이런 의미에서 이 생각 자체가 기독교적 의미에서 한계 개념이라는 뜻이다-보역).

이제는 위의 도표에서 표현된 가능성들 하나하나에 대해서 말해 보기로 하자.

(1) 자연에 관한 계시

① 자연으로부터 온 자연에 관한 계시-물리학

우리가 물리학을 공부할 때, 우리는 대개 우리가 계시를 다루고 있다는 사실을 생각하지 아니한다.[16] 우리는 그저 물리적 우주 안에 개별적 물체들을 연구할 뿐이고, 그 물체들이 어떤 법칙에 따라서 작용하는지를 보려고 할 뿐이다. 우리는 구체적인 것들과 보편적인 것들을 함께 놓으려고 해 본다. 그러므로 먼저 객체-객체 관계를 다루는 것이다. 그러나 우리는 또한 객체-주체, 또는 주체-객체의 관계도 다룬다. 지식의 대상에 대한 정보를 얻으려고 하는 것은 인간 정신 또는 주체이다. 우리는 하나님께서 객체들을 그것들이 개별자로서만 있도록 창조하신 것이 아니라, 보편과 연관된 개별자들로서 존재하도록 상호 관계 가운데 있게끔 창조하셨다고 주장한다. 즉, 하나님께서는 사실들만이 아니라 물리적(존재의)법칙까지도 창조하신 것이다. 그리고 사실들(facts)과 법칙들(laws)은 서로 연관되지 않으면 무의미한 개념들이 되고 만다. 더구나, 하나님께서는 대상을 지식의 주체에 적응시키셨다. 우리 마음의 법칙과 사실들의 법칙이 서로 유용하게 접촉하는 것은 하나님의 창조 행위와 섭리 덕분이니, 이로써 모든 것들이 그 존재에서나 상호 작용에서 유지되어지는 것이다.

수학 법칙은 피조된 우주의 양식일 뿐임을 분명히 인식하는 것은 아주 중요하다. 수학 법칙들은 많은 신학자들도 자주 그렇게 생각해 왔듯이 "하나님으로부터 독립된 존재"는 아닌 것이다. 많은 신학자들은 수학 법칙이 영원부터 하나님과 병존적으로 존재해 왔다고 생각하는 데서 플라톤이 따랐었다. 수학 법칙에 대해서뿐만 아니라, 시간개념에 대해서도 그리한 것이다. 그러나 시간은 영원이란 추상적 개념에 대한 움직여 가는 이미지가 아니다. 시간이란 하나님께서 유한한 존재의 양식으로 창조하신 것이다.

우리는 그 어떤 것도 하나님을 떠나서는 (혹은 그 독자적으로) 존재하거나 의미를 가질 수 없다고 생각하므로, 결국 하나님께서 주체와 객체 배후에 계시지 않다면 그 주체와 객체가 유효한 관계를 맺을 수 없다는 것이다. 그러므로 물리적 우주 안에 있는 가장 단순한 대상들에 대해 우리가 가지고 있는 지식도 하나님의 계시적 활동에 근거하고 있다는 것이다.

어떤 정통주의 신학자들은 감각 경험의 대상들이 지식의 원천이 될 수 없다고 생각하는데 익숙하다. 그들은 역사적 경험론과 관련된 회의주의를 깊이 확신하였던 것이다. 그래서 그들은 성경적 사상을 대변한다고 생각하면서 경험론자들의 접근을 선험적 접근(an a prioriapproach)으로 대치하였다.[17]

이것과 관련해서 두 가지 요점을 말할 수 있을 것이다. 첫째로, 경험론의 품을 떠나기 위해 선험론자들의 품으로 도망하는 것 자체로는 전혀 도움이 안된다는 점이다.[18] 오직 그 "선험(a priori)이 플라톤이나 다른 비기독교적 사상가들의 사상에 근거하지 않고 자의식적으로 존재론적 삼위일체 개념에 근거해야만 회의주의에 대한 강한 방파제가 될 수 있다. 그 어떤 비기독교적 사상가의 선험도 결국은 경험론에로 인도해 갈 것이기 때문이다. 물론 순전히 형식적 진술에서는 그렇게 되지 않을 수 있다. 둘째 요점은, 만일 우리가 존재론적 삼위일체를 우리의 모든 진술의 기초로 삼는다면, 감각을 사용할 때 회의주의를 두려워하지 않을 수 있다는 것이다. 감각 경험(sensation)이 우리를 속일 수 있고, 합리화(rationcination)도 그리할 수 있다. 이 두 경우 모두에 있어서 부패할 수 있는 것이다. 그 중 어느 하나만 가지면 무의미하게 된다. 그 둘 모두가 옳은 전제에 근거하면 참된 지식을 부여해 준다. 또한 그 둘 모두가 잘못된 전제에서는 회의주의에로 이끌려질 수 있는 것이다.

②자아로부터 온 자연에 대한 계시-심리-물리학(Psycho-physics)

물리학에 대한 우리의 지식에 대한 말은, 조금만 변경하면(mutatis mutandis) 우리 자신과 비교하여 자연에 대해 얻을 수 있는 지식에도 그대로 적용된다고 할 수 있다.[19] 사실 자연에 관한 지식을 얻을 수 있는 유일한 방법은 일종의 의인화하여 이해하는 일(anthropomorphism)이다. 우리가 동물의 행동을 연구할 때, 우리는 그것들의 활동에 대해서도 지성이니 의지니 하는 말을 써서 묘사하고 말한다. 이와 비슷하게 비생물적인 대상에 대한 연구에서도 우리는 우리의 경험에서 빌어온 은유적 언어를 사용하는 것이다. 특히 우리는 그리스도께서 비유적 언어를 사용하셨다는 것을 주목할 수 있다. 그리스도께서 포도나무와 가지를 말씀하셨을 때, 그는 이런 표상들을 당신 자신과 교회의 관계에 대한 상징으로 사용하시기를 주저하지 않으셨다. 그리스도는 자연 안에서 인간의 경험에 대한 흥미로운 유비를 발견하신 아주 현명하신 사람이시기만 한 것이 아니다. 그리스도는 구속의 로고스이실 뿐만 아니라, 창조의 로고스이기도 하셨다.[20] 자연의 사물들이 그에 의해서 영적인 것들을 표현하는데 적용되어진 것이다. 낮은 것들은 단순히 높은 것들과 독립하여 존재하는 것이 아니다. 그리고 모든 것이 하나님에 의해서, 즉 창조의 영원한 로고스를 통해서 창조되었으므로, 우리도 상징론과 유비(analogy)를 사용할 수 있고, 또한 우리는 모든 상징론에서 비교점(the tertium comparationis)을 찾아야만 하지만, 그래도 상징론이 근본적으로 옳다고 할 수 있다. 그러나 계시적 근거없이는 모든 상징론과 모든 예술은 일반적으로 땅에 떨어지고 만다. 그리스도인이 아닌 예술가들의 경우처럼 사람들이 이를 부인해도 이는 참된 것이다. 그들은 그리스도를 창조의 로고스로 보지는 않지만, 하나님과 그리스도는 섭리 중에서 그들을 붙들고 계시는 것이다.

여기서도 기독교적 선험과 비기독교적 선험을 구별하는 것의 중요성이 아주 중요하게 드러난다. 만일 우리가 데카르트의 선험과 같은 비기독교적 선험을 취한다고 가정해 보자.21) 그런 선험에서는 사람의 자아 자체가 궁극적인 출발점으로 나타날 것이다. 또한 우리가 자연의 사실들을 인간의 용어로 알기를 추구해야 한다고 가정해 보자. 그 결과는 회의적인 의미에서 악에서의 의인론(anthropom-orphism in the evil)이 될 것이다. 각 사람은 필연적으로 자기 자신을 핵으로 해서 자연의 사실들을 모아 점점 큰 공을 만들어 가는데, 그렇게 이루어진 공들은 우리가 폭파된 원자폭탄의 각 요소들에서 보는 바와 같이 서로 전혀 관련되지 않는 것이다. 그러나 만일 우리가 칼빈이 시작한 것처럼, 사람의 정신과 그 선험적 법칙들이 하나님에 의해 피조되고 통제된다고 생각하는 것으로부터 시작하면, '자연'의 사실들은 그 안에 지성을 지닌 것이 된다.22) 자연의 사실들이 하나님과 그의 계획을 계시해 주는 것이다. 그렇게 되면, 의인론(anthropomorphism)은 회의주의에 대한 맹목적인 동료이기 보다는 더 큰 진리에 대한 통찰력에로 이끌어 가는 것이 된다.

③ 하나님으로부터의 자연에 대한 계시-신학적 물리학
(Theologico-physics)

우리는 "신학적 물리학"(theologico-physics)이란 말이 잘 사용되지 않는 말이라는 것을 잘 안다.23) 그런 기독교 사상 안에는 분명히 이것이 사용될 수 있을 것임에 틀림이 없다. 사실 기독교와 비기독교를 구별할 수 있는 좋은 표가 여기 있으니, 기독교는 물리적 사건들에 대한 하나님의 계시의 가능성과 현실성을 믿는 데 비해서, 비기독교는 그렇지 않다. 하나님께서 낙원에 사는 인간에게 선과 악을 알게 하는 나무에 대해서 당신 자신의 뜻을 계시하셨을 때에 신학적 물리학이 있었다고 할 수 있다. 사람은 자연 자체로부터나 또 자연과 관련해서 그 자신으로부터는 선과 악을 알게 하는 나무의 실과를 먹는 것이 죽음에 해당한다는 것을 알 수 없었던 것이다.24) 그래서 우리는 이 계시를 자연적(natural)이기보다는 **적극적**(positive)계시라고 말할 수 있다.25) 이는 하나님 편에서 인간에게 주시는 사상 내용의 직접적 전달이었던 것이다. 또한 우리는 이 계시가 자연적인 것에 대조되는 초자연적(supernatural)인 것이라고 할 수 있다. 이것은 사람이 자신의 정신 활동을 자연 현상에 아무리 근면하게 집중시켜도 얻을 수 없는 계시였던 것이기 때문이다.

이것이 바로 보스(Geerhardus Vos)가 전구속적, 특별계시(pre-redemptive special revelation)라고 한 것이다. 이것은 그가 특별한 전구속적 계시(special pre-redemptive revelation)라고 말한 "물리적 사건에 직접적으로 관여되는 것이 아닌 것들에 대해서 하나님께서 주실 수 있는 비슷한 계시"에 더하여 주신 계시이다. 우리는 이 용어를 쓰기를 원하지 않으며, 그것은 우리가 '특별계시'(special revelation)라는 말을 '구속계시'(redemptive revelation)라는 말과 바꾸어 사용하기 원하기 때문이다. 더구나 낙원에서 주어진 모든 계시는 모든 사람에게 주어졌다는 의미에서 참으로 일반적인 것이다.[26] 낙원에서도 하나님에 의해서 전달된 적극적이고 초자연적인 사상의 전달과 관련시키지 않고서 그저 관찰과 실험으로써만 자연을 연구할 수 있게 되지 않았다는 것을 관찰하는 것은 아주 중요하다. 자연을 참으로 제대로 알려면 역사와 관련시켜야만 하고, 역사도 그 종극적 목적과 관련시켜 보아야만 참되게 알 수 있는 것이다. 그런데 하나님의 직접적이고 초자연적인 계시에 의해서만 사람은 이 목적에 대한 적절한 개념을 가지게 되는 것이다.

우리는 더 나아가서 죄가 이 세상에 들어온 뒤에는 물리적 사건들에 대한 하나님의 직접적인 계시 개념이 아주 중요하게 되었음을 관찰할 것이다. 하나님께서는 사람에게 사람의 죄 때문에 땅이 저주를 받았다고 계시하신다. 물론 사람이 이 현상을 스스로 볼 수 있었다고도 논의할 수 있다. 왜냐하면 죄가 세상에 들어오기 전에는 땅이 가시와 엉겅퀴를 내지 않더니, 죄가 들어온 후에는 그러하기 때문이다. 그러나 사실은 이 진리도 하나님께서 계시하신 것이다. 사실 우리는 하나님께서 우리가 물리적 우주에 대해서 알아야만 하는 모든 주된 것들을 특별계시로 계시하셨다고 말할 수 있다. 하나님은 창세기 첫절을 아주 중요한 신학적 물리학으로 시작하신 것이다. 창조의 진리는 사람이 원래 스스로 알 수 있는 것이다. 그러나 일단 죄가 들어온 후에 사람은 자신이 하나님의 피조물이라는 것도 가르침 받아야만 했던 것이다. 창조의 전승이 수세대를 흘러 가면서 전달되었지만, 이 사실은 **하나님의 구속 사역의 근거로써**(as the foundation of the redemptive work of God) 사람에게 특별히 계시되어야만 했다. 창조의 사실은 고립된 사실이 아니기 때문이다. 그것은 기본이 되는 토대적, 기초적 사실(foundation fact)이다. 그것이 없이는 구속 계시 전체가 땅에 떨어지는 그런 사실인 것이다.[27]

특주(Note)
신학적 물리학의 진리를 주장하는 것의 중요성은 오늘날 소위 정통파 신학자들이 물리학과 종교를 날카롭게 구분하는 현대 정신에 전달자가 되고 있다는 사실에서도 드러난다. 그래서 맥켄지 박사(Dr. Mackenzie)는 그의 책 『하나님의 역설인 기독교』(Christianity the Paradox of God)에서 구약의 이적들은 과학적인 것도, 비과학적인 것도 아니고, 종교적 개념일 뿐이라고 하였다. 또한 그는 말하기를, 구약의 이적들은 물리적으로나 역사적으로 해석되어서는 안되고, 신학적으로 그리고 구속적으로 해석되어야 한다고 하였다. 만일 우리가 이 태도를 그리스도의 부활에 적용한다면, 우리는 아주 흥미로운 결과에 이르게 될 것이다. 그러면 우리는 다음 두 가지 중 하나를 하게 된다. ① 그리스도의 부활이 실제로 일어났다고 말한 뒤에 이 실제적 발생이 아무런 종교적 의미도 지니지 않는다고 말하는 것이다. 사실 이것이 칼 바르트의 입장이다. 그는 부활이 역사 안에서 일어났다고 말한다. 그러나 역사의 사실로서의 부활은 역사 위에 있는 참된 부활을 지시하는 것(a pointer, hinweis)일 뿐이라는 것이다.[28] ② 반면에 맥켄지의 구별을 주장하면서 우리는 그리스도의 부활은 역사적 사실이 아니었다고 공개적으로 말할 수 있다. 이것은 사실 『기독교의 부조리』(The Absurdity of Christianity)라는 소책자에 나타난 보우맨(A. A. Bowman)의 입장이다. 보우맨(Bowman)은 물리적 사건의 과정은 기독교와는 하등의 관계도 없다고 말한다. 그리스도께서 생명을 주시려고 이 세상에 오심에 대해 말할 때 그는 자신의 사명이 우리의 물리적인 삶과 관련있다는 뜻을 전하려는 것이 아니었다고 한다. 우리의 물리적인 삶은 그 자연적인 과정을 밟아 나갈 뿐이라고 한다. 그런데 사람들이 알지 못하였던 도덕적 실존의 충만함을 가져다 주시기 위해서 오셨다고 그리스도는 말하였다는 것이다.

(2) 사람에 대한 계시
①자연으로부터 온 사람에 대한 계시-물리-심리학(Physico-psychology)
사람이 자연으로부터 자신에 대해서 얻은 계시는 그가 자연에 관하여 자

신으로부터 얻은 계시의 역(逆)일 뿐이다.[29] 그들 모두의 기초는 창조의 로고스 개념에 있다. 우리는 우리의 몸에서 독립적으로 존재하는 물리적 요소들에 대한 연구에 의해서 우리의 몸에 대해 많은 것을 배우게 된다. 우리는 우리가 땅의 흙에서 취해졌음을 안다. 그러므로 인간의 몸을 이해함에 있어서 화학이 유용한 연구가 될 수 있는 것이다. 그러나 우리는 그리스도인으로서 비록 인간의 몸이 땅의 흙으로 만들어졌으나, 그것이 일단 영혼과 결합하여 창조된 후에는 **불멸적이게 되었음**을 잊지 않는다.[30] 낮은 것이 높은 것을 섬기는 것이다. 몸의 불멸성을 부인하는 것은 모든 비기독교적 사상에 따르는 것이고, 몸의 독특한 내용에 따르는 것이다. 인간의 불멸성에 대한 기독교의 논의가 불멸성에 대한 비기독교적 논의와 어떻게 근본적으로 다른지를 주목하는 것은 아주 중요하다. 비기독교적 사상은 물리적 세계 일반의 특징들로부터 삼단 논법적으로 논의하여 그로부터 결론짓기를 인간의 몸이 필연적으로 영속적인 죽음에 종속하게끔 된다고 한다. 그러나 그리스도인은 죄가 들어온 이후의 상태로 존재하는 물리적 우주의 특징들로부터 논의하여, 몸은 부활할 수 없다고 결론지을 수 없다. 그리스도인은 인간의 죄 때문에 땅이 하나님의 저주 아래 있다는 것을 안다. 그러므로 그는 지금 작용하는 물리적 법칙으로부터 논의하여 인간의 몸의 미래에 대한 결론 짓지 않을 것이다. 그리스도인은 이 점에서 분명히 계시에 의해서 살아야만 한다. 그리고 그것은 죄가 세상에 들어왔기 때문에만 그런 것이 아니고, 처음부터 그랬어야만 하는 것이다. 만일 사람이 자연에 대한 연구에서 자신에 관해 무언가를 참으로 배울 수 있다면, 자연에 대한 이 연구는 위에서 살펴본 대로, 계시 가운데서 그가 하나님으로부터 받은 직접적 초자연적 계시에로까지 수행되어야만 한다.

②자신으로부터 온 사람에 대한 계시-심리학 자체

여기서도 우리는 다시 한 번 기독교 유신론적 입장과 비기독교적 사상을 조심스럽게 구별해야 할 필요가 있다.[31] 만일 우리가 원래 낙원에 있던 사람의 의식의 사유 활동이, 피조계 전부가 하나님의 계시였다는 의미에서,

참으로 계시적이었다는 것을 주목하면, 그렇게 기독교 유신론적 입장과 비기독교적 입장을 구별할 수 있다. 우리는 여기서 인간 지식의 주체, 즉 인간의 정신을 다루는 것이다. 우리가 살펴본 바와 같이, 그 지식의 대상에 대한 인간 정신의 관계는 창조의 로고스에 근거한 것이다. 이에 덧붙여서 우리는 사람이 이 우주 가운데서 유일한 자의식적 재해석자(自意識的 再解釋者, self-conscious re-interpreter)로 피조되었다는 것을 주목해야만 한다. 사람은 그 의식에 하나님께서 우주 안에 부과하신(deposited)모든 의미를 모으고, 그것을 반영해야만 한다. 하나님의 계시는 피조계 전체에 주어졌다(deposited). 그러나 그 계시가 자의적으로 재해석되는 것은 오직 인간의 정신에서이다. 이렇게 사람은 하나님의 재해석자, 즉 땅 위에 있는 하나님의 선지자가 되도록 창조된 것이다. 만일 우리가 사람이 그 사유 활동 덕에 우주일반과 특히 자신에 대한 참된 상황을 자연히 알게 된다고 말하면 우리는 사람의 의식이 원래 계시적이었다는 의미를 좀 명료화할 수 있을 것이다. 형이상학 영역에서 그는 자신이 피조물이라는 것을 알고 인식한다. 그러므로 그는 지식의 영역에서 자연히 자신이 재해석자 이상의 존재가 아님을 알 것이다. 즉 그는 진술의 가능성이 곧 절대적인 하나님의 존재를 전제한다는 것을 인정할 것이다.[32]

낙원에서 사람은 자신의 자의식을 **직접적인 그러나 전적으로 파생적인 출발점**으로 삼았고, 하나님의 자의식(the self-consciousness of God)을 그의 지식의 먼, **그러나 전적으로 궁극적인 출발점**(remote but wholly ultimate starting point)으로 삼았다. 그러므로 그는 자신의 지식이 비록 유한하나 참되다고 여긴 것이다. 그는 절대적으로 포괄적인 인식(absolute comprehension)이라는 거짓된 이상을 갖지 않았다. 또한 그는 자신이 실재 전체를 온전히 이해할 수 없다고 해서 실망하고 비합리주의자(irrationalism)가 된 것도 아니다.[33]

이와 대조적으로 인간 정신에 대한 비기독교적 해석은 인간의 정신이 단순히 파생적인 출발점이 아니라 궁극적인 것이라는 전제에 근거하고 있다. 그래서 이런 해석은 전포괄적 지식이라는 이상(the ideal of comprehensive knowledge)을 세우는 것이다. 이것은 특히 인류 사상의 초기에 이루어졌다. 희랍 사상가들은 그들이 모든 것을 다할 수 있다고 생각하는 어린아이들 같았다.34) 근대에도 우리는 라이브니쯔(Leibniz)의 체계와 같은데서, 하나님이 되려고 하는 죄인의 "교만"(hubris)이 잘 나타나는 것을 볼 수 있다.35) 그러나 근자에는 사람들이 더 교묘해졌다. 그들은 확실성과 완전한 이해를 한계 개념(a limiting concept)으로 놓고 추구하는 것이다. 현대 비합리주의(irrationalism)에서는 탕자가 그가 돼지 여물통 속에 있음을 인정하면서도 아버지의 집으로 돌아오기를 거부하는 것이다. 그는 결코 그 자신의 교만을 버려버린 것이 아니다.36)

우리가 윗 단락에서 말한 비기독교적 입장과 구별되는 원래 하나님께서 창조하신 사람의 정신에 대한 기독교 유신론적 개념을 유지하는 것의 중요성은 신학자들이 근자에 행한 다양한 양보와 절충에서 잘 나타나게 된다.

이 점에 있어서 알미니안주의는 성경적 관점에 신실하지 못했다고 생각된다.37) 우리는 흔히 알미니안주의가 죄인의 종교 윤리적 무능력에 대한 성경적 가르침을 부인한 점에서 잘못되었다고 생각한다. 그러나 그 점에서의 알미니안주의의 오류 배후에는 우리가 지금 주의를 집중시키는 오류, 즉 인간의 의식이 파생적 출발점이라고 여기기 보다는 궁극적인 것으로 여기고서 출발하는 오류가 있는 것이다. 그러므로 원칙상 알미니안주의는 성경적 창조론을 부인한 것이다. 그것이 알미니안주의의 근본적 오류이고, 다른 모든 오류의 원천인 것이다. 그러므로 예를 들어서 맥켄지(Mackenzie)는 『종교와 윤리 백과사전』(Encyclopedia of Religion and Ethics)의 "자유 의지" 항목에서, 어거스틴주의와 칼빈주의의 문제점은 그것이 절대적 하나님 개념에서 시작해서 그로부터 작정 교리를 추론해 낸 것임에 비해서, 사실상 우리는 경험에서 출발해서 하나님 은혜의 절대성 개념을 할 수 있는 대로 조화시켜야 한다고 말하는 것이다.38) 인간 경험이 궁극적 출발점이라는 이 가정이 그를 역설신학(paradox theology)의 형태로 현대의 비합리주의를 받아들이도록 한 오류로 이끌어 간 것이다.

또한 인간 의식의 궁극성이란 이 근거에서 종교적 선험(the religious a priori)에 대한 근대의 강조점이 세워졌다. 사람의 종교의식에서 우리가 원래적인 어떤 것을 가졌다고 유추하는 것이다. 특히 종교 심리학파의 저자들은 사람의 종교 의식의 궁극성이란 이 가정에서 시작한다. 그들은 우리가 그 **본래적 증언**(native witness)을 확언하려고 해야한다고 하며, 이것은 종교 의식이 필연적으로 하나님과의 관계에 있는 것으로 생각하지 않을 때 가능한 것이라고 말한다. 그들은 객관적 지시 대상은 종교 개념과는 전혀 무관한 어떤 것이라고 한다. 도덕과 윤리 영역에서도 우리는 같은 상황을 발견한다. 그래서 예를 들자면 뉴만 스미스(Newman Smyth)는 그의 책 『기독교 윤리』(*Christian Ethics*)에서 도덕 의식(the moral consciousness)이 궁극적 윤리 판단의 원천이라고 여긴다.39) 이것은 테일러(A. E. Taylor)의 대작 『어떤 도덕주의자의 신앙』(*The Faith of a Moralist*)에서도 역시 마찬가지이다.40)

③하나님으로부터 온 사람에 대한 계시 신학적 심리학(Theological Psychology)
자연과 사람을 옳게 연구하기 위해서 아담은 낙원에서도 이 연구들은 하나님의 직접적인 초자연 계시와 연관시킬 필요가 있었다는 것은 이미 지적하였다.41) 신학적 심리학을 구별해서 말하는 것은 단순히 이 사실을 새롭게 강조하는 것이다. 자기 자신을 연구함에 있어서 사람은 자기 자신에 대한 연구, 즉 내성으로(in introspection)이 일을 할 것이다. 그러나 그 자신의 내성은 자기 자신에 대해서 온전하거나 궁극적인 정보의 원천이 못된다. 내성을 통해서 자신을 바르게 알기 위해서 사람은, 낙원에서도, 이 내성(內省, introspection)을 하나님께서 그에게 주신 초자연적 사상 내용의 전달과 연관시켜야만 했던 것이다. 하나님께서는 시험적 명령(the probationary command)으로써 그런 초자연적 계시를 아담에게 주셨었다. 이 명령은 그것이 화가 되든 복이되든 종국적 미래의 상을 그에게 열어줌으로써 내성(introspection)을 통해서 그가 자신에 대해서 얻을 수 있는 지식에 대해 큰 빛을 비추어주는 것이다. 이 명령은 아담으로 하여금 자신이 역사적 존재라고 즉 그의

행동이 인류의 장래 운명에 대해 굉장히 중요성을 가진 것임을 생각 하도록 한다. 그러므로 그의 내성(introspection)은 그에게 그 자신이 실제로 한 부분이 되는 구체적인 그림의 한 부분이 되는 것이다.[42]

온갖 종류의 비기독교적 사상은 그 성격상 이런 종류의 계시 개념을 반대한다는 것이 자명하다. 하나님을 절대적으로 자의식적인 존재로 믿는 이들은 모두 이런 계시 개념을 믿을 것이나, 하나님을 자의식적이라고 또 절대적이라고 믿지 않는 모든 이들은 그런 계시 개념을 부인하는 것이다. 그러나 우리는 다시 한 번 더 경고해야 하는데 그것은 기독교적 계시 개념과 비기독교적 계시 개념이 **여기서만** 다른 것은 아니라는 것이다. 하나님께서 당신 자신을 사람에게 적극적으로 그리고 초자연적으로 계시하실 수 있느냐, 또 실제로 그렇게 계시하셨느냐는 점에서만 다른 것이 아니며 하나님에 의해서 창조함을 받은 사람의 의식 활동의 성질에 대해서도 서로 상당히 다른 입장을 가지는 것이다. 그리스도인은 그 점에서도 사람의 사상은 자의식적 하나님을 계시하는 것이라고 말하는 데 비해서, 비그리스도인의 사상은 만일 인간의 사상이 하나님을 계시하는 것이라면 그것은 하나님이 인간의 의식 가운데서 자의식을 갖게된다는 의미에서 그러한 것이라고 말하는 것이다.[43]

죄가 세상에 들어온 후에는 이런 종류의 계시가 아주 중요하게 되었다는 것은 말할 나위없다. 사람이 죄에 빠진 후에는 그가 어떤 것도 옳게 해석할 수 없게 되었다. 그런데 그가 가장 절실히 옳게 해석해야 하는 것은 하나님에 대한 그 자신의 영혼의 관계 문제이다. 그러므로 만일 그가 이 문제에 대해서 무엇인가를 참되게 알려면 하나님께서 그에게 그의 상실된 상태와 그로부터의 치유를 계시해 주셔야만 하는 것이다. 그러나 이 문제에 대해서는 우리가 특별 계시란 제목하에서 더 충분히 논의를 하게 될 것이다.[44]

(3) 하나님에 대한 계시

① 자연으로부터의 하나님에 대한 계시-사연신학(Natural Theology)

이제 낙원에서 사람이 하나님에 대해서 가졌을 지식 문제를 대하면서 우리는 무엇보다도 거기서는, **즉 낙원에서는** 사람이 자연으로부터 자연의 하나님을 옳게 추론할 수 있었을 것이라는 점을 주목해야만 한다.[45] 그러나 이 사실의 의미는 우리가 물리학의 참된 유신론적 개념을 논의할 때 우리가 말한 바와 관련해서 이해되어야만 한다. 원래 사람이 자연으로부터 자연의 하나님을 추론할 수 있었다는 나의 말은 그것을 이 말의 평상의 의미와 대조할 때 그 의미가 가장 잘 나타날 것이다.

첫째로, 사람들이 우리가 자연으로부터 자연의 하나님을 추론할 수 있다고 말할 때, 그들은 대개 현존하는 자연이 정상적이고, 그것을 성찰하는 인간 정신이 정상적이라고 생각하면서 말한다. 그러나 그것은 사실이 아니다. 자연은 인간의 죄 때문에 그 위에 덮여진 베일을 가지고 있고, 인간의 정신 자체도 죄에 의해서 부패된 것이다. **따라서, 죄가 세상에 들어온 지금의 상황에서는 자연신학을 신학적 심리학과 구별해서는 안 된다.** 죄가 세상에 들어온 후에는 그 누구도 스스로는 자연을 바로 알 수 없고, 그 누구도 인간의 영혼을 바로 알지 못한다. 그렇다면 사람이 어떻게 자연으로부터 자연의 하나님을 추론할 수 있는가? 이 추론에서 왜곡된 신 개념 외에 무엇을 더 얻겠는가? 자신을 죄인으로 인정하지 않는 죄인이 만들어내고 있는 종류의 자연신학이 바로 로마서 1장에서 묘사되어 있는 것이다.

둘째로, 사람들이 자연으로부터 자연의 하나님을 추론한다고 할 때, 그들은 대개 자연과 사람을 파생적인 출발점으로 생각하는 것과 사람을 궁극적 출발점으로 생각하는 것의 차이를 인식하지 못한다. 우리가 기독교 물리학과 기독교 심리학이라는 제목으로써 제시하려고 했던 것이 바로 이 점이다. 사람이 낙원에서 자연으로부터 자연의 하나님을 추론했을 때, 그는 하나님과 독자적으로 그에게 알려진 어떤 것으로서의 자연으로부터 시작해서 그가 알지 못하던 하나님에게로 추론해 간 것이 아니다. 우리가 아는 것으로부터 알지 못하는 것으로 추론해 가야 한다는 어귀 자체는 형식적인 것이고 우리를 오도(誤導)하는 것이다. 문제는 무엇이 알려졌고, 무엇이 알려지지 않았는가 하는 것이다. 기독교 유신론자로서 우리는 하나님이 사람에게 알려지기 전에는 우주가 먼저 그에게 알려졌다는 생각을 결코 허용할 수 없다. **우주에 대한 의식(the cosmos-consciousness), 자의식(the self-consciousness), 그리**

고 신의식(the God-consciousness)은 자연히 동시적인 것이다. 호킹(Hocking)이 관념론적 의미로 사용했던 한 용어를 빌려 쓰자면, 우리는 신의식(the God-consciousness)이 있으려면 그것은 인간의 감각의 수준에서 들어왔을 것이라고 할 수 있다. 사람은 그의 정신활동을 시작한 그 순간부터 우주의 하나님에 관한 관계의 진상을 바로 보았을 것이다.[46] **그는 우주 자체의 그 어떤 것을 아는 순간에 하나님이 우주의 창조주이심을 알았을 것이다.**

②사람 자신으로부터 온 하나님에 대한 계시-합리적 신학(Rational Theology)

윗 문단에서 말한 바로부터 다음과 같은 결론을 내릴 수 있다. 즉 사람이 하나님을 알지 못한다면 그는 자연을 알지 못할 것이고, 그렇다면 그는 자연으로부터 하나님에 대해 별로 배우는 것이 없을 것이다.[47] 우리는 상대적으로 말해서 사람은 자연으로부터 직접적으로 하나님에 대해 상당히 많은 것을 배우지 못했다고 믿는다. 그러나 그 이유는 그가 자연을 알기 위해서는 먼저 하나님을 알아야 하기 때문이 아니다. 사람이 자연을 직접적으로 연구해서 하나님에 대해서 많이 알 수 없는 그 이유는 자연이 비인격적(impersonal)이고 자의식적이지 않다는 데에 기인한다. 전체로서의 피조된 우주, 즉 사람과 자연의 연합으로부터는 사람이 하나님에 대해서 상당히 많은 것을 배울 수 있다는 말이다. 사람은 하나님의 우주의 재해석자이다. 그러므로 사람이 자연안의 모든 것을 자신과 관련시켜 볼 때에야 그는 자연이 실제로 하나님에 대해서 그에게 계시하는 바를 볼 수 있는 것이다.[48]

자기 자신에 대한 연구에서 사람이 하나님께 대해 얻을 수 있는 이 지식을 생각할 때, 우리는 또한 낙원에서는 사람이 그가 하나님에 종속함에 이르기까지 사물의 참된 상태를 자연스럽게 알았을 것이라고 생각할 수 있다. 그는 그 자신으로부터 시작하거나 근대적인 용어를 써서 말한다면, 결코 "경험"으로부터 시작하여서 그 아는 것으로부터 하나님이 존재하시는지, 아닌지를 알려고 하지 않았을 것이다. 그는 현대신학 일반이, 특히 현대 종교심리학이 특히 그러하듯이, "종교적 의식"의 "본래적 증언"에서 시작해서 그로부터 하나님의 존재나 그의 성질을 논의해 가려고 하지 않았을 것이다.

우리는 여기서도, 자연신학 개념과 관련해서 말하였듯이 합리적 신학(rational theology)개념과 관련해서 대개 범해지는 두 가지 잘못이 있다고 말할 수 있다.

첫째로, 여기서도 종교적 의식이 죄가 들어온 이후에도 정상적이라고 당연시한다는 것이다.

둘째로, 사람의 의식 일반, 특히 "종교 의식"이 하나님의 존재와 성질에 대한 논의의 궁극적 출발점으로 사용될 수 있다는 것이 당연시 된다는 것이다. 이와는 대조적으로, **낙원에서의 아담은 실제적으로 정상적이었고, 따라서 그 자신이 궁극적이라고 생각하지 않았다.** 그러므로 그는 참된 심리학없이 그 어떤 합리적 신학도 가지지 않는다는 것을 인정했었다. 즉 그는 먼저 자신을 하나님의 형상으로 만들어진 피조물로 알고 인정하지 않으면, 그는 자신으로부터 하나님에 대해 아무것도 배울 수 없었던 것이다.[49] 그러나 자신을 그러한 존재로 인정하고, 자연과 자신을 이런 빛에서 연구할 때 그는 하나님에 대해서 상당히 많은 것을 배울 수 있을 것이다. 우리는 만일 죄가 세상에 들어오지 않았더라면 합리적 신학이 어떠했을 것인가에 대해서 여기서 자세히 논할 수도 없고, 또 그럴 필요도 없다. 그러나 우리는 사람이 하나님의 형상으로 지음을 받았다는 것을 안다. 그런 존재로서 사람의 존재는 하나님의 존재와 같다. 그러므로 사람의 원형으로서 하나님은 피조성과 죄의 제한이 없이, 사람 안에서 발견되는 것을 가지고 있다고 말하는 것이 항상 안전하다. 귀를 지으신 이가 듣지 않으시겠는가? 사람이라도 알 수 있거든, 하물며 하나님은 더 많이 아시지 아니하겠는가? 어린 아이라도 무엇인가를 이해하거늘, 그 어머니와 아버지는 얼마나 더하겠는가?

③ 하나님으로부터 온 하나님에 대한 계시-신학 자체

자연과 사람에 대한 연구로부터 간접적으로가 아니라, 하나님 자신으로부터 직접적으로 하나님에 대해서 사람이 무엇을 알 수 있는가의 문제에 이르러서, **우리는 창조되었을 때에 있었던 우주의 전제로서 신개념에 있지 않은 것은 무엇이나 사람에게 직접적으로 계시되어져야만 한다고 말할 수 있다.**[50] 이는 사람이 가지고 있던 유한한 지식이긴 하지만 본래적으로 충분한 신지식에 어떤 기계인 덧붙임이 있었다는 의미는 아니다. 하나님께서 실제로 **직접적으로** 계시하신 것과 하나님께서 **자연적으로 즉, 간접적으로** 사람에게 계시하신 것은 함께 하나의 진리의 체계를 이루는 것이다. 하나님께서는 그의 자연 계시와 초자연 계시를 포괄하여 우주에 대해서 하나의 포괄적인 계획을 가지고 계셨던 것이다. 그러므로 계시의 다양한 측면들이 서로를 포함하고 있다고 여기는 것은 아주 중요하다. 그것들은 서로에 대한 한계 개념들인 것이다.51) 심지어 타락하기 전의 **순수 상태**(status integritatis)에 있던 사람에 대해서도 '있을 수 있었던 일'과 '실제로 일어난 일'을 우리가 나눌 수는 없지만, 자연신학과 합리적 신학, 그리고 신학 자체의 개념이 우리가 이 장(章)에서 나눈대로, 분명히 구별되어 있다고 주장해야만 한다. 이들을 이렇게 나누어 놓으면, 이는 죄가 이 세상에 들어온 지금의 상태에서 자연신학과 합리적 신학을 통해 우리가 알 수 있는 것과 신학 자체를 통해서만 주어질 수 있는 것의 문제에 대한 해결에 도움을 얻을 수 있다. 만일 스콜라 신학이 그들이 그것으로 유명한 정교한 구별로써 이들을 우리가 앞에서 말한대로 잘 구별하였다면 그들은 자연신학과 합리적 신학에 너무나도 많은 것을 부여하는 잘못을 범하지 않았을 것이다. 자연신학과 합리적 신학은 낙원에서 조차도 신학 자체와 떨어져서 그 자체로 기능하도록 되어있지 않았던 것이다.52)

각주

1) 지난 다섯 장은 다음과 같은 내용으로 구성되어 있다. 제1장은 정의에 관한 것이며, 제2장은 방법론에 관한 것이며, 3장부터 5장은 인식론에 관한 것이다. 특별히 마지막 두 장은 신학자들의 입장에 대해 다루었다. 우리는 이제 그 다음 주제인 계시론에 도달했으며, 이어지는 일곱 장을 이에 할애할 것이다.
2) 본 장은 타락 이전의 계시를 다룬다. 이어지는 장은 타락한 세상에서 계시가 어떻게 기능하는지를 소개할 것이다.
3) 계시에 대한 일반적 개념으로부터 시작해서 하나님으로 이동하기보다 기독교 유신론, 즉 하나님을 시작점으로 사용해서 계시와 신학의 특정한 이슈로 이동하는 반틸의 방법론에 주목하라.
4) Herman Bavinck, *Gereformeerde dogmatiek*, 4 vols. (Kampen: Kok, 1923-30), 1:303. 이에 대한 영문판은 *Reformed Dogmatics*, ed. John Bolt, trans. Johm Vriend (Grand Rapids: Baker, 2003-), 1:283; 이후로부터 *RD*로 표기한다. 본장에서의 모든 인용은 제1권이다.
5) 바빙크는 여러 가지 다른 입장들을 개괄한다. 그는 자연주의를 이신론과 합리론 또는 반초자연주의 계시를 하나님의 자기 표현으로 이해하는 초자연주의와 대조한다.
6) 게오그 빌헬름 프리드리히 헤겔(1770-1831)은 19세기 철학과 그 이후에 엄청난 영향을 끼쳤던 인물이다. 그는 역사가 인간의 지성이 절대화하는 것과 관계된 자유를 향하여 냉혹하게 이동하고 있다고 교훈했다. 그러나 실상은 인간 존재 안에서 자의식을 취득하는 것이 바로 그 절대이다. 바빙크가 잘 표현했듯이, "인간 존재 안에서 하나님께서 성취하시는 이 의식의 과정은 하나님에 대한 지식을 증진시키는 인간의 존재와 동일하다." *RD*, 292.
7) 반틸은 하나님의 절대적 본성의 견해와 하나님과 사람을 정의하는 추상적 형식을 대조한다. 예를 들면, 후자의 견해는 하나님과 사람이 인격적이며, 애정이 있고 선하며, 단지 다른 수준에서 그렇다고 말한다. 반면에 하나님과 우리와의 유사성을 표현하는 적절한 방법이 있는데, 반틸은 이점에 있어서 창조주-피조물의 구분을 다시 한 번 보호한다.
8) 제2장에 있는 "유비적인 인간의 지식"이란 항목의 논의를 참조하라.
9) 따라서 반틸은 계시 그 자체에 대한 그 어떤 논의를 시작하기 이전에 계시를 창조주와 피조된 세상을 한정하는 분으로서의 하나님을 방식으로 규정한다. 이어지는 구절에서 그는 계시에 대한 다른 견해들을 대적하는 정통 개혁주의적 개념을 제시한다.
10) 반틸은 바빙크와 마찬가지로 헤겔을 범신론자로 간주한다.
11) 표면적으로 볼 때, 범신론은 모든 것을 하나님과 동일한 것으로 본다. 그러므로 창조주-피조물의 구분은 없다. 그러나 표면 아래에 가 보면, 하나님을 자의식적인 존재(역사 또는 인간 정신 안에서)로 언급하면서 일종의 이원론을 인정한다. 기독교적 입장은 아마도 그 창조의 중요성에 대한 강조 때문에 궁극적

두 종류의 존재가 동등하지 않으며, 창조주가 피조물을 정의하지 그 반대가 아니기 때문이다.
12) 여기서 올리버 부스웰과 같은 인물을 염두에 두는 것이 가능하다. 인간의 지성과 마찬가지로 피조된 전 우주는 계시적이다. 범신론은 하나님의 자기 계시에 대해 논할 수는 있지만 그 근거로 볼 때, 그것은 불가능하다. 왜냐하면 그들의 "하나님"은 영원토록 자의식적이지 않다고 믿기 때문이다.
13) 그것은 계시적이기 때문에 "우주"를 향한 종말론이 있다.
14) 이어지는 요약이 아래에 구체적으로 제시되어 있다. 그것은 기본적으로 자연과 자아와 하나님이라는 계시의 세 가지 국면(근원)이 동일한 세 가지 주제, 즉 자연과 인간 자신과 하나님을 묘사할 수 있음을 견지한다. 반틸이 아래에서 설명하고 있듯이 이러한 주체와 객체의 치환은 전 영역에서 역동적으로 발생한다. 따라서 이 요약에 대한 다음 요점은 자연으로부터의 자연에 관한, 자아로부터의 자연에 관한, 하나님으로부터의 자연에 관한, 자연으로부터의 인간에 관한 각각의 조합에서 나타난다.
15) 우리가 앞서 살펴본바와 같이, 역사 또는 의식의 종말론에 대한 반틸의 강조를 간과하지 않는 것이 중요하다. 게할더스 보스의 영향을 찾고자 하는 사람들에게 이러한 강조는 아주 전형적인 것이다.
16) 도표 안에 있는 첫 번째 배합은 자연으로부터의 자연에 관한 것이다. 여기서 반틸은 물리적 세상을 그가 변증하고 있는 계시적 구조 안에 두어야 한다고 강하게 주장한다. 물리학과 같은 분야는 결코 중립적이지 않으며, 오직 하나님의 계시적 활동 때문에 이해할 수 있는 것이 된다.
17) 하나님께서 모든 과정을 시작하셨지만 그것을 현재 관여하고 있지는 않다는 것이 이신론의 핵심이다. 이러한 이신론의 결과는 (1) 하나님이 아니라 감각이 실재의 신실한 측정방법이라고 주장하는 경험론(반틸이 희의론에 대한 그릇된 치료책이라 부르는 견해)과 (2) 감각은 우리를 속이지만 지성은 그렇지 않다고 주장하는 지성주의이다. 물론 지성 역시 우리를 기만한다. 그러나 만일 우리가 하나님의 완전하신 개입과 함께 시작한다면, 감각과 지성 모두 진리를 전달할 수 있게 될 것이다.
18) 선험적 생각을 의미하는 선험적 추론이 단순히 그 어떤 것도 기독교적이지 않은 연역적인 방법을 채택해서 어떤 특정한 한 견해로 시작하는 것을 의미한다는 것을 상기하라. 반틸은 그것이 완전한 기독교 유신론적 기초를 가지고 있든지 않든지 관계없이 선험적 지식의 필요성이 있기만 하면 된다는 경험론을 공격하면서 바빙크를 비난했다. 제5장 미주 21번을 참조하라.
19) 이 계시의 다음 단계인 자아로부터의 자연에 관한(A.2), 우리는 세상에 대해서 인간의 지식을 가지고 유추를 통해 알 수 있다.
20) 그리스도는 말씀(그 로고스)이시며, 이것이 세상의 통일성을 보증한다. 그러므로 모두 것이 유추와 관계되어 있다. 이것이 통신뿐만 아니라 예술과 기호의 용법의 근거가 된다.
21) 즉 확실성에 대한 의문이 의심의 여지가 없는 지식의 근거로 가정된 "나는 생각한다 고로 나는 존재한다"를 낳았던 르네 데카르트(1596-1650)를 말한다. 따라서 그는 확실성의 좌소를 자아에 대한 자신의 인식에 두었다. 이것은 데카

르트 자신이 신적계시를 통해서만 통합될 수 있다고 믿었던 지성과 질료의 이 원론을 낳았다. 데카르트는 확실한 기초 위에 합리적 체계를 세웠다고 주장했기 때문에 현대철학의 아버지로 간주된다.
22) John Calvin, *Institutes of the Christian Religion*, 1.1-3.
23) 세 번째 분야는(A.3) 하나님으로부터 자연에 관한 것이다. 하나님의 계시는 자연에 대한 우리의 이해를 채워준다. 그것이 없다면, 계시에 대한 다른 근원들 안에서 특별히 타락한 세상 안에서, 우리는 자연에 대해서 올바로 이해할 수 없다. 신학적 물리학이라는 용어는 하나님으로부터 유출된 세상에 대한 이해를 전달하는 것을 의미한다.
24) 반틸은 종종 그 나무를 다른 나무들과 구별시켜 주는 것은 하나님의 말씀 이외에는 전혀 없다고 지적한다.
25) 그 근원이 자연이 아니라 이제 직접적으로 하나님이시기 때문에 이것은 "긍정적"이다.
26) Cf. Geerhardus Vos, *Biblical Theology* (Grand Rapids: Eerdmans, 1948), 28-31.
27) 반틸은 여기서 성경이 과학의 교과서라고 말하는 것이 아니다. 그와 동시에 그는 과학이 하나님의 계시 없이는 과학 활동을 할 수 없다고 주장한다. 이것이 우리가 어떻게 세상을 올바르게 관찰해야 하는지를 가르쳐준다.
28) 칼 바르트(1886-1968)는 의심의 여지없이 20세기에 가장 영향력 있는 신학자이다. 그는 성경을 역사적 비평으로 해석하는 것뿐만 아니라 슐라이어마허의 구 자유주의까지도 맹렬하게 반대했다. 그는 하나님을 "전적으로 타자"라고 불렀던 하나님의 완전한 주권을 강조했으며, 교회와 문화 사이의 모든 혼동을 반대했다. 그는 종종 신정통주의라 불리는 변증신학의 아버지이다. 바르트 신학에 있어서 역사적 사실과 구속 역사 사이의 관계는 복합적인 문제이다. 바르트를 비판한 반틸은 바르트 신학에 있어서 "거룩한 역사"(*Heilsgeschichte*)를 향한 하나님의 구속적인 사역을 제한하는 방식으로 두 가지가 변증법적으로 분리될 수 있다. 따라서 인간의 개인적 역사(*Historie*) 안에서 참된 부활의 가능성을 평가절하 한다. Cornelius Van Til, *Christianity and Barthianism* (Philadelphia: Presbyterian and Reformed, 1962), 101ff을 참조하라. Cf. Karl Barth, *Church Dogmatics*, 4 vold. (Louisville, Ky.: Westminster/ John Knox, 1996), 4.1.
29) 계시의 세 가지 영역의 다음 시리즈는 자연으로부터의 인간에 대한 계시(B.1)로 시작한다. 반틸은 몸과 영 모두 자연의 빛으로부터의 연구의 대상으로 포함시키는데 여기서는 몸에만 집중하고 있다.
30) 불멸성이란 용어를 사용함에 있어서, 반틸은 단순히 영원한 존재 그 이상의 의미로 사용한다. 그는 자연과 인간의 생명의 미래가 물리학의 법칙으로부터의 미래라는 사상을 배격한다.
31) 그 다음 영역(B.2)은 심리학으로 인도하는 인간으로부터의 인간에 대한 계시이다. 특별한 논점에 앞서서, 반틸은 "자의식적인 재창조"로서의 인간 지성의 본성과 하나님의 형상의 기독교 철학으로 우리를 인도한다.

32) 인간이 더할 나위 없이 깨끗한 상태로 시작한다는 견해와 대조해서, 그들은 창조주 하나님으로 인해 그들의 정체성과 능력에 대한 즉각적인 인식으로부터 시작한다.
33) 반틸은 타락 이전에도 발전하는 지식의 종말론에 대한 자신의 강조를 타락 이전의 세상에서의 계시의 기능에 기초한 참되지만 철저한 지식을 소유할 수 있다는 그의 주장과 결합시킨다.
34) 반틸은 아마도 소크라테스 이전 시대의 인물을 염두에 둔 것 같다. 예를 들면, 파르메니데스는 세상의 필요성과 변화의 출현과 모순되는 것으로서의 그 본질적인 단일성을 주장한다.
35) 제5장 미주 23번을 참조하라. 반틸은 라이프니츠의 이론에 대한 자신감 넘치는 강한 언어를 사용한다. 라이프니츠는 자신의 학문체계를 통해 결과적으로 몇 가지 매우 일반적인 원리들에 기초해서 많은 학문들과 교회를 통일시키기를 소망했었다.
36) 반틸은 단 한 번도 본질적으로 포스트모더니즘을 언급한 적이 없다. 포스트모더니즘은 반틸이 자신의 사역을 끝마친 이후에 번창했다. 비이성주의에 대한 이러한 종류의 비평으로부터 그의 비판이 어떠했을지를 짐작할 수 있을 뿐이다.
37) 앞에서 주목해 보았듯이(제2장 미주 29번), 야곱 알미니우스는 몇 가지 개혁주의 정통신학의 교리에 의문을 제기한 화란의 신학자였다. 항의자들로 알려진 그의 추종자들은 도르트 신경회의(1618-19)를 통해 정죄되었다. 항의파 알미니안주의자들은 하나님의 선택이 은혜의 제공에 대한 인간의 반응에 따라 좌우될 수 있다고, 즉 그 은혜가 거부될 수 있다고 주장했다. 존 웨슬리(1703-91)는 알미니안주의의 일부분을 수용했고 은혜가 그것에 합당한 모든 이들에게 유효하다고 강조했다. 따라서 알미니안주의는 복음에 대한 반응으로서의 인간의 "전적 무능력"을 부인했다. 반틸은 하나님께서 참으로 창조주이시며 세상의 통치자이시며, 인간의 생각이 아닌 하나님의 생각이 궁극적이시기 때문에, 이러한 부정을 통해 창조에 의존하는 견해가 얼마나 불충분한 것임을 잘 인식하고 있다.
38) 이 논문의 완전한 인용은 다음과 같다. "어거스틴과 칼빈주의의 단점은 그들이 경험을 초월한 하나님의 완전성의 지식으로부터 시작해서, 이 영원한 섭리로부터 추론하고, 여기에 따라 개인적 경험을 설명한다는데 있다." *Encyclopedia of Religion and Ethics*, James Hastings, ed., 13 vols. (New York: Charles Scribner's Sons, 1961), 6:126.
39) Newman Smith, *Christian Ethics*, 2nd ed. (Edinburgh: T&T Clark, 1893).
40) A. E. Taylor, *The Faith of a Moralist*, 2 vols. (London: Macmillan, 1930, 1931). 테일러(1869-1945)는 영국과 스코틀랜드 그리고 캐나다에서 그의 학문적 경력의 시간을 보냈다. 플라톤과 관념론의 전문가로서 그는 도덕적 철학에 관심을 가졌고 회의론적 전개와 함께 철학적 유신론을 향해 움직였다.
41) 반틸의 개요 B.3에 반응함에 있어서, 그 다음 영역인 "신학적 심리학"은 자기 자신을 알 것을 강조한다. 아담은 하나님과 그의 계시를 알아야만 했다.

42) 그의 작품을 통해 그러하듯이 반틸은 인간의 역사적 의식의 원인을 선악을 알게 하는 나무의 실과를 먹지 말라는 명령으로서의 하나님의 계시에 두며, 따라서 미래를 향한 그 결정의 결과에 둔다.
43) 이슈는 다시 하나님 자신의 절대적 자의식으로 인해 인간의 의식이 가능한 창조주-피조물의 구분으로 간다.
44) 심지어 이 예비적 배경에서조차, 반틸의 관심은 복음을 설명하는 것에 있다.
45) 마지막 시리즈를 시작함에 있어서 우리는 반틸이 "자연신학"이라 부르는 자연으로부터의 하나님에 관한 계시를 소유하고 있다(C.1). 많은 개혁주의 신학자들에게 있어서 자연신학이란 용어는 그 토마스주의적 암시 때문에 문제를 불러일으킨다. 반틸은 "자연법"의 위험성과 독립된 인간의 이성으로만 파악된 자연에 대한 진리를 세우려는 시도의 위험성을 잘 인식하고 있었다. 그럼에도 불구하고 그는 자연이 계시의 근거가 된다는 것을 아주 편안하게 주장하고 있다. 이어지는 글에서 반틸은 "자연의 하나님으로부터의 논증"의 두 가지 결점을 잘 보여준다. (1) 우리가 타락했기 때문에 자연에는 잘 이해될 수 없는 장막으로 둘러 싸여 있다. (2) 우리가 유한하기 때문에 독립적 근원으로서의 자연이 아니라 계시의 근원으로서의 하나님에 대해 의존적이다.
46) William Ernest Hocking, *The Meaning of God in Human Experience: A Philosophic Study of Religion* (New Haven: Yale University Press, 1912), 154-55, 204, 269, 186, 301-302,
47) 마지막 그룹의 두 번째 부분(C.2)은 하나님의 지식을 인간 존재로서의 우리 자신과 관계시킨다. 반틸은 이것을 "합리적 신학"이라 부른다. 그는 자연에서 하나님을 발견함에 대한 대중적인 견해와 반대되는 지식의 원천으로서의 자연만이 우리에게 많은 유익을 끼치는 것은 아니라는 흥미로운 요점으로부터 시작한다. 이것은 자연이 인격적인 것이 아니기 때문이다. 그러나 우리는 자연과 인간 존재의 배합으로부터 엄청나게 많은 것을 배우게 된다.
48) 이점은 인간의 의식이 궁극적 시작점이 아니라 할지라도 모든 창조의 중심적 부분임을 강조하는 헤르만 도예벨트의 화란철학에서 종종 강조되고 있다.
49) 신학은 반드시 합리적이어야 하지만 합리론이어서는 안된다. 우리가 타락했고 제한적이기 때문에 우리는 결코 제안된 객관적인 합리적 논증이나 경험으로부터 시작할 수 없다. 우리는 반드시 우리가 피조물임을 알기 위해서 중생 받은 마음 (참된 "심리상태"를 가질 수 있는)으로부터 시작해야 한다.
50) 세 번째 시리즈의 마지막 요소는(C.3) 하나님 자신으로부터의 하나님에 대한 직접적 계시이다.
51) 반틸에게 있어서 "제한적 개념"은 그것이 올바르게 이해되기 위해서는 또 다른 개념이 필요함을 의미한다. 예를 들면, 성경의 한 부분은 다른 부분이 없이는 올바르게 이해되지 않을 것이다. 여기 계시의 한 가지 양식은 오직 다른 복합적 계시 안에서 이해될 수 있는 것이다. 자연신학, 이성적 신학과 진정한 신학은 서로 동일하지 않다. 그것은 서로 "제한적"이다.

52) 이어지는 장들을 통해 반틸은 창조세계에서의 계시(일반계시)는 특별히 타락 이후에 더욱 그러하듯이 근본적인 신학과 상관없이 기능해서는 안되는 것임을 강력하게 주장할 것이다. 토마스 아퀴나스와 같은 스콜라철학자는 이러한 분리된 원천의 상호의존성이라는 흥미로운 주제에 대해 전혀 분명한 입장을 취하지 않았다. 한편 제프리 주는, 자연신학에 대한 반틸의 모든 비평에 동의하면서, 아퀴나스가 자연신학이 후자에 기능하는 긍정적인 역할(구원적이 아닌)을 무시한다는 점을 지적한다. Jeffery K. Jue, "*Theologia Naturalis*: A Reformed Tradition," in *Revelation and Reason: New Essays in Refomed Apologetics*, ed. K. Scott Oliphint and Lane G. Tipton (Philipsburg, N.J.: P&R, 2007), 168-69.

제7장

자연에 관한 현재의 일반계시

앞장(章)에서 우리는 타락되지 않은 **온전한 상태**(status integritatis)에서의 계시 개념을 논의하여 보았다. 그와 대조해서 이제 우리는 사람이 죄에 빠진 이후의 계시 개념을 생각해 보아야겠다.

중생하지 않은 의식(意識, consciousness)과 중생한 의식을 구별할 필요성에 대해서는 언급한 바 있다.[1] 따라서 우리가 일반 계시(general revelation)를 말하고, 이로써 신자와 불신자가 동의할 어떤 계시를 의미할 수는 없다.[2] "일반 계시"란 그 성격에 대해서 모든 사람들이 다 동의하는 것일 수 없다. 잠시 동안 이교도가 일반 계시에 대해서 생각할 바를 생각해 보고, 기독교회나 구약의 성도들이 해석한 일반 계시 개념을 비교해 볼 때, 우리는 그 둘 사이에 큰 차이가 있는 것을 보게 된다. 신자들은 자연을 하나님에 의해서 피조된 것으로, 따라서 그 창조자의 영광을 드러내는 것으로 여긴다. 이에 비해 불신자는 자연을 전적으로든지, 어느 정도 하나님과는 독립해 있는 어떤 것으로 여기는 것이다.

그렇기 때문에 "일반 계시"(general revelation)란 말보다는 "자연 계시"(natural revelation)란 용어를 사용하는 것이 더 나아 보일 수 있다. 그러나 이 경우에도 우리는 같은 문제에 직면하게 된다.[3] 그래서 우리는 그 어떤 용어를 사용해도 좋게 된다. "일반 계시"란 용어를 사용함으로써 우리는 이 계시가 모든 사람에게 가까이 할 수 있도록 되어 있고(is accessible to all men), 또한 모든 사람에게 타당하다(valid for all men)는 것을 강조한다. 물론 **신자들만이 이를 바르게 해석할 수 있지만 말이다.** "자연 계시"란 용어로써는 이 계시가 창조된 우주 안에서 발견될 수 있다는 것을 시사하는 것이다.

(이런 구분을 한 뒤에는) 앞 장(章)에서 개요된 구조를 따라서 먼저 자연에 대한 계시를 연구하고, 그 후에 인간에 대한 계시를 다루고, 마지막으로 하나님에 관한 계시를 다룰 수 있을 것이다.[4] 그러므로 이 장(章)에서는 **자연에 대한 현재의 하나님의 일반 계시**를 탐구해 보기로 하자.

1. 자연으로부터 얻은 자연에 대한 계시

우주가 하나님에 의해서 피조되어졌고 또 지금도 실제적으로 그의 섭리에 의해서 유지되고 있다는 것을 먼저 유념해야 한다. 이는 그 어떤 비기독교 철학자가 아무리 깊이 있다고 해도 그 자신에게도 만족스럽게 여겨지는 우주에 대한 해석의 체계를 제공할 수 있는 가능성을 배제하는 것이다. 자연히 죄인은 배타적으로 내재주의적인 해석의 원리(an exclusively immanentistic principle of interpretation)를 찾으려고 최선을 다할 것이다.5) 그러나 그는 결코 그런 식으로 성공적인 해석을 찾을 수 없을 것이다. 욥이 말한 바와 같이, "지혜는 어디서 얻으며, 명철의 곳은 어디인고 그 값을 사람이 알지 못하나니 사람 사는 땅에서 찾을 수 없구나. 깊은 물이 이르기를 내 속에 있지 아니하다 하며 바다가 이르기를 나와 함께 있지 아니하다 하느니라"(욥 28:12~14). 또한 "그런즉 지혜는 어디서 오며 명철의 곳은 어디인고 모든 생물의 눈에 숨겨졌고, 공중의 새에게 가리워졌으며, 멸망과 사망도 이르기를 우리가 귀로 그 소문을 들었다 하느니라"(욥 28:20~22).6)

철학사(哲學史)는 사람들이 우주를 내재주의적(內在主義的)으로(immanentistically) 해석해 보려고 노력하였다는 사실을 풍성히 증언해 주고 있다. 동시에, 역사도 같은 명료성을 가지고 증언해 주기를 그 어떤 철학 체계도 그 작성자에게 생명의 문제에 대한 만족스러운 해결에 이르렀다고 느끼게 해주지 않았다고 한다. 현대의 비관론과 불가지론(不可知論)은 세상의 뛰어난 사상가들이 처음부터 깊이 오랫동안 느껴왔던 이 불만이 절정에 이른 것일 뿐이다.7)

더구나, 이는 철학에만 적용되는 이야기가 아니라, 세상의 종교들에도 적용되는 이야기이다. 종교들도 역시 불만감을 남겨둔 것이다.

둘째로, 이 우주는 실제로 하나님의 피조물이기 때문에, 타락한 이후에도 하나님의 본성의 어떤 것을 계속해서 보여주고 있는 것이다. 이 우주는 하나님 이외에 그 누구, 그 어떤 것의 성격도 나타낼 수 없는 것이다. 성경은 하나님께서 우주에서 당신 자신을 나타내신다고 말한다. "창세로부터 그의 보이지 아니하는 것들, 곧 그의 영원하신 능력과 신성이 그 만드신 만물에 분명히 보여 알게 되나니…"(롬 1:20). 성경의 여러 곳에서 성경은 자연히 하나님을 계시하는 것으로 말한다.[8] 이 계시에 대해서 말하면서 칼빈(Calvin)은 다음과 같이 말하고 있다.

> 참으로 그의 본질은 온전히 다 이해할 수 없고(incompre-hensible), 모든 인간의 생각을 온전히 초월하는 것이다. 그러나 그의 사역에는 그의 영광이 찬란히, 독특하게, 분명하게 새겨져 있어서 아무리 어리석고, 배우지 못한 자들이라도 무지를 근거로 평계할 수 없는 것이다. 그래서 온전한 진리를 가지고서 시편 기자는 선언하기를 "주께서 옷을 입음 같이 빛을 입으시며"(시편 104:2)라고 한다. 마치 세상을 창조하실 때 그 영광스러운 기치를 나타내셔서 우리가 어디를 둘러보던지 그의 온전함을 보게 되는 상황에서 비로소 처음으로 보이는 옷으로 치장된 것처럼 말하는 것이다. 동시에 시편 기자는 무한한 창공을 하나님의 텐트와 비교하면서 이렇게 말한다. "하늘을 휘장같이 치시며 물에 자기 누각의 들보를 얹으시며 구름으로 자기 수레를 삼으시고 바람 날개로 다니시며 바람으로 자기 사사를 삼으시며 화염으로 자기 사역자를 삼으시며…" 그리고 그의 능력과 지혜의 영광이 창공에서 더 찬연히 나타나므로 창공이 하나님의 왕궁으로 흔히 언급되었고…같은 이유 때문에 시편 기자는 모든 민족들이 이해하는 언어(시 19:1)를 창공의 천체들에게 돌려서 하나님의 신성에 대한 증거가 아무리 희미해도 그 어떤 사람도 피할 수 없을 것이라고 한다.[9]

그러므로 성경이 강조하는 것은 특별 계시를 떠나서라도 사람은 하나님이 세상의 창조자이심을 마땅히 보아야만 한다는 것이다.[10]

사람들로 하여금 이 우주 배후에 하나님이 계심을 인식하도록 하는 한 가지 특별한 양상은 사람들이 그에 의해 둘러 싸여져 있는 풍성함이라고 칼빈은 말한다. 이는 자연 일반에 대해서도 참되고, 특히 자연의 일부분인 사람의 몸에 대해서도 참된 것이다. "그 각 부분들의 연관, 그 균형과 미(美)를 갈렌의 기술(*Lib. De Usu Partium*)[11]로 결정한다는 것은 정교함을 필요로 한다. 그러나 모든 사람은 인간의 몸이 그 창조자의 놀라운 지혜를 선포하기에 충분한 아주 기묘한 구조를 가지고 있는 것이다."[12] 몸 자체가 신묘

막측하게 형성되었고, 비와 태양은 그에 필요한 풍성한 음식을 제공해 주는 것이다. 바울은 다음과 같은 말에서 이를 말하고 있다. "그러나 자기를 증거하지 아니하신 것이 아니니, 곧 저희에게 하늘로서 비를 내리시며, 결실기를 주시는 선한 일을 하사 음식과 기쁨으로 너희 마음에 만족케 하셨느니라"(행 14:17). 예수님 자신도 하나님께서 모든 사람들에게 비와 햇빛을 주신다는 사실을 모든 사람에게 어떤 은혜를 주시는 증거로 사용하고 있다. "하늘에 계신 너희 아버지의 아들이 되리니, 이는 하나님이 그 해를 악인과 선인에게 비취게 하시며 비를 의로운 자와 불의한 자에게 내리우심이니라"(마 5:45).

그러나 하나님의 어떠하심(性格)은 모든 사람 앞에 **선한 것**(bonampartem) 안에서만이 아니라, **나쁜 것**(malum partem) 안에서도 중시되었다. "하나님의 진노가 불의로 진리를 막는 사람들의 모든 경건치 않음과 불의에 대하여 하늘로 좇아 나타나나니"(롬 1:18). 이 하나님의 진노가 사람의 불의에 대해, 즉 자연에 있는 외적인 것에 대해서가 아니라 사람 안의 내적인 어떤 것에 대해 나타난다는 것은 사실이다. 그러나 이것은 물리적이고 시간적인 존재인 사람(man as a physico-temporal being)에게 나타나는 것이고, 그런 것으로서 사람에게 가시적(可視的)이다.[13] 우리는 창세기에서 하나님께서 사람의 죄 때문에 땅을 저주하셨다는 말을 보게 된다. 그전에는 보이지 않던 가시와 엉겅퀴가 나타난 것이다. 로마서 8장에서 바울은 모든 피조계가 "다 이제까지 함께 탄식하며, 함께 고통하고" 있다고 말한다. 그는 덧붙여서 말하기를, 언젠가는 피조계가 "썩어짐의 종노릇한 데서 해방되어 하나님의 자녀들의 영광의 자유에" 이를 것이라고 한다(롬 8:21, 22).

더 나아가서 우리는 사람의 불의에 대한 하나님이 진노가 때로는 하나님께서 사람을 굉장한 부도덕과 죄에 몰려가도록 허락한데서 나타난다고 하는 것을 주목해야만 한다. 사람들이 하나님을 알고 그를 기억해야 하는데, 실제로는 그에게서 떨어져 갔을 때, 하나님께서 "저희를 부끄러운 욕심에 내어 버려두셨다"고 하는 것이다(롬 1:26). 하나님께서 창조를 시작하신 때부터 떨어진 세대의 사람들의 실제적 상황이 무엇인지를 바로 알기 위해서는 이것이 유념되어야만 한다. **상황은 시간이 흐름에 따라서 더 복잡하게 된 것이다.**[14]

더 큰 복잡성은 특히 하나님의 진노와 그의 오래 참으심의 증거가 언제나 균등하게 나타나지 않는다는 데에서 나타난다. 하나님께서는 현세에서 항상 상대적으로 선한 사람에게 번영을 주시고, 상대적으로 악한 사람에게 역경을 주신다고 말할 수 없는 것이다. 그러나 하나님은 참으로 이 세상에서 불의한 자를 벌하시고, 의로운 자에게 보상을 주시는 것이다. 반면에 또 하나님은 때때로 의로운 자에게 역경을 주시기도 하고, 불의한 자가 푸른 나무처럼 융성하도록 허락하시기도 하는 것이다. 욥의 고난의 이야기는 하나님께서 의로운 자에게 역경을 허락하시는 증거이고, 시편 73편의 아삽의 탄식은 하나님의 성도들이 언제나, 특히 고대에, 하나님께서 사람을 다루시는 방식의 공정하지 않음의 문제와 싸워왔음을 웅변적으로 증거해 주는 것이다.[15]

마지막으로 전승의 문제가 고려되어야만 한다. 창조 이야기와 낙원에서의 거주에 대한 전승은 의심할 바 없이 셋의 계보만이 아니라 가인의 계보를 통해서도 아벨에게 뿐만 아니라 가인에게도 온 것이다. 가인의 직후의 세대에 대해서도 가인이 전달해 주지 않았다 해도, 아담과 하와가 아직 살아 있었던 때이므로 그 손자들에게 말하여 줄 수 있었으므로 그들이 **지적으로는** 하나님의 자녀들만큼이나 온전히 진리를 "알았었다"고 주장할 수 있다. 그리고 이 모든 것이 민족들에게 전해진 것이다. 홍수 때에 온 인류가 다시 한 번 하나님의 구속적 계시와 직접적으로 접촉하게 된다. 홍수의 전승은 창조 전승 못지않게 계속 전달되었을 것임에 틀림없다. 그러나 이 전승은 시간이 흐름에 따라서 왜곡되어졌다. 여러 민족들에게서 발견되는 창조 신화와 홍수 신화는 그 원래의 이야기가 상당히 왜곡되어졌음을 증명해 준다. 그 결과로 노아시대 이후 수 세대가 지난 이후에 모든 사람들과 이스라엘에게 주어진 구속적 계시의 경계 밖에서 산 사람들은 이전 세대와 같은 분명한 전승을 가지지 못한 것이 된다. 이들에게는 그만큼 상황이 더 복잡해지는 것이다.[16]

창조 이야기에 대해서 그 어떤 세대가 가질 수 있는 전승과 그들이 접촉할 수 있었던 특별 계시와의 접촉에 인류 전체가 물리적 우주에 대해 부여한 해석의 전승을 덧붙여야만 한다. 참된 창조 개념을 찾기 위해서 철학사(哲學史)를 살펴보는 것은 헛된 것이다. 우주의 기원 문제에 대해서 철학자들 사이에 다양한 의견들이 있어왔다. 그러나 그들은 모두 진리를 부인한다는 점에서 일치했던 것이다. 물론 "창조"라는 말을 사용했던 이들은 많았다. 그러나 "창조"라는 용어를 사용했던 이들이 말로써 그들이 마땅히 의미했어야 하는 것과는 다른 것을 의미하여 왔던 것이다. 그들은 하나님이 우주 안에 포괄되어 있다고 생각하거나 우주가 실제로는 독자적으로 존재하고 있다고 생각할 만큼 하나님으로부터 멀리 떨어져 있다고 생각했다. 이와 관련하여 칼빈의 말을 인용해 보기로 하자.

> 모든 사람들이 각기 그들 나름의 독특한 오류를 범하고 있다는 점에서는 우리가 서로 다르다. 그러나 우리가 한 분의 살아계시고 참되신 하나님을 기괴한 추상물로 대체시키고 있다는 점에서는 모두가 같은 잘못을 범하고 있다.… 이는 좀 아둔하고 통속적인 정신을 가진 이들에게만 해당되는 병이 아니고, 고귀하고, 다른 점에서는 아주 예리한 사람들의 정신도 나타내 보이고 있는 병인 것이다. 이런 점에서는 모든 철학자들이 그들의 어리석음과 감각없음을 얼마나 풍성히 드러내고 있는지? 그 모순이 더 극심한 다른 이들에 대해서는 한마디도 하지 않더라도, 그래도 그들 중에서 가장 건전해 보이고 가장 종교적인 플라톤이 얼마나 자기 자신을 상실하고 있는지를 보라![17] 마땅히 모범을 보여야 할 지도자들이 이런 큰 실수를 저지르고, 그런 망상 아래서 작업하고 있으니 그 나머지 사람들의 상태야 오죽 더 하겠는가? 이와 비슷하게, 세상의 정부가 섭리 교리를 논의할 수 없게 하자. 모든 것이 우연에 의해서 이리 저리로 움직여지는 것같이 믿어지는 것과 같은 실제적 결과가 나타나는 것이다. 이처럼 우리는 헛됨과 오류에의 성향을 가지고 있다. 나는 지금 하나님에 대한 진리를 아주 무모하게 저속화시키는 미친 짓을 나타내는 일반인들에 대해서가 아니라 가장 뛰어난 철학자들에 대해서 말하고 있는 것이다.

이처럼 온 세상이 오류의 큰 홍수를 만나서 흘러넘치고 있다…마치 물이 크고 풍부한 수원(水原)에서 솟아나는 것처럼, 각자가 자기 자신의 견해에 맞는 특정한 형태의 신을 만들어 내는 온전한 권한을 부여함에 따라서 수많은 신들이 인간의 정신에서 나오는 것이다.[18]

모두가 진리에 대립하기는 하지만, 이렇게 다양한 의견이 있으므로 많은 사람들이 결론짓기를 우주의 기원과 그 배후의 하나님에 대해서 생각하는 것이 희망없는 것이라고 한다. 에피쿠리우스의 학설을 따르는 이들에 대해 말하면서 칼빈은 이렇게 말하고 있다. "가장 현명한 자들이 서로 다른 의견을 보이고 있음을 보았을 때, 그들은 이 의견의 다름, 이 각각의 하찮고 부조리한 교리들로부터 결론짓기를 사람들이 존재하지도 않는 하나님을 찾아서 어리석고도 목적 없이 추구하는 일로 자신들을 괴롭혔다고 하였다. 그리고 그들은 이런 추론이 안전하다고 생각했으니, 이는 불분명한 신들을 만들어 내어서 끊임없는 투쟁에로 나아가기 보다는 하나님을 부인하는 것이 더 낫다고 생각하였기 때문이다."[19]

이 와중에서 이 각각의 철학자들은 자신의 해석이 가장 합리적(合理的, rational)임을 보여 주려고 노력해 왔다. 스토아 철학자들은 "자신들의 예리함(acuteness)을 자랑하였고", 이집트 사람들은 아주 성실하게(공들여서) "이 주제에 대해서 그들이 합리적임을" 보이려고 노력했던 것이다.[20] 그 결과 이 모든 이들이 그들의 천재성을 사용해서 그들의 이론의 어떤 개연성(plausibility)을 발견한 것이 된다. 칼빈은 이렇게 말한다. "그리고 아마도 겉보기에는 그 개연성이 단순하고 부주의한 사람들을 속일 수도 있을 것이다."[21]

이제까지 논의한 것을 종합해서 다음과 같이 말할 수 있을 것이다. 첫째로, 부정적으로 말해서, 그 문제의 성격상 그들이 우주에 대한 참된 내재주의적 해석을 발견할 수 없으므로 세상의 모든 종교와 철학에는 일종의 불만감이 있어 왔다는 것을 말하였다. 그런데 사람들이 추구하는 이 만족(즉, 우주에 대해서 참된 내재주의적 해석을 찾는 일-역자주)은 항상 근본적으로 거짓된 것이다.[22] 그 뒤에, 적극적으로, 우리는 죄가 들어온 후에 자연에 나타난 하나님의 계시를 특징지우는 몇가지 특징들을 열거하였다. 즉 한편으로는 땅에 대한 하나님의 저주에서 기인한 창조의 원래의 영광과 풍성함을 모호하게 하는 과정이 있었다. 그러나 또 한편에서는 낙원에서 사람이 가지지 못했던 자연에서의 하나님의 계시, 즉 하나님의 진노에 대한 계시라는 부가적인 계시가 있게 되었다. 이것은 타락하지 않은 사람보다 하나님에 대해서 자연으로부터 타락한 사람이 더 많이 배웠어야 하게끔 한다. 그러나 하나님의 영광과 풍성함에 대한 계시와 함께 취해진 이 부가적인 계시조차도 원래보다 문제를 더 복잡하게 할 뿐이어서, 결국 어떤 의미에서는 좀 더 모호해진 것이다.

그러나 위에서 말한 "모호하게 됨"(obscuration)에 대해서 좀 더 말할 필요가 있다. 이 "모호하게 함"은 자연 안에서의 하나님의 계시의 근본적 명료성(perspicuity)을 결코 빼앗는 것은 아니다. 죄와 그 결과로 온 복잡성 때문에 나타나게 된 하나님의 원래 영광의 "가리워짐"(obscuration)도 자연히 하나님의 계시로 여겨지지 않으면 아무런 의미도 없다는 객관적 사실을 없애지는 못하는 것이다. 위에서 말한 "가리어진"(모호하게 됨)은 오직 하나님의 **원래의**(original) 영광에 대해서 하는 말뿐이다. 즉 죄가 있은 다음에는 낙원에서만큼 자연이 계시적이지 않다는 의미는 아닌 것이다. 이교도들 가운데 사는 어떤 사람들을 생각해 보자. 그리고 그가 가지고 있는 계시의 요소들을 생각해 보자. 만일 그가 바르게 추론한다면 어떤 논리적 결론을 이끌어내야 할 것인지를 생각해 보자.[23]

첫째로, 그는 하나님이 이 세상의 창조자라고 생각해야만 한다.

둘째로, 그는 하나님의 섭리를 믿어야만 한다.

셋째로, 하나님이 어떤 일반적(즉 비구속적인) 은혜가 있음을 생각해야만 한다. 이것은 이런 생각이 창조개념에 논리적으로 함의되어 있다는 데서 나온 것이다. 만일 하나님이 세상의 창조자이시면, 그는 세상이 있기 전에 온전한 자충족 가운데서 존재하셨을 것이다. 그런데 하나님께서는 악이 있을 수 없다. 악이 있었다면 그것은 하나님의 자기 충족성을 파괴했을 것이다. 따라서 악은 사람의 손을 통해서 들어온 것임에 틀림이 없다. 이처럼 논리는 사람들이 원래의 온전함과 사람의 타락에 대한 전승이 참됨을 보도록 이끌어 갔어야만 했고, 전승은 논리를 확보했어야 했다. 이와 관련해서 칼빈의 말을 다시 한 번 더 인용해 보기로 하자.

따라서 바울은 아테네 사람들에게 그들이 "하나님을 더듬어 찾아 발견케" 하려고 했다는 것을 상기시킨 뒤에 곧 덧붙이기를 "그는 우리 각 사람에게서 멀리 떠나 계시지 아니하도다"(행 17:27)고 하여서 모든 사람이 그에 의해 살고 움직이며 그 존재를 가지는 천상적 은혜의 분명한 증거를 가지고 있다고 하고 있는 것이다.24)

다섯째로 우리는 사람들이 이 세상 어딘가에 하나님의 특별 은총의 나타남이 있어야 한다고 결론지었어야 한다고 믿는다. 일반 은총은 구원하는 은총(즉 특별 은총)없이는 그 기능을 발휘할 수 없다. "일반" 은총(common grace)은 그 자체가 목적이 아니고, 특별 은총의 사역을 위한 준비가 되도록 하는 수단일 뿐이다.25) 이 주장에 대해서, "그 누구도 실제로 은총이 임하기 전에 은총의 은사가 필요하다고 논의할 수 없으니, 이는 은총이란 값없이 주는 선물이기 때문이다"고 하는 것은 바른 논의가 아니다. 우리는 은혜가 와야만 한다고 먼저 사람들이 논의할 수 있어야만 했다고 말하는 것이 아니다. 오히려 우리는 세상이 죄에 빠진 직후에도 은혜에 의해서 현재 정도와 같은 상태에 있게 되었다고 말하는 것이다. 더구나, 전체로서의 인류가 가인 때에 그리고 노아 때에 다시 한 번 더 특별 은총의 사실에 직면케 되었다.

여섯 번째로, 그가 섬겨야만 하는 하나님을 인정하지 않은 그 실패 때문에 사람은 영원한 심판의 정죄를 받아 마땅하다고 말할 수 있다. 그들이 하나님을 자신들의 창조자로, 또 그에 대해서 자신들이 반역한 것으로 알아야만 했다면, 그들은 또한 이 창조자가 죄인들을 당신 자신의 면전에서 영원히 제거하실 것이라고 결론지어야만 했다. 세상에서 하나님의 심판이 고르지 못함에 대해 말하면서 칼빈은 논의하기를 그러나 사람은 이로부터 하나님이 불의한 자를 심판하시며, 의로운 자에게 보상을 하시는지 의심스럽다고 결론지어서는 안 된다고 한다. 그는 이렇게 말한다.

> 아니다. 오히려 그 반대의 추론이 노출되어야만 한다. 한 가지 죄라도 하나님의 분노의 가시적 표현을 불러일으킨다면, 이는 그가 모든 죄를 미워하시기 때문인 것이다. 또한 하나님께서 지금 어떤 범죄에 대해서 심판하지 않으신다면, 그것은 지금 미루어진 심판이 임할 그런 심판이 있음을 증명해 줄 뿐이다.26)

우리는 현존하는 "자연에서의 하나님의 계시"를 사람의 근원상의 온전함과 구속의 원칙과의 관련에서 보려고 하였다. 이들은 기계적으로 분리되어서는 안 된다. 즉 우리는 지금 비기독교국에 있는 어떤 사람이 하늘과 그 주위의 자연을 보면서 하나님에 대해서 무엇을 배울 수 있는가고 생각한 후에야 비로소 이를 생각할 때 고려해야 할 다른 요소가 있는가고 생각해서는 안된다.27) 물론 고려해야 할 다른 요소들이 있다. 그런데 그것은 처음부터 고려되어야 하는 것이다. 우리가 오직 자연의 빛(the light of nature)만을 가진 사람들의 책임을 생각할 때, 우리는 이 상황과 관련된 모든 사실들을 생각해야만 하는 것이다. 첫째로, 자연 안에 있는 하나님의 현재 계시라는 사실이다. 로마서 제 1장에서 바울이 강조하고 있는 것이 바로 이것이다. 둘째로, 원래 인류가 아담에 의해서 대표되었다는 동등하게 중요한 사실이 있다. 바울이 이것도 바로 같은 서신인 로마서에서, 특히 제5장에서 가르치고 있다. "이러므로 한 사람으로 말미암아 죄가 세상에 들어오고, 죄로 말미암아 사망이 왔나니 이와 같이 모든 사람이 죄를 지었으므로 사망이 모든 사람에게 이르렀느니라"(롬 5:12). 제1장에서도 바울은 이 두 사실을 서로 연관시켜서 말하기를 하나님의 보이지 아니하는 것들이 "창세로부터" 사람에게 알려졌다고 한다(롬 1:20). 이 둘은 결코 나누어질 수 없다. 바울은 그들 모두를 가르치는 것이다. 그의 논의의 문맥에 따라서 한편에서는 이 점을, 또 한편에서는 저런 점을 강조하지만, 바울은 이 둘을 서로 연관시키고 있다. 그러므로 우리는 마치 다른 그 어떤 것도 고려하지 않아도 되는 듯이 자연 안에서의 하나님의 계시를 생각하고, 그것에만 근거해서 사람의 책임을 수립해 보려고 해서는 안된다. 물론 사람들의 원래 상태에 대한 전승이 그들에게 미치지 않고, 구속적 원리에 대한 반향이 그들에게까지 미치지 않아서, 많은 사람들이 **실제로는**(practically) (다른 것 없이)현존하는 계시만을 가지고 있다는 것은 사실이다. 그러나 인류가 전체적으로 살아계신 하나님과 접촉하였으며, 온전하게 창조되었다는 사실은 참으로 남는 것이다. 사람은 이 사실에 대해 책임을 져야 한다. 그 배후에는 창조자이신 주권적 하나님이 계신 것이다.28)

2. 사람에게서 온 자연에 대한 계시: 심리-물리학 (Psycho-Physics)

사람에게서 온 자연에 대한 계시에 대한 논의는 간단히 할 수 있다.[29] 앞 장에서 우리는 사람이 자신과 관련해서 자연을 연구할 때 그를 둘러싼 자연에 대한 더 깊은 통찰에로 나아갈 수 있음을 살펴본 바 있다. 자연이 인간의 인격과 연관되어 연구될 때, 또한 인간 인격이 하나님과 바른 관계를 맺게 될 때 자연의 의미는 그 온전한 뜻을 드러내게 될 것이다.[30]

그러나 죄가 들어옴과 함께 사람은 자신에 대한 얼굴을 하나님으로부터 끊어 버렸고, 또한 그와 함께 자연에 대한 연구를 자신에게서 끊어버린 것이다. 그렇기에 사람의 타락 이후에 사람들이 수행해 온 모든 자연에 대한 연구는 그 근본적인 의미에서 절대적으로 잘못된 것이다. 궁극적 관점에 관한 한, 죄인은 하나님을 해석하는 데서만 잘못된 것이 아니라, 물리적 우주를 해석하는 데서도 잘못되었으니, 이는 물리적 우주는 하나님과 분리되어 연구되면 바로 알려질 수 없는 것이기 때문이다. 이상계(the noumena)는 현상계(the phenomena)없이는 참으로 알 수 없는 것이라고 말할 수도 있다. 현상계가 하나님과 관련되지 않으면 현상계가 전적으로 참될 수 없다고 말하는 것으로 충분하지 않은 것이다.[31]

이와 관련해서, 하나님의 진노는 자연에 대해서 보다는 사람 위에 더 구체적으로 나타난다는 것을 기억해야만 한다. 이 사실은 사람의 자연에 대한 연구에서 "모호케 함"과 복잡하게 함을 낳고 만다. 그럴지라도 자연은 사람과 연관되어야만 하며, 그렇게 연관될 때에야만 하나님의 계시로서 그것이 과연 어떤 것인지를 더 잘 드러나게 될 것이라는 것이 주장되어야만 한다. 사람은 자연을 하나님의 형상으로 지어진 사람의 집으로 보고서 연구할 때에만 자연을 바라볼 수 있는 것이다.

> **특주(Note)**
> 만일 현상계가 하나님과 관련되지 않으면 현상계의 지식이 신지식의 궁극적 관점에서 보았을 때 근본적으로 잘못되었다는 이 요점은 기독교 사상

사에 있어서 상당히 희석되어져 왔는데, 이는 특히 자연적인 것들에 대한 지식과 천상적인 것들에 대한 지식에 대한 일반적인 구별 때문이었다. 흔히 기독교인과 비기독교인이 다른 것은 오직 기독교인은 자연적인 것들을 아는 것 외에 천상적인 것들도 아는데, 비기독교인은 자연적인 것들만 안다는데 있다고들 진술되어 왔다. 비록 그의 "일반 은총" 교리에 의해 비기독교적 학문에 의해 다른 이들보다도 더 훌륭한 위치에서 완전히 그것에 굴복하지 않고, 그에 대해 올바르게 평가할 수는 있었지만, 칼빈조차도 자연인은 영적인 것에 대해서 뿐만 아니라 자연적인 것에 대해서도 두더지처럼 장님과 같다는 것을 항상 분명히 한 것은 아니다. 그는 이 요점을 항상 충분히 명료하게 드러내지는 않았다고 말하는 것이다. 물론 그는 때때로, 또는 대개는 자연인이 모든 것에 대해서 영적으로 맹목이라는 점을 드러내었다고 말할 수 있다. 흔히 나타나는 지상적인 것들과 천상적인 것들에 대한 기계적인 구별이 칼빈의 글에서는 거의 사라져 버렸다. 그러나 자연인이 어느 한도까지는 선한 우주에 대한 어떤 지식을 갖는다는 개념에 구체적인 내용을 부여해 보려고 애써 노력하는 때에는 칼빈도 비판없이 지상적인 것과 천상적인 것에 대한 옛날의 구분에 다시 떨어지는 것이다. 그의 말을 인용하자면,

지상적인 것들에 대한 한 종류의 지성과 천상적인 것들에 대한 또 한 종류의 지성이 있다는 구별이 있다. 지상적인 것들이란 말로써 나는 하나님이나 그의 나라, 참된 의(義)와 복됨과 관련된 것이 아니고, 현재의 삶과 관련된 것, 그리고 어떤 방식으로 그 한계에 제한된 것을 의미하는 것이다. 천상적인 것들이란 말로써 나는 하나님에 대한 참된 지식, 참된 의의 방도, 그리고 천상적인 나라의 신비들을 의미한다.[32]

그러나 칼빈이 다른 이들과 함께 구분하고 있는 이 구분을 그 글이 나타난 전체 가운데서 읽으면 칼빈은 자연인이 물리적 세계를 참으로 알 수 있다는 개념을 결코 묵인하고 있지 않다는 것이 분명해 진다. 이것은 (a) 자연인의 모든 지식을 헛된 것이라고 칼빈이 말한다는 사실에서 분명히 나타나며, 또한 (b) 그가 자연인에게 어떤 "낮은 것" 지상적인 것을 알 수 있는 어떤 능력을 부여할 때, 그는 같은 의미에서 "높은 것들"을 알 수 있는 능력도 부여한다는 사실에서도 분명히 나타난다. 칼빈의 구분은 주로 영역의 구분이 아니고, 그의 구분은 주로 중생하지 않은 사람의 흠이고, 전적으로 만족스럽지 못한 지식과 중생한 사람의 참된 지식의 구분이다. 칼빈은 솔로몬이 인간

의 모든 연구가 헛되다고 선언한 것에 대해 먼저 말한다. 이것은 모든 것을 포괄하는 것이다. 즉 높은 것, 즉 천상적인 것만이 아니라, 낮은 것, 즉 지상적인 것도 포괄하는 것이다. 그 뒤에 그는 다음과 같이 덧붙이고 있다.

> 그러나 그럴지라도 사람의 노력이 아무런 결과를 내지 못할 정도로 그렇게 전적으로 무용(無用)한 것은 아니다. 특히 그의 관심이 저급한 대상들을 향해졌을 때는 더욱 더 그렇다. 그러나 높은 것들에 대해서도, 비록 그가 그런 것들에 대한 탐구를 조금 덜 주의하고 있을지라도, 어느 정도의 진보는 보이는 것이다. 그러나 여기서는 그의 능력이 더 제한되어 있어서 현세의 삶의 영역 이상의 것으로 날아 오르려고 노력할 때에는 그 자신의 약점을 더 느끼게 되는 것이다(II, 2, 13).[33]

이 인용문으로부터 우리는 칼빈이 실제로 말하려고 하는 것은 비록 자연인의 모든 해석들이 궁극적인 관점에서 보면 똑같이 불만족스럽지만, 어떤 의미에서는 그가 모든 것에 대해서, 즉 세상에 대해서 뿐만 아니라, 하나님에 대해서도 무엇인가를 알며, 그런데 하나님에 대해서 보다는 세상에 대해서 그런 의미에서 좀 더 많은 지식을 가지고 있다는 것을 지적 하려고 하는 것임을 알 수 있다. 이 구별은 참될 뿐만 아니라, 매우 중요한 구별이다. 비그리스도인들 가운데서도 많은 사람들이 위대한 과학자들이었다. 때때로 비그리스도인들이 이 세상의 것들에 대해서 그리스도인들보다도 더 나은 지식을 가지는 것이다.[34]

기독교 변증가들이 종교의 영역과 과학의 영역에 대해서 너무 강하고 성급한 구별을 하는 통상적 관습을 볼 때 이 점들을 유념하는 것이 중요하다. 이 구분을 할 때 통상적으로 가지는 가정은 그리스도인들로서 우리는 천상적인 것들에 대해서 안다고 주장하기만 하면되고, 과학자들은-그가 그리스도인이든지 비 그리스도인이든지를 막론하고-오직 지상적인 것들에 대해서만 안다는 것이다. 이런 식으로 변증가들은 종교를 위한 자유로운 영역을 얻어 볼까 하고 희망한다. 그러나 그런 시도는 이미 시작서부터 잘못될 수 밖에 없다는 것이 분명하다. 비기독교적 과학자들은 이상계(the noumenal)에 대한 어떤 연관없이 현상계를 연구할 수 없다.[35] 이는 목사님들이 공개적으로는 아니라 할지라도 은밀하게 궁극적인 문제에 대해서 과학자들이 말할 수 있는 능력을 인정하고 용인하면서 그들에게 과학이 하나님을 발견하였는가 하고 물을 때도 적용되는 것이다. 오늘날 과학자들의 글에서 아주 자명하게 나타나는 것은 그들이 처음에는 이상계(the noumenal world)에 대한 아무 언급없이 탐구하기로 한 현상계에 대한 연구에 근거해서 이상계에 대한 진술을 하고, 그에 대한 결론을 도출하고 있다는 사실이다. 그들은 끊임없이 전체로서의 실재의 성질에 대해서 말하는 것이다.[36] 또 한편으로 우리의 종교는 현상계에 대한 아무 언급없이 이상계에 대한 정보를 주는, 이상계에만 한정된 것도 아니라는 것이 분명하다. 기독교는 현상계에 대해서, 그 기원과 그 장래에 대해 아주 분명한 어떤 것을 말하는 것이다. 그러므로 참으로 우리를 도울 수 있는 구별은 칼빈이 발전시키고 있는 구별인 바, 그것은 궁극적인 관점에서는 자연인이 그 어떤 것도 참으로 알 수 없으나, 상대적인 관점에서는 **모든 것에 대해서 무엇인가를 안다는 것이다. 어떤 방식으로는**(after a fashion) 모든 것을 안다. 그러나 그때에 전기등과 같은 지상적인 것들을 다룰 때에는 그가 아는 것이 다른 것을 다룰 때 보다 나은 것이다.

바울은 로마서에서 모든 사람이 하나님을 안다고 확언해 주고 있다. 칼빈은 이 지식이 신의식(神意識, the sense of deity)이라고 한다. 모든 사람이 그 마음 속 깊은 곳에서는 유신론이 삶에 대한 유일하게 참된 해석임을 안다. 그러나 그는 바로 이 지식을 최선을 다해 억누르려고 하는데, 이는 인간 경험을 해석할 때의 실제적인 자의식적 노력에서 잘 나타나는 것이다. 그리고 바로 이런 그들 자신의 해석 체계에 대해서 우리는 말하기를 사람은 하나님에 대한 해석에 있어서뿐만 아니라, 나무들에 대한 해석에 있어서도 잘못되었다고 하는 것이다[37]

3. 하나님으로부터 온 자연에 대한 계시: 신학적 물리학 (Theologico-Physics)

타락 이전에는 자연과 자신에 관한 하나님의 직접적이고 적극적인 계시를 통해서 사람은 그들에 대한 최고의 최종적 목적을 배웠었다.[38] 하나님의 직접적인 적극적 계시를 통해 사람은 만일 금하신 나무의 열매를 먹으면 죽어야 한다는 사실을 배우게 되었고, 그 함의로 만일 하나님의 음성을 순종하면 영원히 하나님과 함께 살리라는 것을 배우게 되었던 것이다. 자연과 인간에 관한 이 최고의 계시는 사람이 자연과 자신에 대해 가진 다른 모든 지식을 새롭고 더 뛰어난 빛에서 보도록 해준다. 그것은 자연을 사람과 관련한 하나님의 가장 뛰어난 도덕적 행동의 배경이 되게끔 하는 것이다. 타락 이후에는 사람이 성경 안에 있는 하나님의 계시를 떠나서는 자연을 해석할 수 없게 되었다. 성경 안에서 지금 말씀하시는 하나님은 낙원에서 사람에게 초자연적으로 말씀하시는 그 하나님과 같으신 분이시기 때문이다. 낙원에서도 자연을 해석할 때에 전체로서의 역사의 과정과 관련된 "하나님 사사의 초자연적 전달"의 빛에서와 자아와 관련해서 해석해야만 했다면 죄인인 인간을 얼마나 더 자연을 성경에 의해서 해석된 자아와 관련해서 이해해야만 할 수 있을 것인가?[39]

신학적 물리학의 개념은 자연히 비기독교인인 과학자들에 의해서 상당한 조롱의 대상이 된다. 그들에게는 자연을 성경적 계시의 용어로, 또 성경적 계시에 종속시켜서 해석해야만 한다는 개념은 학문적 탐구나 합리적 탐구를 모두 포기하는 것으로 이해된다. 그러나 자연에 대한 비기독교적 탐구자들은 그들이 훔친 자산을 가지고 작업하기 때문에 그만큼이나 성공적일 수 있는 것이다[40]

천주교회는 자연에 관한 연구를 일관성 있는 기독교적 방식으로 성경의 빛에 종속시키려고 하지 않는다. 그 결과로 천주교회에서는 과학과 신학 사이에 조화가 없게 되든지, 그 신학을 그 과학의 자연주의적 양식에 맞도록 환원시키는 값을 지불하고서 조화를 이루는 것이 된다.[41]

종교개혁의 원리가 많은 개신교도들 가운데서 일관성 있게 적용되지 않은 것은 매우 불운한 것이다. 자타가 공인하는 개신교 학자에 의해서조차도 자연에 관한 학문적 연구가 불신자와의 중립적인 근거에 서도록, 또는 자연의 사실들만을 연구하도록 수행되는 일이 많다.[42] 즉 자연에 대한 연구에 있어서 자연의 사실들이 어떤 것인가 하는 기본적인 문제, 다른 말로 하자면, "사실들"에 대한 사실이 무엇인가 하는 것이 잊혀진 것이다. 자연에 대한 모든 학도는 자연과 그 사실을 묘사하는 작업을 사실에 대한 한 철학을 전제하고서 해나간다. 그런데 그리스도인들은 성경 외에 그 어떤 원천에서도 그의 사실에 대한 철학(his philosophy of fact)을 얻을 수 없는 것이다

특주(Note)
　칼빈에 의해서 그렇게 온전히 진술된 개신교의 원리가 근본주의자들에 의해서 일반적으로 사용되지 않았다는 것은 오늘날의 많은 문헌들 가운데서 자명하게 나타난다. 근자에 나온 한 예(例)를 들자면 『기독교 변증학의 제문제』(Problems in Christian Apologetics)라는43) 제하(題下)의 버나드 램(Bernard Ramm) 교수의 책을 말할 수 있다. 그의 주장은 '기독교의 현대적 적수는 자연주의(naturalism)이다. 자연주의는 우주를 그 자체로, 즉 하나님, 정신, 또는 목적론과 같은 개념과 연관시키지 않고서 설명해 보려고 노력한다'는 것이다.44) 그는 또한 말하기를, "자연주의는 세상과 사람의 영적인 해석"을 부인한다고 한다.45) 그러나 "현대 과학이 자연에 대한 영적인 해석을 요청한다고 주장하는 철학자들과 과학자들이 있다-예를 들어, 카(Carr), 진즈(Jeans), 에딩톤(Eddington), 밀리칸(Millikan), 그리고 콤톤(Compton)등에 있다."46) 그러나 위에서 든 사람들이 제시한 "영적인" 해석은 분명히 좁은 의미의 "자연주의자들"이 제시한 해석들만큼이나 (성경의) 하나님을 배제하는 것이다.47)
　이 사실을 보지 못하면 자연주의적 원칙과 절충 또는 양보에 빠지기 쉽다. 그 어떤 그리스도인도 많은 비기독교인인 과학자들이 자연에 관한 많은 진리를 발견했다는 사실을 부인할 수 없다. 이 사실을 칼빈과 같은 이는 그들의 내재 주의적 인생관에도 불구하고 참된 것이며, 그럴 수 있다고 하는 것은 그들이 기독교에서 "빌려간" 자산을 가지고서 작업할 수밖에 없기 때문이라고 설명한다. 만일 그렇지 않는다면, 그는 자연주의자들이 부분적으로(partially) 옳다고 말하게 되는 것이다. 기독교인에 대해서 말하면서 램(Ramm)은 "그는 자연주의적 해석(설명)을 완전히 부인하지는 않는다."고 말한다.48) 자연주의가 자연을 하나님없이 설명해 보려고 한다는 사실에도 불구하고 말이다. 그러므로 오직 성경의 하나님과 관련해야만 과학이 그 작업을 할 수 있다고 주장하지 않는다면, 이런 절충과 양보에서 벗어날 길이 없는 것이다.

각주

1) 이 구분은 반틸에게 있어서 치명적으로 중요하다. 오직 중생받은 지성만이 세상을 온전히 하나님의 피조된 세계로서 이해할 수 있게 된다.
2) 창조자를 나타낸다는 자연의 단순한 사상조차에도 중립적 근거는 존재하지 않는다.
3) 자연이란 용어를 사용하는 것이 하나님께서 창조를 통해 자신을 계시하신다는 신자와 불신자 사이의 가정된 일치에 대한 오해를 피하게 만들지 못한다. 그것은 그 어떤 계시도 전혀 중립적이지 않기 때문에 "특별"계시(모든 사람들이 오직 신자들을 향한 계시임을 모든 이들이 인정하는 그리스도 중심의 구속역사)의 반대되는 용어로서의 "일반"계시라는 반중립성을 명료하게 해설하지 않는다.
4) 이전 장들에서 타락 이전의 피조물을 향한 계시에 관해서는 9가지 치환을 다룬 바 있다. 자연에 관하여(자연으로부터, 자아로부터, 하나님으로부터), 인간 자신에 대하여(자연으로부터, 자아로부터, 하나님으로부터), 그리고 하나님으로부터(자연으로부터, 자아로부터, 하나님으로부터)가 그것이다.
5) 성경적 전제는 우리가 그의 인격에 기초한 하나님의 계시를 세상을 이해하기 위한 유일한 근거로 단정하는 것을 요구한다. 우리가 세상을 해석하는 원리는 초월적 (하나님 중심적)이며, 동시에 내재적 (자아 내포적)이다.
6) 이 강력한 말은 오직 유일한 지식의 근원으로서의 하나님을 지칭하며, 다른 근원은 전적으로 불가능함을 나타낸다.
7) 말하자면, 이것은 거의 철학과 종교 계열의 무익함에 대한 니체식 인식이다.
8) 예를 들면, 시편 19:1-6; 50:6; 104:1-30; 전 1:5-7; 렘 5:21-2; 행 14:17; 17:24-7; 계 4:11을 참조하라.
9) John Calvin, *Institutes of the Christian Religion*, 1.5.1.
10) 용어는 반드시 명시적 의미를 지녀야 한다. 우리가 명백한 의미를 인식해야만 한다. 만일 우리가 그렇지 못하다면 그것은 죄 때문이다.
11) 이 인용은 히포크라테스 외에 고대 그리스도의 가장 위대한 의사 클라디우스 갈레노스(ca. 131-200)에 대한 인용이다. *De usu patrium*은 그의 유명한 작품인 『몸의 각 부분의 유용성』*The Usefulness of the Parts of the Body*이라는 헬라어 제목(*Peri chreias morion*)의 라틴어 번역이다.
12) Calvin, *Institutes*, 1.5.2.
13) 말하자면, 불의가 우리 마음 안에 있다는 말이다. 그러나 하나님께서 저주 가운데 이 외면적 세상에 두신 그 불의의 결과들이 있다. 우리는 창조의 부분("physico-temporal")이다. 따라서 우리는 저주의 증인들이며, 그것이 우리의 주의를 끌어야만 한다.
14) 세상이 우리 때문에 저주를 받았을 뿐만 아니라 하나님께서는 종종 세상에 더 가중되는 악의 결과들을 허용하시기 위해 우리의 불의를 간과하고 지나가신다.
15) 반틸은 우리가 그것이 선한 행위이든지 악한 행위이든지 이 세상에서 행하는 특별한 행위의 직접적인 결과를 항상 맞이하는 것은 아니라는 사실을 언급한

해 그는 우리가 하나님께서 항상 악에 보응하신다고 결론을 내려서는 안된다는 것을 부가해서 언급한다.
16) 역사적이며 문화적인 기억은 왜곡될 수 있지만 다른 많은 종류의 일반 계시가 그러하듯이 그것은 진리를 증거해 준다.
17) 이 표현은 다음과 같은 글을 쓴 칼빈으로부터 온 것이다. "가장 종교적이고 용의주도한 플라톤도 그의 시대에서 사라지고 있다." 칼빈은 분명히 이 글을 시세로(Nature of Gods, 1.10.24)로부터 빌려왔다. 여기서 벨레이우스는 그가 플라톤의 영역(Timaeus, 33 B에 묘사된 철학자들)보다 네 명의 기하학적 인물들에게 더 끌린다고 말한다. Calvin, *Institutes* 1.5.11. 플라톤의 티마이오스는 고대의 전통을 묘사한다. 그는 그 중심에 영혼이 있는 세상을 완벽한 천체로 묘사한다. 이 영혼은 표면에 뿐만 아니라 도처에도 스며들어 있다(34-37). 본문이 창조주를 말하고 있지 않지만, 그는 접근 불가능하며, 따라서 이 영혼과 천체에 대한 논의는 세상이 어떻게 창조에 관한 어떤 것을 반영하고 있는지 보여주는 시도이다.
18) Calvin, *Institutes*, 1.5.11, 12.
19) Ibid., 1.5.12. 에피쿠로스파는 그 이름에도 불구하고 우리는 잘 살아야 하지만 쾌락적으로 살아서는 안된다는 에피쿠로스(341-270 B.C.)의 가르침을 따르지 않았다. 그는 우정과 불필요한 욕정과 죽음의 두려움의 제거 등과 같은 가치를 계발했다. 그는 자신의 철학의 시초부터 하나님이나 또는 신들이 존재할지도 모르지만 그들은 우주의 생성에 아무런 기여를 하지 못하고 의미도 부여하지 못한다고 생각했다.
20) 제노와 세네카와 다른 이들로 이어지는 스토아학파는 종종 에피쿠로스학파와 비교 대조된다. 그들은 계속해서 순환되는 질서 있는 우주를 믿었다. 그들은 하나님을 믿기는 했지만, 멀리서 세상을 감독하는 하나님을 믿었고 고난과 죽음에 대해 인간이 차분하고 무관심한 태도를 보여야 한다고 믿었다. 이와 동시에 그들은 하나님의 다양한 이름들이 자연의 여러 다른 부분들과 동일시 될 수 있다고 생각했다. 칼빈은 이것이 하나님을 미신적 관습으로 통일시키는 것에 대한 본래 이해로부터 연원된 것이라고 주장한다. "애굽인"들은 태양신(Ra)을 믿었다. 의심의 여지없이 칼빈이 잘 알고 있던 유사한 인용은 유세비우스의 *Preparation for the Gospel and Plutarch's Morality*에서 발견된다.
21) Calvin, *Institutes*, 1.5.12.
22) 반틸은 종교적 동경에 대해 말하지만 칼빈을 따라서 언제나 그것이 궁극적으로는 잘못된 것으로 결론을 맺는다고 말한다.
23) 그러므로 계시는 충분하지만 우리가 그 내용을 그릇되게 사용하는 것이다. 이것은 특별계시를 소유한 자나 특별계시 밖에 있는 자들 모두에게 마찬가지이다.
24) Calvin, *Institutes*, 1.5.3.
25) 여기에는 인간이 악에 대해서 비구원적 은혜와 함께 일반계시로부터 데이터를 인식해야만 할 책임이 있다는 것에 주목하라. 그러나 반틸은 일반은총을 구원적 은혜와 연결시키는 논리를 통해 특별계시의 공급 역시 인식되어야만 할 것으로 확증한다.
26) Calvin, *Institutes*, 1.5.7.

27) 이러한 접근법은 하나님을 계시하는 율법과 그렇지 않은 율법을 분리하는 자연신학에서도 나타난다.
28) 일반계시에 대한 반틸의 견해는 강력하다. 특별계시에 접근하지 못하는 사람들조차, 아담의 이름을 부르지 못하는 사람들조차 창조와 역사를 통해 하나님의 지식을 소유할 수 있다.
29) 이것은 자연에 관한 일반계시의 세 가지 범주 가운데 두 번째 항목이다.
30) 반틸은 개혁주의 신학을 따르면서, 다시 한 번 하나님과 자연과 인간의 의식이 언약 안에서 서로 분리될 수 없는 것으로 관계시킨다. 자연은 인간의 집이며, 하나님은 그 영역의 주님이시며, 자연에 명령하신다.
31) 반틸은 사물에 대하여(본체) 그리고 감각(현상)에 의해 알려진 것에 대해 칸트의 언어를 사용하고 있다. 위의 미주 35번을 참조하라. 반틸은 하나님과 창조에 관한 것을 지칭하기 위해 언어를 채택하는 것이지(이것은 언급할 필요성이 있다) 칸트의 철학에 찬성하기 위해 그의 언어를 사용하는 것이 아니다. 이어지는 글이 이것을 분명히 한다.
32) Calvin, *Institutes*, 2.2.13. 우리는 반틸이 칼빈을 비평하려하지 않는 모습을 감지하게 된다. 그러나 반틸은 이 문제가 아주 중대하기 때문에 매우 조심스럽게 그를 비평하고 있다. 피조물에게는 그 어떤 자율성도 가정되어서는 안된다.
33) Ibid.
34) 타락한 인류는 하나님보다 자연의 영역에 대해 더 많이 알지도 모른다. 그러나 그것은 우리가 하나님을 아는 것보다 그것을 더 진정으로 알 수 있기 때문이 아니다. 불신자들은 마지막 날에 그 지식이 구원에 대해 아무런 쓸모가 없을지라도, 신자들보다 이 세상에 대해 더 나은 지식을 지닐 수 있으며, 따라서 더 훌륭한 과학자가 될 수도 있다.
35) 본체라는 칸트 철학의 용어는 알려질 수 없는 사물 그 자체를 지칭한다. 현상은 알 수 있는 무엇으로서 인간의 경험 안에서 표현된다. 칸트에 의하면 본체가 알 수 없는 것이라 할지라도, 그 본체적 실재는 현상의 실재 특별히 자유의지와 윤리를 보증하기 위해 반드시 전제되어야 한다. 반틸은 끊임없이 이 모든 사상을 비합리주의적인 동시에 합리주의적으로서 비판한다.
36) 예를 들면, 종교사회 학자인 피터 버거는 "방법론적 무신론"의 절차를 밟아야 한다고 주장한다.
37) 이 요점은 그 치밀함으로 인해 종종 반틸의 비평에서 발견되지 않는다. 그들은 인간이 나무들에 대해 그릇되었다는 진술 때문에 반틸이 회의주의자이며, 그는 단지 신앙주의로서만 대답할 뿐이라고 결론짓는다. 실제로 그는 체계에 대해 말하고 있다. 따라서 나무와 같이 무엇인가에 대한 묘사는 그것의 한도 내에서 사실일 수 있다. 그러나 그것이 불신앙적 체계에서 다루어지기 때문에 궁극적으로 참된 것은 아니다.
38) 근원으로서의 하나님은 자연에 관한 계시의 주제의 세 번째 부분이다.
39) 그가 여전히 일반계시를 논의하고 있더라도, 반틸은 여기서 성경에 기록된 말씀을 포함한 하나님으로부터의 직접적인 말씀을 고찰하고 있다.

40) 훔친 자산이라는 개념은 불신자들에게 주어진 지혜와 은사에 대한 반틸의 두드러진 설명이다. 다행스럽게도 지식의 진보로 인해 과학자들은 종종 그들의 전제에도 불구하고 그들 자신 때문이 아니라 계시를 통해 일할 수 있는 것이다.
41) 현재에 이르기까지 많은 로마 가톨릭 학자들이 토마스 아퀴나스로부터 물려받은 자연과 은혜라는 이분법을 사용한다.
42) 만일 반틸이 과학의 역사를 통해 특정한 이름들을 언급했었더라면 아주 큰 도움이 되었을 것이다. 그는 아래에서 "근본주의자"로 분류한 버나드 램에 대해 언급한다. 램은 아마도 자신을 "신복음주의자"로 생각했을 것이다.
43) Bernad Ramm, *Problems in Christian Apologetics* (Portland: Western Baptist Theological Seminary, 1949). 이 책은 그의 첫 번째 작품이다. 이에 대한 논쟁은 다음의 책에서 나타난다. *The Christian View of Science and Scripture* (Grand Raids: Eerdmans, 1954).
44) Ibid., 54.
45) Ibid., 61.
46) Ibid., 68.
47) 오늘날, 우리는 "정신 물리학"과 생물학에 대한 신비적 견해를 포함한 다양한 견해를 보고 있다.
48) Ramm, *Problems in Christian Apologetics*, 67.

제8장

사람에 관한
현재의 일반 계시

1. 자연으로부터 온 사람에 관한 계시: 물리적 심리학 (Physio-Psychology)

　죄가 들어온 이후에 사람에 관한 일반 계시의 문제, 특히 죄된 사람이 자연으로부터 자신에 관하여 무엇을 배우는가 하는 문제에 이르러서 우리는 죄된 사람이 자신에 관한 연구로부터 자연에 관해서 무엇을 배울 수 있는가에 대해서 말했던 바를 뒤집어 놓기만 하면 된다.[1] 그 본질상 자연은 사람을 위해서, 사람은 하나님을 위해서 창조되었다. 따라서 타락 이후에도 사람은 자연에 대한 연구에서 자신에 관하여 상당히 많은 것을 배우는 것이다. 자연과 그 자신이 하나님에 의해서 피조되고 유지되는 것이다. 마찬가지로 타락 이후에는 자연과 그 자신이 하나님의 저주 아래 종속되는 것이다 그리고 자연과 그 자신 모두가 하나님의 일반적 은총 아래 있게 된다. 따라서 개인적으로나 집합적으로나 인간의 삶에 대한 참으로 열매있는 연구는 우주사 (cosmic history) 전체의 한 부분으로 여겨져야 하고, 이 우주사는 그 창조자이신 하나님과 그 구속자이신 그리스도의 빛에서 연구되어야 하는 것이다.[2]

　이것을 죄인은 하지 않으려고 한다. 사람이 죄를 범하면 그는 그의 모든 관계들을 내재주의적(內在主義的, immanentistic)으로만 해석해 보려고 노력하게 된다. 그러므로 자기 자신에 대해서는 특히 자신의 미래에 대해서 자연의 법칙에서 어떤 결론을 이끌어 내려고 한다.

　이 자연의 법칙들이 그 자체로 충족된 것으로서 기능하는 듯이 가정하면서 말이다. 불멸성(immortality)에 대한 소크라테스의 논의가 이에 대한 아주 고전적인 예(例)가 된다고 할 수 있다.[3]

　소크라테스는 그가 자연 안에서 어디서나 관찰할 수 있는 생성과 쇠퇴에 대한 연구에 의해서 자신의 영혼이 불멸적이라는 결론을 이끌어낼 수 있을지를 보려고 한다. 그는 사람의 몸이 파멸하는 것을 보았다. 그렇다면 영혼은 몸이 사라진 후에도 살아남을 것인가? 그는 몸은 다시 부활할 수 없다고 단언하며, 그것을 당연한 것으로 받아들였다. 왜냐하면 그에게는 현존하는 자연이 정상적인 것(normal)이었기 때문이다.

그의 결론은 그가 확실히 무엇을 말하기 어렵다는 것이었다. 그 후에 그는 영혼이 다른 개념과 함께 그가 영원하다고 생각한 생명의 개념의 본질에 참여한다는 개념에 근거해서 논의해 보려고 하였다. 그러나 불행히도 그는 영혼 안에 악이 있음을 발견하였고, 따라서 이 악도 역시 영원한 기원을 가져야 하는 것으로 생각하였다. 그러므로 영혼은 상층에서라도 여전히 스스로와 싸우며 평온히 서 있을 수 없을 것이라고 한다. 그러므로 여기서도 확실하게 무엇을 말할 것이 없다. 그리고 이 불확실성은 셋째로, 그가 영원한 세계와 시간적 세계를 아주 밀접하게 연관시켜서 그들이 상호 관련하면서 항상 있었던 것으로 놓으려고 할 때에도 더 증가되고 만다. 그 경우에도 미래에 무엇이 일어날 것인지를 말해주는 것이 없을 것이라는 것이다. 플라톤의 이 논의는 사람이 자연으로부터 자신에 관해서 무엇을 배울 수 있는가에 대한 모든 비기독교적 사변의 전형적인 예(例)이다. 이 논의는 내재주의적인 것이다. 그러나 사람들이 자연 법칙에 대한 자신들의 지식에 근거해서 불멸성을 논의하였다는 사실은 자연과 인간 사이의 어떤 연관이 있다는 사실의 일부를 그들이 감지하였으며, 자연과 인간이 함께 하는 것임도 감지하였음을 보여준다. 사람들은 자연 안에 나타난, 자연의 한 부분인 인간의 몸 위에 임한 하나님의 진노로부터 그들이 (지금) 은혜로 살고 있다고 결론 내렸어야만 한다. 그러나 그 대신에 그들은 자신들이 은혜를 필요로 하지 않으며, 우주 자체 안에서 사물에 대한 설명을 찾을 수 있다고 결론내린 것이다. 그러나 그럴지라도 그들은 자기 자신들의 설명으로 만족하지 않았고, 이 사실은 오직 참된 설명은 위로부터 와야만 한다는 것을 증언하는 것이다. 이에 덧붙여서 그들이 도대체 자연과 인간에 대한 지식이 있으려면 자연 자체가, 또한 자연의 한 부분인 인간이 이상 세계와 어떻게든지 연관되어 있어야만 한다는 것을 인식하는 한 그들의 설명에 진리의 요소가 있었다고 할 수 있다.[4]

2. 사람에게서 온 사람에 대한 계시: 심리학 자체(Psychology Proper)

죄인이 자기 자신에 대한 연구로부터 자신에 관해서 무엇을 알 수 있고, 또 알고 있는가 하는 문제에 대해서, 먼저 칼빈이 이 문제에 대해서 말한 바를 진술하고 몇 가지를 덧붙이는 것이 최선의 방법이라고 생각된다.[5] 칼빈의 『기독교강요』제1권은 이 문제에 대한 교회의 가장 위대한 고전이다. 이는 사람이 자연에 대한 연구에서 얻어야 하는 신지식(新知識)문제를 다루고 있다.

제일 먼저 주목해 보아야 할 점은 칼빈이 그의 『강요』 전체의 논의를 시작하면서 제1권, 제1장을 사람의 자신에 관한 지식과 하나님에 관한 지식을 밀접히 연관시키는 일로써 시작하고 있는 점이다. 이 책의 첫 부분을 인용하면 다음과 같다.

> 참되고 바른 지혜로 여겨져야 하는 우리의 지혜는 전적으로 두 부분으로 구성되어 있으니 그것은 하나님에 대한 지식과 우리들 자신에 대한 지식이다 이 둘은 여러 가지 연관으로 연결되어 있으므로 어떤 것이 앞서서, 다른 것을 낳는다고 규정하기가 쉽지 않다. 왜냐하면 첫째로, 그 누구도 그가 그 안에서 살며 기동하는 하나님을 생각하지 않고서는 자신에 대해 생각할 수 없기 때문이다. 이는 우리가 받은 것들이 우리 자신으로부터 올 수 없는 것이며, 아니 우리의 존재 자체가 하나님 안에 있는 존재 이외에 다른 것이 아님이 아주 분명하기 때문이다.[6]

이 인용문에서 몇 가지 요점이 분명히 드러난다. 칼빈은 결코 사람의 본성과 그 장래에 대한 논의를 사람 자체로부터 시작하지 않았다. 그는 사람을 궁극적인 출발점으로 놓고 그로부터 시작하지 않았던 것이다. 오히려 칼빈은 일반적, 선험적 입장에서 시작했다. 그러나 그의 입장은 데카르트의 입장과는 아주 급진적으로 다르니, 이는 마치 데카르트의 입장이 흄의 입장과 다른 것과 유사하다.[7] 그런데도 칼빈 이후에 온 대부분의 변증가들은 이 문제에 있어서 부당하게 데카르트의 철학의 영향에 자신들을 노출하였다. 칼빈은 만일 사람이 자신에 대한 바른 지식을 가지려면 하나님을 원형으로(original) 그리고 자신을 파생적인 것으로(derivative)여겨야만 한다는 것을 충분히 인정했었다. 그는 사람과 하나님이 서로 나란히 설 수 있는 상호 연관적인 것으로 보지 않고, 처음부터 한편에는 신적이고 영원하며 또 한편에는 인간적이고 현세적인 두 수준의 존재, 또 두 수준의 해석이 있음을 인정한 것이다.[8] 그에게는 우리가 소유한 능력들이 우리의 것이 아니라 하나님의 것임이 아주 분명하였다. 그래서 그는 말하기를 "한 줄의 빛도, 지혜도, 정의도, 능력도, 의로움도, 참된 진리도 그에게서 나오지 않는 것은 없다. 그에 대해 그가 원인이 아니신 것은 없다"고 한다.[9]

성경적 창조론과 섭리론에 근거해 있는 이런 칼빈의 사상을 우리는 전장에서 원래 사람은 그 자신의 사상과 관련한 사물의 참된 상태를 볼 수 있도록 되었다고 말함으로써 표현해 보려고 했었다. 원래 사람은 자신을 하나님의 해석에 대한 재해석자로 보았었다. 그러나 이제 죄가 이 세상에 들어온 뒤에는 이 모든 것이 어떻게 되었는가? 칼빈은 그의 『강요』 제1권 제3장에서 이 문제에 대해서 말하고 있다. 이 장(章)의 첫 문장을 인용해 보기로 하자.

> 인간 정신 안에 그리고 사실 자연적 본능에 의해서 어떤 신 의식 (神意識, sense of Deity)이 있음을 우리는 당연한 것으로 받아들이며 주장하니 이는 하나님께서 사람들이 무지를 핑계하지 않도록 하기 위해서 모든 사람들에게 그의 신성에 대한 개념을 부여하시고, 또 그것에 대한 기억을 새롭게 하시고 때때로 강화하셔서 모든 사람이 한 분 하나님이 계심을, 그리고 그가 자신들의 창조자이심을 의식하도록 하시고, 또 그를 경배하지도 않고, 자신들을 그에게 드려 살지 않을 때 그 양심에 가책을 받도록 하신 것이다.[10]

그 조금 뒤에 그는 또 다음과 같은 말을 덧붙이고 있다. "그러므로 건전한 판단을 가진 모든 사람들은 신 의식이 지워질 수 없게 사람의 마음에 새겨져 있다고 주장할 것이다. 이런 신념이 자연스럽게 모든 이들 안에 있고, 이것이 우리의 뼈 속에도 철저히 뿌리박혀 있음은 악한 자들의 불순종과 완고함에서 잘 예증되니 이들은 강하게 저항하면서도 그 자신 안에 있는 하나님을 두려워하는 것을 없애 버릴 수 없는 것이다. 디아고라스(Diagoras)와 그와 같은 성향의 사람들이 종교에 관해서 고래(古來)로 믿어져 오던 것들을 우습게 보고 농담거리로 여기며, 디오니시우스(Dionysius)가 하늘의 심판에 대해 코웃음칠지라도 그것은 냉소(冷笑)일 뿐이니 타오르는 철보다 더한 양심의 벌레가 그 안에서 그들을 갉아 먹고 있기 때문이다."[11]

좀 더 내려가면 또 이렇게 덧붙이고 있다. "더구나 모든 사람이 하나님을 알며 배우려는 분명한 목적을 위해 태어나고 사는데 신지식이 이런 효과를 내는 일에 있어서 실패한다는 의미에서 신 지식이 무용의 것이 된다면, 그렇다면 그들의 삶의 전사상과 행동을 이 목적을 향해 전적으로 지향하지 않는 모든 사람들은 그들 존재의 법칙을 성취하지 못하는 것임이 분명하다."[12]

또 제4장에서는 **모든 이에게 하나님에 의해서 뿌려진**(divinely sown in all) **종교의 씨앗**(semen religionis)에 대해서 말하고 있다.[13] 또 제5장에서는 사람 안에 뿌려진 종교의 씨앗을 자연 안에 있는 하나님의 계시와 연관시키고 이들에 대해서 다음과 같이 말한다. "물론 그의 하나님의 본질은 불가해적(incomprehensible)이고, 인간의 모든 생각을 완전히 초월하는 것이다. 그러나 그의 사역 각 부분에 그의 영광은 그렇게 밝고도 분명하며 명확해서 그 누구도 아무리 어리석고 배우지 못한 자라고 해도 몰라서 섬기지 못했다고 변명할 수 없을 정도로 그렇게 큰 글자로 새겨져 있는 것이다."[14]

칼빈이 여기서 스스로에게 묻고 있는 질문은 사람이 자신들이 활용할 수 있는 자료를 가지고서 어떻게 하였는가 하는 것이 아니다. 그의 기본적인 목적은 죄인된 사람에게 하나님의 계시가 어떤 역할을 하는지를 보여주려는 것이다. 즉 그는 하나님께서 그들에게 주신 계시 때문에 그들이 마땅히 무엇을 배웠어야 하며 그들이 마땅히 어떻게 했었어야 하는지를 말해주고 있는 것이다. 다시 한 번 그의 말을 인용해 본다. "그러나 여기에 사람의 수치스러운 무례함이 있다. 그 자신들 안에서 하나님의 수없이 많은 작용이 행해지고 있고, 그들 자신이 값으로 따질 수 없는 고귀한 가치의 보물을 담고 있음에도 불구하고…그들은 마땅히 그래야 하듯이 찬양의 봇물을 터뜨리지 아니하고서 오히려 자만으로 가득차게 된 것이다. 그들은 하나님께서 그들 안에서 얼마나 놀랍게 역사(役事)하시는지를 느끼며, 그들 자신의 경험은 그들이 하나님의 너그럽게 주시는 수없이 많은 선물을 받고 있음을 말해주고 있다. 그들은 그들이 원하든지 원하지 않든지 간에, 이런 것들이 그의 신성의 증거들임을 알 수밖에 없는데도 그들은 내면적으로 그것들을 억누르고 있는 것이다."15)

피조된 우주 속에 나타난 창조주께 대한 이 크고 아름다운 증시 때문에 칼빈은 사람들이 그들 안에 있는 하나님에 대한 지식을 억누르는것을 가장 심각한 배은망덕이라고 한다.16) 그는 이렇게 말하고 있다.

"그러나 오늘날 이 땅은 그 안에 수많은 괴물적인 정신을 가진 이들을 가지고 있다…이들은 인간성 안에 주어진 신성의 씨앗(the seed of Deity)을 하나님의 이름을 억압하는 수단들로 사용하기를 두려워하지 않는 이들이다. 그들의 몸과 영혼에서 수백 번 하나님을 찾으면서도 그의 위대하심을 하나님이 계시다는 것을 부인하는 근거로 삼는 사람 안에 있는 이 광기보다도 더 혐오할 만한 것이 있을 수 있겠는가?"17)

지금까지의 칼빈의 논의를 정리한다면 다음과 같다. 사람 주변뿐만 아니라 사람 안에서도, 아니 사람 주변에서보다 사람 안에서 더 분명하게 다음과 같은 사실이 실제로 증시되어졌다. (a) 이 세상을 하나님께서 창조하셨다는 사실, (b) 이 세상에 대한 하나님의 섭리의 사실 그리고 (c) 이 세상에 증시된 하나님의 영광과 후하심.

이 모든 것이 이 세상에 원래 증시되어졌고, 죄가 들어온 이후에도 여전히 세상에서 증시되고 있다. 이 가르침이 그것에 근거한 성경, 특히 자연과 구별된 사람에 대한 이 가르침은 요한복음 1장 9절과 같은 구절에서 발견된다. "참 빛 곧 세상에 와서 각 사람에게 비취는 빛이 있었나니." 이와 비슷하게 로마서 1장 19절도 언급될 수 있다 "하나님을 알 만한 것이 저희에게 보임이라." 사람은 자의식적인 하나님의 피조물이고 계속 그런 자로 남아있다. 사람의 정신 활동에서 피조된 우주에서의 하나님의 계시가 그 최고의 징짐에 이르렀있고 지금도 그러하다. 피조된 인격이 하나님의 인격성에 대한 최고의 표현인 것이다.18) 그러므로 그 자신의 인격의 활동 자체에서 사람은 그 자신에 관한 진리의 가장 분명한 표현 앞에 서게 되는 것이다.

더구나 사람의 의식의 활동에서 사람의 정신은 자신에 관한 진리와 가장 **직접적으로** 접촉하게 되는 것이다. 칼빈이 사람은 신의식을 가진다고 하며, 사람 자신의 구성 안에 종교의 씨앗이 있다고 말함으로써 드러내려고 하는 것이 바로 이것이다. 칼빈은 사람이 어떤 자의식적인 결론에 이르기 전에 사람이 그 자신 안에 진리에 대한 직관적 지식(an intuition of the truth)을 가진다고 말하기를 원한다. 신학자들은 이를 획득적 지식(acquired knowledge)과 구별하여 선천적(innate, insita) 지식이라고 말하였다. 물론 이 구분은 사람이 자신을 분석하여 하나님께 대하여 무엇을 알 수 있느냐의 문제, 즉 합리적 신학의 논의와 관련하여 나타난 것이다. 그러나 이 구분은 사람의 자신에 대한 첫의식과 관련해서도 동등하게 적용될 수 있는 것이다.

헤프 박사(Dr. Valentine Hepp)는 이 문제와 관련해서 우리가 무엇보다 먼저 로고스의 사역을 생각해야 한다고 말함으로써 칼빈의 사상을 잘 드러내고 그것을 수행하였다. 로고스를 통해서 하나님께서 세상을 창조하셨다. 또한 로고스의 사역을 중시하는 능동적 주체이신 성령의 사역을 생각해야만 한다. 그 뒤에 일반 계시의 진리에 대해 사람의 영에게 증언하시는 성령의 일반적 증언을 도입해야만 한다. 그런 뒤에라야 사람의 안과 밖의 계시에 대한 그의 반응 문제를 다룰 수 있는 것이다.[19]

그러므로 **신의식**(神意識, the sensus deitatis)에서 우리는 사람의 의식 안에서 하나님이 이 세상의 창조자요 섭리자라는 사실에 대한 직접적 의식이 솟아나고 있음을 볼 수 있다. 문제는 이것이 계시에 대한 사람의 태도도 지시하느냐 하는 것이다. 칼빈은 이 신 의식이 기본적으로 계시적이라고 생각했다고 보는 것이 칼빈의 생각을 가장 잘 표현해 주는 것이라고 생각된다. 그러나 (현실상) 계시가 계시에 대한 반응에 대해 시간적으로 우선하는 것은 아니다. 사람이 의식적(意識的)이자마자 그는 자의식적(自意識的)이며, 자의식적이자마자 자신이(하나님과의) 언약을 어긴 사람임을 의식하는 것이다. 죄된 사람은 자신이 그렇게도 싫어하는 이것을 내려누르기 위해서 최선을 다한다. 그 억누름에는 반드시 이것이 있음에 대한 인식이 있는 것이다. 즉 사람은 그것에 반응하지 않고서는 결코 하나님의 계시와 직면할 수 없는 것이다. 그러나 그 자신의 반응은 그것이 또한 그에 대한 하나님의 계시라는 점에서 생각되고 있다. 계시와 반응이라는 용어 대신에 객관적인 것과 주관적인 것이란 용어를 쓰면 다음과 같은 결론에 이를 수 있다. 인간 정신을 통한 하나님의 모든 계시는 심리적으로 주관적이다. 그러나 이것이 사람에 대한 하나님의 계시의 객관적 성격을 축소시키지는 않는다. 그 외에도 이 심리적으로 주관적인, 그러나 그럼에도 객관적인 계시에 대한 사람의 반응은 윤리적으로 주관적이다. 그러나 그럴지라도 사람에 대한 하나님의 계시의 객관성이 축소되거나 다른 것으로 환원될 수 없는 것이다.[20]

신의식(神意識 sensus deitatis)이 기본적으로 계시적이라는 것을 분명히 하였다면 이제 우리는 직각(直覺, intuitions) 문제에 대한 성경적 평가를 할 수 있을 것이다. 이 직각들을 신 의식과 동일시할 수 있을 것이고, 그것도 단지 계시적인 것으로 생각할 수 있다. 만일 우리가 직각을 그와 같은 것으로 생각한다면 우리는 직각들을 사람의 죄된 본성에도 불구하고 사람 안에서 진리가(그의 본성에 반하여, in-voluntary) 솟아나는 것이라고 옳게 생각할 수 있다. 또한 그와는 반대로 우리는 이 직각들을 사람의 안과 밖에 있는 계시에 대한 사람의 자발적인 도덕적이고 지적인 **첫째** 반응이라고 생각할 수 있다.[21] 만일 우리가 그렇게 생각한다면 이는 사람의 추론 과정만큼이나 본래적이고 악한 것으로 여길 수밖에 없다. 이 두 가지 경우에 있어서 우리는 사람의 심리적 활동을 다루고 있다. 그런데 이 심리적 활동이 하나님의 피조물의 활동인 한 그것은 그 창조자를 증시하지 않을 수 없으며, 또 그것이 죄인의 활동인 한 그것은 창조자에 대한 그 사람의 증오도 나타내 보이지 않을 수 없는 것이다.

그러나 우리는 무의식적(無意識的, unconscious)또는 전의식적(前意識的, preconscious) 행위와 자의식적(自意識的, self-conscious) 행위를 너무 구별하지 않도록 주의해야 한다. 실재론(實在論, realism)과 이에 근거한 신학은 (헤프에게서 보는 바와 같이) 이 구별을 너무나 지나치게 하였디.[22] 그에 의하면 직각(intuition)은 이성의 활동(ratiocination)과는 아주 다른 어떤 것, 그보다 더 기본적인 어떤것이라고 여러 번 언급되었다. 그러나 우리는 그렇지 않다고 믿는다. 물론 직각이 더 직접적이고 그럼으로 하여 추론 활동(ratiocination) 보다는 오류의 침입을 덜 받을 수 있다는 점에서는 직관이 추론 (reasoning)보다 더 신뢰할 수 있을 만한 것이다. 그러나 추론(推論, reasoning) 그 자체는 자의식적 직각(自意識的 直覺. self-conscious intuition)일 뿐이고, 직각은 무의식적 추론(無意識的 推論)일 뿐임을 잊어서는 안된다. 그러므로 그 중 어느 하나가 본래적으로 더 타당한 것은 아니다. 이와 같은 사실은 사람이 죄를 범하기 이전에는 직각과 추론의 상대적 타당성 사이에 그 어떤 차이도 있을 수 없었다는 것을 인식할 때 가장 잘 나타날 수 있다. 그 때에는 직각과 추론 모두가 동등하게 타당했던 것이다. 또한 우리는 추론은 죄로 인해 왜곡되었는데, 직각은 그렇지 않다고 말할 수 없다. 물론 이성은 그 범위가 상당히 크므로 직각보다 더 많이 그리고 더 크게 오류를 범하는 것은 사실이다. 그러나 직각도 이성만큼 잘못된 것이다. 사람의 인격에는 죄에 의해 영향을 받지 않은 것이 한 점도 없는 것이다.

자연의 경우에서와 같이 사람 안에 있는 하나님의 계시도 사람의 죄에 대한 하나님의 진노 때문에 더 복잡해졌다. 왜냐하면 사람의 인격이 그 자체로 피조된 우주 안에서 하나님의 계시의 절정인 것처럼 하나님의 진노도 최고의 것에 대해 가장 강하게 나타나기 때문이다. **최상의 것의 부패는 최악의 것이다**(Corruptio optima pessima est). 우리는 특히 바울에 의해서 진노가 사람의 모든 경건치 않음과 불의에 대해 하늘로부터 나타난다는 말을 듣는다. 하나님의 진노가 온 피조계에 대해서 소나기같이 내려온다면 죄 지은 사람의 영혼 위에는 특히 강하게 내려 퍼붓는다고 말할 수 있다. 창조자와 풍성하신 지혜자로서의 하나님에 대한 증거가 가장 영광스럽게 나타난 곳이 하나님의 진노가 가장 강렬하게 집중되는 곳이 되는 것이다. 온 피조계에 대한 하나님의 모든 진노는 이 점에 집중된다. 물이 가장 깊은 곳에서 하나님의 진노의 채찍이 더 깊이 내려쳐지는 것이다.[23]

어떤 방식으로 사람 자신에게 하나님의 진노가 나타나는가를 정확하고도 구체적으로 말한다는 것은 불가능하다. 몇 가지만을 시사할 수 있을 뿐이다. 첫째로 사람의 몸이 연약해졌다는 사실은 그 몸이 사람의 영을 제대로 섬길 수 없는 것이 되도록 한다. 자연에 대한 사람의 지식은 상당히 그의 감각의 예민함에 의존한다. 하나님께서 당신의 일반 은총으로써 사람에게 이런 점에서 상당한 양의 능력을 남겨주셨음에 대해 놀라면서도 사람이 그를 둘러싼 우주에 대한 관찰에서 끊임없이 그리고 수없이 많은 실수를 하고 있음은 아주 분명한 것이다. 사람의 눈과 귀 그리고 그의 모든 감각들이 죄의 영향력을 통해서 상당히 약화되어졌다. 몇몇 사람들의 천재성에 대해서 놀라면서도 우리는 그와 같은 능력이 많은 사람들에게 없음을 매우 애석해 하는 것이다. 또한 이 영역에서 가장 뛰어난 이도 큰 약점들을 가지는 것이다.

영혼 자체에 대한 죄의 결과에 대해서 우리는 사람의 지식과 악한 영들의 지식을 비교함으로써 그 한 부분을 볼 수가 있다. 성경은 사단과 그 무리들이 원래는 온전하게 창조되었던 존재들이라고 말하고 있다. 그런데 사단은 하나님을 퇴위시키려고 하였고, 수세대에 걸쳐서 계속해서 그리하려고 노력해 왔다. 그러나 그 문제의 성격상 그는 결코 이 일에서 성공할 수 없다. 만일 하나님이 퇴위되신다면 그는 하나님이 아닐 것이기 때문이다 따라서 사단의 지식은 거짓된 것으로 드러난다. 그는 실재에 대해 참되지 않은 "실재에 대한 논리적 추론"을 하였고, 또 계속 그 일을 하는 것이다. 사단은 그리스도를 멸망시키기 위해서 그를 십자가에 못박는 일을 시도하였다. 그리스도를 십자가에 못박으면 그로써 사단 자신의 나라가 멸망하게 되리라는 것을 사단은 알지 못하였던가?(그랬었다-보역). 그러므로 우리는 한편으로는 사단의 천재성이 굉장한 것이면서도 또 한편으로는 그가 자신의 계획에서 스스로를 파멸시키고 있음을 보는 것이다. 그는 실재에 대한 그의 지식에 있어서 끊임없이 실수를 범하고 있다.

이와 비슷하게 사람의 정신도 죄가 들어온 후로는 하나님의 저주 아래 있어온 것이다. 죄의 유입은 실재에 대한 잘못된 해석을 동반한다. 사람은 자신이 비록 피조물이지만 실제로 창조자 하나님처럼 될 수 있다고 생각했었다. 이것은 아주 잘못된 계산이었다. 사람이 죄 가운데 빠진 뒤에는 절대적 관점에서 보았을 때 참된 해석 능력이 전적으로 사라지리라고 기대할 수밖에 없는 것이었기 때문이다. 그 어떤 죄인도 실재를 바르게 해석할 수 없다. 이것이 이와 관련해서 유념해야 할 첫째 요점이다. 사람의 논리적 능력을 그의 도덕적 능력과 구별해서 사람이 도덕적으로는 하나님을 섬기지 않으려고 하지만, 지적으로는 하나님을 옳게 알 수 있다고 말할 수는 없는 것이다. 물론 가인이 주의 면전을 떠났을 때 그는 **어떤 의미에서는** 그전에 그를 알고 있었던 것처럼 하나님을 아는 것이다. 또한 **어떤 의미에서는** 사단도 그가 타락하기 이전과 같이 하나님을 안다고 말할 수 있는 것도 사실이다. 또 어떤 의미에서는 사단이 이전보다도 하나님을 더 잘 아는 것이다. 하나님께서 당신이 말씀하신 것은 참되시다는 것을 사단에게 수천 번 증명해 보이셨기 때문이다. 그러나 바로 여기에 사단의 인격 내에 모순이 있음이 드러나게 되는데, 즉 그는 하나님을 알면서도 또 참으로는 하나님을 모르기 때문이다. 그는 하나님은 결국 전복될 수 없다는 것을 알면서도 그 자신의 지성은 끊임없이 하나님을 퇴위시킬 수 있는 전략을 고안해 내는 것이다. 그러나 이것이 하나님의 진노의 표현이 아니라면 무엇이겠는가? 그렇다! 이것은 죄의 자연적 결과이고 죄가 그 과정을 그대로 밟아가도록 된 것 자체가 하나님의 진노인 것이다.[24]

같은 방식으로 죄가 유입된 이후의 사람의 생각은 자기좌절(self-frustration)로 특정지워지게 되었다. 물론 죄인들도 나름의 방식으로 상당한 양의 지식을 쌓을 수는 있다. 그 지식을 얻는데 주로 사용되는 인간의 몸이 연약해지고 그의 논리력(論理力)이 약화되었으며 또한 그의 눈으로 볼 때 물리적 세상의 사실들에 대해 잘못 판단하곤 하지만, 이 모든 것에도 불구하고 사람은 상당히 많은 것을 알 수 있는 것이다. 하나님께서 우주 안에 창조하신 논리의 법칙들(the laws of logic)은 죄로 인해 파괴되지 않았으나, 그것들을 사용할 수 있는 사람의 능력은 약화되었다. 그렇지만 지금도 사람은 그의 논리적 해석으로 진리에 가깝게 갈 수 있는 것이다. 사람의 지식이 자기좌절로 특징지워진다고 했을 때 우리가 주목해야 할 첫째 요점이 바로 이것이다.[25]

비기독교적 철학자들에 의해 이루어진 실재에 대한 해석의 체계들이 그 형태에 있어서 기독교가 믿는 진리의 체계와 아주 유사하다는 것이 종종 지적되었었다. 우리는 이 사실을 모호하게 할 의도는 전혀 없다. 그것이 바로 우리가 기대할 상황이기 때문이다. 하나님은 절대적이고 따라서 절대로 폐위될 수 없다는 의미에서 하나님은 하나님이라고 사단 자신이 점증적으로 확신해야만 하듯이 플라톤과 같은 "그들의 머리 가운데서 자신들을 상실해 버린" 많은 철학자들도 절대적인 하나님이 없으면 삶의 해석이 있을 수 없다는 것을 점증적으로 느꼈던 것이다.26) 이 소극적인 확신의 결과 때문에 실재에 대한 자연인의 해석은 그 형태가 종종 진리에 아주 유사하게 나타났던 것이다. 이에 대해서는 철학상 관념론 전통이 최선의 증명이 될 수 있다. 관념론적 철학 체계가 형식적으로는 실용주의적 체계보다 훨씬 더 낫다는 것을 끊임없이 지적해야 할 필요가 있다. 비록 기독교적 관점에서 보면 그리스도를 영접하지 않는 한 살인자나 존경할 만한 시민이나 모두가 영원히 상실될 것이지만 그렇다고 해서 살인자가 되든지 존경할 만한 시민이 되는 것이 이래도 좋고 저래도 좋은 문제가 아닌 것이다. 1분 차이로 기차를 놓친 사람도 1시간 차이로 기차를 놓친 사람과 마찬가지이긴 하지만, 그래도 1시간 차이로 놓친 사람보다는 1분 차이로 놓친 사람에게 좀 더 후한 점수를 주는 것이다. 즉 어떤 이들이 비록 하나님 나라 안에 들어와 있지는 않으나 "하늘 나라에서 멀지 않을 때" 우리는 기쁘하게 된다. 그러나 이 모든 것은 죄인들의 지식은 그 자체를 좌절시킨다는 사실을 더 명확하게 드러낼 뿐이다. 그와 같이 하나님을 알면서, 즉 진리에 그렇게 가깝게 가는 해석의 형태에 접근하면서도 그 온전한 의미의 진리를 받아들이기를 거부하는 것이 되기 때문이다.27) 이와 같은 자기 좌절에 대해서 바울은 로마서 1:18~21에서 다음과 같이 말하고 있다. "하나님의 진노가 불의로 진리를 막는 사람들의 모든 경건치 않음과 불의에 대하여 하늘로 좇아 나타나나니, 이는 하나님을 알 만한 것이 저희 속에 보임이라 하나님께서 이를 저희에게 보이셨느니라. 창세로부터 그의 보이지 아니하는 것들 곧 그의 영원하신 능력과 신성이 그 만드신 만물에 분명히 보여 알게 되나니, 그러므로 저희가 핑계치 못할지니라 하나님을 알되 하나님으로 영화롭게도 아니하며 감사치도 아니하고 오히려 그 생각이 허망하여지며 미련한 마음이 어두워졌나니."

여기서 우리는 이 가장 어려운 구절에 대한 주해를 제공해 보려고 하지는 않을 것이다. 다음 몇 가지 문제에 대해 지적하는 것으로 충분하리라고 생각된다.

첫째로, 우리는 바울이 말하기를 사람들은 어떤 의미에서는 실제로 진리를 알고 있다고 말하고 있음을 발견한다. "모든 사람 또는 대부분의 사람이 어떤 신(a god)이 있다고 믿는다."든지 "하나님은 아마도 존재하실 것이라고 믿는다."고 말하는 것으로써는 이 구절이 말하는 바를 다 말하는 것은 못될 것이다. 바울은 말하기를 유일하게 존재하시는 참되신 하나님의 계시가 아주 분명히 사람 자신과 그 주위 환경에 새겨져 있어서 그 자신이 아무리 열심히 노력한다고 해도 이 사실을 억누를 수 없다고 한다. 심리적으로 능동적인 자의식적 존재들로서 사람들은 진리의 어떤 부분을 보고 있음에 틀림이 없다. 물론 그들은 진리를 억누르고 있다. 그러나 그들이 억누르고 있는 것은 바로 진리인 것이다. 또한 그들이 억누르고 있는 것은 자연이나 인간의 구성에서만 그들 앞에 객관적으로 있는 진리만도 아니다. 물론 이런 진리에 대해서 인간이 억누르고 있다는 것도 바울의 강조점의 하나이다. 그러나 그가 억누르는 그 진리는 **그 안에** 있기도 한 것이니 그가 보는 것에 대한 그의 주체적 반응은 진리와 어떤 관계를 나타내고 있는 것이기 때문이다. 하나님의 보이지 아니하는 것들이 저희 속에 보이는 것이다(즉 인지되는 것이다, "카또라타이"(καθορᾶται). 하나님을 알되(γνόντες τὸν θεὸν, Gnontes ton theon) 하나님을 영화롭게 하지 않았다.

둘째로, 바울이 사람들의 가장 큰 어리석음이라고 여기고 있는 것은 기본적으로 사람들이 아는데도 그 앎에 상당하게 살지 않는다는 그 사실에 있다. 그들이 하나님을 아는데도 그들은 하나님을 영화롭게 하지 않았다. 그들은 자신 안과 밖에 있는 진리(the truth)를 억누르는 것이다. 바로 이것과 관련해서 바울은 하나님의 진노의 계시에 대해서 말한다. 사람들이 불의로 진리를 억누르기 때문에 하나님의 진노가 사람들에게 나타난다고 말하는 것이다. 물론 모든 불의에 대해서 하나님의 진노가 나타난다는 것은 사실이다. 그러나 이 본문에서 구체적으로 언급되는 것은 사람들이 진리를 억누르기 때문에 하나님께서 그의 진노를 내리신다는 것이다.[28]

우리가 이와 같은 것들을 염두에 두면 우리는 사람이 자신에 대한 연구에서 무엇을 발견해야 하는가에 대해서 성경이 무엇을 가르치는지를 더 잘 이해할 수 있게 된다. 사물의 지적인 측면에 관한 한 우리는 다음과 같은 요소들을 말할 수 있다. 첫째로 죄가 들어온 이후로 사람의 몸은 약화된 상태에 있게 되었다. 둘째로 영혼의 기능들도 약화되었다. 셋째로, 그럼에도 불구하고 하나님의 보이지 아니하는 것들, 즉 하나님의 본성과 그 능력과 신성이 사람의 안과 밖에서, 그의 인격의 자의식적인 행동에서, 그 안과 밖에 있는 계시에 대한 부정적인 도덕적 반응에서, 모든 비유신론적 해석에 대한 그의 불만족감에서, 그리고 세상의 기원에 대한 참된 해석으로서의 유신론적 해석의 진리성에 대한 어느 정도의 비자발적인 인식에서 아직도 나타나고 있다. 이런 점에서 사람의 지식은 사단의 신지식(新知識)을 특징지우는 것 같은 어리석음에 의해서 특정지워진다. 사람의 반유신론적인 해석의 첫째 행위는 그가 될 수 없는 것으로 자신이 아는 어떤 것을 스스로의 힘으로 이루어보려고 하는 것이다. 바로 이 어리석음은 사람들이 수세대를 통해 계속해서 수행해 온 것이며, 바로 이것이 죄를 어리석은 것으로 만드는 것이다. 바로 이 어리석음 뒤에 하나님의 진노가 나타난다고 바울은 말하는 것이다.

이 진노의 나타남은 (a) 부분적으로는 자연 안에 있는 계시처럼 사람 밖에 있다는 좁은 의미에서 객관적이고, (b) 부분적으로는 사람의 심리적 구성으로 구성되었다는 좁은 의미에서 주관적이고, (c) 부분적으로는 그 자신의 윤리적 시인 여부가 양심으로 이루어진다는 의미에서 주관적이다. (① 사람 밖에 있고, ② 심리적으로는 사람 안에 있고, ③ 윤리적 관계로써 사람 안에 있는) 이렇게 "객관적인" 것에 비해서, 자신에게 객관적으로 오는 것에 대해 죄인이 죄인으로서 자의식적으로 표현해 내는 것을 우리는 "주관적"이라고 부른다. 죄인으로서 그는 그 안에 있는 객관적 하나님의 계시를 억누르려고 노력하는 것이다.

사람의 어리석음에 대한 하나님의 진노의 계시라는 말로써 바울이 무엇을 의미하는지는 알기 어렵다. 아담 때로부터 시간적으로 아주 멀리 떨어진 사람을 다시 생각해 보면 이 의미를 어느 정도는 감지할 수 있다. 사람들의 잘못된 해석이 끊임없이 계속된 역사를 바라보면서 바울은 이 말을 하고 있는 것이다.29) 예를 들어서 에피쿠로스파 사람들은 철학자들이 다양한 해석으로부터 그 어떤 해석도 참될 수 없다는 결론을 내렸다고 칼빈이 말한 그 다양한 해석들을 염두에 두고서 말하는 것이라는 말이다.30) 사람들은 어리석음을 창안해 내었다. 이 사실 자체가 아담 이후에 오는 모든 이들에게는 문제를 더 복잡하게 해 주는 것이다. 그리고 이것이 바로 하나님의 진노의 나타남이다.

여기서도 우리는 다시 한 번 하나님의 일반 은총(the non-saving grace of God)의 사실을 생각해야 하겠다. 사단의 경우에는 그의 해석의 어리석음이 아주 분명하게 나타난다. 그러나 죄인들의 경우에는 복합적인 상황을 보게 되는 것이다. 하나님의 일반 은총을 통해서 죄인들에 대한 하나님의 진노는 완화되고 경감되어졌다. 이것은 사람의 관심 전체에 걸쳐서 나타나고 있다. 또한 사람의 물리적인 삶에서도 나타나고 있다. 예를 들자면 사람들에게는 풍성한 음식과 음료가 주어진 것이다. 또한 사람의 몸은 비록 연약해 졌어도 그런 상황에서도 특히 어떤 경우에는 사람의 영혼에 적절한 도구로 사용된다는 사실에서도 나타난다. 그리고 사람의 정신이 온전히 배타적으로 악에게로 기울어져 있는 것도 아니라는 사실에서도 드러나는 것이다. 근본적으로는 사람이 하나님께 대해 적대적이어서 하나님과 그의 이웃을 미워하려고 하지만 하나님께 대한 이 원수 됨이 현세에서 온전히 표현되어지는 것은 아니다. 그는 아직 완료되어진 존재가 아니기 때문이다.

이 모든 것들을 다 고려하면 아주 복잡한 상황이 생성된다는 것을 잘 알 수 있게 된다. 여기서 고려해 보아야 할 세 가지 요점이 있다. 첫째로 낙원에서의 원상태가 어떤 것이었는지, 그리고 사람의 타락 이후에 남은 것이 무엇인지를 생각해야만 한다. 둘째로 하나님의 진노와 이것이 이 상황 가운데 도입해온 큰 복잡성을 생각해야만 한다. 셋째로 우리는 일반 은총, 특히 그것에 의해 생성된 큰 문명을 생각해야만 한다.31)

첫째, 제목 아래서 우리는 사람의 합리성이 사실상 하나님의 피조의 결과임을 말하게 된다. 사람이 자신을 지식의 근접적(proximate)출발점으로 여기지 않고, 자신을 궁극적 출발점으로 여기려고 하게 되면 그는 자신이 할 수 없는 것, 해서는 안되는 것을 하려고 한다고 조금은 느끼게 되는 것이다.

둘째, 제목 아래서는 사람의 정신에 죄가 들어온 이 상태에서는 비정상적이라는 것을 말하게 된다. 그러므로 사람이 자신의 정신이 정상인듯이 여기고서 행동하게 되면 스스로 어색함을 어느 정도는 느끼게 되는 것이다. 그는 때때로 지식에서 완벽하게 모든 것을 다 알려는 이상이 잘못된 이상임을 느끼는 것이다.

셋째, 제목 아래서는 사람이 자신을 형이상학적으로 궁극적인 출발점으로 제시하려고 노력함에도 불구하고 또 자신의 정신을 정상적인 것으로 여기려는 그 사실에도 불구하고 그가 원하는 만큼 할 수 없다는 사실을 말하게 된다. 칼빈은 말하기를 사람은 자신이 은혜로 산다는 사실을 인정해야 한다고 하였다.

죄가 들어온 이후에 성경 밖에서의 계시의 최고점은 이 모든 것들의 객관적 명료성과 함께 사람이 어떤 의미에서는 이것들이 참되다는 것을 그 심중 깊은 곳에서는 인정한다는 사실에 있다. 사람의 의지나 그 자신들에도 불구하고 진리가 인간의 정신에 파고드는 것이다. 이 모든 것은 오비드(Ovid)의 다음 진술에서 아주 잘 표현되고 있다. "더 좋은 것을 보고 인정하나 내가 따르는 것은 더 악한 것이구나!"32)

사람이 그 자신의 도덕 의식에 대한 연구에서 배워야만 하는 것이 무엇인지를 '잠시만이라고 생각해 보면' 위에서 말한 것들이 사실임을 더 분명히 알 수 있게 된다.

첫째, 사실은 그의 의식이 사실상 파생적 (derivative)이고 그 자체로 궁극적인 도덕적 기준이 아니라는 것이다. 죄인은 자신이 자신을 하나님처럼 세워서 선과 악을 판단하도록 하는 것에는 무엇인가 잘못된 것이 있음을 어떻게든지 느끼게 된다. 그는 자신이 자신 밖의 도덕적 절대를 필요로 한다고 느끼는 것이다.

둘째, 사실은 사람이 그의 도덕 판단에 있어서 비정상적이라는 사실이다. 이 사실에 대해서도 죄인은 어떤 의식을 가지고 있다. 그는 잘못된 도덕적 행동이 사람들 사이에 흔하게 일어남을 인정한다. 만일 도덕적 악이 우주 안에서 궁극적인 것이라고 생각되어지면 이 세상에는 도덕성 (morality)이라는 것이 전혀 있을 수 없다는 사실을 어느 정도는 그도 느끼고 있다.

셋째, 이 세상에 있는 모든 도덕성은 결국 악보다 형이상학적 선험성을 가지고 존재하는 선의 궁극적 승리 때문에 존재하게 된다는 것도 어느 정도는 그가 느끼는 것이다. 또한 그가 생명을 갖기 원하면 "이상 세계"(the ideal world)의 성질에 어떻게든 참여해야만 한다는 것도 희미하게나마 느낀다. 그는 이 모든 것들을 보며 따라서 진리를 어느 정도는 아는 것이다. 이 모든 것에도 불구하고 사람은 죄를 범하며 더 나은 지식에 반립하여 죄를 짓는 것이다. 이 점에 대해서 바울은 다음과 같이 말한다. "이런 일을 행하는 자들은 사형에 처함을 알고도 같은 일을 행할 뿐만 아니라 그리하기를 즐거워하느니라"(롬 1:32).

여기서 바울이 로마서에서 자연과 사람 (그의 지적 측면과 도덕적 측면 모두를 포함한) 안에 있는 하나님의 계시로 말하는 것이 성경의 다른 부분에서 온전히 확증되어진다는 점을 주목하도록 하자. 죄가 사람의 정신에 미친 영향과 관련해서 몇 구절만 언급하기로 한다.

우리는 여기서 자연 그 자체의 어두움에 관심하는 것이 아니라 그에 반해서 인간의 죄를 범한 빛의 성질을 드러내어 주는 그런 어두움에만 관심하는 것이다. 만일 어떤 사람이 그저 불쌍하기만 하다면 그것은 그가 어떤 기회도 얻지 못한 것이라고 생각되어진다. 그러나 어떤 사람이 정죄되어서 바보라고 불리게 되면 그것은 그가 이전에 큰 기회를 가졌었음을 의미하는 것이다. 그러므로 성경이 사람을 바보 또는 어리석은 자라고 말한다는 사실은 성경이 이전에 그가 가졌던 빛이 큰 것이었음으로 여긴다는 것을 보여주는 것이다.[33] 시편 기자에 의하면 어리석은 자는 그 마음에 이르기를 하나님이 없다고 한다(시 14편). 예레미야는 모든 사람이 그 지식에 있어서 야만적이 되었다고 한다(렘 10:14). 신약 성경에는 그들이 가지고 있던 계시에 반해서 죄를 범한 서기관과 바리새인들에 대해서 예수께서는 그들이 어리석고 소경되었다고 말씀하시는 것이다. 바울은 에베소 교인들에게 "어리석은 자가 되지 말고 지혜롭게 시간을 아끼라"고 말한다(엡 5:15). 또한 베드로는 어리석은 사람들의 무지를 잠잠케 하라고 한다(벧전 2:15).[34]

3. 하나님으로부터 온 사람에 대한 계시: 신학적 심리학(Theologico-Psychology)

사람이 하나님으로부터 직접적으로 자신에 관해서 얻을 수 있는 계시에 관해서는[35] 다음 요점들을 기억해야만 한다.

첫째로, 낙원에서 사람에게 그런 정보가 있었고 그것이 그에게 아주 중요한 것이었음은 사실이다. 이 계시는 하나님께서 사람을 위해 준비하신 발전의 최고 극치에 관한 것이다. 따라서 이에 관한 전승은 계속되었고 사람은 이에 대한 책임을 가지고 있다.

둘째로, 이 계시는 원래 자연과 사람 안에 하나님께서 직접적으로 주신 계시를 보충하기 위해 주어진 것이다. 이 모든 계시는 다 함께 아담에게 사람에 관한 하나님의 전경륜에 대한 지식을 가져다 주는 것이다.[36] 그러므로 피조된 우주 자체에 대한 성찰만으로는 사람이 자신에 관한, 특히 자신의 미래에 관한 경륜 전체를 다 배울 수 없는 것이다. 사실 이에 관한 하나님의 특별한 초자연적 전달이 없었다면 낙원에서도 그저 자연에 대한 연구로부터 이 사실을 알아내기는 불가능한 것이다. 자연 안에 있는 계시란 한계 개념(a limiting concept)일 뿐이다. 즉 초자연적 계시에서 발견되는 상응물이 없이는 불완전한 개념인 것이다.[37] 죄가 들어온 후에는 사람에 대한 하나님의 초자연 계시가 그쳐졌다. 단지 그에 대한 전승을 통해서만 우리에게 전달된 것이다.[38] 물론 처음에는 이 전승이 아주 분명한 것이었음에 틀림이 없다. 아벨 뿐만 아니라 가인도 이 전승을 잘 알았던 것이다. 그러나 자연인은 하나님과 원수 관계에 있으므로 그들은 이 전승을 급속하게 왜곡시켰다. 따라서 수천 년 후의 세대는 아주 모호해진 전승만을 대할 수 있을 뿐이다. 죄로 인한 이 모호와는 이 경우에 있어서 자연과 사람 안에서의 계시의 경우보다 더 심한 것이다.[39] 이점은 우리가 특별 계시의 필요성을 다룰 때 다시 한번 더 다루어지게 될 것이다. 여기서는 자연인이 접촉하게 되는 계시 전체의 그림을 가능한 한 온전하게 우리의 심상에 그려보기 위해서 이를 다루려고 한다. 전체 그림에서 원래부터 사람은 자연 이상의 것을 필요로 했으며 만일 사람이 그의 전 운명에 대해 알게끔 되어 있고 이 운명의 견지에서 정확하게 자연과 자신을 바르게 해석하게끔 되었다면 그의 의식이 그 모든 것을 주었으리라는 것을 잊어서는 안된다.

철학사(哲學史)에서 우리는 하나님으로부터 인간 자신에 대한 인간에의 이 계시가 사용된 방식을 조금 찾을 수 있다. 플라톤 철학의 신화 개념은 이 점에서 아주 시사(示唆)적이다. 폴 엘머 모어(Paul Elmer More)가 시사한대로 플라톤은 삶의 제문제들을 첫째로 철학으로 해결해 보려고 하였고, 여기서 잘 안되면 차선책(次善策)으로 신화와 신학에 의존한 것이다.[40] 이것은 한때 사람에게 최고의 것이었던 것이 이제는 좀 덜 중요한 어떤 것으로 밀려났음을 보여준다. 직접적인 하나님의 인상을 가지고 있으므로 최고의 가능한 권위를 가진 것으로 한때 받아들여졌던 것이 이제는 불확실한 어떤 것으로 여겨지게 되었고 각자의 판단에 따라서 받아들여도 되고 거부해도 되는 것으로 여겨진 것이다. 그 이유는 사람이 자신과 그 자신의 미래에 대한 사변에서 자신을 하나님께보다는 우주와 더 밀접히 연관시켰기 때문이다. 소크라테스가 말한 "불멸성에 대한 논증"에서는 최대의 중요성이 우주 안에서 작용하는 법칙으로 확언될 수 있는 것에 부여되었다.[41] 이것은 인간 영혼의 미래에 대해서 알려질 수 있는 것이 무엇이냐고 경험적인 방식으로 질문을 하였을 때에 잘 나타난다. 이것은 플라톤이 이상 세계에 호소하는 경우에도 적용될 수 있는 것이고 그런 의미에서 이것은 인간의 문제들이 해결되려고 한다면 더 높은 해석이 있어야만 함을 보여준다. 그는 이 이상세계를 비인격적 원리들로 구성된 것으로 보았다. 플라톤이 영혼을 이상 세계와 연관시킬 때에도 그는 영혼을 하나님과 연관시키지는 않는 것이다.[42] 때때로 지적되어진 바와 같이 플라톤은 궁극적으로는 자신의 다른 논증들을 포기하였고 종국적으로 영혼의 불멸성은 하나님의 뜻에 의존한다고 말하였다는 것은 사실이다.[43] 그러나 플라톤의 하나님은 우리 그리스도인들이 믿을 수 있는 하나님이 아니다. 플라톤의 하나님은 그 자체가 이상(이데아)들에 의존하는 이이다. 이 사실이 영혼의 불멸성이 하나님의 뜻에 의존하고 있다는 플라톤의 진술에서 참된 유신론을 제거하게 하는 것이다. 더구나 플라톤이 믿는 하나님은 그 자신과는 독자적으로 존재하는 악에 의해서 그 자신이 제한되는 존재이다. 이 사실은 플라톤의 하나님이 실제로는 아주 배타적이고 내재주의적인 하나님임을 증명해 준다. 그러므로 종국적으로 인간의 영혼은 (하나님이란 말로써 우리가 참 하나님을 의미한다면) 하나님보다는 땅과 더 밀접하게 관련된 것이 된다.[44]

바로 이와 같은 이유 때문에 인간 영혼의 미래에 대한 플라톤의 사변들은 영혼을 절대적인 하나님의 심판석 앞에 세우지 못하는 것이다. 물론 여기서도 (또 그것은 플라톤의 글에서만이 아니라 다른 비기독교적 저자들의 글에서도) 좀더 악한 자들과 덜 악한 자들의 구별은 주어진다. 그러나 이 차이는 우주 안에서 필연적으로 주어진 상황에서 얻을 수 있는 거리에 관한 것이다. 그리고 가장 중요한 것은 사람의 유토피아는 인격적인 하나님을 중심으로 하지 않으며 종국적으로 보면 하나님에게서는 독자적인 더 나아진 조건들에 대한 묘사가 될 뿐이라는 것이다.[45]

플라톤적 신화는 위로부터의 계시 개념들이 비록 낮은 자리에로 밀려났음에도 불구하고 전적으로 버려지지 않았다는 사실을 지적해 준다. 그것은 또한 사람이 자신의 영혼을 우주와 연관시키면, 특히 죄 가운데 빠진 우주와 연관시키면, 사람이 자신들의 문제를 해결할 수 없음을 보여준다. 이집트 문학에서도 우리는 미래 심판의 사실에 대한 상당한 강조를 보게 된다. 이 미래 심판에서는 신들이 중요한 역할들을 한다. 사람들은 의(義)와 공의가 결국에는 주도적이어야 한다는 사실을 어느 정도 느낀 것이다. 그들의 내재주의적 원칙들에 관한 한 그들은 의(義)의 궁극적 승리를 위한 조처를 취하지 않았다. 그들은 악(惡)도 원천적(original)인 것으로 보았고 따라서 선(善)과 같이 궁극적인 것으로 만들었다. 이런 근거에서는 선이 궁극적으로 승리하리라고 기대할 수 있는 이유가 논리적으로는 없는 것이다. 이것에도 불구하고 사람들은 모든 불의(不義)가 제거될 꿈을 꾸어왔다. 사람들이 아직도 이런 꿈을 꾸고 있다는 사실은 그 자체로 중요하다. 진화론적 낙관론이나 실용주의 철학자들의 사회주의적 꿈은 이집트 사람들에게서 "사자(死者)의 서(書)"가 하던 역할을 같은 논리적 타당성을 가지고 수행하며 인간의 삶의 의미를 부여한다는 관점에서도 같은 의의를 지니는 것이다. 내재주의적 원리가 더 무모하게 더 일관성있게 적용되는 현대에도 사람들은 우주 자체 안에서는 종국적 안식을 찾을 수 없는 것이다. 사람이 하나님의 빛에서 자신을 연구하지 않는 한 그에게는 희망이 없는 것이다.[46]

심지어 개혁파 철학자들과 개혁 신학자들도 칼빈의 『강요』에서 발견할 수 있는 풍성함을 온전히 사용하지 못했음은 고오든 클락(Gordon H. Clark)의 『기독교 교육 철학』(A Christian Philosophy of Education)을 언급함으로써 간단히 지적할 수 있을 것이다.[47] 그는 무신론자와 범신론자의 입장은 창조자가 계심을 실제로(actually or virtually) 부인한다는 점에서 견지될 수 없다고 말한다. 무인도의 발견자가 그 섬에서 특정한 형태의 생명체를 찾기 위해 찾아다닌다면 그는 찾지 못할 수가 있다. "그러나 그는 그 특정한 동물이 그 섬에 결코 살지 않았었다고는 확신할 수 없다. 왜냐하면 그의 추구가 아주 신실한 것이었다고 해도 내일 발견될 수도 있기 때문이다. 이와 비슷하게 그 어떤 유한한 양의 탐구도 하나님의 존재를 부인하도록 합리적으로 이를 수 없다는 것도 분명하다. 이 땅에 대한 무신론자들의 탐구 기간 동안 하나님이 달의 저편으로 숨어버리셨을 가능성이 있으며, 어떤 로켓트가 무신론자를 달에 보내면 하나님이 금성으로 가실 수도 있는 것이다. 무신론자를 불편하도록 하기 위해서 말이다."[48] 그러나 이처럼 달과 금성에로 피하실 수 있는 신(神)은 무신론자들을 불편하도록 하는 존재가 아니다. 오히려 그는 자신이 유한하고 중요하지 않아서 무신론자들이 온 세상을 다 살펴도 그와 직면하지 않을 수 있는 것이다. 이것은 하나님이 없다고 말하는 이가 어리석은 이일 정도로 그렇게 분명하게 언제나 어디서나 현존하시는 신성과 능력의 하나님을 말하는 바울에 근거한 칼빈의 가르침과는 아주 반대되는 것이다. 창조자를 부인하는 어리석음은 이 창조자가 모든 사실에서 사람을 직면하시어서 그 어떤 사실도 하나님의 피조물로 여겨지지 않는 한 그 어떤 의미도 없다는 바로 그 사실에 있는 것이다.49)

그의 책『신론에 대한 노트』(*Notes on the Doctrine of God*)에서 칼 헨리 (Carl F. H. Henry)도 클락의 접근과 비슷한 접근을 하고 있다.50) 한 각주에서는51) 성경적 관점에서 "어리석은 자"는 그 어떤 위로를 받을 자격이 없다는 것을 인정하면서도 그는 "어리석은 자에게 조금의 위로를 줌"이라는 제하에서 첫장을 다음과 같은 말로 시작하고 있다: "하나님의 존재에 대한 주장은 전혀 의심받지 않을 정도로 그렇게 분명하지는 않다."52) 이에 붙여진 각주에서 교육적인 목적에서 "그의 (불신자의) 접근에 대해 잠정적 수납"을 할 수 있을 것이라고 한다. 그러나 본문에서는 이 "잠정적 수납"이 적어도 경험의 "현상적" 영역에서는 불신자의 내재주의적 방법의 타당성을 영구적으로 받아들이는 것으로 나타난다. 헨리는 그의 경력의 처음에서부터도 과학자를 불편하게 하기 위해 자신의 하나님을 도입하지 않을 정도로 주의 깊다. 그래서 과학자들이 그들의 배타적으로 내재주의적 방법을 가지고 작업을 해도 방해를 받지 않을 정도인 것이다.53)

각 주

1) 이것은 제6장에서 "인간 자신에 대하여"라는 제하로 언급된 두 번째 일반적 범주 가운데 첫 번째 근원(자연으로부터의)이다. 우리는 여전히 일반계시를 고찰하고 있는 것이다.
2) 역사에 대한 반틸의 강조점에 주목하라. 인간의 역사, 심지어 타락한 물리적 세상에조차 알려진 종말론이 있다.
3) 부도덕성에 대한 소크라테스의 견해에 대한 모든 인용과 언급은 플라톤의 작품에서 발견된다. 스크라테스의 『변명』Apology에서 그는 영혼은 세상 너머로 이주할 것이며, 그곳에서 영혼의 옛 친구와 조우하게 될 것이라고 제안한다. 『필레부스』Philebus에서 그는 영혼이 우주적 지성의 저장소라고 확증한다. 또한 영혼은 육체의 생명의 근원이다. 죽음 이후 영혼은 육신을 떠나 높은 영역으로 날아올라간다. 그러나 몸은 너무 악에 물들어 있어서 날아올라가지 못한다. 『피드러스』Phaedrus에서 플라톤은 영혼이 올바르게만 인도된다면 시간과 공간을 초월한다고 주장한다. 전통적 분문은 바로 『피도』Phaedo이다. 여기서 그는 죽음에 직면한 용기를 말하고 있으며, 불멸성을 증명하기 위해 반대로부터 논증한다. 그러나 반대는 반대를 낳기 때문에 생명은 죽음으로부터 오고, 각성은 잠으로부터 오는 것이다. 그럼에도 불구하고 절대본질은 반대를 생산할 수 없으며, 따라서 생명의 본질인 영혼은 결코 죽음의 대상이 될 수 없는 것이다.
4) 위의 진술은 로마서 1장에 의거해 우리가 진리를 알고 있으며, 그것을 불의 가운데 압제하지만 결코 성공하지 못한다는 사실에 대해 반틸이 어떻게 논증하는지에 대한 훌륭한 주장이다.
5) 인간에 관한 시리즈의 두 번째 요점에 인간의 근원에 대해 반틸은 그의 요점을 설명하기 위해 주로 칼빈의 기독교강요에 의지한다.
6) John Calvin, *Institutes of the Christian Religion*, 1.1.1. 존 맥닐에 의해 편집되고 루이스 배틀스에 의해 번역된 영문판 기독교강요가 가장 대중적이고 편리하지만 반틸은 많은 사람들이 원문에 더욱 가깝다고 생각하는 구판을 사용하고 있다. John Calvin, *Institutes of the Christian Religion*, 7th American Edition, trans. John Allen (Philadelphia: Presbyterian Board of Publication, 1936)을 참조하라. 기독교 강요의 첫 번째 문장은 그 어떤 신학 작품들 가운데서 가장 놀라운 진술이다. 왜냐하면 그것은 하나님의 존재 증명이나 존재와 본질에 대한 질문으로 시작하지 않고 하나님의 선물에 관계한 인간의 이해로 시작한다. 이 관계는 논쟁할 것이 아니라 전제되어야 하는 것이다.
7) 르네 데카르트는 프랑스 현대철학의 창시자이며, *Discourse on Method* (1637)의 저자이다. 그는 여기서 그의 유명한 "확실성의 토대"인 코기토 에르고 섬 ("나는 생각한다 고로 나는 존재한다")을 통해 확실성에 대한 그의 질문을 결론짓는다. 그는 지성과 질료를 분리한 이원론자였다. 그는 둘 사이의 연관성을 보증하기 위해 계시의 필요성을 인정했지만, 회의론자들은 둘 사이의 그 어떤 관련성을 인정하는데 어려움을 느꼈다. 데카르트는 그의 시대의 가장 최고의

합리주의자 가운데 한 사람으로 남아 있다. 스코틀랜드의 회의론적 철학자인 데이빗 흄은(1711-76) 사상과 생각과 같은 지성의 사건들뿐만 아니라 자연의 사건들도 분리적이며 관계가 없다고 생각했다. 그러나 인간의 경험도 지성도 그 무엇도 우리의 인식과 참된 세상을 조화시킬 능력이 없다. 독자들은 이 두 사상가가 얼마나 칼빈의 생각과 정반대인지를 깨달을 수 있을 것이다.
8) 본서의 초기 몇 장에서 논의된 반틸의 기독교 유신론을 참조하라.
9) Calvin, *Institutes* 1.2.2.
10) 그의 작품에서 항상 그러하듯이, 반틸은 타락에도 불구하고 신성의 인식에 대한 실재에 관한 칼빈의 견해를 반영한다. 반틸은 계속해서 모든 마음에 뿌려진 "종교의 씨앗"과 같은 칼빈의 은유를 주목한다. 반틸의 변증학에 있어서, 이것은 신자와 불신자의 주요 접촉점이 된다.
11) Calvin, *Institutes* 1.3.3. 멜로스의 다이아고라스는 소크라테스와 동시대 인물로서, 시세로에 의해 인용되었으며, 무신론적 불신앙으로 인해 아테네 학파에서 추방된 여러 인물들 가운데 하나이다. 시라큐스의 디오니시오스 또한 잔인한 성상파괴자의 실례로서 시세로에 의해 인용되었다. "빈정대는 조소"는 "냉소적 풀잎보다 더 쓴"(in the *Ecologues*)이라는 버질의 유명한 금언으로부터 연원되었다.
12) Calvin, *Institutes* 1.3.3.
13) Ibid., 1.4.1.
14) Ibid., 1.5.1.
15) Ibid., 1.5.4.
16) 칼빈은 로마서 1장에서 하나님의 계시를 철저하게 제시한다. 인간은 단순히 하나님에 대해 알거나 궁극적 창조주의 존재에 대해 인정하는 것이 아니라 그의 능력과 신성에 대해 하나님 자신을 아는 것이다. 그럼에도 불구하고 그 지식을 계속 진행시키며, 하나님의 은혜에 감사하지 않게 만들어 버리는 것이다.
17) Calvin, *Institutes* 1.5.4.
18) *The Defense of the Faith*, 3rd ed. (Philadelphia: Presbyterian and Reformed, 1967), 12, 42에서 반틸은 하나님을 "절대적 인격자"로 정의한다. 그는 종종 하나님께서 인격자이시기 때문에 하나님을 대표하는 자로서의 인류를 포함한 모든 우주가 인격적임을 의미하는 언약신학만이 "실재에 대한 유일한 인격적 해석"이라고 진술한다. *Cornelius Van Til: An Analysis of His Thought* (Phillipsburg, N.J.: P&R, 1995), 58-61에 있는 존 프레임의 통찰력 있는 주석을 참조하라.
19) Valentine Hepp, *Het testimonium Spiritus Sancti, eerste deel, het testimonium generale* (Kampen: J. H. Kok, 1914), 43.
20) 이 논의에서 반틸은 신성에 대한 지각이 하나님으로부터 온 것이기 때문에 객관적인 계시이며, 그와 동시에 우리의 의식 안에서 표현되기 때문에 주관적인 계시라고 말하고 싶어 한다. 심지어 우리가 그것을 반대할 때조차도 그 반대(주관적인) 계시직이다.
21) 반틸이 의미하는 "직관"은 궁극적으로 의식하게 되는 것이며, 많은 계시에 대한 무의식적 반응이다. 반틸에게 있어서 논증은 자아의식적인 직관이다. 그것이 무의식적이라 할지라도 직관은 타락으로 말미암아 죄악적이다.

22) 스코틀랜드 일반 실재론은 일반적 의식과 자증적 진리를 관계시키고 주관주의 회의주의를 낳는 존 록의 견해를 반대했던 토마스 레이드(1710-96)에 의해 시작된 사상학파이다. 반틸의 관심은 헤프 뿐만 아니라 이 사상학파가 그렇게 했던 직관의 중요성을 과장하려는 것이 아니다. 논증은 직관보다 더 정교할 수 있으며, 따라서 죄를 범할 여지가 더 많다. 하지만 논증과 직관 모두 그 자체로 타당한 것들이다.

23) 많은 사람들은 자연을 하나님의 계시의 가장 영광스러운 극장이라고 생각하지만 실상은 인간의 영혼이 그러하다. 그런데 가장 영광스러운 것이 지금 현재 가장 저주스러운 것이 되고 말았다. 반틸은 진지한 사탄의 유비를 포함하는 이 부패의 여러 항목들을 열거한다.

24) 우리가 경험하는 이 저주는 죄의 자연적 결과와 하나님의 진노의 표현으로부터 기인한다.

25) 스스로 하나님께 도달하려는데 실패하는 좌절에 대한 이러한 논증은 이 갑절의 저주의 한 부분이다. 다른 곳에서 마찬가지로 여기서도 반틸은 논리의 법칙의 타당성을 확증한다(아리스토텔레스의 법이 아니라 창조 안에 날인된 절대적인 법). 이것 때문에 우리는 적어도 "질료의 형상"에 대해 많은 것을 알 수 있다. 그러나 종종 우리의 결국을 잘못되게 만드는 죄가 그 법을 올바르게 사용하는 우리의 능력을 부패시켰다.

26) 이 표현은 칼빈의 것이다. 제7장 미주 17번을 참조하라.

27) 개혁주의 신학에 있어서, 일반은총의 진정성과 타락의 전체적인 정황은 매우 강조되어 있다. 우리는 악한 정황 속에서의 상대적인 선의 가능성을 논할 수 있을 것이다.

28) 반틸은 이것이 매우 어려운 구절임을 인정하고 그것을 주해하지 않을 것임을 밝히긴 하지만, 이 구절은 그의 견해가 얼마나 로마서 1장에 의존적인지를 잘 보여준다. 하나님의 계시에 대한 우리의 반응의 지식과 어리석음을 강조하게 만든다. 이 긴 부분의 관심사는 바로 인류가 인류를 이해하기 위한 근거가 된다는 것이다.

29) 여기에 묘사된 어려움은 아담의 역사적 행위와 세상의 현재 상태를 연결시킴에 있다. 로마서 1장은 두 가지 요소를 부가하면서 그 어리석은 행위의 반복을 묘사한다. 그 두 가지 요소는 다음과 같다. (1) 매우 그럴듯해 보이지만 그릇된 진술과 (2) 우리를 전적인 타락에서 지켜 보호하시는 하나님의 인내이다.

30) Calvin, *Institutes* 1.2.2, 1.5.4, 1.5.12, 1.14.20을 참조하라. 1.5.12에서 그는 "이 매우 혼란스러운 다양성은 쾌락주의자들과 다른 어리석은 경건의 경멸자들에게 하나님의 모든 인식을 사라지게 만들었다"라고 말한다. 거의 모든 인용들은 Cicero, *Nature of the Gods*에서 연원된다.

31) 여기서 반틸은 그가 아래에서 설명하듯이 상황을 세 가지 범주로 요약한다. 이것들은 세상을 "복잡하게" 만든다.

32) 환언하면, 몇 가지 경우에 우리는 선을 알 수 있고 인정할 수도 있지만 우리는 악에 따라 살아간다. 칼빈은 그의 기독교강요 2.2.23.에서 이것을 인용한다. 이 인용은 *Metamorphoses*(7.20)에 나와 있는 메디아의 연설이다. 칼빈이 죄성의 다른 종류를 논의하는 것은 바로 이 정황 속에서이다.

33) 계시는 풍성하고 분명하다. 만일 우리가 정말 순수하게 무지하다면 우리는 정죄 받는 대신 가련하게 여김을 받았을 것이다. 어리석음과 그 결과 정죄 당함은 순종하지 않은 지식 때문이다.
34) 이 강력한 고소는 하나님의 계시의 능력과 명료성 때문에 이해되는 것이다.
35) 두 번째 주제에 대한 세 번째 근거는 하나님이시다.
36) 계획에 대한 이 언급은 창조에 본래적인 종말론이 있었음을 의미한다. 그러한 계획이 일종의 시험의 부분으로서 뱀의 목소리가 사용되었음에도 불구하고 악을 정당화하지 않는다는 것을 말하는 것은 매우 중요하다. 반틸의 동료인 존 머레이의 글로 바꾸자면, 하나님을 대적하고자 하는 마음을 먹고 실제로 배반하여 대적하게 하기 위해 어떻게 악이 하나님의 형상으로 지음 받은 피조물의 마음속에 들어갈 수 있었는지를 다루고 헤아리는 것보다 더 어려운 신학의 주제는 없다. 이렇게 말했기 때문에, 하나님께서 은혜가운데 구속의 법령을 시행하기로 결정하셨을 때, 그것은 하나님께서 에덴동산에서 이미 수립하신 특정한 유형을 다시 재현하시는 것을 의미한다.
37) "제한적 개념"이란 적절하게 이해하기 위해서는 우리에게 또 다른 것이 필요하다는 것을 뜻한다는 사실을 상기해야 한다.
38) 즉 여기에는 타락한 인류에게 타락 이전의 특별 계시가 없었다는 것이다. 반틸은 인간 경험에 있어서 점진적으로 감소되기는 하지만 자주 신뢰할만한 것으로서의 역사적 기억을 고찰한다.
39) 반틸은 계시의 근원으로서의 하나님의 중요성과 그 계시를 향한 죄악적 반대의 심각성을 역설한다. 자연과 인류는 가장 가까운 근원이지만 하나님은 제1원인이자 궁극적 근원이시다. 분명하게도 이 견해는 세상 종교와 조직신학에 대한 그의 이해에 영향을 끼치는 것이다.
40) 이 언급은 아마도 Paul Elmer More, *Platonism* (Princeton: Princeton University Press, 1917), 79, 100와 여러 곳에서의 인용일 것이다.
41) 그의 여러 논증 가운데 하나는 반대법으로부터 나타난다. 위의 미주 3번을 참조하라.
42) 제4장 미주 19번을 참조하라. 플라톤의 철학에 있어서 미와 정의와 원과 같은 모양은 "사상들" 또는 "우주"라 불리는 "형상"의 실례들이다. 이 형상은 현세의 복제를 아주 작게 표현한다. 형상은 유한하며, 변하기 쉬운 이 복제물보다 좀 더 실재적이다. 물리적 외연의 세상은 변하며 비합리적인데 비해 형상의 세상은 합리적이며 불변한다. 이 현세의 복제물은 그들의 존재에 있어서 형상과 가까울 수 있다. 예를 들면, 몸과 열정은 형상에 멀리 떨어져 있지만 지성은 형상의 이상적인 세상과 유사하다.
43) 예를 들면, 『피드러스』에서 플라톤은 영혼의 불멸성과 그 설명으로서의 하나님의 뜻으로의 귀화를 위한 순전한 자연적 논증을 피한다.
44) 결국 플라톤은 창조주-피조물의 구분과 하나님과 창조된 세상 사이의 언약적 관계를 부인하는 것이다. 246-60페이지를 참조하라.
45) 예를 들면, 『국가론』*Republic*에는 통치하시는 하나님의 절대적인 필요성을 찾을 수 없다.

46) 고대 애굽인들은 아누비스(Anubis)가 심판이 벌어지는 곳으로 죽은 자들을 끌고 간다고 믿었다. 결국, 의인들은 신들과 함께 죽음 이후에도 계속 살아가며, 반면에 불의한 자는 사멸된다는 것이다. 반틸은 이것이 부적절한 세계관임에도 불구하고, 우리가 최대의 선을 향해 진보하고 있다는 진화론적 낙관주의와 같은 현대적 접근접을 도전하기 위해 심판에 대한 이 고대의 의식을 비교하고 있다. 두 가지 경우 모두에 있어서 선함의 승리의 "꿈"이라는 근거는 없으며, 단지 우리에게 하나님이 얼마나 필요한지를 웅변적으로 증거해 줄 뿐이다.
47) Gordon H. Clark, *A Christian Philosophy of Education* (Grand Rapids: Eerdmans, 1946).
48) Ibid., 44.
49) 반틸은 일반계시의 충만함을 평가절하 하는 저자는 누구든지 막론하고 가차 없이 비판한다.
50) Carl F. H. Henry, *Notes on the Doctrine of God* (Boston: W. A. Wilde, 1948).
51) Ibid., 72.
52) Ibid., 23.
53) 단 한 번의 풍자를 통해 반틸은 아무런 비판 없이 채택하는 과학자들의 세속적인 과학적 방법론을 수용한 칼 헨리를 비평한다(물론 molested라는 구어는 "교란된" 또는 "도전을 받은"을 의미한다).

제9장

하나님에 관한 현재의 일반 계시

우리는 자연에 관한 계시와 사람에 대한 계시에 관해 지금까지 말했던 바를 다시 한번 포괄적으로 살펴보아야 한다. 그것들이 또한 하나님에 대한 계시도 되는지를 보기 위해서 말이다.[1] 우리가 하나님을 참으로 알지 않으면 우리가 자연도, 인간도 참으로 알 수 없다고 지적한바 있다. 자연과 사람이 실제로는 하나님에 의해서 피조되고 유지되고 있다는 사실 때문에 우리가 자연이나 사람에 대해 지식을 가질 수 있는 것이다. 또는 하나님의 진노가 자연 안에 그리고 사람 위에 실제적으로 나타나므로 사람은 자신이 하나님의 자비 때문에 살며 심판이 기다리고 있음을 어느 정도 알 수 있는 것이다. 따라서 바울의 말에 근거해서 칼빈이 그렇게 풍성히 지적하고 있듯이 하나님은 당신의 손이 하신 일을 사람 앞에 드러내시고 있으시다는 것을 덧붙여 말해야만 한다.

이것은 어떤 종류의 신(神)이나 어떤 높은 원리가 아니라, 하나님, 참 하나님이 사람 앞에 드러내진다는 뜻이다.[2] 그것은 사람이 그것을 인정하든지 안하든지 간에 사실인 것이다. 바울은 특별히 하나님의 능력 전면에 아주 강하게 나타나는 속성으로 말한다. 그러나 또한 하나님의 신성(Theiotes, divinity)의 나타나심도 말하고 있다. 이것은 하나님께서 마치 그리스도의 복음에서 드러나셨듯이 자연 안에 온전히 나타나셨다는 의미는 아니다. 그러나 우리는 하나님의 속성 중 당신의 단순성(simplicity)을 기억해야만 한다. 하나님은 서로 다른 여러 속성들로 나뉘어질 수 있는 분이 아니시라는 말이다. 사람이 낙원에서 하나님을 알았을 때 그는 하나님의 어떤 부분만이 아니라 하나님 자신을 알았던 것이다. 물론 그 때에는 하나님께서 후에 계시하실 것만큼 당신 자신의 존재와 목적에 대해서 그렇게 많이 계시하시지는 않으셨어도 계시가 있는 만큼 당신 자신을 계시하셨기 때문이다.

하나님의 존재와 하나님의 어떠하심의 차이에 대해서 너무나도 많은 말이 있어 왔으므로 이 점을 분명히 염두에 둘 필요가 있다. 자연에 근거해서 또는 자연신학으로 사람은 어떤 한 분 하나님이 계신다는 사실을 수립할 수 있으나 오직 그리스도에 의해서 그리고 은혜를 통해서만 우리는 이 하나님의 어떠하심에 대해서 더 온전히 알 수 있다는 논의가 너무나도 많이 이루어졌었다. 물론 우리가 그리스도 안에서 하나님의 어떠하심에 대한 온전하고 충만한 계시를 가진다는 것은 사실이다. 그러나 또한 사람이 피조되었을 때 낙원에서 그는 단지 하나님의 존재만을 안 것이 아니라 계시된 한도 내에서는 하나님의 어떠하심을 알았다는 것도 사실인 것이다. 하나님의 어떠하심에 대한 이 실제적 지식의 상실에 대해서 사람은 책임을 져야만 하는 것이다. 그렇게 되지 않으면 사람은 하나님에 관한 옳은 정보를 가질 수 있는 기회를 갖지 못하는 불운한 존재들로만 여겨졌을 것이다(이전에 한때는 옳은 지식을 가지고 있었는데 비해서 말이다). 사람이 하나님을 참으로 안다고 하는 말은 아니다. 단지 하나님과 함께 동행하며 그의 약속을 신뢰하기만 하면 되는 것이다.[3]

1. 자연으로부터의 하나님에 대한 계시: 자연신학(Natural Theology)

자연으로부터의 하나님에 관한 계시를 생각하면서 우리는 먼저 사람이 원래 자연에 대해서 **유비적으로**(analogically) 생각하였다는 사실을 그리고 유비적으로 생각하는 중에서 하나님께서 당신 자신을 사람에게 계시하신 만큼은 하나님을 참으로 알 수 있었다는 사실을 생각하는 것이 좋은 것이다.[4] 사람이 이와 같이 자연에 대해서 생각할 때 그는 하나님을 당신이 존재하시는 대로, 즉 자충족적(自充足的)이고 자존적(自存的)인 합리적 존재(合理的 存在)로 생각하였던 것이다. 바로 이런 존재로서 하나님은 당신 자신을 사람에게 계시하셨고, 사람은 이와 같이 하나님을 참으로 바르게 생각하였었다. 사람이 죄인이 된 후에도 하나님께서는 계속해서 당신 자신을 자연 안에서 자충족적이고 자존적이며 합리적인 존재로 계시하시는 것이다. 그러므로 만일 사람이 **유비적으로**(analogically) **사유하기만** 하면 그들은 자연으로부터 자연의 하나님을 추론할 수 있을 것이다.[5] 그러나 죄인들은 은총에 의해서 구원받기까지는 유비적으로 사유하지 않는다. 그들은 일의적(一義

的)으로(univocally) 사유한다.[6] 그리고 그들이 자연에 관해서 일의적으로 추론하므로 그들은 그 어떤 신(神)도 존재하지 않는다고 하거나 어떤 한 신(a god)이 존재한다고 결론짓지, 참 하나님이 존재하신다고 결론짓는 일은 결코 없는 것이다. 자연에 관해서 일의적으로 추론해도 사람이 하나님의 존재에 대한 지식에 이를 수 있다고 하는 것은 성경과 성경에 대한 칼빈의 해석에 대한 근본적인 오해이다. 사람들이 "자연신학"(natural theology)으로서는 하나님의 존재만을 수립할 수 있지 그의 어떠함은 수립할 수 없다고 주장했다는 것은 사실이다. 그러나 이것조차도 너무나도 많은 주장을 하는 것이다. 일의적(一義的, univocal) 추론으로는 사람이 그분의 어떠하심이나 그분의 존재하심 그 어떤 것에 대해서 옳은 것을 결코 발견할 수 없는 것이다. **일의적 추론으로는 그것의 본성상 사람은 오직 내재적인 하나님만을 발견할 수 있을 뿐이다.**[7] 헤프(Hepp)가 "유신론적 증명들"은 어떤 타당성(a certain validity)을 가진다고 했을 때 그는 이 사실을 간과한 것이다.[8] (그러나 다시 한 번 말하자면) 일의적 추론으로는 사람은 기껏해야 우주의 연장이신 어떤 신을 발견할 수 있을 뿐이다. 일의적 추론(一義的 推論, univocal reasoning)은 사람과 우주는 그것이 궁극적 출발점으로써 그로부터 우리가 하나님을 추론할 수 있는 실재들이라는 가정에서 출발한다. 그러나 우리는 낙원에 있던(타락 전의) 아담조차도 그리할 수 없었다고 믿는다. 아담은 오직 칼빈이 그의 『강요』첫 문단에서 말했던 바를 할 수 있었던 것이다. 즉 (a) 하나님과 자신을 동시적으로 생각하고, (b) 곧바로 하나님을 궁극적인 분으로 자신을 파생적인 존재로 여겼던 것이다.

처음 보기에는 마치 성경 자체가 피조된 우주를 하나님에게서 독자적으로, 독립적으로 존재하는 것이라고 추론함으로써 시작하는 듯하다. 귀를 창조하신 이가 듣지 아니하시랴고 성경이 물을 때 이는 마치 피조물이 독자적인 어떤 것이라고 가정하고 그로부터 창조자를 추론하는 것으로 여겨질 수 있다.[9] 그러나 사실은 그렇지 않다. 하나님께서 듣지 못하신다고 생각하는 그 생각의 부조리성이 하나님께서 사람의 귀를 만드셨다는 그 사실 자체, 즉 하나님이 원형이시고 인간은 파생적이라는 사실에 있다는 말이다. 그러므로 내가 말하고자 하는 요점은 우리가 우리 안에서 보는 모든 것의 원형을 하나님 안에 있는 것으로 가정하지 않는 것은 비합리적이라는 것이다. 그러므로 우리는 자연으로부터 우월의 방법(way of eminence)에 의해서 자연의 하나님을 추론할 때 우리는 이 뛰어남, 또 우월성(eminence)을 신중하게 취해야만 한다.[10] 그것을 절대적으로 취할 정도로 신중하게 여겨야 하는 것이다. 그것은 하나님은 세상을 창조하시기 전에도 자충족적이었으며, 지금도 여전히 자충족적이시라는 것을 의미한다. 따라서 우리는 하나님을 궁극적인 분으로 여길 뿐만 아니라 우리들을 파생적이며 근접적인 것(proximate)으로 여겨야 한다. 우리는 자신을 궁극적인 것이나 양립적인 존재로 여기지 않고 스스로를 파생적인 존재로 여겨야 한다는 것이다. 우리가 이미 자연 그 자체에 대해서 상당한 것을 알게 된 것으로 논의해서는 안되고 우리가 자연에 대해서 마땅히 알아야 하는 모든 것을 다 알지 못하는 한 우리가 아는 것보다 더 많이 무한히 아시는 분이 반드시 계심을 인정해야 한다는 말이다. 우리는 궁극적이신 하나님이 없이는 우리가 그 어떤 것도 알 수 없다고 추론해야만 한다. 즉 궁극적이시며 자존하시는 하나님이 없이는 하나님이 존재하셔야만 한다고 추론할 수도 없으며 하나님에 관한 질문을 할 수조차 없는 것이라는 말이다.

그렇게 하기 위해서, 즉 자신을 궁극적인 존재이거나 능동적인 존재가 아니라고 하기 위해서는 **자연인은 첫째로 자신이 정상적이라는 것을 부인해야 한다**. 바울은 다음과 같은 말에서 이것의 불가피성을 말하고 있다. "육신의 생각은 하나님과 원수가 되나니 이는 하나님의 법에 굴복치 아니할 뿐 아니라 할 수도 없음이라"(롬 8:7). 그러나 사람이 자신이 마땅히 해야 하는 일을 할 수 없다는 이 사실은 이 "당위"(마땅히 해야함)를 만드는 것이 아니다. 이제는 이 "당위"를 다루어 보고자 한다.[11]

하나님께서는 죄가 들어온 후에도 계속해서 자연 안에 당신 자신을 계시하셨다. 따라서 사람들은 자연으로부터 자연의 하나님을 유비적으로 추론해야만 한다. 그러므로 사람들은 하나님이 이 우주의 창조자시라고 결론짓기 위해서 우주론적 논의를 **유비적으로** 사용해야만 한다. 사람들은 자연이 독자적인 어떤 것으로 존재할 수 없음을 인식해야만 한다. 그들은 자연에 관해서 어떤 지적인 것이 말하여지려면 그것이 절대적 진리의 체계이신 하나님과 관련되어져야만 함을 지각해야만 한다. 그러므로 그들은 곧 자연을 하나님의 피조물로 보아야만 하는 것이다. 사람들은 또한 존재론적 논증도 유비적으로 사용할 수 있어야만 한다. 즉 사람들은 "존재"(being)라는 말이 아무 제한없이 하나님께 적용되지 않고서는 그 무엇에게도 지적으로(intelligently) 적용될 수 없다는 것을 인정해야만 한다. 그들은 존재론적 논증에서 흔히 그리하듯이 먼저 "존재"란 말이 이 우주에 지적으로 적용될 수 있다고 가정한 후에, 그 후에야 이 용어는 우리나 이 세상보다 더 높은 존재에게 무제한적인 방식으로 사용될 수 있어야만 한다고 해서는 안되는 것이다. 교회의 좋은 신학자들은 끊임없이 유신론적 논증들이 일의적(一義的)으로 (univocally) 사용되어서는 안된다는 사실을 감지해 왔다. 그들은 모든 유신 논증들은 함께 다루어져서 인간 진술 가능성에 대한 한 논의(one argument of the possibility of human predication)로 환원되어야 한다는 사실의 한 면을 감지했던 것이다.[12] 자연이나 인간에 관해 어떤 지적인 진술(intelligent predication)을 한다는 것은 만일 하나님이 모든 것의 궁극적 준거점이 아니시라면 불가능한 것이기 때문이다. 자충족적이시고 그 안에서 "하나"(the One)와 "여럿"(the Many)이 동등하게 궁극적이신 하나님은 그 안에서 삼위일체의 각 위(各位)가 서로서로 한 위이시며, 한 위가 다 전적으로 하나님이신 그 하나님이(그것이 정원의 나무이든지 하늘의 천사들이든지를 막론하고) 이 우주 안에 있는 모든 것에 대한 "언어의 지적인 사용" (the intelligent use of words)의 근거가 되시는 분이시다.[13]

따라서 사람들은 자연의 질서가 하나님의 섭리에 의한 것이라고 추론해야만 한다.[14] 이 섭리는 절대적으로 자연에서 나타나고 있다. 사람들은 또한 자연 법칙이 그 자체로써 존재할 수 없음을 추론해야만 한다. 그들은 만일 그 안에 절대적 질서나 절대적 체계를 가지신, 따라서 피조계에 질서를 부여하신 바로 그런 하나님이 없으면 법칙 개념이 사람의 정신에 의해서 자연현상에 결코 적용될 수 없다고 추론해야만 한다.

더 나아가서 사람들은 자연 안에서 발견되는 무질서가 비자연적인(unnatural) 것이라고 추론해야만 한다.15) 자연의 무질서는 자연과 관련해서 원래 조성된 상태일 수 없는 것이다. 만일 질서의 하나님이 창조하신다면 질서있는 우주를 창조하실 것이기 때문이다. 무질서한 우주를 창조한다고 하는 것은 그가 질서의 하나님이심을 부인하는 것이 될 것이다. 그러므로 우주의 무질서는 사람의 고의적 불순종에 의해서 자연에 나타나게 된 것이다. 자연 자체는 도덕적인 것이 아니므로 죄를 범할 수 없다. 그러므로 자연은 사람의 죄 때문에 저주를 받게 된 것이다. 자연은 하나님의 진노를 받고 있고, 하나님은 불의(不義)에 대하여 심판을 내리시는 의로우신 하나님이시라는 것은 참이다. 더구나 그것이 절대적인 하나님, 당신 자신을 실제로 계시하실 수 있으신 주권적인 하나님이시라는 것을 볼 때, 하나님께서는 사람의 불의에 대한 심판을 미루실 수도 있는 것이다. 그러나 사람은 하나님의 우주를 다루시는 방식의 다양함(unevenness)을 보면서 그분께서 실제로 불공평하거나 불안정하거나 자의적(自意的)이라고 생각해서는 안되고 후에는 결국 모든 것을 공평하게 하시리라고 결론지어야만 한다.

또한 사람들은 사람의 죄가 자연에 대한 하나님의 저주의 원천이라고 결론지어야 하므로 그들이 사는 것 자체와 자연이 완전히 무질서에 빠지지 않는 것은 하나님의 은혜에 의한 것이라고 결론지어야만 한다. 겨울과 여름은 차서적으로 순환한다는 사실은 실질상 사람에 대한 하나님의 은혜의 문제인 것이다. 노아와의 언약이 이를 잘 보여주듯이 말이다. 이것을 사람들은 마땅히 볼 수 있어야만 한다. 이 사실들이 사람들 앞에 있으므로 그 사실들을 보아야만 하는 것이다. 그래서 그들은 창조자께 영광을 돌려야만 한다.

그런데 사실상 사람들은 자신들이 사유해야만 하고 해석해야만 하는 대로 사유하고 해석하지 않았다. 그들은 유비적으로 사유하는 대신에 일의적으로 사유하였다. 그들은 전체로서의 우주에 대해서 내재주의적 해석의 원리를 사용한 것이다. 그래서 그들은 인간 정신에 의해서 무질서와 잘못된 해석이 이 세상에 오게 되었다는 것을 인정하려고 하지 않았다. 그들은 자신들을 계속해서 정상적인 존재로 본 것이다. 그러나 그들은 자신들의 배타적이고 내재주의적인 원리를 가지고서는 실재를 만족할 만하게 해석할 수 없다는 것을 지각하지 못하였다. 그러므로 그들은 무엇인가 다른 것에 대한 갈망을 나타내 보였다. 그들은 자충족적인 하나님 자신의 해석이 주어지지 않으면 사람의 마음에 안식이 없음을 인정하였다.[16] 또 한편에서 그들이 실질적으로 행한 해석에서는 그 형상에 관한한 진리에 대한 상당한 유사성을 나타내 보이고 있다. 관념론적 전통에서는 철학이 무시간적 절대의 필요성을 실질적으로 인정하였다. 또한 기독교 밖에 있는 소위 고등 종교들에서도 사람들은 인간의 영혼이 평안을 발견할 수 있는 것은 이 세상 밖에 있는 어떤 것에서라는 사실을 어느 정도 감지했던 것이다. 또한 오늘날의 현대주의(modernism)도 기계적인 것과 물질적인 것을 넘어서는 것을 끊임없이 찾는 것이다. 비록 그것이 그 자체로서는 잘못된 해석이지만 그럼에도 불구하고 그것은 사람들이 우주 너머에 있는 어떤 것이나 어떤 이를 끊임없이 찾고 있음을 보여준다. 얼마나 많은 과학자들이 그들이 자연을 연구하면서 하나님을 발견하였다고 말하였는지를 살펴보면 놀라게 된다. 물론 그들이 발견한 것은 참된 하나님은 아니다. 왜냐하면 그들은 일반적으로 말해서 일의적 추론방법(一義的 推論方法, the univocal method of reasoning)을 사용하기 때문이다. 그러나 그렇다고 해도 그들이 어떤 하나님을 찾는다는 사실은 남는 것이다. 이 모든 것은 하나님이 사실상 자연과 사람의 정신에 계시되셨다는 것 그리고 따라서 사람이 마땅히 그를 알아야만 한다는 것에 대한 웅변적인 증언이다.[17]

2. 사람에게서 온 하나님에 대한 계시: 합리적 신학(Rational Theology)

더구나 모든 곳에 있는 모든 사람은 그들 마음속 깊은 곳에서 이 세상이 하나님에 의해 창조되었음을 알고 있다.[18] 즉 그들의 심저에서는 자연을 설명하려는 그들의 모든 시도에 있어 자신들이 우주의 참된 창조자에 대한 증언을 억누르고 있다는 것을 알고 있는 것이다. 사람들이 그들 자신의 입장의 참된 의미에 대해서 더 자의식적이 되면 될수록, 그들은 그들의 체계가 죄인들이 진리를 자신들로부터 숨기려는 도피기제(escape-mechanism)임을 더 분명히 인식하는 것이다.[19]

자연에서 온 하나님에 대한 계시에 대해서 말했던 바도 조금만 바꾸면(mutatis mutandis) 사람에게서 온 하나님에 대한 계시에도 그대로 적용된다.

여기서 특별히 칼빈이 강조한 요점, 즉 사람은 자신을 파생적인 존재로 하나님과 관련하는 존재로 생각해야만 한다는 점이 중요해진다.[20] 우리에게는 하나님에 대한 지식과 우리 자신에 대한 지식이 가장 중요하다. 모든 다른 지식들은 이 두 가지 지식을 중심으로 하고 있다고 해도 과언이 아니다. 그러므로 이 점에 대한 우리의 지식과 해석이 옳다면, 다른 모든 곳에서도 옳게 되는 것이고 이 점에서 잘못되면 다른 곳에서도 잘못될 것이다.

그러므로 여기서도 우리는 사람들이 자신들에 대해서 유비적으로 생각해야만 한다고 말할 수 있다. 그들은 자기 자신들에 대해서(본체론적 논증), 그들 존재의 원인에 대해서(우주론적 논증) 그리고 그들 존재의 목적에 대해서(목적론적 논증) 유비적으로 추론해야만 한다.[21] 사람들은 그들 자신들이 누구인가 하는 것을 구체적으로 보아야만 하는 것이다. 그들이 하나님께 대해 부차적인 존재들이고 하나님께 대해 책임이 있다는 식으로 표현하지 않고서는 자신들을 참된 의미에서 정의하거나 묘사할 수 없다. 그들은 "존재", "원인", 또는 "목적"과 같은 단어들이 창조주요 심판자이신 하나님과 관련되고 난 후에라야 자신들에게 적용될 때에야 가능한 의미를 지니는 것으로 여겨야만 하는 것이다.

따라서 그들은 무질서의 원인을 하나님께로서가 아니라 사람들에게 돌려야 하는 것이다. 만일 오류가 진리만큼이나 근원적인 것이고 (즉 진리처럼 하나님에게서 온 것이고-보역), 부정이 긍정만큼이나 근원적이라면 진리는 결코 없다는 결론이 될 것이기 때문이다. 그 어디에서나 최소한의 합리성이라도 하나님 안에 있는 절대적 합리성을 전제한다. 여기서 우리는 최소한의 비합리성도 하나님 안의 절대적 합리성을 전제한다고 덧붙일 수 있다. 합리성과 대조되지 않고서는 비합리성은 전혀 의미를 가질 수 없기 때문이다.

그러나 만일 비합리성이 단순히 유한한 합리성과 대조된다면 그것은 전혀 합리성과 대조된 것이 안 될 것이다. 유한한 불합리성뿐만 아니라 유한한 합리성도 그 전체로서 절대적 합리성을 필요로 하는 것이다.22)

그러므로 우리는 최소한의 합리적 해석과 오류 가능성까지도 하나님을 전제한다는 것을 알게 된다. 이것은 지적인 영역에도 적용되고 도덕적인 영역에도 적용된다. 사람이 어느 정도까지는 우주를 바르게 해석할 수 있다는 것과 그가 본성으로 "율법의 일"을 행한다는 것은 모두가 하나님의 존재에 대한 중요한 증거들인 것이다. 도덕성에 관해서는 바울이 로마서 2:14에서 다음과 같이 말하고 있다. "율법없는 이방인이 본성으로 율법의 일을 행할 때는 이 사람은 율법이 없어도 자기가 자기에게 율법이 되나니 이런 이들은 그 양심이 증거가 되어 그 생각들이 서로 혹은 송사하며 혹은 변명하여 그 마음에 새긴 율법의 행위를 나타내느니라."

이 이방인들은 죄인이므로 그 안과 밖에 있는 성령의 증언을 억누르려고 노력한다. 그럴지라도 지식의 경우처럼(롬 1:20) 도덕성의 경우도(롬 2:14, 15) 그는 성령의 증언이 유효하게 되는 것을 전적으로 억누르지는 못하게 된다. 그들의 도덕적 반응에는 율법의 요구에 대한 어느 정도의 우연적이며, 의도하지 않은 따름이 있는 것이다.23)

여기서도 우리는 단지 계시적인 것과 죄인의 자의식적 윤리적 반응을 시사하는 것을 조심스럽게 구별해야만 한다. 바울은 여기서 율법이 사람들의 심령에 쓰여져 있다고 말하고 있지 않다. 그들 마음에 쓰여진 율법이 있다는 것은 사실이다. 그들이 하나님의 형상으로 이루어진 것 자체가 그들이 참된 의미에서 형상 역할을 해야 한다고 말한다. 사람에 대한 하나님의 계시 전체는 사람에게 율법이 된다. 그러나 여기서 우리는 이 하나님의 계시에 대한 사람의 윤리적 존재로서의 반응을 다루고 있는 것이다. 모든 사람들이 어느 정도는 율법의 일을 한다고 바울은 말하는 것이다. 그는 말하기를 그들이 그 마음에 쓰여진 율법의 행위를 한다고 하는 것이다. 참된 동기나 참된 목적 없이도 그들은 외적으로 보면 하나님의 법에 순종하는 행위들로 보이는 것을 할 수 있는 것이다. 하나님은 계속해서 사람에게 요구를 하고 계시고 사람은 "그가 어느 정도 알고 있듯이"(know after a fashion), "어떤 의미에서는"(after a fashion) 선하다.24)

질서란 시간의 흐름이라는 관점에서 보면 목적이다. 그러므로 사람들은 목적론적 논증을 유비적으로 사용했어야만 했다. 인간의 정신의 합리적 활동과 도덕적 활동에 관련해서 목적 개념이 가장 잘 나타나게 된다. 그러므로 사람은 이 우주 안에 있는 모든 것을, 특히 사람의 정신과 도덕적 활동 안에 있는 것을 볼 때 그것을 하나님과 그의 목적과 관련시켜야만 궁극적인 결론에까지 이를 수 있게 된다. 여기서 우리는 일의적 논의(a univocal argument)와 유비적 논의(an analogical argument)의 차이를 다시 한 번 주목할 수 있을 것이다. 우리가 도덕적인 존재인 사람에게서 출발해서 우리가 온전히는 아닐지라도 그 목적에 대해 충분히 알고 있다는 가정에서 이 목적과 가치를 유지하시는 하나님이 계시다고 결론짓는다고 해보자. 그것은 유비적 사유이기보다는 일의적 사유이다.25) 그것은 사람을 하나님께 대해서 파생적인 것으로 만드는 것이 아니고 하나님을 사람에 대해서 파생적인 것으로 만드는 것이 될 것이다. 또한 그것은 신(神, a god)을 그저 사람의 연장(延長)으로 생각하는 것이며, 결국 그렇게 되면 모든 것은 결론이 날 수 없는 것이다. 그렇게 되면 우리는 우리가 마음속에 가지고 있는 목적, 즉 우리가 인간의 목적에 대해 생각할 때에 우리가 하나님을 필연적으로 생각해야 한다는 것을 보이려는 그 목적을 이룰 수 없게 될 것이다. 물론 사람의 경우에는 어떤 의미에서 그 "목적"이 무엇을 의미하는지를 알 수 있는데 하나님의 경우에는 그렇게 분명하게 알기 어려운 것이다. 우리가 어떤 도시에 가려는 목적으로 가지고 있을 때 이는 우리가 거기에 이르기 위해서 물리적으로 우리 자신을 움직일 의도를 가지고 있음을 의미하는 것이다. 그러나 이것은 이런 의미에 있어서는 우리가 하나님께보다는 우리 자신들에게 더 가깝다는 것을 시사할 뿐이다. 그러나 궁극적인 관점에서는 하나님이 호흡보다, 손이나 발보다 더 가까이 계시는 것이다.26)

그래서 우리는 심판의 개념에 이르게 된다. 칼빈은 이것을 말하고 있다. 그는 말하기를 사람들은 그들의 불의(不義)가 곧 심판되지 않는다는 사실 때문에 심판하시는 하나님이 계시지 않다고 결론지어서는 안된다고 한다. 오히려 그들은 하나님께서는 당신 자신께서 지금 심판하지 않으시고 내버려 두시는 것에 대해서 장래에 심판하시리라고 결론지어야만 한다고 말하고 있다. 이를 우리가 사용해 왔던 용어들로 옮겨보면 역사 안에 목적이 있다면 역사 안에 포괄적인 목적이 있어야만 한다고 표현할 수 있을 것이다. 이 포괄적인 목적이 없이는 사람이 행하는 모든 유목적적 행위(有目的的 行爲)가 헛된 것이 되고 말 것이다. 그리고 절대적인 목적이 있어야만 한다면 모든 악이 언젠가는 사라지고 말리라고 말하는 것은 말할 필요도 없을 정도로 자명한 일이다. 언젠가는 모든 불의가 심판될 것이다. 그리하여 하나님께서는 결국 우주에 대해 품으셨던 당신 자신의 목적을 이루시고야 말 것이다. 그렇지 않다면 하나님이 아니실 것이다. 그때에는 악마조차도 하나님의 목적에 종속해야만 한다. 그러므로 악마의 행위들은 그 자체 안에 이미 자기 좌절(their own frustration)의 요소를 동반하고 있는 것이다. 즉 그리하지 않으려는 그의 모든 노력에도 불구하고 사단도 결국은 하나님의 영광을 섬기게 되는 것이다. 그의 생각이 자기 좌절적이듯이 그의 행위들도 자기 좌절적인 것이다. 사람의 행위들도 하나님의 뜻에 따르지 않는다면 그것도 자기 좌절적 성격을 갖게 된다는 점에서 악마의 행위들과 같다고 할 수 있다. 그러므로 사람들이 자신들에게 대해 법이 되는 것이다. 그들은 스스로를 정죄하고 그런 한도 내에서 자신들을 변명한다. 하나님께서는 사람의 지혜가 어리석음을 보이셨고 결국 심판날에는 하나님을 중심으로 하지 않은 모든 유목적(有目的)인 사유와 행동을 종국적으로 정죄하실 것이다.[27]

그러므로 우리는 자연에 대해서나 사람 자신에 대해서 사람은 하나님을 창조주, 보존자, 그리고 심판자로 알아야만 한다는 것을 알게 된다. 그들은 하나님의 신성을 알아야만 하는 것이다. 하나님을 절대적인 분으로 알아야만 한다는 말이다. 또한 그 안에서만 자연에 관한 것이든, 사람에 관한 것이든 모든 인간의 언급이 의미를 지닐 수 있다는 것을 알아야만 한다. 또한 그들은 하나님을 우주를 알 수 있는 근거가 되시는 분으로 알아야 한다. 그가 그러하신 분이심을 자연과 인간에 관한 성령의 자기 증언 안에서 알아야만 한다.

그런데 하나님을 이러하신 분으로 아는 대신에 사람들은 우주를 배타적으로 내재주의적인 원리에 의해서 해석하려고 하고 있다. 바울은 이렇게 말한다. "이는 저희가 하나님의 진리를 거짓 것으로 바꾸어 피조물을 조물주보다 더 경배하고 섬김이라 주는 곧 영원히 찬송할 이시로다 아멘"(롬 1:25). 이신론(理神論)적 철학이나 범신론적 철학 모두가 내재주의적이다.[28] 그 둘 모두가 창조주보다는 피조물을 섬기려고 하는 것이다. 그러나 우리가 앞에서 살펴본 바와 같이 사람들은 내재주의적 원리의 불충분성을 어느 정도 감지하였다. 그래서 그들은 "초월"(a Beyond)을 요구하였고 민족들마다 다 철저히 종교적이다. 칼빈이 말한 바대로 "신성의 씨앗"(the sensus deitatis)이 사람 안에 깊이 뿌리박혀 있는 것이고 이 종교의 씨앗은 그들의 존재에 너무도 깊이 뿌리박혀 있어서 사람들이 그들의 심성에서 신지식을 제거하려고 노력하는 것은 다 헛된 것이다.[29]

반면 그들이 스스로 형성한 하나님 개념은 때때로는 네 발로 기어다니는 야수나 땅에 기어다니는 것의 수준으로까지 낮추어지기도 하고 고도의 경우에는 그 형태에(in form) 있어서는 참된 하나님 개념과 유사하게 나타날 수가 있다. 물론 플라톤도 "자기 자신의 우주나 머리 안에서 자신을 상실하여" 기독교적 관점에서 볼 때에는 그의 신개념이 완전히 잘못된 것이지만, 또 한편에서는 그의 하나님은 그 자체로 고귀하게 존재한다는 것이 아주 놀랍기도 한 것이다.[30] 여러 민족의 신들과 참 하나님의 근본적 차이점들과 형상적 유사성(the formal similarities)은 하나님께서 사람들에게 당신 자신에 대해 계시하셨다는 진리에 대한 증거가 된다(또한 그 계시를 사람들이 오용하고 잘못 해석하고 있다는 증거가 된다-보역). 그 모든 것이 사람으로 핑계할 수 없도록 하는 것이다.[31]

3. 하나님으로부터 온 하나님에 대한 계시: 신학 자체(Theology Proper)

원래 하나님께서는 낙원에서 자연과 사람 안에 주셨던 당신 자신에 대한 계시에 덧붙여서 당신 자신에 대한 적극적 사상의 전달을 해주셨다고 말할 수 있다.[32] 하나님께서 사람들과 함께 걸으시며 말씀하셨던 것이다.[33] 여기에 참된 신현(神顯, theophany)이 있었다. 우리는 이 신현을 사람에게 더 깊이있는 신 지식을 전달하시려는 목적으로 주어진 것으로 생각할 수 있다. 이 적극적인 계시를 수단으로 해서 하나님께서는 사람에게 선과 악을 알게 하는 나무에 대해서 당신 자신의 뜻과 목적을 전달하셨다는 것이 사실이다. 그러나 이 사실에서 하나님께서는 당신 자신을 사람에게 계시하셨고 피조된 우주만을 연구해서는 하나님께 대해서 다 알 수 없는 것을 알게 하셨다. 우리는 사람이 자신과 피조된 우주 일반을 성찰함으로써 얻을 수 있는 "하나님에 대한 지식"(神知識)과 하나님으로부터 직접적인 전달에 의해서 받는 "하나님에 대한 지식"을 인위적으로 구별할 수 없다. 피조된 우주로부터 얻은 계시는 사람을 하나님의 존재 개념만이 아니라 하나님과 직면하도록 한다. 그러나 하나님의 직접적 의사전달에 의한 계시를 통해서는 우주에 대한 하나님의 목적과 계획을 더 충분히 알 수 있게 된다. 당신 자신의 목적과 계획을 더 충분히 계시함으로써 하나님께서는 또한 당신 자신을 더 충분히 계시하셨다. 그리고 오직 이 온전한 하나님의 계시와 관련해서만 자연과 사람의 사실들이 제대로 보여질 수 있는 것이다.[34]

사람에게 대한 이 직접적인 계시는 그것이 원래는 사람의 의사전달(an original loving communication)이었다는 의미에서는 죄가 들어온 이후에 그쳐진 것이다. 물론 죄가 들어온 이후에도 하나님께서는 사람에게 종종 직접적으로 말씀하셨다. 그러나 그것은 항상 죄에 대해 심판을 말하거나 죄를 제거하시는 목적을 말하는 내용에 관한 것이다. 예를 들자면 하나님께서는 가인과 아벨에게 희생제의 방법, 구속의 길을 계시하기 위해서 말씀하셨던 것이다. 또 후에는 가인에게 그의 희생제를 거부하시는 심판의 말을 하셨다. 이 두 경우 모두에 있어서 우리는 하나님의 계획과 목적에 대한 새로운 계시가 있다고 말할 수 있다. 원래 주어진 계시 즉 피조물에 대한 하나님의 사랑의 자기 전달은 계속될 수 없는 것이다. 만일 하나님께서 피조물에 대한 그의 자기 전달을 계속하시려 한다면 정죄나 구속을 통하는 길밖에 없는 것이다.[35]

그런 후에는 사람에 대한 하나님의 이 원래의 의사전달을 찾아내어서 죄가 들어온 후에는 오직 그에 대한 전승만이 남았다고 말해야만 한다.[36] 물론 이 전승에 대해서는 사람들에게 책임이 있다. 이 전승에 우리는 하나님께서 때때로 하나님의 구속 사역의 선에 밀접히 관련된 사람들에게 그들에 대해서 그리고 하나님의 이스라엘을 미워하는 모든 사람들에 대해서 심판하시리라는 것을 말씀하셨다는 사실을 덧붙여야만 한다. 셋째로, 우리는 또한 어떤 사람들은 실제로 구약 시대에는 민족으로서의 이스라엘에게, 신약 시대에는 교회에 주어진 자비의 계시를 들었다고 하는 사실을 덧붙여야만 한다. 그러나 이 모든 것에도 불구하고 사람에게 주신 하나님의 실제적 자기 전달은 죄가 들어온 후에는 그쳤다는 것은 사실로 남는다. 이것은 하나님의 계시 문제를 복잡하게 만드는 것이다. 어떤 의미에서는 이것이 사람에게 주신 하나님의 계시를 모호하게 했다고 말할 수도 있게 하기 때문이다. 죄가 그것의 마땅히 받아야만 하는 방식으로 곧 심판받지 않았다는 사실은 하나님께서 당신 자신이 그러하시다고 처음 계시하신 대로 거룩하신 하나님이 아니시라고 생각하는 것을 가능하게 한다. 그러나 온전히 유신론적인 것 외의 어떤 생명 이론도 그저 개연성이 있는 것 이상의 것이 될 수 없다. 하나님의 전포괄적 계획이란 전제없이는 우주의 그 어떤 현상에 대한 지식도 불가능하다. 그러므로 우리는 하나님의 계시의-그것이 자연 계시이든지 초자연 계시이든지, 일반 계시이든지 특별 계시이든지를 막론하고-객관적 명료성(objective clarity, or perspicuity)은 그 어떤 대가를 지불하고서라도 강조되어져야만 하는 것이다.

더구나 역사 안에서의 하나님의 계시의 복잡성은 역사의 벽두에는 나타날 수 없다. 그것은 사람의 언약을 지키느냐, 언약을 파기하느냐의 결과이기 때문이다. 그러므로 한편으로는 상황의 복잡성이 사람에 대한 하나님의 계시의 원래의 단순성을 모호하게 한 것이고, 또 한편으로는 이 복잡성이 그것의 성격상 역사가 종국적 심판날을 향해 가는 성향을 나타내기 시작할 때에 나타난 것이다. 그 결과로 죄의 자연적인 결과로 나타낸 "모호화"는 그와 연관해서 하나님의 계획을 "밝혀주는 일"을 가지게 된 것이다. 이 둘의 참된 의미가 이해되기 위해서는 서로 연관하여서 보여져야 할 필요가 있는 것이다.[37]

사람들이 자신들을 위하여 "알지 못하는 신"에게까지 제단을 만들었다는 사실은 사람들이 자신들의 손으로 만든 사람의 상상력에 따라서 만든 신들에게서 부족함을 느꼈다는 것을 분명히 보여주고 있다.[38] 나무나 돌로 만든 우상들이나 사람들이 신격화(神格化)한 진·선·미(眞善美)의 이상들도 모두 그들 자신의 충족하지 못함을 나타내 보여준다. 그것들은 불완전하고 사람들이 실현하려고 원했던 것, 즉 사람의 행복을 실현하기에 무력(無力)하다. 그러나 또한 진선미의 이상들은 기독교적 신개념과 그 형태에 있어서 유사하기도 하다. 이렇게 인간들은 부정적으로든 긍정적으로든 하나님의 존재가 참됨을 증언하는 것이다. 그들은 계속해서 그들 자신의 해석과 행동이 자기 좌절적임을 나타냄에서 그들의 태도가 어리석음을 밝혀주고 있는 것이다.

문제의 결론은 전도자와 함께 우리가 다음과 같이 말해야만 한다는 것이다. "나의 깨달은 것이 이것이라 곧 하나님이 사람을 바르게 지으셨으나 사람은 많은 꾀를 낸 것이라"(전 7:29)

각주

1) 이것은 자연과 인간과 하나님의 시리즈 가운데 세 번째 대상이다. 이것은 그 대상으로서의 하나님과 더불어 자연으로부터, 인간으로부터 그리고 하나님으로부터라는 세 가지 근원을 가지고 있다.
2) 또 다시 말하지만, 반틸은 계시가 하나님을 일반적으로 또는 이신론적 하나님으로 묘사하지 않고 모든 그의 속성에 있어서 완전하고 참되신 하나님을 강조한다(롬 1:20).
3) 이 문장은 몇 가지 반틸의 강조하는 요점을 강조하기 위해 적절한 문장이다. 그것들은 계시가 그저 하나님의 존재만을 선언하는 것이 아니라 그의 속성까지도 선포하는 것임을 확증하는데 집중되어 있다. 이것은 자연신학의 옹호자들이 잘 포착하지 못했던 것이다. 분명히 그 지식의 어떤 부분은 타락으로 인해 모호해졌고 따라서 완전한 계시는 그리스도 안에서 발견될 뿐이다. 그러나 동시에 우리는 타락한 피조물임에도 불구하고 철저하게는 아닐지라도 하나님을 참되게 알 수 있다.
4) 하나님에 관한 지식의 첫 번째 근원은 자연이다. 여기서 반틸은 유비의 사상을 더욱 발전시킨다. 그가 이렇게 하는 한 가지 이유는 그가 아래에서 그렇게 하고 있듯이 여러 가지 결함 있는 유비적 견해들에 대항하기 위해서이다. 과연 반틸답게 그는 타락이전의 계시로 시작하고 타락이후의 계시로 나아가고 있는 것이다.
5) 예를 들면, 제2장의 "유비적인 인간의 지식"이란 제하의 유비에 관한 초기의 논의를 생각해보라.
6) 본서의 시작에서부터 언급했듯이 우리는 인간이 일의론적 논증으로서의 서술에 대한 최종적이며 궁극적이라는 논증의 모든 형태에 대해 논하고 있는 것이다. 이것과 대조해서 우리는 유비적 논증으로서의 하나님을 서술의 궁극적 근원으로 인식하는 그리스도인에 의한 논증의 형태에 대해 언급하고 있는 것이다. 여기서 우리가 말하는 "일의론적"이란 하나님의 생각과 정확하게 동일한 생각으로서의 명백한 불가능성을 묘사한다.
7) 만일 인간의 이해가 유일한 표준이라면, 우리는 결코 우리자신보다 더 위대하신 하나님을 찾지 않을 것이다. 심지어 "존재"라는 것조차 인간적 개념임이 드러날 것이다. 여기에 일의론적 생각의 오류가 자리하고 있는 것이다. 미주 6번을 참조하라.
8) 제5장에 설명된 헤프의 견해를 다시 한 번 참조하라.
9) 이것은 시 94:9절의 인용이다. "귀를 지으신 이가 듣지 아니하시랴 눈을 만드신 이가 보지 아니하시랴." 반틸은 창조로부터 그를 향한 우리의 노력을 반대하고 하나님께서 계시의 근원이 되신다는 것을 변증하기 위해 이 구절을 사용한다.
10) "자연의 하나님"이라는 표현은 종종 그들이 믿는 신들이 단지 창조세계와 동등한 존재로서 멀리 떨어져 있는 신이라고 믿는 이신론자들에 의해 사용되는 용어이다. 반틸은 이것을 하나님의 "탁월성" 즉 만물에 대한 그의 완전한 권위와 탁월하심을 확증하는 것으로 방향을 바꾼다.

11) "~하는 것이 당연하다"라는 동사는 도덕적으로 사용되었지만 광의적 의미에서 사용되었다. 여기에는 우리가 그렇게 하기를 거절함에도 불구하고 하나님을 믿어야만 하는 모든 합당한 이유들이 있다. 우리에게 정보가 결핍되어 있는 것이 아니라 그것을 정직하게 사용할 의지가 결핍되어 있는 것이다.
12) 반틸은 인간적 진술을 효과 있게 만드는 것으로서의 유신론적 증명이 자증하시는 하나님을 전제할 때에만 사려 깊은 것이 될 수 있다는 아주 흥미로운 요점을 제시한다. 안셀름에게서 발견되는 위대한 존재에 대한 희미한 개념으로 시작하는 본체론적 논증은 잘못된 전제로 시작한다. 왜냐하면 그것은 인간이 생각해낼 수 있는 존재의 한 사상을 단언하고 하나님을 단지 좀 더 큰 존재라고 주장하기 때문이다. 그러나 우리는 반드시 하나님과 함께 시작해야 하며, 그와 관계해서만 창조된 존재를 정의해야만 한다.
13) 삼위일체에 대한 이러한 접근법은 제17장에서 더 상세하게 발전된다.
14) 여기 "질서"라는 용어는 추상적으로 또는 헬라어의 "조화"를 의미하는 용어로 사용되지 않았다.
15) 많은 자연 신학자들과 달리 반틸은 타락 역시 하나님으로부터 온 계시라고 주장한다. 그것은 창조의 계시에 대한 왜곡일 뿐만 아니라 그 자체로 세상에 임하시는 하나님의 심판에 대한 계시이다.
16) 전도서 3:11절에 의하면 우리는 영원을 소망하나, 그것을 발견하지 못한다(전 8:17). 반틸은 『고백록』Confessions 1.1에서 발견되는 어거스틴의 구절 즉 "우리가 당신의 품 안에서 안식하기 전까지 우리는 결코 안식할 수 없습니다"라는 구절을 반영하는 듯 그 결과가 마음의 쉬지 못함에 있다고 말한다.
17) 철학이든지 종교이든지 과학이든지, 여기에는 유신론을 증거하는 놀라운 병행적 선언들이 존재한다.
18) 하나님에 관한 계시의 두 번째 근거는 반틸이 그 과정 속에서 "합리적 신학"이라 부르는 사람에 관한 것이다.
19) 로마서 1:18절의 "막는다"는 용어를 사용함에 있어서 반틸은 인간이 하나님의 "깊은 것"을 알 수 있다고 결론짓는다. 하나님에 대한 불신자의 지식에 대한 사려 깊은 고찰을 통해, 존 프레임은 표면적 인상으로만 보면, 반틸이 억제에 대한 심리학적 언어를 사용하는 것처럼 보이지만 그의 작품을 전체적으로 조사해 보면, 반틸이 좀 더 복잡하고 실제로 신비하게 불신자의 의식 속에서 진리가 그릇되게 됨을 제시한다는 것을 알 수 있다.
20) John Calvin, *Institutes of the Christian Religion*, 1.1.1.
21) 또 다시 반틸은 유신론적 증명에 관해 모호하다.
22) 반틸의 변증학에 있어서 비합리성은 불가능한 것이다. 세상을 비합리적이라고 부르는 것은 더 고상한 합리성의 표준을 전제하는 것이다.
23) 이해에 있어서 참된 것 즉 우리는 진리를 알지만 불의로 그것을 막는다는 것은 도덕에 있어서도 동일하게 참되다. 우리는 무엇을 해야 할지 잘 알고 있지만 그것을 하지 않을 것이다.
24) 믿지 않는 이방인들은 다른 방식의 계시를 통한 것이긴 하지만 유대인들과 마찬가지로 법을 가지고 있다. 율법과 율법의 행위 사이의 대조는 은혜 없는 이방인들이 그것으로 온전히 살 수 있다고 생각하는 사고를 경계하기 위한 것이

다. 일종의 율법이 마음에 심기어진 것은 모든 사람들이 하나님의 형상을 지닌 자라는 것을 의미하기 위함인 것은 사실이다. 그러나 여기서 바울은 율법에 대한 반응에 대해 살펴보고 있는 것이다. 만일 율법이 새언약의 의미에서 이방인들의 마음에 참되게 새겨졌다면(렘 31:33), 그들은 그것에 합치된 삶을 살았을 것이다. 그럼에도 불구하고 자신들의 마음에 기록된 율법의 사역, 즉 그들의 깊은 의식(특별계시로 말미암은 십계명과 반대되는 것으로서의 일반 계시)에 새겨진 사역을 가지고 있었다. 이것은 여러 가지 덕목들을 포함한 양심의 증언을 실행한 이방인들에게 의해 행하여진 하나님의 율법의 부분으로 증거된 것이다. 요점은 그들이 계시 없는 삶을 살지 않았다는 것이며, 그럼에도 불구하고 그들의 반응은 구속적인 부분에서가 오직 상대적인 입장에서만 선한 것이었다는 점이다.

25) 반복하여 말하지만, 그것은 시작점이 불완전하기 때문이다.
26) 시편 139; 사도행전 17:28을 보라.
27) 사도행전 17:31절은 우리가 일반계시(이 경우에는 그리스도의 부활을 통해 재가된 것)를 통해 심판이 다가오고 있다는 사실을 알고 있다는 사상을 지지해준다.
28) 이신론에 의하면, 하나님에 대해서 알아야 할 모든 것은 자연으로부터 이해되어야 한다. 여기에는 초자연적인 계시가 필요하지 않기 때문에 모든 정보는 내재적이다. 범신론에 의하면, 하나님은 모든 것 안에 계신다. 또 다시 말하지만 초월적인 창조주의 필요성이란 존재하지 않는다.
29) Calvin, *Institutes* 1.3.3; 1.4.1, 4.
30) 플라톤에 관한 칼빈의 표현이다. 제7장 미주 17번을 참조하라.
31) 타락한 피조물을 향한 계시는 단순히 놀라우신 창조주에 관한 것이 아니라 그들의 죄를 강조하는 것이어야 한다. 웨스트민스터 신앙고백서 제1장 1절을 참조하라.
32) 하나님에 대한 계시를 위한 세 번째이자 마지막 근원은 바로 하나님 자신이시다. 전통에 의하면, 그것은 "신학 그 자체," 즉 하나님에(theo-) 관한 학문(logy)이다.
33) 창세기 3:8절이 타락 이후의 진술이라 할지라도, 그것은 전통적으로 하나님과 아담과 이브 사이의 정상적인 관계를 암시하는 것으로 생각되었다. "신의 현현"이란 하나님의 나타나심이다. 구약성경에는 몇 가지 이러한 나타나심이 있으며 궁극적으로 그리스도 안에서 나타나셨다. 여기서의 언급은 타락 이전의 상태, 즉 신의 현현이 정상적이었을 때의 상태에 관한 것이다.
34) 반틸은 특별히 시험의 기간을 특별계시로 언급하지는 않는다. 게할더스 보스는 하나님과 얼굴과 얼굴을 맞댄 교통을 특별계시로 보며, 특별히 시험기간을 단순히 "자연적" 또는 타락 이전의 하나님에 대한 "간접적" 지식과 반대되는 것으로서의 "구속이전의 특별계시"라고 간주한다. *Biblical Theology* (Grand Rapids: Eerdmans, 1948), 31을 보라. 아마도 반틸 역시 이 부분에서 특별계시를 창조된 세상을 통해서 알려지는 것을 초월한 것으로서의 "직접 계시"로 보고 있어서 보스와 동일하다.
35) 직접(특별)계시가 계속된다 할지라도, 그것은 단순히 타락 이전의 하나님의 사랑의 범주 밖에 있는 것이 아니라 죄의 존재를 설명하는 것이어야 한다. 결과적으로 그것은 심판 아니면 속죄를 언급하게 될 것이다.

36) 흥미롭게도 반틸은 그것이 절대로 반복되지 않는 것이라 할지라도 본래적인 직접계시의 기억을 주장한다. 그리고 그는 우리가 그것에 대해 책임이 있다고 주장한다.
37) 반틸은 심판이 연기되고 악이 횡행하고 있기 때문에, 첫째로 진리를 모호하게 하는 역설을 논하며, 둘째로는 모든 사람이 반드시 유신론의 확실성과 심판의 약속을 인정하게 만드는 계시가 여전히 명백하고 필요하다는 것을 말하고 있는 것이다.
38) 사도행전 17:23.

제10장

특별 계시

원래의 일반 계시와 죄가 세상에 들어온 이후에 일반 계시에 대한 논의로부터 이제는 특별 계시 문제로 나아갈 수 있다.[1] 계시 일반의 개념을 이해하고 그것이 (무죄 상태에서도) 필수불가결한 것이었음을 강조하기 위해서 원래의 (일반) 계시를 따로 논의하는 것이 필요했었다. 또한 비록 원래 주어진 (일반) 계시가 사람 앞에, 또 그 안에 상당히 나타나 있지만 그것이 그 자체로는 결코 사람에게 **그가 필요로 하는** 신지식을 주지 못한다는 것을 보기 위해서 현재의 일반 계시를 따로 논의하는 것이 필요했었다. 이제 이 둘을 함께 종합해보면 우리는 일반 계시의 불충분성(the insufficiency of general revelation)이란 말이 무엇을 의미하는지를 이해할 수 있고, 다음에 논의하려고 하는 "특별 계시의 필요성"을 이해할 수 있게 된다.

1. 특별 계시의 필요성
(The Necessity of Special Revelation)

특별 계시는 하나님께서 사람을 창조하셨을 때 그가 사람에게 주신 일반 계시의 어떤 결점 때문에 필요하게 된 것이 결코 아니다. 우리가 일반 계시의 불충분성이란 말을 할 때 우리는 일반 계시 그 자체로서 그것 자체의 목적에 대해서 불충분하다는 것을 시사하려는 의도가 전혀 없다. 사람 자신의 심리적 구성을 포함해서 모든 피조계가 어떻게 본래적으로 하나님을 계시하는가 하는 것은 이미 살펴본 바 있다. 이 (일반) 계시는 아주 분명하고 사람이 피할 수 없을 정도로 명료해서 사람들은 항상 하나님께 직면하게 되는 것이다. 그러나 죄를 지을 때 사람은 (비유적으로 말하자면) 자신의 눈을 빼버린 것과 같아서 죄를 지은 사람은 하나님의 일반 계시에서는 더 이상 하나님을 보지 못하는 것이다. 더구나 이 자기 손상 행위를 통해서 사람은 자기 자신을 무력하게 했을 뿐만 아니라 하나님 앞에서 죄책이 있고 더럽게 되었다. 그러므로 유한한 존재로서의 사람에게가 아니라 죄인으로서의 사람이란 그 조건에 특별 계시, 혹은 구원하는 계시의 필요성이 붙여지게 된 것이다.[2]

알미니안 신학자들이 일반 계시와 구별해서 특별 계시를 말할 때 그들은 사람의 유한성과 죄인됨의 구별에 공정하지 못하다고 할 수 있다.3) 그들은 일반 계시를 말할 때 사람 자신의 반응을 그 (일반) 계시의 한 부분으로 포함시키지 않는다. 그들은 사람이 원래 상태와 같이 사람 주위에는 있으나 그 안에 있지 아니한 하나님의 계시 앞에서 균형상태를 이루고 있는 듯이 생각하는 경향이 있다. 이런 관점에서 그들은 사람이 계시에 대해 죄를 범하거나 자신의 본성을 파멸시키지 않고서도 하나님의 계시를 거부할 수 있다고 본다. 하나님이 존재하지 않으실 수 있다고 생각하고도 그에 대해 변명할 수 있다는 것이다. 그를 둘러싸고 있는 계시가 그로 하여금 모든 개연성을 고려하면 하나님이 존재하신다고 생각하도록 해도 계시 개념을 떠나서는 그 자신의 본성의 지식이 하나님은 존재하지 않으실 수도 있다고 주장하는 것을 논리적으로 정당화할 수 있다는 것이다.

그러므로 알미니안적 인간관에 근거해서는 일반 계시에는 원래 명료성의 결여 또는 불충분성이 내재해 있는 것이 된다. 이런 근거에서는 일반 계시는 역사적으로 충분치도 않다. 즉 그것이 주어진 목적에 전적으로 적절하지 않은 것이다. 하나님께서 사람을 다루시기 **시작**할 때에 잘 하지 못하신 것이 된다.4)

이런 견해에 의하면 하나님께서는 사람에게 당신 자신에 대한 구원적 계시를 주셔야만 하는 도덕적인 의무를 가지신다. 사람은 적어도 부분적으로는 하나님의 경계 표시가 분명치 않았으므로 죄의 험곡에 빠지게 되었으므로 하나님이 후에 선하게 만들어 주셔야만 한다고 자연스럽게 기대할 수 있다. 반면에 계시 개념 안에 사람의 원래의 주관적 상태를 포함한다면 우리는 사람이 원래는 진리를 가지고 있었고, 그 진리에 대한 바른 반응을 가지고 있었다는 것을 알 수 있게 된다. 그러므로 죄가 들어온 이후의 사람의 상태는 가련하고 순진한 사람의 상태가 아니고 가장 높은 분에 대한 반역을 자행한 범죄자의 상태인 것이다. 그러므로 특별 계시의 필요성은 근본적으로 사람의 주체적 반역 때문에 나타나게 될 것이다. 사람이 구원받기 위해서 그에게 주어져야만 하는 특별 계시는 그리스도의 죽음과 부활에서의 그리스도의 객관적 사역만이 아니라 사람을 반역의 상태에서 순종의 상태로의 주관적 변화를 낳기도 해야 하는 것이다. 그러므로 하나님의 백성에게 중생을 주시는 성령의 사역은 그리스도의 사역 안에 포함되어져 있다. 사람을 변화시키지 않고 객관적 계시만을 주는 것, 즉 사람 밖에 있는 계시 그 자체로는 무용하기보다는 (사람에게) 나쁜 것이다(결국 그를 정죄하기만 하기 때문이다-보역). 알미니안주의는 이 점도 인식하지 못하였다. 또한 올리버 버스웰(J. Oliver Buswell)에 의해서 옹호된 버틀러식의 변증학도 이 사실을 인식하지 못한 것이다.5)

자연은 사람에게 대한 하나님의 은총을 계시하지 않는다는 것은 사실이다. 현재의 일반 계시의 이런 객관적 불충분성은 바울에 의해서 분명하게 가르쳐졌다. 로마서의 첫 몇 장의 전체 논의는 유대인이건 이방인이건 사람의 모든 의(義)는 모두 하나님의 정죄 아래 있고, 일반 계시에는 이에 대한 치유가 없다는 것이다. 사람들은 그리스도없이는 상실되게 된다-그리고 그리스도는 자연에서 계시되어 있지 않다. 이 전체 요점은 다음과 같이 말하는 베드로의 말에 요약되어 있다. "다른 이로서는 구원을 얻을 수 없나니 천하 인간에 구원을 얻을 만한 다른 이름을 우리에게 주신 일이 없음이니라"(행 4:12). 그러나 현재의 일반 계시의 객관적 불충분성은 사람의 죄 때문임을 기억해야 한다. 자연이 우리에게 은총을 계시하지 않는 것은 참되지만 또한 원래 창조된 사람이 구원하는 은총을 필요로 하지 않았다는 것도 사실이다. 어떤 도시에 수원지가 그 시민들의 일상적 필요에는 충분하지만 모든 시민들이 동시에 불타오르는 자신들의 집의 불을 끄려고 하는 데는 충분치 않을 것이다. 마찬가지로 사람에 대한 하나님의 원 계시는 그를 사랑하는 하나님의 피조물들에게 아주 충분하나 죄인이 된 피조물들, 따라서 하나님의 진노하에 있는 피조물들에게는 충분치 않을 것이다.6)

그러므로 사람들은 그의 죄 때문에 새롭고 부가적인 계시-은혜의 계시와 그 새로운 계시를 받아들이고 자연에 있는 하나님의 계시를 참되게 이해하고 받아들일 수 있는 갱신된 능력을 필요로 하게 된다. 월필드(Warfield)가 말한 대로 우리는 새로운 빛과 새로운 시력을 필요로 하게 된다.7)

특주(Note) 1

위에서 언급한 죄와 유한성을 구별할 필요성이 그 어느 시대보다도 우리 시대에 더 크다는 것을 유념해야 한다. 칸트의 철학적 원리들을 주로 따르는 현대주의는 사람의 안과 밖에 있는 역사 안에서 그리고 역사를 통해서 주어지는 모든 계시는 필연적으로 자충족적인 하나님의 목소리보다 좀 낮은 것이라고 생각한다. 그러므로 사람의 유한성이 사람의 죄에 대한 주된 원인으로 여겨지는 것이다.[8]

이와 비슷하게 아직도 여전히 칸트의 비판적 원리들에 따라서 사유하는 변증법 신학자들의 새로운 형태의 현대주의도 자연계시 그 자체는 단순히 "목소리의 혼란"(chaos of voices)일 뿐이라고 본다. 이 신학에서도 사람의 유한성과 그의 죄됨이 실질적으로 동일시되었다.[9] 그로부터 변증법 신학자들인 칼 바르트와 에밀 부르너가 그 주된 영감을 받은 덴마크의 철학자 죄렌 키에르케고르(Sören Kierkegaard)는 말하기를 "역사적인 어떤 것에 대해 최고로 얻을 수 있는 확실성은 단지 "근접"(approximation)이라는 것보다 더 자명한 것은 없다"고 한다.[10] 그의 접근을 칸트적 지식의 원리에 두면서 키에르케고르는 논의하기를 정통주의 기독교의 자존적인 하나님과 같은 그런 대상에 대한 지식은 없다고 한다. 그는 성경 계시만이 아니라 일반 계시, 또는 자연 계시의 근거도 제거해 버린다. 그는 정통주의적 견해가 근거해 있는 전제, 즉 우주에 대한 시간적 창조, 우주에 대한 하나님의 섭리적 통제 그리고 사람이 하나님의 형상으로 만들어졌음 등을 다 거부한다.[11]

현대주의의 기초에서나 변증법 신학의 기초에서나 하나님은 사람에게 그분 자신에 대한 구원하는 계시(a saving revelation)를 주셔야만 한다. 그리고 알미니안의 절충적 입장은 이 혼동에 의해 쉽게 그를 휩쓸어 가는 것이다.[12]

특별 계시의 필요성은 "영적인" 것들을 사람이 옳게 알고 그에 적절하게 반응하지 못했음과 또 "자연적인" 것들을 올바르게 해석할 수 없음에서 나타난다. 하나님이 그의 피조계에서 놀랍게 계시되어 있음을 힘들여 밝힌 후에 "창조주이신 하나님께 오는 일에 있어서의 인도자요 교사인 성경의 필요성"에 대한 한 장(章)을 덧붙였을 때에 칼빈은 이점을 온전히 드러내고 있다. 그는 다음과 같은 말로써 그 장을 시작하고 있다.[13]

> 그러므로 하늘과 땅에 누구나 그 눈으로 볼 수 있게 나타난 영광이 사람의 배은망덕을 변명할 수 없게 하지만 온 인류를 같은 정죄 아래 놓기 위해서

모든 사람에게 예외없이 그의 작품 가운데서 그의 신성의 거울을 나타내시므로 우리를 창조자이신 하나님께 바르게 인도하도록 또 다른 더 나은 도움이 주어져야만 한다.

현재의 일반 계시만으로는 그 누구도 하나님을 창조주로 바르게 알 수 없다. 사람이 그 스스로 또 자연계에만 기초해서 하나님을 창조주로 참으로 알 수는 있으나 구주로서는 알 수 없다. 물론 사람은 자연을 통해 하나님을 창조자로 알아야만 한다. 자연이 분명히 그 창조자를 드러내고 있는 것을 볼 때에 말이다. 그러나 사람이 죄인이 되었으므로 죄에게 즐겨 복종하는 노예(ethelodoulos)가 된 것이다.[14] 그러므로 이 죄인이 된 사람은 "자연적인 것들"에 대해서도 "자연의 책"을 결코 옳게 읽지 않는다. 물론 그 안에 있는 신성의 의식(the sense of deity) 덕분에 자연 계시에 대한 우연적이고 원치 않는 어느 정도까지는 정확한 해석을 줄 수 있다. **이런 의미에서는** 모든 사람이 하나님을 알며, 자신들을 하나님의 피조물로 아는 것이다(롬 1:19). 그러나 그가 그 자신이 도입한 원리들에 따라서 자연을 해석하는 한 그는 그 어떤 주제에 대해서도 진리를 말하지 않는 것이다.

로마주의, 알미니안주의, 또 버틀러(Butler)나 버스웰(Buswell)등의 실증적 학파의 전통적 변증학이든지 고오든 클락(Gordon H. Clark)이나 에드워드 카아넬(Edward Carnell)과 같은 선험적 형태[15]의 전통주의 변증학도 칼빈이 크게 강조한 바와 같이 이 점을 잘 다루지 못하였다. 그들은 자연인이 "자연"과 자신들에 대해서 형식적으로 정확한 진술을 할 수 있는 능력 뿐만이 아니라 그것으로서 자연인도 그리스도인들이 의미하는 것을 의미 할 수 있다고 까지 말을 한다.

그러나 사람들의 의도적인 불순종은 하나님의 피조계에 상당한 손상을 주었고 그것은 마땅히 고쳐져야만 하는 것이다. 이것은 피조계가 하나님의 피조계이며, 사람이 참으로 하나님의 피조물로 여겨져야만 가능한 것이다. 사람이 하나님의 피조물일 때에야 그는 하나님에 의해서 구원받을 수 있기 때문이다. 구원이란 죄인인 사람이 하나님의 피조물로서 자신에 대한 지식에 따라서 창조자이신 하나님에 대한 지식에로 돌려져야만 한다는 것을 의미한다. 죄인으로서 사람은 성경의 빛에서 자연을 읽지 않는 한 자연을 올바로 읽을 수 없을 것이다. "만일 참된 종교가 그 빛을 우리에게 비추려면 우리의 원칙을 천상적 가르침에서 시작하는 것이 필요하며 그 누구도 성경의 제자가 되지 않고서는 옳고 건전한 교리의 최소한의 분량도 읽을 수 없다."16)

특주(Note) 2

따라서 우리는 흔히 이루어지는 바와 같이 과학과 종교를 너무나도 날카롭게 구별하는 오류를 피해야만 한다. 과학이 다루는 자연과 역사적 사실의 세계도 그리스도인이 아닌 어떤 이에 의해서도 바르게 해석되어 질 수 없는 것이다(영적인 세계에 대해서만이 아니고 말이다) 물리적 우주에 관한 모든 진술은 종국적으로 "영적인" 영역에 대한 어떤 관점을 함의한다. 과학자들은 흔히 그들의 진술에서는 자신들이 현상계에만 한정한다고 말한다. 그러나 현상계에 대한 그들의 모든 진술은 "이상계"에 대한 어떤 태도를 함의하는 것이다. 형상계에 대해 어떤 것이 그 자체로서도 지적으로 주장될 수 있다는 가정조차도 현상계가 하나님에게서 독자적임을 가정하는 것이고, 따라서 결국은 하나님을 부인하는 것이 된다.17)

기독교가 물리적인 우주에 대해서 아주 명확한 어떤 것을 말한다는 것은 분명하다. 또한 기독교가 "영적인 것"에 대해서 말하는 것이 참되다면 그것이 물리적인 우주에 대해서 말하는 바도 참되야만 한다는 것도 분명하다. 이것은 특히 이적들과 관련해서 참된 것이다. 이적들은 자연 법칙과 관련된 사건들이다. 만일 이 자연 법칙들이 그 자체로서 하나님의 피조물이 아니고 단순히 우연의 산물이라면 "이적"이란 용어의 의미가 바뀌어야만 할 것이다. 그런 경우에는 그것들은 성경적인 의미의 이적이 아닐 것이다. 우연이 지배하는 우주에서의 이적이란 용어상의 모순(a contradiction in terms)인 것이다.

이런 사실을 보지 못해서 사람들은 과학과 성경은 이적 개념에 있어서 같은 의견을 가진다고 생각하게끔 되었다. 그래서 예를 들자면 "과학과 성경"에 대해서 말할 때 알베르투스 피에터스 박사(Albertus Pieters)는 다음과 같이 말하고 있다. "이적의 문제는 우리가 이 논문에서 논의하고자 하는 주제 밖에 있다. 왜냐하면 현대과학과 성경은 이 주제에 대해서는 전적으로 일치하기 때문이다. 우리 주님의 동정녀 탄생이나 부활과 같은 참된 이적에 대해서 과학이 우리에게 말할 수 있는 것은 그것들이 자연 법칙하에서는 불가능하다는 것이다. 이 진술은 과학자에 의해서만이 아니라 그리스도인에 의해서도 강하게 언급된 것이다."[18] 여기서는 현대 과학자와 그리스도인이 자연 법칙을 말하고 믿어도 이로써 같은 것을 의미하는 것이 아니라는 것이 잊혀진 것이다. 그리스도인이 자연 법칙이란 말을 쓸 때에 "피조된 우주 안에 있는 사실들에 대한 신적 작업 방식"이란 의미로 사용한다. 하나님께서는 이적적으로 작업하실 때는 잠정적으로 이 법칙들을 미루어 놓으시는 것이다. 이와는 대조적으로 오늘날 과학자는 자연 법칙을 "그 자체의 권리와 능력을 가지고서 존재하는 우주의 사실들의 작업 방법"이라고 여긴다. 이와 관련해서 일어나는 "이적"이란 다른 우연적 사실들과 관련해서 일어나는 또 하나의 우연적인 사실 이외에 다른 것이 아니다. 짧게 말해서 이적 문제에 대해서는 불신 과학자와 그리스도인 사이에는 형식적 일치(formal agreement) 외에는 더 이상 공통점이 없다고 해도 과언이 아니다. 이 사실을 보지 못하면 상당한 손상을 입게 된다. 이 모든 것은 구원에 관한 진리뿐만 아니라 창조에 대한 진리를 가르치는 데도 특별 계시가 필요하다는 것을 분명히 보지 못하는 데서 오는 것이다. 이와 같은 식으로 우리는 구원 자체에 대한 잘못된 개념에 이르게 된 것이다.[19]

특별 계시의 필요성에 대한 온전히 성경적이고 개혁파적인 견해는 그것이 성경적 유신론의 전제에 온전히 충실하려고 하는 데에서 나타난다고 할 수 있다. 이 전제들은 ① 존재론적 삼위일체의 존재, ② 무로부터의(ex nihilo) 우주의 시간적 창조 그리고 ③ 사람을 하나님의 형상으로 만드심과 같은 것들이다. 이 전제들에 대한 온전한 수납은 우리로 하여금 피조된 우주 전체가 분명히 하나님을 계시하는 것으로 생각하도록 한다. 그것이 사람이든 "자연"이든 "역사"이든 간에 어떤 피조된 "사실"의 존재는 그 계시적 성격을 나타낸다. 그것 자체가 하나님을 분명히 말해 주고 사람에 대한 하나님의 주장을 분명히 하는 사실인 것이다.즉 모든 사실은 하나님을 말해

준다. 그를 말하되 강조적인 방식으로, 선언적인 목소리로 말해 주고 있는 것이다.[20]

피조된 우주에 임한 하나님의 저주조차도 근본적으로는 이 우주의 근본적으로 계시적인 성격을 변화시키지 않았다. 사람은 항상 우주가 하나님을 계시하는 것으로 여겨야만 한다. 그리하지 않는 것에 대한 변명이 있을 수 없는 것이다.

합리주의적 형태의 이단이나 비합리주의적 형태의 이단에 의해서 공공연하게나 암묵리에 부인되어지는 것은 우주의 모든 사실의 이 근본적이고 배타적인 계시적 성격이다. 이 두 가지 형태의 이단은 "가능성"에 대한 비기독교적 견해를 가진다. 그 두 형태의 이단 모두 우주의 사실들은 하나님의 계시 외에 다른 것이 될 수 있다고 주장한다. 그리고 이것은 사실상 우연을 하나님과 동등하게 궁극적인 것으로 여기는 것이다. 그리고 우연을 하나님과 함께 동등하게 궁극적인 것으로 여기는 것은 실질적으로 하나님의 존재를 부인하는 것이다. 증거들을 온전히 공정하게 고려하면 그 증거들은 하나님을 **아마도** 계시라고 하는 것을 보여준다고 말하는 것은 실질적으로는 그가 결코 존재하지 않으신다고 말하는 것과 동일하다. 기독교의 하나님은 그 경륜이나 계획이 가능성의 원천인 그런 하나님이시다. 그러므로 가능성이란 말을 그 원천으로서의 자충족적인 존재론적 삼위일체의 존재라는 전제에서만 그 의미를 가질 수 있는 것이다.

"우연"(chance)을 전제함으로써 합리주의(rationalism)가 비합리주의(irrationalism)만큼이나 비합리주의적이라는 것도 주목해야만 한다. 합리주의는 은밀하게, 비합리주의는 솔직하고도 공개적으로 우연의 철학에 사로잡혀 있다. 그러므로 합리주의나 비합리주의 모두가 기독교 유신론과는 전혀 맞지 않는 일종의 경험론에 헌신하고 있는 것이다. 그들 모두가 소위 중립적인 태도, 즉 발견할 수 있는 사실들에서 무엇인가를 찾으려는 태도에 헌신하고 있지만 그들이 거기서 기독교 유신론을 결코 발견할 수 없으리란 것은 자명한 결론이다. 사실들 배후에 우연이 있다고 가정하였으므로 그 사실들에서 발견할 수 있는 것은 오직 우연인 것이다.[21]

그리고 이것은 비합리주의자들로 합리주의자들만큼이나 합리주의적이라는 분명한 결론을 유도한다. 비합리주의자나 합리주의자 모두가 사실을 탐구한 후에가 아니라 그 사실들을 탐구하기 전에 자신들의 궁극적 입장을 취하고 있는 것이다. 그 어떤 사람도 그의 탐구에 앞서서 가능성의 성질에 대해서 가정하는 것을 피할 수 없다. 그러므로 모든 사람들은 그것으로써 자신들이 직면하는 사실들에 접근하는 선험적 가정을 가지고 있는 것이다. 그리스도인들은 솔직하게 자신의 선험적 가정이 존재론적 삼위일체의 존재에 대한 가정이고, 그가 시간 안에서 명령으로 우주를 창조하신 것에 대한 가정이며, 사람이 하나님의 형상으로 지으심을 받은 것에 대한 가정임을 인정한다. 비그리스도인들은 다른 종류의 선험적 가정(a priori)을 가지고 있다. 모든 비그리스도인들이 선험적 가정을 가지는 것이다. 그리고 모든 비그리스도인들의 선험적 가정은 그리스도인의 선험과는 아주 다른 것이다.[22]

여기서는 그리스도인의 선험과 비그리스도인의 선험의 차이가 기독교 변증학에 있어서 얼마나 중요한가 하는 것을 이끌어내려고 하지 않는다(물론 그 차이는 기독교 변증학에 있어서 근본적인 의미를 가진다. 그 두 가지 선험을 기독교 변증가가 구별하지 않으면 불신자와의 접촉이 불가능하게 된다. 즉 그 두 입장 사이의 차이를 드러내는 데 실패하게 하고 그것은 기독교적 입장의 진리를 가지고서 불신자에게 도전하는 일에서 실패하게끔 하는 것이다).

여기서의 우리의 목적은 천주 교회의 일반 계시관이나 변증법 신학의 일반 계시관에 의해서는 특별 계시가 유한성 때문보다는 죄 때문에 필요하게 되었음을 주장하기 어렵다는 것을 드러내는 데에 있다. 천주 교회 신학이나 변증법 신학은 모두가 피조된 우주의 사실들을 아마도 하나님의 존재를 계시할 수 있을 뿐이라는 비합리주의적 입장을 나타낸다. 그 둘 모두가 이런 비합리주의적 입장을 주장하는 이유는 그 둘 모두가 "존재의 영역에서 사람이 모순율을 수단으로 해서 '가능성'의 성질을 규정할 수 있다"는 비기독교적 선험의 입장을 가정하고 있기 때문이다. 그 둘 모두가 이런 "개연주의"(probabilism)를 주장하는 이유는 그들이 성경적 계시관을 논리적 일관성의 원리와 철저하게 일치시키지 못해서이다. 말하자면 그 둘 모두가 "사람의 논리적 관계를 수단으로 해서 하나님을 철저하게 이해하지 못하면 우리는 그 어떤 의미에서도 하나님에 관한 진리를 가졌다고 확신할 수 없다"는 비기독교적 견해를 견지하는 것이다.23)

물론 천주교 사상과 변증법 신학 사이에는 상당한 차이가 있다. 임마누엘 칸트(Immanuel Kant)가 그 둘을 나누는 분계선 역할을 한다고 할 수 있다. 변증법 신학은 칸트적인 인식론 위에 근거해서 모든 형태의 전통적 초월을 제거해 버렸다.24) 변증법 신학에 의하면 마치 사람의 본질이 그의 하나님에 대한 관계에서 모두 나타나듯이 하나님의 본질도 사람에 대한 "그의"(하나님의) 관계에서 다 소진된다고 하는 것이다. 이런 근거에서는 심지어 하나님의 개연적 존재를 말할 수 없게 된다. 왜냐하면 이런 근거에서는 지식 개념 자체가 "선행적 존재"(an antecedent being)에 대해서는 그 어떤 지적인 명제도 있을 수 없다고 전제하기 때문이다.

따라서 만일에 초월적인 하나님 개념이 주장되려면 그것은 "실천적" 개념의 형태로, 예를 들어서 칸트가 말한 "한계 개념"(a limiting concept)의 형태로 주장될 수밖에 없다. 그리고 이것은 순수한 신비주의를 함의한다.25) 변증법 신학의 근거에 놓여 있는 키에르케고르의 "실존주의"는 논리적이고 명제적 진술에 의한 지식과 "간접 전달"을 완전히 대조시키고 있다.26) 논리적이고 명제적인 지식은 상대적인 것이고 간접 전달은 절대적인 것인데, 절대나 영원은 명제적인 형태로 사람에게 전달될 수 없다는 것이다.

그렇다면 영원은 어떻게 그 자체를 사람에게 전달하는가? 오직 동일한 것을 통해서뿐이라고 한다. 사람은 어떤 의미에서는 이미 영원하다. 그러나 그는 더 철저히 영원하게 되어야만 한다. 사람이 절대적 혹은 영원한 자아를 상정하는 것이다. 이 상정된 자아와 함께, 사람은 비명제적인, 혹은 신비적인 의사소통을 한다. 키에르케고르의 "간접 전달"은 실제로는 인간 자아를 자신의 이상화된 영원한 자아와 함께 직접적으로 전달하는 것이다. 그러므로 특별 계시, 또는 구원하는 계시의 전개념이 결과적으로 사람이 하나님과 동일시되는 (따라서 사람의 투사물에 불과한 그런 하나님과 사람이 동일시되는) 일원론적인 개념으로 환원되고 만다.27)

이에 비해서 (전통적) 천주교 사상은 이렇게까지 나아가지는 않는다. (전통적) 천주교 사상은 적어도 선행적 존재로서 하나님에 대한 참된 명제적 지식의 가능성을 확고히 한다. 그럴지라도 (전통적) 천주교 사상은 기독교 계시 개념에 공정할 수 없을 정도로 그 존재 철학에 있어서 일원론적이다. 토마스 아퀴나스는 아리스토텔레스를 따르면서 신적인 존재와 피조된 존재를 구별하기 전에 이미 존재 자체(being as such)에 대해서 말하는 것이다.[28] 그런데 이것은 기독교 신학에는 아주 치명적인 것이다. 그것은 자충족적인 하나님과 그의 피조물인 사람 사이의 근본적 구별을 공격하는 것이 된다. **존재** 자체란 순전한 추상물이다. 헤겔이 이것을 **비존재**(non-being)와 서로 바꾸어 쓸 수 있다고 주장한 것은 아주 옳은 것이다. 존재 자체에 대해서 한 마디로 설명하려고 시도하는 것은 하나님과 사람을 포함한 전체로서의 실재(Reality as a whole)를 최종적인 언급의 주제로 삼는 것이다. 그것은 결국 피조된 실재가 하나님을 자신의 본성에 대한 계시임을 부인하는 것이 된다. 또한 이것은 사람의 지식 전부가 사람에 의한 "하나님의 계시의 재 진술"인 면에서 참되다는 것을 부인하는 것이 된다. 또 역(逆)으로 이는 하나님 편에서의 선행적이고 자의식적인 계시 활동이 없이도 사람이 실재에 대해서 참된 진술을 할 수 있다고 주장하는 것이 되는 것이다. 존재 자체(being as such)에 대해서 말하는 것은 가능성 자체(possibility as such)에 대해서 말하는 것이다. 그리고 가능성 자체에 대해서 말하는 것은 논리 자체(logic as such)의 개념을 가정하는 것이다. 그리고 논리 자체의 개념을 가정하는 것은 의식 자체(consciousness as such)의 개념을 가정하는 것이다. 그리고 의식 자체의 개념을 가정하는 것은 자충족적인 하나님의 의식과 의존적인 인간의 의식이 근본적으로 구별된다는 것을 부인하는 것이다. 다른 말로 하자면 이것은 사람이 논리의 법칙을 사용할 수 있고, 그것들을 수단으로 해서 실재를 규정할 수 있다고 가정하는 것이 된다.[29]

그러므로 (전통적) 천주교 사상은 그것이 사람이 존재나 실재 일반에 대해서 참된 명제를 말할 수 있는 능력을 가졌다는 비기독교적 개념을 옹호한다는 점에서 합리주의적이다. 인간 지식에 대해 이런 합리주의적 개념을 가지고 있으므로 (전통적) 천주교 사상이 상당히 비합리주의적인 신앙 개념을 주장하고 있다고 말할 수 있다. 자충족적인 하나님과 피조된 인간에 대한 구별을 먼저 도입하지 않고서 실재에 관해서 언급하려고 시도하는 이는 누구나 조만간에 언젠가는 자신이 궁극적 신비에 직면함을 인정하게끔 된다. 그러나 그는 이미 자기 자신이 그에 대해서는 아무 것도 말할 수 없다고 인정하는 실재의 측면에 대해서 암묵리에 보편적인 부정적 언급을 한 것이 된다. 그는 결국 실재의 신비한 측면은 사람에게만이 아니라 하나님께도 신비하다고 말한 것이다. 그는 실질적으로 "가능성"을 하나님께 종속시키는 대신에 "가능성"에 하나님을 종속시킨 것이다. "하나님"과 사람이 추상적 논리를 수단으로 해서 이 가능성의 영역을 정복하려는 노력에 협조할 수 있으나 그것은 소용없는 것이다. 만일 모든 실재가 우리의 언급의 초기부터 두 부분으로 분명히 나뉘어 있지 않게 되면 결국은 신비한 것을 궁극적인 것으로 여기는 개념에서 벗어날 길이 없어지게 되는 것이다. 즉 그 존재가 그 지식과 동연적(同延的)이고, 그 지식이 그 존재와 동연적(coterminous)인 하나님과 그 성질의 하나님의 계획과 섭리에 의해 결국 규정되는 피조된 우주의 두 부분으로 분명히 나뉘어지지 않게 되면 말이다.[30]

그렇게 되면 하나님께서 사람에게 특별한 초자연적 계시로 구속의 "신비"를 "계시" 하신다고 해도 그 계시가 다시 신비한 것 즉 비합리적인 것이 될 것이다. 하나님 자신도 모르시고 또 결코 아실 수도 없는 것을 어떻게 인간에게 계시하실 수 있단 말인가?

그러므로 우리는 고대의 정신(이 경우에는 아리스토텔레스)에 근거한 철학과 연합을 추구하는 신학은 현대 정신(이 경우에는 칸트)과의 연합을 추구하는 신학을 도전할 수 있는 입장이 못된다고 결론짓게 된다. (전통적) 천주교 사상은 그 고대 정신의 비합리주의와 합리주의에 의해서 너무나도 많이 손상되어서 현대 정신의 비합리주의와 합리주의를 효과있게 대적할 수 없게 된 것이다.[31]

고대 정신의 접근과 현대 정신의 접근의 차이는 그렇게 근본적인 것이 아니다. 고대 정신의 객관주의(objectivism)는 현대 정신의 주관주의(subjectivism)와 비교할 때 비율적으로만 다른 것이다. 현대의 실존주의나 변증법 신학에 참된 초월이 없는 것처럼. 플라톤 사상이나 아리스토텔레스 사상, 또는 스토아 사상에도 참된 초월은 없는 것이다.[32]

지식과 실재에 대한 기독교적 입장, 따라서 기독교적 계시론을 비기독교적 견해와 구별시키는 차이점은 창조자-피조물의 구별을 그 사상의 기본으로 하는 참으로 개신교적인 개혁파 입장과 그런 구별을 하지 않는 일반적 비기독교적 관점(그것이 고대적인 것이든 현재적인 것이든, 그것이 합리주의적인 것이든 비합리주의적인 것이든지를 막론하고 말이다)의 차이에서만 나타난다. 한편에는 하나님을 섬기고 그분만을 경배하는 이들이 있는가 하면 또 한편에는 사람을 섬기고 경배하는 이들이 있는 것이다. 전자를 가장 적절히 잘 나타낸 이가 칼빈(Calvin)이라면 후자를 가장 잘 나타내는 것은 현대 실존주의와 실용주의라고 할 수 있다. 토마스 아퀴나스는 이 두 가지 입장을 연관시켜 보려고 애쓰는 입장을 나타낸다고 할 수 있다.

2. 특별 계시를 지시하는 데 사용되는 용어들

특별 계시의 필요성을 논의했으니 이제는 특별 계시 자체에 대한 연구를 시작해 보기로 하자. 우리는 성경 자체가 계시의 의미에 대해서 무엇이라고 말하는지를 밝혀보려고 노력해야 한다. 이를 위해서 첫째로는 특별 계시가 선언되는 명칭들을 간단히 논의하고, 둘째로 이 계시가 우리에게 임하는 방식에 대한 논의를 하는 것이 최선의 방법일 것이다.[33]

구약 성경에서 (특별 계시를 지칭하게 위해) 사용된 명칭들은 다음과 같다
"갈라"(גָּלָה, gālāh): 발견하다. 발견되다(용례. 창 35:7)
"라아"(רָאָה, rā'âh): 보다, 보이다, 나타나다(용례. 창 12:7)
"야다"(יָדַע, yāda'h): 알리다, 가르치다(용례, 민 12:6)

신약성경에서 사용된 용어들은:
"에피파이노"(ἐπιφαίνω): 나타나다(용례, 눅 1:79)

"엠파니조"(ἐμφανίζω): 보이다, 보이게 되다(마 27:53)
"그노리조:(γνωρίζω): 알리다, 알게 하다(눅 2:15; 롬 9:22)
"델로오"(δηλόω): 지시하다, 알리다(벧전 1:11; 벧후 1:14)
"데이크누오"(δεικνύω): 보이다(용례, 요 5:20)
"랄레오"(λαλέω): 말하다(용례, 히 1:1; 2:2; 5:5)

등이다. 그러나 가장 많이 사용된 용어들은 "아포칼륖테인"(ἀποκαλύπτειν)과 "화네로오"(φανερόω)이다. 어원적으로 "아포칼륖토"(ἀποκαλύπτω)는 무엇인가를 감추고 있는 덮개를 벗겨내는 것을 뜻하고, "화네로오"(φανερόω)는 알려지지 않은 어떤 것을 알리는 것을 의미한다. "아포칼륖테인"은 어떤 것이 나타나는 데 장애가 되는 것을 제거하는 것이고, "화네로오"는 그 자체를 나타내는 것이다. "아포칼륖토"는 항상 특별 원칙의 객관적 측면과 함께 사용되고 "화네로오"는 객관적인 측면과 주관적인 측면 모두에 적용된다. "특별 원칙"(special principle)이란 말로써 우리는 구속 사역 전체를 의미한다. 구속 사역은 우리를 위해서 이루어지기도 했고, 또한 우리 안에서 이루어지는 측면도 있다. 그러므로 구속 사역에는 객관적 측면과 주관적 측면이 모두 있는 것이다.[34])

우리는 이 명칭들과 그 용례들로부터 성경은 우리가 특별 계시의 필요성이란 제하에서 말한 바 객관적 측면과 주관적 측면 모두를 지칭하는 것으로 계시를 제시하고 있음을 알게 된다. 즉 계시는 죄인들에게 주어져야만 하는 새로운 빛과 그가 필요로 하는 새로운 시력 모두를 말하는 것이다. 이 두 가지는 늘 같이 연관되어 취해지는 것이다.

3. 특별 계시의 방도들(The Modes of Special Revelation): 특별 계시가 주어지는 방식들

이런 것들을 염두에 두고서 이제 특별 계시가 사람에게 오는 방식에 대해 검토해 보기로 하자. 계시가 인간에게 오는 방식에 대한 연구에 의해서 우리는 그 계시 자체의 의미에 대해 더 충분하게 배울 수 있을 것이다. 이 연구는 계시의 의미 문제를 구체적인 정황 가운데 놓은 것이다.[35]

주로 우리는 특별 계시의 **세 가지 방도**에 대해서 말할 수 있다.

첫째로, **신현**(神顯, theophany)이 있다.[36] 낙원에서는 하나님께서 사람들과 함께 걸으시고 대화하셨었다. 사람은 하나님께서 가까이 해주시는 것을 필요로 한다. 죄인된 상태에서도 사람은 그에게 가까이 있는 어떤 신(神, a god)이 필요함을 느꼈었다. 사실 죄인인 인간은 하나님을 너무나도 자신과 가까이에 두었던 것이다. 즉 창조주를 피조물과 동일시한 것이다. 우상 숭배에서도 우리는 죄인이 가까이 계신 어떤 신을 필요로 함을 나타내고 있음을 보게 되는 것이다.

둘째로, **예언**(prophecy)이 있다.[37] 낙원에서 사람은 자신을 하나님의 해석을 재해석하는 이로 알았던 것이다. 그런데 죄가 세상에 들어오자 사람은 자기 자신의 궁극적 해석자가 되기를 추구하였다. 그러므로(구속적) 특별 계시에서는 하나님이 그의 궁극적 해석자로 다시 나타나야 하며, 사람은 우주에 대한 그의 모든 해석에는 무엇인가가 결여되었음을 끊임없이 느끼는 것이다. 즉 인간은 궁극적 해석자의 필요성을 어느 정도 느끼는 것이다. 그러므로 우리는 참된 예언에 대한 희화(戲畵)로서 잘못된 예언이나 점(占) 등의 현상이 나타나는 것을 보게 된다.

셋째로, 만일 사람이 죄를 범하지 않았다면 하나님께서는 그를 낙원에 보존하시고 미래 영광을 그에게 이루셨을 것이다.[38] 그러나 죄가 들어오자 하나님께서는 더 이상 그를 위해 일하실 수 없고, 그에게 반해서 일하실 수밖에 없게 되었다. 그러므로 만일 사람이 구원받으려면 하나님께서는 **이적**으로서(by way of miracle) 하나님께서 우주 안에서 우주의 구원을 위해 사역하신다는 사실을 계시하셨어야만 한다.

참된 해석(예언)은 이적에 있는 하나님의 초자연적 구속 사역 (the supernatural redemptive work of God)을 전제한다. 하나님의 말씀은 하나님의 구원하시는 행위를 설명하는 것이다. 그리고 그 둘은 함께 하나님께서 사람들과 함께 사람들 사이에 거하심(신현, theophany)을 의미하는 것이다. 자연인은 우주에 대한 자신의 해석에 무엇인가가 잘못되었다고 느낀 바와 같이 우주의 세력들에 무엇인가가 잘못되었다고 느꼈던 것이다. 그래서 자연인은 이적을 추구하고 잘못된 이적들로써 참된 이적을 대신하고 모방하게 된 것이다.

바로 여기서 우리는 일반 계시에 대한 특별 계시의 관계 문제를 생각할 수 있다. 우리는 참된 신현, 참된 예언, 참된 이적과 거짓된 신현, 거짓된 예언 그리고 거짓된 이적 사이의 큰 대립을 살펴보았다. 이것은 특별 계시와 일반 계시를 허위화하는 것에 대립하는 것으로 여기게끔 한다. 그러나 이 참된 것에 대한 희화 가운데서 우리는 또한 참된 것과의 접촉점을 가진다는 것도 주목해야만 한다.[39] 거짓된 신현, 거짓된 예언, 거짓된 이적 가운데서 우리는 사람들의 깊은 필요가 드러나고 있는 것을 보게 된다는 말이다. 물론 기독교는 세상 종교들과 반립적(反立的, antithetical) 관계를 가진다. 그러나 기독교는 또한 수많은 민족들이 자신들도 모르는 사이에 희미하게나마 바라오던 것에 대한 성취를 제공하기도 하는 것이다(우리는 이교도들이 그들 앞의 자연에 있는 하나님의 계시의 나타남을 볼 뿐만 아니라 그들 자신이 신의식<神意識, a sense of deity>을 가지고 있다는 것을 강조하였었다. 그러므로 a. 분명히 파악된 원래의 일반 계시 개념, 또는 b. 특히 그의 신 의식에서 사람에게 자명한 <그래서 그 자신이 자신의 의도에 반해서 인정하는> 현재의 일반 계시 그리고 c. 죄인들이 자신들이 가진 신들이 그의 지성과 감정, 또는 의지의 요구를 충족시키지 못함을 어느 정도 인정하고 있다는 것에 근거해서 특별 계시가 세워져야만 한다).

접촉점(a point of contact)이란 말로써 개혁신학자들이 의미했던 바는 "성경이 사람들을 발견한다"(The Bible finds men)[40]는 매튜 아놀드(Matthew Arnold)의 말로 흔히 표현되는 것과는 조심스럽게 구별되어야만 한다. 매튜 아놀드는 사람이 그 스스로 자신이 무엇을 필요로 하는지, 자신이 무엇을 원하는지를 안다고 생각하였다. 그래서 그의 개념은 성경이 "사람이 성경을 읽기도 전에 알고 있는 사람의 필요"를 충족시켜 준다는 것이었다. 이것은 정통파 신학이 "초자연적인 것에 대한 사람들의 열망 중에서 우리는 하나님을 사람이 필요로 함과 하나님께서 이 필요로 충족시켜 주심을 본다"는 말을 할 때 의미하는 것과는 정반대의 것이다. 정통신학은 "자연인은 자신이 과연 무엇을 필요로 하는지를 참으로는 모르고 있다"고 주장한다. 자연인은 그가 죄와 허물 가운데서 죽어 있어서 하나님의 진노 아래 있음을 모르는 것이다. 그런데 그가 어떻게 "영원한 죽음에서 구원하려고 오신 그리스도가 그를 만족시킬 수 있다"고 말할 수 있겠는가? 어떤 간수가 아주 좋은 교외 주택가에 가서 그 거리에서 자신이 그 모든 주민들에게 감옥에서의 해방을 제공한다고 외친다고 가정해 보자. 그가 그 거리에서 있는 한 그는 방금 정신병원에서 나온 사람으로 취급받을 것이다. 그런데 그가 가가호호 문을 두드리면서 자신이 모든 이에게 감옥에서 자유롭게 나갈 수 있는 좋은 소식을 전한다고 하면 그들은 이 간수를 감옥에 넣기 위해 온갖 수단을 다 동원할 것이다. 기독교의 선포자들이 오는 진노로부터의 해방을 제공하고 그들의 메시지가 (영적으로) 귀먹은 이들의 귀에 들릴 때에도 상황은 비슷하다. 왜냐하면 사람들은 이것이 그들이 전혀 필요로 하지 않은 대답이라고 생각할 것이기 때문이다.[41]

    물론 이 세상의 구체적인 삶에서는 상황이 우리의 유비처럼 그렇게 단순하지는 않을 것이다. 기독교는 오는 진노로부터 벗어나는 것뿐만아니라 이 세상의 삶에 대한 무엇인가도 제공하고 있다. 그렇기 때문에 사람들은 자신들이 하나님의 저주 아래 놓여있다고 느끼지는 않을지라도 기독교에 좀 이끌린다고 느끼기도 한다. 그러나 핵심만 가지고 말하자면 우리가 위에서 말한 유비가 그대로 적용된다. 그리스도께서 사람들을 위해 해주시고자 오신 그 주된 것은 그들에게 영원한 죽음으로부터의 해방을 가져다주고 그들을 하나님의 애호를 받는 위치에로 다시 세워주시려는 것이다. 사람들은 이 점에 대해서는 별 필요를 느끼지 않는다. 그들은 단지 무엇인가가 결여되었다는 모호한 느낌만 가지고 있을 뿐이다. 그러나 복음이 외적인 선포만을 하는 것이 아니라 복음을 통해 사람을 중생시키시는 성령의 사역을 포함하는 한 사람들은 복음 자체를 통해서 영원한 진노로부터 벗어날 필요가 있음을 보게끔 되는 것이다. 그들이 이 필요를 보게 될 때 그들은 또한 그리스도께서 그들의 필요를 충족시켜 주신다는 것도 보게 될 것이다. 그렇게 되면 그리스도는 그를 얻으시는 것이고 그는 자신이 이 사실을 인식하기 전에 먼저 새로운 피조물이 된 것이다. 의학에서 한 가지 예를 들어서 사용하자면 우리는 별로 심각하다고 생각하지는 않고 무엇인가가 그저 조금 이상하다고 느끼는 어떤 사람을 가정해 볼 수 있다. 식욕이 없고 기력이 없는 것 같아서 (가벼운 마음으로 진찰받기 위해) 의사를 찾아 간다. 그런데 놀랍게도 의사 선생님은 그가 아주 급성의 중병에 걸려 있어서 곧 죽게 되리라고 말한다. 동시에 그 의사는 그를 고칠수 있는 약이 있다고 말한다. 환자는 이전에는 의사가 말하는 그 약이 그의 필요를 충족시키는지, 어떤지 모를 것이다. 왜냐하면 그가 의사를 만나러 오기 전까지는 자신이 얼마나 위급한 상태에 있는가, 자신의 필요가 무엇인가를 전혀 몰랐었기 때문이다.[42]

비유를 사용하는 일에서는 언제나 조심해야 하지만 "자연 계시와 그에 대한 반응을 통해서" 죄인은 이 환자처럼 그저 무엇인가가 잘못되었다고 느낄 수 있다고 말할 수 있다. 그는 자신에게 무엇인가가 잘못되었다고 느끼는 그 환자와 비슷한 것이다. 그런 한도 내에서는 의사가 자신을 진찰해 주기를 원한다. 사람들이 억누르고 있는 그들의 신의식(神意識, sense of deity)에서는 사람들이 이 세상이 사실상 하나님의 저주 아래 있다고 하는 사실을 안다. 마치 그들이 하나님은 우주의 창조자이심을 (그들의 억누르고 있는 신의식에서는) 아는 것처럼 말이다.

안전을 위해서 이 접촉점 문제를 모두 피해버려야 한다는 논의가 있을 수 있다. 정통주의 견해가 매튜 아놀드의 견해와 같은 것으로 동일시될 위험성이 오늘날에 아주 많이 있다. 그렇다면 사람이 그의 근본적 필요를 전혀 갖지 못한다는 진리를 강조하고 거기서 그만둘 수는 없는가도 물을 수 있을 것이다. 이에 대해서 우리는 그것이 아무리 위험하게 보일지라도 우리는 성경의 가르침에 충실해야만 한다고 대답해야만 한다. 우리가 성경보다 더 현명해질 필요는 없는 것이다.[43]

그러나 우리는 잘못된 견해가 널리 퍼져나가는 위험에 대해서 무관심해서는 안된다. 아놀드의 말로 잘 표현된 그와 같은 견해는 오늘날 아주 일반적인 것이 되었다. 사실 그것이 오늘날의 가장 일반적인 견해라고 해도 과언이 아니다. 해리 코튼(J. Harry Cotton)은 『기독교적 신경험』(*The Christian Experience of God*)에서 미국 장로 교회 해외선교부(the Board of Foreign Mission of the Presbyterian Church of the United States of America)의 지원 하에 동양에 대한 이런 견해를 근자에 표현해 내었다.44) 그는 사람이 기원에 대한 진화론적 견해를 자명한 진리로 가정하고서 말하기를 모든 사람들은 서로 투쟁하는 일단의 본능을 가지고서 세상에 태어나게 되었다고 말한다. 이런 본능들은 조직화되어야 하고 우리의 개인적 욕망들이 통합되어야 한다고 그는 말한다. 그리스도는 우리의 해방자가 되기 위해 오셨는데 우리의 인격을 어떻게 통합해야 하는지를 보여주기 위해 오셨다는 것이다. 코튼은 기독교를 동양에 이와 같이 제시한다. 여기에 덧붙일 것은 심지어 정통적인 알미니안 신학도 죄인들이 복음을 수납하고 거부할 자명한 능력을 지녔다는 개념에서 자연인이 그의 근본적 필요가 무엇인지를 안다고 실제로 가르친다는 사실이다. 그러면 오늘날 우리가 직면하고 있는 위험이 참으로 얼마나 큰 것인지가 아주 분명해 진다. 알미니안주의는 진화론과 쉽게 친구가 된 것이다.

새로운 현대주의, 또는 변증법 신학의 인간관도 그리 다른 것은 아니다. 바르트(Karl Barth)는 특히 그의 최근 저서(*Kirchliche Dogmatic*)에서45) 복음은 사람의 일반적 의식과의 "접촉점"에 대해 관심해서는 안된다는 개념을 강조하였다. 신학의 원리(the axiom of theology)는 비모순율이 아니라 (십계명의) 첫째 계명이어야만 한다는 것이다. 모든 합리성은 무시되어야 하고 하나님조차도 죽고 장사되어야 한다. 그러나 이 비연속성의 원리에도 불구하고 바르트는 또한 모든 사람의 잠재적 구원을 허용하는 연속성의 원리를 가지고 있다. 부루너(*Divine-Human Encounter*)나 라인홀드 니어버(*The Nature and Destiny of Man*) 그리고 많은 다른 이들(*The Christian Answer*)

의 입장이 바르트의 입장과 아주 유사하다.46) 이 원수를 직면하는 최선의 길은 무엇보다도 죄인인 사람은 그의 근본적 필요를 알지 못한다는 성경적 가르침을 분명히 하는 것이다. 그리고서는 둘째로 비록 그렇지만, 사람은 그가 "사실상 하나님의 피조물이고 하나님의 진노 아래 있으므로 이 근본적 사실들을 고려하지 않는 그 어떤 삶에 대한 해석"에서도 온전한 만족을 발견할 수 없다는 점을 지적해야만 한다. 이런 결여감에 근거한 적극적인 구성에서도 사람들은 일반 은총 때문에 기독교의 진리에 대한 형식적 유사물에 접근할 수가 있다. 바울이 그의 선교적 설교에서 호소하는 것은 이 필요에 대한 감각과 그에 대한 적극적인 구성이다. 그는 그들이 예배하는 신들 (그들이 생각하기에 알고서 예배한다는 하는 신들)외에 또 알지 못하는 신에게 드리는 제단을 가지고 있다는 사실을 지적함으로써 그들이 무엇인가를 필요로 하고 있다는 것을 보여준다. 그리고는 적극적인 측면에서 그들의 시인들이 우리가 신(神)의 소생(所生)들(offspring)이라고 했을 때 그들이 옳았다고 말하고 있다. 물론 그는 곧 이 개념에 그 시인들이 부여한 잘못된 내용을 교정하고 있지만 말이다. 하나님의 형상의 담지자들로서 사람들은 언제나 하나님께 가까이 할 수 있는 것이다.47)

그러면 이제 이 각 계시 방식을 하나하나 다루어서 그것들이 구속 역사에서 어떻게 작용했는지를 살펴보기로 하자. 이때에 우리는 "특별한 원칙" (the special principle) 또는 "구속 원칙" (the redemptive principle)이 ① 객관적인 영역에서 그리스도에 의하여 우리의 구원을 위해 이루어진 것과 ② 그리스도의 사역에 근거해서 성령님에 의하여 우리 안에서 우리 구원을 위해 이루어진 것을 포함하는 것으로 말할 것이다.48)

(1) 신현(神顯, Theophany) (이와 함께 "천사들의 출현" 〈Angelophany〉과 그리스도의 현현〈Christophany〉)

죄가 들어온 이후에는 더 이상 하나님께서 타락 이전에 사람과 함께 거니시고 말씀하시던 친밀한 방식으로 사람과 함께 걷고 말씀하실 수 가 없게 되었다. 그러나 그리스도가 중심이 되는 "특별 원칙"을 통해서 이 일이 (다시) 가능해졌고 실제로 있을 수 있는 일이 되었다. 그리스도는 하나님이 우리와 함께 하신 임마누엘이신 것이다.[49)]

우리는 그리스도께서 하나님을 우리에게 가깝게 하신 이 사역을 형이상학적인 의미로 이해하지 않도록 주의해야만 한다. 윤리적인 것과 형이상학적인 것의 범주를 혼합하는 것이 현대신학의 흔한 잘못의 하나이다. 사람은 낙원에서도 (하나님의) 피조물이었고, 죄로 타락한 이후에도 여전히 피조물이며, 구속된 이후에도 피조물이고, 후에 하늘에 가도 피조물로 남는 것이다. 그의 형이상학적인 지위는 그 성격상 변화될 수 없는 것이다. 사람에게 일어나는 변화는 다 윤리적인 것이다.[50)]

바르트주의는 현대신학에 강하게 반대하는 것처럼 보일지라도 형이상학적인 것과 윤리적인 것을 혼동한다. 바르트주의는 마치 사람이 시간적이기 때문에 정죄된 것처럼 끊임없이 말한다. 죄에 대한 깊은 개념을 제공하기보다는 죄에 대한 피상적 개념을 위한 여지를 남긴다. 그러나 창조된 자체로 하나님의 심판 아래 있는 사람은 그가 죄에 대해서 책임이 있다고 느끼지도 않을 것이고 또 그렇게 느껴서도 안된다. 오직 사람이 원래는 온전하게 만들어졌으나 하나님께 대한 불순종으로 떨어졌다고 아는 사람만이 자신의 죄에 대한 죄책을 느낄 것이다.

요한이 "말씀이 육신이 되어 우리 가운데 거하시니 (우리가 주의 영광을 보니 아버지의 독생자의 영광이요) 은혜와 진리가 충만하더라"(요 1:14)고 말할 때 그는 그리스도를 우리와 함께 하시는 하나님(임마누엘)으로 말하는 것이다. 하나님이 사람과 함께 거하시는 이것은 현세(現世, this present age)에 관한 한 그리스도께서 육신으로 나타나셨을 때에 그 극치에 이르렀고 전체적으로는 "하나님의 장막이 사람들과 함께 있을 때"(계 21:3)에 그 최고 극치에 이를 것이다.

여기서도 우리는 그리스도의 성육신에서 하나님이 처음으로 사람들과 함께 거주하게 되었다는 오늘날 흔히 주장되는 오류를 주의해야만 한다. 이 이단은 좀 더 과격한 형태로 나타나기도 하고, 좀 덜 과격한 형태로 나타나기도 한다.[51] 가장 과격한 형태에 있어서는 사람이 원래 낙원에 살고 있어서 하나님이 실제적으로 그와 함께 걸으시고 대화하셨다는 것을 부인하거나 무시한다. 현대주의가 그러하고, 바르트주의 역시 그리하는 것이다. 그들은 사람의 진화적 기원을 당연한 진리로 받아들인다. 그래서 그들은 타락을 역사적 사건으로 말하지 아니하고 그것이 인류에게 실제로 근본적 중요성과 의미를 가지는 사건으로 여기지 않는다. 그래서 일례(一例)를 들자면 앞서 언급한 책에서 코튼(Cotton)은 이렇게 말하는 것이다. "첫 범죄의 이야기는 심리학적으로 참되다."[52] 이 진술의 함의는 이 이야기가 역사적으로 참되든 아니든 하는 것은 관심 밖의 문제라는 것이다. 바르트주의에 의해서도 모든 것을 규정하는 역사 안에서의 개별적 사건들은 있을 수 없는 것으로 여겨진다.[53]

좀 덜 과격한 형태로 나타나는 이단은 인간의 타락을 무시하거나 부인하는 일을 멈추는 대신, 인간과 함께 하는 하나님의 실제적인 거주의 점진적 발전이라는 구약성경과 그 기록을 실제적으로 무시하는 것으로 나타난다. 그것은 마치 그리스도께서 이 세상에 오시기 전까지는 이 세상에 하나님의 계시가 전혀 없었던 것처럼 말한다. 그러나 그렇게 말하는 것은 그리스도를 모욕하는 것이다. 왜냐하면 그리스도께서는 구약시대에서도 그의 종들의 형태로 임재하셨고, 신의 현현에 관한 한, 여호와의 사자 등으로 나타나셨기 때문이다.[54]

구약시대에도 하나님께서는 장막을 어떻게 지으라고 은혜롭게 지시 하셔서 그가 당신 자신의 백성들 가운데서 지성소(the Holy of Holies)에서 거하신다고 하셨다. 사람들과 언약을 맺으신 후에, 또 구속 약속 가운데서 당신 자신을 사람에게 알게 하신 후에 그리고 율법을 당신 자신의 뜻에 대한 계시로 주신 후에 하나님께서는 성막을 만들 것을 계시하셨다. 이 특별하게 선택된 백성에게 하나님께서는 그의 말씀을 계시하신 것이다. 따라서 이 특별하게 선택하신 백성들 가운데서 거주하시도록 계획하신 것이라고 할 수 있다.

이 점에 있어서도 바르트주의는 정통신학의 길을 저버렸다. 바르트는 다른 민족들과 대립해서 어떤 백성에게 하나님께서 계시적 내용을 주신 일이 없다고 말한다. 그 내용에 관한 한 모세에게 갈 수도 있고, 플라톤에게 갈 수도 있고, 또 다른 곳으로 갈 수도 있다고 한다.[55] 바르트는 바울이 사용한 "유대인"(Jews)이란 말을 "의로운 사람" 즉 어디에서나 찾아볼수 있는 도덕적이고 종교적인 사람과 동일시한다.[56]

이와는 달리 우리는 하나님께서 특별히 지성소의 그룹들 사이에 거하셨다고 주장한다. 하나님께서는 또한 여러 가지 방식으로 당신 자신의 영광을 드러내기도 하셨다. 예를 들자면 불 (구름) 기둥과 같은 것들을 통해서 말이다. 이것들은 하나님께서 당신 자신의 백성들과 함께 하신다는 것을 보여주는 표적들(signs)인 것이다.

당신 자신을 이런 비생물적 방식으로 상징적으로 계시하시는 일 이외에 하나님께서는 자의식적(自意識的) 피조물들을 사용하셔서 당신 자신을 백성들에게 나타내 보이시기도 하셨다. 특별히 천사들이 그런 경우이다. 천사들은 구속의 경륜 가운데서 수행해야 할 분명한 기능을 가지고 있다. 사도행전 7:53과 갈라디아서 3:19에 의하면 그들은 율법을 주는 일에 수종들었다(ordained the law). 특별히 포로기 이후에는 그들이 계시의 수단(the media of revelation)으로서 나타났다(단 8:13; 9:11; 10:5; 슥 1:7; 6:5). 신약시대에는 그들이 하나님의 사람에 대한 계시의 모든 중요한 시점에 매번 나타나 그 기능을 수행하고 있다. 특히 그리스도가 성육신하려고 하실 때 하나님의 성막이 그리스도 자신의 인격 가운데서 땅에서 사람들과 같이 있으려 하실 때에 중요한 기능을 수행하였다는 것은 아주 주목할 만하다. 마지막으로 그들은 그리스도의 재림 즉 하나님의 장막이 영속적으로 사람들과 함께 있게 될 때에와 관련해서 중요한 역할을 하게 될 것이다.

이 천사들 가운데서 다른 천사들과는 좀 다른 존재가 하나 있다. 그는 "여호와의 사자"(the angel of the Lord)이다. 그는 피조물이 아니다. 그는 하나님과 동일시된 것이다. 이 사자는 하갈에게 나타났었다. "하갈이 자기에게 이르신(말씀하신) 여호와의 이름을 감찰하시는 하나님이라 하였으니 이는 내가 어떻게 여기서 감찰하시는 하나님을 뵈었는고 함이라"(창 16:13)

여기서 하갈은 여호와의 사자에 대해서 말하며 그를 하나님으로 부른다. 또한 여호와의 사자가 야곱에게 말할 때에도 그는 이르기를 "나는 벧엘의 하나님이라... 네가 거기서 기둥에 기름을 붓고..."(창 31:13)

신현(theophany)을 시사해 주는 것으로서 여호와의 사자의 중요성은 여호와께서 "이름"을 말씀하시고 "얼굴"을 말씀하신다는 사실에서 가장 놀랍게 나타난다. 마치 그가 천사에 대해서 말씀하시고 그의 이름을 성소에 두시겠다고 말씀하시는 것과 같이 말이다. 보스는 이렇게 말한다. "당신 자신의 '이름'이 있는 곳은 그의 거처라고 불리운다. 여호와는 당신 자신의 이름으로 그 곳에 거하게 하시는 것이다"(신 12:15; 11:21; 14:23, 24; 16:2, 6, 11; 26:2).[57]

그러므로 여호와의 사자는 곧 성육신하실 삼위일체의 제2위 이외에 다른 분이 아니다. 곧 신성의 모든 충만이 그 몸에 거하게 될(골 1:19; 2:9) 그분이 땅에서 사람들과 함께 거하실 것이다.

물론 그리스도의 성육신은 신현 형태로서의 구속 역사에 관한 한 그 정점이다. 여기서 우리는 성육신의 온전한 의미를 다 논할 수 없다. 단지 지금 우리가 생각하고 있는 계시 개념과 관련해서 다음 사실들에 주의를 집중하는 것으로 충분할 것이다 성육신은 그리스도 안에서 하나님이 사람들과 동일시되셨다는 의미에서 사람 안에 있는 하나님의 계시가 아니었다. 창조주와 피조물의 구별은 그리스도의 성육신에 의해서 손톱만치도 변하지 않았다.[58] 그리스도의 신성(神性, the divine nature)은 성육신 이전에도 신적이었고 성육신 이후에도 신적인 것으로 남아있다. 그리스도의 신성(神性)과 인성(人性)이 그리스도의 인격에서 떼어낼 수 없이 하나로 있게 된 것은 사실이나, 이것은 인성을 신성으로 만드는 것도, 신성을 인성으로 만드는 것도 아니다. 그러므로 그리스도 안에 있는 하나님의 계시는 형이상학적 전이의 계시가 아니라 그리스도 안에 있는 하나님의 계시는 그의 성육신 사실에서조차도 그 이전에 계시되었던 것보다 더 풍성하게 아버지를 우리에게 계시해 주는 것이다. 요한은 우리에게 아버지의 유일하신 독생자가 아버지를 우리에게 선언하여 주었다고 말하고 있다. 그러나 이 "아버지를 선언함"은 성육신 사실만을 지칭하는 것으로 해석되어서는 안된다. 성육신 사실은 그리스도의 죽음과 분리될 수 없다. 또 그리스도의 죽음을 그 자신과 그 이후의 사도들이 그에 대해 부여한 해석과 분리할 수 없는 것이다. 하나님은 사람이 하나님에 의해서 구속될 때만 그리고 사람이 하나님에 의한 자신의 구속을 하나님 자신의 용어로 취할 때에만 사람에게 가까이 오실 수 있는 것이다.[59]

(2)예언(Prophecy)

그렇기 때문에 예언은 신현과 직접적인 연관성을 가지고 취해져야만 한다. 예언에서 우리는 하나님께서 죄인들에게 부여하신 해석을 다루는 것이다. 우리는 낙원에서 사람이 참된 선지자였다는 것을 보았다. 그는 진리를 알고 있었던 것이다. 그러나 죄가 인간의 심중에 들어오자 그는 (선지자의) 겉옷이 없는 선지자가 되었다. 사물에 대한 그의 모든 해석은 근본적으로 거짓된 것이다. 물론 일반 은총 덕분에 사람이 그 자신 안에 예언의 잔재를 가지고 있음은 사실이다. 즉 그는 어느 정도(to a certain extent)는 옳은 해석을 할 수 있는 것이다. 그러나 이것은 그의 원칙에 반하여, 또는 그의 원칙에도 불구하고(일반 은총의 작용에 의해서) 옳게 되는 것이다. 만일 사람이 참으로 알게 된다면-만일 사람이 무엇보다도 하나님께 대한 자신의 죄된 관계가 어떤 것인지를 보게 된다면 그리고 죄를 제거할 어떤 희망이 있다면 그것은 이 거짓된 해석들 가운데 하나님께서 참된 해석의 물줄기를 넣으셨기 때문이다. 이 바른 해석은 위대한 선지자요 **진리**이신 예수 그리스도 안에서 온전하게 주어진 것이다.[60]

그러나 그리스도께서 친히 세상에 오시기 이미 오래 전부터도 그는 자신보다 먼저 보내신 선지자들을 통해서 이 세상에서 참된 선지자로 계셨었다. 아니, 참된 예언을 불어넣으신 것은 선지자들이라고 불리우는 사람들이 세상에 나타났을 때 비로소 시작된 것도 아니다. 참된 예언적 해석은 처음부터 사람과 함께 세상에 오게 되었고, 사람은 이 참된 예언적 해석 없이는 살 수 없는 것이다. 죄가 들어왔을 때 죄는 참된 예언을 파괴하였다(참된 해석을 불가능하게 하였다-보역). 그러자 하나님께서는 모체적 약속(the mother promise)을 주신 것이다.[61] 여기서 우리는 참된 해석 또는 예언을 가진다. 여기서 사람은 그 모든 풍부함 가운데서의 죄의 성질이 어떤 것인지를 가르침 받게 되었다. 여기서 사람은 또한 죄의 제거에 대해서도 가르침을 받는다. 이처럼 죄가 들어오자마자 구속이 들어왔다고 할 수 있다. 이 세상은 하나님의 참된 해석이 없이는 순식간도 존재할 수 없겠기 때문이다. 그래서 하나님께서는 죄가 들어온 이후에도 다시 사람과 걸으셨을 뿐만 아니라 그들과 대화하셨다. 하나님께서는 당신 자신의 뜻을 사람에게 전달하셨던 것이다. 원래는 하나님께서 사람과 대화하셨고 사람은 그 스스로 하나님의 뜻을(하나님께서 전달하신 것을) 동료 인간들에게 알리도록 되어있었다. 즉 그의 사유는 **수납적이고 재구성적**(receptively reconstructive)이었었다. 그러나 죄 때문에 사람은 스스로 **창조적이며 구성적**(creatively constructive)이려고 노력하였다.62) 사람들은 죄가 들어온 이후에 신들로부터의 의사 전달을 추구하였으나 참 하나님의 뜻을 자신들의 삶의 규범으로 삼기 위해서 찾아본 일은 없는 것이다. 그들은 자신들이 그들에게 오는 정보들을 가지고 자신들이 원하는 대로 할 수 있는 판단자들이라고 계속하여 생각하여 왔다. 그들은 참된 계시나 참 선지자 해석은 그 성격상 항상 절대적 권위를 가지고 와야만 한다고 하는 것을 인정하지 않은 것이다. 물론 모든 잘못된 종교들도 "권위의 종교들"이었음은 사실이다.63) 그래서 이것들은 "영의 종교들"(religions of the spirit)과 대조하기 위해서 사바티어(Sabatier)는 그 종교들을 "권위의 종교들"이라고 말하였었다. 그러나 다른 종교들이 말하는 이 권위는 기독교의 권위와는 아주 다른 성질의 것이다. 기독교 이외의 종교들의 권위는 기껏해야 차선(次善)으로서만 그곳에 머물 수 있는 것들이다. 그것은 하나님 없이 실재를 해석해 보다가 다 기진했을 때 그들이 받아들이는 어떤 것이다. 거짓 종교들에서 말하는 권위는 기껏해야 전문가의 권위, 다른 이들보다 더 예민하고 더 많이 성취한 이들, 그러나 그 자신도 더 높은 도움을 필요로 하는 그런 권위이다. 그러므로 마땅히 이루어져야만 하는 것은 기독교를 다른 종교들과 대조시켜서 오직 기독교만이 권위의 종교라는 것을 말하는 것이다.

동시에 오직 기독교만이 성령의 종교(the religion of the Spirit)라는 것도 분명해져야만 한다. 참된 권위를 받아들이는 것은 성령의 확신에 의해서 이루어지는 것이다. 다른 모든 종교들은 죄에로 타락한 인간 정신의 종교들일 뿐이다. 그러나 기독교는 신적인 영을 통해서 주어진 계시에 의해서 주어진 유일한 종교인 것이다.64)

예언의 계시를 받아들이는 이와 그것을 받아들이지 않는 이들 사이의 태도의 차이는 계시를 받아들이는 이들에게 "종"이란 용어를 사용하는 데서 잘 드러날 수 있다. 요한은 요한계시록을 다음과 같은 말로 시작하고 있다: "예수 그리스도의 계시라 이는 하나님이 그에게 주사… 그 종들에게 보이시려고." 이 종들은 수납적이다. 그들 자신의 해석은 하나님의 해석에 대한 재해석이다.65)

이 종들에게 하나님께서는 때때로 당신 자신을 계시하셨다. 하나님의 계시의 이 전개가 가져온 몇 가지 단계들(stages)이 있다. 이 단계들을 말할 때 우리는 원하면 **점진적 계시**(progressive revelation)를 말할 수 있다. 그러나 우리가 이 말을 할 때는 그 의미를 흔히 오늘날 이 말이 부여되는 의미와 구별해야만 한다. 오늘날에는 대개 이것이 인간 정신이 점차적으로 그 자체의 노력에 의해서 실재의 성질에 더 깊이 관여해 가는 것을 의미한다. 이와는 대조적으로 우리가 지금 말하는 점진적 계시 개념은 하나님께서 당신 자신에 대해서와 사람을 구속하시는 계획에 대해서 점점 더 많이 점진적으로 계시하셨음을 뜻하는 것이다. 이 점진적 계시는 그들을 통해서 당신 자신의 계시를 다른 이들에게 알리시고자 당신 자신의 종들로 선택하신 사람들의 중재를 통해서 나타나게 되었다.66)

여기에 두 가지 중요한 단계, 또는 세대(dispensation)가 있었다. 구약의 세대와 신약의 세대이다.67) 구약시대에는 계시가 임한 몇 가지 형태가 있었다. 하나님께서는 때때로 제비 뽑는 일을 통해서 당신 자신의 뜻을 알리셨다. 또한 우림과 둠밈을 통해서 말씀하시기도 하셨다.68) 그리고 그때에는 여러 번 꿈을 통해서 말씀하셨다. 또 때로는 당신 자신의 백성에 속하지 않은 이들에게도 꿈을 통해서 말씀하시기도 하셨다. 창세기 20장에서 우리는 꿈을 통해 하나님의 계시를 받은 (이방의 왕) 아비멜렉 이야기를 보게 된다. 바로의 떡 맡은 관원장(the baker)과 술 맡은 관원장(the butler)도 꿈을 통해서 참된 계시를 받았다(창 40장). 또 기드온이 미디안 진(陣)에 이르렀을 때 그는 그 중 한 사람이 장차 올 그들의 파멸에 관한 꿈을 그 동료에게 말하는 것을 들었던 것이다(삿 7:13).

지금 언급한 것들보다 좀 더 높은 계시의 수단은 "이상"(異像, vision)이었다. 이것이 선지자들의 경우에 있어서는 가장 일반적인 계시의 수단이었다. 그래서 선지자들은 때때로 "보는 자들"(Seers, 先見者)이라고도 불리웠다. 이 보는 자들(先見者)은 그들이 계시를 받을 때 감정적 흥분이 고조된 상태에 있던 적이 많이 있다. 사울에 관한 이야기가 분명히 시사해 주듯이 선지자들이 어떤 황홀경의 상태에 있다고 생각하는 것은 흔한 일이 되었다(삼상 10:5ff.).

좀더 높은 단계의 선지자적 계시는 성령께서 선지자들에게 직접 영적으로 의사를 전달하시는 것이다. 이런 의사 전달은 신자들이 그들에게 온 계시를 이해할 수 있도록 그들에게 주어지는 "조명"(illumination)과는 분명히 구별되어야만 한다. 오늘날 신자들은 새로운 계시를 받지 않는다. 그들은 새로운 계시를 받을 필요가 없는 것이다.[69]

이 모든 예언의 방도들은 그에게 성령이 한량없이 부어졌고 그 자신이 육신이 되신 말씀이셨으며 아버지를 우리에게 선언하신 그 위대한 선지자(the Great Prophet)의 사역의 시작들이었다. 우리가 위에서 언급한 구약시대에 여러 가지 방식으로 주어진 모든 개별적인 계시들은 그 자체로 설 수 있는 것으로 생각해서는 안된다는 것을 주목해야 한다.

첫째로, 그것들은 그리스도의 예언적 사역에서 그 절정에 이르는 일단(一團)의 참된 계시체(the great body of true interpretation)의 부분들로서 여겨져야만 한다. 구약에서 주어진 모든 계시들은 그리스도와 관련해서 그리고 그리스도의 계시의 한 부분으로서 그 의미를 가진다.

둘째로, 모든 개별적 계시는 참된 신현과 주어진 참된 이적들과 연관해서 다루어져야만 한다. 그리스도의 인격의 경우와 같이 우리는 그의 예언적 사역을 제사장과 왕으로서의 그의 사역과 구별해서는 안된다. 따라서 구약시대에 주어진 예언들도 이적과 신현 가운데서 주신 하나님의 계시와 연관되어야만 하는 것이다.

참된 예언과 거짓된 예언을 참으로 구별하는 것이 무엇인가를 알기 위해서는 이 모든 것을 서로 연관시켜 보는 것이 특별히 중요하다. 우리는 우상숭배가 참된 신현에 대한 희화(戲畵)이고, 초혼(招魂)이 참된 예언에 대한 희화라는 것을 주목한 바 있다. 거짓된 예언은 그 형태에 있어서 참된 예언의 형태와 비슷한 형태로 온다. 거짓된 예언자들도 그들이 여호와의 꿈과 이상(Vision)을 경험했다고 말하는 것이다. 그래서 이 거짓 선지자들도 들을 것을 요구하며 자신들이 다른 이들 만큼이나 이것을 요구할 자격을 갖추었다고 한다. 그래서 듣는 이들에게는 아주 날카로운 문제가 제기 되는 것이다.

참된 예언을 어떻게 거짓 예언으로부터 구별할 것인가에 대해서 참된 예언자들이 제공해 준 시험은 그 예언이 다른 모든 참된 예언들과 유기적 관계(organic relationship)를 가졌는가, 다른 모든 참된 신현과 이적과 유기적 관계를 가졌는가 하는 것이다. 사태의 즉각적인 현상에 관한 한 그것이 참된 예언인지 거짓된 예언인지를 분명하게 구별 한다는 것은 항상 가능하지는 않다. 그러나 어떤 예언을 그 이전에 주어진 예언과 비교할 때 비로소 그것이 참된 것인지, 거짓된 것인지가 구별되어질 수 있다. 또 하나 참된 예언은 그대로 이루어진다는 점에서 참된 예언과 거짓된 예언을 구별할 수 있다. "네가 혹시 심중에 이르기를 그 말이 여호와의 이르신 말씀인지 우리가 어떻게 알리요 하리라 만일 선지자가 있어서 여호와의 이름으로 말한 일에 증험도 없고 성취함도 없으면 이는 여호와의 말씀하신 것이 아니요 그 선지자가 방자히 한 말이니 너는 그를 두려워 말찌니라"(신 18:21, 22). 이와 상응하는 말로 예레미야 28:9의 말씀도 있다. "평화를 예언하는 선지자는 그 예언의 말이 응한 후에야 그는 진실로 여호와의 보내신 선지자로 알게 되리라." 그러나 이 성취의 시금석은 그 자체로서 온전한 시금석이 아님을 잊어서는 안된다. 거짓 예언자들의 소위 예언이 어떤 경우에는 그대로 이루어질 수 있음을 성경은 분명히 말해주고 있기 때문이다. "너희 중에 선지자나 꿈 꾸는 자가 일어나서 이적과 기사를 네게 보이고 네가 말하기를 네가 본래 알지 못하던 다른 신들을 우리가 좇아 섬기자 하며 이적과 기사가 그 말대로 이룰지라도 너는 그 선지자나 꿈 꾸는 자의 말을 청종하지 말라 이는 너희 하나님 여호와께서 너희가 마음을 다하고 성품을 다하여 너희 하나님 여호와를 사랑하는 여부를 알려하사 너희를 시험하심이니라 너희는 너희 하나님 여호와를 순종하며 그를 경외하며 그 명령을 지키며 그 목소리를 청종하며 그를 섬기며 그에게 부종하고(cleave unto him)"(신 13:1~4). 여기서 우리는 (a) 거짓된 예언이 성취될 수 있음이 인정되고, (b) 그것이 하나님의 허용적인 계획 아래서 이루어지며, 당신 자신의 백성을 시험하려 시고 허용된다는 것과 (c) 하나님의 백성들은 그들이 이미 하나님과 접촉하게 된 하나님의 명령과 목소리에서 거짓된 예언에 대항해 설 수 있는 충분한 근거를 가진다는 것을 알 수 있게 된다.[70]

그러므로 개별적인 예언들은 이전의 참된 예언들(the body of true prophecy)과 연관되어야 할 뿐만 아니라 참된 신현(true theophany)과도 연관되어야만 하는 것이다. 하나님의 참된 신현은 특별히 성막과 성전 예배에서 주어졌었다. 참된 예언자들은 이 참된 신현과 관련해서 그들의 삶을 산 것이다. 대개는 그들 자신의 삶이 하나님께서 당신 자신의 영으로서 그들 가운데 사신다는 사실을 드러내는 것이다. 그러므로 참된 예언자들 중 다수는 거짓 예언자들의 사악함이 그들 예언의 거짓임을 나타내는 증표라고 말하는 것이다.

그러나 이것도 온전한 시금석은 아니라는 것을 주목해야 한다. 모든 거짓 선지자가 도덕적으로 나쁜 삶을 살았다는 것을 증명할 수 없는 한 이것은 온전한 시금석이 되지 못하는 것이다. 하나냐는 예언을 하여 사람들로 하여금 거짓을 믿도록 하였지만 우리는 그가 나쁜 생활을 영위하였다는 말을 찾아볼 수 없다(렘 28:15). 그런가하면 젊은 선지자로 하여금 하나님을 불순종하도록 하기 위해 거짓말을 한 나이든 선지자가 그런 거짓에도 불구하고 후에 여호와의 참된 계시를 받은 일도 있는 것이다(왕상 13장). 그러나 이와 같은 생각이 참된 선지자는 근본적으로 그들의 삶에서 그리고 하나님의 중심적 신현과의 밀접한 연관관계 가운데서 자신들을 거짓 선지자들과 구별할 수 있다는 사실을 변화시킬 수는 없다.71)

이 모든 경우들에, 특히 이 경우에 있어서 이들 시금석들은 시간이 지남에 따라서 그 명료성을 더해간다는 것을 기억해야만 한다. 시간이 지날수록 예언의 전체적 내용(the body of prophecy)이 더 많아지고 신현이 더 분명해지기 때문이다.

마지막으로 우리는 개별적 예언들이 일단의 이적들과 연관됨을 주목할 수 있다. 이것은 어느 정도는 예언의 성취가 이적의 발생을 함의한다는 사실에서 이미 나타난 것이기도 하다. 그러나 이를 좀더 구별해서 말할 필요가 있다. 이적이 일어나는 유일한 이유가 예언과 그에 대한 참된 해석으로만 관련된 것이 아니기 때문이다. 우리는 이적 자체에 대해서 논의할 때에 이를 좀 더 충분히 언급하게 될 것이다. 그러나 그것들은 예언이 참되다는 것을 증명해 주는 여러 가지 요인들 중의 하나이다. 예언자들은 그들이 행하는 이적들을 자신들이 하나님의 진리성을 드러내 주는 증거라고 언급한다. 이사야는 히스기야에게 해시계를 뒤로 물러 나아가게 하는 이적을 그의 병이 치유되리라는 여호와의 말씀이 이루어질 표징으로 주고 있다(왕하 20:11). 그러나 여기서도 이것 자체만으로는 온전하지 않으니 우리가 살펴본 바대로 어떤 거짓 예언자들도 자신들의 예언이 참임을 드러내기 위해서 이적과 기사들을 행할 수 있기 때문이다.

이 모든 것은 예언이 전체적으로 하나로 여겨져야만 한다는 것을 분명히 보여준다. 각각의 예언들을 그리스도가 그 중심이신 전체로서의 예언체(the whole body of prophecy)와 연관하여 해석되어야만 하는 것이다. 이 전체로서의 예언체는 또한 전체로서의 신현체((the whole body of theophany)와 전체로서의 이적체((the whole body of miracle)와 연관되어야만 한다. 이렇게 되면 그리고 그렇게 된 연후에야 이것들 각각도 온전히 이해될 수 있는 것이다. 또 그리될 때에야 예언과 관련하여 이적의 가치가 이적과 관련한 예언의 가치 그리고 예언과 이적의 신현과의 관계가 온전히 이해될 수 있을 것이다. 이 모든 것들은 상호 확증적이다. 이와 같이 상호 확증적인 그들의 가치는 그것들의 의미에 있어서 상호 의존적인 정도에 의해서 증진되어진다. 이적 없는 예언은 추상이고, 또 그들이 신현과 연관되지 않아도 그들 모두가 추상이 되고 만다.[72]

(3) 계시의 한 양태로서의 이적

계시의 한 양태로서의 이적에 대한 논의는 간단히 할 수 있을 것이다. 우리는 이미 그것이 예언과 신현 개념과 관련되어 있음을 살펴보았다.[73]

하나님께서는 사람과 함께 거니시고 말씀하셨을 뿐만 아니라 사람에게 어떤 일도 행하셨던 것이다. 사람이 타락하여 죄에 빠졌을 때 그는 새로운 정보만을 필요로 하게 되었을 뿐만 아니라 그 자신이 변화해야 할 필요가 있게끔 되었다. 그 일을 위해서 객관적인 영역에서도 무엇인가가 일어나야 했고 주관적인 영역에서도 무엇인가가 일어나야만 했다. 사람은 그리스도께서 오셨다는 이야기만 들으면 되는 것이 아니고 그리스도께서 실제로 오시는 것을 필요로 하는 것이다. 그리스도는 인간의 죄 때문에 오셔야만 했다. 그리스도의 인격과 사역 안에 있는 기독교의 중심 이적은 사람이 사람이기 때문에 아니라 사람이 죄인이므로 필요하게 된 것이다. 이 (그리스도의 인격과 사역의) 이적이 하나님의 은혜와 경륜을 따라서 이루어질 것이기 때문이다. 사람은 예언에 대해서 참된 해석을 할 수 있게 될 것이다. 그러므로 그 신현 자체가 본질적으로 이적인 것이다.

이 요점을 염두에 두면 우리는 여러 가지 거짓된 주지주의에서 벗어날 수 있을 것이다. 교회 안에서 주지주의(intellectualism)는 지식은 덕이라는 소크라테스의 말과 쉽게 절충되는 일이 많다. 사람들은 종종 죄인들이 필요로 하는 유일한 것이 참된 정보인 양 말한다. 그러나 이미 앞에서도 지적한 바와 같이 결코 그렇지 않은 것이다. 사람들은 물론 참된 해석을 필요로 한다. 그러나 그는 또한 새로운 피조물이 되어야 할 필요가 있는 것이다.

이것이 그러하다는 것은 죄의 성질에서도 관찰할 수 있다. 죄는 그저 잘못된 정보만이 아니라 영혼 안에 있는 왜곡과 구부러짐의 세력(a power of perversion)이기도 하기 때문이다. 그리고 이것은 죄의 결과들이 사람에게서뿐만 아니라 자연에서도 살펴진다는 사실에서 더 풍성하게 나타난다. 자연은 정보의 결여 때문에 고통받을 수 없는 것이다. 그러나 자연은 사람 안에 있는 죄의 결과 때문에 고난을 받고 있다. 그것은 (지금) 하나님의 저주 아래 있는 것이다.

이적으로 하나님께서는 사람의 영혼을 내리누르고 그의 몸에 영향을 미치며 사람의 고향인 자연에 영향을 미치는 죄의 세력을 파괴하신다. 이적으로써 하나님께서는 성취 과정 가운데서 그의 구속하시는 사역을 실제로 계신하신다. 죄는 인간 삶의 모든 영역을 비참과 죽음 아래로 가두나 이적으로 하나님께서는 이 모든 영역을 다시 건강하게 하시는 것이다. 그리스도의 인격과 사역이라는 중심적 이적을 통해서 인간의 영혼은 살아계신 하나님의 애호를 받게 된다. 그러므로 그의 이적을 수행하심에서 그리스도께서는 끊임없이 그 이적들이 사람들의 영혼을 위해 그가 해주러 오신 것에 대한 상징이라고 지적하시는 것이다.[74]

그러나 영혼의 치유와 함께 몸의 치유도 동반되어진다. 그리스도께서는 사람의 영혼의 치유를 상징하기 위해서만 사람들의 몸을 온전케 하신 것이 아니고 인간의 치유된 영혼이 그 안에 살 수 있는 치유된 거처가 되게끔 몸도 고쳐주셨던 것이다. 이에 덧붙여서 그리스도께서는 또한 자연 이적들(natural miracles)도 행하셨다. 배에 있는 사람들을 구하기 위해서 폭풍우를 잠잠케 하셨으나 이 폭풍을 잠잠케 하심은 동시에 회복된 몸 안에 있는 회복되고 치유된 영혼이 그 안에서 살아갈 수 있는 회복되고 치유된 자연을 필요로 했다는 사실도 시사하고 있다. 낙원(paradise)에서도 그와 같았다. 거기서는 건강한 영혼이 건강한 자연과 건강한 몸 안에서 살았던 것이다. 복낙원(paradise regained)에서도 그러할 것이다. 만물을 새롭게 하심(중생, the regeneration of all things)에서는 모든 것이 그리스도의 이적적인 능력을 통해서 새롭게 될 것이다. 그가 이 땅에 계실 때에 그리스도께서는 우리에게 이 모든 점에서 미래의 보증을 우리에게 주셨었다. 그는 그가 친히 육체로 오시기 전에도 참되시고 그 새로운 해석뿐만이 아니라, 또한 성막과 성전에서의 그의 백성과 함께 하시는 새로운 거주만이 아니라 그가 오셨을 때 더 온전히 드러내실 이적을 수행하는 능력을 자기보다 먼저 보내기도 하셨던 것이다(그것이 선지자들에게서 잘 드러났었다-보역).

예수 자신이 이 이적들을 행하실 때에 이적들이 그 자신의 본성과 하나님의 영광을 드러내는 계시적인 것이었던 것과 같이, 구약에서도 이적들은 이미 하나님의 명령을 드러내는 계시적인 것이었다. 엘리야가 갈멜산상에서 하늘에서 불이 내려와 그의 희생 제물을 불살라달라고 기도하였을 때 그는 하나님께서 그의 말대로 해주기만을 기도했던 것이 아니라 이 이적으로써 하나님이 크시며 이런 불을 내리실 수 있는 하나님이심이 나타날 수 있도록… "아브라함과 이삭과 이스라엘의 하나님 여호와여… 주께서 이스라엘 중에서 하나님 되심을"(왕상 18:36) 알게 해 달라고 기도하였던 것이다. 이 하나님의 영광은 하나님께서 그의 능하신 손과 펴신 팔로써 당신 자신의 백성들을 구속하신 사실에서 기본적으로 증시되어졌다. 하나님께서는 차례차례 이적적인 행위로써 당신 자신의 백성들을 구원하셨었다. 굉장한 이적들이 애굽(이집트)으로부터의 이스라엘의 구속을 중심으로 하여 모여있다. 이는 그리스도를 통한 죄인들의 구속을 처음으로 또 포괄적으로 표현해 내는 것이었다. 또한 이스라엘이 약속의 땅에로 들어가는 것과 관련해서 상당한 이적이 집중되고 있다. 이스라엘의 대적들은 이스라엘 군대의 힘이 세어서가 아니라 여호와의 이적적인 힘에 의해서 내어몰아진 것이다. 여러 번 계속해서 여호와께서는 당신 자신의 백성들에게 당신 자신의 백성을 멸망에서 구원하시기에 충분한 유일한 것을 그의 이적적인 구원의 힘이라고 보여주시고 있다.

동시에 이 모든 것은 하나님의 구원하시는 능력의 영광을 지시하며 이는 그가 당신 자신의 백성에게 주시겠다고 맹세하신 구원의 진리를 확증해 주기도 하는 것이다. 하나님께서 말씀하실 때 우리는 진리를 그 말씀하시는 대로 받아들여야만 한다. 하나님께서 행동하실 때 우리는 그가 그 행동 자체 안에서 역사(役事)하신다는 사실을 보아야만 한다. 그러므로 말씀은 역사하심을 확증하고 행동은 그의 말씀을 확증하는 것이다. 이 모든 것은 합하여 사람이 놀랄 만한 하나님의 은혜와 능력과 진리를 웅변적으로 증언해 준다. 참된 신현을 통해 하나님께서는 당신 자신이 그의 현존과 임재 없이는 사람이 살 수 없다는 사실을 보여주신다. 낙원이 낙원인 것은 오직 하나님께서 거기 계시기 때문이다. 참된 예언에서 하나님께서는 당신 자신의 해석이 없이는 사람은 잃은 자가 됨을 보여 주셨다. 일반 은총(non-saving grace)에 근거해서 사람이 사물에 부여하는 해석조차도 영원에 대해서는 그를 전혀 돕지 못한다. 이적들을 통한 그의 계시에서 하나님께서는 그의 구원하시는 능력이 없이는 사람의 영혼, 사람의 몸 그리고 자연이 모두 사람의 죄가 던진 파멸 가운데 계속해 있으리라고 밝히셨다.75)

　이와 같은 방식으로 우리는 특별 계시가 어떻게 현재의 일반 계시에서 사람이 얻을 수 없는 것을 제공해 주는가를 볼 수 있게 된다. 사람은 자연을 통해 하나님을 창조자, 섭리자, 그리고 심판자로 알아야만 한다. 그러나 사람은 그에 대한 하나님의 은혜의 계시를 필요로 했다. 그것이 그에게 불가항력적으로 오는 것을 필요로 하는 것이다. 하나님께서는 죄인을 그대로 놓아두시고서는 죄인과 함께 거하실 수 없으시다. 죄된 사람은 하나님 없이(without God's Presence) 있었던 것이다. 그는 이 세상에서 하나님 없이 있었다(엡 2:12). 그러나 특별 계시를 통해서 하나님께서 실제로 사람들과 함께 살게 되셨고 그리하여 실제의 삶을 가능하게 하신다. 하나님 없이 그가 사는 삶은 실제의 삶(real life)이 아니기 때문이다. 물론 그것은 어느 정도는 선한 요소들을 그 안에 가지고 있다. 하나님의 일반 은총(non-saving grace)의 선물들을 말이다. 그러나 그것은 결국 영원한 파멸을 보고 말 것이다. 사람은 또한 참된 해석을 필요로 한다. 그는 하나님 없이 있었고, 따라서 세상에서 해석자 없이 있었다. 물론 그 자신이 해석을 하기는 하나, 그 자신의 해석은 하나님과 연관되어 있지 않으므로, 결국에는 파멸에로 인도한다. 그런데 하나님께서는 특별 계시로써 실제로 참된 해석을 당신 자신께서 선택하신 영혼들이 가지실 수 있게 하신다. 이 참된 해석 덕분에 사람은 지금도 바르게 해석할 수 있다. 이 해석은 결국 그들을 하나님과 직면하게 할 것이다. 그때에는 그들이 더 이상 옛날의 거울로 보는 것같이 희미하게 보는 것이 아니고 그의 빛 가운데서 그 안에서 직접적으로 빛을 보게 될 것이다. 마지막으로, 하나님께서 사람들에게 세우신 목적에 이르게 할 수 있는 하나님의 능력은 죄인들에게는 있지 아니한다. 그는 이 세상에서 하나님의 능력이 직접적으로 그에 반하여 있는 것이다. 특별 계시에서 하나님께서는 사람의 구원을 위해 능력으로 내려 오신다. 전능하신 하나님(God Almighty)께서는 더 이상 파멸하기 위해서 당신 자신의 능력을 드러내시기만 하는 것이 아니라 구원하시는 그의 능력으로 더욱 그리하시는 것이다. 사람들이 곧 온전한 파멸에 이르지 않도록 사람들을 보존하시는 것도 일반 은총(non-saving grace)에 의한 그의 능력이시다.[76] 그러나 이 능력은 사람에게 영원한 유익을 주는 것은 아니다. 영원히 구원하시는 하나님의 능력은 오직 특별 계시와 함께만 오는 것이다. 이와 같은 (신현-예언-이적의) 삼중적 계시는 신약시대의 실현을 예기하면서 구약시대에 점진적으로 천천히 발전되었다. 그러다가 그리스도 안에서 이 모든 것이 다 완성된 것이다. 이제는 그리스도에 의해서 이루어진 유익의 온전함이 아주 충분히 그리고 원칙에 있어서도 온전히 오게 될 일만 남아 있다.[77] 이것이 이루어지게 되면 새 하늘과 새 땅이 오게 되고 에덴동산을 의미하는 낙원이 회복되어질 것이다.

각주

1) 앞으로 이어지는 3장에 걸쳐서 그 근거와 본질에 있어서의 특별계시의 주제를 다루게 될 것이다. 우리는 반틸의 접근법에 있어서 그것들이 서로 같지 않더라도 일반계시와 특별계시에 관계된 것들을 철저하게 고찰할 것이다.
2) 이러한 선언에 있어서 치명적으로 중대한 것은 일반계시와 특별계시의 목적에 있다. 일반계시는 그 목적에 있어서 충분하다. 물론 그것은 심판이나 속죄에 대해 언급하지 않는다.
3) 알미니안 변증학에 관해서는 제2장 미주 29번을 참조하라. 여기서 요점은 알미니안주의자들이 계시에 올바르게 접근하지 못하는 인간의 무능력에 대해 비평적이지 않다는 점에 있다. 왜냐하면 그들은 인간의 전적 타락을 믿지 않기 때문이다. 그들에게 있어서 특별계시란 인간의 죄성이 아닌 일반계시의 부적절성에 대한 치료책일 뿐이다.
4) 또 다시 알미니안주의의 견해는 일반계시가 불충분하고 명료하지 못하다고 결론짓는다. 왜냐하면 그들의 견해는 상황에 접근하는 독립적인 이성을 신뢰하고 하나님을 찾는다는 것을 보장하지 못하기 때문이다. 그의 존재가 대단히 개연성이 높은 것이라 할지라도 하나님은 존재하실 수도 존재하지 않을 수도 있다. 왜냐하면 인간의 판단은 그 증거를 뒤섞여있는 것으로 간주하기 때문이다.
5) 만일 증거가 혼동되어 있거나 명료하지 않다면, 하나님은 반드시 당신을 더 분명하게 나타내셔야 하며, 따라서 우리에게 특별계시를 가져와야 할 의무가 있게 된다. 칼빈주의의 견해에 의하면, 문제는 명료성의 여부에 있는 것이 아니라 내적인 도덕적 반역에 있는 것이다. 따라서 하나님은 은혜를 계시하실 수도 있지만 그것은 당신의 자비로움에 따른 것이지 의무에 의한 것은 결코 아니다.
6) 반복하여 말하자면 다음과 같다. 은혜를 나타냄에 있어서의 일반계시의 불충분성은 그것이 그 목적에 실패해서가 아니라 인간의 죄성이 심판과 속죄에 대해 선포하는 특별하고 특정한 종류의 계시를 요구하기 때문이다. 알미니안주의자들은 진리를 인식하지 않는 인간의 죄악적인 왜곡이 아니라 그 유한성을 비난할 뿐이다.
7) 예를 들면, Benjamin B. Warfield, "Biblical Idea of Revelation," *in the Inspiration and Authority of the Bible* (Philadelphia: Presbyterian and Reformed, 1976), 71-102를 참조하라.
8) 칸트의 철학적 원리들은 계시를 통한 객관적인 데이터가 없다는 역사를 포함하는 인간의 표준을 통한 외면적인 실재의 여과를 포함할 것이다.
9) 변증법적 신학은 이성의 역량과 이성을 초월해 있는 자유의 실재 사이의 투쟁을 보여주는 방법을 지칭하는 광의적인 용어이다. 그러므로 명제적 진리는 제한적인 것으로 간주되며, 그 반대를 통한 "변증법적" 긴장을 맞이하게 된다. 그것은 현대적 형태로서 칸트와 헤겔에 의해 발전되었다. 어떤 이들에 의하면, 이것은 키에르케고르를 통한 신학을 통해 나타났다고 하며, 기본적 역설을 인식하고 신앙으로 한 단계 도약해야만 한다고 강조했던 니버를 포함한 칼 바르트와 에밀 부르너와 C. H. 다드의 신정통주의 신학을 통해 강력하게 발전되었다고 한다.

10) Soren Kierkegaard, *Concluding Unscientific Postscript* (Princeton, N.J.: Princeton University Press, 1941)., 25. 키에르케고르는(1813-55) 합리주의를 날카롭게 비판했으며, 우리에게 이해가 되지 않을지라도 신앙을 행사하라고 요구하시는 하나님 앞에서의 행동과 윤리적 선택을 연구했던 매우 수수께끼 같은 신학자이자 철학자이다.
11) 변증법적 신학의 학자들은 조금 성급하게 이러한 계보를 이해할 수도 있을 것이다. 반틸은 여기서 아주 넓은 의미에서 묘사하고 있을 뿐이다. 그의 요점은 만일 우리가 칸트에 의한 본체론과 현상론의 이분법을 수용한다면, 하나님께서는 계시를 통해 우리를 사로잡으시는 일에 어려움을 겪게 될 것이다. 그렇게 된다면 우리는 하나님을 인식하지 못할 아주 확실한 핑계거리를 가지게 되는 것이다.
12) 제12장 미주 29번을 참조하라.
13) John Calvin, *Institutes of the Christian Religion*, 1.6.1.
14) 노예나 종에 대한 헬라어이다. "죄의 종"과 같이 여기서는 부정적인 의미로 사용되었다. 요한복음 8:34절과 Calvin, *Institutes*, 2.2.를 참조하라.
15) 선험적 변증학에 대해서는 제2장 미주 3번을 참조하라. 반틸에 의하면, 선험주의자는 인간의 자율적 명제를 계시 위에 두는 자를 의미한다. 그는 제임스 버스웰과 고든 클락 그리고 에드워드 카넬을 이런 접근법을 지닌 자들의 범주에 포함시킨다.
16) Calvin, *Institutes*, 1.6.2.
17) 이전에 이미 살펴보았듯이, 반틸은 영적(본체론적)이며 과학적(형상학적)이라는 이원화를 맹렬하게 반대했다. 헤르만 도예벨트 역시 같은 맥락에서 이원론적 근거에 입각한 동기 즉 "자유 대 자연" 또는 "인격 대 과학"과 같은 이분법을 반대한다. 프란시스 쉐퍼 역시 이와 유사하게 "저 세상"과 "이 세상"이라는 이원론을 경고한다.
18) The *Evangelical Student* 7, 3; 8, 1 (April-October 1933), 4. 전체 논고는 4-15페이지 까지이다. 피에터스는 종종 전자가 후자를 "증명"한다는 표현을 사용하며 과학과 성경과의 관계를 훌륭하게 설명했다.
19) 과거에 이적은 변증학적 논증에 있어서 중요한 부분이었다. 반틸은 이 부분에 대해서 자주 언급하지는 않지만, 그렇게 할 때에는 우리에게 이적이 평범한 세상 즉 자율적인 법을 향한 특별한 난입이 아니라는 것을 상기시킨다.
20) 모든 것이 다 유지되고 존속되는 것은 하나님의 주권 때문이다. 따라서 우리를 둘러싸고 있는 만물이 그의 계시로 말미암아 이해할 수 있는 것이 된다. 그러므로 단지 선택된 사실만이 아니라 모든 사실이 계시적인 사실이 된다. 아래에서 반틸은 이러한 전제를 인식하지 않는 견해들을 강하게 반대한다.
21) 합리주의는 그것 자체로 우연을 주장하기 때문에 비합리적이다. 비합리주의는 그것 자체로 중립성을 주장하기 때문에 합리주의이다. 이러한 통찰력에 대한 사려 깊은 논고에 대해서는 John M. Frame, *Cornelius Van Til: An Analysis oh His Thought* (Phillipsburg, N.J.: P&R, 1995), 231-38을 참조하라.
22) 여기서 반틸은 선험적이란 용어를 "전제"의 의미로 사용한다. 그러나 이것이 항상 그런 것은 아니다.

23) 불신앙과 합리주의(또는 논리적 일관성)와 같은 비개혁주의적인 견해에 대한 이러한 판단은 여러분을 그 정도까지만 인도한다. 그러나 그것은 계시의 모든 데이터와 조화를 이루지 못한다. 비합리주의를 피하는 대신 그것은 우연이나 개연성의 형태인 합리주의와 혼합할 뿐이다. 이러한 견해에 의하면, 이해는 철저하거나 회의적이거나 둘 중 하나가 될 것이다.
24) 변증법적 신학에 대해서는 위의 미주 제9번을 참조하라.
25) 제3장 미주 25번에서 살펴보았듯이, 칸트에 있어서 제한적 개념은 이성의 한계를 표시한다. 하나님을 포함하는 칸트의 참된 세상은 그래서 그렇게 제한적이다. 더욱이 칸트에 의하면, 하나님은 참된 세상에 존재하실 필요가 없는 것이다. 니체가 지적하듯이, 칸트의 실재하는 참된 세상은 현재로서는 "표현될 수" 없으며, "도달하지" 못할 것이다. 칸트는 단지 논박으로부터 이상을 보호하려는 것이었다. 이것은 실용적인 것이다. 왜냐하면 그는 자신의 *Critique of Practical Reason*에서 종교를 또 다시 말하지만 "증명"할 수 없는 "범주적 의무"인 도덕성의 최고의 원리의 추구와 혼합하기 때문이다.
26) 역사학자들은 키에르케고르를 실존주의자로 분류하는 것이 합당한지 아닌지 논쟁한다. 이것이 왜 반틸이 인용문 안에 이 용어를 사용하는지의 이유이다. 여기서 그는 합리론에 대한 키에르케고르의 격렬한 비판으로부터 나오는 변증법(미주 9번에서 논의한), 즉 논리와 신비 사이의 긴장("간접적인 교통")을 지적하고 있는 것이다. 칸트와 마찬가지로 진리란 증명할 수 없는 어떤 것이 된다. 그것은 마치 절대적인 것과 합리적인 것 사이에 놓여있는 거대한 장벽과 같다. 이러한 경우 계시는 이어지는 글에서 주장하고 있듯이 오직 "증명과 확인"을 통해서만 발생할 뿐이다.
27) 여기서 반틸은 과연 그답게 매우 심각한 비난을 던진다. 만일 절대와 합리 사이에 장벽이 있다면, 성경적 의미에서 계시와 함께 하지 않고 자아를 절대와 병합시키려는 시도로 그러한 장애물을 극복하려는 것은 모두 종결되어야 할 것이다. 이것은 오직 인간 자신을 신성화해야만 가능할 것이기 때문이다.
28) 토마스 아퀴나스는 계시의 합리성을 부인하지 않는다. 오히려 그 반대이다. 그러나 그는 그 본질로서의 하나님과 그 본질을 이해하려는 인간의 지성 사이의 장애가 있다는 것을 선언한다. 이것은 왜냐하면 우리가 그러한 존재와 급진적으로 분리되어 있지는 않다 하더라도 그 규모에 있어서 하등하기 때문에 그러하다. 따라서 토마스는 우리가 그의 본질을 알지 못한 채 하나님을 알 수 있다는 것을 찾아야만 했던 것이다. 그는 종종 은유적으로 말하자면, "약간 유사한 방식을 따라서" 하나님을 아는 것을 주장했다. *Summa Theologia*, 1.a.12를 참조하라. 결국 마지막 결론은 반틸이 앞으로 설명하겠지만 그의 합리주의 대 비합리주의 문제가 될 것이다.
29) 여기서 반틸은 창조주-피조물의 구분이라는 그의 강력한 강조를 다시 한 번 반복한다. 이것에 대한 반대는 이러한 구분을 희미하게 만들고 하나님의 독특한 권위를 훼손하는 순전히 추상적 개념을 포함하는 여러 가지 범주에 포함될 수 있을 것이다.
30) 하나님의 존재와 지식이 공통집합이라는 그의 주장은 반틸의 하나님에 대한 이해와 그의 전 변증학 체계에 있어서 치명적으로 중대하다. 만일 그의 지식이

그의 존재에 대한 부분집합 또는 심지어 그것을 보충해주는 것뿐이라면, 하나님의 존재는 완전한 인격적 신성이 아닌 일반적이며 추상적 개념이 되고 말 것이다. 실제로 모든 속성은 그의 전 존재와 공통집합에 있어야 하는 것이다.
31) 환언하면, 그의 신학이 불신앙적 전제와 너무나 많은 것을 공유하고 있다면, 현대 불신앙의 전제를 효과적으로 도전하는 변증학을 명확하게 세우지 못할 것이다.
32) 몇몇 변증학자들은 고대 세계와 칸트 이후 세계를 너무 과장해서 대조시킨다. 따라서 프란시스 쉐퍼는 "절망의 선"을 넘어 비합리주의로 건너감에(그는 칸트보다 헤겔을 더욱 비판한다) 대한 더욱 최근의 변화를 묘사한다. 그는 공정하게 토마스 아퀴나스에 대해 비평적이지만 불신앙은 헤겔 이후 더욱 질적으로 악화되었다는 인상을 준다. *The God Who Is There* (Downers Grove, Ill.: Intervarsity Press, 1968), 13-19와 여러 곳을 참조하라.
33) 이어지는 용서들의 목록은 워필드의 그것과 매우 유사하다. "Biblical Idea of Revelation," 97ff을 참조하라.
34) 그가 제11장 미주 4번에서 설명하듯이, "특별원리"라는 표현은 하나님께서 당신의 백성의 구속을 위해 행하신 객관적이며(그리스도의 사역을 통하여) 주관적인(성령을 통하여) 모든 일을 지칭한다. 죄로 말미암아 이 계시는 새로운 진리뿐만 -구속의 은혜- 아니라 그 진리가 무엇인지를 보게 만드는 새로 거듭난 마음을 창조해야만 한다.
35) 또 다시 특별계시의 이름들(사상) 이후에 특별계시의 형식(방법)이 오는 패턴은 워필드의 "계시의 성경적 사상," 83ff에서 발견된다. 루이스 벌콥은 그 내용을 논의하기 이전에 계시의 세 가지 수단들: 신의 신현, 교통 그리고 이적들을 구분한다. *Systematic Theology*, (Grand Rapids: Eerdmans, 1938), 134-36을 참조하라. 본장은 신현과 예언과 이적으로 마감한다.
36) 이 단어는 문자적으로 하나님의 출현을 의미한다. 그의 인격적이며, 위엄하신 임재는 그리스도 안에서 절정을 이룬다. 비그리스도인의 종교에서 이것은 내재되어 있는 신을 묘사하는 우상신들로 병행되어 있다. 이 세 가지 범주 각각을 통해 반틸은 참된 반정립 대 그릇된 정립을 강조한다.
37) 교통이라는 용어를 사용함으로 루이스 벌콥은 계시의 여러 가지 유형을 묘사한다. 이것의 가장 최고의 형태가 바로 선지자를 통한 것이다. *Systematic Theology*, 135를 참조하라.
38) "이적"의 범주를 암시함에도 불구하고 반틸은 여기서 종말론적 요소를 소개한다.
39) 벌콥은 또 다시 이방종교의 병행을 논의한다. Systematic Theology, 134. 여기서 반틸은 그것들을 일반계시와 관계시키고 그것을 일종의 접촉점으로 지칭한다.
40) 매튜 아놀드는 "이 세상에서 가장 최고"라고 불리는 19세기 문화의 선구자였다. 그는 그들을 교화하고 야만으로부터 지키기 위해 교육이 사람들에게 성경을 포함한 하나님의 방식을 전달하는 것을 통해 최고로 수행될 수 있다고 믿었다. 그의 *Culture and Anarchy* (London: Cambridge University Press, 1960), 6, 209와 *On Education* (Hammondsworth: Penguin, 1973), 39를 참조하라. 아놀드는 대중들과 산업혁명에 대한 낮은 견해를 유지했다. 그럼에도 그는 인간적 열망은 기본적으로 선한 것이라고 믿었다.

41) 우리는 도스토예프스키의 『카라마초프의 형제들』에서 "Grand Inquisitor"라는 장의 반향을 듣고 있는 것이다.
42) 반틸은 여기서 여전히 접촉점에 대해 논의하고 있다. 그는 일반계시가 우리들에게 필요성을 보여주기 때문에 접촉점을 유지할 수 있다고 강조한다. 그러나 우리가 그것을 마음으로 수용하는 것뿐만 아니라 우리의 필요성의 절박한 필요성과 그 치료책에 대한 깊은 이해를 요구하기 때문에 특별계시가 필요하다.
43) 우리는 너무나 많은 사람들이 단순히 인간적 열망에 호소하고 죄가 그것을 물들이고 혼란스럽게 만든다는 사실을 잊어버리기 때문에 여기서 접촉점의 언급에 대한 반틸의 과묵함을 인식할 수 있을 것이다. 흥미롭게도, 반틸이 계속해서 언급하듯이, 칼 바르트와 신정통주의자들은 그리스도께서 접촉점을 가져오시기 때문에 아래에 언급한 그 어떤 접촉점도 인정하지 않는다. 그러나 반틸은 성경이 그것을 명백히 가르치고 있기 때문에 그런 방식으로 접촉점을 제한하려 하지 않을 것이다. 실상, 그는 신정통주의 안에 곤핍에 대한 인식과 인류가 경험하는 의미의 공허와 같은 숨겨진 접촉점이 있다고 생각한다.
44) J. Harry Cotton, *The Christian Experience of Life* (New York: Fleming Revell, 1933).
45) 그의 *Kirchliche Dogmatiek* (Church Dogmatics)를 참조하라.
46) Emil Brunner, *The Divine-Human Encounter* (Philadelphia: Westminster Press, 1943); Reinhod Niebuhr, *The Nature and Destiny of Man*, 2 vols.(New York: Charles Scribner's Sons, 1941-43); *The Christian Answer* (New York: Charles Scribner's Sons, 1945).
47) 이것은 반틸이 사도행전 17:16-34절에 기록된 아레오바고에서의 바울의 연설에 대해 언급하는 여러 가지 가운데 하나이다. 그는 바울의 방법이 진리에 대한 인간적 탐구와 반정립 모두를 제시하는 것임을 인지한다. 특별히 *The Great Debate Today* (Nutley, N.J.: Presbyterian and Reformed, 1971), 168-70을 참조하라.
48) 이제 그는 위에서 암시한 세 가지 범주: 신현, 교통 그리고 이적들을 사용한다.
49) 하나님은 구속해야만 할 의무가 없으시다. 그러나 구속하시기로 선택하신 이상, 우리와 함께 거니셨던 본래적 상태를 회복시키실 뿐만 아니라 성육신 하신 그리스도 안에서 그 이상을 실현하신다. 구속의 명령은 따라서 창조 질서를 반영한다.
50) 반틸은 끊임없이 타락과 구속이 그 우주적인 영향에도 불구하고 주로 윤리적인 문제라는 것을 상기시킨다. 즉 우리가 하나님으로부터 도덕적으로 탈선했고 이제 속죄를 통해 주어지는 용서가 필요하다는 것이다. 그가 아래에서 설명하듯이, 신정통주의의 경향은 부분적으로 결함 있는 피조세계와 시작함으로 약간의 악의 정당성을 허용하게 된다. Van Til, *Christianity and Barthianism* (Philadelphia: Presbyterian and Reformed, 1962), 41, 178; Henri Blocher, *Evil and the Cross* (DownersGrove, Ill.:InterVarsity Press, 1994), 76-83을 참조하라.
51) 환언하면, 성육신 이전의 신의 현현을 부정하는 것은 그리스도에 대한 그릇된 강조 때문에 "그리스도 단일론"(Christomonism)이라고 알려진 것이다.

52) Cotton, *The Christian Experience of God*, 96.
53) Van Til, *Christianity and Barthianism*, 13-29. 마찬가지로 통상적인 역사에는 저주로부터 은혜의 변환이란 존재하지 않는다.
54) 부분적인 목록이 이어진다.
55) Karl Barth, *Epistle to the Romans* (London: Oxford University Press, 1933), 60.
56) 또한 Emil Brunner, *Revelation and Reason* (Philadelphia: Westminster Press, 1946)을 참조하라.
57) Cf. Geerhardus Vos, *Biblical Theology* (Grand Rapids: Eerdmans, 1948), 123.
58) 반틸은 신정통주의에서 성육신이 하나님과 인간과의 모든 관계를 완전히 변화시켰다는데 관심을 둔다. 성육신에 대한 바르트의 견해는 "그리스도의 사건" 안에서 유한자가 되신 하나님의 완전한 "현실화"이다. 그러므로 그는 반드시 창조주와 피조물의 구분을 보호하기 위해 한 분 안에서 구분되는 그리스도의 두 본성을 유지하는 칼게돈 신조를 수정해야만 한다. Van Til, *Christianity and Barthianism*, 96, 269.
59) 계속해서 설명되는 축자계시는 반드시 방금 묘사한 사건들을 통해 오는 계시를 동반해야 한다. 따라서 반틸은 "교통"의 범주로 나아간다.
60) 타락 이전에 인간은 선지자요, 제사장이요, 왕이었다는 견해와 함께, 그는 타락 이후에도 매우 심각하게 훼손되었지만 인간이 이러한 기능을 지니고 있다는 것을 계속 유지한다. "망토(겉옷) 없는 선지자"라는 표현은 모세의 선지자직을 계승한 엘리사의 승계와 그 진정성이 엘리야의 겉옷을 수여받는 것으로 증명된 사건이 기록되어 있는 열왕기하 2:13절에 대한 암시이다. 반틸의 비평은 불신자들에 의한 이러한 부분적인 지식의 용인을 인정하지 않는다. 물론 계시가 그리스도 안에서 절정을 이루는 참된 지식의 흐름을 제공할 때에만 참된 조명이 있을 것이다.
61) 창세기 3:15.
62) 이 구분은 반틸의 인식론에 있어서 치명적으로 중대하다. 타락 이전에 하나님의 생각을 추구하는 사상은 자연스러운 것이었으며 오류가 없는 것이었다. 타락 이후에 "수용적으로 건설적이" 되는 대신, 불신자들은 지식을 고안하려 시도했고 나쁜 의미에서 "창의적으로 건설적"이 되고 말았다.
63) 어거스테 사바티에르(1839-1901)는 스트라스부르그와 파리에서 가르친 프랑스의 자유주의적 개신교도였다. 반틸은 여기서 그의 책 *Religions of Authority and the Religion of the Spirit* (New York: McClure, Phillips, 1904)를 언급한다.
64) 반틸은 권위와 영 사이를 선택하려 하지 않는다. 왜냐하면 기독교신앙에 있어서 두 가지 다 참되기 때문이다. 그러나 자유주의 신학의 방법에 있어서는 그렇지 않다.
65) 아모스 3:7절을 참조하라. 반틸은 계시에 대한 주관적인 순응을 강조하는 표현을 사용하고 있다.
66) 게할더스 보스의 접근법과 병행해서, 반틸은 자신을 종말을 향한 진화론적 발전이라는 자유주의적 견해와 구별시키면서 그리스도 안에서 절정을 이루는 점진적인 계시를 지적한다.

67) 일곱 가지의 통치시대로 계시의 단계들을 구분하는 전통적인 세대주의와 반대하는 것이다.
68) 대제사장의 흉배는 제사장으로 하여금 하나님의 뜻을 백성들에게 선언하는 것을 허락해준다. 우림과 둠밈은 명백하게도 선지시대에는 사용되지 않았다. 출애굽기 28:30; 민 27:21; 신 33:8-10절을 참조하라.
69) 또 다시 반틸은 여기서 계시에 대한 워필드의 연구를 주의 깊게 살핀다. Warfield, "*Biblical Idea of Revelation*"을 참조하라.
70) 반틸은 여기서 "증거주의적" 변증학자라는 소리를 듣지 않고 어떻게 예언에 대한 증거를 제시할 수 있는지에 대해 고심하고 있는 것이다. 여기서 그리고 이어지는 몇 단락에서 그가 주장하듯이 그의 대답은 성경이 이적을 제시하고 모든 계시가 전체적으로 그리스도의 권위에 집중하고 있다는 것이다.
71) 반틸에게 성경적 주해가 결핍되어 있다고 한탄하는 비평에 대한 대답으로서 이 논의는 그러한 의심을 누그러뜨릴 것이다
72) 이것은 전제와 증거의 관계를 강조한다. 이것은 "둘 다 그리고"가 아니라 "다른 하나 때문에 하나가"이다.
73) 특별계시의 세 번째이자 마지막 범주는 이적이다. 반틸은 어떻게 세 가지가 각기 서로를 요구하고 있는지를 보여준다. 이적은 표적과 인간의 마음의 변화의 매개체로 발생한다.
74) 예를 들면, 떡과 물고기를 증가시키는 것은 참된 천국의 영양이 풍성하게 공급됨을 암시한다. 이것은 회고적인(동산과 음식이 항상 제공되어 있는) 동시에 미래적인 것(그리스도와 함께 나누는 천상의 잔치)에 대한 언급이다.
75) 말씀과 행함의 결합에 대한 이러한 강조는 그 자체로 중대한 것이다. 그것은 또한 말씀을 "증언"과 분리하고 제한하려는 신정통주의의 경향을 반대한다.
76) 죄와 파괴에 대한 이러한 억제는 일반계시의 영역에 속한 "일반은총"으로 알려진 것이다.
77) 그러한 유익들의 원리는 속죄 안에서 완전히 성취되었다. 그 정도는 그 유익들이 완전히 우주적으로 계시될 바로 그 종말의 시간에 완전히 실현될 것이다.

제11장

성경

특별 계시에 대한 논의에서 우리는 죄의 파괴적인 세력을 다루었다. 죄가 세상에 들어온 그 순간에 구속이 세상에 들어오지 않았더라면 세상은 파괴되었을 것이다. 죄가 일단 세상에 들어온 후에는 하나님의 구속적인 자비의 영존하는 손에 의해서 붙들어 지지 않으면, 세상은 곧 산산조각 나고 마는 것이다. 이렇게 말할 때 우리는 은혜가-그것이 구원하는 은혜이든지 '일반' 은총이든지를 막론하고-섭리(providence)의 자리를 차지하게 되었다고 말하는 것은 아니다. 우리는 단지 역사의 과정과 관련하여 하나님께서 실제로 염두에 두고 계신 것은 구속적 은혜(redemptive grace) 없이는 이루어질 수 없음을 말하는 것이다. 구원하는 은혜와 일반 은총의 필요성을 설명해 주는 것은 하나님의 종국적 목적이라는 이 사실이다. 둘째로, 우리는 하나님의 이 구속적 계시가 죄의 영역만큼 포괄적(comprehensive)이어야만 한다는 것을 보았다. 구속은 그 성격상 온 세상을 위한 것이어야만 한다. 이 것은 그것이 이 세상의 모든 개개인 죄인들을 다 구원해야만 한다는 뜻이 아니다. 그러나 한 단위(as a unit)로 피조된 우주가 그 단위로써 구원되어야만 한다는 뜻이다. 셋째로, 우리는 하나님의 이 구원하시는 계시가 그 성격상 그 자체를 증거한다는 것을 보았다. 그것에 관한 모든 증거는 결코 하나님의 자기-증거(the self-testimony of God)에 근거해야만 하는 것이다.

이런 점들을 염두에 두고서 이제 우리는 이 특별 계시의 형태, 또는 구조 (the form of scheme)로서 왜 성격이 등장하는 것이 필요했는지를 볼 수 있게 될 것이다.[1] 사람에 대한 하나님의 특별 계시는 단지 지적인 정보의 방식으로만 온 것이 아니다. 그것은 말씀과 행위로 왔다. 신현(神顯, theopheny)과 이적(miracle)에서 우리는 말보다는 계시의 **사실들**을 가지는 것이다. 그러나 이런 사실들은 하나님에 의해서 설명될 필요가 있다. 죄된 사람은 이 계시의 사실들을 참되게 설명할 수도 없고 그리 하려고 하지도 않을 것이다. 죄된 사람은 분명히 계시의 사실들을 잘못 해석할 것이다. 그는 그것들을 단순히 우연히 발생한 것으로 여길 것이다. 사람들은 때때로 그리스도의 부활을 역사적 사실로 믿는다. 그리고는 이 사실을 실용주의적 역사관에 집어 넣는다. 실용주의적 역사 철학에 의하면, 그 어떤 것이든지 발생할 수 있으며, 그 어떤 것도 특별하고 보편적인 의미를 가질 수는 없다. 반면에 사실 계시가 없는 말씀 계시는 공중에 맴돌 것이고, 실재에 이르지 않는다. 특별 계시는 구속하는 힘(redemptive power)을 가지고서 이 죄된 세상에 깊이 들어올 필요가 있다. 그러므로 특별 계시는 하늘에서 떨어진 책의 형태로 사람에게 이를 수 없다. 계시는 역사적으로 매개되어져야(mediated)만 한다. 우리는 때때로 기계적인 성경 개념을 가지고 있다고 비난하는 소위 근본주의자들에게서는 진리의 요소를 찾아볼 수 없다고 확신해서 말 할 수는 없다. 정통주의 그리스도인들은 기계주의적 성경관 대신에 유기적인 특별 계시관과 특히 유기적 성경관을 가져야만 한다.[2]

이와 같이 성경에 대한 교리를 전체적인 특별 계시와 연관시키면, 우리는 개신교회가 '성경의 네 가지 속성들'로써 무엇을 의미했는지를 곧 이해할 수 있을 것이다.[3]

1. 성경의 속성들(Attributes of Scripture)

(1) 필요성(Necessity)

첫째로, '필요성' (necessity)이란 속성이 있다. 이 필요성은 인간의 영혼에 대한 하나님과 사단 사이의 강렬한 투쟁의 관점에서 보아야 할 것이다. 우리는 죄인인 사람이 일반 은총 때문에 그 표면에서는 어떻게 보이든지 간에 근본적으로는 하나님을 미워한다는 점에서 사단의 동조자라는 것을 살펴보았다.

그러므로, 하나님께서 죄된 세상에 특별 원리(the special principle)[4]를 도입하여 넣으셨을 때, 이 특별 원리는 적들의 영토에 들어 온 것이 된다. 그러나 인류는 적법하게 사단에게 속한 것이 아니다. 법적으로는(rightfully) 이 세상과 인류는 하나님께 속한 것이다.

그러나 사단은 이 세상을 오용하였고, 사람들의 심령은 하나님에게서 떨어지며 소외되었다. 따라서 사단과 그의 종들은 '특별 원리' 가 나타나는 때마다, 곳곳마다 그 원리를 파괴하려고 하게 된다. 하나님의 구속 사역을 미워하는 이 과정은 그리스도께서 세상에 오셨을 때 그 극치에 이르러서, 사단은 모든 가능한 방법을 동원하여 그에 반대하게 되었다. 자연히 사단은 특별 원리가 그 세계적 사명을 다 수행하는 것을 방해하려고 하게 된다. 만일 권위있는 해석이 구속적 사실들에 주어지지 않았더라면, 그래서 사람이 스스로 해석을 해야 했더라면, 하나님의 구속적 계시가 세상의 끝에 이르지 못했을 것이고, 끝까지 그 주장을 하지 못했을 것이다. 그들이 구속되었다는 사실 덕분에 계시가 그들에게 이르렀을 때 그 계시에 동감적인 이들이 많다고 해도, 세상에는 항상 진리를 왜곡하려는 다른 이들이 있을 것이다. 더구나, 구속된 사람들조차도 하나님의 구속 사역의 의미를 그 충분한 의의에 있어서는 온전히, 무오(無誤)하게 알 수는 없는 것이다. 따라서 개신교회는 하나님의 특별 계시의 내용의 성문화가 필요했으며, 이는 이 특별 계시가 (1) 온 세대를 통해 남아 있도록 하고, (2) 온 인류에게 이르고, (3) 사람들에게 객관적으로 제시되고, 그리고 (4) 그 자체 안에 그 진리성에 대한 증거를 가질 수 있기 위해서였다고 주장하여 왔다.[5]

(2) 권위성(Authority)

개혁자들이 말하는 성경의 두 번째 속성은 '권위성' 이다. 이는 성경의 필요성 개념과 관련된다. 성경이 필요한 것은 권위 있는 계시가 필요하기 때문이다. 우리는 죄인이 그 자신으로서는 그의 생의 해석이 비정상적임을 인정하지 않을 것이라는 것을 살펴보았다. 따라서 그 자신은 지식의 상황에서 직접적인 출발점밖에는 안되지만, 하나님이 궁극적이심을 인정하기를 거부한다. 죄인이 자율적(autonomous)이기를 추구하는 것이다. 그러므로 그는 계시로 다가오는 것에 대해서도 자신이 판단자가 되려고 한다. 만일 죄인이 자율적이고, 계시의 진리를 판단할 수 있는 방식으로 하나님의 계시가 사람에게 오게 된다면, 죄인은 결코 그의 자율적인 입장을 벗어날 수 없게 될 것이다. 그렇게 되면 그 누구도 그 입장에 도전할 수 없게 된다. 그것은 결국 하나님 자신이 자기 기만 가운데 있는 인간을 강화시키는 것이 될 것이다. 따라서 우리는 계시가 사람에 대해 절대적 권위의 주장을 가지고서 와야 함을 발견하게 된다. 계시는 그의 생각을 쳐서 복종시킬 것을 요구하는 것이다.6) 이처럼 (성경의) 필요성과 권위성은 상호 연관적이다. 권위적 계시의 절대적 필요성이 있으므로, 권위적 계시가 아니면 그 어떤 필요성도 없는 것이 된다.

(3) 명료성(Perspicuity)

성경의 세 번째 속성은 명료성(perspicuity)이다.7) 만일 성경과 그들을 위해 성경이 온 그 사람들, 즉 인류 일반 사이에 어떤 인간 해석자가 **절대적으로** 필요하다면, 사단이 그의 거짓된 해석을 부과시킬 기회가 있을 것이다. 이와 같은 방식으로는 성경의 권위가 사라지게 될 것이다. 그러나 권위 있는 계시의 필요성이 있다면, 명료한 계시의 필요성도 있는 것이다. 성경의 명료성이란 말로써 우리가 무엇을 의미하는지를 정확히 보아야만 한다. 그것은 성경과 그것이 그들에게 이른 사람 사이에 인간 해석자가 들어올 필요가 없음을 의미한다. 그러므로 성경의 명료성이라는 것은 성직주의(clericalism)에 반하는 것이다. 이것은 우리와 함께 자신들을 성경 아래 복종시키고, 말씀을 선포하도록 하나님에 의해 임직받은 사람들이 우리가 성경을 더 잘 이해하도록 우리를 도울 수 없다는 의미는 아니다. 성경의 명료성은 말씀 선포자들의 과제에 관한 개신교의 가르침과 온전히 일치하는 것이나, 교회의 일반 신도들은 자신들이 직접 성경을 해석할 수 없다는 구교의 개념과는 정면으로 대립하는 것이다. 그러므로 이 교리는 구교에 대항해서 분명히 주장되어야만 한다.

물론 (성경의) 명료성은 성경의 모든 부분이 다 같이 이해하기 쉽다는 의미가 아니다. 이것은 정상적인 지성을 가진 이라면 성직자의 개입이 없이도 그가 알아야 할 필요가 있는 중요한 요점을 이해할 수 있다는 뜻이다.

"근본주의"(fundamentalism)는 때때로 이 교리를 오용했었다. 성경으로 되돌아 가자는 슬로우건 아래서 근본주의는 자주 교회가 지나간 세대에 이미 얻은 성경의 진리에 대한 넓은 통찰을 무시하여 왔다. 성경에로 가자는 슬로우건 아래서 신조를 무시한 이들은 교회를 모든 진리에로 인도하시는 성령님을 무시하는 것이다.8)

(4) 충족성(sufficiency)

성경의 네 번째 속성은 충족성이다. 이것은 성경의 필요성, 권위성, 명료성과 관련된다. 사람의 해석은 부분적으로가 아니라, 전적으로 파괴된 것이다. 완성을 위해서 사람의 잘못된 해석이 하나님의 해석에 덧붙여지게 되면, 권위있는 계시란 없어지게 된다. 그러므로, 하나님의 특별 계시와 연관하여 인간의 해석이 나타나지 않도록 하기 위해서는 명료성이 필요한 바와 같이 충족성도 필요한 것이다. 개혁자들은 합리주의(合理主義, rationalism)에 반하여 성경의 필요성을, 자율(自律, autonomy)에 반하여 권위를, 성직주의(聖職主義, clericalism)에 반하여 주로 명료성을 생각한 바와 같이 온갖 분파주의(分派主義, sectarianism)에 반하여 특히 이 충족성을 생각하였다.[9] 이 모든 것들은 서로 겹치고, 서로 관련한다. 그리고 그것들이 그렇다고 생각하는 것이 좋을 것이다. 성경의 네 번째 속성도 동등하게 중요하니, 이 네 속성들 중 어느 하나를 가지지 않으면 그 어떤 것도 가지지 않는 것이 되기 때문이다. 이 모든 문제는 거짓된 해석으로 가득찬 세상에 들어온 절대적으로 참된 해석에 중심을 두고 있다.

2. 성경의 권위에 대한 현대의 대립

개신교 성경론의 중요성은 관념론 철학자들이 이에 대해서 퍼부은 형태의 비판에서 배울 수 있다. 예를 들어서, 테일러(A. E. Taylor)의 『어떤 도덕론자의 신앙』(*The Faith of a Moralist*)을 예로 들어보자.[10] 테일러가 "권위의 의미와 자리"를 논의할 때, 그는 성경적 권위 개념을 거부한 근본적 이유가 기독교는 역사적 현상을 다루기 때문이라고 말한다. "구체적이고 개별적인 실재에 대한 어떤 참된 설명에서도 우리는 '왜 이것이 이러하여야만 하는가, 또는 이것이 무엇인가 하는 것은 내가 말할 수 있는 것이 아니다. 그러나 이것이 여기 있다는 것만은 인정해야 한다'고 하는 어떤 것과 어디에선가 직면하게 된다. 우리의 '비합리성'(irrationality)이란 말이 이를 의미하는 것이라면, 우리는 역사적 개별성이란 그로부터 사유가 결코 자유롭게 될 수 없는 최고의 비합리적인 것이라고 안전하게 말할 수 있다."[11] 테일러는 역사적 실재는 하나님과는 독립적으로 존재한다는 것을 당연한 것으로 받아들였다. 그는 논의하기를 구체적 역사적 실재의 각 부분은 하나님의 합리성으로부터 독립적인 것이라고(즉 상관없는 것이라고)주장한다. 이와는 대조적으로 유신론은 역사적 실재의 각 부분은 (하나님의 합리성이 앞서 있음으로 해서) 현재의 그 모습으로 있는 것이라고 주장한다. 테일러는 우리에게 대해 '비합리적인 것' 을 하나님에게 대해서도 '비합리적인 것' 으로 보는 잘못을 범하였다.

이것은 우리를 역사적 실재에 대한 인간 정신의 구성적 활동의 관계라는 아주 중요한 문제에게로 이끌어 간다.[12] 테일러가 언급하는 절대 계시 개념에 반하는 모든 논의는 결국 계시의 수납은 항상 주관적 요소를 요구한다는 것이다. 그는 말하기를"자연적인 것에 대해서든지, 초자연적인 것에 대해서든지, 단순히 객관적이고 주어진 내용을 가지고 있고, 주관적이고 구성적인 요소를 전혀 지니지 않는 것에 대해서는" 어떤 지적인 진술을 하기가 불가능하다고 한다.[13] 이 논의를 온전히 하기 위해서 그는 우리 주님의 권위의 문제를 도입해 들인다. 그는 그리스도의 영혼과 몸이"온전한 의미에서".피조물이었다는 교회의 믿음을 지적한다. 그는 또한 그리스도께서 피조물만이 할수 있는 많은 것들을 하셨음을 상기시킨다. 즉 그리스도는 지혜가 자라가셨으며 하나님과 사람에게 사랑스러워 가셨고, 기도하셨으며, 버림을 받았다고 느끼기도 하였다는 것이다. 따라서 테일러는 다음과 같이 말한다. "나는 그리스도인이 초자연적인 것에 대한 주님의 인간적 경험의 적절성을 말할 때, 그 적절성(adequacy)이라는 것이 참된 인간성에서 끊을 수 없는 피조성의 조건과 관련된다는 것을 잊어서는 안된다고 생각한다."[14] 이것이 정통적 계시 개념에 대한 그의 모든 반박의 근거라고 테일러가 생각하였음은 절대적 권위 개념을 애호하거나 그에 반하여 흔히 제기뇌는 몇 가시 논의를 든 후에 다음과 같이 말하는 데서 분명히 드러난다. "그러나 개인적으로 내가 주장할 관심을 가지는 요점은 다른 것이다. 그것은 초자연적인 것에 대한 직각적인 이해에서와 같이, 그것이 요구하는 완전히 지적인 분석에 반하는 구체적이고, 개별적이며, 역사적 경험을 우리가 다룬다는 것이다. 자연적인 것들이나 초자연적인 것들에 대한 직각적 이해(immediate apprehension)에서는 그 어떤 사람도 자신이 보는 것을 온전히, 그 구체성에 적합하게 전달할 수 없다."15)

이 점에 대한 테일러의 큰 강조나 또 그의 요점이 인정되면 따라 나올 큰 결론들로부터 이런 사상의 정확한 함의를 아주 조심스럽게 주목해야 한다는 것이 분명하다. 우리는 테일러에 의하면 지식의 대상이 하나님과는 별개로 **상관없이** 존재한다고 가정 됨을 살펴 보았다. 그것과 일치하여서 테일러는 또한 지식의 주체 역시도 하나님과는 별개로 **상관없이** 존재하며, 그 해석 활동을 하나님에게서 전적으로 독립하여야 한다고 가정하는 것이다. 테일러는 사람이 파생적인 재해석자이기 보다는 궁극적 해석자라는 것을 당연시한다. 어떤 객관적 실재의 의미를 받아들이는 데 어떤 해석적 요소가 개재된다면, 따라서 절대성이란 있을 수 없게 된다고 그는 우리에게 말한다. 그것은 절대적으로 주어진 것과 접촉하는 일을 방해한다는 것이다. 바로 이 점에서 기독교 유신론은 문제를 제기한다. 기독교 유신론은 해석된 것이든, 재해석된 것이든 진리는 여전히 절대적이라고 주장하는 것이다. 기독교 유신론에 의하면, 하나님의 본성을 너머서는 것이든, 그의 본성 안에 있는 것이든 하나님께는 절대적으로 주어진 것이 없다. 브라이트맨(E. S. Brightman)은 얼마 전에 유신론과 하나님께 무엇인가 주어진 것이 있다는 개념을 조화시켜 보려고 두권의 책을 내었다. 『하나님 문제』(The Problem of God) 그리고 『하나님을 찾음』(The Finding of God).16) 하나님의 절대적 자의식의 성경적 개념이 이런 개념과는 정면으로 충돌한다는 것은 말할 나위도 없다. 신성(the Godhead)의 품속에 이미 주어진 것을 도입하려는 시도는 원래부터 악한 우주라는 이교적 개념을 기독교 사상에로 도입해 들이는 시도라고 할 수도 있다. 하나님께는, 그 자신의 인격에 관한 한, 지식의 대상과 주체가 동연적(coterminous)이시다. 그러므로 하나님께는 역사적인 것을 감싸는 모호한 비합리성 개념이 있을 수 없다. 하나님께는 역사가 무한한 것도 새로운 것도 아니다. 그러나 같은 이유 때문에, 인간의 사상은 그 성격상 재해석적이어야만 한다. 사람이 정상적으로 생각할 때에는 그의 해석은 그가 접촉하고 있는 진리의 절대성을 손상시키는 주관성의 요소를 도입해 들이지 않는다. 오히려 사람이 정상적으로 생각할 때에 그는 절대적 진리와 접촉해야만 하는 것이다.

다른 곳에서 우리는 이미 반(反)유신론적 사상은 어떤 행위가 참으로 인격적이기 위해서는 그것이 단일인격적(unipersonal)이어야만 한다는 것을 당연시한다는 사실에 주목해 본 바 있다. 즉, 그 어떤 인격적 행동도 온전히 비인격적 우주 안에 있어야만 한다는 것이다. 보오든 바운(Borden P. Bowne)의 철학과 같은 반유신론적 철학들 중 가장 인격주의적인 철학도 그런 가정을 하고 있다.[17] 그러나 기독교 유신론은 주장하기를 모든 유한한 사람이 온전한 인격적 환경에 싸여 있으니, 이는 그를 직접적으로 둘러 싸고 있는 세상은 비인격적일지라도, 이 비인격적 세상은 그 의미를 그 창조자에게서 얻기 때문이다. 이와 비슷하게 여기서도 우리는 테일러가 인간의 해석은 궁극적 해석이어야만 한다는 것을 당연시 하는 것을 다시 한번 보게 된다. 만일 사람이 어떤 사실에 어떤 해석을 하게 되면, 그 해석은 하나님에 의해 이미 이루어진 궁극적 해석에 근거하고, 그 해석을 전제하지는 않는 것이며, 그럴 필요도 없다는 것이다. 테일러는 만일 사람이 어떤 해석적인 요소를 개입시키면, 해석 전체가 사실상(*ipso facto*) 하나님과 사람의 협력적인 것이 된다고 하는 것이다. 이와는 대조적으로, 기독교 유신론은 하나님의 궁극적 해석과 사람의 유한한 재해석은 하나님의 선행적, 절대적 해석이 없이는 제 기능을 발휘할 수 없다고 주장하는 것이다.

만일 우리가 기독교 유신론과 테일러의 입장 사이의 이 큰 차이를 주목하면, 절대적 권위에 대한 정통주의적 개념에 반해서 테일러가 제기하는 다양하고 자세한 반박들에 대해 어떻게 대답해야 하는지가 우리의 심중에 분명해질 것이다. 테일러는 종교적 권위는 절대적인 것으로 여겨져서는 안되고, 전문가의 권위로 여겨져야 한다고 말함으로써 권위의 문제 전체에 대해서 참으로 자연적이고 참으로 과학적인 태도를 발견했다고 생각한다. 즉,

예수는 이제까지 살았던 이들 중에서 가장 위대한 종교적 전문가라는 것이다. 따라서 우리는 그의 말에 상당한 비중을 두어야 한다고 말한다. 그러나 위에서 주목한 바와 같이, 초자연적인 것에 대한 그의 경험은 어느 정도는 주관적이고, 구성적(constructive)이며, 따라서 그 정도는 절대적이지 않다고 지각있게 생각해야만 한다고 하는 것이다. 테일러의 이런 입장이 예수에 대해서 취해진 것이라면, 성경에 대해서도 더 나은 것을 기대하기는 어려울 것이다. 성경의 경우에는 그리스도의 경우보다 전문가적 권위 이론을 좀더 개연성 있게 만들기가 훨씬 쉬울 것이며, 그것은 성경이 우리에게 여러 중개자들을 통해서 왔으며, 계속해서 해석될 필요가 있기 때문이다. 그러므로, 성경과 관련해서는 본문이 (전달 과정에서) 잘못된다든지, 모호한 진술들이 있다든지, 잘 알려진 오류가 있다든지, 또 그렇지 않다고 해도 하나의 권위에 대한 다양한 해석들이 있다는 것, 또 어떤 성경을 받아들이느냐는 것 등 늘 제기되는 반론들을 테일러는 제기한다. 그는 이렇게 말하는 것이다. "더구나, 성경 자체가 그 구성요소들을 열거하고 있지 않으므로, 우리가 호소하는 성경이 무엇인지를 알기 전에 성경 밖의 권위자들에게 가서 어떤 책들이 무오한 성경에 속한 것이고, 어떤 것이 아닌지를 물어야만 한다. (이제까지 '근본주의자들'은 성경의 정경을 고정시킨 권위는 무엇인가 하는 질문을 회피해 왔는데, 이는 근본주의에 그 어떤 결과를 주든지 간에 그들이 직면해야만 하는 질문인 것이다)."[18]

이런 다양한 반론들의 열거로부터, 이 모든 것의 한 가지 근거는 이제까지 우리가 위해서 논의한 것, 즉 테일러에 의하면 권위의 메시지를 듣는 이가 어떤 식으로든지 그것을 받아들임에 있어서 구성적인 작용을 한다면, 절대적인 권위는 있을 수 없게 된다는 것이다. 그는 주장하기를, 도대체 절대적 권위가 존재하려면, 우리는 경험이 그런 권위와 형이상학적으로 날카롭게 대립하는 것으로 생각해야 한다고 말한다. 그는 자기 자신의 견해가 이 반립(反立, antithesis)을 극복하는 것이라고 한다. 그는 이렇게 말하고 있다. "또는 그것을 좀 다르게 표현한다면, 내가 제시하고자 하는 것은 권위와 경험이 날카롭고, 조화할 수 없는 대립으로 서로 반립하여 서지 않는다는 것이다. 권위란 어떤 개별적 경험으로 스스로 분석하고 구출할 수 있는 것 이상의 것을 담은 경험의 실재에 대한 자기 주장인 것이다." 그러나 처음에 이런 잘못된 반립(反立)을 세운 이는 기독교 유신론자가 아니라, 테일러임을 우리는 살펴 보았다. 그가 인간 정신의 해석적 활동을 신적 정신의 해석적 활동과 대립하는 어떤 것으로 세운 것이다. 그리고 만일 우리가 그런 거짓된 가정으로 시작하면, 인간의 정신적 활동이 완전히 정지하지 않는 한, 사람에 대한 하나님의 절대적 권위를 생각할 수 없게 된다. 반면에, 절대적 성격의 권위 개념의 기초를 놓는 기독교 유신론적 개념은 잘못된 반립(反立, antithesis)을 가지고서 시작하지 않는다. 성경적 권위 개념의 기초는 하나님의 절대적 자의식(自意識) 때문에 사람의 자의식적 행위가 항상 파생적이며, 사람의 재구성적 활동이 하나님의 원구성적 활동 (God's orignal constructive activity)의 영역에서 작용한다는 것이다. 그러므로 사람의 정신이 정상적이라면 절대적 권위는 사람의 매일의 양식이 된다. 단지 죄가 사람의 심령에 들어 왔기 때문에 이 하나님의 권위가 외적으로 중재된 형태로 사람에게 와야 할 필요가 있는 것이 된다. 이 외적으로 중재된 형태는 하나님과 사람 사이의 형이상학적 분리 때문이 아니라, 그 둘 사이의 윤리적 분리 때문에 필요하게 된 것이다. 그러므로 원래의 형이상학적 관계가 다시 정상적으로 기능할 수 있으려면 윤리적 소외가 제거되어야 할 필요가 있다.[19]

그러므로, 성경적 권위 개념에 대한 우리의 옹호에서는 성경적 권위 개념이 전제하는 유신론적 입장과 관련되어야만 한다고 하는 것이 아주 중요한 것이 된다. 이와 같은 것이 테일러의 논의가 부정적으로 우리에게 분명히 가르쳐 주고 있는 것이 된다. 테일러의 반유신론적 가정, 즉 사람이 하나님에게서 독립적이라는 그 가정이 성경적 권위 개념에 대한 모든 반대의 원천이라는 것이 밝혀지고서야, 그 반론들을 철저히 다룬 것이 된다. 물론 이것은 각각의 경우에 있어서의 특정한 반론들이 오해에 근거한 것임을 밝히는 것이 쓸데 없다는 말은 아니다. 그러나 모든 반론이 그에 근거하는 뿌리 깊은 오해는 반유신론적 사상(反有神論的 思想, antitheistic thought)에 그것을 가지고 시작하는 하나님과 사람 사이의 상관성(correlativity)이란 오해라는 것을 의미한다. 적어도 부분적으로는 근본주의가 항상 이 사실을 의식해 오지 않았다는 것은 사실이다. 근본주의는 때때로 자세한 하나 하나의 문제를 진술하고 변증하는데 성경적 권위에 대한 논의를 제안하여 왔고, 그 자세한 것들을 그 배후에 있는 형이상학과 인식론의 큰 문제와 연관시키지 않았던 것이다. 그러므로 근본주의에 대해 생각하면 테일러의 비판이 어느 정도는 정당화될 수 있으나, 역사적 신앙고백들이 고려되면 그의 비판은 전혀 정당화될 수 없는 것이다. 이 고백들에서는 성경적 권위론이 실재 전체에 대한 유신론적 해석과 떨어져 본 일이 없기 때문이다. 성경적 권위에 대한 전체 논의는 만일 우리가 유신론을 옹호하지 않고서 기독교를 변증할 수 없다는 사실을 끊임없이 인식한다면 정통주의의 편에 서게 될 것이고, 반면에 기독교를 버리면 유신론도 버려야 함을 인식하게 되면 기독교의 반대자들의 편에 서게 될 것이다. 그러므로 정통파 신자들도, 천주교회나 알미니안의 경우와 같이, 인간 정신과 인간 사상의 독립성이라는 본질적으로 반유신론적 개념을 조금이라도 유지하는 한, 기독교 일반과 특히 성경의 권위 개념과 전체로서의 유신론의 입장 사이의 관계를 보지 못하게 될 것이다.

테일러의 입장에 대한 이 논의로부터 사람의 의식이 성경에 온전히 종속해야 함에 대한 사람들의 모든 반론들은 모두 비(非)유신론적 형이상학적 기초에 근거하고 있음을 발견할 수 있을 것이다. 일단 우리가 성경적 유신론에 대한 정당화를 분명히 확신하고 나면, 우리는 사람의 의식이 성경에 종속해야 한다는 기독교적 개념에 대해 사과할 필요가 없게 될 것이다.

3. 천주교회의 입장

천주교회는 여기서도, 다른 데서와 같이, 자연주의적 관점과 기독교적 관점 사이에 선다. 그렇기 때문에 천주교회는 흔히 생각되는 것처럼 현대주의에 반하는 강력한 보루(堡壘)가 되기는 커녕, 현대주의에 대한 그 어떤 강력한 반론도 제공할 수 없는 것이 되고 만다.[20]

무오한 해석을 찾는 대신에, 천주교회는 성경을 해석하는 사람에게서 그 무오한 해석을 찾는 것이다. 물론 천주교회도 성경을 믿는다. 그러나 전승(tradition)도 같이 믿으며, 또한 성경과 전승 모두에 대하여 교황의 종국적 해석 능력을 믿는 것이다.

천주교회의 유명한 논쟁가 벨마린(Bellmarin)이 그의 저작 『이단에 반한 기독교 신앙의 논박』(*Controversus Christianae Fidei Adversus Haereticos*)에서 개신교의 교리에 대해 말하는 것을 살펴봄으로써, 우리는 천주교회의 입장이 어떤 것인지를 잘 알수 있게 될 것이다.[21] 그는 성경이 개신교도들이 말하는 그런 것이 될 필요가 없고, 또 그렇지 않다는 것을 증명하려고 한다.

그의 논의는 다음과 같이 정리될 수 있을 것이다:

① 전승은 아담으로부터 모세까지의 참된 종교를 보존하였다. 그렇다면 교회가 과거에 성경없이 존재하였었다면, 지금도 그럴 수 있다.

답변: 성경의 필요성은 처음부터 성경이 없이는 그 누구도 구원 얻을 수 없다는 의미에서는 절대적인 것은 아니다. 구속사의 초기에는 성경이란 아직 없었고, 시대 착오적인 것이 있을 것이다. 구속 과정 전체가 완료되고 난 후에야 성경 전체가 주어질 수 있다는 것은 말할 나위 없이 옳은 것이다.

② 그리스도께서 오시기 전에는 유대인들만이 성경을 가지고 있었다. 그러나 참 하나님에 대한 지식을 가진 다른 이들도 있었다. 예-창 14:18: "살렘왕 멜기세덱이 떡과 포도주를 가지고 나왔으니, 그는 지극히 높으신 하나님의 제사장이었더라."

답변: 특별 원리(the special principle)의 흐름은 시간이 지남에 따라서 좁아졌다. 초기에는 낙원의 원전승으로부터 하나님에 대한 참된 지식을 가졌던 이들이 여기저기 흩어져 있었을 것이다. 우리는 그

전승이 처음에는 그 자체로 하나님의 백성들과 백성이 아닌 이들 사이에 잘 알려졌었음을 강조하였다. 그러나 그 때에 전승의 충족성에 대해 타당한 논의는 특별 계시의 유기체가 온전케 되고, 낙원의 전승이 실질적으로 사라지고 난 뒤에도 타당한 논의가 되는 것은 아니다. 천주교와 같이 논의하는 것은 구약시대의 희생 제사들이 이스라엘 백성의 필요에 충족한 것이었으므로 오늘날 우리에게도 충족하다고 말하는 것과 같다.

③ 유대인들 자신들은 성경보다도 전승을 더 중요시하였다.

답변: 그것은 사실이다. 그러나 그것은 대다수의 유대인들이 구약 계시의 '목적'을 이해하지 못하였기 때문이다. 그들은 준비적인 것, 그리고 영속적인 것에 대한 예언이 되는 것을 취하였던 것이다. 천주교회가 위와 같이 논의하는 것은 그 교회도 같은 잘못을 범하기 때문이다.

④ 선교사들이 이방인 족속들을 기독교로 개종시킬 때, 그들에게는 기록된 언어도 없었고, 따라서 성경도 없었다.

답변: 참된 선교사들의 사역은 성경에 근거하고 있었지, 성경에서 독립한 것이 아니었다.

⑤ 만일 하나님께서 개신교도들이 말하는 식으로 교회가 성경을 가지도록 의도하셨다면, 각각의 사도들은 지금 잃어진 편지를 써 보내지 않았을 것이다. (그러므로) 하나님께서는 사람들에게 처음부터 말씀하셨으며, 지금도 교황을 통해서 말씀하신다.

답변: 대성당을 짓는 건축가는 또 별생각없이 다른 일들도 할 수 있을 것이다. 요한도 우리에게 말하기를 예수께서는 기록되지 않은 많

은 것들도 말씀하시고 행하셨다고 한다. 그러나 이것이 (성경에) 기록된 것의 권위를 빼앗는 것은 아니다. 비슷하게, 사도들이 쓴 글 중 어떤 것이 잃어졌어도, 그것은 하나님의 섭리에 의해서 잃어진 것이고, 그것들은 정경의 필수적인 부분이라고는 생각되지 않는다.

일반적으로, 우리는 천주교회가 '특별 원리'의 유기적 성격을 파괴하고 있다고 말할 수 있다. 천주교회의 입장이 일관성있게 주장되면, 그것은 특별 원리를 파괴할 것이다. 그것은 하나님의 절대적 해석에 대한 사람의 종속을 요구하지 않는다.[22]

천주교의 입장이 '특별 원리'에 대해 행하는 가장 치명적인 일은, 그것과 함께 그리스도의 선지적 사역의 중심성과 최종성이 공격됨을 주목하여 보면 잘 드러난다. 그리스도의 대제사장으로서 사역의 중심성과 충분성이 공격받는 미사의 경우에서와 같이, 교황이 절대적 해석력을 가지고 있다는 주장의 경우에도 그리스도의 선지적 사역의 충분성이 공격되는 것이다. 기록된 말씀은 성육신한 말씀의 완결이 된다. 에베소서 2:20에서 바울은 사도들과 선지자들의 증언이 그 위에 교회가 세워진 기초(the foundation, θεμέλιον, themelion)라고 한다. 사도들과 선지자들은 함께 전체로서의 성경을 상징한다.[23] 누가복음 16장에서 예수 자신은 자신에게 주어진 계시가 충분치 않다는 이유로 제시하는 모든 반론에 대해서 아브라함으로 하여금 다음과 같이 대답하게 함으로써 '부자'에게 성경에 주어진 계시의 충족성을 가르치고 계신다. "그들에게 모세와 선지자가 있으니, 그들에게서 들을 것이니라." 또한 예수께서는 그에 대해서 증거하는 것이 성경뿐임을 말한다. 그 의미는 유대인들이 그들의 전승으로 그들이 구약에서 분명하게 보았을 이 증언(요 5:39, 45, 47)을 모호하게 하였다는 것이다. 요한도 많은 내용들이 진리의 충분한 자료로서 그것들을 통해 사람들이 그리스도를 믿어야한다는 특별한 목적을 가지고 기록되었음을 언급하고 있다(요 20:31). 그러므로 천주교회가 교회를 더 잘 교육하기 위해서 이 전승들을 다 모았다고 말할 때, 그들은 그리스도께서 가르치신 사도인 요한보다 더 현명해지기를 추구하는 것이다. 물론, 그 어떤 전승도 그 어떤 의미에서도 성경과 동등성을 가질 수 없다는 것이 분명히 주장된다면 아무런 해도 없을 것이다. 그러나 이것은 천주교회가 하려고 하는 일이 아니다.

4. 잘못된 신비주의에 대한 반론

아주 노골적인 비기독교적 철학이나 개신교적 성경론에 대한 천주교회의 반론들에 대해서 한 말과 비슷한 말을 모든 종류의 신비주의에도 할 수가 있다.

여러 형태의 신비주의에도 우리가 테일러(Taylor)에서 발견한 바와 같이 "사람에게 말씀하시고, 사람에게 단번에 권위적 해석을 주시는 절대적으로 자의식적인 하나님의 개념"에 대한 동일한 반론이 있다. 이 점이 오늘날에는 특히 중요하다. 루푸스 조운스(Rufus Jones)와 같은 뛰어난 신비주의자가 『선교 재고 요청』(Rethinking Mission)과 같은 책을 내는 중요한 인물들 가운데 하나였음을 생각할 때, 교회를 이 원천에서 위협하는 위험이 그저 상상적이기만 한 것이 아니라는 것은 아주 분명하다.[24]

루푸스 조운스(Rufus Jones)나 에벌린 언더힐(Evelyn Underhill)과 같은 신비가들의 입장은 근본적으로 관념주의적 철학자들의 입장과 같은 것이다.[25] 그러므로, 우리가 테일러(A. E. Taylor)에 대해 한 논의는 그대로 이들 신비가들에게도 적용될 수 있다. 그러나, 어떤 신비가들은 그들의 입장에 대한 성경적 근거를 주장하는 것이 가치있다고 생각한다. 그렇기 때문에 우리는 이 점에 대한 그들의 논의를 간단히 논의해 보아야만 한다.[26] 이는 다음과 같이 정리될 수 있을 것이다.

신비주의자의 주장 1:
이전과 같이 지금도 성령의 계시들이 있다. 하나님께서 이전에는 당신 자신에 대해서 계시하셨었는데, 이제는 자신을 계시하시기를 그치셨다고 생각할 이유가 없다.

우리의 답변:

갈라디아서 1:8-9은 만일 하늘로부터 온 천사라도, 사도와 선지자들에 의해서 주어진 완결된 계시에 무엇인가를 덧붙이러 온다면, 그는 저주를 받아야만 한다고 했다. 이때 바울은 그저 그가 선포하는 복음의 정신에 반하는 그 어떤 것도 허용되어서는 안된다는 것만을 말한 것이 아니다. 그의 의미는 분명히 갈라디아 교인들이 다른 복음을 가져 오려고 하는 이들을 판단할 수 있는 무오한 기준을 가지고 있다는 것이었다. 사도적이지 않은 것은 사도적인 것에 의해서 검증되어야만 한다. 새로운 계시를 덧붙임으로써 신비주의는 바울의 이 기준을 거부하는 것이다. 우리는 어떤 글이나, 어떤 사상이 성경의 정신과 일치 한다고 말할수 있는 권리를 가지고 있다. 그러나 우리가 바울의 (사도적) 권위를 제쳐놓지 않는 한, 어떤 비사도적 문서가 사도적 글과 같은 하나님의 계시의 수준에 놓인다고 말할 권리를 가지고 있지 않다.[27]

신비주의자들의 주장 2:

고린도후서 3:6("저가 또 우리로 새 언약의 일꾼되기에 만족케 하셨으니, 의문으로 하지 아니하고, 오직 영으로 함이니, 의문은 죽이는 것이요, 영은 살리는 것임이니라")에 근거하면, 성경은 문자적으로 해석되어야하는 책으로 취해지도록 의도된 것이 아니다. 성경을 문자적으로 해석하는 것은 참된 영적 진전에 반하는 것이다.

우리의 답변:

물론 성경을 기계적으로 사용하는 이들이 있음은 인정한다. 그렇게 기계적으로 사용하는 것은 성경을 오용하는 것이다. 바울이 말하고 있는 '의문'('문자')이란 전체적으로서의 성경을 지칭하는 것이 아니다. '정죄의 직분,' 즉 하나님의 규례를 외적으로 지키는 것을 크게 강조하던 옛 경륜을 지칭하는 것이다. 바울이 여기서 말하고 있는 것은 그가 로마서 8:15에서 말하는 것과 같은 것이다. "너희는 무서워하는 종의 영을 받지 아니하고, 양자의 영을 받았으므로, 아바 아버지라 부르짖으니라." 참된 영성은 하나님의 뜻에 대한 문자 그대로의 순종과 온전히 일치한다. 그러나 영성의 온전한 전개는 구약시대에서 발견될 수 있는 것이 아니니, 그때에는 계시의 강조점이 그리스도를 통한 죄의 용서에 있기 보다는, 죄를 정죄함에 있었고, 하나님의 계시가 신약에서와 같이 온전히 주어지지 않았기 때문이다.[28]

신비주의자들의 주장 3:
성경은 일반적으로만 말하나, 그리스도인들은 개별적 상황에 대한 개별적 계시는 필요로 한다.

우리의 답변:
개별적 그리스도인들이 개별적 계시를 필요로 하는 것이 아니다. 개개인의 그리스도인들은 성경에 대한 연구에서 성령의 인도하심만을 필요로 할 뿐이다. 성령께서는 성경 안에 신자들이 필요로 하는 모든 계시를 다 수록해 놓으셨다. 그는 그 자신이 집합적으로는 교회를, 개별적으로는 개개인을, 그가 이미 주신 계시의 의미를 더 깊고 온전하게 이해하는 데에로 이끌어 가시겠다고 약속하셨다. 그러므로 성경에 있는 하나님의 계시를 자세히 연구하지 않거나, 또한 성경이 충분한 계시로서 주어졌다는 사실을 무시함으로써 성령을 모독하는 이들은 그 어떤 특별 계시도 얻지 못할 것이라고 확신할 수 있다.

부흐만주의(Buchmanism)가 '인도'라고 말하는 것은 실질적으로는 계시에 해당하는 것이다. 그들은 말씀에 의해서가 아니라, 하나님께 직접적으로 접근함으로써 인생의 구체적인 것들에 대한 정보를 받는다고 주장하는 것이다.[29]

신비주의자들의 주장 4:
요엘서 3:1, 2; 사도행전 2장; 예레미야 31:31등에 근거하여 새로운 경륜의 시대에는 예언의 은사가 각 신자들에게 주어진다고 할 수 있다.

우리의 답변:
여기서 말하는 옛 경륜과 새 경륜의 대조는 계시를 받는 사람의 수의 많고, 적음의 대조가 아니고, 성령의 일반적 조명 사역이 몇몇 사람들에게 제한된 세대와 성령의 일반적 조명 사역이 모든 종류의 사람들에게(on all classes of men) 자유롭게 부어진 세대와의 대조인 것이다.

신비주의자들의 주장 5:
신자들은 거룩한 분에 의해서 기름부음을 받았으므로 모든 것을 알며, 그들을 가르칠 이를 필요로 하지 않는다는 요한일서 2:27에 근거하여 하나님의 계시는 아직 끝나지 않았다고 할 수 있다.

우리의 답변:
요한은 여기서 전체로서의 교회와 비교하여 개개인의 신자들을 말하고 있는 것이 아니다. 그는 세상과 대조하여 전체로서의 교회에 대해 말하는 것이다. 이 교회에 대하여 그는 말하기를 교회가 성경 가운데 진리의 보화를 가졌으므로, 이 세상의 지혜로부터 그 어떤 해석을 받을 필요가 없다고 말하는 것이다.

신비주의자들의 주장 6:
하나님 나라는 신자들 안에 있다고 말하는 누가복음 17:21에 근거하면, 성경이 불필요하다는 결론이 나온다.

우리의 답변:
오히려 그 앞 부분을 주의해 보면 그 반대의 대답이 나오게 된다. "여기 있다. 저기 있다고 못하리니, 보라 하나님의 나라는 너희 안에 있느니라." 여기서 그리스도께서는 앞으로 올 것이며, 와서 이적을 일으켜 관심을 집중시킬 거짓 그리스도들을 언급하고 있다. 이 외적인 것으로 그들을 많은 이들을 오도하려고 할 것이다. 따라서 그리스도께서는 사람들이 이런 외적인 것들에 의해서 오도되지 않도록 경고하신다. 그들은 오히려 하나님의 나라가 우리 안에 있는 내적인 세력임을 인

식해야 한다. 그러므로 여기서의 문제는 전혀 계시의 문제가 아니라, 능력의 문제이다.

성경의 성격에 대한 정통적 개신교의 견해에 반하는 이런 반론들로부터 우리는 교회로 하여금 바른 성경론을 이해하도록 가르치는 것이 얼마나 중요한가 하는 것을 알 수 있게 된다. 럿셀주의나, 성령파(spiritualism) 등 다양한 주의들이 그 나름의 방식으로 성경의 충분성과 권위를 낮추려고 노력한다.30) 그런데 그들은 대개 성경에 아주 충실한 체 하면서 다가 오는 것이 문제이다. 또한 그들은 성경의 어려운 구절들을 개연성있게 설명함으로써 사람들로 하여금 그들이 성경 해석에 상당히 관심을 가진 것으로 생각하도록 한다.

이런 이단들에 반하여서, 성경은 성경 자체와 연관해서만 (성경의 유비에 의해서만) 해석되어야 한다는 개신교의 원리가 근본적 중요성을 지녔음을 분명히 보아야만 한다.31) 이 규범 자체는 성경이 충분하며, 명료하고, 권위가 있으며, 절대적으로 필요하다는 성격과 관련된다. 성경은 그 외에 다른 추가적인 계시를 필요로 하지 않는다. 모든 해석은 전체로서의 성경에 종속되어야만 한다. 그리고 잘 모르는 부분들은 좀더 쉽게 이해될 수 있는 것의 빛에서 해석되어야만 한다.

그러므로 교회로 하여금 성경의 한 부분만을 가르친다든지, 교인들로 하여금 상당한 양의 성경을 암송하도록 하는 것만으로는 충분치 않다. 그에 더하여서, 교회는 전체로서의 성경에 대한 바른 이해를 가져야만 하는 것이다. 사람들이 성경은 정통교리가 가르치는 대로 (권위있고, 절대적이며, 명료하고, 충분하다는 것을) 분명히 볼 때에라야 사람들은 하나님의 은혜에 의해서 그들을 쉽게 뒤집어 놓을 수 있는 모든 가르침의 풍조에 대해 안전할 수 있는 것이다.

그런데 불행하게도 많은 근본주의적 목사님들은, 상당히 교회의 교인들을 온갖 종류의 잘못된 교리에로 기울어지게 한 책임을 져야한다. 그들이 가진 많은 좋은 의도에도 불구하고, 그들은 너무나도 성경을 부분적으로만 가르친다. 특히, 그들 중 많은 이들은 성경의 모호한 부분에만 너무 많은 시간을 투자하기에, 그들이 회중들에게 잘못된 균형감을 갖게 하기도 한다. 아주 열심있는 젊은 이들, 20대도 안된 이들이 "시대의 징조"의 구체적인 것들을 찾는데 상당히 관심이 있어 하는데, 성경의 주된 교리에 대해서는 별로 합리적인 지식이 없고, 그 안에 성경의 교리가 잘 담겨있는 교회의 요리문답들에 대해서는 하나도 모르는 예가 적지 않은 것이다.(그러므로, 성경에 대한 바른 교리가 중요하다면, 그 바른 교리를 온 교우가 다 이해하도록 가르치는 것은 당연한 것이고, 아주 중요한 것이 된다-보역).[32]

각주

1) 성경은 계시의 전체성 안에서 매우 근본적이고 유기적인 부분으로 간주된다.
2) 아래에 제시된 것을 통해, 우리는 유기적이라는 용어가 단조롭고 고립된 것이 아닌 생명력 있는 상호 연관적 존재임을 이해하게 된다.
3) 이어지는 성경의 네 가지 속성은 종교개혁 시대로부터 발견된다. 그것들은 이 어지는 논의에서 분명히 드러나듯이 서로 한 데 얽혀있다. 반틸은 몇 가지 다른 곳에서 이 주제를 다룬다. 특별히 "Nature and Scripture," in *The Infallible Word*, 3rd ed. (Philadelphia: Presbyterian and Reformed, 1946), 263-301을 참조하라.
4) "특별한 원리"란 하나님께서 하신 모든 일은 (a) 객관적으로, 그리스도의 구속 사역을 통하여, (b) 주관적으로, 이 그리스도의 사역을 적용하시는 성령의 사역을 통해 그의 백성의 구속을 위한 것임을 의미한다.
5) 그가 이 요점을 더 상세하게 발전시키지는 않지만 그는 이어지는 부분을 통해 다른 여러 모순되는 견해를 반대한다. 그 자체로 이것은 하나님을 향한 반대의 강력한 세력 때문에 성경의 필요성에 대한 강력한 진술이 된다.
6) 고후 10:4-6절을 참조하라. 반틸은 또 다시 그의 변증학적 관심을 나타낸다. 권위 그 자체가 없이는 불신앙을 그 근본부터 도전하지는 못할 것이다.
7) 투명성을 의미하는 명료함이라는 단어는 밝음이나 분별을 의미하는 총명이라는 단어와 혼동되어서는 안된다.
8) 이 부분에서 반틸은 성경을 넘어서는 전승의 권위를 내세우는 로마 가톨릭의 입장(교회의 계급적 권한)에 반대해서 교사의 필요성과 함께 성경의 명료성에 대한 전통적인 개신교의 입장을 반영한다. 그는 교회의 신조와 신경을 경시하는 "근본주의자들"을 비난하며, 전통에 적절한 의미를 지지한다. 그럼에도 불구하고 그는 평범한 사람들을 향한 성경의 접근 가능성을 경축한다. 성경의 명료성은 성경의 모든 부분들이 동일하게 명백하거나 이해하기 쉬워야 한다는 것을 의미하지 않고 우리가 알아야 할 것이 아주 풍성하게 명백하다는 것을 의미한다. 베드로후서 3:16절을 참조하라.
9) 우리는 이교도("당파주의") 안에서, 종종 "불충분한" 성경에 필요한 첨가물로서의 부가적 계시 또는 새로운 지식의 원천이 주장됨을 주목할 수 있다.
10) A. E. Taylor, *The Faith of a Moralist*, 2 vols. (London: Macmillan, 1930, 1931). 반틸은 이전에 알미니안주의를 비평할 때 테일러에 대해 논의한 적이 있다. 거기서 반틸은 인간의 무능력에 대한 결함 있는 알미니안주의의 견해를 창조주와 피조물의 구분에 대한 결함 있는 이해와 연결시킨다. 제6장 미주 40번을 참조하라.
11) Ibid., 2:212.
12) "구성적"이라는 용어는 관념론주의자들의 철학에서 발견되지만 여기서는 "계시로부터 독립된" 의미로 사용되었다. 이어지는 비평에서 반틸은 창조를 하나님의 통치와 계시에 의해 통제되지도 조성되지도 않은 것으로 보는 테일러를

비판한다. 테일러는 의존적인 피조물이 의미가 있으며 자유로울 수 있는지 전혀 알 수 없다.
13) Taylor, *The Faith of Moralist*, 2:229.
14) Ibid., 2:230.
15) Ibid., 2:224.
16) Edgar Sheffield Brighton, *The Problem of God* (New York: Abingdon Press, 1930); *The Finding of God* (New York: Abingdon Press, 1931).
17) Borden P. Bowne, *Personalism* (London: A. Constable, 1908)을 참조하라. 인격주의는 사건의 우연성 안에서의 인격적 또는 주관적 확신에 대한 무정형의 철학적 헌신을 의미한다. 그것은 또한 하나님과 사람이 모두 인격적이며 따라서 자아로부터의 시작이 객관적인 하나님과의 만남에 아무런 문제가 발생하지 않는다고 말하는 유신론적 견해가 될 수 있다.
18) Taylor, *The Faith of Moralist*, 209.
19) 결국, 이 입장은 인간의 자유와 하나님의 권위 사이의 그릇된 반대를 그 시작부터 제시한 점에 있어서 알미니안주의와 같지 않다.
20) 이 작품이 바티칸 II가 그들의 작업을 끝내기 전에 완성되었다는 점을 분명히 할 필요가 있다. 그와 동시에 어떻게 성경의 완전한 신적 권위의 궁극적 질문에 대한 매우 중대한 변혁이 발생했었는지에 대한 가치 있는 질문이 있다.
21) 예수회 추기경인 로버트 벨라마인(1542-1621)은 로마 가톨릭의 반동종교개혁의 가장 능력 있는 논증 신학자이다. 그의 가장 영향력 있는 작품은 교리와 삶을 해석할 권위가 있는 교회의 최종 출판 승인을 받지 않았기 때문에 성경의 권위에 대한 개신교의 원리는 불가능하다고 주장한 *Disputations Concerning Controversies of the Christian Faith Against the Heretics of Our Time* (1586-93) 이었다. 여기서 반틸은 몇 가지 가장 중요한 벨라마인의 논증들을 재구성하고 있다.
22) 그것은 말하자면, 그 교회에 대한 그들의 견해 때문에, 로마교회가 그리스도 안에 있는 복음의 객관적 능력과 우리의 타락을 역전시킴으로 우리의 영혼을 변화시킬 수 있는 주관적인 능력의 거룩한 상관관계를 부서뜨리는 것이다.
23) 미사는 로마 교회의 예식에서 사용된 교회의 예전적 용어로서 몇 가지 신학적 해석이 가능한 용어이다. 반틸은 이것을 그리스도의 희생 제사 안에서 사제들이 미사에 참여한 사람들을 집전하는 전통적 의미로 사용하고 있다. 개신교회는 언제나(다른 이유들과 함께) 성경의 충족성에 의거해 이 견해를 비판해 왔다.
24) 루푸스 존스(1863-1948)는 신비주의가 성인들이 아니라 평신도들을 위한 것이라고 믿었던 퀘이커 교도였다. 그는 *Rethinking Missions: A Layman's Inquiry after 100 Years*, ed. W. E. Hocking (New York: Harper Bros., 1932)에 글을 기고했다. 본서의 어떤 부분이 그의 글인지는 분명하지 않다. 아마도 제7장이 그에 의해서 집필된 부분으로 보인다.
25) 에브리 언더힐은 *Mysticism: A Study in the Nature and Development of Man's Spiritual Conscience* (London: Methuen, 1948)이라는 작품을 썼다.
26) 이어지는 글에서 반틸은 개신교 신학에 있어서 성경의 네 가지 속성을 부인하는 가장 일반적인 견해를 요약한 후 각각의 부인을 매우 훌륭하게 비판하고 있다.

27) 반틸은 정경이 완성되었음을 주장하며, 그 사도성에 호소하고 있다.
28) 여기 "문자"라는 용어를 죽은 것과 혼동해서는 안된다. 왜냐하면 후자는 해석의 방법을 지칭하는 것이 아니라 정죄의 직분을 의미하기 때문이다.
29) 여기서 반틸은 인도(guidance)의 견해를 특별계시와 동일시하는 것을 반대한다. 프랭크 버크만(1878-1961)은 도덕재무장협회의 창시자이다. 그는 개인적이며 특별한 인도와 위대한 도덕적 성품으로 인해 하나님과 가까이 있는 자들의 "고상한 삶"을 강조하는 영국의 케직(잉글랜드 북부의 컴브리아 주) 운동과 관계되어 있다.
30) 찰스 테제 럿셀은 정경의 완성을 부인하고 자기 자신의 예언을 추가하며 그것을 성경과 동등한 위치에 두었던 여호와의 증인의 창시자이다. 제1장 미주 19번을 참조하라. 반틸이 의미하는 "심령술"이란 어떤 영이나 영적 세상이 궁극적인 것이라고 주장하는 모든 종교를 가리킨다. 예를 들면, 성경의 모호성을 분명하게 해석한다고 주장거나 성경이 완전하지 않다고 주장함으로 성경을 경시하고 무시하는 모든 종교 말이다.
31) 이 모두 중요한 종교개혁의 원리는 다른 권위가 아닌 성경의 빛으로 성경을 해석하고 평가할 것을 요구한다. 이 원리는 좀 더 어려운 구절을 좀 더 쉬운 성경구절이 해석해 주는 것을 의미한다.
32) 여기서 반틸은 매우 겸손하게 나타나는 것 같아 보인다. 그러나 그의 의도는 현재(그의 시대에 그러나 여전히 지금 이 시대에도 동일하게) 미국에 만연해 있는 단순한 증거구절들과 성경의 기본적 주제와는 전혀 동떨어진 복잡한 예언적 체계를 결합시키는 "근본주의자들"의 접근법에 경종을 울리는 것이었다.

제12장

성경의 영감

성경의 전체 교리를 그리스도의 인격과 사역과 유기적인 관계로 드러내는 일이 우리의 목적이었다. 우리는 또한 기독교 전체가 유신론과 유기적으로 연관된다는 것을 밝히려고 하였다. 성경의 영감(inspiration)이 그 자체로서는 교리가 아니라, 기독교 유신론 전체의 한 부분으로서 성경 개념의 논리적 절정이라는 것을 주목하는 것은 특히 중요하다. 그렇게 영감 문제를 이해할 때 우리는 이를 주장하는 것이 얼마나 중요한지를 알 수 있게 된다. 죄인들로서 우리는 하나님에 대한 절대적으로 권위있는 계시를 필요로 한다. 잘못된 해석이 조금만 섞여도 권위있는 하나님의 해석을 파괴하게 될 것이다.[1]

오늘날 많은 선한 의도를 지닌 정통적 그리스도인들은 성경 영감론(the doctrine of Scripture inspiration)에서 절충을 하려고 한다. 그들은 성령의 만전영감론(萬全靈感論, the plenary inspiration)을 부가시키는 것은 정통적 입장을 불필요하게 무겁게 하고 걸리적거리게 하는 것이라고 생각한다. 더구나, 그들은 모든 실천적 목적을 고려할 때에 성경은 본질적으로 참되다고 말하는 것으로 충분하다고 주장한다. 그러나 성경은 그 자체에 대한 절대적 영감 이하의 것을 주장하지 않으며, 현대의 불신 일반의 침입에 반하기 위해 우리가 필요로 하는 것은 바로 이런 영감 이해이다.

성경적 영감론의 발전으로 나아가기 전에 여기서는 이런 방법론 안에 함의된 것이 순환 논증(circular reasoning)이라는 사실에 대해서 간단히 언급해 보는 것이 좋을 것이다. 순환 논증이라는 논의에 대해서 먼저 성경이 영감에 대해서 무엇을 말하는지를 살펴보고, 그리고는 성경이 영감되었으므로 참되다고 말하는 것은 있을 수 없는 말이다.[2]

이런 순환 논증이라는 혐의를 피하기 위해서 정통 신학은 자주 다음과 같이 이야기하곤 하였다.

첫째로, 일반역사적 증거에 의해서 그리스도께서 실제로 죽은 자들 가운데서 살아나셨으며, 그가 이적을 행하셨다는 것이 증명된다. 이것이 그의 신성을 증명한다고 언급된다.

둘째로, 이 신적인 분이 구약을 하나님의 말씀으로 증언하셨고, 사도들을 진리 가운데로 인도하여 신약의 제자들로서 자격을 갖추게 하실 성령의 은사를 약속하셨다.

물론 그리스도께서 무덤에서 부활하셨다는 등의 사실을 지적하는 데는 역사적 변증학이 절대적으로 필수적이고 필요불가결한 것이다. 그러나 역사적 변증학이 소위 중립적 근거에서 작용하는 한, 역사적 변증은 그 자체의 목적을 이루기는 커녕, 그 목적을 스스로 파괴하여 버린다. 왜냐하면, 그런 경우 그것은 실직적으로 불신자의 형이상학적 가정들에게 타당성을 부여해 주는 것이 되기 때문이다. 그러므로, 이 경우에 어떤 실용주의자는 그리스도께서 하나님의 아들이시라는 결론은 받아들이지 않고, 그리스도의 부활을 하나의 사실로서만 받아들일 수 있는 것이다. 그리고 그의 가정에서는 그렇게 해도 비논리적인 것이 아닌 것이다. 오히려, 모든 실재를 우연에 종속시키고마는 그의 기본적 형이상학적 가정이 옳다면, 그리스도의 부활이라는 사실로부터 그가 정통주의적 의미에서 신적이라는 결론을 이끌어내지 않으려고 해야만 일관성을 가지는 것이다. 그러므로, 만일 어떤 이의 형이상학적 가정이 잘못된 것으로 옳게 해석되면 그리스도의 부활이 그리스도의 신성을 분명히 증명한다고 해도, 우리는 그로 하여금 이 부활 사실의 현실성 문제만을 가지고 논의할 것이 아니라, 그의 사실관(事實觀, his philosophy of fact)을 공격해야만 한다. 왜냐하면 그의 형이상학적 가정에서는 그리스도의 부활이 그의 신성을 전혀 증명하지 못할 것이기 때문이다.[3]

그러므로 ① 그리스도께서 실제로 무덤에서 부활하셨다는 것과 성경에 기록된 사실들이 그 기록된 대로 발생했다는 것을 밝히는 외에도, ② 그것이 역사적 연구에 의해서 밝혀질 수 있는 한, 우리는 기독교 유신론에 의해서 주장되는 사실의 철학이 사실들을 설명할 수 있는 유일한 철학이라는 것을 밝혀야만 한다. 그리고 이 두 가지(①과②)는 서로 연관하여서 이루어져야만 하는 것이다(즉, 개별적 사실에 대한 변증과 그것에 대한 기독교적 실재관에 대한 변증은 같이 연관해서 이루어진다는 뜻-보역). 역사적 변증은 그것이 철학적 변증과 연관될 때에만 참으로 열매를 맺을 수 있다. 그리고 그 두 가지 모두는 성경과 함께 시작해야 하며, 만일 성경이 그 자체와 그 밖의 다른 모든 것에 대해 말하는 바가 참되지 않다면, 이 세상의 그 어떤 것도 참되지 않다고 논의해야 한다. 절대적으로 자의식적(自意識的)인 존재이신 하나님께서 존재하지 않으신다면, 이 세상의 그 어떤 사실도 의미를 갖지 않는다. 이것은 그리스도의 부활만이 아니라, 다른 모든 사실에 대해서도 성립하는 것이다. 이것이 이해된다면, 구속은 죄가 이 세상에 들어온 그 때부터 와야만 한다는 것을 볼 수 있을 것이다. 왜냐하면, 이 세상이 존재하려면, 유신론적 세상으로 존재해야만 하기 때문이다. 이 구속적 과정은 오직 하나님으로부터만 시작될 수 있다. 따라서 오직 하나님 자신만이 당신 자신에 대해 주신 계시에 대해 증언하실 수 있는 것이다. 특별 계시는 그 성격상, 자기증언적(自己證言的, slef testified)이어야만 한다. 물론 그리스도께서도 세례요한의 증언에 호소하신 일이 있다. 그러나 궁극적으로 보면, 이것도 그의 계시 외에 별 다른 것에 호소한 것이 아니니, 세례 요한과 다른 모든 선지자들은 오직 그리스도의 사신들이었기 때문이다. 이 모든 것을 염두에 둘 때, 먼저 성경이 영감에 대해서 무엇을 말하는지를 살피고, 성경은 영감되었으므로 성경은 참되다고 말한다고 해도 그것에 대해서 변명이나 변증을 할 필요는 없는 것이다. 하나님의 존재 사실은 모든 인간의 진술이 전제이고, 성경의 자기 증언 개념도 이 전제 안에 연관되어져 있는 것이다. 그리스도인들이 관여하는, 소위 '순환 논증'에 대한 유일한 대안은, 그것에 대해서 무엇이라고 말한다고 해도, 개별적 사실들과 개별적 정신들에 근거해서 추론하는 것이며, 결과적으로는 추론의 가능성이 전혀 없다고 말하는 것이 된다. 우리는 죄인이므로, 만일 우리가 절대적으로 영감된 성경을 가지고 있지 않으면, 우리는 결국 실재를 우리에게 해석해 주실 절대적인 하나님을 갖지 못하는 것이며, 우리가 그런 절대적 하나님을 갖지 못하면, 참된 해석이란 전혀 없는 것이 된다.[4]

물론 이것은 성경의 자의식적인 하나님을 그 궁극적 참조점(ultimate reference point)으로 삼고서 모든 논의를 하지 않는 이들에 의해서는 조금도 옳은 해석이 나올 수 없어서 어느 정도는 옳다고도 할 수 없다는 말은 아니다. 불신자들도 그들 자신의 (잘못된 전제에도 불구하고) 때때로는 진리를 말한다.

그러나 우리는 지금 여기서 사람들이 자신들에도 불구하고 때때로 하는 것에 관심을 가지고 논의하려는 것이 아니다. 우리는 참과 거짓에 대해 절대적 구별은 자의식적(自意識的)으로 채용된 비유신론적인 관점과 자의식적으로 채용된 유신론적 관점이 서로 충돌할 때에 주장되어져야만 한다는 것을 지적하는데 주된 관심을 가지고 있는 것이다.

이제 우리는 비로소 성경이 인격적 계시에 대해서 무엇이라고 말하는지, 그리고는 성경적 계시에 대해서 무엇이라고 말하는지를 밝히고, 그것에 근거해서 이들 모두에 만전 영감 (萬全靈感, plenary inspiration)이1) 관여되었다는 것을 밝힐 수 있는 지금에 이르렀다.

1. 정통주의적 영감관(靈感觀)

(1) 성경을 기록한 사람들에 대한 영감과 관련하여

이 주제에 관한 온전한 탐구는 보수주의 학자들, 특히 월필드 박사 (B. B. Warfield)에 의해서 이루어졌다.5) 여기서는 이 논의의 몇 가지 중요한 점들만을 다루어 볼 수 있을 것이다.6)

① 선지자들은 자신들을 여호와의 대언자들(mouthpieces)로만 여겼다. 출애굽기 7:1은 아론이 모세의 말을 바로에게 전함으로써 모세의 선지자가 될 것이라고 말한다. 고전적인 본문인 신명기 18:18은 그의 입에 하나님께서 그의 말씀을 두실 큰 선지자가 올 것을 말하고 있다.

② 선지자들을 슐라이어마허적인 의미에서 그들 자신의 열망에 의해서 요구받을 때 뿐만 아니라, 때로는 그들 자신의 의지에 반해서 여호와의 말씀을 전하도록 강요받았다.7) 민수기 22:38에서 발람은 말하기를 "내가 오기는 하였으나 무엇을 임의로 말할 수 있으리까? 하나님이 내 입에 주시는 말씀 그것을 말할 뿐이니이다."(또한 사 6장; 렘 1장; 겔 1장~3장도 참조하라).

③ 선지자들은 때때로 여호와께서 그들에게 말씀하시는 때와 말씀 하시지 않는 때에 대한 명확한 구별을 가지고 있었다. 그래서 그들은 그들 마음의 생각을 여호와께서 그들에게 계시하신 것과 대조시키기도 하였다. 민수기 16:28에서 모세는 그가 정당화되고, 고라와 그를 따르는 자들이 멸망하리라고 확신한다. 왜냐하면 모세는 이 모든 여행이 그의 임의로 함이 아님을 분명히 하고 있기 때문이다. 또한 열왕기상 12:33; 느헤미야 6:8 등도 참조하라.[8] 거짓 선지자들은 그들 자신의 마음에서 말하는 이들이라고 규정된다(렘 14:4, 23:16, 26장, 29:9).

④ 때때로 선지자들은 그들 자신도 그들의 예언의 의미를 이해하지 못하였다. 다니엘은 그에 의해서 주어진 계시에 대해서 "내 주여! 이 모든 일의 결국이 어떠하겠삽나이까?" 라고 묻는다. 이에 대해서 주어진 대답은 "다니엘아 갈지어다 대저 이 말은 마지막 때까지 간수하고 봉함할 것임이니라"(단 12:8.9)는 것이었다. 신약에 이와 유사하게 나타나는 것은 베드로전서 1:10, 11인데 여기서 사도는 하나님의 계시적 요구들로써 사용되었던 선지자들이 그들에 의해 언급된 것들을 이해하기 위해 그들 자신도 살펴보았다고 한다.

신약에서는 슐라이어마허적인 영감관이 비성경적이라는 것이 그렇게 직접적으로 분명하게 나타나지 않는다.[9] 그러나 구약과 신약의 이 차이는 신약의 계시 전달자들(the New Testament organs of revelation)이 구약의 계시 전달자들(the Old Testament organs of revelation)보다 더 '경건의 비밀'에 의해서 깊이 이끌림을 받아서, 성령의 작용이 오류로부터 보호하는 소극적인 면에만 제한될 수 있었다는 데서 그 충분한 설명을 찾아볼 수 있다. 그러나, 사도들은 그들의 말이 선지자들의 말과 같이 주님의 말이라는 사실을 온전히 의식하고 있었다(고전 2:13: "우리가 이것을 말하거니와 사람의 지혜의 가르친 말로 아니하고, 오직 성령의 가르치신 것으로 하니." 살전 2:13: "이러므로 우리가 하나님께 쉬지 않고 감사함은 너희가 우리에게 들은바 하나님의 말씀을 받을 때에 사람의 말로 아니하고, 하나님의 말씀으로 받음이니, 진실로 그러하다. 이 말씀이 또한 너희 믿는 자 속에서 역사하느니라.").

그리고 더 중요한 것으로 그리스도께서 사도들에게 성령의 선물을 약속하셨다는 사실을 잊어서는 안된다(마 10:19, 20; 막 13:11; 눅 12:11, 12; 요 14:26).[10]

(2) 성경의 영감과 관련하여서

그런데 현대적 관점을 주장하는 이들은 여호와의 말씀을 말한다는 선지자들과 사도들의 의식은 그들이 실제 입으로 말할 때에만 제한되어 있었지, 기록된 계시에로까지는 확대되지 않는다고 계속해서 반론을 펼 것이다. 그러나 성경의 증거는 이런 현대적 견해에 반하는 것이다. 만일 성령께서 그의 인도하심을 기록된 계시까지 확대하지 않으신다면, 그것은 '특별 원리'의 목적에 전혀 도움이 되지 않을 것이다. 이에 대해서 다음 요점을 말할 수 있다.

① 구약에 대해서

a. 구약의 계시 전달자들은 그들의 계시를 기록하라는 명령을 받았다. 예를 들어서, 출애굽기 17:14: "이것을 책에 기록하여 기념하게 하고, 여호수아의 귀에 외워 들리라. 내가 아말렉을 도말하여 천하에서 기억함이 없게 하리라." 이것은 그 자체로서는 요점을 증명하지는 않으나, 여호와께서는 그의 사신(message)이 문서로 보존되기를 원하셨음을 시사해준다.

b. 우리가 어디서나 인격에 대한 영감과 성경의 영감을 구별할 수 있는 것이 아니다. 때로는 (a) 선지자들의 말과 (b) 선지자들의 기록된 말과 (c) 여호와의 말씀을 구별하는 것이 불가능하다. 이사야는 이사야 34:16에서 그의 예언(기록된 예언)을 '여호와의 책'이라고 하고. "너희는 여호와의 책을 자세히 읽어 보라"고 하고 있다.

c. 구약 정경은 '하이 그라파에'(Hai Graphae, αἱ γραφαί), '타 히에라 그라마타'(Ta Hiera Gramata, τὰ ἱερὰ γράμματα) 또는 '헤 그라페'(He Graphē, ἡ γραφή)로 불리웠다.

(a) 그런 것으로써 구약은 그리스도에 의해서 인정되고, 권위있는 것으로 여겨졌다. 그리스도께서는 구약을 하나님의 경륜의 표현으로 여기신다. 그리고 구약에 대한 호소는 모든 논의에 종결을 의미했다.

(b) 구약은 분명히 한분의 주된 저자가 낸 한 단위의 책으로 여겨졌다.

   (ⅰ) 이 주된 저자는 때때로 직접적으로 언급되기도 하였으니, 예를 들자면, 마태복음 15:4: "하나님이 이르셨으되, 네 부모를 공경하라 하시고." 히브리서 1:1: 옛적에 선지자들로… 말씀하신 하나님이. 그리고 히 3:7: "그러므로, 성령이 이르신 바와 같이…."

   (ⅱ) '기록되었으되' (마 4:4), 또는 '성경이 말하는 바' (롬 4:3; 갈 4:30)와 같은 다른 형식의 정형어들이 1차 저자나 2차 저자들과 상호교차적으로 자연스럽게 사용되고 있다.

   (ⅲ) 바울은 출애굽기 9:6에 바로에게 전달된 여호와의 말씀을 인용할 때 "성경이 바로에게 말씀하시기를"(롬 9:17)이라고 함으로써 성경을 의인화시키고 있다. 갈라디아서 3:8에서도 그러하다. "하나님이 이방을 믿음으로 말미암아 의로 정하실 것을 성경이 미리 알고 먼저 아브라함에게 복음을 전하되."

   (ⅳ) 특별히 중요한 구절이 디모데후서 3:16에서 발견되다. "모든 성경은 하나님의 감동으로 된 것으로, 교훈과 책망과 바르게 함과 의로 교육하기에 유익하니"(πᾶσα γραφὴ θεόπνευστος καὶ ὠφέλιμος πρὸς διδασκαλίαν, πρὸς ἐλεγμόν, πρὸς ἐπανόρθωσιν, πρὸς παιδείαν τὴν ἐν δικαιοσύνῃ).

이 구절에 대해서 우리는 다음과 같은 월필드의 말을 인용하고자 한다.

이 선언의 정확한 구성에 대해서는 몇 가지 의견의 차이가 있을 여지가 있다. '모든 성경' (all scripture)으로 옮길 것인가, 아니면 "각각의 모든 성경" (every Scripture)으로 옮길 것인가? 이 모든 성경은 영감이 되었으므로 유익하다"고 여길 것인가, 아니면 "모든 성경은 영감되었고, 또한 유익하다"고 옮길 것인가? 물론 이 두 질문 모두가 흥미로우나, 우리가 지금 관심을 가지고 있는 주된 문제에 대해서는 별 상관이 없는 문제들이다. 바울이 그가 방금 언급한 거룩한 성경을 돌아 보면서 그가 덧붙이려고 하는 말을 그 각각의 부분에 대해서(distributively) 말하는지, 그 전체에 대해서(collectively) 말하는지는 별로 중요한 것이 아니다. (왜냐하면) 이 성경의 각 부분이 다 영감되었다고 말하는 것이나 이 거룩한 성경 전체가 영감되었다고 말하는 것이나 그 중심에 있어서는 같은 것이기 때문이다. 또한 그 각 부분이나 그 전체에 있어서 영감되었으므로 유익하다고 말하는 것이나, 그 각 부분이라 그 전체에 있어서 영감되었고, 또 유익하다고 말하는 것 사이에도 그렇게 큰 의미의 차이가 있지 않다. 그 두 경우 모두 이 거룩한 성경이 그 가치를 신적 기원에서 얻는다는 것을 말하는 것이며, 이 두 경우 모두 그 신적 기원이 그 전체에 대해 강하게 작용하는 것이기 때문이다. 그러나 전반적으로 볼 때 "각각의 모든 성경은, 그것이 영감되었음을 보았을 때 유익하기도 하다"(Every Scripture, seeing that it is God-breathed is as well profitable)고 읽는 것이 좀더 나은 독법 같다. 이 경우에는 사도가 주장하는 것은 거룩한 성경이 그 각각의 모든 부분에 있어서 (왜냐하면 여기서 말하는 성경은 성경의 구절들을 의미하기 때문이다) 하나님의 창조적 영감(the creative breath of God)의 산물이며, 이렇게 신적 기원을 가지고 있으므로 모든 거룩한 목적들에 대해 최고의 가치를 가진다는 것이 된다.[11]

(v) 또 하나의 중요한 구절은 베드로후서 1:19~21에서 발견된다. 베드로가 여기서 말하고 있는 '예언의 말'은 구약 전체(the whole of the Old Testament)를 지칭하는 것으로 여겨진다. "왜냐하면 다른 곳에서 성경 전체가 예언적인 것으로 인식되고, 또 그렇게 언급되었기 때문이다." 이 예언의 말에 대하여 그 원천이 하나님께 있다고 주장된다. 사람들은 그들이 이 예언의 말을 쓸 때에 "하나님에 의하여란" 것이다. 이에 대해서 월필드는 다음과 같이 말하고 있다.

여기서도 디모데후서 3:16에서와 같이 성경의 신적 기원에 대한 직접적 주장이 나오고 있다. 그러나 여기에는 성경의 신적 기원에 대한 단순한 주장 이상의 것이 나타나고 있기도 하다. 우리는 여기서 하나님께서 어떻게 성경을 내셨는지에 대해서 좀 더 이해할 수 있게 되었기 때문이다. 성령을 '가지고'(bearing) 있는 것으로 묘사된 사람들에 대한 성령의 사역을 통해서 성경이 나오게 되었다고 구체적으로 언급되는 것이다. 그러므로 하나님으로부터 말한 사람들은 성령에 의하여 취하여져서 그 능력으로 그의 정하신 목적에까지 이끌림을 받았다고 선언되는 것이다. 그러므로 성경의 이런 작용 아래서 그들이 말하는 것은 그들의 것이 아니라, 성령의 것이다.[12]

(vi) 마지막으로, 우리는 예수께서 구약을 어떻게 생각하셨는지에 대해서 간단히 말해보고자 한다. 요한복음 10장에서 유대인들이 예수를 돌로 치려고 한 사건을 찾아볼 수 있다. 예수께서 자신을 하나님이라 한다고 하여 신성 모독죄를 그에게 둔 것이다. 그들에게 대답하시면서 예수께서는 구약의 말씀만을 인용하신다. 그는 말씀하기를, "너희 율법에 기록한 바 '내가 너희를 신이라 하였노라' 하지 아니하였느냐?"(34절). 예수께서 인용하시는 구절은 시편 82:6이다. 여기서 '율법' 이란 용어로써 예수께서는 전체로서의 성경을 지칭하고 있음이 잘 드러난다. 그리고 이 율법, 즉 성경에 대해서 예수께서는 그것은 폐할 수 없다고 하시는 것이다. 그러므로 성경은 모든 것의 최종적 호소점(the final court of appeal)이다. 예수에 의하면, 성경의 그 어떤 구절도 '파기할 수 없는 권위' (irrefragable authority)를 가진 것으로 생각되어야만 한다. 월필드는 이렇게 말한다. "그러므로, 우리가 여기서 가지고 있는 것은 성경의 폐할 수 없는 권위에 대한 최고로 가능한 주장이다. 성경에 대해 참된 것이기 때문에 그것은 파괴될 수 없는 것이다."[13]

또한 유대인 논쟁자들과 벌이신 예수의 논의에 대해서 말하면서 월필드는 이렇게도 말한다. "그에게나 그들에게나 성경에 대한 호소는 그 규정이 최종적으로 파기할 수 없는 권위에 대한 호소였다. 그나 그들이나 그들의 호소를 성경의 모든 부분에, 성경의 각 요소에 성경의 가장 근본적인 원리들에 대해서 뿐만 아니라 가장 사소한 절(節)에, 그리고 그 표현의 형태에 하고 있는 것이다."[14]

② 신약에 대해서

a. 신약 계시의 전달자들도 구약 계시의 전달자들만큼이나 그들의 글의 영감(inspiration)을 의식하고 있다. 자신들의 글에 대해서도 그들은 그들의 입으로 전한 말씀과 같은 권위를 부여하고 있는 것이다. 예를 들어서 골로새서 4:16: "이 편지는 너희에게서 읽은 후에 라오디게아인의 교회에서도 읽게 하고, 또 라오디게아로서 오는 편지를 너희도 읽으라."

b. 베드로후서 3:15에서 바울의 서신들은 구약 성경과 같은 수준에 놓였다. 베드로는 바울의 글을 '다른 성경'(the other scriptures)과 비교하고 있다.

c. 또한 바울 자신도 그의 서신들을 진리의 기준으로 제시하고 있다. 예를 들어서, 고린도전서 14:37에서 그는 다음과 같이 말하고 있는 것이다. "만일 누구든지 자기를 선지자나 혹 신령한 자로 생각하거든 내가 너희에게 편지한 것이 주의 명령인 줄 알라."

(3) 문자적 영감(Verbal Inspiration)과 연관하여

우리는 이제 마지막으로 어떻게든지 영감 개념을 제한함으로써 성경의 통일성을 무너뜨리려고 하는 현대의 영감 이론은 잘못된 것임을 증명해야만 한다. 왜냐하면, 성경의 제일저자(the auctor primarius)이신 하나님께서 (a) 그의 계시를 그가 선택한 계시의 전달자들, 즉 선지자들과 사도들과 동일시하시는 것 외에도 (b) 말로 하신 그와 그들의 계시와 글로써 하신 그와 그들의 계시를 동일시하셨고, (c) 심지어는 그의 계시를 그의 선지자들과 사도들의 말(the very words of his prophets and apostles)과 동일시하셨기 때문이다. 우리는 이를 '만전 영감'(萬全靈感, plenary inspiration)이라고 한다.

문자적 영감(文字的 靈感, verbal inspiration)[15]은 특별 원리의 일관성 있는 행위로 필요한 것이다. 오직 성령께서만이 구속의 사실들에 대한 바른 해석을 주실 수 있으시다. 그런데 사상에 대한 권위적 해석은 언어로 표현함을 통해서만 올 수 있으므로, 이 표현은 그 자체가 온전히 정확해야만 한다는 결론이 나온다. 만일 정확하지 않게 되면, 특별 계시의 사상이나 의미에 대한 권위있는 전달이 있을 수 없게 된다.[16]

문자적 영감이란 말로써 의미하는 바는 영감이 사상만이 아니라 언어에도 미친다는 것이다.

문자적 영감에 대한 성경적 증거는 다음과 같이 요약될 수 있을 것이다:

① 모세는 끊임없이 여호와로부터 그에게 임한 문자적 계시들을 언급하고 있다. 예를 들자면, 출애굽기 3:4, 5:1. 그리고 이것은 선지자들 일반의 특성이기도 하다. 예레미야 1:9: "여호와께서 그 손을 내밀어 내 입에 대시며, 내게 이르시되, 보라 내가 내 말을 네 입에 두었노라." 이와 비슷하게 에스겔도 여호와의 말씀을 받아 말하라는 말씀을 듣는다(겔 3:4, 10, 11).

② 신약에서는 (a) 바울은 이렇게 말한다. "우리가 이것을 말하거니와, 사람의 지혜의 가르친 말로 아니하고, 오직 성령의 가르치신 것으로 하니, 신령한 일은 신령한 것으로 분별하느니라"(고전 2:13). (b) 히브리서에는 구약으로부터의 인용이 많은데(히 1:5ff, 2:12, 13, 3:7, 4:4, 5, 7, 8:10, 10:15~17), 이를 개개인 저자의 말이라고 인용하지 않고, 하나님의 말씀(words of God)으로 인용하고 있다. (c) 특히 다음 세 경우에는 논의가 단 한개의 단어에 직접적으로 근거하고 있다. 요한복음 10:35: "하나님의 말씀을 받은 사람들은 신(神)이라 하였거늘…" 마태복음 22:43~45: "그러면 다윗이 성령에 감동하여 어찌 그리스도를 주라 칭하여 말하되, "주께서 내 주에게 이르시되…" 갈라디아서 3:16: "이 약속들은 아브라함과 그 자손에게 말씀하신 것인데, 여럿을 가리켜 그 자손들이라 하지 아니하시고, 오직 하나를 가리켜 네 자손이라 하셨으니, 곧 그리스도라." 특히 이 마지막 경우에는 그 논의가 단수와 복수의 차이에 근거하고 있는 것이다.

여기서, 우리는 성경이 영감에 관하여 가르치는 것은, 그 성격상, 오직 원본(the autographa)에만 적용된다는 것을 주목해야 한다. 이것은 곧바로 아주 중요한 실천적 문제를 제기한다. 성경의 원본은 잃어졌기 때문이다. 본문 비평이 할 수 있는 최대한의 것은 그 원본의 정확성에 될 수 있는 대로 가까이 가는 것이다. 그러면 이런 상황(원본이 없는 상황)에서 그 원본이 절대적으로 영감되었다고 주장하는 것이 그 어떤 실천적 중요성을 가질 수 있는가가 질문될 수 있다. 모든 실제적 목적을 위해서 우리는 원본 없이 해야 한다는 것이 옳지 않은가? 그렇다면 원본에 대해서는 전혀 말하지 않고, 단지 성경을 일반적으로 믿을만하다고 말하는 것으로 족하지 않은가? 오늘날의 많은 선한 의도를 가진 정통주의자도 이런 식으로 말하는 일이 적지 않다.

그러나 우리는 여기서 다음을 조심스럽게 구별해 보아야 한다. 우리는 아마도 (ⅰ) 이런 일반적 신뢰성 개념을 말하는 성경 원감론과 (ⅱ) 비록 우리가 원본을 가지고 있지는 않지만 원본의 무오한 영감을 말하는 성경론의 차이를 때때로 둑을 넘쳐 흐르는 강을 생각하면서 제시해 볼 수 있을지도 모르겠다. 홍수가 나서 다리 조금 위까지 물이 넘쳐나는 상황에서 그 강을 우리가 차를 타고 건너려고 한다고 가정해 보자. 외적으로 보이는 것에 관한 한, 우리는 거기에 다리가 있는지도 모르며, 볼 수도 없다. 건너려면 물 속으로 들어 가야 한다. 우리가 다리 위로 차를 운전해 가도 우리는 물 속에 있는 것이다. 그러나 만일 거기에 그 다리가 없었다면, 우리는 결코 그 다리를 건널 수 없을 것이다. 그렇지만 물 밑에 굳건한 바닥을 가지고 있는 한, 몇 인치 안되는 그 물 위를 우리는 조금씩 운전해 갈 수 있는 것이다. 무오한 영감이 없는 일반적 신뢰성 개념이 사실상 말하는 것은 우리 밑에 굳건한 바닥이 있든지 없든지 간에 어떻게 해서든 물을 통과해 가기만 하면 된다고 말하는 것이다. 그러나 우리는 사람이란 절대적으로 권위있는 해석을 필요로 한다는 것을 살펴 보았다. 그러므로, 만일 원본이 무오하게 영감되지 않았으면, 어떤 점에서는 인간의 해석이 신적 해석보다 더 우위에 서게 됨을 의미한다. 이것은 결국 사람들이 성경에 주어진 사실들과 그에 대해 성경이 말하는 해석이 참된지를 확인할 수 없다는 것이 되고 마는 것이다.[17]

이제까지의 논의를 요약하면서 우리는 다음과 같은 것을 주목할 수 있다. (a) 사람은 하나님에 의해서 창조되었으므로, 그 사실 때문에 하나님의 계시에 대한 온전한 매개체이고, 원래 그러하였다. (b) 죄가 들어온 후에도 사람이 형이상학적으로는 하나님께 근접할 수 있으므로, 하나님께서는 이 잘못된 해석의 세계에 완전한 해석의 영역을 삽입하실 수 있으셨다. (c) 그리고 하나님께서는 실제로 그런 무오한 해석을 주셨다. 만일 그렇게 하지 않으셨다면, 이 세상에 참된 해석이란 있을 수 없었을 것이다. (d) 그러므로 우리는, 비록 (ⅰ) 객관적으로는 원본이 없어졌고, (ⅱ) 주관적으로는 죄인이 진리를 스스로에게 완벽하게 해석할 수 없으므로, 이 무오한 해석의 다리가 가리워져 있을지라도 우리는 삶의 강을 실제로 이 다리에 근거하여 건너는 것이다.

2. 영감의 양식들

여기서 우리는 영감의 다양한 양식들이라고 불리우는 것들을 간단히 언급할 수 있을 것이다:

(1) 시적 영감(Lyrical Inspiration)[18]

특히 시편과 같은 데서 찾아볼 수 있는 시적 영감에서는 2차 저자의 인격성이 뚜렷하게 전면에 나타난다. 시편이나 성경에 나오는 시가서에서 우리는 구속받은 이들이 구속의 객관적 행위와 주관적 행위들에 대하여 주관적으로 반응하는 것을 찾아볼 수 있게 된다. 여기서는 신부의 목소리가 신랑의 목소리에 반응하는 것이다. 여기서는 둘째 저자의 활동이 아주 뛰어나게 나타나리라고 기대할 수 있다. 그러나 이것은 결코 세익스피어와 다윗을 구별하지 않는 것이 아님을 강조해야만 한다. 세익스피어는 대부분의 사람들에게, 따라서 거의 기본적인 인간의 정서에 가장 아름다운 표현을 하고, 그 기쁨과 슬픔을 노래한다. 그러나 그의 작품은 일반적 원리의 영역 안에서만 작용한다. (이에 비해서) 이스라엘의 시인인 다윗은 구속의 노래를 부르는 것이다. 즉 그는 특별 원리의 영역 안에서 작업한다. 그의 기쁨과 슬픔은 그 개인 그리고 그의 백성이 언약의 하나님에게서 얻은, 그리고 얻을 구원의 양과 병행하는 것이다. 그러므로, 다윗은 창조와 중생, 그리고 특별 원리의 영에 의해 영감을 받은 것이고, 세익스피어는 창조 사역에서조차 온전히 공정 할 수는 없는데, 그는 사람이 하나님께 반역하여 죄를 지었음을 인정하지 않기 때문이다.[19]

(2) 지혜적 영감(Chokmatical Inspiration)[20]

이것은 대부분 시에서 나타나나, 산문에서도 나타날 수 있다. 이것은 그 성격상 교훈적이다. 성경의 교훈적 저자들은 하나님의 지혜를 표현했다고 할 수 있다. 그들은 창조와 구속에서 찬연히 드러나고 있는 하나님의 지혜를 노래한다. 물론 성경의 지혜 문학과 이교 세상의 지혜 문학 사이에 상당한 유사성이 있을 수 있다. 그러나 여기서도 차이가 더 근본적인 것이다. 이스라엘의 지혜로운 사람은, 잠언이나 욥기 등에서 말하듯이 절대적 지혜를 전제로 한다. 이들은 예를 들어서 악의 문제와 같은 것에 대하여 잘 준비된 해답을 가지고 있다고 주장하지 않는다. 그러나 이스라엘의 현자들이 그 성찰의 궁극에 이르렀을 때, 그는 확실히 지혜 안에서 해결함을 받을 수 있다고 느낀다. 잘 준비된 해결책을 찾을 수 없는 것이 이 현자들로 하여금 비관론에 빠지도록 하지 않고, 오히려 지혜에 대한 더 큰 믿음으로 나아가게 한다. 이것 자체가 유신론과 반유신론의 차이를 시사해 준다. 이 차이는 성경의 지혜 문학과 이교의 지혜 문학을 대조시키는 차이이다. 이에 덧붙여서 성경의 지혜는 종국적으로 성육신하신 말씀이신 그리스도와 동일시 된다(고전 1:20), 그리고 우리는 성경의 지혜 문학이 창조의 로고스로서, 그리고 구속의 로고스로서 삼위일체의 제2위라는 전제에 근거하고 있음을 볼 수 있다. 좀더 나아가, 주체적으로는 '여호와를 경외함' 이 지혜의 근본이고, 따라서 중생한 사람만이 참으로 지혜로울 수 있으며, 성경의 지혜 문학의 모습은 다른 어떤 곳에서 찾아볼 수 없는 형태를 드러낸다고 덧붙일 수 있다.[21] 이런 것들을 생각할 때 우리는 또한 성경의 일차 저자(*auctor primarius*)이신 성령께서 성경의 지혜 문학의 저자들을 사용하셔서 특별 원리를 일반 원리 속에 집어 넣게 하셨고, 성령께서 그렇게 하실 때 사용하신 점진성은 우리들의 치명적인 입장을 잘 아시는 위대한 의원의 손길을 나타내는 증거라고 할 수 있다.

(3) 예언적 영감(Prophetical Inspiration)

예언적 영감에서는 둘째 저자들이 시적 영감이나 지혜적 영감에서 보다는 좀 수동적으로 나타나는 때가 자주 있다. 모든 형태의 영감에 있어서 더 높은 인격, 심지어 위로부터의 인격(a personality from above)이 이차 저자들에게 와서 그들을 통해서 말씀하시는 것인데, 예언의 경우에는 이 사실이 그 어떤 곳에서 보다도 더 분명히 나타난다. 예레미야(20장)와 에스겔(3장)은 때때로 그 일차 저자와 대립하는 것으로 나타나기도 한다.[22] 선지자의 인격은 성령의 도구이다. 그러나 그럴지라도 그 사용되는 방식에는 다양성이 있다. 성령께서는 다양한 목적을 위해 다양한 수단을 선택하신다.

그리고 이 다양한 도구들은 섭리의 준비와 창조의 영에 의해 준비되는 것이다. 따라서, 성령께서는 예를 들면 예리한 판단, 정치적 지식과 통찰력, 천재의 열정, 특별히 은사를 받은 사람들을 사용하신다. 이 모든 것을 그분께서 자신의 것으로 사용하시는 것은 이 모든 것을 그분이 창조하셨기 때문이다. 그 모든 것을 통해서 성령께서는 말씀하시는 것이다. 그 주제는 다른 곳에서 언급되지 않은 창조적이고 구속적인 분이시다. 좀 다른 관점에서 우리는 예언적 영감이 시적 영감이기 보다는 서사시적(epical)이라고 말할 수 있을 것이다.[23] 서사시는 시인 자신의 인격을 드러내기 보다는 사건을 파노라마적으로 그려낸다. 이와 같이 선지자들은 우리에게 하나님 나라의 역사를 해석해 준다. 과거에 대해서는 역사서에 말하는데, 언제나 하나님 나라의 진보를 계시하는 목적을 가지고 말해 준다, 그리고 현재에 대해서는 왕들과 주권자들로 하여금 그 계획을 하나님의 계획에 일치시키도록 하기 위해서 말한다. 또한 미래에 대해서는 창세 전에 죽임당하신 어린양을 통해서 하나님의 경륜이 실현되는 역사의 종국과 절정을 보여 주면서 말하고 있다. 그들은 특히 일반 원리에 들어 온 특별 원리의 투쟁을 그리고, 특히 특별 원리가 일반 원리에 의해 받은 대립과 핍박을 그려낸다. 선지자 자신은 이 드라마의 한 가운데 선다. 그는 참된 셈족이므로, 그는 모든 역사를 언약에 속한 것과 악마적인 것의 두 부분으로 나눈다.24)

(4) 그리스도의 영감(The Inspiration of Christ)

그리스도의 영감은 그 자신이 신적이셨으므로 그 성격상 단일한 (univocal) 것이다. 그러나 우리는 그리스도의 신적 의식과 인간적 의식을 그대로 동일시 해서는 안된다. 그는 우리에게 그가 하시는 말씀을 받아 말하는 것이라고 하신다(요 14:10, 24). 이것은 그가 인간성을 취하셨음과 특히 연약해진 상태의 인간성을 취하셨음과 잘 조화된다. 예를 들자면 그는 성경을 읽는 것 등을 통해서 지혜가 자라나셨다. 그가 참되고 위대한 선지자가 되도록 하기 위해서 하나님의 신이 한량없이 주어졌다(요 3:34).

예수의 유한한 의식 **즉 인간으로서의 의식**은 오류의 형태로 성령의 사역에 반하지 않는다. 또한 그는 다른 선지자들이 사용하는 많은 수단들에 의존하지도 않으신다. 그의 예언의 보편적이고, 또 일반적인 인간적 의미는 아주 제한된 개별성 때문에 굴절되지 않는다. 그리스도는 **그 선지자**셨다. 즉 다른 선지자들의 원천이요, '연합의 영감' (*the inspiratio unionis*)에 의해서, 다른 이들이 특별 원리의 주변에서 받은 것을 그는 중심에서 받으셨던 것이다.25)

(5) 사도들의 영감(The Inspiration of the Apostles)

사도들의 영감은 먼저 다음 요점을 상기하면 잘 이해할 수 있을 것이다. (a) 성령이 교회에 쏟아부어졌다. (b) 사도적 영감은 그들이 사도로서의 공식적 직위와 봉사를 한 후에는 그쳐졌다. (c) 그래서 이제는 그리스도의 성육식이 완료된 사실이 되었다. 이러한 사실들은 영감 문제에 있어서 선지자들과 사도들의 차이를 상당히 설명해 준다. 사도들은 예외적인 문제들에 대해서만, 예를 들어서 바울은 처음부터 사도가 아니었으므로 계시의 환상이나 그가 모르던 사실들에 대해서민, 그들에게 주어진 특별한 전달에 호소했다. 그러나 그 밖의 문제에 대해서는 그들이 보고, 손으로 만진바 된 일반적인 방식으로 한 경험의 사실들을 말하는 것이다. 예를 들자면, 고린도전서

11:23에서 바울은 그가 주에게서 직접 받은 것과 사도적 영감의 정규적 과정에 의해 알게 된 것을 구별하고 있다. 고린도전서 7:10도 참조하라.

성령께서 하나님의 백성들 가운데 교회 형성의 원리(the principium formans of the church)로 내려오신 것은 자연적으로 특별 계시 전달자들의 영감의 방식도 변화시켰던 것이다. 이제 성령은 구약 경륜 아래에서 보다는 좀더 내면적으로 작용하신다.[26] 이와 비슷하게 사도적 직무도 선지적 직무보다는 좀더 지속적이다. 물론 선지자들도 선지 활동을 하지 않을 때라도 선지자라고 불리워질 수 있지만, 엄격하게 말해서 그들의 직무는 예언하는 행위 자체에 있다고 할 수 있다. 즉 그들은 성령에 이끌려서 말했던 것이다. 반면에 사도란 지속적인 직임을 의미했다. 그들은 그들 자신이 사도였으므로 말했고, 사도였으므로 영감을 받았지만, 그 역이 아닌 것이다. 따라서, 선지자들이 돌연히 성령에 이끌려서 활동을 하는 일과 같은 것은 사도들의 경우에는 극히 적었다.[27]

그리고 마지막으로 특별 원리의 중심인 그리스도의 성육신과 관련해서도 사도들과 선지자들은 다른 태도를 취하였다. 선지자들에게 있어서는 그리스도의 성육신이 이상(異象, vision)의 문제이었으나, 사도들에게는 단순한 기억의 문제였다. 그러므로 사도들은 선지자들 보다도 더 구체적으로 말한다. 성령의 사역은 주로 죄의 부식시키는 결과들로부터 기억나게 하고, 그 기억을 인도하는 데에 제한된다. 오직 장차 일어날 일에 대해서, 이상(vision)을 받았고, 또한 구속 사실의 의미를 설명해야 할 때에 그들은 성령의 인도함을 받아 하나님의 깊은 곳에로 나아갔고(고전 2:10~12), 구속의 사실들에 대해서는 성령의 사역은 그 기억을 인도하는데 제한되었다.

사도적 영감(사도들에게 주어진 영감)이 그 형태에 있어서 일반 역사가의 영감과 별로 다르지 않고, 특히 기독교에 동감적인 이들, 즉 기독교 역사가의 영감과 비슷하다는 것을 볼 때, 이 점에서도 사실은 차이가 더 근본적이라는 것을 주목하는 것이 중요하다. 그것을 통해 특별 원리에 가까이 갈 수 있도록 신자의 마음에 미치는 성령의 사역은 '깨닫게 하심'(enlightenment)이라고 불리운다. 그러나 이 '깨닫게 하심'은 결코 이 지상에서는 완전하게 되지 않는다. 사도들 자신들은 자신들이 자신의 삶 가운데서 특별 원리에 온전히 일치하는데 이르렀기 때문에 영감을 받았다고 하지 않는다. 오히려 그 반대이다. 그들은 자신들을 끝까지 죄인인 자로 남아 있는 자들 중에 놓는 것이다. 따라서 그들의 깨달음이 그들의 사도적 메시지가 가진 절대적 권위의 충분한 조건(the causa sufficiens)이 아니다. 오직 선지자들이 받은 영감과 같은 특별한 영감만이 사도적 권위를 설명해 줄 수 있다.[28]

이 모든 것을 볼 때에 정통적 신자는 그가 유기적 영감관을 믿는다고 말할 수 있을 것이다. 특별 원리라는 유기체는 일반 원리라는 유기체에 유기적으로(organically) 삽입되었다. 여기서 우리의 영감관이 기계론적이라는 비판이 제거될 수 있다. 과거에, 또 지금도 어떤 신자들이 믿어온 구술 이론(the amanuensis view)은 많은 개혁파 신조들 가운데서 오직 한 신조만이 언급되고 있는 것이다(Consensus Helvetica, 1675). 그리고 이 신조는 소우물(Saumur) 신학교의 자유주의적 운동에 반하여 스위스의 몇몇 주(cantons)에서만 받아들여진 신조이다.[29] 또 이런 견해를 잠시 동안 받아들였던 이들조차도 곧 이를 거부하였다. 그러므로 믿지 않는 학자들이 오늘날의 교회를 구술적 영감론을 가졌다고 비난하는 것은 공정하지 않은 것이다. 특별 원리의 도입이 계시 전달자의 어떤 활동의 억압을 요구한다면, 우리는 그런 억압(suppression)이 있었다고 주장하는 것을 부끄러워하지 않을 것이다. 그러나, 구속사의 진전 때문에, 그리고 특별 원리에 친근성과 그에 대한 이해의 증진 때문에, 사도들의 경우에는 그런 억압을 거의 찾아볼 수 없을 정도로 줄어들었으므로, 그런 인정조차도 필요없는 것이다.(즉, 온전한 유기적 영감을 말할 수 있는 것이다-보역).

3. 성경의 영감과 성경 밖에서의 현상

결론적으로, 성경 밖에서의 현상과 관련해서 무오한 성경의 개념에 대해서 한마디해야 하겠다. 우리들의 성경론은 기독교 유신론 체계(the Christian theistic system)와 관련된다. 기독교 유신론적 체계 자체는 '난제들'을 가지고 있다. 특히 비기독교적 사상의 가정에서 출발하면 극복할 수 없는 문제를 가지게 된다. 그러나 조심스럽게 살펴보면, 우리가 기독교 유신론적 입장을 받아들이지 않으면, 삶에 대한 그 어떤 합리적 해석이 있을 희망이 없게 된다는 것이 드러난다. 그러므로 우리는 아무런 변증 없이 기독교 유신론적 입장을 주장하는데, 이때 우리는 이에 관여된 모든 것을 철저하게 다 이해할 수는 없다고 해도, 그 진리를 깊이 확신하면서 주장하는 것이다. 성경 자체의 현상과 관련된 난제들에 대해서나 성경 밖의 현상과 관련하여 성경을 해석할 때 나타나는 난제들에 대해서도 이와 비슷한 말을 할 수 있다. 우리는 이 모든 난제들을 다 해결할 수 있다고 주장하지 않는다. 물론 그들 중 많은 것들이 해결되었다. 그리고 더 많은 것들이 미래에 해결 될 것임이 분명하다. 그러나 그 모든 것이 다 이생 안에서 해결될 수 있으리라고는 기대하지 않는다. 그러나 우리는 두려움 없이 성경을 붙든다. 그도 그럴 것이 성경이 없었다면 우연이 지배하고 말 것이니 말이다.[30]

여기서 이런 난제들을 다 상세하게 다룰 수는 없다. 그것은 성서 비평학, 기독교 철학, 생물학 등등의 과제이다. 우리는 여기서 단지 그것들을 분류하기만 하려고 한다.

(1) 성경 비평과 관련된 난제들

이 난제들은 부분적으로는 성경 자체의 현상과 관련된 것이고, 또 부분적으로는 비성경적 자료에서 발견되는 현상과 관련된 것이다. 성경을 이런 부정적인 비평의 공격에 대항하여 변증하는 것은 정통주의 신학교 내의 신구약 분과와 성경 주해 작업이 감당해야 하는 일이다. 우리는 단지 이런 비평정신이 부정적인 것이라는 것만을 말할 뿐이다. 즉, 일반적 성경 비평은 진화 등에 대해서 비유신론적인 입장을 당연한 것으로 받아들인다는 말이다. 그러므로(즉, 그 정신이 부정적이므로) 온전한 해석이 그리스도의 낮아지신 형태의 인격, 성경의 낮은 형태 안에서 세상에 들어올 수 있고, 또 실제로 그렇게 들어왔다고 볼 수 없는 것이다.[31]

(2) 역사와 진화 문제

두 번째 주된 난제는 역사학 일반과 진화와 관련된 것이다. 여기서도 우리는 진화적 입장이 증명되지 않고서 그저 참되다고 가정된 것으로 보여지는(한편 비기독교적 역사 철학은 전체적으로 인간의 진술을 파멸에로 이끌어간다) 험증학과 변증학에 대한 논의를 언급해야만 하겠다.[32]

(3) 내용상 비교

셋째로, 성경의 내용이 때로는 성경 밖에서 가르쳐지는 종교의 내용과 윤리와는 대조된다는 것을 말하고자 한다. 이런 종류의 비판의 좋은 예는 구약의 탈리오 법칙(the *jus talionis*)에서 찾아볼 수 있다.[33] 때때로 구약의 윤리가 다른 많은 문서들의 윤리보다 더 높지 못하다는 근거에서 거부되는 일이 있어 왔다. 물론 이 문제는 『기독교 윤리학』에서 다루어야 할 문제이다. 이런 비난에 대해서는, 구약과 신약이 그 가르침에 있어서는 근본적으로 하나이나, 유일한 차이가 있다면 신약에서 우리는 구약에서 가르쳐진 것의 온전한 발전을 찾아볼 수 있게 된다는 데에 있다고 할 수 있다. 신구약 모두가 사람들 앞에 절대적 이상을 제시한다. 그 둘 모두가 사람은 죄인이며, 근본적으로 생에 대한 거짓된 해석을 가지고 있으며, 도덕적으로는 하나님과 원수가 되었다고 말하는 것이다. 또한 신구약 모두가 그리스도 안에서만, 그리고 성경에 있는 그리스도의 해석 안에서만 사람에 대한 바른 해석을 찾아볼 수 있다고 한다. 이 모든 중요한 문제에 있어서 신구약 모두는 하나이고, 그것들은 합하여서 모든 다른 문헌에 대립하여 선다. 성경 전체는 생의 최고의 것이 되는 어떤 것을 제시할 뿐만 아니라, 비교할 수 없는 최상의 것을 제시하는 것이다.[34]

그러므로 무오한 영감 교리는 분명하게(unequivocally) 가르쳐져야만 한다. 신조 개정의 분위기가 감돌고 있는 이때에, 사람들은 다시 한번 이 단순한, 그러나 기본적인 개신교 교리의 진리성을 보아야 할 필요가 있다.[35]

각주

1) 개혁주의 변증학에 있어서 성경영감의 분야에 대한 결핍은 전체 세계관을 손상시키는 것과 동등하다. 은 아래에서 전통적인 영감교리의 다양한 요소들이 그의 백성을 위한 속죄와 그의 백성의 회심을 위한 그리스도의 사역의 "특별한 원리" 안에 있을 때에만 이해될 수 있다고 주장한다.
2) 전제주의에 있어서 참된 것으로서 반틸은 우선 무엇보다도 성경이 무엇을 주장하는지 그리고 둘째로 그러한 주장들이 자료에 의해 확증되는지를 알고 싶어 한다. 순환논증의 고소를 반대하면서 그는 기독교 세계관의 진리에 있어서 자충족하시는 우주의 하나님과 보다 더 나은 다른 궁극적 가치가 있을 수 없음을 주장한다. 그러나 반틸은 역사적 증명의 필요성을 부인하지 않으면서 그렇게 한다.
3) 이 부분은 반틸의 증거의 사용의 심장을 포함하는 부분이다. 이 논제에 대해서는 Thom Notaro, *Van Til and the Use of Evidence* (Phillipsburg, N.J.: Presbyterian and Reformed, 1980)을 참조하라.
4) 개신교의 관습에 의하면, 반틸은 절대자 하나님께서 성경의 절대성과 하나님의 절대성을 요구하신다는 것을 잘 보여준다. 그에게 있어서 이것은 창조주-피조물의 구분에 기초한 전반적인 인식론의 한 부분이다.
5) Cf. Benjamin B. Warfield, *The Inspiration and Authority of the Bible* (Philadelphia: Presbyterian and Reformed, 1948).
6) 또한 다음을 참조하라. James Bannerman, Inspiration, *the Infallible Truth and Divine Authority of the Holy Scripture* (Edinburgh: T&T Clark, 1865); Loraine Boettner, The Inspiration of the Scriptures (Grand Rapids: Eerdmans, 1940); William Lee,*The Inspiration of the Scriptures* (New York: Thomas Whittaker, 1854); Hugh Mckintosh, *Is Christ Infallible and the Bible True?* (Edinburgh: T&T Clark, 1902); Francis Landey Patton, *Inspiration of the Scriptures* (Philadelphia: Presbyterian Board of Publication, 1869); James McGregor, *The Revelation and the Record* (Edinburgh: T&T Clark, 1893), 79-117; John J. Given, T*he Truth of Scripture in Connection of Revelation, Inspiration and the Canon* (Edinburgh: T&T Clark, 1881), 104-202; James Orr, *Revelation and Inspiration* (London: Duckworth, 1910), 155-218; George T. Ladd, *The Doctrine of Sacred Scripture*, vol. 1 (New York: Charles Scribner's Sons, 1883); William Sanday, *Inspiration Eight Lectures on the Early History and Origin of the Doctrine of Biblical Inspiration* (London: Longman & Green, 1896); John L. Girardeau, *Discussions of Theological Questions* (Richmond: The Presbyterian Committee of Publication, 1905), 273-302.
7) 프레드리히 슐라이어마허(1768-1834)는 때로 개신교의 아버지로 불린다. 그는 19세기에 가장 영향력 있는 신학자였다. *On Religion: Speeches to Its Cultured Despisers* (1799)에서 그는 자신의 논제를 넘어서 이성이 아니라 "감정"이 하나님과 관계시켜야 할 본질이라고 주장한다.

8) 또한 열왕기상 12:33절과 느헤미아 6:8절을 보라.
9) 이 언급은 성경 저자들의 주관적 의식과 구약성경보다는 신약성경의 계시와의 위대한 관계에 관한 것이다. 주석가들은 특별히 신약의 저자들 가운데 개인들의 인격의 흔적들에 주목하고 계시적 재료를 전달하는 과정에 흥미를 나타낸다. 반틸은 이 개인적인 흔적을 위대한 충만과 결말이 있는 구속역사의 단계와 관계시킨다.
10) 또한 요한복음 14:16; 16:13; 고린도전서 2:10절을 보라.
11) Warfield, *The Inspiration and Authority of the Bible*, 134.
12) Ibid., 136-37.
13) Ibid., 139-40.
14) Ibid., 140.
15) 축자 영감은 계시의 기관에 대한 기계적 견해와 동일시해서는 안될 것이다. 축자 영감은 하나님의 영이 계시의 인간적 기관과 관련된 유기적 견해와 조화되는 것이다. 성령은 당신의 계시를 전달하기 위해 그들의 인격과 개성을 억제하지 않은 상태에서 다양한 사람들을 사용하셨다.
16) 제임스 오르의 다음과 같은 글과 비교해보라. "필요한 사상이 모양을 갖추고 단어로 표현된다. 만일 영감이란 것이 있다면, 그것은 반드시 사상뿐만 아니라 단어에도 파고들어야 표현을 형성하고 그 언어를 전달하기 위한 사상의 살아있는 매개체와 연결시켜야 한다." *Revelation and Inspiration*, 209.
17) 그 자신만의 고유한 방식을 통해, 반틸은 이전의 논증을 다시 재생산한다. 예를 들면, 워필드는 이러한 친필을 소유하지 않는다 하더라도 그것이 그 어떤 의미에서도 정통 영감론을 파기하지 못한다는 것을 변증한다. 그러한 견해는 무익하고 우상적이라는 에밀 부르너의 견해에 답하면서, 워필드는 성경기자들의 친필과 오늘날 우리들이 가지고 있는 성경사이의 연속성에 호소한다. 이 관계를 보여주는 하나의 도구는 본문 비평이다. 그는 이렇게 말한다. "오히려 그 반대로 이 비평의 전 과정은 그러한 본문의 전제를 통해 의미를 받게 된다.... 성경의 완전한 원문의 존재는 인간의 학습의 관점의 가능성에 대한 전제이다." *The Inspiration and Authority of the Bible*, 46 n. 22.
18) 반틸은 시가서와 지혜서와 예언서라는 세 가지 장르의 예를 든다. 그가 의미하는 "서정적"이란 말은 시적이라는 말이다. 시는 시편과 같은 시가서 뿐만 아니라 전 성경에 걸쳐 풍성하게 기록되어 있다.
19) 셰익스피어 애호가들은 만일 그가 인간의 마음속에 있는 죄와 악의 무지를 암시하는 것이라면, 이 진술을 이슈로 삼을 수도 있을 것이다. 『리어왕 맥베스』와 셰익스피어의 다른 모든 작품을 통해 잘 드러나듯이, 그는 인간의 부패를 심오하게 인식하고 있었다. 지금 반틸이 의미하는 바는 단순히 셰익스피어가 영감 받은 성경의 저자가 아니었으며, 따라서 "특별한 원리"에 의해 죄를 계시할 능력도 없었다는 것을 의미하는 것이다.
20) 이 말은 지혜를 의미하는 호크마이다. 성경의 지혜문학은 전도서와 잠언과 같은 책을 포함한다.
21) 잠언 1:7; 9:10절을 참조하라. 또 다시 "특별한 원리"의 목적에 부합되기 위해서 주관적인 요소가 객관적 계시와 결합되어 있다.

22) 이 장들 모두에서 하나님의 선지자들은 그들의 심판의 메시지가 그들의 청중들을 기쁘게 하지 않았기 때문에 심각한 박해를 받았다. 예레미야는 대적자들과 거짓 선지자들을 불평했고 심지어 여호와께서 자신을 "속여서" 조롱거리로 만들었다고까지 말했다(렘 20:7).
23) 서사시는 영웅들과 나라들의 곤란을 자세히 설명하는 절보다는 더 긴 내러티브이다. 호머의 『일리어드』는 전통적 고대 서사시의 실례이다. 반틸은 이러한 고대 문학과 악의 세력과 대항하여 싸우는 구속의 투쟁을 묘사하는 성경적 역사가들의 관심을 비교 대조시킨다.
24) 사실과 사실이 그대로 되는 상태의 배합이 몇 가지 신학적 본문뿐만 아니라 예레미야와 예레미야 애가에서도 모두 나타난다. 객관적 사건은, 종종 심판의 사건이 되는(그렇게 되니라), 그 사건에 대한 선지자의 비통과 ("그는 슬피 울더라") 조화되어 있다.
25) 이 개념은 종교개혁 이후의 개신교 신학을 통해 더욱 정교하게 되었다. 그리스도는 그 선지자이며, 마지막 선지자이며, 최종적 말씀이시다(히 1:1-3). 이와 같이 그의 선지자적 말씀은 선지자의 인격이나 개성에 따라 조각나거나 제한적인 것이 아니다. 예를 들면, 예레미야는 그의 인격과 자신이 살던 지역적 역사를 통해(그럼에도 불구하고 계시는 오류가 없이 남아 있지만) 신적 계시를 투영해야 했지만, 그리스도는 스스로 영감을 받으시고 모든 선지자들의 근원이 되신다. 그는 참되신 사람이시기 때문에 계시를 수용하신다. 그럼에도 불구하고 그의 인성은 삼위일체의 제2위 하나님과 연합되어 있기 때문에 계시의 중심을 받으시는 것이다. 그는 특별계시의 중심이며, 다른 이들은 주변에 있는 것이다(마 11:27; 요 10:5).
26) 반틸은 여기서 표준 신학에 있어서 많은 분량을 할애하게 만드는 문제들을 요약함으로 많은 근거들을 다루고 있다. 그가 일반적으로 고찰하고 있는 것은 계시가 점진적으로 발전하며 특별계시가 완성되고 궁극적으로 기록되던 그리스도와 사도 시대를 통하여 한층 강력해지는 것으로 보는 견해이다.
27) 예를 들면, 열왕기상하에서 선지자들은 특정한 위기나 문제와 관련된 특별한 소명을 통해 선지자직을 수행하도록 부르심을 받는다. 사도들은 항구적인 직분이다.
28) 영감과 조명의 차이는 사도들이 특별히 거룩해서 계시를 받은 것이 아니라 신적 섭리에 의한 것이었음을 내포한다. 그러나 결과적으로 신자들은 이 특별 원리로 인해 사도들을 이해하기 위해 성령을 통해 도움을 받는다.
29) 여기서 반틸은 "유기적" 견해 "구술"을 의미하는 필기자와 비교한다. 유기적이 된다는 것은 성경의 인간기자와 친밀히 일하는 것을 의미한다("일반원리의 유기체"). 주 저자이신 하나님은 성경의 2차 저자의 독특한 개성과 문화를 사용하신다. 그 결과 성경은 매우 풍성하고 다양한 모습을 지니게 되었다. 이와 대조되는 믿음으로서의 "구술" 또는 "기계적 견해"는 인간 저자를 통한 참된 여와 같은 것은 존재하지 않으며, 다만 하나님과 양피지 사이의 직접적인 접촉만 있을 뿐이라고 주장한다. 한 때 아주 소수의 개신교인들이 기계적 영감의 견해를 믿었다. 반틸은 매우 이례적으로 1675년에 발행된 스위스 개혁교회의 마지막 교리적 신앙고백서인 *the Formula Consensus Helvetica*를 인용한다. 그것은 이전 신앙고백서들의 일종의 주해적 부록과 같으며, 그리스도의 희생이 믿음을 조건으로 모든 사람들에게 동일하게 제공된 것이라고 주장하는 소뮈르 학파의 신학을 배격

하고 도르트 종교회의의 법전을 지지하기 위한 목적으로 기록되었다. 이것은 또한 성경의 궁극적 해석자로서의 교회에 엄청난 권한을 부여하는 로마 가톨릭 교회의 견해를 반대하기 위한 목적으로도 집필되었다. 제1-3항은 히브리어의 모음을 포함해서 본문의 아주 작은 부호들로 표현된 전체 히브리어 본문과 헬라어 본문의 영감을 역설한다(히브리어 원문에는 모음이 없다). 1624년에 쓴 글을 통해, 루이스 카펠은 이 모음 점들이 탈무드 이후의 유대인 문법가들에 의해 한참 후기에 첨가되었기 때문에, 영감될 수 없다고 주장했다. 그의 견해는 맹렬한 공격을 받았지만 시간이 흐름에 따라 개신교회에 널리 보급되었다.

30) 전제적 접근법을 사용함에 있어서 반틸은 우리가, 자증하시는 삼위일체 하나님과 함께 시작함으로, 기독교 세계관의 진실성을 가정할때만 불합리성을 피할 소망이 있다고 말하는 것이다. 마찬가지로 그는 정확한 전제가 우리를 위해 모든 신비와 어려움들을 제거한다고 말하고 있는 것도 아니다. 몇 가지 가장 눈부신 목록을 계속 언급하고 있다.

31) 때때로 고등 비평(즉 합리론적 권위로부터)과 하등 비평(겸손한 복종으로부터의) 사이의 구분이 발생한다. 전자는 본문의 진실성에 의문을 제기한다. 반면에 후자는 여러 가지 원문적 문제를 해결하기 위해 노력한다.

32) 간단하게 말하자면, 반틸은 합법적인 과학과 마르코의 진화이론과 같이 증명되지 않은 가정에 근거한 과학을 구분하고 있는 것이다.

33) 정당한 형벌의 법은 범죄가 반드시 그에 따른 보복으로서 가감하지 않고 형벌되어져야 함을 견지한다. 율법은 "눈에는 눈 이에는 이"로 요약될 수 있다 (비교. 출 21:24; 레 24:20; 신 19:21). 비평주의자들은 종종 이 율법이 신약의 사랑의 계명으로 대체되었다는 점을 지적하는(마 5:38-48절을 참조하라) 반면, 좀 더 세심한 이해는 구약에서 사랑이 교훈되고 있는 것처럼 공의의 원리가 신약성경에 풍성하다는 것을 나타낸다. 유일한 차이는 그 정도와 발전에 있을 뿐이다.

34) 성경의 구속론적 해석에 관한 한, 그 어느 곳에서도 상당하는 교리를 찾을 수는 없다.

35) 1958년에 시작한 미국연합장로교회는(U.P.C.U.S.A.) 교회의 신앙고백적 표준을 수정하려 시도했다. 그 궁극적 결과는 *a Book of Confession*에 첨가되어 목사들이 애매모호한 서약을 약속해야 했던 1967년의 신앙고백서의 출현이었다. 반틸은 *The Confession of 1967: Its Theological Background and Ecumenical Significance* (Philadelphia: Presbyterian and Reformed, 1967)에 발생한 변화를 완전하게 설명해주고 있다.

제13장

하나님의 불가해성(不可解性)

지금까지 논의된 주제들은 일반적으로 신학 서론(the prolegomena of theology)이라고 이야기 되는 것이다.[1] 그 후에는 하나님에 관한 교리인 신론에 대한 고찰이 나오게 된다. 하나님에 대한 웨스트민스터 소요리문답의 정의는 매우 낯익은 것이다. "하나님은 무한하시고, 영원하시며, 그 존재, 지혜, 능력, 거룩하심, 공의, 선하심, 그리고 진리에 있어서 불변하시는 영이십니다."[2] 이제 남은 부분에서는 이 정의의 의미를 할 수 있는 한 분명하게 규정해 보려고 하고, 그 현대적 의미를 드러내는 성격의 것이라고 할 수 있다.

하나님에 관한 이야기를 시작하자마자 사람이 도대체 어떻게 무한하시고, 영원하시며, 그 모든 온전함에 있어서 불변하시는 하나님에 대해서 말할 수 있겠는가 하는 질문이 제기될 것이다. 더구나 위에서 말한 소요리 문답의 웨스트민스터 신앙고백서의 다음 진술이 덧붙여지면 이 질문은 더 첨예하게 나타날 것이다: "오직 한 분의 살아 계시고 참 되신 하나님이 계신데, 그는 그 존재와 온전함에서 무한하시고, 가장 순수한 영이시며, 몸을 가지지 아니하시고, 여러 부분으로 이루어 지신 것도 아니시고, (사람 같은) 감정(passions)을 가지시지 않으셨으며, 불변하시고, 광대하시며, 영원하시고, 불가해적이시며, 전능하시고, 가장 현명하시고, 가장 거룩하시며, 가장 자유로우시고, 가장 절대적이시며, 모든 일을 그 자신의 불변하시며 가장 의로우신 뜻에 따라 하시되, 그 자신의 영광을 위해 하시며, 가장 사랑으로 충만하시고, 은혜로우시며, 자비하시고, 오래 참으시며, 그 선하심과 진리가 풍성하시고, 불법과 범과와 죄를 용서하시며, 부지런히 그를 찾는 자들에게 상 주시며, 그 심판은 가장 공의롭고 무서우며, 모든 죄를 미워하시고, 결코 죄책을 무시하지 않으신다."[3]

임마누엘 칸트의 현상계와 이상계의 구별(the phenomenal-noumenal distinction)에 근거하여 교육을 받아 온 현대인은 곧 그런 하나님에 대해서 말하는 것은 아주 무의미한 것이라고 주장할 것이다.[4] 그런 하나님은 인간의 경험 밖에 있다고 말할 것이다. 그러므로 그런 하나님은 알려질 수 없다고 한다. 인간의 정신이 파악할 수 있는 용어로서는 그런 신에 대해서는 그 어떤 진술도 할 수 없다고 하는 것이다.

슐라이어마허(Schleiermacher)에서 출발하여 칼 바르트(Karl Barth)를 포함하는 현대 신학은 전통적 신론에 대한 칸트의 비판의 정당성을 인정하였다. 그러므로, 초월적인 하나님 개념에 대하여 무엇인가를 말한다는 것은 이론적 개념이기보다는 실천적 개념으로서의 그런 신 개념을 말한다는 것이다. 현대적 신 개념은 구성적 개념(構成的 槪念, a constitutive concept)이라기보다는 한계 개념(限界槪念, a limiting or border concept)인 것이다. 현대 신학에서는 사람이 '가장 절대적인' 하나님은 전혀 알 수 없다고 주장한다. 그들은 그런 하나님을 단지 도덕적 필수물(moral necessity)로서 상정하기만 할 뿐이다. 이런 의미에서 현대 신학은 비합리주의적(irrationalistic)이라고 할 수 있다. 현대 신학이 신앙의 우위성(primacy)을 말할 때, 그 '신앙'이란 말의 의미는 "그것에 대해서는 합리적으로는 아무 것도 알려질 수 없는 것에 대한 비합리적 수납"이란 뜻일 뿐이다.5)

따라서 정통 신학은 그 신론에 대해서 분명히 진술할 필요를 가지고 있다. 왜냐하면, 전통 신학, 또는 정통 신학은 이론적 신지식을 가지는 것이 가능하다고 주장하는 것만은 분명하기 때문이다. 신개념이 그저 한계 개념이 아니라, 구성적 개념이라는 것에 대해서는 전통적 천주교회의 신학과 전통적 개신교의 신학이 모두 동의하는 점이다.6)

자신들의 견해의 변증을 위해서 전통적 천주교도와 개신교도 모두가 계시 개념에 호소한다. 전통적 신학은 하나님이 알려질 수 있고, 사람에 의해서 알려진 것은 하나님께서 친히 당신 자신을 계시해 보이셨기 때문이라고 말한다. 그러나 현대 신학자들은 그렇게 말하는 것은 전혀 도움이 될 수 없다고 한다. 왜냐하면 하나님께로부터 온 계시는 그 어떤 것이나 사람이 이해할 수 있는 형태로 와야 하겠기 때문이다. 따라서, 그의 자충족적 온전성에 있어서 무한하신 절대적 하나님에게서 온 계시는 그러므로 하나님께서 사람에게 주가 영원하시다고 말씀하셨을때, 이것은 결국 사람에게는 하나님이 시간과 관련해서, 상당히 오랜 지속을 가지신다는 것 이상의 것이 되지 않는다는 것이다. 그런데 이렇게 아주 오랜 하나님이란 개념은 결국 정통주의 신학이 말하는 영원하신 하나님이 아닌 것이다.

바로 이 점에 있어서 토마스 아퀴나스(Thomas Aquinas)와 현대에 있어서 그를 따르는 프르지와라(Prziwara), 질송(Gilson), 마리땡(Maritain)쉰(Sheen) 등은 한걸음 물러선다.7) 현대적 신개념에 대해서 유효한 방식으로 그들이 할 수 있는 말이 없기 때문이다. 왜 그런가? 그들의 계시 개념의 결점 때문이라고 할 수 있다.

천주교의 계시 개념은 기본적으로 그것이 인간 정신 자체를 고려하지 않기에 결함이 있다. 창조주-피조물의 구별을 할 때에라야 인간 정신이 내재적으로 하나님의 계시라고 여겨질 수 있는 것이다. 그러나 천주교회는 이 창조주-피조물의 구별을 심각하게 하지는 않는다. 그들은 사람의 자유 개념을 가지고서 그 창조론을 손상시키는 것이다. 그들의 자유 개념은 심지어 하나님께 대해서도 인간이 독자적이고 독립적이며, 자유롭다는 것이다. 그리고 사람이 하나님에게서 독립해 있는 한, 그는 더 이상 하나님의 계시가 아닌 것이 된다. 더구나 사람이 어느 정도 하나님에게서 독립하게 되면, 그만큼 하나님은 사람에게 의존하게 되는 것이다. 또는 그 정도 사람과 하나님이 상호의존적이 되고, 또 우주에 의존하게 되는 것이다. 또한 만일 사람이 부분적으로 하나님에게서 독립해 있다면, 그의 궁극적 참조점은 더 이상 "오직 하나님에게서만 발견될 수 있다"고 할 수 없게 되는 것이다.8)

이제는 왜 천주교 신학이 현대 신학자에게 유효한 대답을 해 줄 수 없는지가 분명해졌을 것이다. 현대 신학자는 현대 철학자와 현대 과학자들과 함께 우주나 전체로서의 실재를 그의 종국적이며 궁극적 진술의 주제로 만든다. 그는 그의 하나님과 자기 자신을 보편적 우주 안에 포함시키는 것이다. 그런 후에라야 그는 이 우주의 성질에 대해 말하는 것이다. 그는 그의 정신 안에서 작용하는 논리의 법칙을 사용해서 이런 작업을 한다. 전혀 정당화하지도 않고서 그는 실재가 이 법칙들의 성격에 대한 대답을 주어야 한다고 가정한다. 옛날 희랍의 파르메니데스와 함께 그는 사람이 실재에 대해서 지적으로(intelligently) 말할 수 있는 것이 참이고, 그것만이 참이라고 가정한다.9) 말하자면, 사람이 논리적 관계의 틀 안에 이끌어 들일 수 있는 것만이 실재적인 것이란 말이다(따라서 이런 이해에 의하면, 사람이 논리적 관계의 틀 안에 이끌어 들일 수 없는 하나님 등은 비실재적이라고 여겨지는 것이다-보역).

이것은 파르메니데스와 함께 이 세상이 무(無)로부터 창조되었음과 시간의 실재를 부인하는 데로 나아간다. 그러나 또한 파르메니데스와 고대 철학 일반과 구별되어 현대 철학자는 시간과 변화의 실재를 주장한다. 그러나 이 시간과 변화의 실재를 주장함에서 그는 또한 시간과 변화의 궁극성을 주장하거나 가정한다. 따라서 창조 개념 역시 배제되는 것이다. 파르메니데스의 합리주의가 변화 개념의 비합리주의에 의해 보완되었을 뿐이다. 변화의 개념은 단지 사람이 모든 것을 논리적 관계로 환원시키는 일에서 실패하였음을 인정하는 일일 뿐이다. 환언하자면, 현대 사상의 비합리주의는 고대 사상의 합리주의에 근본적으로 대립하는 것은 아니라는 것이다. 오히려, 현대의 비합리주의는 그 자연적 결과라고 할 수 있다.10)

전통적 신학자가 대답하려고 애쓰는 것은 이런 현대 비합리주의에 대해서 이다. 그러나 만일 그가 일종의 합리주의자라면 그는 이 대답을 해낼 수가 없다. 바로 그것이 천주교 신학자의 경우에 해당하는 것이다. 그는 인간의 정신이 모든 것을 다 철저히 이해한 다음에야 무엇을 알 수 있다고 주장하는 데서 인간의 정신이 옳다는 것을 인정한 것이다. 아퀴나스는 아리스토텔레스의 방법이 철학 영역에서는 본질적으로 옳은 것으로 여긴다. 아리스토텔레스가 플라톤보다도 좀더 경험주의적이지만, 그도 역시 본질적으로는 플라톤이 가졌던 같은 '지식의 이상'을 주장했음에 틀림이 없다. 그는 지식이란 보편적인 것이고, 보편만의 것이라고 구체적으로, 그리고 반복적으로 말하다. 말하자면, 그런 보편적 지식만이 사람들로 하여금 사실들을 논리적 관계에로 환원케 할 수 있다는 것이다. 그러므로 오직 그런 보편적 지식만이 참된 지식이라고 한다.11)

아리스토텔레스적인 지식 개념을 가지고 작업하면서 아퀴나스는 사람은 하나님이 어떤 분이신지는 알 수 없으나, 그가 어떤 분이 아니신지는 알 수 있다고 주장한다. 하나님에 대한 지식(神知識)에 관한 한, 기본적인 관계는 부정의 관계라고 토마스는 말한다.12) 그가 (아리스토텔레스적 방법에 의해서) 이성이 하나님이 존재하심을 증명할 수 있다고 할 때에, 그가 덧붙여 말하기를, "그러나 이것은 하나님이 어떤 분이신지를 말할 수 없다"고 하는 한, 그 하나님의 존재 사실을 증명한다는 것은 무의미한(pointless) 것이 된다.13) 또 그가 때때로 그의 언성을 낮추어서 사람이 이성으로써 하나님의 일반적 특성들을 어느 정도는 알 수 있다고 말하는 것은 결국 순전한 비일관성(inconsistency)을 내어 보이는 것일 뿐이다. 모든 사람은 하나님의 어떠하심에 대해서 무엇인가를 말해야만 하고, 또 말하고 있다. 그런데 그가 하나님의 어떠하심에 대해서 아무 것도 말할 수 없다고 주장할 때에만 그는 그의 출발점인 아리스토텔레스적 논리에 일관성을 가지는 것이다.

아리스토텔레스가 자신의 체계 내에서 허용할 수 있는 하나님은 세상을 창조하지 않고, 이 세상을 하나도 모르는 하나님이라고 하였을 때에 그는 자신의 체계와 일관성을 가지는 것이 된다. 그의 원인 개념은 근본적으로 칸트의 원인 개념과 같이 내재주의적이다. 그러므로 칸트의 논리에 의해서 이런 하나님에 이른다는 것이 불가능한 만큼이나 아리스토텔레스의 논리를 수단으로 해서 기독교의 초월적인 하나님께 이른다는 것도 논리적으로 불가능한 것이다.14) (바로 이 점을 윌버 스미스<Wilber Smith>는 그의 책 『그러므로 섰다』<Therefore Stand>에서 간과한 것이다. 그것은 전통적 변증 방법 일반에 의해서 간과되고 있는 점이기도 하다. 특히 고오든 클락<Gordon H. Clark>이 그의 논문 "지성의 우위성"<"The Primacy of the Intellect." in The Westminster Theological Journal>에서 간과하고 있는 것이다).15) 창조주-피조물의 구별에 근거한 지성의 우위성과 희랍인들에게서 찾아 볼 수 있는 바와 같은 이 구별에 근거하지 않은 지성의 우위성을 구별하지 못함으로 해서 클락은 우리를 회의주의에서 구하는 것은 '지성의 우위성'이라고 단순하게 말하고 있는 것이다. 그러나 희랍인들이 주장한대로의 지성의 우위성은 역사적으로, 또한 논리적으로 현대 비합리주의자의 회의주의에로 나아가고만 것이다.16) 오직 기독교만이 우리를 회의주의에서 구하는 것이다.

인간 이성에 대해서 본질적으로 합리주의적 관점을 주장한 결과로 아퀴나스는 결국 비합리주의적 계시 개념을 주장하는 것이 되고 말았다. 만일 사람이 이성으로써 하나님에 대해서 적극적으로 무엇인가를 말할 수 없다면, 그의 계시관은 사람이 이성으로 아는 사상의 체계와는 아무런 연관도 없는 비합리주의적 주장의 계시관이 되고 만다. 다른 말로 하자면, 천주교회에서 이해하는 대로의 '이성과 신앙의 관계'는 비기독교 사상의 합리주의적-비합리주의 구조를 너무나도 많이 만족시키려고 하므로, 절대적인 하나님에 대해서는 그 어떤 지식도 있을 수 없다는 비기독교적 주장에 대항하여 설 수 없는 것이다.[17]

이 점에서 천주교에 해당하는 말은 또한 알미니안주의에도 해당한다고 할 수 있다. 알미니안주의자도 역시 상당한 궁극성을 사람에게 주기 때문이다. 그러므로 그도 역시 하나님의 온전성의 내적으로 자충족적인 무한성 교리를 삭감시키는 것이다. 그도 역시 어느 정도는 그의 하나님을 그 자신과 함께 상위 개념인 논리와 사실의 우주 안에 포함시키고 만다. 그러므로 그도 역시 현대 신학자에게 대항할 것이 없는 것이다.[18]

그러므로 오직 개혁신학(改革神學)에서만이 계시론이 그 충분한 깊이와 폭으로 주장된다고 할 수 있다. 이것은 개혁주의 신조와 요리문답에서 인용된 그런 신론이 아무런 양보 없이 주장되기 때문에 가능한 것이다. 아무런 제한 없이 이 교리를 주장한다는 것은 창조 교리를 신중하게 받아들인다는 것을 의미한다.[19]

그리고 창조 교리를 신중하게 받아들인다는 것은 구성적 존재로서의 전체 인간을 하나님의 계시적 존재로 생각함을 함의한다. 그 자신이 철저히 하나님을 계시하는 존재로서 사람은 그의 모든 활동에서 하나님을 의존하는 것이다. 그러므로 그 정신의 구성은 그에게 올 수 있는 그 어떤 형태의 계시에도 아무런 저항을 주지 않는다. 그 자체가 계시적인 존재로서 사람의 정신은 계시를 수납할 수 있는 존재로 만들어졌다. 만일 사람의 이성이 그 모든 작용에 있어서 하나님께서 먼저 주신 계시 활동에 전적으로 의존하고, 계속되는 하나님의 계시 활동에 의존한다면, 초자연적 계시 활동은 진혀 어떤 이상스러운 것으로 여겨지지 않을 것이다. 오히려 역사의 시초부터 인간 정신은 그것 자체의 원래의 창조적 계시적 성격이 주장되는 초자연적인 적극적 하나님의 계시와 연관해서만 작용한다는 가정 위에 있었을 것이다. 창세기 기사는 처음부터 하나님께서는 동산에서 사람과 함께 거니시며 말씀을 나누셨다고 가르쳐준다. 그러므로 인간의 이성은 결코 바르게 기능하지 않으며, 이 초자연적 계시와의 자의식적 관계 외에는 바르게 기능할 수 없는 것이다. 사람에 관한, 그리고 사람 안에 있는 모든 것은 그 창조로 인하여 하나님의 계시적인 것이다. 모든 것은 온 역사의 과정에 대한 하나님의 계획 안에서의 그 위치 때문에 그런 것으로서 존재하는 것이다. 그러므로 인간의 정신은 파르메니데스가 생각하는 대로 실재의 성질에 관한 논리에 의해서 규정되어질 수 있는 것이 아니다. 인간 정신은 논리의 은사로 말미암아서 실재의 사실들을 규정할 수 있게 되는데, 이때에 첫째는 하나님과 관련하여 그리하는 것이고, 둘째는 초자연적이고 적극적인 말씀-계시에 의식적으로 종속하면서 자신을 포함한 피조된 우주와 관련하여 그리하는 것이다.

그러므로 죄의 사실이 가져오는 유일한 변화는 죄가 사람을 그에게 나타나는 대로 하나님께 그렇게 순종하려고 하지 않도록 만든다는 사실이다. 이 불순종적인 태도는 파르메니데스의 경우에도 나타나고, 모든 사람의 경우에도 나타난다. 역사 안에서의 그리스도의 사역과 중생케 하시는 성령의 사역에 의해서만 사람은 아담이 처음에 가졌던 그 태도를 다시 가질 수 있게 된다.[20]

그렇기에 개혁파 그리스도인만이 현대인에게 대해서 효과적인 대답을 가지고 있는 것이다. 그의 대답은 인간 정신의 능력이 가장 절대적인 하나님이 존재하시고 이 세상의 모든 것이 그를 계시한다는 가정 외에는 작용할 수 있는 기회를 가질 수 없다는 것이다. 성경을 하나님의 무오한 계시로 솔직히 받아들일 때에만 사람은 이것을 알 수 있다.

그러나 사람이 성경을 이와 같이 받아들이지 않으면, 이성의 작용에 여지가 없음을 보여줄 뿐이다. 우리의 신조가 말하는 가장 절대적인 하나님은 단지 전제되어야만 한다. 그는 천주교 사상가들이나 알미니안주의적 변증학자들이 말하는 증명의 개념에 의해서 존재하신다고 증명될 수 있는 분이 아니시다. 그러나 이것은 불행한 사실이 아니라, 기독교의 합리성 개념을 보존할 수 있는 유일한 것이 된다.

하나님의 불가해성(不可解性) 개념에 대한 지금까지의 논의의 중요성이 지금쯤은 의식될 수 있을 것이다.21)

첫째로, 하나님이 불가해적이라는 개념에 의해서 의미된 바는 하나님의 자충족적 온전성 교리에 관여된 것으로 보여질 때에만 명확하게 주목될 수 있다. 그런데 이 교리도 **하나님의 온전성 교리와 하나님의 불가해성 교리**가 아무런 양보 없이 주장되는 것은 오직 개혁신학에서만 이다. 물론 천주교회와 알미니안주의 신학자들도 하나님의 불가해성을 가르친다. 그러나 그것이 일관성있게, 그리고 그 충분한 의미가 참으로 깊이 인식되면서 가르쳐지는지는 좀더 생각해 보아야 한다. 특히 실재의 불가해성에 대한 현대적 개념과 날카롭게 대립하여서 하나님의 불가해성 교리를 세울 수 있는 것도 오직 개혁신학에서 만임을 알아야 한다.22) 이 현대적 관점은 사람이 그 자신의 입장에 대한 궁극적 참조점이라는 가정에 근거하고 있다. 그러므로, 사람이 아무 것도 알 수 없을 때는, 이 세상에 그 어떤 것도 알려질 수 없다는 결론이 나오고 만다. 모든 사실은 연관되어 있기 때문에, 모든 것이 철저히 다 알려질 수 있든지, 아니면 그 어떤 것도 알 수 없게 되고 만다. 그런데 개혁신학만이 하나님을 그 모든 언급에서의 궁극적 참조점으로 삼음으로 모든 형태의 비기독교적 견해에 대항하여 기독교적 입장을 분명히 대립시킬 수 있는 것은 오직 개혁신학 뿐이다.

사정이 이와 같으므로, 개혁신학만이 그 모든 포괄성과 의미에 있어서 계시 개념에 충실할 수 있다. 계시 개념이 이렇게 신중하게 받아들여질 때에만 신 지식이 확실히 주어지는 것이다. 물론 사람은 자신이 하나님을 안다고 확신할 수 있다. 또 사람은 하나님을 알지 않을 수밖에 없다. 사람의 참상은, 언젠가 칼 헨리(Carl Henry)가 천주교 사상가들과 함께 '어리석은 자'에게 양보하여서 말한 바와 같이, 하나님이 존재하시는지, 알려지실 수 있는지를 확신할 수 없는 것이 아니다.23) 또한 카아넬((Edward John Carnell)이 현대 신학자들에게 용인하듯이, 사람이 불멸적인지의 여부에 관한 것도 확신할 수 없는 것이 아니다.24) 하나님이 존재하시며 사람이 심판에서 그를 만난다는 것은 사람의 정신에 아주 깊이 못박혀 있는 것이다(*invisceribus*).

그의 관점에서 죄인의 문제는 이 증거에 대하여 회의를 던지는 것이며, 그 증거가 분명치 않은 듯이 만드는 것이다. 고통 가운데서 그의 눈을 높이 드는 부자처럼, 모든 사람은 자신들이 하나님을 섬기지 못한 것이 하나님의 존재에 대한 증거가 분명치 않았기 때문이라고 하려고 노력하는 것이다.[25] 만일 하나님이 지구의 저 구석이나 달이나 금성의 어느 한 구석에 숨어 계시고, 그가 하나님을 정말 부지런히 찾았었다면, 그는 그의 무지에 대해 정당한 핑계를 가지는 것이 된다.

바울을 따르면서 개혁신학자는 하나님의 계시의 피할 수 없는 성격을 강조할 것이고, 또 개혁신학자만이 그리할 수 있다. 그러므로 하나님의 불가해성은 그 모든 포괄성에서의 하나님의 계시를 전제로 한다. 사람에 대한 하나님의 계시에 근거하지 않고서는 그 누구도 하나님께 대해서 무엇이라고 말할 수가 없다. 사람에 대한 하나님의 계시라는 전제가 없이는 하나님께 대한 그 어떤 진술도 있을 수 없는 것이다. 그렇게 되면 하나님은 불가해적인 것이 아니라, '전혀 이해할 수 없는 분'(inapprehensible)이 되고 만다. 즉, 그나 그 밖의 어떤 것에 대해서도 아무런 진술이 있을 수 없게 된다. 하나님의 자충족적 성격이나 창조론, 그리고 계시 등을 그들의 사고의 근본에 놓지 못함으로써 천주교도와 알미니안 주의자들은 하나님의 불가해성에 대한 기독교적 개념과 실재의 불가해성에 대한 비기독교적 개념을 분명히 구별할 수 없게 되었다.

그러므로, 오직 충분히 기독교적인 전제에서만 하나님에 대한 가해성(可解性)과 불가해성(不可解性)에 대한 논의에서 하나님의 인지 가능성, 가지성(可知性)이 가정되어진다. 그 어떤 존재의 영역이 전적으로 불가지적(不可知的, inapprehensible)이라고 말하는 것은 불가능하리만큼 그러한 것이다. 이것은 "하나님의 불가해성에 대한 연구를 위한 정통장로교회 제14차 총회에서 선출된 위원회 보고서"에서 지적된 바 있다.[26] 이 보고서는 칼빈이 본질이나 하나님의 비밀한 경륜은 불가해적이라고 말했을 때, 그것은 그것에 대해서는 그 어떤 언급이 되어질 수 없다는 의미에서 그렇게 말한 것은 아니라는 점을 밝히고 있다.[27] 심지어 하나님의 본질과 관련해서 파악할 수 없다(incomprehensible)는 말을 사용할 때에도, 이것은 완전한 무지 개념을 함의할 수 없다. 왜냐하면 하나님께서 그의 속성들에 대해서 우리에게 말씀 하실 때에 그는 우리에게 당신 자신에 대해서 말하고 있는 것이기 때문이다. 계시의 모든 부분은 사람에게 하나님의 본질이 어떤 성질을 가지고 있는지를 보여 준다. 그러므로 우리가 하나님의 불가해성에 대해서 말할 때 우리는 사람에 대한 하나님의 계시가 사람에 의해서 결코 온전히 다(exhaustively) 이해될 수 있는 것은 아니라는 뜻이다. 사람에 대한 그의 계시에 의해서 하나님께서는 당신 자신에 관해서 무엇인가를 말씀하신다. 그래서 사람은 존재하는 모든 것에 대해서 무엇인가를 알며, 또한 사람이 철저히 다 아는 것은 아무것도 없다는 말도 또한 성립하는 것이다.28) 사람이 하나님에 대하여 철저히 아는 것이 불가능한 것과 같이 사람이 자신과 자기 주위의 우주의 사물들을 철저히 다 안다는 것도 불가능하다. 왜냐하면 사람은 자충족적인 하나님과 관련해서 자신과 피조된 우주 안에 있는 모든 것을 알아야만 하기 때문이다. 그러므로 그가 하나님을 철저히 다 알 수 없다면, 그는 그 어떤 것도 철저히 다는 알 수 없는 것이다.

이 두 가지 요점을 함께 연관시킬 때에라야 사람이 하나님의 본질을 포함한 모든 것에 대해서 무엇인가를 안다는 사실, 또한 그가 그 어떤 것도 완전히 아는 것은 아니라는 사실을 통하여 하나님의 불가해성 교리가 잘 이해될 수 있다.

① 첫째로, 이런 방식으로라야 하나님의 지식과 (제대로 된) 사람의 지식이 모든 점에서 일치한다는 것을 보는 것이 가능해진다.29) 즉, 사람은 언제나, 어디서나 이미 하나님에 의해서 온전히 알려지고 해석된 것과 접촉하게 된다는 의미에서 말이다. 준거점은 하나님에 대해서나 사람에게 대해서나 같을 수 밖에 없다. 그가 무엇을 탐구하든지 간에 하나님의 면전에 있지 않는 때는 없기 때문이다.

② 또한 이런 방식으로라야 하나님의 지식과 사람의 지식이 그 어떤 점에서도 일치하지 않는다는 것을 볼 수가 있다. 즉, 어떤 것의 의미에

대한 사람의 의식에서나 그의 정신적 파악에서나 무엇에 대한 이해에 있어서 사람은 모든 점에서 하나님의 선험적이며 불변하시는 이해와 계시에 의존한다는 의미에서 말이다. 사람에 대한 하나님의 계시의 형태는 사람의 피조물적 제한에 따라서 와야만 한다. 모든 것에 대한 하나님의 생각은 한 단위(a unit)이다(즉, 각기 분리되거나, 분열되어 있지 않는다.-보역). 그러나 그것은 대상의 다양성을 다 고려하고 있는 것이다. 사람은 그 한 단위(또는 그 하나)에 대해서 생각할 때에 다양한 것들을 연속적으로만 생각할 수 있을 뿐이다. 그래서 성경은 하나님이 마치 (사람처럼) 하나하나 단계적으로 생각하시는 듯이 말하고 있다. 하나님께서 당신 자신을 사람에게 계시하실 때에 하나님께서는 그의 존재의 풍성함을 계시하신다. 하나님의 마음에서 사람에게 주시는 조금의 정보라도 그의 자기확언의 최고의 행위의 풍성함 가운데서 주어지고 있다.

이것은 하나님께서 사람에게 주시는 모든 계시에 대해서도 참된 것이다. 따라서 사람에게 하나님의 계시가 점점 더 많이 주어졌다는 사실이 하나님의 불가해성을 축소시키지 않는다. 사람에게는 새로운 계시적 명제가 이전에 주어진 계시적 명제를 풍성하게 하는 것이 된다. 그러나 이렇게 풍성케 함도 하나님께서 그의 심중에 가지신 내용과 사람이 그의 심중에 가진 내용의 동일성이 있음을 함의하는 것은 아니다. 처음에 사람에게 주어진 첫 명제에 내용상의 동일성이 없다면, 하나님께서 인간에게 주신 부가적인 계시 명제들에 의해서 얻을 수 있는 내용상의 동일성도 없는 것이 된다. 그러므로 결국은 첫 명제가 없을 때에야 첫 명제의 내용상 동일성이 있을 수 있게 된다. 말하자면, 내용의 동일성이 있을 수 있어야(즉, 그 가능성이 있어야), 실제로 내용의 동일성이 있고, 언제나 있을 것이다(그런 가능성이 없고야, 어떻게 실제적 동일성이 있겠는가?-보역). 단지 사람의 정신이 하나님의 정신과 동일할 때에라야 내용상의 동일성이 있을 수 있고, 또 있을 것이다(그러나 그럴 수는 없지 않은가?-보역). 인간의 정신이 피조물의 정신이 아니라,

그 자체가 창조자의 정신이라는 가정에서라야만 우리는 인간의 정신과 하나님의 정신 사이의 내용상의 동일성을 일관성있게 주장할 수 있는 것이다.30)

둘째로, 오직 자충족적인 하나님이란 가정과 계시의 전포괄성에 대한 가정(여기에는 사람이 모든 것에 대해서 무엇인가를 알고, 또한 그 어떤 것도 온전히 다 아는 것은 아니라는 것)을 생각할 때에야 우리는 언약신학에 대한 '하나님의 불가해성 교리'의 중요성을 볼 수 있게 된다. 언약신학은 개혁신학이다. 그러므로 언약신학은 하나님에 대한 사람의 인격적인 관계를 전적으로 함의한다. 사람은 결코 하나님의 본질 자체를 다룰 수가 없다. 그는 언제나 하나님께서 사람 앞에 자의식적으로 자신에 대해 주신 대로만 하나님을 다룬다. 그러므로 개혁신앙에서만 우리는 비인격적 실재관들에 대항하여 하나님과 인간의 해후(the divine-human confrontation)를 말할 수 있는 것이다. 에밀 부룬너(Emil Brunner)는 정통주의 신학이나 전통적 신학이 사람과 하나님의 관계에 대한 견해에 있어서 상당히 비인격적인 것처럼 말하고 있다. 그는 정통신학이 하나님을 지식의 대상으로 바꾸어 버리고, 그 결과로 하나님을 비인격화 하였다고 말한다. 이것은 또한 바르트의 입장이기도 하며, 죠오지 헨드리(George Hendry)와 다른 이들이 가르치고 있는 소위 실존신학의 입장이기도 하다. 그러나 사실은 전통적 개념의 개혁신학에서만이 온전한 인격적 관계가 주장되어진다. 우리가 전통적 창조론을 주장하지 않으면 온전한 의미의 인격주의(personalism)를 주장할 수가 없다. 바르트, 부룬너, 헨드리, 피퍼(Piper), 라인홀드 니이버(Reinhold Niebuhr)와 리처드 니이버(Richard Niebuhr), 페레(Ferré), 홈리그하우젠(Homrighausen)과 같은 이들은 현대과학의 비인격적 작업이 자연이나 역사를 다루는데서는 아주 옳다고 당연시 한다.31) 여기서 그들은 사람이 그 자신의 준거점이라는 칸트의 가정을 따르고 있다 그러나 참으로 기독교적인 근거에서는 이 세상에 그 어떤 것도 하나님의 인격적 계시 활동을 계시하는 것이다. 그런 근거에서라야만 거짓된 정태주의(staticism)가 파괴될 수 있다.32) 모든 비기독교적인 사유 형태에는 이 거짓된 정태주의가 깃들여 있다. 자기의식적이고, 영원한 '하나님의 자기확언'에 근거하고 있지 않은 사실이나 법칙을 다룬다고 할 때에 사람은 그 정도로 정태적이거나 운명주의적 실재관에 붙들리게 된다. 비기독교적 근거에서는 새로운 것은 하나도 없는 것이 된다. 반면에 또한 모든 것이 새로운 것이 된다. 기독교의 영단번성에 대한 강조에서 실존철학에 근거한 변증법 신학은 무의미한 흐름에 따라 가면서 무의미한 정태주의(staticism)에 묶이는 것이다. 신학이 합리주의에 관여하는 거짓된 정태주의와 비합리주의에 관여하는 거짓된 유동신학(flux theology)을 피하려면, 개혁신앙과 함께 어디서나 사람과 직면하는 하나님의 인격적 활동을 확언해야 할 것이다. 그러므로 하나님의 계시에 대한 순종은 사람이 실험실에서 분주하게 실험하든지, 기도원에서 기도하든지 언제, 어디서나 바른 태도인 것이다.[33]

셋째로, 하나님의 계시에 대한 이런 강조점이 사람에 의해서 철저히 이해될 수는 없지만, 그래도 이해되면 "그 부분부분 이해할 수 없는 하나님에 대한 지식의 본질과 내용"과 "언제나 이해할 수 없는 하나님 자신의 인식방식"에 대한 거짓된 구별을 하지 않을 수 있다.

사람이 하나님의 존재와 그의 은밀하신 경륜, 또는 하나님과 그의 사역에 대해 그 어떤 지식을 갖던 간에 그 지식은 모두 하나님의 자의식적 계시 활동의 결과로서 오는 것이다. 그리고 하나님이 자신을 아시는 방식은 하나님 자신의 존재 방식에 근거한다. 더 나아가서 하나님의 존재 방식에 대한 지식이 없으면, 하나님에 대한 그 어떤 지식도 있을 수 없다. 그리고 하나님은 자신을 아시는 하나님이시다. 하나님은 하나님의 자기 확언이란 말이다. 하나님은 하나님의 영원한 자기 확언이다. 하나님은 순수 행동(pure act)이신 것이다. 그의 영원한 자기 확언의 순수한 행동 안에서 하나님께서는 그가 사람에게 허락하시는 각각의 계시 가운데서 사람 앞에 서시는 것이다. 그러므로 하나님의 지식의 유일한 빙도는 하나님 자신의 지식을 부인하는 것 뿐이다. 하나님의 인식 방식의 불가해성에 대한 유일한 방도는 하나님의 존재와 하나님께서 사람에게 계시하신 것의 불가해성을 확언하는 길 뿐이다.[34]

넷째로, 계시 개념의 가해성과 측량할 수 없는 성격을 강조함으로써만 학습 과정이 의미를 가질 수 있고, 역사가 참된 의미를 가지게 된다. 만일 사람이 언급의 최종 준거점이 된다면, 지식은 근거를 갖지 못하게 되고, 결국 진전해 갈 수가 없다. 말하자면, 모든 비기독교적 형태의 인식론에서는 어떤 사실이든지 철저히 다 알려져야만 한다는 제일 원칙이 있다. 그것은 무시간적 논리의 체계에로 환원되어야만 한다. 그러나 사람 자신과 그의 경험의 사실들은 변한다. 그런 그가 어떻게 그 자신 안에서 선험적인 휴지점을 발견할 수 있을까? 그 자신이 변해 가는데 말이다. 데카르트의 헛된 노력이 다른 비기독교적 사상가들의 노력에 비해 뚜렷이 드러나 보이는 것은 그것이 본질적으로 달라서가 아니라, 단지 그것이 좀더 일관성이 있기 때문이다.35) 자신 밖의 사실 세계나 자신 안의 경험의 세계 안에서 철저히 다 이해할 수 있는 한 점을 발견하고자 하는 사람의 모든 노력은 실패하게끔 되어 있다. 만일 우리가 칼빈과 함께 사람의 인식 활동 배후에 자충족적인 하나님이 계시다고 전제하지 않으면, 우리는 끝없고, 바닥없는 흐름 속에서 상실되게끔 되어 있다.

그러나 사람이 비기독교적인 근거에서 경험에 의해서 배우는 데에로 나아갈 수 있다고 할 때에, 그는 자신이 이미 아는 것 외에 새로운 것을 하나도 더할 수 없게 된다. 새로운 것이 전혀 없게 되는 것이다. 만일 그것이 알려졌다면, 그것은 더 이상 새로운 것이 아닐 것이다. 또 그것이 참으로 새로운 것이라면 그것은 결코 알려질 수 없을 것이다. 그러므로 ① 사람이 모든 것을 알고 있으므로 아무런 질문도 할 필요가 없거나, ② 아무 것도 알지 못하므로 질문할 수 없다는 고래의 난제가 개혁신앙의 근거 외에서는 해결될 수가 없는 것이다.36) 하나님의 불가해성을 확언하는 것은 사람을 회의주의에서 구하려는 것이다. 영원한 자기확언의 하나님을 전제함으로써 사람은 그가 등장하자마자 하나님을 알게 되는 배움의 길로 나아갈 수 있다.

그는 그 자신이 참으로 어떤 존재인지에 대해서 자신의 지식을 갖는다. 그는 또한 그의 지식에 또 덧붙일 것인데 그것은, 그가 배우게 되는 새로운 사실들이 이미 하나님께 알려신 것이고, 그에게 새로운 것이 아니기 때문이다. 따라서 그것들은 사람이 참으로 일관성있게 알고 있는 것과 연관된다. 교회가 그 신조에서 늘 그리하였듯이 하나님의 계시에 대한 일련의 명제들을 열거함으로써 그리스도인들은 그들이 '진리의 체계'를 가졌음을 확신할 수 있고, 또 그 체계에 대한 자기의 지식에 덧붙일 수도 있는 것이다. 그의 모든 지식은 하나님께 대해서 유비적이다. 하나님은 원래의 근원적 인식자이시고, 사람은 파생적인 다시 아는 자이다. 사람은 하나님께 복종하여 안다. 그는 언약 준수자로서 아는 것이다. 만일 그가 언약 준수자가 아니라면, 그는 자신의 인식이 하나님의 인식과 같다는 거짓된 인식의 이상을 세울 것이고, 하나님의 정신과 온전히 일치하는 것을 가졌다고 하면서 결국 자신이 지식이라고 부르는 것이 전혀 참된 지식이 아니고, 그가 권위에 대한 잘못된 복종이라고 부르는 것이 하나님과 사람에 대한 바른 지식이라는 것을 알기에 이르고 만다.

이 장의 앞부분에서 정통장로교회 14차 총회의 한 위원회의 보고서를 언급한 바 있다.[37] 이 보고서가 작성된 것과 관련된 논쟁을 여기서 좀 언급하는 것이 위에서 말한 것을 이해하는데 도움이 될 것이다.

이 장에서 내가 주장한 것은 개혁신앙을 가진 이들은 자연히 위에서 요약한 하나님의 불가해성 교리를 주장해야만 한다는 것이다. 위에서 말한 논쟁이란 고오든 클락(Gordon Clark)을 개혁파 목사로 장립한 문제와 관련된 것이었다. 클락 박사는, 내가 보기에는, 천주교회나 알미니안적인 방식으로 하나님의 불가해성을 이해하였고, 개혁주의적 이해와는 거리가 있다고 여겨진다.[38] 그래서 개혁신앙의 토대들이 문제시 되어진다고 여겨서 몇몇 사람들이 클락 박사를 임직시킨 노회에 대해서 『항의서』(*Complaint*)를 제출하였다. 이에 대해서 클락 박사와 다른 네 분이 『답변』(*The Answer*)을 제출했다. 그리고 앞서 언급한 보고서는 클락 박사의 장립에 대해 제출된 항의에 대하여 공정성을 탐구하도록 한 제14차 총회에 의해 지명된 위원회의 사역의 결과이다.

여기서 우리의 관심은 전적으로 교리적인 데에 있다. 그 『항의서』는 이 장에서 말한 것과 본질적으로 같은 견해를 진술한 것이다. 『답변』은 『항의서』가 회의주의(scepticism)를 내포하는 견해를 가르치고 있다고 하였다. "사람은 오직 진리 자체의 유비만을 파악할 수 있을 뿐이다."[39] 이 혐의는 『항의서』의 모든 곳에 하나님의 계시가 얼마나 깊이 전제되어 있는지를 보지 못한데서 나온 것이라고 하지 않을 수 없다. 또한 『항의서』의 어느 곳에나 하나님의 계시가 전제되어 있음을 보지 못함은 『답변』을 작성하고 서명한 이들이 하나님의 불가해성에 대한 천주교회와 알미니안의 견해를 개혁파 신조들에서 가르친 것과 혼동하였다는 것으로 밖에는 설명할 길이 없는 것이다. 그리고 하나님의 불가해성에 대한 천주교회와 알미니안의 견해는 그것이 기독교적 요소들과 비기독교적 요소들을 혼동한 것이라는 사실로 특징지워진다고 할 수 있다.

『답변』이 개혁파적 견해보다는 천주교회와 알미니안적인 것에 가까운 하나님의 불가해성에 대한 견해를 가르친다는 것은 그것에 관여되어 있다고 말하여지는 요소들에 대한 고려에서 찾아질 수 있다. 『항의서』의 '회의주의적' 견해를 거부한 뒤에 『답변』은 이렇게 말하고 있다. "그에 반하여 클락 박사는 성경과 신앙 고백서에 나타난 하나님의 불가해성 교리는 다음 요점들을 포함한다. (1) 하나님의 존재의 본질은 하나님께서 당신 자신의 본성에 관한 진리들을 계시하시지 않으면 불가해적이다. (2) 영원한 통찰이라는 하나님의 인식의 방식은 사람에게는 불가능한 것이다. (3) 사람은 어떤 진리에 대한 하나님의 지식을 그 모든 관계와 함의에 있어서는 철저하게 다 온전히 알 수는 없다. 그리고 그 각각의 함의가 다른 무한한 함의를 가지고 있으므로, 이것들은 천상에서 조차도 사람에게는 다 알려질 수는 없다.(remain inexhaustible). (4) 그러나, 클락 박사는 주장하기를, 하나님의 불가해성 교리는, 예를 들어서 2×2=4와 같은 명제가 사람에게는 이런 의미를 가지고 있고, 또 하나님께는 질적으로 다른 의미를 가지고 있다는 것, 또는 어떤 진리는 개념적이고, 다른 진리는 비개념적이라는 것을 의미하지는 않는다."[40]

첫째 요점에 대하여, 우리는 계시가 없이는 하나님께 대해서 전혀 말할 수 없다고 할 수 있다. 계시가 없이는 하나님은 불가해적(incomprehensible)일 뿐만이 아니라, 전혀 파악할 수가 없고(inapprehensible), 그에 관해서 그 어떤 진술도 이루어질 수 없는 것이다. 클락 박사는 이 아주 자명하게 근본적인 전제에 동의하지 않는 듯이 보인다. 그는 사람이 계시 밖에서도 하나님에 대해서 일정량의 정보를 얻을 수 있다고 주장하는 듯하다.

아마도 이 지식은 계시에 대해 독자적으로 작용하는 '이성'에 의해서 얻어질 수 있는 것인 듯하다. 이 해석은 클락 박사가 다른 저술들에서 취한 입장과 일치하는 것이다. 인생관과 세계관의 선택 문제를 다루면서 클락 박사는 이렇게 주장한다. "하나님에 대한 그 어떤 논증도 가능하지 않다는 것은 사실이지만, 우리의 신념은 자발적인 선택이다. 그러나 만일 엄밀한 증명 없이 선택해야만 한다면, 그럼에도 불구하고 그 선택을 정당화하는 일종의 정상적인 이유를 가지는 것이 가능하다. 궁극적으로 이 이유들은 일관성의 원리에로 환원되어진다. 어떤 것이 선택되려면, 그것은 우리의 모든 사상과 말과 행동 안에서 조화나 체계를 이룰 수 있어야만 한다."[41] 이 구절과 그것이 실린 이 책의 가정은 계시와 상관없이도 다양한 계시 주장들 가운데서 어느 하나를 옳게 선택할 수 있을 정도로 이미 자신을 해석한 사람들에게 계시가 오게 된다는 것이다. 이 개념에 따르면, 사람은 이미 그 자신 안에 어떤 선험적 원리(a certain a priori principles)를 가지고 있는데, 그것에 의해서 그는 계시적 내용을 인간 논리에 의해서 파고들 수 있는 체계로 만듦으로 클락 박사는 생각하기를, 그리스도인들은 어떤 신앙의 '역설들'을 해결할 수 있다고 한다. 그는 하나님의 주권과 인간의 책임의 관계에 대한 문제에 신비가 없다고 한다. 오히려 신비는 교회가 오랫동안 이 문제를 (풀 수 없는) 신비로 여겨온 것에 있다고 한다.[42]

그리고 클락 박사는 계시 이외의 폭넓은 선험적 추론 원리에 호소하여 그것에 의해서 계시들을 판단하려는 듯이 보인다. 그리고 이것은 이 원리들을 수단으로 하여서 계시 이외의 방법으로 "하나님의 본성에 대해서 어떤 언급을 할 수 있다"는 개념을 함의한다. 클락 박사는 그의 선험주의를 옹호하면서 장로교 전통에 호소를 한다. 그는 말하기를 "이성의 선험적 진리들에 대한 모든 호소를 반박한다는 것은 참을 수 없는 일이다"고 말한다.

이런 입장은 앞서 지적한 바와 같이, 천주교회의 입장과 유사하다. 아퀴나스는 이성이 계시를 떠나서도 하나님의 존재하심에 관해서, 그리고 심지어는 (비록 하나님이 어떤 분이 아니신가에 대한 것이지만)하나님의 본성에 대해서도 어떤 주장들을 할 수 있다고 가르쳤다. 그러나 계시 이외에 하나님의 본성에 대해서 무엇인가가 언급될 수 있다면, 그에 관해서 모든 것이 말하여질 수 있는 것이고, 그리하여 계시의 필요성이 전혀 사라지고 마는 것이다.

클락 박사는 첫째 요점에서 하나님이 당신 자신을 계시하시는 것 외에는 하나님은 불가해적이라고 주장한다. 그러나 하나님이 당신 자신을 계시하시는 때 그런 곳에서는 계시가 다 이해될 수 있다(comprehensible)고 한다. 사람이 그 계시를 다룰 수 있으므로, 그 내용이 "우리의 모든 사상, 말, 행동 안에 있는 체계와 조화될 수 있다"는 것이다. 만일 이것이 사실이라면, 한 부분의 계시는 우리로 하여금 다른 모든 계시에 대해서 언급할 수 있게 해주는 것이 된다. 만일 그렇지 않다면, 인간 정신의 내용은 클락적인 의미에서의 '하나님께서 주신 계시'와 일치하지 않을 것이다. 그러므로 계시는 이성의 활동을 시작시키는 목적 이외에는 불필요한 것이 될 것이다.

둘째 요점에 대해서는 위에서 시사한 바와 같이, 만일 우리가 하나님의 인식 방법에 대해서 전혀 알지 못한다면, 우리는 하나님의 존재에 대해서도 아무것도 알 수 없다고 대답하게 된다. 만일 인식 방도로서의 '영원한 직관'(eternal intuition)이 사람의 의식에 아무런 유비물도 가지고 있지 않으면 그의 신 의식(神意識)이나 삼단 논법 같은 연쇄 추리에 대한 종합적 지각에서 나타나는 것과 같은 것 말이다. 그렇다면 도대체 하나님의 영원하신 '존재'에 대한 지식이 어떻게 있을 수 있을 것인가 말이다.[43] 그리고 하나님께서 그의 '본성(nature)에 대해서 무엇인가를 계시하실 때 하나님의 정신과 인간 정신의 내용상 동일성이 있을 수 있다면, 그가 그의 지식의 양상에 대해서 무엇인가를 우리에게 계시하실 때, 그 내용의 동일성이 없을 이유가 무엇인가?

클락 박사는 반론자들이 그런 부정을 하기 위해서는 전지(全知)한 자들이 되어야 한다고 주장한다. "만일 반론자들이 하나님께서 의미하시는 것이 무엇인지를 알 수 없다면, 그들은 어떻게 하나님이 이것이나 저것을 의미하지 않으셨다는 것을 아는가?"[44] 또한 말하기를, "주어진 역설이 해결될 수 없다고 말하는 이는 논리적으로 자신이 구절의 함의를 다 살펴보았고, 그랬는데도 그 안에 전혀 해결의 실마리가 없다는 것을 암암리에 주장하는 것이다."[45]

이런 추론이 옳다면, 전지(全知)한 자는 '영원한 직관'으로서의 하나님의 인식 방식은 사람의 인식방식과는 전적으로 다르다는 것을 주장할 수 있을 것을 요구한다. 그러나 이런 추론은 옳기는 커녕 계시를 떠난 이성의 선험적 원리에 대한 호소가 어떻게 모든 언급을 파괴하는가 하는 것을 다시 한번 더 나타내 보여줄 뿐이다. 클락 박사의 입장에 의하면 우리가 어떤 것이 비슷하다, 비슷하지 않다를 지적으로 말하기 위해서는 우리가 전지(全知)한 존재여야만 한다는 것은 클락 박사 자신도 증언하는 것이다. 그러나 현실적으로 이런 전지성을 우리는 가지고 있지 않으므로, 회의주의가 자신의 주장을 펴고 나오는 것이다. 그러나 이것은 다시 한번 만일 유한한 인간이 의미있는 어떤 언급을 할 수 있으려면, 그들은 모든 형태의 선험적 추론을 거부해야 하고, 자신을 처음부터 하나님의 계시에 근거시켜야만 한다는 것을 증명해 준다. 오직 그렇게 할 때에야 그들은 비록 모든 진리를 알지 못할 때에도 진리를 알 수 있게 되는 것이다.

세 번째 요점은 앞서 논의한 것과 함께 이해되어야만 한다. 이제까지 논의한 두 가지 요점에서 우리는 다음과 같은 사실들을 배우게 되었다. (클락에 의하면) (a) 계시를 떠나서도 이성의 원리들에 의해서 실재에 관하여 어떤 참된 주장을 할 수가 있다. (b) 하나님께서 사람에게 무엇인가를 계시하셨으면 그것은 더 이상 불가해한 것이 아니다. 그것은 논리적으로 상호 연관적 관계의 체계 안으로 짜여들어갈 수 있는 것이다. 그것이 "하나님은 그가 당신 자신을 계시하실 때 외에는 불가해적이다"는 첫째 요점의 '외에는'의 의미이다. (c) 하나님 안에서의 인식의 방식은 사람에게는 알려져 있지 않다. 그러나 알려지지 않은 것을 알기 위해서는 이 인식을 남김없이 다 알아야 한다.

세 번째 요점은 하나님께서 사람에게 계시하셨기에 불가해적이라고는 말할 수 없는 것에 대해서 말하는 듯하다. (아니면, 그것은 계시되지 않은 불가해적인 '하나님의 성품'을 말하는 것인가? 확신할 수 없다).

이제 클락 박사가 '해결됐다'고 말하는 성경 계시의 '역설들' 중의 하나인 하나님의 주권과 인간의 책임의 역설을 생각해 보기로 하자. 클락 박사가 이 역설을 해결했다고 했을 때, 그는 무엇을 의미하는 것일까? 『답변』에서는 이것이 전혀 문제가 남아 있지 않다는 의미는 아니라고 한다. "클락 박사가 해결했다고 생각하는 한 문제는 주권과 책임은 모순이라고 여기는 비기독교적인 주장이다."46) 그런데 클락 박사는 이 주장에 대해서 어떻게 반박하는가? 그는 비그리스도인들도 타당하다고 받아들이는 '일관성'(consistency)의 방법에 의해서 그리려고 애쓰는 것이다. 그는 자의식적으로 계시 이외의 이성의 선험적 원리에 호소한다. 그는 기독교적 계시 개념의 전제에 의하지 않고서는 그 어떤 중요한 언급도 있을 수 없다는 변증 방법을 반박한다. 그러나 우리가 어떻게 비그리스도인에게 성경이 말하는 하나님의 주권과 인간의 책임이 모순이 아니라고 밝혀줄 수 있을까? 오직 이 개념들을 사람의 지성에 철저히 다 들어올 수 있게 환원시킴에 의해서만 가능하다. 클락의 방법에 의하면, 우리는 우리가 무엇을 아는지를 알기 위해서 우리가 무엇을 알지 못하는지도 철저히 알아야만 하는 것이다. 그러므로 하나님의 주권과 인간의 책임이 모순적으로 보이지 않게, 또는 논리적으로 주장될 수 있게 하기 위해서는 우리가 인간 정신이 계시나 하나님의 정신에 의한 이전의 해석에 의존해야만 한다는 개념을, 즉 신적 주권을 부인하고서 그 역설을 해결했다고 하게 된다는 것이다.

이렇게 볼 때, 클락 박사는, 그가 세 번째 요점에서 말하듯이, 계시적 명제가 철저히 다, 온전히 알려진 것은 아니라는 것에 대해 말할 자격이 없는 것이다. 그는 이미 비계시적 선험의 타당성을 허용했기 때문이다. 이를 허용했으니, 그는 언급에 대한 비기독교적 관점의 소용돌이에 희망없이 관여한 것이 된다. 이런 비기독교적 관점에서는 모든 것을 다 알아야만 하든지, 아니면 아무 것도 모르는 것이다. 그가 제시한 첫 명제도 마지막 것과 같이 이해할 수 없는 것이다. 그는 무한한 수의 명제들의 의미를 이해하지 못하는 무능한 것이 문제가 아니라 오히려 그가 모든 명제들을 철저히 다 알지 못하면 하나의 명제도 알 수 없다는 것이 문제이다. 만일 그가 한 명제를 안다면, 그는 모든 것을 알 것이고, 그렇게되면 계시가 불필요하게 될 것이다.

이제 네 번째 요점도 분명해졌으리라고 생각된다. 개혁신앙은 그 어떤 명제에 대한 준거점이 하나님에 대해서나 사람에게 대해서 모두 동일한 것이라고 가르친다.47) 그리고 이 준거점의 동일성은 모든 인간의 언급이 하나님의 선행적 해석에 대한 유비적 재해석(analogical reinterpretation)이라고 하는 전제에서만 주장될 수 있다고 주장한다. 그러므로 하나님의 불가해성은 그 어떤 계시적 명제에 대해서도 가르쳐져야만 한다. 만일 그렇게 가르쳐지지 않으면, 한 정신과 다른 정신 사이의 동일한 준거점이 없게 될 것이다. 이 온전히 기독교적인 접근을 거부하고서, 클락 박사는 하나님과 인간 정신의 준거점의 동일성뿐만이 아니라, 그 둘 사이 내용의 동일성까지도 찾아 보려고 노력한다. 그가 그리한다는 것은 자연스러운 일이다. 모든 비기독교적인 방법론은 다 그리하기 때문이다. 그런 방법은 어떤 것이든지 간에 사람을 그 궁극적 준거점으로 만든다. 사람이 말하는 것이 합리적이고, 일관성이 있으며, 실재적인 것이고, 그 이외의 것은 실재적인 것이 아니다. 그러나 하나님의 지식과 사람의 지식의 질적인 차이를 주장하면서, 『항의서』는 창조주피조물 의미 개념을 주장하는 것이다. 클락 박사는 이를 거부하고서, 비그리스도인들과 같이 내용상의 동일성이 없으면 준거점의 동일성도 없는 것이라고 가정한다.

$2 \times 2 = 4$라는 것은 잘 알려진 사실이다. 하나님께서 이것을 아시며, 사람도 이것을 안다. 클락 박사의 원리에서는 그런 명제에 대한 하나님의 정신과 사람의 정신 사이에 내용의 동일성이 있어야만 한다. 그런 내용의 동일성이 없으면, 회의주의에 빠질 수 밖에 없다고 그는 주장한다. 그러나 셋째 요점에서 어떤 진리이든지 사람이 철저히 그리고 전부는 알 수 없는 무한한 수의 관계와 함의가 있다는 것이 주장된 바 있다. 또한 둘째 요점에서 하나님께서는 영원한 직관에 의해서 무엇을 아시며, 사람은 그런 방식으로는 그 어떤 것도 알지 못한다는 것을 언급했다. 따라서 하나님께서는 $2 \times 2 = 4$라는 명제의 (사람에게는 알려질 수 없는) 무한한 관계와 함의들을 (사람에게는) 알려질 수 없는 영원한 직관에 의해서 아시는 것이다. 그러면서 동시에 진리는 "하나님에게서 독립해 있지 않다"고 주장된다.48)

이런 사물관이 『항의서』의 사물관을 대치하는 것이다. 『항의서』는 "예를 들어서 $2 \times 2 = 4$라는 명제 자체가 그 가장 좁고 최소한의 의미에서도 하나님에게는 질적으로 다르다고 가르친다고 한다.[49] 또한 이에 덧붙여서 "만일 그들이 이 질적인 차이가 무엇인지를 진술할 수 없으면, 어떻게 그렇게 알려지지 않은 성질의 것이 정통주의의 시금석이 될 수 있겠는가?"는 의문도 제기되어져 있다.[50]

이제 『항의서』의 작성자들이 2×2=4라는 명제에 대한 하나님의 지식과 사람의 지식의 질적인 차이를 클락 박사적인 의미에서 "분명히 진술하려고" 노력했다고 가정해 보자. 그들은 첫째로 기독교 계시 개념의 기본적 주장을 부인하게 될 것이다. 왜냐하면 클락적인 의미에서 '분명히 진술한다'는 것은 계시 교리를 전제하지 않고서 '철저하게 다 설명한다'(explain exhaustively)는 것이 되기 때문이다. 그러나 그들은 바로 기독교적 계시 개념이 모든 의미있는 인간 진술의 기초가 됨을 옹호하는데 관심이 있으므로, 그들은 그 어떤 기독교 교리나, 또는 한 교리와 다른 교리의 관계를 클락이 말하는 의미에서 '분명하게 진술하는 것'(즉, 계시에 근거하지 않고 철저히 설명하는 것)을 거부하는 것이다. 그들은 자충족적인 하나님과 그에게 의존하는 피조물의 관계에 연관된 '역설들'을 다 해결하려고 하지 않을 것이다. 그런 식으로 '분명히 진술하거나,' 철저히 그리고 다 진술하지 않아도, 사람은 명제의 의미를 알 수 있다는 것이 그들의 주장이다.

반면에 '분명하게 진술하려는' 클락 박사 자신의 노력은 성공할 수 없는 것임이 분명하다. 그는 그의 방법에 의해서 모든 것을 다 설명하게끔 되어 있다. 그리하지 않는 한, 그는 그의 근거에서는 사람의 지식과 하나님의 지식의 준거점의 동일성도 가정할 권리가 없게 되는 것이다. 그리고 만일 그가 철저히 다 설명했다면, 하나님과 사람 사이의 차이가 없게 될 것이다. 심지어는 하나님의 인식 방식과 사람의 인식 방식의 차이도 없을 것이다. 그렇게 되면 계시가 있을 필요가 없어져 버린다. 클락 박사는 말하기를 사람이 말하는 명제에는 무한한 관계와 함의가 있다고 한다. 그런데 사람은 이 무한한 관계를 다 이해할 수 없다. 그러므로 사람은 아무 것도 이해할 수 없는 것이 되고 만다. 왜냐하면 (철저하다) 이해함 없이 이해한다는 것은, 클락의 근거에서는 전적으로 불가능한 것이기 때문이다.

비록 클락 박사가 기독교적 인식론으로 여겨지는 것을 거부하지만, 그렇다고 그가 비기독교적 방법을 받아들이기 원하는 것은 아니다. 『답변』에서 말하기를 "클락 박사는 진리가 하나님에게서 독립해 있다는 평범한 형태의 지성주의를 주장한다."51) 그러나 진리가 참으로 하나님께 의존하는 것으로 여겨진다면, 우리는 기독교적 방법에로 다시 가야만 한다. 그러면 우리는 하나님의 정신과 인간 정신 내용의 동일성을 주장할 수 없게 된다. 왜냐하면 그렇게 사람에게 오는 진리는 위에서 언급한 대로 오직 계시에 의해서만 오기 때문이다. 당신 자신을 계시하시는 분은 영원한 통찰(직관)에 의해서 당신 자신을 아시는 하나님이시다. 사람은 계시에 표현된 대로 하나님의 자의식적인 활동에 의하는 수밖에는 하나님의 본성에 대한 지식에 이를 수 없는 것이다. 그리고 이 계시는 하나님의 인식 방식에 대한 계시이고, 만일 그렇지 않으면 하나님에 대한 계시가 아닐 것이다. 하나님의 본성은 자의식적인 활동이다. 오직 이 근거에서라야 준거점의 동일성이 있을 수 있게 된다. 이 근거에서 사람은 $2 \times 2 = 4$라는 명제를 하나님의 지식의 '체계'의 한 부분으로 알 수 있는 것이다. 그러므로 여기에서라야 하나님의 지식과 사람의 지식의 준거점의 동일성이 있는 것이다. 여기에서만이 사람이 무엇을 (하나님이 아시듯이) 철저히 다 알지 않고서도 참되게 알 수 있는 것이다.

클락 박사의 견해에 대한 논쟁을 더 이상 논의할 필요는 없다. 그러나 지금까지의 논의는 하나님의 정신과 인간 정신의 내용상 동일성을 목표로 하는 시도가 어떻게 그 목적을 넘어서 회의주의에 귀결하고 마는가 하는 것을 새롭게 보여주었으리라고 여겨진다. 하나님의 불가해성을 강조할 필요성은 개혁신앙에서 온전히 표현된 기독교만이 우리를 회의주의에서 건져준다는 사실에도 있다.

위에 언급한 위원회의 보고서를 좀 더 많이 인용하고 논의할 지면이 아쉽다. 그 보고서에서는 하나님의 불가해성 교리의 성경적 토대가 충분히 논의되어 있다. 이 장에서는 우리가 그것을 당연한 것으로 받아들이고, 하나님, 창조, 그리고 계시 교리들로부터의 추론을 시도하였다고 할 수 있다.

각주

1) 신학서론 ("이전에 먼저 오는 것"을 의미하는 *prolegomenon*의 복수형태로서의 *prolegomena*)은 그 관심이 초대교부로터 현재에 이르는 것이지만 중세말기 시대에 형성된 신학의 한 분과이다. 전통적으로 신학서론은 진리, 지식 그리고 신적 언어에 관한 신학의 정의와 계시의 기원과 본질, 그리고 특별계시의 특정한 성격으로 구성되어 있다. 이것들은 시작하기 위해서는 모든 것이 반드시 계시에 근거하고 있기 때문에 선-교조적이 아니다. 오히려 그것들은 앞으로 다른 모든 교리들을 밝히 설명해주는 좀 더 기초적 재료라 할 수 있다. 이것은 어느 정도 독특하며, 따라서 반틸이 신론(신학 자체)이라는 이 여섯 장을 신학서론에 포함시키는 것은 다소 생소하다 할 수 있다. 이것은 변증학의 요구 때문에 여기 속한다 할 수 있다. 실제로, 13-15장은 여전히 인식론에 대단한 초점을 맞추고 있다.
2) 제4문답. 고백적 성질과 반틸의 세계관에 있어서의 본체론과 인식론의 관심 사이에 존재하는 자연적 친근성을 주목하라.
3) Westminster Confession of Faith 2.1.
4) 본체론-현상론의 구분에 관해서는 제7장 미주 35번을 참조하라.
5) Cf. e.g., George S. Henry, *God the Creator: The Hastie Lectures in the University of Glasgow* (Nashville: Cokesbury Press, 1938). 이미 살펴본 바와 같이, 본체론과 현상론에 대한 칸트의 구분은 하나님을 알 수 없는 존재로 만들면서도 지식뿐만 아니라 윤리적 행동을 위해서도 현상의 "구원"을 추구한다. 반틸은 이러한 이분법이 프리드리히 슐라이어마허부터 시작해서 그의 생애의 많은 부분을 슐라이어마허를 비판하는데 할애했던 칼 바르트를 포함한 여러 다양한 현대 신학자들을 한데 묶어주고 있다고 판단한다.
6) 즉, 하나님은 단순히 우리가 이해할 수 있는 어떤 것의 반대가 아니라 자정의하시는 분이시다. 그러므로 그는 단순히 유한적인 존재가 아닌 그 이상의 영원하신 분이다.
7) 반틸의 시대에 가장 유명한 4명의 토마스주의자들은 다음과 같다. 에릭 푸르지와라(1889-1972)는 에드먼드 허셀과 막스 셸러의 예수회 영향을 받은 훌륭한 저술가이다. 에티에네 질송(1884-1978)은 프랑스 대학의 교수였으며 중세철학뿐만 아니라 토마스와 형이상학이란 작품을 저술했다. 쟈크 마리땡(1882-1973)은 파리 가톨릭 대학에서 가르쳤으며, 인간의 권위와 민주주의에 대한 선도적인 철학자이자 정치 사상가였다. 풀턴 쉰(1895-1973)은 대주교가 되었으며, 심리학과 영혼, 과학철학과 도덕이론에 대해 저술했다.
8) 다른 곳에서와 마찬가지로 여기서도 반틸은 두 영역이 서로 구분되지만 하나님의 주권에 의해 서로 연결되어 있는 충분한 창조주-피조물의 개념이 있어야만, 인간의 지성은 신적 계시의 수용자로서의 참된 중요성을 받을 수 있다고 주장한다. 토마스의 사상에 있어서 존재는 우주이며, 따라서 하나님과 사람은 그것

으로 인해 정의될 뿐이다. 그러므로 인간의 자유는 부분적으로 독립적이며, 하나님 역시 부분적으로 주권적이 된다. 결과적으로 계시는 본래 하나님에서 참되게 나오지 않으며, 인간이 받을 수도 없는 것이 되고 만다.
9) 파르메니데스는 실재가 그 외면적 출현에 비해 정태적이며, 따라서 우리는 겉모습을 보이지 않는 궁극적 실재와 연결시켜야 한다고 가르쳤다. 이런 가르침의 결과는 창조된 세상의 실재를 부정하는 것이다. 제2장 미주 16번을 보라.
10) 반틸은 종종 합리주의와 비합리주의 사이의 불신앙을 조종하는 변증법적 긴장을 암시한다. 합리주의는 믿기 위해서는 비합리적인 단계가 필요하기 때문에 결코 성공할 수 없으며, 비합리주의는 그것을 유지하고 있는 합리적 세상을 필요로 하기 때문에 결코 성공할 수 없다. 그는 현대의 조건들이 순전히 비합리적이라고 생각하는 사람들에 대해 비판적이었다. 왜냐하면 변증법의 양 국면이 모두 요구되고 있기 때문이다. 그럼에도 여기서 그는 그 어떤 훌륭한 비합리주의의 비판도 그것이 합리주의로부터 오는 것이라면(로마 가톨릭주의가 그러하다) 결코 성공할 수 없다고 진술한다.
11) 제4장 미주 19번을 참조하라. 아리스토텔레스가 우리가 살고 있는 이 세상의 복잡성에 매력을 느끼고 모든 것을 합리적 분류의 범주에 넣고자 했음에도 불구하고 그의 견해는 플라톤의 사상에 대한 반작용이 아니라 오히려 많은 부분에서 그와 가까운 것이었다. 차이점은 종종 플라톤에게 있어서 우주는 독립적으로 존재하는 것이었지만(ante rem) 아리스토텔레스에게 있어서 우주는 그것 자체로 독립적이지 않고 사물 안에(in re) 존재하는 것이라고 보았다는데 있다.
12) 하나님은 제한 받지 않으시며, 임시적이지도 않다. 하나님께서 무한하시며 영원하시다고 말하는 것은 부정적 대조를 표현하는 또 다른 방식이다. 우리는 절대로 하나님을 그 자체가 아니라 유비적으로만 알 수 있을 뿐이다.
13) 토마스 아퀴나스에 의하면 하나님은 그의 본질 또는 그의 정수가 알려질 수 없는 분이시다. 하나님께서 자신에 대해 계시하는 것은 결코 자신이 아니시라는 것이다.
14) "확고한 발의자"는 가능성을 실현할 필요성이 없기 때문에 움직이지 않을 것이다. 따라서 아리스토텔레스에게(이 점에 있어서 일관성이 없는 토마스주의자들을 제외하고) 있어서, 자연은 이 신에 의해 발출된 것이지만 자신을 스스로 창조할 수는 없다. 하늘의 높은 국면이 이 신을 모방할 수 있다 하더라도 그는 전적으로 자충족적이며, 따라서 세상 안에서 행사할 수 없고 그것을 인지할 수도 없다. 그것이 바로 이 교리의 이 부분이 왜 1277년 교회에 의해 정죄를 당했는지 그 이유가 된다. 이 점에 있어서 아리스토텔레스는 칸트의 본체론-현상론이라는 구분과 닮아 있다. 제7장 미주 35번을 참조하라.
15) Wilbur M. Smith, *Therefore Stand: A Plea a Vigorous Apologetic in the Present Crisis of Evangelical Christianity* (Chicago: Moody Press, 1945); Gordon H. Clark, "The Primacy of the Intellect," *Westminster Theological Journal* 5 (1943): 182-95. 지성의 수위성에 대한 논의에 대해서는 제4장의 "이성의 도구적 용법"을 참조하라.
16) 왜냐하면 "역사적으로", 합리주의는 현상과 관계시킬 희망이 없다는 것을 깨달은 이후, 피에르 베일리와 데이빗 흄과 같은 현대 철학자들은 많은 것을 산출하는 이성의 능력을 포기했다.

17) 환언하면, 토마스주의를 따라서, 인간의 이성으로 시작한다면, 우리는 그의 정수를 알 수 없을 것이기 때문에 하나님이 자신을 계시하실 필요는 없을 거라고 주장하게 될 것이다. 유일한 탈출구는 당신의 계시가 합리적이며 당신의 본질을 알려주실 수 있는 하나님과 함께 시작하는 것이다.
18) 지성에 관한 알미니안주의의 견해에 대한 초기의 논의를 참조하라 (제2장 미주 29번을 참조하라).
19) 제3장을 참조하라.
20) 이전에 특별히 제3장에서 이미 살펴본바와 같이, 죄는 인간과 하나님과의 언약 관계를 윤리적으로 변경했지만 그것이 창조주-피조물의 관계 그 자체를 위한 조건을 재정의 하지는 못했다.
21) 이것은 반틸 변증학의 심장과도 같다. 하나님과 함께 시작하는 것이 이성을 부정하는 것이 아니라 그것을 확증하는 것을 의미한다. 전통적 증명의 오류는 그 어떤 증명도 그 자체로 잘못된 것이 아니라 그들이 하나님께서 인간의 합리주의에 제한을 받으시는 분이라고 생각한 점에 있다.
22) 이러한 고찰이 제3장에 제시되어 있음에도 그것들은 신론에 더 직접적으로 관련되어 있다.
23) 이 언급은 Carl F. Henry, *Notes on the Doctrine of God* (Boston: W. A. Wilde, 1948), 72에 있다.
24) 이 언급은 Edward J. Carnell, *An Introduction to Christian Apologetics* (Gradn Rapids: Eerdmans, 1948)에 있다.
25) 이 언급은 부자가 불꽃 가운데서 죽은 자를 그의 형제의 집에 보내서 형제들을 감동시켜 달라고 아브라함에게 부탁하고 그런 부탁에 대해 아브라함은 저희에게 이미 성경이 있지 않느냐고 반문한 부자와 나사로에 대한 이야기이다(눅 16:19-31). "가로되 모세와 선지자들에게 듣지 아니하면 비록 죽은 자 가운데서 살아나는 자가 있을찌라도 권함을 받지 아니하니라 하였다 하시니라"(31절). 반틸의 요점은 하나님께서 도처에 너무나 만연하시기 때문에 그분을 모른다고 핑계할 수 없다는 것이다.
26) "하나님의 불가해성에 관한 연구에 대한 위원회의 보고서," May 22-28, 1947, 10-11. 완전한 보고서는 1년 뒤에 *Minutes of the Fifteenth General Assembly of the Orthodox Presbyterian Church*, May 13-18, 1948에 부록으로 출판되었다. 이것은 클락의 견해에 항의를 표명한 반틸을 포함한 필라델피아 장로회원 12명과 고든 클락 사이의 논쟁에 대한 주요 문서이다. 이 사건은 1944년에 시작되었고 총회의 항의서에 대한 부인과 함께 1948년에 종결되었다. 이 문서와 관련된 다른 문서들은 정통장로교회 본부(607 Easton Road, Willow Grove, PA 19090)뿐만 아니라 여러 도서관과 역사 기관에 보관되고 있다. 제13장에 나타난 본문에 대한 이 부분은 이 논쟁에 대한 반틸의 개인적인 답변인 것으로 보인다. 이 사건의 요약에 관심이 있는 독자는 다음을 참조하라. Fred T. Klooster, *The Incomprehensibility of God in the Orthodox Presbyterian Conflict* (Franeker: T. Weaver, 1951); John M. Frame, *Cornelius Van Til: An Analysis of His Thought* (Philipsburg, N.J.: P&R, 1995), chapter 8.
27) "Report of the Committee," 4.

28) 이 점은 매우 충분한 것처럼 보인다. 하지만 문제의 핵심은 특별히 그 지식의 내용에 관한 하나님의 지식과 인간의 지식 사이의 대조에 있다.
29) 신과 인간의 지식은 그들의 지식의 양식이 서로 다를지라도 그 동일한 대상과 믿음과 의미들이 일반적이기 때문에 "한 지점에서 일치"할 수 있다는 것이 "위원회의 보고"에서 확증되었다. 반틸 역시 동의한다. 그러나 하나님께서는 창조주로서 아시며, 인간은 오직 재창조적으로만 알기 때문에, 반틸은 이어지는 글을 통해 일치성에 대한 여러 가지 유형을 인정하지 않는다. 이와 동시에 인간은 원론적으로 모든 것에 대해 어느 정도 알 수 있다.
30) 따라서 "내용의 정체성"은 수용할만하다. 그러나 창조주의 지식의 양식과 피조물의 지식의 양식이 온전히 인정될 때에만 그러하다.
31) 이 신학자들에 대한 초기의 언급 특별히 제 3장에서의 언급을 참조하라. 엘머 홈리그하우젠은 프린스턴 신학교의 윤리학 교수였다. 그의 신학은 칼 바르트의 그것과 동일하게 변증법적이었다. 그는 성경의 무오성에 대한 전통적 견해에 비판적이었다. 그의 저서 가운데는 다음이 포함되어 있다. *Let the Church Be the Church* (New York: Abingdon, 1940).
32) 세계관은 순전히 합리적일 때(파르메니데스의 방식) "정적"이며, 순전히 비합리적일 때(헤라클리투스의 방식) "유동적"이다. 앞서 살펴보았듯이 둘 다 견고한 철학이 아니다.
33) 반틸 철학의 단순하고 정연한 요약이다.
34) 양식의 차이점은 지식의 내용의 특별한 부분에 있는 것이 아니라 자충족적이며 자증적이신 창조주로서의 하나님의 본질에 있다.
35) 데카르트는 한 가지 확실한 지점 즉 생각함 그 자체에 도달하기 위해 모든 사전조건들을 제거하기 위해 노력했다. 물론 이것은 무익한 조처일 뿐이었다. 제6장 미주 21번을 참조하라.
36) 이것은 철저한 지식 대 아주 지식 없음의 딜레마이다. 이러한 체계에서 지식의 발전은 있을 수 없다. 대신 개혁주의적 관점에서 볼 때, 하나님께서 그 시작부터 당신을 계시하시기 때문에 우리는 결코 철저하게 완전히 알 수는 없지만 참되게 그리고 발전적으로 하나님을 알 수 있다.
37) 위에 언급한 미주 26번을 참조하라. 이어지는 글에서 반틸은 항의서의 내용과 위에 언급한 "위원회의 보고"를 직접 설명한다.
38) 불평은 하나님의 불가해성에 대한 질문에만 제한되지 않았다. 그러나 이것에 관계된 다른 교리들은 현재 우리의 관심사가 아니다.
39) 답변 9번.
40) Ibid.
41) Gordon H. Clark, *A Christian Philosophy of Education* (Grand Rapids: Eerdmans, 1946), 49.
42) Cf. The Evangelical Quarterly.
43) "삼단논법"이란 술부가 주부의 뒤에 위치함으로 첫 번째 명제의 술부가 마지막 술부와 결합되도록 잘 배열된 명제로서의 논쟁의 형식을 의미한다. 삼단논법의 역설은 여러분이 부분으로부터 결론에 도달하지 못한다는데 있다. 모래 한 알은 모래덩어리가 아니다. 또 다른 모래알이 합쳐지고 계속해서 합쳐져도 모래

더미가 되지 않는다. 왜냐하면 여러분은 모래덩어리로 시작하지 않았기 때문이다. 반틸은 클락이 영원하신 하나님의 존재에 증식적으로 다가갈 수 있다고 가정한 점을 비판했다.

44) 답변 22번.
45) Ibid., 38.
46) Ibid., 36.
47) 이것은 매우 중대한 요점으로 나타난다. 반틸에게 있어서 "준거점의 정체"는 "내용의 정체"와 동일한 것이 아니다. 전자는 불가해성을 조건으로 창조주피조물의 차이점의 여지를 제공하지만 후자는 그렇지 않기 때문이다.
48) 답변 19번.
49) Ibid., 21.
50) Ibid.
51) Ibid., 19.

제14장

하나님의 불가해성의 변증학적 의미

앞장에서 말한 것에 덧붙여서 하나님의 불가해성 교리를 '현대인'에게 제시하는 것에 대해서 몇 가지를 좀 더 생각해야만 할 것이다.[1)]

현대인은 첫째로 합리주의자(a rationalist)이다. 모든 비그리스도인들은 합리주의자들이다. 언약을 파기한 그들의 대표자인 아담의 후예들(롬 5:12)로서 모든 사람은 그들의 정신을 하나님의 정신에 복종시키기를 거부한다. 그들은 실재의 성질을 자신의 최종 준거점으로 삼아 해석하려고 한다. 그러나 합리주의자가 되기 위해서 사람은 또한 비합리주의자가 되어야만 한다.[2)] 사람은 실재에 대해서 논리에 의해 규정할 수가 없는 것이다. 하나님께서 실재의 법칙들을 이미 규정하셨다는 것을 받아들이지 않으려고 하면서 사람은 결국 우연에게 모든 것을 돌리고 마는 것이다(이것이 바로 비합리주의적인 면이다. 즉 합리주의자가 되려고 하나님을 배제하다가 결국은 비합리주의자가 되어, 비그리스도인은 합리주의적 비합리주의자이고 비합리주의적 합리주의자가 된다는 것이다-보역). 합리주의자로서 그는 자신이 철저한 방식으로 논리적으로 파악할 수 있는 것만이 가능하다고 말한다. 또한 비합리주의자로서 그는 자신이 실재 전체를 논리적으로 파악할 수 없으므로, 그리고 논리에 의해서 실존을 규제할 수 없으므로, 궁극적으로 다스리는 것은 우연이라고 말한다.

바로 이런 합리주의적-비합리주의자인 사람에게 복음은 그 창조와 계시 교리, 그리스도 안에서의 은총을 통한 구속 교리를 가지고 다가온다. 그리스도의 이 복음이 최대한도로 폭넓은 맥락에서 제시되지 않으면 현대인을 그리스도의 복음으로 도전하는 것은 불가능한 것이다. 그래서 개혁신앙은 이를 가능하도록 하려고 노력하는 것이다.

그렇게 하려는 노력에서 개혁신앙은 천주교회 사상이나 알미니안주의와 양보를 해서는 안된다. 양보하는 개혁신앙은 그 힘을 잃는다. 왜냐하면 천주교 사상과 알미니안주의는 그 자체가 부분적으로는 합리주의적-비합리주의적이기 때문이다. 칸트시대 이후로 얻어진 현대의 합리주의적-비합리주의적 견해에 대항하여서 하나님의 불가해성에 대한 온전한 개혁파 견해를 제시하는 것이 좋을 것이다.

하나님의 불가해성에 대한 기독교 교리에서는 창조주와 피조물의 구별이 근원적인 것이다. 비기독교적 견해에서는 그렇지 않다. 비기독교적 견해는 일원론적이다. 창조주-피조물의 구별의 궁극성을 주장하는 단어의 형태만으로는 하나님의 불가해성에 대한 기독교적 이해와 비기독교적 이해를 분명히 구별하기에 충분치가 않다. 이 구별을 근본적인 것으로 하는 비기독교적인 철학 체계, 즉 관념론적 형태가 얼마든지 있기 때문이다. 그러나 그런 체계들 중의 그 어떤 것도 이 구별로써 정통적 그리스도인들이 의미한 것을 의미하지는 않는다. 정통적 그리스도인들에게는 창조주-피조물의 구별이, 시공간의 우주와 그 어떤 관계도 없이 영원부터 존재하신 삼위일체 하나님이 그 존재와 지식에서 자신에게 전적으로 충족한다는 것을 함의한다. 그러므로 이것은 하나님이 자신에게 전적으로 알려질 수 있으며, 알려져 있음을 뜻한다. 하나님은 빛이시고, 그 안에는 어두움이 조금도 없으신 것이다.3)

창조주-피조물의 구별에 대한 정통적 견해는 시공간의 세상이 그의 존재의 필연성에 의해서가 아니라 하나님의 능력의 작용에 의해서, 무로부터의 창조에 의하며, 그의 의지의 작용에 의해서 존재하게 되었다는 개념을 함의한다. 그러므로 하나님의 통제와 지도 아래 있지 않은 "세계사의 과정 가운데 작용하는" 세력이란 없는 것이다. 사람이 그의 피조된 자유를 통하며, 그의 의지의 작용을 통해서 이룩한 것조차도 하나님의 궁극적인 뜻에 종속하는 것이며, 동시에 그에 따라서 이루어지는 것이다. 특별히 그의 행동에 대하여 하나님의 계시된 뜻을 무시하는 사람에 의해 행해진 악도 모든 것을 주관하시는 하나님의 뜻이나 작정에 반하여 이루어지는 것이 아니다. 이 세상에 죄와 악이 들어온 것과 관련해서 우리는 하나님의 허용적 의지를 말할 수 있다. 그렇게 함으로써 우리는 죄에 대한 사람의 분명한 책임을 강조할 수 있으나, 이 구별이 궁극적이고 신비하나 모든 것을 통제하시는 하나님의 능력에 대한 성경의 분명한 가르침을 전복하는데 이르게 할 수는 결코 없는 것이다. 기녹교 신학자가 역사의 전과정에서 일어나는 그 어떤 것에 대하여서도, 그것이 악마에 의한 것이든, 사람에 의한 것이든, 아니면 자연의 힘에 의한 것이든,4) 그것이 하나님의 뜻과 상관없이 일어난다고 허용하는 때, 바로 그 때에 기독교 신학의 근거가 흔들리는 것이다. 왜냐하면 어떤 것이 하나님의 뜻 밖에서 일어난다고 허용하는 것은 우연이라는 이교적 개념을 용인하는 것이기 때문이다. 그러나 하나님께서는 그의 계획에 의해서 일어나는 모든 일을 전부 다 통제하신다.

하나님의 지식은 자연히 내재적으로 그 자신의 존재를 파악하며, 피조된 존재들에 대한 그의 전지하심에 의하여 모든 피조물을 다 파악하신다는 주장을 현대인은 합리주의적이라고 한다. 성경에 근거하여 하나님의 전능성과 전지성을 아무런 제한없이 주장하려고 하는 사람은 결정론적(a determinist)이고, 합리주의자라는 혐의를 받게된다. 이렇게 결정론적이고 합리주의자라는 혐의 안에 포함되어 있는 의미는 인간의 자유와 책임의 근거를 파괴하며, 하나님을 죄악의 저자로 만든다 등의 내용이다. "뉴욕 타임즈"나 "이브닝 블레틴"(Evening Bulletin)의 일반적 독자들은 칼빈주의에 대해서, 그것이 선택교리를 가지고 있어서, 사람이 무엇을 하든지 간에 그들을 영원한 파멸에 이르게 한다고 생각하는 이외에는 별로 아는 바가 없는 것이다.[5]

기독교 신학자는 이런 혐의에 대하여 어떻게 반응하는가? 그는 적어도 부분적으로는 비평가를 만나 대화하기 위해 하나님의 계획의 모든 것을 규정하는 성격을 깎아 내릴 것인가? 우주 안에 있는 질서 개념을 위해 필요한 만큼은 보존하고, 인간의 자유와 도덕성의 옹호자와 대화하기 위하여 상당한 비결정론을 가지고서 균형을 잡을 것인가? 그것이 바로 천주교 사상과 알미니안주의의 정책인 것이다. 또 몇몇 개혁파 신학자들도 그런 입장을 취한다. 예를 들자면, 올리버 버스웰(J. Oliver Buswell)은 사람의 도덕상에 대한 하나님의 관계를 다루면서 "도덕적 주체자들의 자유롭게 규정되지 않은 행위들"(free, undetermined acts of moral agents)을 말하고,[6] 우리 자신이 궁극적 원인이 되는 사람들의 도덕적 선택들에 대해서 말하는 것이다.[7] 칼빈과 명백히 대립하면서 버스웰(Buswell)은 하나님을 거부하는 것이다. 하나님이 모든 것의 궁극적 원인이라고 말하는 것은 인간의 합리성과 도덕성을 넌센스로 환원시키는 것이라고 말하는 피기우스(Pighius)나 다른 비판가들에게 대해 대답하면서 칼빈은 오히려 그 역이 참이라고 대답하였다.[8] 그는 하나님이 만물의 궁극적 원인으로 여겨지지 않으면, 사람의 생각과 행동에는 의의나 의미가 있을 수 없다고 논의한다. 사람의 사상과 행동의 배후에 전포괄적이고, 모든 것을 통제하는 계획이 없으면, 인간의 사상과 행위가 공허한 가운데서 발생하게 된다고 말이다.

이런 접근을 거부하면서 버스웰은 천주교 사상과 알미니안주의의 정책을 따르고 있다. 결정론적이라는 비난을 면하기 위해서 그는 토마스 아퀴나스나 알미니안 신학자들이 행한 일, 즉 결정론과 비결정론의 중간, 합리주의와 비합리주의의 중간 길을 지어 나아갔다.9) "나는 하나님의 뜻의 모든 행위가 하나님의 본성에 의하여 규정된다고 생각하지 않으며, 하나님의 본성의 모든 것이 하나님의 뜻에 의해 통제된다고도 생각하지 않는다."10) 이렇게 어떤 것은 하나님의 본성에 의해서 규정되지 않고, 다른 것들은 하나님의 뜻에 의해 규정되지 않는다고 주장하는 이유는 무엇인가? 이에 대해 주어진 대답은 다음과 같다. "한편으로, 만일 하나님의 뜻이 완전히 하나님의 본성에 의해서 규정된다면, 하나님은 그의 구원하시는 사역에 있어서 자유롭지 못할 것이고, 하나님의 구속 프로그램은 은총은 문제가 아니라, 필연성의 문제일 것이다. 또 한편으로, 만일 모든 지혜, 거룩하심, 의, 선하심, 진리 등의 하나님의 본성이 온전히 하나님의 뜻에 의해 규정되는 것이라면, 도덕법은 모든 점에서 단순한 힘의 문제였을 것이고, 하나님의 구속하시는 프로그램은 순전히 자의적인 것이 되며, 그리하여 하나님의 아들의 희생 제사의 존재론적 이유가 없게 될 것이다. 하나님은 가인의 제사도 아벨의 제사와 같이 받으실 수도 있었고, 바라바의 강도짓을 통해서도 그의 아들의 희생적 죽음을 통해서와 같이 구속적 가치를 자의적으로 결정하실 수도 있기 때문이다."11) 이와 같은 접근에 대해서는 다음과 같은 점들을 말해야만 할 것이다.

1. (버스웰에 의하면) 하나님의 본성과 하나님의 뜻 사이엔 (있을 수 없는) 날카로운 반립이 주어졌다. 버스웰에게 "하나님의 본성에 의해서 온전히 규정된다"는 것이 그 의미에 있어서 비인격적 운명 개념과 동

일하다. 자유롭기 위해서 하나님 자신의 뜻은 하나님의 본성에 의해서 온전한 결정론에서 벗어나야만 한다. 그리고 사람에 대한 하나님의 구속적 프로그램은 주권적이고 은혜로우시므로, 이 프로그램은 "하나님의 본성에 의해서 완전히 규정되어서"는 안된다는 것이다. 또한 그것을 우리가 구석에서의 하나님의 뜻과 은혜의 사역이 온전히 하나님의 본성에 의하여 통제된다고 생각하기보다는 부분적으로만 그렇게 된다고 생각해야 한다는 것이다. 그는 하나님의 본성에 의하여 온전히 통제되는 것이 하나님의 뜻과 구원하는 은혜의 행사가 자유롭지 못함을 의미한다고 판단하는 것이다. 오직 부분적으로 통제될 때에라야 하나님의 뜻과 그 행사는 자유롭고, 은혜로운 것이 된다는 것이다. 그러나 하나님의 뜻이 그 자유를 잃지 않으면서 하나님의 본성에 어느 정도 통제되어야 하는가에 대한 대답이 주어지기 전에 이 구별은 무의미하다. 그리고 자유와 필연성의 관계의 정도에 대한 이 질문에의 대답은 대답하는 이가 전지성(全知性)을 갖기 전에는 대답될 수 없는 것이다(따라서 버스웰의 논의는 하나님의 뜻과 그의 본성을 쓸데없이 대립시킴으로써 우리의 생각을 오도하고, 바른 해결책을 제시하지 못한다-보역).[12]

2. 버스웰이 부분적으로만 하나님의 의지의 자유를 하나님의 본성의 필연성에서 분리시켰을 뿐만 아니라, 어떤 점에서는 전적으로 그 둘을 분리시켰다고도 지적할 수 있다. 그는 "하나님의 뜻의 모든 행위가 하나님의 본성에 의해 규정되는 것은 아니다"고 말하지 않는가? 그것은 그가 하나님의 뜻의 어떤 행위들은 하나님의 본성과 그 어떤 관계도 가지고 있지 않다고 시사하는 듯한 표현인 것이다.

이 인용문에서의 문제는 온전한 결정론, 또는 부분적 결정론의 문제가 아니라, 결정되는 것이 있느냐, 아니냐의 문제가 되는 것이다.
그러나 만일 어떤 의지의 행위에서 하나님의 뜻이 하나님의 본성에 의해서 전혀 결정되지 않으므로 자유롭다면, 하나님의 뜻의 다른 행위들은 어떠한

가? 그것들은 하나님의 본성에 의해서 규정되었으므로 자유롭지 못하다는 말인가? 만일 그렇다면, 사람은 어떤 하나님의 뜻의 행위들은 자유롭고, 어떤 것은 자유롭지 못하다는 것을 어떻게 알 수 있는가? 그리고 하나님의 뜻은 하나님의 인격성의 표현이기에 단일한 것인가? 우리가 하나님의 본성을 결정론과 실재론의 용어로, 하나님의 뜻을 비결정론과 유명론의 용어로 해석하기 전에 우리는 바로 이와 같은 문제들을 대답해야만 하는 것이다.[13] 그런데 이는 창조주-피조물의 구별을 그의 사상의 기본적인 것으로 삼지 않는 사람에 의해서만 일관성있게 수행될 수 있는 것이다(그 구별을 하는 이는 이런 식의 논의를 할 수가 없는 것이다-보역).

버스웰의 기본적이고 근본적인 오류는 하나님의 뜻의 자유를 하나님의 본성과 부분적으로나 전적으로 대립시켜서 찾으려고 하는 데에 있다. 하나님의 자유는 하나님의 자유이시다. 그리고 하나님을 그의 본성을 떠나서 어디서 찾을 것인가? 하나님은 그의 존재, 지혜, 능력, 거룩하심, 의로우심, 선하심, 진리에 있어서 무한하고, 영원하며, 불변하시는 영이시다. 영으로서의 하나님은 자충족적인 인격적 하나님이시다. 그의 인격성은 그의 본성을 떠나서는 아무 것도 아니다. 하나님은 그의 본성의 필연성에도 불구하고가 아니라, 그의 본성의 필연성 때문에 자유로우신 것이다. 하나님의 필연적 자기 존재는 그의 자유를 구성한다. 이 사실을 강조함으로써만이 우리는 실재론-유명론의 딜레마나 결정론-비결정론의 딜레마를 피할 수 있는 것이다.[14]

3. 더 나아가서, 하나님의 뜻의 어떤 행동들이 하나님의 본성에 의해서 규정되지 않았다고 주장함에서 버스웰은 우연을 믿는 비그리스도인들이 말하는 결정론의 혐의에서 벗어날 수 있는가를 물을 수 있다. 만일 모든 것이 하나님께서 일어나야 한다고 의도하셨기에 일어나는 것이라면, 내가 구원받고, 구원받지 못하고에 대해서 내가 할 수 있는 일이라고는 없지 않는가고 일반인들은 반문한다. 그런 이들에게는 버스웰이 말하듯이 사람과 그 우주를 규정하는 것이 하나님의 본성이 아니라, 하나님의 의지라고 해도 아무런 차이가 없는 것이다(여전히 반발하며 질문할 것이다-보역).

버스웰은 인간의 의지의 자유가 하나님의 의지에 의해서 규정되는 것을 막아 보려고 노력한다. 그럼으로써 자신이 인간의 자유의 옹호자가 된다고 생각한다. 그러나 그가 취한 방법은 하나님의 모든 것을 규정하시는 본성에 대항하여 하나님의 뜻의 자유를 옹호하기 위해 사용하는 것과 같은 방법이다.

그것은 역시 사람의 뜻을 온전히 하나님의 뜻에 복종시키지 않고, 부분적으로만 복종시키는 일일 뿐이다. 다음의 말을 잘 주목해 보라. "하나님께서는 그의 선하신 뜻대로 사람에게 행동의 자유를 부여하시기로 선택하셨다. 그래서 하나님에 의해서 피조된 존재로서 사람의 행동들은 전적으로 외적으로 규정되지 아니하고, (비록 모든 점에서는 아니라 해도) 어떤 점에서는 하나님께서 사람에게 창조적 원인과 어느 정도 비슷한 궁극적 원인이 될 수 있는 특권을 주셨다. 물론 인간의 삶에는 인간의 의지에 복속되지 않는 것이 많이 있다. 우리의 모든 행동들 중에 99%가 외적인 세력에 의해서 규정되어진다고 시인할 수도 있다. 그럼에도 불구하고 우리의 도덕적 선택들은 궁극적 원인이 되는 선택들이다.[15]

이 인용문의 첫 부분에서 버스웰은 '사람의 행동' 일반에 대해서 말한다. 그러다가 후반부에서는 사람의 도덕적 행동들을 구별된 일단의 행동들로 말하고 있다. 아마도 앞 부분은 뒷 부분을 포함하는 것이리라. 인간의 행동 일반은 도덕적 행동의 좁은 범주를 포괄하는 듯하다. 도덕적 행동을 포함한 인간의 모든 행동에 대해서, 그것들은 "전적으로 외부로부터 결정된 것은 아니다"고 언급되어졌다. 그러므로 그것들은 부분적으로만 외부로부터 결정된 것이 된다. 이 인용문의 후반부에서는 우리의 행동의 99%가 외부로부터 규정되었다고 말할 수도 있다고 한다. 그리고 나머지 1%는 "우리가 궁극적 원인이 되는" 행동들이라고 구별없이 부분적으로는 외부로부터 결정되어졌고, 부분적으로는 우리 자신에 의해서 행해진다고 이야기 되었다. 그런데 후반부에서는 어떤 행동들(99%)은 외부로부터 결정지어졌고, 어떤 행동들(1%)은 전적으로 우리들 자신에 의해서 결정지어진다고 하고 있는 것이다.

평범한 비그리스도인 독자들은 이런 것으로 만족할 것인가? 그는 우리의 도덕적 선택들이 우리가 궁극적 원인이 되는 선택들이라는 것을 주목할 것이다. 그리고 그는 이것은 칼빈주의적 선택 개념을, 즉 내가 구원받을 것인지, 아닌지를 하나님께서 결정하신다는 개념을 제거하는 것이라고 말할 것이다. 만일 이것이 그것을 의미하는 것이 아니라고 한다면, 내가 나의 행동의 궁극적 원인이라는 것이 무엇을 뜻할 것인가? 그리고 그는 이미 인용한 구절 주변에 있는 선택에 대한 인간 신앙의 관계에 대한 버스웰의 말로 위로를 얻을 것이다. "우리 구원의 근거는 우리의 은혜로우신 주님의 선하신 뜻이다. 그는 아담의 반역한 인류 중 그 누구도 구원해야 할 의무가 없으시다. 그럼에도 불구하고 그의 선하신 뜻과 주권적 은혜로써 그는 십자가에 못박혀 죽으시고 부활하신 구주에게 신앙을 두고 신뢰할 것으로 미리 아신 자들을 구원하시기로 선택하셨다. 믿는 자는 모두 구원을 받을 것이니, 이는 하나님께서 그의 주권적 은혜로써 그들을 구원하시기로 선택하시기 때문이다. 믿지 않는 자는 잃어질 것이니, 이는 그들이 믿지 아니하기 때문이다.16) 여기서 선택은 예지된 신앙(foreseen faith)에 의존하여 이루어진 것으로 보인다. 즉, 하나님께서는 그들이 그리스도를 믿을 것으로 아시는 이들만을 선택하신다는 것이다. 일반적 독자들은 이것을 일반적인 알미니안주의가 이 문제를 진술하는 것과 구별할 수 없을 것이다. 그래서 그는 이 비결정론에의 양보를 즐거워할 것이다.17)

또한 비결정론자들은 버스웰에 의하여 하나님의 예지가 우주 안에 있는 모든 것에 대한 그의 예정하심과는 별개의 것으로[독자적으로] 이루어진다는 사실에서 위로를 찾으려고 할지도 모른다. 그는 하나님의 예지가 "도덕적 피조물들의 미리 규정되지 않은 자유로운 행위들"도 포함한다고 말하기 때문이다.18)

그러나 비결정론자들은 결국 버스웰의 입장도 만족스럽게 여기지 않을 것이다. 그들은 일관성있는 정통적 기독교 신학이 하나님께 돌리는 그와 같은 종류의 자유를 사람에게 돌릴 때 까지는 결코 만족하지 않는다. 그들의 눈에는 천주교 사상이나 알미니안주의가 인정하는 인간의 자유도 충분한 것이 못되는 것이다. 왜냐하면 천주교 사상과 알미니안주의의 하나님도 부분적으로는 (어쩌면 1%는) 인간의 행동을 미리 규정하기 때문이다. 그런데 비결정론자들은 아무런 제한도 없는 자유를 원하는 것이다.

물론, 비기독교적 비결정론자들과 비합리주의자들 중의 많은 수가 상당히 일관성이 없다는 것도 사실이다. 비결정론을 주장하려고 하는 이들은 사람에 대한 모든 형태의 통제를 끊임없이 거부하려고 하게 된다. 현대의 실존주의는 이렇게 일관성 있는 비결정론을 주장하는데 아주 가깝게 나아간다. 하이데거(Heidegger)가 실재란 철저히 시간적이며, 끝 또는 죽음에 이르는 존재라고 말할 때, 그는 완전한 비결정론의 개념을 시사하려고 하는 것이다.[19] 그러므로, 버스웰이 하나님의 뜻과 하나님의 본성을 대조하고 궁극성을 하나님의 뜻과 대립하여 사람의 뜻에 돌리는 등 그가 허용한 모든 양보도 결국은 결정주의(determinism)라는 혐의를 제거하는데 조금의 도움도 주지 못한다고 할 수 있다.

결정론(결정주의)라는 혐의에 대해 말한 것은 합리주의(rationalism)라는 혐의에 대해서도 그대로 성립된다. 비결정론자들 즉 **모든 것에 대해 미리 규정함이 없다고 주장하는 이들**이 버스웰의 입장을 이해할 수 있게 하려면, 또 우리가 그를 이해하려면 다들 전지한 이들이 되어야만 할 것이라고 지적할 것이다. 우리는 우리들의 도덕적 선택에서 자유롭다고 버스웰은 말한다. 그렇다면 이 도적적 선택들에는 어떤 것들이 포함되는가? 그것들과 도덕적인 것이 아닌 선택들을 어떻게 구별할 것인가? 그 경계선은 어디에 있는가? 우리의 도덕적 선택들은 분명히 우리의 통제 밖에서 우리에게 일어난 일들에 의해서 영향을 받는다. 또한 '자연악'(natural evil)의 문제와 그것이 우리의 선택에 미치는 영향의 문제가 있다. 유전과 환경은 우리의 도덕적 선택들에 상당한 영향을 미치고, 결국 우리가 전혀 영향을 받지 않는 선택을 찾아낼 수 있는 가능성은 전혀 없게 된다. 만일 버스웰이 우리의 모든 선택들은 부분적으로는 결정되어 있고, 부분적으로는 자유롭다는 취지의 그 구별을 다시 말하려 한다면, 결국 전지성을 소유하지 않고서는 결코 해결할 수 없는 정도의 문제가 제기되는 것이다(즉, 어떤 행위는 어느 정도 미리 규정되어 있고, 어느 정도는 자유로운 것인가의 문제가 제기된다-보역).[20]

자연인의 전제에서는 비결정론과 비합리주의가 그 요점을 끝까지 주장할 권리가 있음을 주목해야 한다. 그는 부분적으로는 기독교의 하나님의 용어로, 또 부분적으로는 인간의 궁극성의 용어로 그 구성을 해보려고 하는 입장의 내적인 비일관성을 지적하기만 하려는 것이 아니다. 그는 결국 기독교적 입장 자체의 전복을 추구하는 것이다.

　자신의 단일론적 가정에 근거하여 작업하면서 그는 사람이 모든 사실적 역사적 존재를 불변하는 논리적 관계들로 환원시키지 않는 한, 전혀 규정되지 않고, 알 수 없는 것이 된다는 것을 주장하게 된다. 이 논의는 헤겔(Hegel)에 반하여 키에르케고르(Kierkegaard)에 의해서 자세히 진술된 바 있다. 키에르케고르는 헤겔의 '체계'에 대해서 말하면서, 그것을 비웃었고, 희화하였다. 논리적 조작으로 모든 실재를 설명하려고 하다가 헤겔은 역사 안에 있는 모든 독특성과 모든 참된 새로움을 희생시켰다고 키에르케고르는 논의한다. 참된 역사적 독특성은 예견할 수 없는 것이라고 키에르케고르는 말한다. 즉 그것은 논리에 의해서 체계화할 수 있는 것이 아니다.[21]

　키에르케고르의 입장 배후에 있는 가정은 역시 공통적으로 일원론적인 것이다. 그는 사람이 모든 사실적 실존을 논리적 범주 안에 넣을 수 없으면, 실존적 체계란 전혀 있을 수 없다는 것을 당연한 것으로 받아 들인다. 물론 키에르케고르는 '하나님' 안에는 실존적 체계(an existential system)가 있다는 것을 인정한다. 그러나 이것은 그에게 있어서는 무의미한 주장이니, 그의 근거에서는 사람이 그런 하나님을 전혀 알 수 있지 않기 때문이다. 그런 하나님은 그에게 있어서는 칸트적인 의미에서의 신앙의 조항인 것이다. 즉 이론적 개념이기보다는 실천적 개념이다.[22]

　그러나 만일에 키에르케고르의 입장에서 헤겔이 합리주의자로 불리워진다면, 정통적 기독교인은 얼마나 더할 것인가? 모든 실재는 철저히 하나님의 뜻에 의해서 결정되었고, 철저히 하나님의 정신에 의해서 알려진바 되었다고 주장하는 것은 정통적 그리스도인이다. 정통적 그리스도인이 그 자신의 원리와 일관성을 가지고 있는 한 그만이 그런 주장을 하는 것이다. 헤겔은 그런 하나님을 전혀 믿지 않는다. 그는 구성적 개념으로서의 하나님 개념을 믿지 않는다. 그에게 있어서 신의 개념은 한계 개념(a limiting concept)이다. 그리고 이것이 모든 차이의 원인이 된다. 한계 개념의 현대적 관념은 사람이 실재를 논리화하지 않으면, 즉 모든 사실적 실존을 논리적 관계들의 틀 안에 넣지 않으면, 그만큼 실재는 비합리적이라는 일원론적 가정에 근거하고 있다. 그러므로 헤겔의 합리주의는 (아이러니컬하게도) 온전한 회의주의와 비합리주의의 표현인 것이다.

키에르케고르는 그의 화살을 헤겔보다도 칼빈에게 겨누었어야 (그의 목적을 더 잘) 이룰 수 있었을 것이다. 실재와 지식의 체계가 실재로 있다고 믿는 이는 헤겔보다도 칼빈이다. 그의 존재의 본성 때문에 자신을 철저히 다 아시며, 그가 일어나는 모든 일을 규정하셨으므로 우주의 모든 것을 남김없이 다 아시는 자충족적인 본체론적 삼위일체가 계시다고 믿는 이는 칼빈이지, 헤겔은 믿지 않기 때문이다.

그러므로 우리는 합리주의자요 결정론자인 칼빈에 반해서 헤겔과 키에르케고르가 비합리주의자요 비결정론자로 나란히 서 있다고 상상할 수도 있다.[23] 그들은 칼빈에게 그 자신이 인정하듯이 하나님의 정신을 철저히 다는 알 수 없다면, 그도 그들과 함께 비합리주의자가 되어야만 한다고 말할 것이다. 이에 대해서 칼빈은 다음과 같이 말할 것이다. "왜 그렇게 말하는지는 이해할 수 있습니다. 당신들의 가정에서는 그렇게 말하는 것이 일관성을 유지하는 것입니다. 왜냐하면 당신들이 가정하듯이, 모든 실재가 단일한 데서 온 것이라면 인간의 정신과 하나님의 정신도 같은 종류의 것이기 때문입니다. 그렇게 되면 하나님의 정신도 인간 정신이 아는 것 이상으로는 알 수 없고, 하나님의 뜻도 인간의 뜻이 할 수 있는 것 이상으로는 통제할 수 없는 것이 됩니다. 그렇게 되면, 하나님의 정신은 인간 정신이 알지 못하는 것을 안다는 데에 호소할 이유가 없으며, 하나님의 정신이 인간의 정신에 무엇인가를 계시하신다고 말할 의미가 없게 되는 것입니다. 그렇게 되면, 신의 정신에나 인간의 정신에나 모두에 대하여 신비가 없든지, 또는 모두에 대하여 신비가 있는 것이 됩니다. 그런데 인간의 정신에는 분명히 신비가 있으므로, 결국 신의 정신에게도 신비가 있는 것이 됩니다. 한마디로 말해서, 결국 (당신들의 전제에 의하면) 실재가 신비적이게 된다는 결론을 내리지 않을 수 없습니다. 그러나 당신들도 알다시피, 나는 하나님께서 창조자이시며 우리의 통제자이시라는 가정을 가지고서 작업합니다. 나는 이것을 분명히 하는 것으로부터 시작합니다. 나는 성경의 권위에 의해서 창조주-피조물의 구별을 솔직하게 받아들였습니다. 나의 가정에서는 내가 반드시 그래야만 한다는 것이 당신들의 가정에서도 합리적이라고 여겨집니다. 만일 사람이 창조주로서, 그리고 입법자로서 사람 위에 서 계시는 하나님의 정신에 관하여 알게 된다면 또한 하나님 정신에 관하여 알게 된다면, 그는 하나님 자신의 계시에 대해서 이 신적인 정신에 의존할 것입니다. 이 계시의 자발적 성격은 하나님께서 사람에게 직접적이며, 개인적으로 말씀하실 때에만 나타나는 것이 아니고, 피조된 우주의 모든 사실에서도 나타나는 것입니다. 왜냐하면 피조된 우주 자체는 그 존재 자체를 하나님의 자발적인 행위에서 얻게 되었기 때문입니다. 이 세상을 그런 것으로 볼 때에라야 참으로 지적으로 이해되는 것입니다."

"이렇게 나에게 부딪히는 모든 사실이 자충족적인 하나님의 인격적이고 자발적인 계시 행위라고 볼 때, 그리고 내가 하나님의 사상을 따라서 사유하려고 할 때, 즉 이 창조주께서 내게 주신 논리적 작업의 은사를 사용하여서 나 자신의 '체계'를 만들어 보려고 노력할 때, 나의 체계는 그 어떤 점에서도 하나님의 체계에 대한 직접적인 모사(a direct replica)는 아니지만, 모든 점에서 하나님의 체계의 유비적인 것이 될 것이 분명합니다. 그것은 그 어떤 점에서도 직접적인 모사는 될 수 없으며, 그렇게 될 수 있다고 말하는 것은 내가 작업하는 그 작업의 기초를 없애 버리는 것이 되기 때문입니다. 그리 말한다는 것은 결국 사람이 하나님의 피조물이 아니고, 하나님께서 그의 심중에 가지신 것을 사람도 그의 심중에 가진다는 의미가 될 것입니다. 그렇다면 사람이 모든 사실적 실존을 논리적 관계로 환원시킬 수 있고, 역사 안에 있는 모든 미래 사건을 예언할 수 있는 것이 됩니다. 그러나, 사람의 정신은 하나님에 의해서 피조되었고, 자연히 그 자체가 하나님을 계시하는 것이므로, 인간의 정신은 비록 유한하게나마 하나님의 체계에 대해 참되고, 그에 상응할 수 있다고 확신할 수 있습니다. 우리는 이것을 하나님의 체계가 유비적(analogical)이라고 말하는 것입니다. 그것은 하나님의 체계에 의존하는 것이며, 그렇게 하나님의 체계에 의존함으로써 필연적으로 참된 체계라 할 수 있게 된 것입니다. 그러므로 나는 인간의 정신이 소위 실전적 체계(an existential system)를 가질 수 있다고 주장합니다. 그러나 나는 또한 인간의 정신은 그 논리적 기능들의 수단으로 하여 만든 그 모든 명제들에 있어서, 하나님의 실전적 체계 때문에 참된 사실들과 상응하게 된다고 주장합니다. 그러므로 하나님께서 세상을 통해서가 아니라 직접 자기 자신의 존재에 대한 것을 말씀하실 때, 나는 내 경험의 수준에서 그가 하신 말씀을 반복할 수 있습니다. 예를 들어서, 그가 세상의 기초가 놓이기 전에 영원 전부터 존재하셨다고 말씀하시면, 나는 그의 말을 반복해 말하며 '하나님은 영원하시다' 고 말할 수 있습니다. 그러나 이 때 하나님께서는 그가 의미하시는 바를 온전히 파악하고 계시며, 나는 그렇지는 못하다는 차이는 남습니다. 하나님께서는 당신을 온전히 다 아십니다. 그리고 나는 그분을 참으로 알기는 하나, 온전히 다 알지는 못합니다. 더구나, 하나님께서 당신 자신에 관해서 나에게 말씀하시는 것이 참인 것처럼 나 자신과 세상에 관해서 내게 말씀하시는 모든 것도 그러합니다. 내가 나 자신의 눈으로 보는 것조차도, 흔히 과학의 영역에 속한다고, 혹은 형상계의 영역에 속한다고 언급되는 것에 대해서도 나의 전제에 의한다면 나는 그것을 온전히 다 알지는 못합니다. 현상계의 모든 사실들도 그것이 사실들에 대한 하나님의 자발적인 뜻에 의해서 이루어진 것이기에 나에게는 불가해적입니다. 그것들은, 하나님께서 그의 계획에 의해서, 또한 창조와 섭리의 사역으로 당신의 계획을 수행하심에 의해서 현재와 같은 모습을 갖게 되었으므로 이 시공간 사물의 영역에 한 자리를 차지하고 있는 것입니다. 최종 분석에 의하면 그것들도 하나님 자신과 같이 나에게는 불가해적입니다. 그러므로 하나님의 불가해성에 대한 나의 개념은 그가 참으로 알려질 수 있음을 전제합니다. 이 참된 가지성(可知性, 알려질 수 있음)은 내가 그의 피조물이며, 피조된 모든 것이 그에 의해 만들어졌다는 사실에 기인합니다. 그러므로 내가 하나님의 가지성을 전제하지 않으면, 그의 불가해성도 주장할 수 없습니다. 그러므로 사람의 마음 안에 있는 것이든지, 그것을 둘러싸고 있는 것이든지 간에 모든 현상적 실재가 지금과 같은 모양을 하고 있는 것은 하나님의 본성을 드러내는 하나님의 뜻의 활동의 결과 때문입니다. 이런 근거에서만이 우리는 하나님의 불가해성 교리를 세울 수 있습니다."

"그러므로 하나님의 불가해성에 대한 나의 교리에서 나는 헤겔에 반해서 키에르케고르 당신의 편에 서지 않습니다. 오히려 나의 관점에서는 당신 키에르케고르와 헤겔 모두가 비합리주의자들입니다. 당신들 모두가 하나님의 가지성을 부인합니다. 그러므로 당신들이 일관성을 가지려면 모든 것에 대한 가지성을 부인해야 합니다. 모든 것을 통제하시므로 모든 것을 아시는 나의 하나님을 전제하지 않으면, 당신들은 알려질 수 있는 그 어떤 것도 지적으로 알게 할 수 없습니다. 그러므로 하나님의 불가해성에 대한 나의 개념은 오늘날 현대의 비합리주의라고 불리우는 것과는 정반대 입니다. 그리고 당신들의 관점에서는 하나님의 불가해성에 대한 나의 교리가 희망이 없으리만큼 결정론적이고, 합리주의적인 것으로 보일 것입니다. 내가 주장하는 하나님의 불가해성에 대한 교리는 하나님이 그 자신에게는 온전히 알려지셨으며, 그는 자신이 창조하신 세상을 온전히 아신다는 것을 전제합니다. 더 나아가서 하나님에 의해서 하나님의 형상으로 만들어진 사람은 하나님을 알고, 또 알 수밖에 없음을 전제합니다. 헤겔 당신조차도 이런 합리주의, 이런 밝은 형이상학에 대해서는 키에르케고르만큼이나 반대한다는 사실을 인정하실 것입니다."

"그러므로 나는 당신들 중 그 누구에 대해서도 그 어떤 양보를 하고자 하는 마음이 없습니다. 결국 내가 하나님의 가지성은(knowability)에 대한 나의 입장 전체를 희생시키고자 하지 않으면 당신들을 만족시킬 양보를 할 수 없는 것이기 때문입니다. 즉, 만일 내가 당신들에게 양보를 하면 그것은 나의 체계에서는 유한하고 유비적이기는 하나 참된 하나님의 실존적 체계에 대한 모사물을 가지지 않는다는 것이 됩니다. 말하자면, 나는 모든 것에 대한 참된 인식 가능성을 부인해야만 하는 것입니다. 나는 완전히 회의주의적이 되어야만 합니다. 그러나 나는 공언하노니, 만일 당신들이 실재(實在)를 그에 의해 모든 것이 이루어지고, 현재의 그 모습을 가지게 된 성경의 하나님을 기본으로 하여 해석하지 않으면 당신들 자신의 입장도 이해할 수 있게 하지 못할 것입니다. 그러므로 나는 모든 영역에서 언급 가능성의 파괴를 피하기 위해서 하나님의 불가해성을 주장하는 것입니다."(이상이 헤겔과 현대의 비합리주의에 대한 칼빈의 가상적인 반발의 주장이다-보역).24)

이제 다시 버스웰의 입장을 생각해 보면, 그의 입장도 천주교 사상과 알미니안주의와 함께 사실상은 그 원수들을 이길 가망이 없는데도 기독교 신앙의 기초와 지식의 근거를 다 흔들어 버릴 그런 양보를 함으로써 기독교 신앙의 원수들을 달래보고 그들을 유화시켜 보려는 치명적인 실수를 하고 있음이 분명하다. 결국은 기독교적 입장을 그 적대자들의 입장과 조심스럽게 대조시키지 못하면, 우리의 적들을 기독교적 입장에로 돌이키게 할 수 없다고 생각하는 것이 합리적일 것이다.

이제까지 말한 것에서 우리는 하나님께서 모든 것을 통제하시고, 모든 것을 아신다는 개념을 강조하였다. 이 주장 때문에 기독교는 자주 합리주의(rationalism)의 혐의를 받아 왔다. 여기에 우리는 하나님이나 그 어떤 것도 철저히 다 아는 것은 불가능하다는 말을 덧붙여야만 한다. 사람은 결코 그 정신 안에 하나님께서 그의 정신 가운데 가지신 것과 정확히 같은 사상 내용을 가지리라고 기대할 수 없는 것이다. 하나님의 피조물로서 사람은 하나님을 "하나님에게 맞도록, 적절하게"(adequately)는 결코 알지 못한다. 그는 오직 '인간적 방식으로' (pro mensura humana)만 아는 것이다. 이 주장은 하나님의 지식의 전포괄성과 상반되는 것이 아니라, 오히려 그것에 포함된 것이라고 할 수 있다. 하나님 지식의 전포괄성을 주장하는 이는 반드시 그가 알고 계신 것을 알지는 못한다는 두 번째 주장도 해야만 하는 것이다. 왜냐하면 하나님 지식의 전포괄성을 주장해야만, 오직 그럴 때에 우리는 인간 정신이 참으로 파생적이며 모든 점에서 하나님의 정신과 그 선행적(先行的) 활동에 전적으로 의존함을 생각하기 때문이다. 천주교 사상가들과 알미니안주의자들은 하나님 지식의 전포괄성을 주장하지 않으므로, (우리가 그처럼 알지는 못한다는) 둘째 주장도 하지 않는다. 그들이 신 지식의 전포괄성을 주장하지 않는다 함은 그들이 인간 정신의 궁극성을 부인하지 않는다는 말이다. 천주교 사상가나 알미니안주의자는 그 누구도 그것을 기꺼이 하려고 하지 않는다. 어떤 점에서는 인간 정신의 궁극성을 주장하면서, 천주교 사상가들과 알미니안주의자들은 신적 정신과 인간 정신의 관계가 선생과 제자의 관계와 비슷하다고 주장할 수 있고, 또 일관성을 유지하려면 반드시 그렇게 주장해야만 했다. 교사는 학생이 알지 못하는 많은 것들을 알고 있다. 그러나 교사는 학생에게 자신이 아는 것을 말하며, 결과적으로 학생이 교사만큼 알게 되지 못할 이유가 없는 것이다. 또한 학생이 교사가 말한 모든 명제와 심지어 교사 자신까지도 이해하지 못할 이유는 없는 것이다. 물론, 교사는 그가 학생들에게 말한 명제의 어떤 함의를 이해하고 있는데, 학생들은 일정한 기간 동안은 그 함의를 모를 수가 있다. 그러나 교사가 여기에 새로운 명제를 더할 때, 그 함의는 교사뿐만이 아니라 학생에게도 점점 더 분명해 지는 것이다. 그 둘 사이에는 점진적 차이밖에는 없는 것이다. 교사가 알고 있는 것은 그가 자신이 알고 있는 것을 학생들에게 계시하기 전까지는 불가해적이다. 학생이 교사가 하는 말을 이해할 가능성은 그 둘 다가 같은 조건과 제한 가운데서 작용하고 있다는 사실에 근거한다. 교사는 자신이 모든 것을 통제하지 못하므로 모든 것을 알지는 못한다. 특히 그는 학생들의 정신을 통제할 수 없다. 그러므로 교사는 미래에 대해 예언할 수 없는데, 미래는 전혀 그의 통제 밖에 있기 때문이다.

 그는 그가 그것에 의존해서 진술하는 논리의 법칙이 그가 그것에 대해 주장을 하려고 하는 우주의 사실들에 전적으로 들어맞는지는 확신할 수 없는 것이다. 그러므로 학생들에게 신비가 있는 것처럼 교사에게도 신비가 있는 것이다. 교사와 학생 모두가 그들에게 의존하지 않는 비인격적인 논리의 법칙을 바라보는 것이다. 왜냐하면 그들 모두가 자신들의 능력으로는 실재의 사실들을 통제할 수 없기 때문이다.

 물론 천주교 사상과 알미니안주의가 이처럼 명확하게 사태를 진술하지는 않는다. 그들도 나름대로는 창조주-피조물의 구별을 주장하려고 하며, 그러기를 원한다. 그러나 결국 인간 정신의 궁극성이나 자율성에 대한 그들의 가르침을 생각해 보면 그들이 왜 교사-학생 관계에 대한 비유에서 살펴본 바처럼 하나님과 사람에 대한 비기독교적 견해와 절충하려고 하는지를 알 수가 있다. 모든 비기독교적 사상에 의하면, 사람은 잠재적으로 신적이다. 사람이 실제로 하나님께 의존해 있다고 여기지 않는 것이다. 그리고 사람이 하나님에 의해 피조되었다고 생각하지도 않는다. 이 세상은 하나님의 섭리적 통제 아래 있는 것도 아니라고들 본다. 따라서 사람의 정신이 결국 모든 것들을 알 수 있다는 것이다.

현대의 관념론과 함께 사람이 가진 모든 것에 대한 지식은 단순히 한계 개념(limiting concept)이어서, 사람은 그 어떤 때에도 모든 것을 알 수는 없다고 말할지라도, 이 견해에 의하면 사람과 하나님이 같은 제한에 복속하게 되는 것이다. 현대 관념론에서 사람이 주어진 시간에 모든 것을 다 안다고 기대할 수 없는 것은 하나님조차도 그럴 수 없다고 생각되기 때문이다. 그 이유는 이 실재가 결코 그 어떤 정신에게도 철저히 알려질 수 없다는 비합리주의적 가정과 함께 있으므로서 서로를 규제하고 균형을 잡는다는 사실에 놓여있다.

그러므로 기독교적 입장과 비기독교적 입장의 두 입장은 서로 정면으로 대립하여 있는 것이다. 창조주-피조물 관계의 우위성을 확언하면서, 개혁신앙에 의해서 일관성있게 표현된 기독교적 입장은 사람은 어떤 때든지 그 심중에서 하나님께서 심중에 두시는 것과 정확히 같은 사상을 가지지 못한다고 주장한다. 물론 그의 하나님이 당신 자신은 영원하시다와 계시적 명제를 주실 때 사람은 하나님은 영원하시다고 이 명제를 반복할 수는 있다. 이 때에 준거점(즉 하나님 자신)은 같으나, 그 내용은 (꼭) 같지는 않은 것이다. 하나님께서는 그 어떤 조건에도 종속하지 않으시며, 그 자신이 사람에 대한 모든 조건의 원천이 되시는 분이시므로[25] 이 명제를 그 모든 의미의 풍성함을 가지고 아시니, 이는 하나님이 이 명제를 사람에게 주셨고, 또 주실 모든 다른 명제들과의 관련 가운데서 아시기 때문이다. 만일 하나님께서 사람에게 당신 자신에 대하여 주실 모든 계시적 명제들을 다 주셨다고 해도, 사람은 그가 신적이지 않은 한 하나님께서 그의 정신 중에 가지신 그 같은 사상을 가질 수는 없을 것이다. 사람은 결코 하나님의 경험을 경험할 수 없다.

수없이 많은 명제들을 합해도 이 문제를 조금도 바꿀 수는 없다. 더하여진 계시는 사람이 이 계시에 대한 신앙고백과 찬송 중에서 반응할 때 사람이 가진 의미의 풍성함을 과거에도 풍성케 하였고, 이후에도 풍성케 할 것이 틀림없지만, 그러나 이런 더해진 계시가 자충족적인 본체론적 삼위일체의 경험과 피조된 사람의 경험의 차이를 없에버릴 수는 없는 것이다. 사람이 하나님은 영원하시다고 말할 때, 그는 그의 제한성 때문에 하나님을 그저 아주 오래된 분으로 생각할 뿐이다. 그는 영원성을 생각할 때 끝없는 기간의 용어로 생각하는 것이다.[26]

이렇게 말할 때 우리는 한 순간이라도 현대의 비합리주의에 빠지는 것은 아니다. 우리는 실재인 하나님의 대양적 깊음에 대해서 모호하게 말하는 것이 아니며, 이 깊음을 우리의 이해라는 찻잔으로 다 비울 수 없음에 대해서도 모호하게 말하지 않는다. 또한 우리는 토마스 아퀴나스와 함께 우리의 신 지식은 단지 부정적인 것일 뿐이라고 주장하지도 않는다.[27] 실재의 무한성과 그것을 이해로 다 파악할 수 없다고 말하는 것, 즉 비합리주의자가 된다는 것은 합리주의자가 되는 것과(이상하게도) 아주 맞아 들어가는 일이다. (즉 그둘은 서로 일관성을 지니는 일이다.-보역). 왜냐하면 합리주의의 본질은 인간 정신의 궁극성이나 자율의 개념에서 나오기 때문이다. 그리고 그 근거에서는 비합리주의가 합리주의와 보조를 같이하기(be in agreement with) 때문이다. 그 둘 사이의 유일한 차이는 비합리주의는 좀더 교묘하고, 달아빠진 합리주의라는 데에 있다. 비합리주의는 자신이 비합리주의의 숲속에 잃어졌음을 아는 합리주의이다. 그러나 비합리주의는 '잘못된 무한들'의 숲속을 아무리 헤쳐나가도 더욱 더 정복해야 할 숲이 많음은 알지만, 그렇다고 해서 합리주의의 원리를 거부하는 것은 아니다.

그와는 대조적으로, 사람이 그 어떤 점에서도 하나님께서 아시는 것대로는 알지 못한다는 기독교적 입장이 성경이 말하는 자충족적인 하나님이라는 전제에 근거하고 있다. 그리고 이 전제는 합리주의와 비합리주의 모두의 죽음을 의미한다. 이것이 그 둘 모두의 죽음인 것은 그것만이 사람의 정신을 온전히 하나님의 정신에 의존하도록 주장하기 때문이다.[28]

그렇다면 사람이 하나님은 영원하시다고 말할 때, 비록 그가, 그 자신의 개념화에 관한 한, 이 영원성을 아주 오랜 시간으로 밖에는 생각할 수 없지만, 그래도 하나님의 존재에 대해서 무엇인가를 적극적으로 말하는 것이다. 우주 안에 있는 모든 사실들이 그리고 특히 그 자신의 경험의 사실들이 하나님의 본성과 성격에 대한 적극적 계시이므로 적극적인 무엇인가를 말할 수 있는 것이다. 창조와 섭리로써, 또한 사람을 하나님의 형상으로 만드심으로써 세상에 대한 하나님의 적극적인 계시가 먼저 계셨다는 사실이 우리를 회의주의에서 구하는 것이다. 그러므로 사람의 지식이 하나님의 지식에 대해 유비적인 것이라는 기독교적 개념은, 그 용어의 궁극적이며 포괄적인 의미에서는 어떤 것도 통제할 수도 없고 알 수도 없는 사람이 그럼에도 불구하고 자신의 지식이 참되다고 확신할 수 있는 유일한 입장인 것이다.

그러므로, 인간의 정신이 한 명제라도 그 최소한의 의미에서는 하나님께서 그 명제에 대해서 알고 계시는 것과 같은 의미와 깊이 (the same depth of meaning)를 가지고서 알수 있다고 말하는 것은 창조주 피조물의 관계에 대한 공격이며, 기독교의 핵심에 대한 공격이 되는 것이다. 그리고 우리가 하나님의 불가해성이 하나님의 전체를 통제하시는 능력과 지식이란 개념에 포함되어 있고, 그에 따라 나오는 것임을 주장하지 않으면, 우리는 어떤 점에서는 사람의 정신을 하나님의 정신과 같은 궁극적인 것으로 만드는 천주교 사상이나 알미니안주의적 이단에 빠지는 것이다.

하나님의 불가해성의 현대적 중요성을 좀 더 충분히 시사하기 위해서 이를 분명하게 가르치지 않으면 어떤 결과가 나타나는지를 관찰하는 것이 좋을 것이다.

역사적 기독교에 대한 근자의 원수들 중 하나는 칼 바르트(Karl Barth)나 에밀 부룬너(Emil Brunner)와 같은 사람들의 비합리수의 이다.[29] '전적 타자' 인 하나님과 사람에 대립하여 그의 질적인 차이를 많이 말하면서 그들은 모든 피조된 실재의 계시적 성격을 부인한다. 그러므로 하나님의 불가해성에 대한 그들의 가르침은 자연에서 주어진 것이든 은총가운데서 주어진 것이든 간의 하나님의 적극적 계시 활동이라는 근거에서 떨어져 있다고 할 수 있다. 그 결과 그들은 사실상 우주(the Universe)나 실재(Reality) 전체를 언급의 최종적 대상으로 여기며, 우연을 존중하는 면에서 칸트 이후의 현대 과학과 철학과 보조를 같이 하는 것이다.

그것이 실증 과학이든지, 의지주의적 철학이든지, 변증법 신학의 형태를 가지고 있든지 현대 유명론의 비합리주의에 반하기 위해서 어떤 개혁파 사상가들은 실재주의적이고 합리주의적인 비기독교적 선험(*a priori*)에 해당하는 것을 채용하는 오류에 빠진다. 그래서 그들은 합리주의로써 비합리주의를 고쳐 보려고 애쓰는 것이다. 우리는 클락 박사가 이런 경우에 해당함을 이미 살펴 보았다.30)

일반적으로 말해서 그 과정은 다음과 같다. 모든 형태의 감정주의(emotionalism)와 의지주의(voluntarism), 모든 형태의 순수한 경험론과 실증주의가 모두 회의주의의 맹목적인 동료가 됨을 밝힌다. 이 때 경험주의에 대한 관념주의적 반박의 방법이 채용되는 것이다. 즉 어떤 것에 대한 그 어떤 경험과 어떤 것에 대하여 사람이 하는 그 어떤 주장도 무시간적 절대의 존재를 전제한다는 의미의 논의가 주어지는 것이다. (이 논의를 계속하자면) 이런 무시간적 절대가 없으면 모든 것이 유동(流動)하게 되고, 그 무엇에 대해서 아무런 말도 할 수 없게 된다. 심지어 오류의 가능성이 있기 위해서라도 그런 절대적 진리는 있어야만 한다. 그러므로 회의주의자는 언제나 그 자신의 입으로 자신을 반박하는 것이다. 왜냐하면 진리를 공격하기 위해서라도 진리에 서야만 하기 때문이다. 그는 자신이 파괴하려고 하는 것 위에 서 있어야만 한다.

이제 남은 문제는 그런 무시간적 절대에 대해서 사람이 무엇인가 적극적이거나 긍정적인 것을 조금이라도 알 수 있느냐는 것이다. 만일 그가 알 수 없다면 모든 형태의 회의주의에 대한 공식적 반박은 별 효과를 거둘 수 없는 것이다. 논리적으로 회의주의가 자기 모순적이고 자기 반박적이라는 것을 밝힐 수 있을 것이다. 그런데 그것은 부정적이고 소극적인 과정일 뿐이다. 그 어떤 적극적 근거 위에서 회의주의를 반박할 것인가? 만일 내가 그런 적극적 토대를 시사할 수 없다면, 회의주의자는 나에게 내가 나 자신의 논리적 조작이 경험의 사실들에 어떤 관계를 지니는지를 전혀 보여줄 수 없다고 대답할 것이다. 왜냐하면 우리의 모든 반박에도 불구하고, 우리는 논리의 법칙으로 그의 경험은 무의미 하다는 것을 밝혀줄 수 있을 뿐이지, 그 이상은 아무 것도 하지 못하는 불행한 입장에 있게 되기 때문이다. 만일 무한히 넓고 깊은 바다 위에 있는 노젓는 배가 말을 할 수 있다면, 그것은 대양을 향해서 "대양은 참으로 액체이며 그 어떤 고체도 가지고 있지 않다"고 말할 수 있을 것이나, 대양은 "내가 너 노젓는 배를 움직여가지, 너 노젓는 배가 나 대양을 움직여 가지는 않는다"고 대답할 것이다.

　이런 대답에 대해서 관념론적 논의는 무력하다. 왜냐하면 관념론의 입장은, 위에서 살펴 본 바와 같이, 인간 정신이 잠재적으로는 신적이라고 가정하기 때문이다. 이것은 인간의 정신이 그 자체보다 더 높은 정신에 의뢰할 권리가 없음을 함의한다. 관념론에서 말하는 신의 정신이 인간의 정신보다는 훨씬 위대한 것이라고 말하여질지라도, 관념론에서는 그 신의 정신조차도 그 자체가 통제할 수 없는 사실들에 둘러 싸여져 있는 것이 되기 때문이다. 우리가 시간적인 창조 교리와 하나님의 섭리에 의해서 우주 안에 있는 만물이 온전히 통제됨을 전제하지 않으면, 하나님도 그의 사상으로서만은 규제할 수 없는 것에 직면하게 되는 것이다. 특별히, 관념론적 가정에서는 사람이 하나님에 의해서 피조되지 않고, 사람의 정신이 새롭고, 하나님도 예측할 수 없는 것을 시작할 수 있는 것이 된다. 여기서는 신도 논리의 법칙이 어떻게 해서라도 실재를 통제할 수 있기를 바라는 것이 된다. 신도 반드시 그러하리라고는 확신할 수 없는 것이 되는 것이다. 그러므로 이런 법칙들은 신의 성품과는 독자적인 것이다.(상관이 없는 것이 된다).

　그러므로 모든 것을 통제하시는 하나님의 계획이라는 기독교적 전제가 주어질 때에만 회의주의에 대해서 답할 수 있는 유효한 논의가 있다. 그러므로 회의주의를 반박하고, 비합리주의에 반할 때, 개혁 신학자들은 그 자체를 창조주-피조물이 구별에 근거시키지 않는 관념론적 입장에서 말하는 종류의 선험(*a priori*)과 창조주-피조물의 구별에 근거시키는 기독교적 입장이 말하는 종류의 선험(*a priori*)을 조심스럽게 구별하는 것이 아주 중요하다.[31]

천주교 사상가들과 알미니안주의자들은 이 구별을 분명히 하지 않으리라는 것, 적어도 실용주의자들과의 논의에서 이 구별이 별로 중요한 것이라고 생각하지 않으리라는 것은 말할 나위도 없는 것이다. 천주교사상과 알미니안주의 모두가 어떤 점에서는 인간 정신의 궁극성을 확언하므로, 그 함의상 그들은 하나님에게도 통제할 수 없는 것이 있는 그런 하나님을 믿는다고 할 수 있다. 그러므로 사람이 이세상에서 자연과 역사를 통해 만나는 모든 것이 하나님의 계획을 드러내는 것이 아닌 것이 된다(그들의 입장에 철저히 따르면 말이다-보역). 창조주피조물의 차이를 전적으로 거부하거나 무시하는 비그리스도인들과 함께, 천주교 사상가와 알미니안주의자는 그들이 회의주의를 반박하고 자연인에게 기독교 계시의 진리성을 증명하려고 할 때 추상적인 논리의 법칙에 호소하게끔 되어 있다.

그러나 어떤 추상적인 논리의 체계를 경험의 사실에 적용하는 본질적으로 스콜라주의적이고 천주교적인 과정을 개혁파 신학자들 중 어떤 이들이 사용하는 경우가 있다. 특히 변증학 영역에서 그런 일이 흔히 발생하는 것이다. 그러므로 우리는 이 문제를 여기서 간단하게라도 다루어야 한다.[32]

변증학에서 기독교 신학자들은 기독교 신앙을 불신자들에게 합리적인 것으로 보이게(appear reasonable to the unbeliever) 하려고 애를 쓴다. 그들은 불신자들로 하여금 신앙을 받아들이게끔 하려는 것이다. 불신자는 그가 받아들이도록 요청받고 있는 교리를 이해하기 원한다. 그러나 그는 기독교가 사실과 부합하는지를 확실히 하기를 원한다. 그는 기독교가 말하는 사실들이 실제로 일어났는지를 알기 원하고, 그것들이 자신에게도 기독교가 말하는 그런 의미를 지니는지 알고 싶어한다. 잠시만 생각해 보아도 그리스도인이 이 문제에서 불신자를 만족시킬 수 없다는 것이 자명히 드러나게 된다. 기독교 변증가는 이적과 같은 사실들에 대해서 그것의 내포적 정의 대신에 단순한 외연적 정의를 강조함으로써 불신자를 만족시키려고 한다.[33] 클락 박사는 이적이 그런 것들로 여겨질 때, 그 자신의 공인된 방법을 가지고 작업하는 과학자는 그것이 불가능한 것이라고 주장할 수 없다는 것을 보여 주기 위해서 이적의 외연적 정의를 강조하였다. 그는 말하기를 모든 과학적인 관찰에는 항상 오류의 여지가 있다고 한다. 또한 그 이상으로는 탐구가 진전될 수 없는 영역이 있다고 한다. 그러므로 언제나 예외적인 것의 여지가 있다는 것이다. 그러므로 과학자 자신이 이적의 가능성을 허용해야만 한다는 것이다. 이렇게 되고 나면 기독교가 말하는 소위 이적이 실제로 일어났었느냐는 것은 단지 역사적 탐구의 문제가 되는 것이다.

이런 근거에서라면 불신자가, 심지어 실용주의자라도 이적의 가능성을 허용한다는 것이 분명히 드러난다. 그러나 클락 자신과 함께 우리는 실용주의자가 용인하는 그런 종류의 이적들은 단지 이상한 사건들이며, 따라서 기독교적 진리 체계의 한 부분으로서 가지는 그 의미를 모두 상실하지 않느냐고 말할 수 있다.

더구나, 이적에 대해서 언급되는 것은 자연적인 것이든, 초자연적인 것이든지 기독교적 가르침의 한 부분을 형성하는 모든 사실들에 대해서도 그대로 언급되는 것이다. 비기독교적 과학자들과 철학자들은 그런 사실들이 가능성을 허용할 수는 있지만, 그 사실들이 기독교적 함의를 갖는다는 것은 받아들이지 않는다. 클락과 함께, 이적을 다룰 때 우리는 기본적으로 외연적 정의에 관심을 기울인다고, 즉 기독교적 체계 내에서의 그 사건의 의미 문제(내포적 정의) 보다는 실제로 그런 일이 일어났는지에 관심을 기울인다고 말하고, 실용주의자조차도 그 자신의 근거에서 그리스도의 부활 사실을 쉽게 받아들일 수 있다고 용인하는 것은 그리스도인들로서 우리가 말하는 것이 무의미한 것이라고 말하는 것이 된다. 더구나, 그것은 무엇이 가능하고, 가능하지 않는지에 대해서 불신자의 이론의 정당성(적법성, 정통성, legitimacy)을 받아들이는 것이고, 기독교 신학이 보는 대로는 사실이 발생할 수 없음을 인정하는 것이 되는 것이다.

기독교 유신론의 사실들의 가능성과 실제성에 대해서 그리스도인이 불신자를 만족시킬 수 있는 유일한 방법은 그 사실들을 인간 정신이 파고들 수 있는 논리 체계의 한 부분들로 온전히 환원시키는 것임을 알아야만 한다.[34] 사실 불신자는 그가 철저히 파고들 수 있는 체계의 논리적 관계들로 환원시킬 수 있는 것만을 가능하다고 하는 것이다. 만일 비그리스도인의 논리의 요구가 만족 되어야만 한다면 기독교적 가르침에 어떤 일이 일어날 수 있는지에 대해서도 파르메니데스(Parmenides)가 모델로 설 수 있다.35) 존재한다는 것은 알려졌거나 알려질 수 있는 것이다라는 것이 파르메니데스의 모토이다. 말하자면, 어떤 것이 존재하기 위해서는 그것이 논리의 원칙에 의해서 철저히 다 알려질수 있어야만 한다는 것이다. 이 교리를 無(무)로부터의 창조 문제에 적용하여서 그는 그런 사실이 불가능하다는 결론에 이르렀다. 이 때 파르메니데스가 일관성이 없다고 할 수 없다. 그는 옳았던 것이다. 즉, 신적인 정신과 인간적 정신 사이에 질적인 차이가 없다는 그의 가정에서는 어떤 것이 무시간적 논리 체계의 한 부분을 형성하는 것이 아니면 그것은 의미를 가진 사실이라고 인정되지 않기 때문이다. 그리고 이것은 시간적인 것은 아무 것도 없다고 말하는 것이 된다.

이것이 비기독교 사상의 극단적인 한 형태라고 생각하고, 인간의 논리에 그렇게 따르지 않는 사실들이 있음을 용인하는 다른 형태의 비기독교적 사상이 있음을 생각하면, 우리는 그런 사실이 용인된다해도 그것은 그 사상 체계에서는 무의미한 사실로 분류된다는 것을 말해야 한다. 어떤 비기독교적 관점에서 사실들이 의미를 가진다고 언급되려면, 그 사실들은 논리적으로 규제 가능한 체계의 한 부분을 이루어야만 하기 때문이다. 파르메니데스는 모순율을 적극적으로 또 긍정적으로 적용하여 무(無)로 부터의 창조가 불가능하다는 결론에 이르렀다. 현대의 칸트 이후의 사상은 모순율을 부정적으로 적용하여서 정통 신학이 말하듯이 기독교의 초월적인 하나님과 그의 세상에 관한 행동을 말한다는 것은 무의미하다는 결론에 이른다. 만일 우리가 하나님, 창조, 타락, 구속 등의 용어를 사용하려면, 그들을 구성적 개념들로서가 아니라, 한계 개념(limiting notions)으로 사용해야만 한다고 하는 것이다. 그것들은 구성적인 개념들로서는 무의미한 개념들이라는 것이다.36) 이와 같은 것이 현대인의 논의이다. 그러므로 고대 정신을 취하든지, 현대 정신을 취하든지 그것이 같은 이야기라는 것은 사실이다. 그것은 타락 이후에 그 자체를 절대화한 피조물의 정신이며, 따라서 자체를 모든 언급의 종국적 준거점으로 만든 것이다. 그와 함께 인간 정신은 그 자체를 가능한 것과 불가능한 것의 규정자로 세운 것이다. 그것은 극단으로 나아가 그 영역의 법칙에 들어 맞는 것이 외에는 그 어떤 것도 존재할 수 없다고 강하게 주장하는 것이다.

　이런 사실들을 염두에 두면, 기독교적 관점에서 사실의 가능성과 현실성에 대해 자연인의 요구를 만족시켜 보려고 하는 것이 얼마나 치명적인 것인가를 쉽게 이해할 수 있다. 그리스도인들은 사실들이 기독교가 말하는 바로 그런 것이라는 것을 동시에 말하지 않고서는 사실들 그 자체에 대해서 이야기 할 수도 없는 것이다. 사실들에 대한 논의는 그 선험적 가능성의 문제가 해결되기 전에는 시작조차 될 수 없는 것이다. 그러므로 기독교 변증자가 가능성에 대한 비기독교적 기준을 받아들인다는 것은 치명적인 것이다. 만일 그가 비그리스도인의 허용에 의해서 사실을 허용하게 된다면, 그 사실들은 그의 사실들이 아니라, 비그리스도인의 사실들일 것이다.[37] 하나님의 불가해성 문제는 특히 성경의 권위와 이성의 관계와 관련하여서 중요성을 지닌다. 앞 장에서 주목한 바와 같이, 인간의 정신은 권위있는 초자연적 계시와 관련을 가지지 않고서는 그 자체로 작용하게끔 되어 있지 않다.[38] 타락 전 낙원에서 조차도 사람의 이성은 피조물로서 가능한 한도 내에서 그를 둘러싼 자연의 사실들과 그 자신의 구성의 사실들에서 그에게 주어진 계시를 정리하도록 되어 있었다. 그리고 그의 추론(reasoning)은 하나님의 초자연적 계시에 종속하도록 되어 있었다. 그러나 사람이 어떤 사실을 바로 해석할 수 있기 위해서 타락 이전이라도 초자연적 계시가 필요했다면 타락 이후에는 그런 초자연적 계시가 얼마나 더 필요할 것인가? 그리고 타락 이후에 필요한 이 초자연적 계시는 반드시 구속적 성격(a redemptive character)을 가져야만 한다. 사람이 계시를 동반해 오는 구속에 의해서 계시를 받아들일 수 있게 되지 않으면 사람은 이 계시에 대해서 적대적이게 된다. 그러므로 성령께서 사람에게 그를 구속하는 계시를 믿는 힘을 주시는 것이다. 그러므로 성경은 자연인인 그가 구속 받기 전에는 그가 실제로 무엇인지를 알지 못한다고 말하고 있다. 그렇다면 그리스도인이 도대체 어떻게 자신의 입장을 양보하거나 절충하지 않고서 자연인이 하나님을 전연 도외시하는 생(生)

철학의 용어로 자신과 자신을 둘러싼 우주의 사실들을 아는 것처럼 자연인에게 호소할 수 있겠는가? 특별히 전적 타락 교리를 가르치고, 인간의 궁극성과 자율성에 대한 알미니안과 가톨릭의 가르침을 이단적인 것으로 제쳐 놓는 개혁파 신학자가 어떻게 되돌아서서 기독교의 가르침을 받아 들이라고 인간의 자율 자체에 호소할 수 있다는 말인가? 그런데도 오늘날 그와 같은 일들이 계속해서 일어나고 있다. 그런 초자연적 계시의 가능성이 불신자의 철학적 용어로 수립될 때에 바로 이런 일이 일어난다. 이제 이에 대한 한 두 가지의 예를 들어 보기로 하자.

 그의 책 『추론하는 신앙』(Reasoning Faith)에서 하몬드(T. C. Hammond)는 현대 칸트적 인식론에 근거한 관념론적 인격주의 철학(an idealist personalist philosophy)의 용어로 선지적 계시의 가능성을 논의하고 있다.[39] "그러나 만일 보편 이성이 외부로부터 우리의 지각적 기능들에 부과한 질서로 그 자체를 표현하려고 하면, 그리고 우리의 주관적 반응들에서 그 표현을 찾으려 할 때, 의식의 퍼올림은 하나의 발견이며, 그것이 또한 계시이다."[40] 자연의 영역에서는 이것이 옳을 수 있다. 도덕의 영역에서도 옳을 수 있다. 그 두 경우 모두에 있어서 개개인은 객관적 도덕적 질서에 직면하게 되는 것이다. "이 점에 이르러서도 일반적 경험이 보여 주는 것, 즉 독창적인 발견자들은 소수고, 기록자들은 많다는 가정을 할 수 있지 않을까? 이것만은 용인하도록 하자. 그리고 세계의 진보에 선구자를 준 같은 사상의 써클 안에서 인류의 선지자들의 위치가 주어지도록 하자. 여기서 종국적으로 우리는 덜 철저한 연구가 배제해 버린 그 책의 가능성에 이르렀다."[41]

 그러나 그 '책의 가능성'은 그 종국적 참조점이 이미 그 책 없이 해석된 인간의 자아라고 여기는 이들에 의해서는 논리적으로 결코 허용될 수 없는 것이다. 만일 그 책의 가능성과 현실성이 하몬드(Hammond)가 호소하는 이들, 즉 현대 철학의 관념론적 인격주의 학파에 의해서 허용되고 받아들여진다고 해도, 이 책의 밀들은 과학의 세계에서 아무런 과학적 지위를 지니지 않은 말들이라고 주장될 것이다.

그 책의 용어로 해석하지 않는 이들의 용어로 그 책의 가능성을 수립하는 것의 가능성을 부인함으로써 우리의 의도가 조금만치라도 바르트에게로 가서 그가 하듯이 이 책의 현실성을 가지고서 출발하자는 것은 아니다.[42] 왜냐하면, 바르트나 부룬너는 먼저 그 가능성을 수립하고서 나아가는 대신에, 그 책의 현실성에서 출발함으로써 그 책의 말을 또 다시 사람 안에 있는 기준에 의해서 검토되어야 할 필요가 있는 어떤 것으로 만들었기 때문이다. 그 책은 우리에게 일관성 있는 인생관과 세계관을 제시해 주지 않는다고 부룬너는 말한다. 우리는 하나님의 말씀을 그 책의 말들과 그 책의 배후에서 찾아야만 한다는 것이다.[43] 바르트나 부룬너의 경우에 현대 신학자들과 관념론 철학자들에 의해서 사용된 그 책의 가능성을 수립하는데 사용된 방법의 거부는 숨기워진 합리주의(undercover rationalism)일 뿐이다.

바르트나 부룬너가 거부하는 합리주의와 그들이 확언하는 비합리주의 모두에 반하여서, 개혁신앙은 우리가 그 책의 현실성에서 시작해야만 한다는 개념을 내세웠다. 우리는 그 책에서 믿지 못했던 철학의 용어로 그 책의 가능성과 그것의 필요성을 수립하였다고 가정해서는 안된다. 우리는 참으로 그리스도인들로서 우리 자신을 그 책의 용어로, 그 책의 권위에 의해 해석하는 것을 칼빈에게 배웠고, 사실들의 의미를 해석하는데도 그 책을 바라 보아야 함을 배운 것이다.

우리는 기독교 계시의 사실들의 외연적 정의를 말하지 않는다. 우리는 그저 이 사실들이 하나님의 권위있는 계시로서 이 책이 말하는 그와 같은 것만을 알 뿐이다. 그리고 우리는 이 사실들이 성경이 말하는 그런 사실들이 아니라면, 우리는 전혀 의미를 가질 수 없다고 말함으로써 불신자들에 도전하는 것이다.

칼 헨리(Carl F. H. Henry)는 하몬드(T. C. Hammond)의 노선과 비슷한 방법론을 따른다. 그는 과학 자체는 인간의 눈의 관찰 이상의 것이 '자연' 안에 상당히 많음을 인정해야만 한다고 지적한다. 그는 말하기를 이 사실은 법칙의 초자연적 영역(the supernatural realm of law)의 문을 열어 놓는다고 한다.[44] "왜냐하면 과학자들이 자연의 체계를 수립하기 위해서 아무런 증명 없이(beyond seeing) 근거하는 그 같은 증거가 유신론에 대한 증거라고 증명 없이(beyond seeing) 평가될 수도 있기 때문이다."45) 그리하여 수문이 '영적인 영역'에도 열려진다는 것이다. 그러므로 "시편 기자가 말하는 어리석은 자가 현대의 철학적 편견들로부터 이끌어낼 위로는 얼마 있다가는 불편으로 바뀔 수 있다. 유신론에 대한 주장은 현재로서는 수립되지는 않았으나, 있을 수 없는 것이라고 반등된 것도 아니다."46)

헨리는 플라톤, 아리스토텔레스, 제노, 플로티노스, 데카르트, 버클리, 라이쁘니쯔, 칸트, 헤겔, 로이스(Royce), 호킹(Hocking), 본(Bowne), 그리고 브라이트맨(Brightman)과 같이 위대한 인물들이 인생을 어떤 의미에서는 그들이 보았거나 보는 세상을 넘어선 초자연적 세계의 용어로 해석할 필요를 느꼈다는데서 위로를 찾는다(그의 '어리석은 자'는 그 사실에서 불편함을 얻지만 말이다). 그러나 여기서는 그 어리석은 자가 헨리(Henry)보다 더 정당화 될 수 있다고 여겨진다. 왜냐하면 스토아 학파나 플로티노스 같은 이들이 그들이 주장하는 완전히 단일론적인 체계를 주장할 어떤 정당한 근거를 가진다면, 그리스도인은 그들이 말하는 '이원론적인' 창조주피조물의 구별을 할 근거를 가지지 못하는 것이 되기 때문이다. 그리고 이같은 인물들은 그들의 추론에서는 근본적으로 비논리적이지는 않은 것이다. 인간의 자율성을 가정하고 시작하면 실재란 다 같은 것의 한 부분이며, 기독교적인 의미의 하나님은 없다는 결론 이외에 그 어떤 다른 결론도 나오지 않게 된다.47)

헨리가 성경과 그 권위를 성경의 가르침과는 직접적으로 모순되는 철학적 방법론과 연결시킬 수 없었다는 것은 별로 놀라운 일이 아니다. 그는 말하기를 "유신론에 대한 성경의 주장은 하나님의 존재에 대한 철학적 논증들과는 별개로 진행된다"고 한다.48) 그러나 하나님의 자기 계시도 역시 "소위 유신론적 증명들을 둘러싼 불확실성을" 제거하지는 못하고 있다.49) 그러나 만일 성경이 유신론적 증명들의 불확실성을 제거하면, 성경과 철학적 증명은 서로 나뉘어질 수 없는 것이다. 그리고 그 둘이 실제로 독자적일 수 없음이 인정된다면, 성경이 이런 증명들에 대해서 무엇이라고 말하는가 하는 것이 중요한 문제로 남는다. 성경은 일원론(monism)에 대한 증명에 대해서 분명히 불확실성을 제거한다고 말할 수 있다. 왜냐하면 성경은 분명히 일원론을 위한 증명이 잘못되었다고 가르치기 때문이다.[50] "왜냐하면 그런 전체는 어떤이가 무엇을 생각하는 것-심지어 이 문장조차도 불가능하게 만들기 때문이다"고 말하는 것은 옳은 것이다.[51] 이성의 도구적 사용(the instrumental use of reason)을 반대하는 이는 아무도 없다. 그리고 성경 역시도 사람으로 하여금 그의 이성을 하나님의 권위에 복속시키라고 분명하게 말한다. 성경의 가르침은 사람이 이렇게 이성을 성경의 권위에 복종시킬 때 사물을 참된 관계 가운데서 생각하는 것이며, 그가 자신의 이성을 성경의 권위에 복종시키지 않을 때, 그는 잘못 생각하는 것이라고 한다.

이렇게 보면 헨리는 하나님의 계시의 권위에 대한 기독교적 입장과 비기독교적 입장 문제를 밝히기는 커녕 혼동하고 있음이 분명하다. 사람이 이 문제를 분명하고도 단순하게 제시하는 유일한 방법은 이성과 그 모든 활동을 성경 권위에 복종시킴으로써 성경의 권위의 용어로 생각하는지, 아니면 자신을 궁극적 권위로 여기고서 행동하고 생각하든지 하는 것이다. 헨리의 경우에 있어서 이 문제를 분명히 하지 못한 이유는, 하몬드의 경우에서와 같이, 이것이 자연인의 기본적 가정, 즉 자연인이 애지중지하고 결코 내어 버리지 않는 자율을 도전하지 않고서 자연인의 이성이 받아들일 수 있도록 기독교의 입장을 제시하려는 시도이기 때문이다.

카르넬(Carnelll)이 성경은 '합리적인 사람'(rational man)의 이성에 믿음을 호소하는 것이라고 논의한다는 것은 이미 말한 바 있다. 그는 이렇게 말한다. "무엇이 하나님에게서 온 것이라는 주장 앞에서, 그것이 참으로 그러하다는 증명을 요구하는 것은 사람의 의무이다."[52] 또한 말하기를 "네가 말하는 계시를 가져오라! 그리고 그것을 모순율과 역사의 사실들과 조화시켜 보라, 그러면 그것들은 합리적인 사람의 동의(a rationalman's assent)를 얻을 수 있는 것이 될 것이다."[53] 또한 기독교 변증가가 자율적 이성에 의해서 세워진 기준에 계시를 맞추어 보아서 가치있는 평가를 얻게 되는 것을 즐거워하는 것으로 제시하고 있다. "성경에 대한 조심스러운 검토는 그것이 이 엄격한 시험을 최우등(*summa cum laude*)으로 통과시킬 것을 드러낸다."[54] 문제는 성경의 한 교리나 사실도 카르넬이 그렇게 기꺼이 복속하려고 하는 그 시험을 통과하지 못했다는 데에 있다. 기독교를 옹호하는 이들과 파괴하려는 이들 모두에 의해서 자주 그런 시험 앞에 기독교적인 것이 제출되었는데도 불구하고 말이다. 또한 그 기준을 통과한 모든 사실은 과학적 관점에서 비합리적인 것이거나 무의미한 것으로 한쪽에 치워지게 된다. 그리고 받아들여진 모든 교리는 초월적인 하나님의 모든 면을 없애려는 것들 뿐이다.[55]

자연인의 합리주의적 요구를 만족시키려고 노력하는 개혁파 신학자의 예를 하나 더 들기로 하자. 그 자연인의 비합리주의적 요구를 맞추어 보려고 노력하는 이가 바로 그들의 합리주의적 요구를 충족시켜 보려고 한다는 것은 별로 놀라운 일이 아니다. 우리는 올리버 버스웰(J. Oliver Buswell. Jr.)이 합리주의와 결정론이라는 혐의에서 기독교를 변증하려고 할 때, 그는 어느 정도는 알미니안주의자와 같이, 사람이 그의 경험의 어떤 점에서는 궁극적 결정권을 가지고 있다고 주장함으로써 하나님의 모든 것을 통제하시는 능력을 낮추고 헐 수 밖에 없었음을 살펴보았다.[56] 이와 같이 하여 그는 기독교적 가르침 안에 어떤 비합리주의를 도입시킨 것이다. 이와 비슷한 방식으로, 그가 비합리주의의 혐의로부터 기독교를 변증하려고 할 때, 그는 기독교적 가르침의 어떤 합리주의를 삽입하는 방법을 취하였다. 성경과 이에 근거한 개혁주의 신앙고백은 분명하게 가르치기를 하나님은 그 안에서 불변하신다(God is unchangeable in himself)고 한다. 비기독교적 관점에서는 하나님은 이 세상과 관련해서 비활동적(inactive)이라는 것도 동시에 주장하려 하지 않고서는 이것은 주장할 수 없는 것이다. 어떤 때는 세상을 아직 창조하지 않으셨다가, 어떤 때 세상을 창조하셨다면, 하나님은 불변하다고 이야기될 수 없다는 것이 불신자의 주장이다. 그리고 하나님의 불변성에 대해서 말한 것은 하나님의 다른 속성들에도 이야기될 수 있다는 것이다. 그러므로 인간의 경험에 관한 한 그런 하나님이 무의미하다는 것을 동시에 당연한 것으로 받아들일 때에야 이 문제에 대한 정통 교리를 수장할 수 있다는 것이나.

불신자의 이런 혐의에 대해서 버스웰 박사는 난점을 한쪽으로 환원시키는 방법을 택하였다. 클락 박사가 하나님의 주권과 인간 책임의 '역설'을 해결하려고 할 때 의존한 그 선험적 방법(the same a priori method)에 의해서 버스웰 박사는 하나님의 불변성과 세상에 대한 활동의 '역설'을 해결해 보려고 한다. "하나님의 불변성은 그가 창조하신 이 세상을 다룸에 있어서의 완전히 통일된 계획에 있는 것이다."57) 이 정의는 의심할 바 없이 불신자를 만족시킨다. 그러나 그들을 만족시키는 이유는 개혁 신앙이 말하는 자충족적인 하나님에 대해서는 아무런 지적인 말도 할 수 없다는 불신자의 혐의에 실질적으로는 양보하는 것이기 때문이다.

이 장과 앞 장에서 현대의 합리주의와 비합리주의에 반하여서 하나님의 불가해성의 온전한 성경적 의미를 주장할 커다란 이유에 대해서는 충분히 말을 한 듯하다. 이것은 교리적으로 중요할 뿐만 아니라, 변증학적으로도 중요하다. 만일 우리가 교리적인 영역에서 천주교의 이성관의 요구를 만족시키면, 변증학적 영역에서도 역시 그렇게 될 것이다. 또한 변증학 영역에서 천주교의 이성관의 요구를 만족시키면, 교의적인 영역에서도 그리하게 될 것이다. 그것은 결국 현대인이 온전한 복음으로 도전하는 일의 실패를 몰고 올 것이다.

각주

1) 본장에서 반틸은 시작부터 "현대인을 향한" 변증학을 고찰하면서 존재론적 이슈와 인식론적 이슈를 다루고 있다. 이런 현대인을 향한 변증학은 특별히 버스웰, 신토마스주의자, 바르트주의자 그리고 신복음주의자들과 같은 잘못된 개혁주의 신학의 논증형태를 띤다.
2) 제13장 미주 10번을 참조하라.
3) 이런 표현은 반틸이 아래에서 주장하고 있듯이 전적으로 의존적인 피조세계를 암시한다.
4) 반틸은 하나님의 허용적 의지와 법령적 의지를 구분하는 전통적 언어를 인정한다. 이런 구분은 악이나 인간의 자유에 대한 하나님의 관계를 분명하게 설명해주는데 도움을 준다. 그러나 궁극적으로 이 두 가지는 모두 다 발생하고야 말 하나님의 명령에 근거한 것이다.
5) 대중적인 수준에서 우리는 하나님의 주권이 결정론을 의미하는 하나님의 완전한 통치라고 생각한다.
6) James Oliver Buswell Jr., *What Is God?* (Grand Rapids: Zondervan, 1937), 40. 버스웰에 대해서는 제4장 미주 40번을 참조하라.
7) Ibid., 50.
8) 알베르트 피기우스는 특별히 예정론과 인간의 책임에 관한 칼빈 논증의 대상이었다. *Institutes of the Christian Religion*, 3:21.5-17을 참조하라.
9) 결정론이란 모든 사건에 직접적인 원인이 있다는 것을 의미한다. 비결정론이란 어떤 사건들은 원인이 없다는 것을 의미한다. 실재론은 사물이 존재한다고 주장한다. 유명론은 사물이 분류되는 이름이나 범주는 오직 명목적일 뿐이라고 진술한다. 우주는 참되게 실재하는 것이 아니다. 토마스 아퀴나스는 그 극단적 형태로서의 실재론과 유명론 모두를 수용할 수 없었기 때문에 "수정적 실재론자"로 불렸다(제5장 미주 13번을 참조하라.). 반틸은 하나님께서 모든 것의 원인과 이유가 되심을 믿기 때문에 이런 모든 구분의 타당성을 거절한다. 그러나 반틸은 피조물의 중요성을 모독하는 의미에서 그렇게 하지 않는다. 올바르게 이해하기만 한다면, 피조물의 상세함과 우주는 창조된 이 세상에서 동일하게 타당한 것들이다.
10) Buswell, *What Is God?* 46.
11) Ibid., 47.
12) 반틸은 하나님이 초래하고 초래하지 않는 것 사이에 선을 긋기 위해 버스웰의 제한적 주권이라는 사상을 인간의 전지성의 필요와 연결시킨다.
13) 위의 미주 9번을 참조하라.
14) 위의 미주 9번을 참조하라.
15) Buswell, *What Is God?* 50.
16) Ibid., 52.
17) 전통적인 개혁주의 신학에 있어서 예정론과 예지는 서로 같은 것으로 취급된다. 성경적으로 말하자면, 이 둘은 실질적으로 동일한 것이다.

18) Buswell, *What Is God?* 39.
19) 마틴 하이데거(1889-1976)는 『존재와 시간』 *Being and Time* (1927년에 처음 출판된)의 저자이다. 여기서 그는 자유는 합리적이지 않으며, 반형이상학적 존재와 연결되어서만 발견될 수 있다고 주장한다. Robinson and Cobb, *The Later Heidegger and Theology*, in the New Frontiers in Theology series (New York: Harper & Row, 1963), *The Westminster Theological Journal* 26 (1964), 121-61에 기고된 반틸의 "The Later Heidegger and Theology"를 참조하라.
20) 이점에 있어서 반틸은 키에르케고르와 헤겔과 칼빈을 탐구하게 만드는 상당한 분량의 삽입구를 제공한다.
21) 헤겔에 대한 키에르케고르의 주요한 비평은 그의 *Either/Or*라는 작품이다. 표준 영문판은 2권으로 구성되어 있다 (Garden City: Doubleday, 1959). 그의 유명한 구절을 보면, "재판장"은 능동적인 삶의 광장(2:175) 밖에 머물러 있는 "젊은 유혹녀"를 심미적이라고 비판한다. 키에르케고르에 의하면 헤겔의 방법은 절대로 윤리와 도덕적 선택과 관계하지 않는 순전히 지적인 것이었다. 제10장 미주 1번을 참조하라.
22) 반틸은 합리론자로서의 헤겔에 대한 키에르케고르의 비평에 손을 들어 준다. 그러나 키에르케고르의 비합리성으로 인해 그를 비평한다. 궁극적으로 키에르케고르와 헤겔은 모두 다 일종의 비합리론의 범주에 빠진다. 왜냐하면 그들 모두 오직 우주나 특별한 항목만을 알 수 있는 실재와 현실에 대한 일원론적 견해를 취하기 때문이다. 아래에서 그는 이 두 사람을 완전히 합리적인 하나님을 신앙하는 칼빈과 반대되는 것으로 제시한다.
23) 아래에 이어지는 키에르케고르와 헤겔에 대한 칼빈의 상상적인 대답은 그의 작품에 있어서 반틸 변증학의 가장 간결하고 웅변적인 진술 가운데 하나이다.
24) 삽입구는 여기서 멈춘다.
25) 반틸이 창조주와 피조물의 관계가 적절하게 존중되는 조건으로서의 신적이며 인간적인 지식 사이의 공통적 언급을 강조했던 고든 클락의 견해에 대한 초기의 논의를 생각해보라.
26) 토마스 아퀴나스의 비실재의 방법에 대한 초기 논의를 생각해보라.
27) 즉, 예를 들면, 원인과 결과라는 가능성으로의 역행으로부터 제1원인이라는 궁극성으로 가는 것이다.
28) 이것은 반정립의 심장이다. 합리주의와 비합리주의 대 완전한 합리성과 성경의 자충족적 하나님과의 대결이다.
29) 제6장 미주 28번과 제10장 미주 9번을 참조하라. 에밀 부르너(1889-1966)는 변증법적 신학자였으며, 넓은 의미에서 바르트의 신정통주의자에 포함되는 신학자이다. 그는 계시가 성경에 국한되지 않으며, 창조를 통해 나타나고 개인이 그리스도를 받아들일 때 완성된다고 주장했다. 따라서 그는 바르트의 적절한 일반계시와 다른 견해를 지닌다. 이와 동시에 그는 신적 계시의 중심을 역사가 아니라 중보자이신 예수 그리스도에게 두었다.
30) 반틸은 여기서 모든 현대사상들을 유명론이라는 용어로 분류했다(우주는 단지 이름뿐이며, 따라서 참된 것으로부터 고립된 것이다. 미주 제9번을 참조하라). 경험론에 뿌리를 둔 실증주의는 그 어떤 형이상학적 원리도 실재가 아니며, 감각적

으로 측정할 수 있는 것으로서 "실증적으로 주어진 것"만 실재라고 주장한다. 주의설(voluntarism)은 오직 의지에 신세를 진 것만 유효한 것이라고 주장한다. 쇼펜하우어는 모든 강력한 맹목적 의지가 자연을 지배한다고 생각했다. 사르트르는 진정성이란 미리 선입견의 실재가 아닌 선한 믿음의 문제라고 믿었다, 주의론은 윤리적 견해는 참과 거짓이 아닌 인간의 감정적 상태의 표현이라고 진술하는 윤리학에 있어서 감동성(또는 감정주의)과 부분적으로 일치한다. 변증법적 신학은 "전적인 타자"가 "전적인 계시"와 대화함을 통한 바르트와 부르너가 선봉에 서서 이끈 운동의 이름이다.

31) 이 문장과 이전의 세문장이 반틸의 변증학을 이해하기를 소원하는 사람들에게 특별히 중대하다. 그의 방법론은 때때로 완전히 정확한 것으로서의 "모순의 불가능성"이라고 요약된다. 그러나 그가 말하는 불가능성의 종류는 대단히 논리적인 것이다. 그것은 결국 모순이란 그 어디서도 끝이 없이 계속 스스로 논박하는 주장으로 이끄는 것이다. 모순이 불가능한 진정한 이유는 기독교가 긍정적으로 참되기 때문이다. 따라서 모순이란 단지 논리적 오류가 아닌 능동적인 반역이다.

32) 이러한 질문에 대해 논의의 제5장과 7장을 참조하라. 여기서 반틸은 순전히 변증학적 이슈들을 다루고 있다. 그의 이전 논의와 중복되는 것도 있지만, 여기서 그는 특별히 사실과 이성과 논리에 초점을 맞추고 있다.

33) 말하자면 사실이 무엇을 암시(표시)하는가가 아니라 무엇을 의미(내포)하는가에 있다. 클락은 과학자들이 특정한 사실들은 분명히 기적의 가능성을 의미한다는 것을 인정한다고 말하고 싶어 한다. 그러나 실용주의의 근거로 볼 때, 그들에게 기독교는 전혀 중요성이 없기 때문에 그 어떤 것도 얻어지지 않을 뿐이다.

34) 즉 비 그리스도인의 세계관을 하도급으로 한정하는 것이다.

35) 파르메니데스는 만물이 하나이며 정적이라고 믿었다. 따라서 무엇인가를 안다는 것은 모든 것을 안다는 것을 의미한다. 그의 사상에 창조주-피조물의 구분이라는 여지는 존재하지 않는다. 제2장 미주 16번을 참조하라.

36) 칸트와 칸트 이후 철학자들의 철학에 있어서 "제한적 관념" 또는 "제한적 개념"에 대해서는 제6장에서 다룬 "하나님으로부터 하나님에 대한 계시-신학 자체"라는 제목의 논의를 참조하라(특별히 미주 51번을 참조하라).

37) 반틸이 종종 표현하듯 "맹목적인 사실들"이란 존재하지 않는다.

38) 제8장.

39) T. C. Hammond, *Reasoning Faith: An Introduction to Christian Apologetics* (London: InterVarsity Fellowship, 1943). 제11장 미주 17번에 인용된 인격주의란 사건의 개연성에 대한 개인적 또는 주관적 확신을 의미한다. 칸트의 표현대로 하자면, 이성이란 희미하게 "인격적"이며 우리의 의식에 특별히 도덕에 대하여 파고드는 본체적 실재이다. 반틸은 이러한 견해를 승인하고 기독교회는 하먼드를 비판한다.

40) Ibid., 69.

41) Ibid., 70.

42) 이 변증법적 신학자들에 의하면, "성경"이란 실제로 거기 있지만 비합리적인 조우를 통해 합리적인 우리 마음에 들어올 수 없는 것이다. 그러나 반틸은 아래에서 성경의 현실성은 본체론적 삼위일체 하나님으로부터의 그 기원 때문에 가능하다고 주장한다.

43) Emil Brunner, *Die Christlichiche Lehre von Godd* (Zurich: Zwingli-Verlag, 1946). 이것은 영문판 제1권이다. 올리브 위온에 의한 본서의 영문판은 *The Christian Doctrine of God* (Philadelphia: The Westminster Press, 1950)이다.
44) Carl F. H. Henry, *Notes on the Doctrine of God* (Boston: W. A. Wilde, 1948), 27. 제8장 마지막에 있는 논의를 참조하라.
45) Ibid., 28.
46) Ibid., 29.
47) 반틸은 계속해서 초자연적 세상에 대한 희미한 암시는 하나님에 대한 성경적 계시와 전혀 상관이 없다고 논증하고 있다.
48) Henry, *Notes on the Doctrine of God*, 64.
49) Ibid.
50) 우리가 이미 살펴본바와 같이, 반틸은 그것들이 기독교 유신론을 전제하는 한도 내에서 그것들 가운데 일부를 비공식적으로 인정하지만 유신론적 (전통적) 증명은 반대한다.
51) Henry, *Notes on the Doctrine of God*, 64.
52) E. J. Carnell, *An Introduction to Christian Apologetics* (Grand Rapids: Eerdmans, 1948), 268ff. 제4장을 참조하라.
53) Ibid., 178.
54) Ibid.
55) 만일 어떤 이가 정말 초월적인 시작점을 견지한다면, 그러한 표준의 권위는 그것 위에 있는 어떤 것으로부터 유효성을 취득할 수 없다.
56) 제10장을 참조하라.
57) Buswell, *What Is God?* 32.

제15장

내재적 신지식과 획득적 신지식

내재적 신지식(*Cognitio Dei Insita*)과 획득적 신지식(*Cgnitio Dei Acquisita*)에 관해서 간단한 장(章)을 덧붙여야만 하겠다. 본질적으로는 기독교 인식론의 원리를 제시할 때 논의했던 바와 같은 요점이므로 간단히 논의할 수 있으리라고 생각된다.[1] 이것은 본질적으로는 자연신학(natural theology)의 문제이다. 이 점을 논의하면서, 우리는 다시 한 번 더 자연신학은 있어온 일도 없고, 있을 수도 없다는 바빙크(Bavinck)의 여러 번 인용되는 주장으로부터 시작할 수 있을 것이다.

바빙크는 이렇게 말한다. "한마디로, 보편적이고, 항상 그리고 모든 이로부터(*ubique, semper et ab omnibus*) 인정되는 그 어떤 하나의 종교적 진리나 윤리적 진리도 없다. 우리가 자연적 법(natural jurisprudence)이라 자연적 도덕성(natural morality)을 말할 수 없는 바와 같이 자연신학(a natural theology)을 말할 수 없다."[2] 만일 우리가 여기서부터 출발한다면, 내재적 신지식(innate knowledge of God)에 대한 우리의 평가에 있어서 그렇게 잘못되어 나가지는 않을 것이다.

내재적 신지식이란 기독교인과 비그리스도인이 하나님에 관해서 어떤 사상-내용(thought-content)에 대해 일치하리라는 것을 의미하는 말이 아니다. 물론 그들이 하나님에 대해서 말하는 공식적인 진술에서는 동의점이 있을 수 있다. 예를 들어서, 그 둘 모두가 최고의 존재(a supreme being)를 믿는다고 말할 수 있는 것이다. 그러나 그렇다고 해서 이것이 그들이 '최고의'(supreme)라는 말에 같은 내포적 의미를 준다는 것을 뜻하는 것은 아니다. 이것이 의미하는 바는 사람 안에 있는 하나님의 일반 계시는 죄인들이 그것을 억누르려고 하는 온갖 노력을 다해도 계속해서 자라난다는 것 이상의 것이 아니다. 자기 자신에도 불구하고 사람은 자신 안에 있는 하나님의 계시의 어떤 것을 인정해야만 한다. 이것이 그의 종교의 감각(his sense of religion)이다.[3]

아마도 적절한 예를 들어 보면 이를 좀더 잘 이해하는데 도움이 될 수 있을 것이다. 어떤 어린 소년이 마마를 앓는다고 해보자. 그것이 처음에는 그 속에 있어서, 그 아이가 불편하게 느낄 것이다. 그 아이는 자신에게 무엇인가가 잘못되었다고 느낀다. 한마디로, 그는 비정상적이다. 그러나 그는 자신이 괜찮으며, 아주 정상적이라고 주장한다. 그러다가 얼마 후에 피부에 나타나기 시작하면 그 자신이 그것을 볼 수 있다. 그래도 그는 자신에게 마침내는 자신이 최고의 기분이 아니며, 오후에 축구할 기분이 아니라고 마지 못해서 인정하게 되는 것이다. 어떤 점에서 자연인은 자신의 생의 해석이 좀 잘못되었다고 느낀다. 그의 의식 안에서는 그의 의지에 반해서 하나님의 존재에 대한 성령의 증거의 압력이 나타나는 것이다. 그는 이 성령의 증거를 억압하려고 최선의 노력을 다한다. 그는 이에 대한 심리학적 설명을 추구하는 것이다. 만일 그가 상당히 교묘하고 교육을 많이 받았다면, 그는 자신의 양심을 뜨거운 쇠로 지지는데 있어서 상당히 성공할 수는 있다. 만일 많은 교육을 받지 못했다면, 공식적으로는(神, a God)이 있다는 개념에 동의할 수도 있다. 그는 율법의 행위를 할 수도 있다. 그렇게 해서 양심을 편하게 하려고 추구하는 것이다. 그러나 그는 언제나 그 안에서 하나님의 계시에 대한 성령의 증거를 '핍박할' 것이다.4) 만일 우리가 사태를 이와 같이 보면, '내재적 지식'에 대한 기독교적 개념과 데카르트의 본유 관념(the innate ideas)이나 플라톤의 상기설(the remembrance theory)을 조심스럽게 구별할 준비가 된 것이다.5) 데카르트는 사람이 그 자신 안에 지식을 가진다고 주장하는 데서 관념론의 사유를 따랐다. 그의 입장은 사람의 지식이 계시를 전제한다는 것을 인정하지 않는다는 점에서 기독교적 입장에 대립된다. 플라톤과 함께, 데카르트는 사람이 어느 정도는 하나님과 상관 없이도 그 자신 안에 있는 것을 이끌어냄으로써 지식을 얻을 수 있다고 가정한다.

합리주의자인 데카르트에게 해당하는 것이 경험론자들에게도 타당할 수 있다.6) 비록 경험론자들은 데카르트의 본유 관념에 반대하지만, 그들도 데카르트 만큼이나 계시의 참된 자리는 인정하려고 하지 않는 것이다. 그들에게 있어서는 인간의 정신이 "아무런 문자 없는 백지"(a tabul a rasa)과 같다. 그러나 하나님에 의해서 피조된 인간의 정신이 그런 "아무런 문자 없는 판 (백지)"(a tabul a rasa)일 수가 없다. 아담이 처음 나타났을 때에도 그는 그 자신 안과 밖에 있는 성령의 증언에 대해 윤리적으로 반응하였던 것이다. 타락한 사람도 그 증언에 대해 윤리적으로 반응하지 않을 수 없는 것이다. 따라서 그는 사람 안에 있는 내재적인 신지식이, 사람이 지적인 존재로 피조되었음을 생각할 때에, 또 계시가 임할 때 그것을 인지할 수 있는 공식적 능력, 또는 잠재성(the capacity or potentiality)이라고 말할 수 없는 것이다. 그 자신 안과 밖에 있는 계시적 내용에 의해 깊이 영향받지 않은 유한한 인간 의식은 있을 수 없다. 그러므로 내재적 지식은 사유 내용(a thought content)을 다루는 것이지, 단순한 형식성(formality)을 다루는 것이 아니다. 유한한 인간의 의식은 그 자체가 신 계시적(神-啓示的)인 것이다.

그러나 우리가 다시 주목해야만 하는 중요한 요점은 이 사유-내용(the thought-content)이 그가 원해서 나오는 것이 아니라는 점(involuntary)이다. 오히려 이것은 그 자신에도 불구하고 사람 안에서 나타나는 것이다. 그렇기 때문에 이것은 인간 의식의 직각적(the intuitional)이거나 비사유적인(non-ratiocinative) 수준에서 가장 분명하게 나타나는 것이다.

문제를 이와 같이 진술한다는 것은 내재적 지식에 대한 교회의 교리가 합리론과 경험론의 십자로에 있다고 말하는 것이 아니다. 교회의 교리는 합리론과 경험론 모두에 반하는 것이니, 이 둘 모두가 기독교 계시론의 여지를 인정하지 않기 때문이다. 좀 주저하면서도 우리는 이 문제에 대한 바빙크의 논의가 이점을 분명히 하지 못했다는 것을 지적해야만 하겠다. 물론 바빙크도 합리론과 경험론 모두에 대해서 비판적이었다. 그러나 그는 기독교 철학이 합리론이나 경험론 모두와는 전적으로 다른 토대(foundation) 위에 세워진다는 것을 충분히 분명하게 드러내지는 않는다. 그는 우리에게 자연신학과 같은 것은 있을 수 없다고 말한다. 그러나 합리론이나 경험론이 그 근본적 가정에서 전적으로 잘못되지는 않았다고 한다면, 자연신학은 피하기 어려운 것이다. 바빙크가 말하였듯이, 자연신학과 같은 것은 없다고 말한 사람은 바빙크가 말하는 다음과 같은 말은 해서는 안되는 것이다. "수학, 논리학의 진리들, 윤리의 기본적 원리들, 법과 종교는 모든 사람에 의해서 의심할 바 없이 참된 것으로 받아들여진다."

(그러나) 바빙크는 인간의 영혼에 각인(刻印)된 "그 자체로 중요한 원리, 보편적인 것, 영원한 진리"(*principia per se nota, koinai ennoai, veritas eternae*)

를 말하고 있다.7) 물론 바빙크 자신은 우리에게 말하기를 모든 것이 이 보편적인 것(koinai ennoai)을 바르게 이해하는데 달려 있다고 한다.8) 그러나 그 모든 것에도 불구하고 그 자신의 묘사가 전적으로 만족스러운 것은 아니다. 그는 사람이 계시없이도 자신 안에서 신성의 개념들을 잘 정리할 수 있다는 주장을 강하게 반대한다. 그리고는 사람의 내재적 지식에 대해서 다음과 같이 말하는 것이다. "그러나 이것은(내재적 지식, innate knowledge) 정상적인 발달 과정 가운데서, 그리고 하나님께서 그 안에 살도록 하신 환경 가운데서 학문적 논증과 증명의 과정없이도 자연스러운 방식으로 하나님께 대한 어떤 분명한 지식을 얻을 수 있는 역량(재능, 힘, 능력, potentia, aptitudo, vix. facultas)과 성향, 습성, 의향(inclinatio, habitus, dispositio)을 가지고 있음을 시사하는 것이다."9)

이 말로써 바빙크는 정확히 무엇을 의미한 것인가? 그것을 규정하기란 어려운 일이다. 이 구절을 자연신학은 없다고 한 주장과 연관시키고 조화시키면, 우리는 이것을 사람이 구원하는 은혜없이도 죄인인 그 자신에도 불구하고 그 안에 하나님의 계시의 어떤 것들을 인식하게끔 된다는 뜻으로 해석해야만 한다. 그러나 문맥상 두 가지 다른 해석들도 시사될 수 있다. 그 하나는 앞의 인용문에서 제시된 것으로 그것은 어디서나 사람들 가운데서는 어떤 기본적 원리들에 대한 어떤 인식이(수납된다는 의미에서) 있다는 해석이 된다. 그러나 이런 해석은 신자와 불신자가 어떤 자연적 진리들에 대해서는 온전히 동의한다는 의미의 자연신학으로 곧 바로 인도해 간다. 그러나 다른 곳에서는 바빙크가 내재적 지식이란 말로써 알 수 있는 능력(a mere capacity for knowledge)을 의미했을 뿐이라는 다른 해석도 있을 수 있다.

그는 사람이 그의 눈을 뜨면 그 주위에 햇빛을 보지 않을 수 없는듯이, 하나님이 계시다든지 선과 악의 차이가 있다는 말을 들을 때, 그 진리성에 동의하지 않을 수 없다고 말할 때 이를 시사하고 있다.10) 내재적 신 지식에 대해서 이와 같이 생각하는 일의 난점은 이것이 전혀 무의미한 말이라고 여겨질 수 있다는 점에 있다. 하나님이 계시다고 말하는 것, 선과 악의 구별이 있다고 말하는 것은 그 의미에 대해서는 아무런 말도 하지 않는 것이기 때문이다(즉, 어떤 하나님, 어떤 구별을 드러내지 않는다는 말이다-보역). 더구나, 성경은 그것이 단순히 형태의 문제가 아니라, 아주 분명히 내용의 문제라고 말하고 있다. 바울에 의하면, 이방인도 그에 이르는 어떤 사상-내용(thought-content)을 다룬다고 한다. 자연인의 해석의 원리들도 어느 정도는 이것에 동의한다. 지금 여기서 우리는 그리스도인들과 비그리스도인들이 동의하는 일반적 원리들에 대해서 말하는 것이다. 그러나 그렇게 한다는 것은 전적 부패에 대한 성경의 가르침에도 불구하고 그리하는 것이 된다. 그리고 불신자가 우리에게 우리가 "원리들은 하나님에게 있는 것이 아니라 그들 안에 있다"는 그의 입장에 함축되어 있는 논리적 귀결에까지 그를 따랐다고 주장할 수 있는 한 우리는 불신자와의 모든 논의의 가능성을 상실한 것이 된다. 그러므로 우리는 사람 안에 있는 내재적 신지식을 말할 때, 사람의 구성이 하나님을 계시하고 있는 한, 사람의 자의식(自意識)에서 나타나는 계시적 사고내용(the revelational thought-content)이라고 말해야만 한다. 칼빈은 실질적으로 사람의 자아 의식과 신의식이 상호 관여적이라고 주장하고 있는 것이다.

이렇게 내재적 신지식에 대해서 올바른 관점을 가질 때에야 우리는 하나님의 존재에 대한 존재론적 논의의 가치에 대한 바른 관점을 가질 수 있다. 그렇게 하면 우리는 "사람을 궁극적 출발점으로 하여 자신으로부터 시작할 수 있다"는 데카르트적 개념을 "성경의 하나님은 모든 참된 해석의 전제이다"는 개념으로 대치할 수 있는 것이다.

이와 같은 논의는 이제 '획득적 신지식'(the *Cognitio Dei Acquisita*)에 대해서 간단히 생각해 보도록 이끌어 간다. 여기서도 우리는 하나님의 계시가 내재적 신지식과 획득적 신지식을 선행한다는 바빙크의 진술로부터 시작할 수 있다.[11] 그는 이렇게 말한다. "그러므로 그리스도인이 자연신학을 다룰 때 성경의 빛없이, 성령의 조명없이, 먼저 자연신학을 중립적으로 다룬 후에 계시신학으로 가려고 추구하는 것은 잘못된 방법이다."[12] "그리스도인이라 할지라도 성경의 빛이 없으면 자연을 바르게 읽을 수 없을 것이다."[13]

만일 우리가 이런 바빙크의 인도를 따라만 간다면, 우리는 크게 잘못되지는 않을 것이다. 그러면 우리는 그리스도인의 획득적 신지식과 비그리스도인의 획득적 신지식을 조심스럽게 구별해야만 한다. 이 두 경우 모두에 있어서 우리는 자연에서 얻은 신지식에만 제한하여 말하는 것이다. 그리스도인은 성경에 의해서 비취임을 받고, 성령에 의해서 인도함을 받지 않으면, 자신 안에 있는 죄 때문에 자연을 잘못 해석하리라는 것을 안다. 엄격하게 말해서, 그렇기 때문에 그는 생에 대한 일반적 해석에 있어서 두 가지 원천에 대해 언급하지 않는 것이다. 만일 그가 "성경과 이성이 나에게 이런, 저런 것이 참되다는 것을 확신시켜 준다"고 말하면, 그 의미는 성경의 빛에서 모든 것을 보았을 때 그의 이성이 그런 확신을 준다는 것이다. 그러므로 그가 자연 자체가 하나님을 계시한다는 근거에서 불신자에게 호소한다면, 결국에는 그가 자연을 성경의 빛에서 해석하는 것처럼 보는 방식으로 해야만 한다. 따라서 내재적 신지식과 획득적 신지식은 서로 상호 연관된다고 말할 수 있다. 그 중 어느 하나도 다른 것이 없이는 이해될 수 없는 것이다. 내재적 지식이 그 자체로 이해될 수 없다고 말하는 것은 데카르트적 근거나 플라톤적 근거로 떨어지는 것이 된다. 또한 획득적 지식이 그 자체로 이해될 수 있다고 말하는 것은 비기독교적 경험론에로 떨어지는 것이다. 이처럼 그들은 상호 의존적인 것이다.

그러나 그렇게 말하는 것만으로는 충분하지 않다. 천주교 사상은 자신들이 내재적 지식과 획득적 지식을 균형잡는 입장을 추구한다고 자랑한다. 그 유비 개념에서 천주교 사상은 이 둘을 서로 연관된 것으로 만든다. 그러나 천주교 사상은 기독교의 신론, 창조론, 따라서 계시론을 전제하지 않는다. 그러나 우리가 칼빈을 따라서 인간의 자의식이 신의식에 의존하게 할 때에만 우리는 내재적 신지식과 획득적 신지식의 참된 근거를 가지는 것이 된다. 우리가 먼저 하나님을 전제하고, 따라서 인간의 자의식(自意識, the self-consciousness)을 포함한 모든 피조된 실재를 하나님을 계시하는 것으로 생각할 때에만, 우리는 내재석 신시식과 획득적 신지식을 모두 빠르게 생각할 수 있다. 그렇게 되면 그 둘이 서로에 대해 한계 개념들이라고 생각할 수 있는 것이다.

이에 반해서, 불신자들이 가진 획득적 신지식은 그가 자신의 의도에도 불구하고 자신 안에서 하나님의 계시를 인정해야 하는 것에 대한 계속적인 허위화(a continual falsification of that which he unwillingly had to recognize within himself of the revelation of God)일 것이다. 물론 이것은 이 허위화가 외적으로 또 형식적으로 반드시 나타나야만 한다는 의미는 아니다. 불신자가 하나님의 존재에 대한 지적인 논증에 대해서 공식적인 동의를 하는 것이 가능하고, 문화화된 공동체 내에서는 이런 일이 아주 많이 일어나는 일이다. 또한 그들의 행위가 그리스도인의 행위와 외적인 유사성을 나타내 보이도록 그들이 율법의 행위를 하는 일은 더 많이 있을 수 있다. 그리고 이 모든 것은 하나님의 억제하시는 은총의 선물 때문에 주어지는 것이다(일반 은총의 산물이다-보역). 그러나 이 모든 것이 죄인들의 내적, 외적인 하나님의 계시에 대한 자의식적인 반응 전체, 즉 부패한 자아로부터 자의식적으로 나오는 반응은 (그것이 지적인 것이든지, 도덕적인 것이든지 간에) 모두가 그 계시의 허위화(a falsification)라는 사실을 덜 분명하게 하는 것은 아니다. 기독교에 대한 지적 논의에 대한 형식적인 동의(formal assent)와 율법의 형식에 따라 사는 바리새적 형식 차리기는 어쩌면 그 자체로 진리에 대한 가장 사악한 허위화일는지도 모른다.

하나님의 존재에 대한 소위 경험론적 논증들은 바로 이런 점에서 판단되어야 한다. 복음의 영향력 아래 살면서 그리스도인이 되기는 원치 않는 이들에 의해서 흔히 동의되는 이 증명들은 결국 유한한 어떤 신을 받아들이게 하는 것 밖에 되지 않는 것이다. 바르게 진술되었다고 해도, 즉 하나님이 삶의 모든 영역에 대한 진술 가능성의 전제로 제시되고, 사람이 공식적으로 그런 진술에 동의했다고 해도, 그것은 그들이 자신들의 의도에 반하여(unwillingly), 그리고 그 자신들에도 불구하고 자신들 안에서 하나님의 계시의 진리성의 어떤 점을 인정하게 된다는 것을 의미할 뿐이다. 그런 진술에 지적인 동의를 하면서 십자가의 피를 통한 구원의 복음을 받아들이지 않으려고 하는 사람은 진리에 대한 허위화의 과정이 그의 경우에는 마귀적일 정도로 깊이 나타나고 있음을 보여줄 뿐이다.

이와 관련해서 '유신 논증들'에 대한 바빙크의 견해를 논의할 수는 없다. 우리는 헤프 박사의 작품을 평가할 때 우리는 이미 바빙크의 입장에 이르는 것을 다루었던 것이다. 그러므로 여기서는 이 논증들에 대한 바빙크의 논의가, 그가 "신학의 원리는 하나 밖에 없다." 따라서 "흔히 인정되는 의미의 자연신학이란 없다"는 것을 분명히 했을 때 그가 우리를 이끌고 간 그런 높은 수준으로까지는 나아가지 못하였다고 지적만 하기로 한다. 예를 들어서, 목적론적 논증과 관련해서, 바빙크는 물론 이 논증이 신성의 통일성과 복수성의 문제는 해결하지 못한 문제로 남기지만 그럼에도 불구하고 어느 정도의 가치는 지닌다고 말한다. 어찌하였던지 간에 이 논증은 세상을 해석함에 있어서 지성 개념의 필요성을 증명하였다고 한다.[14] 그러나 이에 대해서 우리는 동의할 수 없다. 우리는 이것이 바빙크 자신의 신학과 조화되지 않는다고 여긴다. 만일 단일한 존재인지, 여러 존재인지의 문제가 해결되지 않는다면, 우주 안과 그것을 초월하는 지성의 문제가 해결된 것이 아니기 때문이다. 또는 이것이 기독교에 반해서 해결되는 것이라고도 할 수 있다. 여러 신들이 있다는 것은 결국 실천적인 의미에서는 아무런 신이 없는 것과 같다. 다신론자(多神論者)는 비합리주의자이다. 따라서 그는 한 분의 절대적인 하나님의 합리성을 그의 생 해석의 원리로 주장할 권리가 없는 것이다. 이와 비슷한 논의가 다른 신존재를 위한 논증들에 대해서도 적용될 수 있다. 그 논증들이 참으로 기독교 유신론적인 방식으로 제시되든지, 아니면 그것은 유한한 하나님에 대한 교리를 함의하는 것이 되는데, 유한한 신(神)은 결국 신(神)이 아닌 것이다.

따라서, 우리는 이 논증들이, 심지어 비그리스도인들에 의해서도 제출된 그 역사적인 진술들이 어느 정도까지는 타당하다고 말하지 않을 것이다. 우리는 그것들이 타당하지 않다고 확언하기를 주저하지 않는다. 그것들이 타당하다면, 기독교는 참되지 않은 것이 될 것이다. 따라서, 그것들이 증명으로서는 약하지만 증언으로서는 강하다.[15]고도 말하지 않을 것이다. 만일 그것들이 강한 증언들이라면, 그것은 기독교가 참된 것이 아니라는 강한 증언도 될 것이다. 증언과 증명 사이엔 본질적인 차이가 없다. 또한 우리는 이 논증들이 불신자를 확신시킬 수는 없지만, 신자들에게는 상당한 가치를 가진다.[16]고도 말하지 않을 것이다. 바빙크는 이 논증들이 그리스도인의 손에 불신자의 공격을 막아낼 수 있는 무기를 제공해 준다고 말한다.[17] 여기서 우리는 다시 한번 이 논증들에 대한 기독교적 사용과 비기독교적 사용을 구별해야 한다. 만일 그리스도인이 이 논증들을 유신론적으로 바르게 형성해 낸다면, 그 논증들은 분명히 그의 손에 자신을 확언하고, 적들의 공격을 막아낼 무기를 제공해 줄 것이다. 그러나 이런 변증과 확언은 그가 진리를 가졌고, 그의 적대자는 거짓을 믿고 있다는 데에 근거하고 있는 것이다. 이것은 그 원수가 좀 더 나쁜 무기를 가졌다는 것이 아니라, 원수는 나무로 만든 모의총을 가진데 비해서, 신자는 참된 총을 가졌다고 할만한 것이다. 만일 유신론적으로 진술한다면, 이 논의들은 사람에게 하나님의 계시의 내용을 줄 뿐이고, 이 때에는 사람이 이 계시를 받아들이는 것만이 유일한 합리적인 일(the only reasonable thing to do)이다.

오늘날에는 내재적 지식과 획득적 지식의 문제를 명확히 진술하는 것이 아주 중요한 일이다. 정통적 입장에 대한 전통적 적들, 즉 우리가 논의해 온 합리주의자들과 비합리주의자들 뿐만 아니라, 오늘날에는 바르트(Karl Barth)와 그 학파의 합리주의가 또 있기 때문이다.

바르트는 자신이 '자연신학'의 대적이라고 주장한다. 그래서 우리는 그에게서 동료를 만난 듯이 생각할 수도 있다. 그러나 사실은 그렇지 않으니, 바르트는 자기 자신의 주장에도 불구하고 자연신학을 받아들이는데 떨어졌고, 따라서 자신을 개혁 신앙의 원수들과 제휴시키는 것이다.[18]

바르트가 신학을 다른 학문과 날카롭게 구별한다는 것은 잘 알려진 사실이다. 다른 학문의 영역에서는 그리스도인과 비그리스도인의 차이가 없다고 그는 생각한다. 이것은 자연신학에 반대하고 있다고 생각하는 이에게는 아주 치명적인 것이다. 이것은 바르트가 하나님의 계시 없이도 인간의 삶의 상당한 영역을 해석할 준비가 되어 있다는 것을 의미하며, 그것은 자연신학을 가지는 것이 된다. 궁극적으로 분석해 보면, 모든 지식은 다 연관되어져 있다. 만일 우리가 우리의 지식에서는 독자적이고, 어떤 점에서는 하나님 없이도 할 수 있다고 생각하면, 모든 점에서 하나님 없이도 할 수 있는 준비가 되었다고 주장하는 것이 좋을 것이다.

그러므로 바르트와 현대 비합리주의자 일반은 개혁신앙에 대한 공통적인 대립자로서 오늘날과 과거의 합리주의자들과 경험론자들과 나란히 서는 것이다. 오늘날 우리가 필요로 하는 것은 일관성 있는 입장이다. 즉, 우리 자신 앞에와 우리가 구원을 제시하려는 사람들 앞에 개혁신앙을 온전히 제시하는 것이 시대의 요청인 것이다.

각주

1) 제5장을 보라.
2) Herman Bavinck, *Gereformeerde Dogmatiek*, 4 vols. (Kampen: Kok, 1923-30), 2:47; 이후로부터 GD로 표기된다.
3) 제5장과 특별히 제8장에 제시된 로마서 1장에 기초한 신성의 감각에 대한 초기의 논의를 상기하라.
4) 반틸은 로마서 1장에 묘사된 일종의 긴장을 생각하고 있다.
5) 초기의 논의를 상기하라. 데카르트는 사고의 과정 그 자체가 단순히 내재적이라 믿었다. 플라톤은 인간의 기억이 우주적 영혼의 무엇인가를 포착할 수 있다고 믿었다.
6) 존 로크와 같이 인간이 사전에 입력된 데이터를 가지고 출생하지 않는다고 추측한 사람들, 즉 "깨끗하게 텅 빈" 존재로서의 인간 심리학 이론의 주창자들을 의미한다. 이 견해의 표면이 데카르트에 대한 반대를 암시한다. 그러나 반틸은 특별히 하나님의 형상을 지닌 자로서의 인간 존재를 구성하는 계시의 부재라는 의미에서 그들의 유사성을 제시한다.
7) Bavinck, *GD*, 2:34; 또한 47페이지를 참조하라. 반틸은 본서 제5장에서 다룬 기초를 다시 언급한다. 여기서는 바빙크의 제2권을 조사한다. 영문판을 참조하려면 다음을 보라. *Reformed Dogmatics*, ed. John Bolt, trans. John Vriend (Grand Rapids: Baker, 2003-). 2:59ff.: 이후로부터 *RD*로 표기된다. 본장에서의 모든 인용은 제2권으로부터의 인용이다.
8) *GD*, 47; *RD*, 66.
9) *GD*, 48; *RD*, 67.
10) *GD*, 49; *RD*, 68.
11) *GD*, 82; *RD*, 112.
12) *GD*, 52; *RD*, 70.
13) *GD*, 52; *RD*, 70.
14) *GD*, 64; *RD*, 82.
15) *GD*, 62ff; *RD*, 89ff.
16) *GD*, 73.
17) *GD*, 73.
18) 이것은 그리스도의 사건이 세상역사에 진입했을지라도 그것은 필연적으로 그 역사에 의해 실현되어야 하기 때문이다. 따라서 그 점에 있어서 계시와 구별되는 것이다. 더욱이 세상 역사는 부분적으로 자율적이며, 따라서 신학보다 다른 학과들은 기본적으로 중립적이다. 반틸은 이 비평을 그의 저서 *Christianity and Barthianism* (Philadelphia: Presbyterian and Reformed, 1962)에서 더욱 발전시킨다.

제16장

하나님의 이름들과 비공유적 속성들

1. 하나님의 이름들

하나님의 계시에 관해서 이제까지 말한 것과 연관해서 이제는 그의 이름들에 대한 고찰로 나아가 보기로 하자.[1] 이 이름들은 그 성격상 하나님 자신에 의해서 우리에게 주어져야만 한다. 우리가 다루는 것은 하나님에 대한 사람의 관념이 아니고, 그의 이름들 가운데서 우리에게 대하여 마주서는 당신 자신에 대한 하나님의 개념인 것이다.

하나님께서 당신 자신에 대해서 우리에게 주시는 이름들은 단순한 구별의 표가 아니다. 그가 다른 것으로부터 구별되어야 할 적수란 없기 때문이다. 하나님의 이름들은 하나님의 본성, 또는 그의 본질의 어떤 점을 우리에게 계시한다. 물론 이름들이 그의 본성을 온전히 계시하지는 못한다. 그러나 그럼에도 불구하고 그 본성의 어떤 점을 표현하기는 하는 것이다. 만일 그렇게 하지 않는다면, 그것들은 아무런 의미도 지니지 못할 것이기 때문이다.[2]

이것은 정통적 입장을 현대의 입장과 정면으로 대립시키는 것이다. 현대의 입장은 해석에 있어서 사람이 궁극적인 출발점이라고 가정한다. 그러므로 현대인은 자신이 '신'(神)이라고 부르는 것에 이름을 부여하는 것은 자신이라고 느낀다. 그 어디서도 하나님 편에서의 계시란 없다는 것이 당연시되는 것이다.

하나님께서 스스로 당신 자신께 이름을 부여하실 가능성에 대한 전통적인 반론은 계시와 관련해서 테일러(A. E. Taylor)의 입장에 대해 말한 것에서 이미 논의된 바 있다.[3] 우리에게 오는 그 어떤 하나님의 계시에도 주관적인 요소는 있다고들 말한다. 계시를 우리의 정신 안으로 받아 들여야만 한다는 것이다. 그래서 하나님은 우리의 해석에 의해 제한된다는 것이다. 우리들 각자는 모두가 하나님에 대해서 서로 조금씩 다른 개념을 가질 것이라는 것이다. 그러나 기독교의 계시 개념이 옳다면 그렇게는 말할 수 없다. 이 계시가 서로 말하는 이들 사이의 준거점(reference point)의 동일성을 보증해 주기 때문이다. 또한 계시는 그것을 받아들이는 이들 사이의 내용의 본질적 동일성을 보증해 준다.

하나님의 제한을 말하는 것은 그의 절대성을 부인하는 것이며, 따라서 하나님 자신을 부인하는 것이다. 만일 우리가 하나님의 제한을 말한다면, 하나님의 자기-제한(self-limitation)을 말해야만 하고, 세상을 창조하실 때의 자기-제한으로부터 시작해야만 할 것이다. 그러나 그 결과로 하나님을 계시하기 보다는 하나님을 숨기는(hiding) 것이 될 것이다. 범신론은 끊임없이 이런 길로 교회 안에 들어 오려고 하였다. 현대주의가 옛 범신론적 교리를 통해 교회 안에 들어 올 준비를 하고 있으므로, 우리는 더욱이 이 점에 있어서 조금의 양보도 해서는 안 될 것이다. 성경은 하나님에게 대해 신인동형론적인 이름들을 끊임없이 사용하고 있다. 그러나 그 어디서도 제한된 신(神)을 제시하지는 않는다.[4]

하나님의 이름들에 대한 계시에는 역사(a history)가 있다. 이것은 우리가 기대해야만 하는 것이다. 특별히 우리는 '특별 원리', 구속의 원리의 발전과 연관해서 이것을 기대해야 한다. 하나님의 계획과 구원의 목적이 점진적으로 실현되고, 그의 백성들에게 분명하게 됨에 따라서 하나님께서는 당신 자신을 사람들에게 점점 더 계시하셨다. 하나님께서 당신 자신의 이름을 부여하시고 계시하시는 이 과정은 그 자체가 '특별 원리'의 한 부분이다.[5]

하나님의 이름들이란 말은 우리에게 일반적으로 다음과 같은 것을 의미한다. (a) 하나님께서 그것으로 당신 자신을 부를 수 있는 이름들을 말씀해 주시는 호칭들, 또는 고유명사(*nomina propria*), (b) 삼위일체의 각 위나 그 전부에게 돌려진 하나님의 속성들, 또는 온전성들.

(1) 구약에 나타난 고유명사

① 엘(אֵל), 엘로힘(אֱלֹהִים), 엘욘(עֶלְיוֹן).

이 이름들은 자연스럽게 이름들의 역사에 있어서 처음에 나오게 된다. 그것은 우선권을 가지신 첫째이신 분, 그리고 절대적인 힘을 가지신 분을 의미한다. 그 이름은 일반적으로 복수로 나타난다. 이것은 다신론에 대한 시사가 아니다. 그것은 오히려 후대의 계시에서 좀더 온전히 계시될 삼위일체론을 지향하는 시사이다.

(희랍어 '휘프시스토스' (ὕψιστος)에 해당하는) '올라간다' (go up)는 뜻의 '알라' (alah)에서 온 '엘욘' (eljon)은 하나님을 높고, 뛰어나신 분으로 지시한다(멜기세덱이 그 말을 사용하고 있는 창세기 14:18을 참조하라).

이 이름들이 때때로는 우상들에 대해서, 그리고 사람에 대해서도 사용되기도 했음에 유의하라. 이런 점에서 그것들이 고유명사는 아니다. 그러나 그것들은 그의 속성들과는 구별되는 하나님의 고유명사들이다.

② '아도나이' (אֲדֹנָי)

이 이름은 하나님께 모든 것들이 복속하고, 사람이 마땅히 순종해야만 하는 통치자로 제시하는 이름이다. 옛날에는 하나님이 늘 이 이름으로 불리워졌었다(특히, 유대인들에게서-보역).

③ '샤다이' (שַׁדַּי), 또는 '엘 샤다이' (אֵל שַׁדַּי).

이 이름의 뜻은 아마도 창세기 17:1에서 가장 잘 찾아볼 수 있을 것이다. 그 때는 아브라함이 그의 생각으로 성취가 불가능해진 약속을 자연적인 수단에 의뢰해서 이루어 보려고 하는 찰나였다. 그 때에 여호와께서 아브라함에게 나타나셔서 말씀하시기를, "나는 엘-샤다이, 즉 나는 피조계의 모든 능력들로 '특별 원리'를 실현하는데 사용할 수 있는 자다"고 하셨다. 하나님은 은총의 사역을 수립하시는 자연의 하나님이시다. 그러므로 당신 자신의 백성에게는 하나님의 위대하심이 위로와 확신의 원천이 된다.

④ '여호와' (יהוה)

이 이름은 구약의 하나님의 백성에 의해서 점차 '나의 주님' ('아도나이' Adonai)란 이름으로 대치되어졌다. 이 여호와란 명칭은 언약의 하나님으로서의 하나님의 이름이다. 모든 참된 종교는 언약의 종교이고, 당신 자신의 백성으로 하여금 구원하시는 은혜를 베푸시는 그의 태도에서 불변하시는 분이시라는 이 하나님의 이름에 근거하는 것이다. 이 이름과 그 언약 안에서 하나님께서는 당신 자신을 그의 백성들에게 주신다. 그의 백성에 대한 언약의 약속이 실패할 수 없음은 그가 당신 자신을 부인하실 수 없으심과 같다. 이것은 구약에서 하나님의 고유명사(proper name)라고 할 만한 이름이다.

유대인들은 하나님의 높으심을, 그의 이름에 대한 언급으로 나타내고 있는 레위기 24:11, 16을 그들 나름으로 해석하여 '여호와' 란 이름이 전혀 쓰여 지지도 않을 정도로 깊이 인식하였다. 이름에 대해서 그들은 '엘로힘' 이나 '아도나이' 로 대치해 썼던 것이다.

'여호와 쯔바오트' (צְבָאוֹת)는 천군 천사들이 하나님으로서의 하나님을 지칭하는 듯하다. 증거 (a) 이 이름은 자주 천사들과 연관하여서 사용되어졌다(삼상 4:4 삼하 6:2 등), (b) 천사들은 하나님의 보좌를 둘러 싸고 있는 천군들(a host)로 제시되었다(창 28:12; 왕상 22:19등), (c) 이 이름은 호전적인 풍미를 나타내기보다는 왕으로서의 하나님의 영광을 표현한다(신 33:2; 왕상 22:19; 시 24:10; 사 6:3, 24:23; 슥 14:16).

(2)신약에 나타난 고유명사

① 신약에서는 '떼오스' (θεός)가 구약의 '엘로힘' (אֱלֹהִים)의 자리를 차지하고, '휴프시스토스 떼오스' (ὕψιστος θεός)(막 5:7)가 '엘욘' (אֶלְיוֹן)의 자리를 차지한다. 그런가 하면 '판토크라토(παντοκράτωρ)' 와 '떼오스 판토크라토' (θεός παντοκράτωρ). 즉 전능하신 하나님이 '엘 샤다이 (אֵל שַׁדַּי)' 의 자리를 차지하고 계신다. 우리가 신약과 구약에서 만나는 하나님은 당신 자신의 구원을 사람들 중에서 수립하시는 그 권능과 엄위가 모든 피조물을 초월하시는 같은 하나님이시다. 이런 개념이 소유격 명사와 함께 '떼오스' 의 계속적인 사용에 의해서 표현되는 것이다. 그리스도 안에서 하나님께서는 언약의 백성의 소유이신 것이다.

② '쿠리오스' (κύριος). '주' 란 이 말은 하나님과 그리스도를 모두 언급한다. 일반적으로 구약의 여호와 개념을 강조하고, 그리스도의 권위를 강조하는 데 사용되어졌다.

③ '아버지', 신약에서 하나님께 대해 사용된 아버지란 명칭의 용법을 이해하기 위해서는 다음과 같은 것들을 기억해야 한다. (a) 그 개념은 구약에서 주어졌다. 따라서 이 문제에 대해서 구약과 신약의 진정한 차이는 없다. (b) 이 이름이 전면에 나서게 된 것은 특별 원리의 후대의 발전에 따른 것이다. 물론 구약에서는 이 이름이 신정국가(theocracy)로서의 이스라엘과 특별한 관계를 가지고 사용되었다. 따라서 그때는 개인적이고, 윤리적인 의미가 전면에 부각되지는 않았다. 그러나 신정(神政)은 특별 원리의 계시 단계들 중에 하나이므로, 바르게 이해할 때는 구약이 신약과 본질적으로 같은 것을 포함하고 있다고 주장하게끔 한다. 물론 구약은 신약보다는 덜 진전된 계시의 단계이다. 그렇다고 해서 신약이 '하나님의 보편적 아버지되심'을 말하는 것은 아니다. 물론 신약은 하나님이 창조주이시므로 모든 사람들의 아버지이시라고는 말한다. 이런 의미에서는 우리가 보편적 아버지되심(父性)을 말할 수 있다. 그러나 이것은 형이상학적인 개념이다. 윤리적으로는 그 안에 있는 하나님의 형상, 즉 그리스도 안에서 새롭게 되지 않으면(골 3:10; 엡 4:24), 그 누구도 하나님의 자녀로 여겨지지 않는 것이다.[6]

2. 하나님의 속성들

이제 우리는 하나님의 속성들에 대한 논의에 이르게 되었다. 처음부터 우리가 직면한 문제는 하나님의 덕이나 속성들이 그의 존재와 맺는 관계의 문제이다. 신성 안에 있는 구별을 다룰 때, 우리는 그의 존재의 단순성(the simplicity of his Being)을 무시하지 않도록 조심해야만 한다.[7] 우리는 신성을 나눌 수 없는 것이다. 그렇다면, 우리가 하는 구별이 단지 우리가 하는 것이고, 따라서 주관적 가치만을 가진다고 결론지어야만 하는가?

이 난제에 대해서 한 가지 답변이 가능하다. 하나님의 각 속성은 하나님과 동연적(同延的, coterminous)이다. 하나님은 빛이시고, 사랑이시고 의이시고, 거룩이시다(이 모두에 계사 'is'가 사용되고 있음에 유의하라-보역).

그런데 하나님께서는 그의 계시 가운데서 그의 존재에 대해서 몇 가지 구별(distinction)을 하도록 가르치셨다. 이 구별은 그의 존재의 부요함과 풍성함의 일부를 이해하도록 도울 것이다.8)

만일 우리가 하나님의 존재에 대한 그의 속성들의 관계를 이와 같은 방식으로 생각하면, 우리는 곧 바로 기독교적 입장과 비기독교적 입장을 대조시키는 입장에 서게 된다. 그 차이는 다시 하나님에 대해서 추상적으로 생각하는 것과 구체적으로 생각하는 것의 차이가 된다. 만일 우리가 추상적으로 생각하면, 우리는 소극적이고 공허한 본질을 얻게 된다. 이 본질은 그 본질을 규정하는 적극적인 사유-내용과 대조되는 것이다. 그렇게 되면 불가해성에 대한 비기독교적 개념은 적극적 지식의 비기독교적 개념과 연관되고, 결국 분열과 인간 지식이 파괴를 가져올 것이다.

그러므로, 우리가 그것을 가지고 하나님께 대해서 말하는 '우월의 방법'(the way of eminence)과 '부정의 방법'(the way of negation)에 대한 정통적 개념과 비정통적 개념의 구별을 유념하는 것이 좋을 것이다. 정통적 개념은 구체적으로 스스로 계시는 하나님으로부터 시작한다. 그러므로 하나님께서 먼저 당신 자신의 본성에 따라서 피조물에게 당신 자신을 계시하시고 이름을 드러내어 주시기 전에는 피조물 안에 있는 것에서 발견되는 것을 따라서 이름 붙여서는 안되는 것이다. 마치 하나님께서 피조물 안에서 발견되는 것에 따라서 이름을 스스로에게 붙이신 것처럼 보이는 유일한 이유는 피조물로서 우리가 그 어떤 것에 대한 지식에 있어서고 심리적으로 우리 자신으로부터 시작해야만 하기 때문이다. 우리는 우리의 모든 지식의 가까운 출발점(the proximate starting point)이다. 그러나 하나님은 우리 지식의 궁극적 출발점(ultimate starting point)으로 생각되어야만 한다. 하나님은 원형(the archetype)이시고, 우리는 모형(the ectypes)이다. 하나님의 지식은 원형적(archetypal)인 것이고, 우리의 지식은 모형적(ectypal)인 것이다.9)

이처럼 하나님이 원형적이고, 인간이 파생석이라는 이 사실을 인식하면, 우리는 우월의 방법과 부정의 방법을 안전하게 적용할 수 있다. 우리가 공허한 개념에 이르거나, 우리의 지식이 주관적인 것일까를 두려워할 필요가 없는 것이다. 그러면 하나님에 대해서 무엇인가를 말하려는 우리의 시도는 그 배후에 하나님께서 당신 자신에 대해서 무엇인가를 말씀하신 원래의 사실을 가진 것이 되는 것이다.

이에 반해서, 만일 우리가 이 자존하시는 하나님의 사실을 분명히 하지 않으면, 또한 자기-의식적으로 그리고 자신의 결정으로 당신 자신을 계시하시는 하님을 분명히 전제하지 않으면, 우리는 필연적으로 부정의 방법에 의해서 하나님의 본질에 대한 추상적 개념에로 이끌리게 되고, 우월의 방도에 의해서는 불확실성과 하나님 제한에 이르게 된다. 신지식(神知識)에 대한 우리의 성찰은 언제나 하나님의 적극적 자기-계시에서 시작해야만 한다. 부정의 방법은 하나님의 형상으로 피조함을 받은 피조물들이 그들의 입장이 파생적인 것임을 깨닫고서 그 원형에까지 도달하려는 방법이다. 하나님의 형상으로 피조된 존재들로서 이 피조물들은 하나님의 적극적 계시를 받았다. 오직 죄가 들어온 후에야 사람은 자신이 더 이상 하나님의 피조물이 아니라고 생각하게 되었던 것이다. 그리고 나서야 구체적인 부정의 방법이 아니라, 추상적인 부정의 방법을 창안한 것이다. 그 추상적인 부정의 방법은 죄인이 하나님의 적극적 속성들로 자신에게 직접적 요구를 하지 못하도록 하는 유용한 도구이다. 그래서 사람은 자신이 하나님의 의를 말할 때 그것이 단지 자신의 느낌의 어떤 점을 이런 모든 구분을 초월하여 사시는 존재에게 돌리는 것이라고 스스로를 믿게 한 것이다.[10]

그래서 (타락 이후에는) 오직 특별 계시의 영역에서만 하나님께 대해서 다시 구체적으로 생각하기 시작했다. 구약과 신약에서 하나님께서는 사람에 대한 그의 요구를 온전하고도 자유롭게 말하고, 사람은 이 요구가 하나님의 존재에 대한 참된 표현이라고 알게 되는 것이다. 이와 연관해서 우리는 바르트(Barth)가 그의 신론에서 구체적인 부정의 방법보다는 추상적인 부정의 방법을 따랐다고 말할 수 있겠다. 그 이유는 그가 먼저 세상에 대한 사람의 지식에 대해서 그가 구체적인 확언의 방법보다는 추상적인 확언의 방법을 받아들였다는 사실에 있는 듯이 보인다. 이미 앞에서, 바르트에게는 이 세상의 것들에 대한 지식에 있어서는 그리스도인과 비그리스도인의 차이가 없다는 것을 살펴보았다. 칸트적인 방식으로, 그는 사람이 현상계에 대해서 독자적인 지식을 가진다고 주장한다.[11] 바르트에게는, 현상계에 대한 사람의 지식은 하나님의 선험적인 적극적 계시에 근거하지 않는다. 따라서 사람의 신지식(神知識) 문제에 이르러서도 그는 추상적인 부정의 방법을 사용할 수 없었다. 만일 사람이 하나님과 상관없이 무엇을 한다고 주장하면, 그는 그 자신의 사유의 수준을 하나님의 사유의 수준과 동일시한 것이다. 만일 사람이 하나님을 떠나서 그 안에서 현상계를 해석할 수 있는 궁극적이고 통일적인 원리를 가지고 있다고 주장한다면, 그는 그로써 주변이 궁극적으로 해석된 사실들을 가진다고 가정한 것이다. 만일 이 사실들이 그에게 있어 궁극적 해석자로서 순수 사실(brute facts)이라면, 그것들은 또한 또 다른 궁극적 해석자인 하나님에게도 순수 사실들일 것이다. 그리고 이것은 또한 실제로 궁극적 해석자는 아무도 없다고 말하는 것이 될 것이다. 그것은 각각의 해석자가 (어떻게 해서든 순수 사실들을 통괄하는 합리적 원리의 초점인)순수 사실이라는 의미가 된다. 다른 말로 하자면, 우리는 피할 수 없는 대안 앞에 선 것이 된다. 그와는 다른 대안으로 우리는 유일한, 따라서 절대적인 자의식적 인격적 해석의 원리로서 하나님을 전제할 수 있다. 그런 경우에는 그의 해석이 하나님의 해석에 대한 재해석이라고 생각되지 않으면 그 어떤 것도 바르게 해석할 수 없는 것이 된다. 그런데 바르트는 이것을 인정하려 하지 않는 것이다. 그는 어떤 점에서는 인간의 독립성을 주장하려고 한다. 그럼으로써 그는 다른 대안의 방향으로 나아갈 수밖에 없는 것이다. 그것은 하나님을 공허한 본질, 비인격적 원리로 환원시키는 것이다.

물론 우리는 바르트가 하나님께 적극적인 속성들을 돌려 드리고 있다는 사실을 잘 알고 있다. 그는 하나님의 주권에 대한 강조에 있어서 칼빈 이상으로 나아간다(즉 '더 강조한다' 고도 할 수 있다-보역). 그러나 그렇다고 해서 그가 자신의 해석의 원리에 충실하려면, 하나님께 참으로 긍정적인 속성들을 돌려 드릴 수 없다는 사실은 변화시킬 수 없다. 그는 결국 침묵할 수밖에 없는 것이다. 바르트는 하나님께서는 계시하셔야만 한다고 자주 말할 수 있다. 그것은 사실이다. 그러나 바르트는 사실상 하나님께서 당신 자신을 계시하시도록 허용하지 않는다. 그는 독립적으로 파악된 인간 사유의 형태로 하나님의 계시의 길에 장애물을 세우는 것이다. 그 결과로, 바르트에 의하면, 우리는 성경 가운데서 사람에게 말하여진 그 어떤 것에 근거하지 않을 수 있게 된다. 바르트는 논의하기를, 성경의 말씀들은 결국 인간의 말들(human words)이라고 한다. 하나님의 계시는 그런 것을 통해 그 안에서 말할 수 없다는 것이다. 그러나 그가 이렇게 말하는 유일한 이유는 그가 인간의 정신을 그 해석에 있어서 하나님의 정신에 온전히 종속시키지 않았기 때문이다. 그는 인간 정신에게 하나님의 정신에 대비되는 절대적인 힘을 부여한다. 만일 인간의 정신이 창조 때문에 하나님께 종속되었다면, 그것이 하나님께서 사람에게 직접적으로 말씀하실 수 있는 수단이 될 수 없는 이유는 없다.

천주교 신학도 부정과 내재를 이해함에 있어서 구체적이기 보다는 추상적인 방식을 따른다. 아퀴나스의 '합리주의적' 접근은 바르트의 '비합리주의적' 접근과 비슷하다.[12] 그들 모두가 사람이 어느 정도는 자율적이라는 개념에 근거를 두고 있는 것이다. 아퀴나스와 바르트 모두가 사람은 하나님을 언급하지 않고서도 현상계를 옳고 바르게 해석할 수 있다고 한다. 그래서 그들은 말하기를 사람이 하나님은 어떤 분이 아니신가에 대해서는 말할 수 있다고 한다. 그들은 '우월의 방도'를 사용하기 전에 '부정의 방도'를 사용하는 것이다. 그러므로 후에 그들이 '우월의 방도'를 사용할 때에도, 논리적으로, 유한한 신(神), 사람과 같은 신(神)을 도입해 들일 뿐이다. 그러므로 천주 교회가 말하는 '존재의 유비' (the *analogia entis*)와 바르트의 '신앙의 유비' (the *analogia fidei of Barth*)는 서로 아주 다른 것이 아니다.[3] 천주교 사상은 그 아리스토텔레스를 쫓는 점에도 불구하고, 초월적인 하나님을 허용하며, 따라서 '정통적'인 면이 있다. 그런데 바르트는, 그의 칸트주의 때문에, 초월적인 하나님을 전혀 허용하지 않으며, 비정통적이다. 그런데도 부정의 방도와 우월의 방도를 추상적으로 사용하고 있기 때문에, 천주교 사상은 바르트주의에 대해 많은 저항을 할 수 없는 것이다.

만일 우리가 우월의 방도와 부정의 방도에 대한 정통주의적 개념과 비정통주의적 개념의 차이를 잘 파악하고 있으면, 이제 우리는 하나님의 개별적 속성들을 잘 다룰 수 있게 되었다고 할 수 있다. 왜냐하면 각각의 속성들에서도 우리는 같은 문제에 직면하게 되겠기 때문이다. 우리는 하나님에 대해서 신인동형론적으로 말해야만 한다.[13] 성경이 하나님께 대해서 그렇게 말하고 있는 것이다. 사실 하나님께 대해서 달리 말할 방도가 없는 것이다. 그러나 동시에 우리는 하나님이 원형이시고, 우리가 파생적이라는 것을 잊을 수 있다는 그 위험에 깊은 주의를 기울여야만 한다.

교회는 하나님이 원형이심을 아주 강하게 보호하여 왔다. 따라서 교회는 그 사고에 있어서 하나님의 비공유적 속성들이 공유적 속성들에 선행하도록 옳은 생각을 하여 왔다. 그리고 그 어떤 속성도 그대로 사람이 공유하는 것은 아니라는 것을 곧 바로 덧붙였던 것이다. 하나님에게 존재하듯이 사람에게 존재할 수 있는 것은 아무 것도 없다. 그러므로 하나님은 당신 자신에 대해서 계시하시는 모든 것에서 '불가해적'(不可解的, incomprehensible)이시다. 하나님에 관한 모든 것은 절대적인 수준에 있는 것이고, 사람에 관한 모든 것은 파생적인(derivative) 것이다. 우리들 사람 안에 있는 것은 하나님께서 당신 자신에 대해서 계시하신 어떤 것의 사본(a copy)인 것이다. 사람의 존재는 하나님께 대해서 유비적이다. 그러므로, **만일** 우리가 소위 하나님의 '공유적 속성'을 먼저 말한다면, 그것은 하나님이 원형이심을 좀 더 강조하기 위한 수단일 뿐이다. 하나님의 비공유적 속성이란 그에 대해서 우리가 우리 자신 안에서 유비를 거의 찾을 수 없으며, 그에 대해서 성경이 거의 부정의 방법으로 말하고 있는 속성들이다. 반면에, 소위 공유적 속성들이란 우리 자신 안에 유비를 가진 듯하며, 그에 대해서 성경이 대부분 적극적으로(positively) 말하고 있는 그런 속성들을 말한다.[14]

3. 하나님의 비공유적 속성들

(1) 하나님의 자존성(the Aseity) 또는 독립성

첫째로, 그리고 속성들 가운데서 가장 먼저 우리는 하나님의 독립성 또는 자존성(*autarikia, omnisufficientia*)을 말한다. 이제까지 우리가 하나님께 대해서 말한 모든 것은 하나님의 자충족적 성격을 강조한 것이다. "그는 그 자체가 선이요, 거룩이요, 지혜요, 생명이요, 진리이시다."15) 하나님은 그 자신에게서(*a se*; 그 자신으로부터, 스스로) 존재하신다. 이에 비해 그의 피조물들은 '다른 것으로 부터'(*ab alio*) 존재한다. "이 하나님의 자존성에는 단순히 그 자체에 의하여 존재한다는 생각만이 아니라, 존재의 온전함, 풍성함으로써 다른 모든 덕들이 포함되는 것이다. 그것들은 하나님의 존재의 온전함을 제시하는 것일 뿐이다."16)

만일 '원인'(*causa*)이란 말이 생산의 원천(the source of production)이란 의미라면, 하나님은 '자기 원인'(*causa sui*)이라고 언급될 수 없다. 하나님은 나와지신 분이 전혀 아니시므로, 그는 자기 생산의 원인리라고 할 수 없는 것이다. 이에 반해서 만일 '원인'(*causa*)이란 말이 그의 존재의 이유나 의미(the reason for and meaning of his existence)를 뜻한다면, 하나님은 '자기 원인적'(*causa sui*)이라고 할 수 있다. 그는 자충족적인 합리성(self-contained rationality)이시다. 그의 합리성은 그가 가지신 어떤 것이 아니라, 그의 존재와 동연(同延)의 것인 것이다. 그렇기 때문에 우리가 하나님은 "그 이상 높은 것을 생각할 수 없는 존재"(the being than whom none higher can be thought)라고 말할 때 주의해야만 한다.17) 만일 우리가 '~에 대한 개념을 갖는다'는 의미에서 우리가 생각할 수 있는 최고의 존재를 생각하고, 그 뒤에 그에게 '실제 존재사실'(actual exsitence)를 부여한다면, 우리는 하나님에 대한 성경적 개념을 가진 것이 아닐 것이다. 하나님은 독립적인 존재인 인간이 생각할 수 있는 최고의 개념과 상응하는 실재가 아니시다. 사람은 절대적인 자충족적인 존재를 생각할 수 없다. 즉 그는 일반적인 의미에서 그런 개념을 가질 수 없는 것이다. 하나님은 사람이 개념을 가질 수 있는 최고의 존재보다도 무한히 높으신 분이시기 때문이다.

물론 우리가 파악하고, 그에 관한 개념을 가질 수 있는 것보다 더 높은 존재를 생각할 수는 있다. 또 하나님에 대한 '개념'이라는 말을 이와 같이 폭 넓고, 느슨한 방식으로 사용할 수가 있다. 사실 우리가 우리의 신 개념

(our concept of God)을 말할 때, 우리는 이렇게 폭 넓고, 느슨한 의미에서 말해야만 한다. 이 때는 '개념' 이란 말로서 단순히 하나님의 존재에 대해, 유비적 추론의 과정을 통하여 우리가 형성해 보려고 하는, 우리가 가진 관념(notion or idea)을 뜻한다. 이렇게 우리가 하나님에 대한 관념, 또는 개념을 말할 때, 우리는 그 개념으로 하나님께서 당신 자신에 대해서 가지고 계신 관념에 대한 유비적 재생(reproduction)을 가진다는 것을 충분히 의식해야만 한다. 우리의 개념, 또는 관념들은 하나님의 관념에 대한 유한한 복사물(finite replicas)일 뿐이다.

아마도 우리는 신지식을 찾는 문제와 관련한 스콜라주의적 과정과 지금까지 우리가 일관성 있는 기독교적 과정으로 제시한 방법을 대조시킴으로써 이 문제 전체를 명료하게 할 수 있을 것이다. 이 목적을 위해서 현대 가톨릭 철학자의 작품을 유용하게 사용할 수 있으리라고 본다. 존재론에 관한 코페이(P. Coffey)의 작품을 통해서 그가 하나님의 존재에 대해서 무엇을 말하고 있는지를 살펴보기로 하자. 이제 '존재와 그 기본적인 규정'(Being and Its Primary Deter-mination)이란 제목의 장(章)을 인용해 보도록 하겠다.[18]

인간 정신에 의해서 자발적으로 도달한 존재의 개념을 생각해 보면, 더 이상 단순한 개념으로 바꿀 수 없는 가장 단순한 개념으로 드러난다. 그것(존재라는 개념)은 우리가 생각할 수 있는 어떤 대상의 모든 개념에 관여되는 것이다. 그것(존재의 개념)이 없으면, 우리는 그 어떤것에 대해서도 아무런 개념을 가질 수 없게 된다.

그러므로 그것(존재의 개념)은 논리의 순서에 있어서 즉 합리적 사유의 과정에 있어서 다른 모든 개념 중에서 제일 먼저 온다.

그것은 또한 연대적 순서에 있어서도, 즉 시간의 순서에 있어서 인간 정신이 형성한 처음 개념이기도 하다. 물론 우리는 다름 좀더 규정적인 개념들보다 먼저 이 개념을 형성했다고 기억하지는 못한다. 그러나 어린 아이가 각성하는 지적인 활동은 모든 개념들 중에서 가장 단순하고, 쉬우며, 가장 피상적인 것으로써 이제 좀 더 풍부하고, 분명하며, 좀 더 규정적인 개념들로 진행하는 것이다. 즉 '존재' 나 '사물' 과 같은 모호하고 혼동된 개념으로부터 구체적으로 어떤 것이라는 개념으로 나아가는 것이다.

이 직접적인 존재의 개념은 모든 개념들 중에서 가장 비규정적인 것 같다. 물론 완전히 비규정적(indeterminate)인 것은 아니지만 말이다. 어떤 사유의 대상이 우리의 유한한 정신에 의해서 파악되고 이해되려면 어느 정도는 구체적으로 주어져야 한다. 이 '존재'라는 폭넓은 개념도 절대적 비존재나 무(無)와는 대조되어, 좀더 적극적인 것으로 파악될 때만 이해될 수 있는 것이다.[19]

헤겔 철학에 의하면 '순수 사유'(pure thought)는 '순수 비존재'(pure not-being)또는 '절대적 무'(absolute nothingness)와도 구분되지 않은 절대적 비규정성의 '순수 존재'(pure being)를 생각할 수 있다고 한다. 이렇게 무엇인가와 무(無), 존재와 비존재, 긍정적인것과 부정적인 것, 확언과 부인의 절대적으로 비규정적인 혼합(우리는 이를 '종합'(synthesis) 또는 통일(unity)이라고 부를 수 있다)은 우리의 유한한 정신에 의해서 '순수 사유(pure thought)인 그 주관적 상대물에 대한 객관적 상대물로, 또한 그와 절대적으로 동일한 것으로 파악될 수 있을 것이다. 그런데 지금 우리가 관심하는 것은 인간의 정신과 그 대상들, 그리고 인간 정신이 어떻게 대상들을 생각하는가 하는 것이지, 주체와 객체의 이원성, 인식과 존재의 모든 규정성, 그리고 사유와 사물의 모든 구별을 초월하는 존재(a Being)라는 굉장한 과정과 관련된 사변이 아닌 것이다. 우리는 인간 정신이 그 사유를 존재 사실이 인간의 모든 파악과 인식을 초월하는 최고의 존재(a Supeme Being)의 존재 사실을 수립할 수 있다고 믿는다. 그러나 그것은 그 모든 사유의 최종 단계에서라야만 가능한 것이다. 그리고 그렇게 해서 이르게 된 초월적 존재는 헤겔 철학의 일원론적인 이상-실재의 존재와는 전혀 공통성이 없는 것이다. 그러한 지고한 개념의 높은 선험적 근거를 제시하려는 노력 중에서 헤겔 철학은 잘못된 곳에서 시작하고 있다고 생각된다.

더 나아가서, 존재의 개념은 모든 개념들 중에서 가장 추상적인 것이다. 즉 그 범위가 폭 넓듯이 그 지향점이 약한 것이다. 우리는 우리 경험의 자료에서 그것을 이끌어 낸다. 그리고 우리가 그에 이르는 과정은 추상의 과정인 것이다. 우리는 사물들을 서로 구별시키는 그 차이를 무시하고, 그 차이를 생각하지 않는다. 우리는 정신적으로 그것들을 추상화해서, 그 모든 것에 공통적인 것만을 생각하는 것이다. 이 공통적인 요소가 우리의 존재 개념의 내용을 이루게 된다.

그러나 우리가 우리 개념의 대상에서 그 차이점들을 적극적으로 배제하는 것은 아니라는 것이 주목되어야만 한다. 그 차이도 존재의 양식들인 한 그 차이도 존재라는 단순한 이유에서 우리는 그리할 수 없다. 그 차이들에 대한 우리의 태도는 소극적(negative)이라고 할 수 있다.

우리는 그것들이 우리의 개념 안에 암묵리에 들어 있어도 그것을 명백히 생각하기를 꺼리는 것이다. 구별을 하기는 해도 그것은 정신적이고, 주관적이고, 관념적이고, 형식적이고, 소극적인 것이지, 객관적이거나 실재적이거나 적극적인 것은 아니다. 그러므로 우리가 존재하는 폭넓은 개념에서 이런 저런 종류의 존재라는 좀더 포괄적인 개념에로 나아가는 과정은 형식적인 개념에 실재로 새로운 것을 더하거나 구별되거나, 그로부터 나오는 것이 아니라, 그 추상적 개념 안에 내재해 있는 것을 눈에 보이게 이끌어 내는 것이다. 그러므로 존재의 양식들을 포함한 존재의 구성은 실재적인 것이 아니라, 단지 논리적(logical)인 구성일 뿐이다.

반면에, 우리가 구체적인 존재 방식으로부터 일반적 존재 방식을 추상화할 때는 적극적으로(positively) 각기 다른 종(種)의 다른 특성들을 배제한다. 그리고 역(逆)으로 류(類)로부터 하위의 종(種)으로 내려 갈 때에는 그 일반적 개념 안에 포함되어 있지 않는 '구별되는 양식'을 더함으로써 구별해 가는 것이다. 그러므로, 예를 들자면, '합리적'이라고 구별되는 개념은 '등불'이라는 일반적인 개념에는 암묵리에라도 포함되어 있지 않은 것이다. 그것은 밖으로부터(ab extra) '동물'이란 개념에 덧붙여져서[20] '합리적 동물'(rational animal) 또는 '사람'이라는 구체적인 개념에 이르도록 하여서, 하위의 구체적인 개념으로부터 일반적인 것을 추상화할 때는 '서로를 구별 시키는 개념'을 적극적으로 배제시키므로써 실제로 그것들로부터 주의를 돌리는 것이다. 이런 종류의 추상화는 객관적이고, 실재적이고, 적극적인 것이라고 불리우며, 일반적인 것과 구별되는 존재 양상의 연합은 형이상학적인 구성(metaphysical composition)이라고 불리운다. 또한, 예를 들어서, 사람의 개념에 있어서 '합리적,' '정감적,' '살아있는,' '신체적인,' 등과 같은 정신이 좀 다른 추상화의 정도에서 구별할 수 있는 '존재의 다른 양식들'도 '존재의 형이상학적 등급'(metaphysical grades of being)이라고 불리운다.

이와 같은 추상화가 일반적 존재 양식, 구체적 존재 양식, 그리고 구별되는 존재 양식을 연관시키는데 언제나 사용되었는가가 질문된바 있다. 처음 보기에는, 일반적인 개념이 서로 다른 구체적인 양식을 드러내는 경우들에는 이것이 그 과정에 대해서 그렇게 만족스러운 설명인 것처럼 보이지 않는다. 물론, '각형'이라는 일반적 개념은 구체적으로 '삼각형,' '사각형,' '오각형,' 등등을 명백히 포함하지는 않는다.

더구나 그 중의 어느 하나를 암묵리에 포함하고 있지는 않다. 그러나 각기 다른 특성의 다른 개념들, 예를 들어서 '삼면성'이라는 종차(*differentiae*)는 '각형'의 한 양식으로써만 이해될 수 있을 뿐이다.21) 그러나 이것은 우연적인 것일 뿐이다. 즉 고려되는 구체적인 대상에 기인한 것이다.22) 심지어 여기서도 각형들을 구별시키는 것은 명백히 공식적으로는 '면과 각을 가짐'이 아님에 비해서, 유한한 존재와 무한한 존재를, 또는 실제적인 존재와 우연적 존재를 구별하는 것은 그 자체도 명백히 공식적으로 존재(being)라는 점은 남는 것이다. 그러나 추상화가 아주 객관적인 다른 경우들이 있다. 그러므로, 예를 들자면, ① '합리적' 과 구별하는 개념은 일반적 개념인 '동물'이란 개념에 암묵리에라도 포함되어 있는 것이 아니며, 그것은 '합리적'이란 개념은 동물이 아닌 존재들에게서도 구현될 수 있기 때문이다. ② '살아 있는' 이란 개념도 '신체적인'이란 개념에 암묵리에라도 포함되어 있지 않음은, 그것이 신체를 가지지 않은 존재에게서도 구현될 수 있기 때문이다. 존재라는 개념은 어찌나 단순한지 류(類, *genus*)와 종차(種差, *differentia*)라는 더 단순한 개념으로 분석될 수도 없고, 엄격하게 말하면 정의될 수도 없다. 우리는 그저 다양한 관점에서 그것을 고찰하고, 그것이 구현되는 다양한 방식과 비교함으로써 그것을 묘사할 수만 있을 뿐이다. 이것이 우리가 지금까지 시도해온 바이다. 존재 사실(existence)에 대한 그것의 근본적인 관계를 생각할 때 우리는 "존재란 현존하는 것, 또는 적어도 현존할 수 있는 것이다"(Being is that which exists or is at least capable of existing)라고 말할 수 있다(*Ens est id quod existit vel saltem existere potest*). 또는 "절대적 무(無)가 아닌 것(*Ens est id quod non est nihil absolutum*)이라고 할 수 있고, 우리의 정신과의 관계를 생각하면, 존재란 그 사유의 대상이 어떤 것이든지 생각될 수 있는 것이다"(Being is whatever is thinkable, whatever can be an object of thought)라고 말할 수 있을 것이다.

존재 개념은 이렇게 보편적이기 때문에 그 개념은 모든 실제적이고 생각 가능한 규정적인 존재 방식을 초월한다. 존재 개념은 무한한 존재와 모든 유한한 존재의 방식을 다 포괄하는 것이다. 다른 말로 하자면, 존재라는 개념은 그 자체로는 어떤 류의 개념(a generic notion)이 아니라, 초월적 개념(a transcendental notion)이다. 무엇보다 가장 높은 류(類)보다 더 넓어서 존재 개념 그 자체에 하나의 류(類, genus)개념 밖에 있는 종차(種差, differnces)를 덧붙임으로써 그 구체적인 것들에 의해서 규정될 수 있는 것이다. 그러나 우리가 살펴본 대로, 존재는 이와 같은 방식으로 그 양식에로 규정해 갈 수 없는 것이다.23)

코페이(Coffey)의 이 구절들은 상세히 분석하는 것은 우리의 목적이 아니다. 우리는 단순히 코페이의 전체 접근이 추상적임을 주목할 뿐이다.24) 그 자신이 말하기를 존재 개념이 추상화에 의해서 얻어진다고 한다. 이런 방식을 끝까지 따라 가면, 우리는 한쪽 끝에서 순수 추상적 존재에 이르게 된다. 그러나 코페이(Coffey)는 거기에 이르기를 원치않는다. 그는 존재 개념은 가장 비규정적이나 "물론 전적으로 비규정적인 것은 아니다"고 말한다. 그는 존재 개념을 적대적 비존재 개념과 대조하기를 원한다. 그는 헤겔이 그 둘을 일치시킨 것이 전혀 정당화될 수 없는 것이라고 느낀다.25) 그러나 우리는 코페이(Coffey)도 헤겔의 순수한 비규정자를 정향하고 있다고 주장하지 않을 수 없다. 그 나름의 행복한 비일관성을 발휘해서만 그는 존재와 비존재를 상호호환적일수 없게 했던 것이다. 코페이(Coffey)는 "존재란 절대 무(絕

對無)가 아닌 것이다"(*Ens est id quod non est nihil absolutum*)라고 감히 말했을 때도 적대적 비존재의 심연에 가까이 가는 것이다.[26]

그러므로 우리가 존재의 유비에 대한 추상적 개념을 가지고서 시작하면, 하나님과 사람이 이 모호한 종류의 존재로부터 서로 연관된 것으로 나오도록 되어 있다. 그 경우에는 다양한 존재 방식이 서로 유비적인 것이다. 코페이(Coffey)는 더 높은 존재 방식과 낮은 존재 방식을 말하며, 따라서 더 많은 존재(more being)와 적은 존재(less being)을 말하는 것이다. 그는 이 기본적인 가정에서 참된 창조교리를 발견할 수 없다.

그러므로 우리는 ① 하나님이 자충족적인 존재(自充足的인 存在, a self-contained being)이시고, 사람이 하나님께 대해서 유비적으로 창조되었다고(즉, 하나님의 원형이시지, 사람에게 대해 유비적인 것은 아니라고) 말하는 것과 ② 제한 지우는 과정에 의해서 다양한 존재 방식으로 나뉘어질 수 있는 모호한 일반적 존재가 있다고 말하는 것 중의 하나를 선택해야만 한다. 전자를 선택하면 참으로 기독교적 입장을 가지는 것이고, 후자를 선택하면 우리는 실제로는 이교적 개념을 가지는 것이다. 존재의 유비에 대한 아리스토텔레스의 개념은 성경이 말하는 창조주-피조물을 구별하는 개념과 전혀 조화될 수 없는 것이다.

하나님의 자존성(自存性)은 자충족적 존재의 온전함으로 하나님의 개념을 구체화하여 시작하지 않으면 주장될 수 없는 것이다. 추상화 과정은 언제나 사람들을 오도하여 이상한 데서 헤매게 하는 것이다.

(2) 하나님의 불변성(the Immutability of God)

하나님의 불변성은 그의 자존성(自存性)에 포함되어 있다. 하나님은 "그의 사상과 의지, 그 모든 목적과 작정들에 있어서와 같이 그의 존재와 본질에 있어서도 불변하신다."[27] 그는 변치 아니하시는 여호와로 불리우셨고(말 3:6), 그에게는 회전하는 그림자도 없으시다.

그런데 여기서도 다시 한번 하나님의 불변성 문제에 대한 기독교적 사상과 비기독교적 사상을 혼동하지 않도록 주의해야 한다. 교회의 교리는 아리스토텔레스의 부동의 동자(不動의 動者, the aidios ousia akinytos)와 혼동해서는 않된다. 바빙크는 이를 드러내야 할 데에서 이를 드러내지 않고 있다. 심지어 그는 교회의 교리와 이교 사상의 교리의 차이를 극소화하는 경향을 가진다.[28] 그러나 바빙크 자신도 말하기를 어거스틴에게 있어서는 하나님의 불변성이 신적 존재의 자충족적 온전하심의 직접적인 결과라고 한다.[29] 아리스토텔레스의 경우에는 분명히 신적 존재의 불변성이 그 공허함과 내적 부동성(內的 不動性, internal immobility)에 기인하는 것이었을 것이다. 그러므로 아리스토텔레스의 부동의 인식자(the unmoved noesis noeeseoos)와 기독교의 하나님보다 더 큰 대조를 생각하기 어려울 것이다. 이것은 특별히 성경이 하나님께 온갖 행위를 다 돌려 드리기를 서슴치 않는다는 데서 잘 드러난다. 성경에 의하면, 하나님은 세상을 창조하시고, 세계 일반이 아니라 그 안의 자질구레한 아주 구체적인 일까지에도 끊임없이 그 눈을 두시고 살피고 계신다. 그리고 피조된 우주에 대한 이 모든 활동 속에서 그는 불변하신다고 언급되는 것이다(사 41:4, 43:10, 46:4, 48:12; 신 32:39; 요 8:58; 히 13:8). 바로 여기에 기독교적 하나님 교리의 영광이 있다. 불변하시는 분이 우주의 변화를 주관하고 통제하신다는 그 교리의 영광 말이다. 만일 하나님이 아리스토텔레스의 그 추상적인 분이시라면, 그는 우주의 상대물에 불과하며, 따라서 우주를 주관하실 수 있는 분이 아니실 것이다.

바빙크는 하나님의 불변성이 그 적들을 가져왔다고 지적하고 있다. 그 적들을 헬라크리투수(Heraclitus)의 철학과 같은 이교 철학에서 교육을 받은 이들 가운데서 나타났다. 예를 들어서 도르너(Dorner)는 하나님은 그의 존재의 윤리적 측면에서만 불변하시다고 말함으로써 우주의 사물에 대한 하나님의 적극적 관심과 하나님의 불변성을 조화시켜 보려고 노력하였다. 하나님은 언제나 사랑이시고, 언제나 거룩하시다는 것이다. 그러나 그가 실제로 이 세상을 창조하셨을 때와 아들의 인격 안에서 육체가 되셨을 때 그는 변화하셨다고 한다.[30] 바빙크는 이 모든 조화의 노력에 실패하게끔 되어 있다고 주장하는 바, 그는 옳은 것이다. 물론 성경은 하나님께 대해서 신인동형론적으로 말하고, 그렇게 할 수밖에 없지만, 그 모든 것에도 불구하고 하나님 자신은 불변하시는 것이다. "그와 관련하여서, 그에 대한 사물의 관계에서는 변화가 있지만, 하나님 자신 안에는 변화가 없는 것이다."31) 버스웰(Buswell)이 불변성을 세상에 대한 하나님의 관계의 영속성으로 정의한다는 것은 이미 제14장에서 살펴본 바 있다(따라서 그곳을 살펴 보고, 비판을 하기 바란다-보역).32)

(3) 하나님의 무한성(The infinity of God)

하나님의 무한성도 그의 자존성에 포함된다.33) 하나님의 무한성이란 말로써 우리가 의미하는 바는 그의 존재의 무한한 풍성함(the boundless fullness of his being)이다. 하나님은 그의 존재에 있어서, 그의 속성들에 제한이 없으시다. 하나님은 구체적인 자존자(concrete self-existence)이시다.

여기서도 우리는 이 속성을 주로 부정의 방법으로 묘사하게 된다. 그러나 문제는 부정의 방법을 바르게 사용하는가가 가장 중요한 것이다. 우리는 피조된 세계의 중요한 측면들 가운데서 두 가지에 대하여 부정의 방법을 적용하고, 그렇게 해서 하나님의 무한성 개념에 조금 접근해 보려고 할 수 있을 것이다. 즉 시간과 공간에 대한 하나님의 무한성을 말하고자 한다. 이로써 우리는 하나님이 영원하신 분이시며, 편재하시는 분이심을 말할 수 있을 것이다.

이 두 경우에 있어서, 만일 우리가 추상화의 과정을 따르면 나타나게 되는 나쁜 의미의 무한성(the bad infinite)을 피하도록 아주 조심해야 할 필요가 있다.34) 왜냐하면 부정의 방법을 사용하면서는 추상화로의 길로 나아가기가 아주 쉽기 때문이다. 그래서 흔히 부정의 방법이 추상화로의 방도와 동일시 되기도 한다.

이런 추상화의 방도에서는, 먼저 시간과 공간 개념을 생각한 후에 영원과 편재 개념에 이르기 위해서 지속이나 연속과 같은 특성을 빼라고 요구받는다. 그러나 이런 방식에 따르게 되면, 하나님의 존재의 충만성과는 전혀 다른 극단에 빠지게 된다. 그러면 우리는 순수 공허함(pure emptiness)에 이르게 되는 것이다.

따라서 우리는 하나님의 존재를 우리가 이루 다 말할 수 없는 풍성함으로 우리의 시•공간 개념의 전제로 삼아야만 한다. 그리고는 이 개념으로 하나님에 의해서 피조되었기 때문에 개재되는 한계들을 제거해야만 한다. 우리가 그렇게 하게 되면, 우리는 유신론적으로 부정의 방법을 활용하는 것이 된다. 그러면 부정의 방법이 동시에 확언의 방법일 수 있다. 그러면 하나님은 그의 존재에 있어서 아주 풍성하고 풍부하게 나서서, 그의 존재의 풍성함이란 전제 없이는 그에 대해서 그 어떤 부정도 할 수 없게 되는 것이다.

하나님의 무한성 개념은 그에 대한 사람의 언급이 독자적인 언급이어서는 안된다는 것을 강조하게 한다. 사람 편에서의 독자적인 언급은 하나님에 대한 제한을 함의하며, 결국 하나님을 유한화 시키는 것이다. 그러므로 사람이 독자적인 언급을 할 수 있는 능력이 있다고 가정하는 추상적인 부정의 방도는 그 자체로 좌절되고 만다. 즉 영원한 세상을 추구하지만, 시공간적인 우주의 부정적 대립자(a negative counterpart of the spatio-temporal universe)만을 발견하고 마는 것이다.[35] 그런 것은 이신론적(理神論的)으로나 범신론적(凡神論的)으로 파악될 수 있는 것이다. 이 두 경우 모두에 있어서 창조주와 피조물의 차이는 실질상 무시된다.[36]

따라서, 우리는 하나님의 존재의 온전함이 시공간 세계 안에서의 적극적 풍성함과 다양성의 배후에 있다고 주장함으로써 하나님의 무한성에 대한 생각을 시작한다. 성경은 이 점에서 우리를 인도한다. 성경은 하나님께 대해 신인동형론적으로 말하기를 주저하지 않는 것이다. 성경은 온갖 행위를 다 하나님께 돌린다. 이 행동에 대해서 우리는 공간적으로, 그리고 시간적으로 생각할 수밖에 없다. 그러므로 우리는 하나님을 우리와 전적으로 같은 분으로 생각하든지, 아니면 우리를 그의 존재의 풍성함에 대한 유한한 유비물로 생각하든지, 둘 중 하나의 선택에 직면하게 된다. 첫째 대안을 선택하면 창조주와 피조물의 차이를 완전히 무시하고 배제하는 것이므로, 후자와 같이 생각하지 않을 수 없게 된다.[37]

시간과 관련해서 하나님의 무한성을 이와 같이 생각하면, 우리는 이 시간적으로 조건 지어진 우주 안에서의 움직임이 그에 대해 피조된 묘사물(a created replica)이 되는 내적 활동의 무한성(that fullness of internal activity)을 생각하게 된다. 하나님은 자기-결정적이며 내적으로 활동적이시다. 그는 자기에 대한 언급자이시다. 하나님은 그 스스로가 생명이시다. 플라톤의 신(神)은 생(生)의 개념을 자신 위에 가지고 있었다. 그리고 기독교의 하나님은 그에게 대립하는 원리를 모르신다. 이렇게 그는 생명이시고 내적인 활동이시므로, 기독교의 하나님은, 아리스토텔레스의 신(神)과는 달리, 피조된 우주에 대한 자충족적 원천이 되실 수 있으시다. 아리스토텔레스의 신(神)은 우리 주위의 이 세상에 대한 적극적 원천이 아니다. 플라톤과 아리스토텔레스에게 있어서, 시간은 하나님의 창조적 명령과는 상관없는 독자적인 일종의 실재를 가진다.[38]

그러므로 우리는 그리스도인들로서 구별되는 역사 철학을 가진다. 과거에 일어난 모든 것, 현재 일어나는 모든 것, 그리고 미래에 일어날 모든 것이 자기 언급적인, 따라서 제한되지 않는 존재의 자충족적인 내적 활동에 그 근거를 두고 있는 것이다. 역사의 움직임은 하나님의 자충족적 활동의 규정자가 아니다. 하나님께서 당신 자신의 의지의 결정에 의해서 세상을 창조하셨을 때, 그 안에 어떤 변화가 있는 것이 아니다. 또한 삼위일체의 제2위가 성육신하실 때도 하나님께 변화가 있는 것이 아니다. 오히려 하나님께서 자신과 함께 하는 세상의 존재를 주신 것이다. 하나님 자신이 자충족적인 무한한 존재이시므로 그러하실 수 있으셨다. 따라서 하나님의 무한성 교리는 범신론에로 인도되기 보다는 그에 대한 최선의 방지책이다.[39] 오히려 하나님의 자충족적 내적 활동으로부터 무엇인가를 제거하여 범신론에 반해서 기독교 신론을 안전하게 해 보려는 시도마다 실패하게끔 되어 있다. 여기서, 역사적인 것이 하나님의 자충족적인 내적 활동에 온전히 의존해 있는 것이 아니라고 하는 알미니안주의가, 기독교 교리를 범신론의 위험에서 구해 보려는 소망에도 불구하고, 결국은 범신론에로 인도하게 되는 것이다. 알미니안주의가 하나님께 대해서 말할 때, 그들은 추상적인 부정의 방법으로 말하는 것이다. 피조된 사람에서 어떤 궁극적 언급력(a certain ultimate predicative power)을 주려는 그 원칙에 충실하는 한 그리할 수밖에 없는 것이다. 따라서 알미니안주의는 테일러(A. E. Taylor)나 다른 이들의 현대 관념론적 철학 체계에 대해서 별로 저항할 수 없었으니, 그에게는 시간이 하나님 자신도 완전히 탐험해 보지 않은 어떤 실재이기 때문이다.40)

버스웰(Buswell)은 시간을 "연속되는 '관계의 공허한 가능성' 일 뿐"(the mere empty possibility of relationship in sequence)이라고 정의하고, "시간이란 문자적 의미에서 무한하다"(time in the literal sense is infinite)고 말한다.41) 그러나 기독교적 원리에서는 "연속되는 '관계의 공허한 가능성'" 과 같은 것은 없다. 연속의 모든 가능성은 하나님의 경륜에 의존하는 것이다.42) 여기서 버스웰의 입장은 그가 천주교 사상가나 알미니안주의자들과 함께 사람에게 상당한 자율을 부여하므로, 기독교의 가르침을 자연인의 해석 원리들에 일치시키려고 한다는 사실과 조화를 이룬다고 할 수 있다. 하나님의 영원성과 하나님의 불변성을 정의하는 데서 버스웰은 자충족적 하나님에 대해서는 전혀 말하지 않는 것이다. "우리가 하나님은 영원하시다고 할 때, 우리는 하나님에게서 독립해 있는 연속적 관계의 가능성이 없었고, 또 없을 것임을 의미한다. 하나님께서는 무한 시간 전부터 무한 시간 후까지 자존하시는 분이시다."43) 또한 하나님의 불변성에 대해서 말하는 중에 이렇게 말하기도 한다: "여기서 우리는 비연관성, 비활동성, 무한성, 수학적 의미의 절대성을 말하는 것이 아니다. 단지 온전한 일관성, 시간적 과정의 모든 점에서의 완전한 연관성(perfect consistency, perfectly complete relatedness at every point in the temporal process)을 말하는 것이다."44)

이와 연관해서 우리는 하나님의 영원성 문제에 대해서 칼 바르트와 그의 학파도 실질적으로 피조된 사람에게 독자적인 언급력을, 따라서 어느 정도의 힘을 돌리고 있는, 그리고 피조된 세력들 일반에게 독자적 존재를 돌리고 있는 이들과 같이 선다는 것을 주목해야만 한다. 바르트는 신론(神論)을 다룰 때 전체적으로 추상적인 부정의 방법을 따른다. 특히 그가 하나님의 영원성을 논의할 때 추상화의 방법(the way of abstraction)을 따르는 것이다.45)

바르트는 세 가지 종류의 시간이 있다고 말한다. ① 그 안에서 우리가 일상적으로 움직이고, 우리 존재를 가지는 우리의 일상적인 시간이 있다.

그러나 이것은 ② '하나님에 의해서 창조된 시간'과 동일시될 수는 없다고 바르트는 말한다. 그러므로 창조의 시간(creation time)이 두 번째 종류의 시간이라는 것이다. 그러나 이 창조의 시간은 우리에게 감추어져 있다. 우리의 일상적인 삶에서는 우리는 그저 달력에 나오는 일상적인 시간(our ordinary calendar time)만을 알 뿐이다. 따라서, 만일 하나님께서 우리에게 말씀하시고 우리에게 당신 자신을 계시하신다면, 그는 이 일상적인 우리의 시간을 뚫고 들어오셔야만 할 것이다. ③ 그러므로, 세 번째 종류의 시간, 즉 계시의 시간(a revelation time)이 필요하게 된다.[46]

바르트는 왜 이렇게 세 종류의 시간을 말해야 하는 필요를 느끼는가? 그 주된 이유는 만일 우리가 그렇게 구분하지 않으면, 우리가 현재의 의미, 시간의 처음과 끝의 문제, 그리고 시간과 영원의 문제를 해결 할 수 있다고 주장해야만 한다는 바르트의 관념 때문인 듯싶다.[47] 바로 여기에 바르트의 오류의 원천이 있다고 우리는 믿는다. 만일 우리가 당신 자신에 대해서 언급하시는 하나님을 전제함으로써 우리의 사고를 시작한다면, 예를 들어서 영원에 대한 시간의 관계를 이해할 것이라고 주장할 필요도 없고, 주장할 수도 없을 것이기 때문이다. 사실 그렇게 되면 우리는 이미 우리가 그 관계를 이해할 수 없음을 알게 된다. 우리는 하나님에 대해서 시간적인 언어로 이야기하지 않을 수 없다. 그리고 우리는 시간이란 범주가 하나님께 적용될 때는 그의 내면적 존재의 온전한 풍성함에 대해 유비일 뿐이라고 생각되어야 함을 아는 것이다.[48]

그러나 이와는 대조적으로 바르트는 비기독교적 논리의 추상적 원리들에 그의 사유를 근거시키고서는, 우리의 사유 속에서 하나님은 사람이 이해할 수 있는 정도로 환원되어야만 한다고 주장한다.

그리고 사람이 실재 전체를 철저히 생각할 수 없음을 인식하게 되었을 때, 그는 하나님이 사람의 해석력의 범위 밖에 있는 것으로 가정되어진 실재의 잔여(remnant of reality)라고 생각하는 것이다. 이렇게 바르트의 합리주의는 그를 비합리주의에로 이끌어간다.[49] 바르트가 그 자신의 해석의 원리에 대해 일관성을 가지는 한, 그의 하나님의 영원성은 공허한 개념이 되고 만다. 단지 그가 때때로 일관성을 갖지 못하기 때문에 그는 하나님의 존재에 내적인 풍성함을 돌릴 수 있는 것이다.

하나님의 영원성에 대해서 추상적으로 생각하는 것의 슬픈 결과는 바르트 신학의 경우에서 가장 잘 나타난다. 바르트의 추상적 사유 방식의 결과는 역사적 기독교에 대한 실질적인 부인이다. 표면적으로는 관념주의 철학의 관념론에 대립하고 있지만, 바르트는 그 자신이 관념론에 빠진 것이다. 바르트에 의하면, 그리스도의 사역은 우리의 일상적 시간에서 일어난 것이 아니다. 그리스도께서 그의 백성을 구속하시는 것은 그리스도께서 갈보리 십자가에서 우리를 위하여 이루신 사역의 무한한 가치 때문에, 그리고 십자가에서 죽으신 바로 그 몸을 가지고 실제로 신체적인 부활을 하셨기 때문이 아니라는 것이다. 오히려 '계시의 시간'(revelation time)에 일어났다고 말하여지는 어떤 것 때문에 구속이 이루어지는데, 이에 대해 일상적 시간 안에서 일어난 일들은 그리스도가 우리의 구주라는 것에 대한 지시자들(pointers)이라는 것이다. 바르트에게 있어서는, 우리의 시간에서 일어난 그 어떤 것도 무한한(infinite) 가치를 가질 수 없다. 우리의 시간은 그저 그림자적인 실재, 플라톤의 영원의 움직이는 상들과 같은 성질을 가진 것들이라는 것이다. 그것은 유사적인 독자적 존재(a quasi-independent existence)를 가진다. 그러므로 하나님의 활동에 적절한 무대는 아니라는 것이다.[50]

이렇게 하나님의 영원성에 대한 기독교적 개념과 비기독교적 개념의 근본적 대립이 우리 앞에 있다. 하나님의 무한성을 하나님의 활동의 내적인 충만함으로 구체적으로 생각하는 사람은 이 세상도 실재로 존재하는 것으로, 그리고 하나님의 활동의 중요한 무대가 되는 것으로 생각한다. 그에게 있어서는 역사 안에서 참된 의미의 행위를 지니는 실재적 아담이 있었던 것이다. 또한 사람이 구원을 위해 일상적 달력의 시간 안에서 수행된 참된 구속이 있다. 반면에, 하나님의 영원성을 추상적으로, 내재주의적(內在主義的, immanentistically)으로 생각하는 사람은 하나님을 비활동적이고 공허한 원리로 환원시키고, 전적으로나 부분적으로 역사의 사실들을 하나님에게서 독립하여 실존하는 사람의 활동의 독립적인 무대로 만드는 것이다.[51]

공간과 관련된 하나님의 무한성에 관한 논의는 간략하게 진행될 수 있을 것이다. 여기서도 우리는 하나님의 존재의 내적인 풍성함을 피조된 세계에서 그 공간적인 측면의 적극적 근거와 토대로 여기고 시작한다. 이 세상에 공간이라는 것이 있으려면 자존적 존재이신 하나님께서 당신 자신의 의지의 행위로써 세상을 창조하시고, 그의 존재의 풍성함으로 그 모든 공간에 현존하실 수 있고 또 현존하셔야만 하는 것이다. 이렇게 공간적 관계들에 대한 우리의 관념에 적극적 토대를 놓고 시작해야만, 우리는 이 관계들을 절대화하지 않고, 그로부터 하나님의 무한성에 대한 부정적 결론들을 끌어내지 않게 되는 것이다. 우리가 공간을 절대화하는 데는 두 가지 방식이 있다. ①만일 우리가 공간을 적극적으로 절대화하면, 우리는 하나님을 그의 피조물과 동일시하는 것이며, 그를 물질적으로 또는 기계적으로 생각하는 것이다. ② 만일 우리가 공간을 소극적으로 절대화하면, 우리는 간접적으로 하나님을 그의 피조물과 동일시하며, 그의 편재성(omnipresence)을 우리가 날마다 접촉하는 구체적인 공간적 관계들에 대한 추상적 대립자(the abstract counterpart)인 어떤 천상적인 비인격적 원리(some ethereal impersonal principle)로 생각하는 경향을 갖게 된다. 공간을 이렇게 소극적으로 절대화하는 일이 때때로 정통신학의 옷을 입고서 나타난다. 이것은 위에서 말한 "부정의 방법의 추상적 사용" 때문이다. 사람들은 하나님이 공간에 둘러싸여 있지 않다고 말한다. 하나님은 공간적이지 않으시며, 영이시기 때문이라는 것이다. 그러나 이런 것을 말하면서, 그들은 정통신학이 말하는 그 의미를 뜻하는 것이 아니다. 우리가 하나님이 공간에 의해 둘러 싸여져 있지 않다는 것을 말할 때, 우리는 다음 두 가지 중 하나를 의미하는 것이다. 만일 우리가 이 세상이 하나님에 의해서 창조되었음을 가정하면, 공간이 하나님을 둘러쌀 수 없으니, 공간의 존재 자체가 순간순간 하나님의 계속적인 지지하시는 힘에 의존하기 때문이다. 하나님은 그 자신의 내적으로 존재하시는 존재의 행위로써 원래 공간을 창조하신 분이시다.[52] 반면에, 만일 우리가 하나님에 의한 이 세상의 창조를 전제하지 않고서 하나님이 공간에 의해 둘러 싸여지지 않았다고 말한다면, 그것이 하나님이 우리에게 있어서는 그리고 우리의 제한된 힘으로는 도달할 수 없는 모호하며 정의할 수 없는 어떤 것이라고 말하는 것이 된다. 말할 필요 없이 기독교는 공간에 대한 하나님의 무한성에 전자의 개념을 주장하는 것이다.

(4)하나님의 통일성(The Unity of God)

하나님의 통일성이란 말로써 우리는 하나님이 한 분 하나님이시며, 그가 여러 부분으로 이루어지신 분이 아님을 알 수 있다.[53] 그러므로 우리는 '단수성의 통일성'(unity of singularity)과 '단순성의 통일성'(unity of simplicity)을 말한다. 단수성과 단순성은 서로 연관된 것이다. 하나님에게서는 절대적인 숫자의 단일성과, 내적인 질의 충족성을 말할 수 있는 것이다.

절대적 숫자의 단일성은 구체적 통일성(specific unity)이나 종류간의 통일성(generic unity)과는 대립되는 것으로 여겨야 한다. 하나님은 온전히 자의식적이시다. 만일 그렇지 않으시다면, 그는 한 분 주님이 아니실 것이다. 그리고 신명기의 말씀 "이스라엘아 들으라, 우리 하나님 여호와는 유일한 주(主)시오"(신 6:4)는 참이 아닌 것이 될 것이다. 그렇게 되면 "철저하게 다 언급될 수 없는 어떤 모호한 정의되지 않은 주체나 본질"이 있게 될 것이다. 그러므로, 하나님의 구체적 자존성의 풍성하심 때문에 그는 단순하신 것이다.[54]

성경에 근거해서 하나님의 단순성의 통일성을 주장하는 일에서 교회는 사방에서 불구대천의 적들에 직면하게 된다. 다신론(多神論)을 공언하는 이들만이 하나님의 단순성을 반대하는 것이 아니다. 어떤 방식으로든지 신성 안에 있는 관념들(the ideas), 또는 보편(universals)을 하나님의 주체나 인격성에서 떼어내는 이는 누구든지 하나님의 단순성에 대한 기독교 교리에 대립하는 것이다. 그리고 희랍 철학과 같이 실재에 대한 해석을 인간 정신의 궁극성에 대한 가정을 가지고서 시작하는 것은 하나님의 존재를 보편에서 끊어 내는 것이 된다.

만일 우리가 인간의 궁극성에 대한 가정으로 시작한다면 우리는 언급의 궁극적 토대를 비인격화하게 될 것이다. 그렇게 되면 하나님은 유한한 지위로 떨어지고 만다. 그 때는 만일 통일성이 있다면 궁극적으로 실존하는 복수성으로부터 추상화하는 과정을 통해서 찾을 수 밖에 없게 된다. 그런 통일성은 공허하고 생명력이 없는 통일성일 것이다. 우리가 플라톤과 아리스토텔레스의 철학에서 발견하는 것은 바로 그런 통일성이다. 아리스토텔레스의 '신' (神)은 하나의 원리(a principle)이지, 인격(a person)이 아닌 것이다.55)

하나님의 자존성(自尊性)에 대해 논의 하면서, 만일 우리가 추상적 존재 개념을 가지고서 시작하면 하나님의 자존성 개념에 이를 수 없다는 것을 보여주기 위해서 천주교 신학자 코페이(Coffey)로부터 인용을 한 바 있다.56) 여기서는 하나님의 자존성의 경우에서와 같이, 하나님의 단순성에 대해서도 천주교 신학이 기독교적 입장에 참으로 충실하지 못함을 보여주기 위해서 또 다른 천주교 신학자, 에띠엔 질송(Etienne Gilson)으로부터 한 구절을 인용해 보고자 한다.57)

기독교의 하나님과의 비교를 위해서 아리스토텔레스의 신(神)을 말할 때, 우리는 물론『물리학』(Physics, VIII, 6)의 그 유명한 구절에 계시되어져 있는 구별된 순수 행위요, 사유를 사유하는 부동의 동자(the unmoved mover, separate, pure act, thought of thought)를 말하는 것이다. 이 본문이 어떻게 받아들여져야 하는가는 후에 논의하기로 한다. 지금으로서는 단순히 이 최초의 부동의 동자가 아리스토텔레스의 세계에서는 유대-기독교 세계 안에서 성경의 하나님이 차지하고 계신 그런 독특한 지위를 차지하고 있지는 않다는 것만을 지적하고자 한다.『형이상학』(Metaphysics, XII, 7~8)에 나오는 운동의 원인에 대한 문제에로 가보면, 아리스토텔레스는『물리학』(physics)에서 이미 수립된 결론을 되돌아 보는 것으로써 시작하고 있다. "앞에 말한 것으로부터 영원하고, 움직이지 않으며, 감각적인 것들로부터는 떨어져 있는 어떤 실체(a substance which is eternal and immovable, and separate from sensible things)가 있다는 것은 분명하다. 이 실체는 그 어떤 중량(magnitude)도 가질 수 없고, 부분으로 이루어진 것도 아니고, 나뉘어질 수도 없다는 것을 밝힌 바 있다. 또한 이것은 불감수적(impassive)이고, 변할 수 없다(unalterable)는 것도 분명하니, 모든 다른 종류의 변화는 장소의 변화에 뒤따르는 것이기 때문이다. 그러므로, 왜 이 첫 동자(動者)가 이런 속성들을 가지게 되었는가는 분명한 것이다." 자, 그 이상 우리가 무엇을 말할 수 있을까? 비물질적이고, 구별되어 있고, 영원하며 불변하는 실체-바로 이것이 기독교의 하나님이 아닐까? 글쎄-그럴지도 모른다-그러나 바로 그 다음 문장을 읽어 보라. "우리는 그런 실체가 하나가 있다고, 아니면 여럿이 있다고 가정해야 하는가? 여럿이 있다면 얼마나 많은가의 문제를 무시해서도 안된다." 그 뒤에 그는 곧 최초의 동자(動者) 아래에 모두 구별되고 영원하며 부동의 다른 동자들이 49개, 또는 55개 있다고 허용하지 말아야 할 것인가를 규정하기 위해서 천문학적 계산에로 나아가고 있다. 그래서 비록 최초의 부동의 동자가 첫째인 것으로는 홀로 서 있지만, 부동의 동자로서는, 즉 신성을 가진 것(a divinity)으로서는 홀로 있지 않다고 한다. 그런 것이 단지 두 개만 있다고 해도 그것은 "최초 사유의 지고성에도 불구하고, 그 철학자의 정신이 아직도 다신론에 깊이 영향을 받고 있음"을 증명하기에 충분할 것이다. 한 마디로 말해서, 희랍 사상은, 그 가장 뛰어난 대표자의 경우에 있어서도 "이스라엘아 들으라 우리의 하나님은 유일한 주이시니"(*Audi Israel, Dominus Deus noster Dominus unus est.* 신 6:4)라는 성경의 말씀에 의해서, 아무런 증명의 그림자도 없이, 한 방에 던져 준 본질적 진리에는 이르지 못하고 있는 것이다.58)

질송의 이 인용문에서 특기할 만한 것은 그가 아리스토텔레스의 신개념과 기독교의 신개념의 큰 차이를 강조함으로써 시작하고 있다는 사실이다. 이 구절에서만이 아니라, 이 책 전체에서 질송은 신 6:4에 호소함으로써 다른 입장과 기독교의 입장을 대조하고 있다. "하나님이 어떤 분이신지를 알기 위해서 모세는 하나님께로 나아간다. 그의 이름을 묻고서 곧 바로 다음과 같은 대답을 얻는다. "나는 스스로 존재하는 자니라. 이스라엘 자손에게 이르기를, '스스로 있는 자가 나를 너희에게로 보내셨다 하라"(*Ego sum qui sum, Ait: sic dices filiis Israel: qui est misit me ad vos*, 출 3:14). 여기엔 형이상학의 시사가 없다. 그러나 하나님은 최종 원인이시라(*causa finita est*)고 말씀하시고, 출애굽기는 그것에 기독교 철학 전체가 달려 있는 원리를 제시한다. 이 순간부터 하나님의 고유명사(proper name of God)는 존재(Being)로, 그리고, 후에 성 보나벤투라(St. Bonaventura)가 인용하여 사용하고 있는 성 에프렘(St. Ephrem)의 말에 의하면, 이 이름은 그의 본질(His very essence)을 지칭하는 것으로 단번에 이해된다. 이제 존재란 말이 하나님의 본질을 지칭한다고 말하는 것은 오직 하나님에게만 본질과 존재가 동일하다고 말하는 것이다.59) 그래서 아퀴나스는 출애굽기의 이 구절을 분명히 언급하면서 다음처럼 언급했다. 모든 하나님의 이름들 중에서 하나님에게 아주 적절한 이름이 하나 있는데, 그것은 곧 "스스로 존재하는자"(qui est)란 말이다. 왜냐하면 이 말은 바로 존재 자체를 의미하기 때문이다. 존재 자체 외에 다른 것을 의미하지 않는다(Non significat forman aliquam sed ipsum esse). 이 원칙에는 다할 수 없는 형이상학적 풍부함이 있다. 이제 제시된 모든 연구는 단지 그 결과들에 대한 연구일 것이다. 한 하나님이 계신데, 이 하나님은 존재(Being)이시다. 그것이 기독교 철학의 모퉁이 돌이며, 이를 놓은 이는 플라톤이나 아리스토텔레스가 아니라, 모세인 것이다.[60]

이 모든 것은 우리에게 상당한 기대감을 가져다 준다. 마치 질송(Gilson)의 사상에서 기독교 철학과 기독교 신학을 구현해 보려는 일관성 있는 노력을 발견할 수 있으리라고 합리적으로 기대할 수 있을 듯이 보인다. 하나님에게서는 존재와 본질이 동연적(同延的, coterminous)이라는 진리를 참으로 본 사람은 모든 실재를 자충족적인 하나님의 전제의 빛에서 해석하려고 할 것이다. 그런데 질송(Gilson)은 그리하지 않는다. 만일 그가 그리하였다면, 그는 토마스 아퀴나스의 충실한 추종자가 아니었을 것이다. 질송은, 비록 아리스토텔레스와 희랍인들이 하나님에 관한 참된 개념을 발견하지는 못하였으나, 이것이 잘못된 추론의 원리 때문에 그런 것이 아니라고 주장한다. 그는 다음과 같이 말하고 있다.

> 내가 보기에는 고전 시기에 희랍 사상가들이 제시한 원리들과 기독교 사상가들이 그로부터 이끌어낸 결론들 사이에 모순이 없는 듯하다. 오히려, 이 결론들이 도출된 때로부터는 그것이 그 원리들 안에 자명하게 포함된 것으로 제시되었으므로, 그 뒤에는 그 원리들을 발견한 이들이 어떻게 그 원리들에 함의되어 있는 필연적 결과들을 파악하고 높이 사는데 그렇게도 전적으로 실패하였는지가 문제가 되는 것이다. 이 문제에 대한 나 자신의 견해는 이러하다. 플라톤과 아리스토텔레스가 그들이 처음 정의한 개념들의 풍부한 의미를 놓친 것은 지성의 수준을 넘어서 실존의 수준에 이르기까지 존재의 문제를 탐구하지 못했기 때문이다. 그들이 제기한 질문은 옳은 것이니, 그들이 관여한 문제는 분명히 존재의 문제였고, 그렇기에 그들의 질문 양식은 옳은 것이다. 13세기의 사상가들은, 그 곳에서 그들 자신의 정신

의 반영을 보고서는 아무런 문제없이, 오히려 기쁨을 가지고 그것을 환영했으며, 비록 플라톤이나 아리스토텔레스가 그것을 해독하지는 못하였지만, 13세기의 사상가들이 그 곳에 포함된 진리를 읽을 수 있다고 여겼기 때문이다. 동시에 희랍의 형이상학이 상당한 진보를 나타냈고, 그 진보는 기독교 계시의 영향 아래서 이루어진 것이다. 예를 들어서 플라톤 사상의 종교적 측면은 3세기에 플로티누스(Plotinus) 때에 이르러서야 그 온전한 힘을 드러내기 시작하였고, 아리스토텔레스 사상의 종교적 측면은 13세기에 아퀴나스에 의해서 강해될 때에야 비로소 그 힘이 드러났다고 아무런 모순 없이 말할 수 있는 것이다.61) 플로티누스 대신에 어거스틴의 이름을 넣고, 플로티누스 자신도 기독교에 대해서 전적으로 무지한 것은 아니었음을 염두에 두면, 만일 중세의 사유가 희랍 사상을 온전하게 하는데 성공하였다면, 그것은 희랍 사상이 이미 참되고, 기독교 사상이 그 기독교성으로 말미암아 그것을 더욱 참되게 만들 수 있는 힘을 가졌기 때문이라고 결론지을 수 있을 것이다. 그들이 존재의 기원에 관한 문제를 제기했을 때, 플라톤과 아리스토텔레스는 옳은 노선에 있었던 것이고, 바로 그 이유 때문에 그로부터 조금 더 나아가는 것이 진보가 될 수 있는 것이다. 진리에 대한 그들의 추구에서, 그들은 하나님에게서만 동일한 것으로 파악되는 본질과 존재 교리의 문턱에까지는 미친 것이다. 여기서 우리는 토미스트 철학과 모든 기독교 철학의 기본적 진리를 찾아 볼 수 있다. 왜냐하면 그 대표자들이 근본에 있어서는 진리를 파악하는 데서 동의하고 있기 때문이다. 플라톤과 아리스토텔레스가 굉장한 아치를 세우고 있었다면, 그 아치의 모든 돌들은 이 기초석에로 집중되는 바, 그런데 이 기초석이 놓여지게 된 것은 성경 때문이며, 실제로 이 초석을 놓은 것은 기독교이다. 역사는 한 편으로는 희랍 전통에서 배운 것을 잊어서는 안되고, 또 한편으로는 신적인 교사(the Divine Pedagogue)에게서 배운 것임을 잊어서도 안된다.
그의 교훈은 우리가 그에게서 하사된 것으로 늘 기억하지 않는 것과 같은 빛나는 증거를 동반하는 것이다.62)

이 모든 것에 대한 우리의 평가는 간단할 수밖에 없다. 요점은 다음과 같은 것이다. 플라톤과 아리스토텔레스가 사용한 추론의 원리들이 본질적으로 옳다고 말하는 데서, 질송(Gilson)은 자신이 그에 따라서 그의 신학을 세우기를 원한다고 한 신명기 6:4에 충실하지 않은 것이다. 만일 하나님 안에서 존재와 본질이 참으로 동연적(同延的, coterminous)이라면, 우리는 여기서는 절대적 인격(an absolute personality)에 대면하게 되는 것이다. 여기선 절대성과 인격성의 차이가 없는 것이 된다. 하나님은 단순히 인격성을 가지신 것이 아니라, 그 자신이 절대적 인격성(absolute personality)이시다. 이것은 그가 그 외에 존재할 수 있는 모든 존재에 대한 절대적 근원자(the absolute originator)이심을 함의한다. 그리고 이것은 또한 사람의 정신이, 그 해석 활동에 있어서, 하나님의 사유를 따라서 사유해야만 함을 함의한다. 우리는 이것을 뒤집을 수 있다. 즉 참으로 피조된 정신의 개념을 가지고 시작할 수 있는 것이다. 그런 정신은, 그것이 그 피조성의 원리에 따라서 추론한다면, 하나님께서는 그 안에 본질과 존재가 동연(同延)이신 분으로서 존재하신다는 결론에 이르게 될 것이다.[63]

이와는 대조적인 것이 희랍인의 입장을 취하는 것이다. 여기서도 우리가 어디서 시작하는가는 별로 큰 차이를 만들지 않는다. ① 존재라는 모호한 개념을 가지고 시작할 수 있다. 그러면 하나님은 존재와 본질의 동연성을 가지신 분으로 전제되지 않는다. 이 경우에는 하나님 외에 그에 의해서 피조되지 않은 것이 있을 수 있고, 또 있는 것이다. 여기서는 사람의 정신이 피조된 정신이 아닌 것이다. 그러므로 하나님외에도 그와 나란히 서는 궁극적인 것들이 있게 된다. 만일 이렇게 하나님 외에 궁극적인 것들이 있게 되면, 하나님의 존재와 본질은 동연적(同延的, coterminous)이지 않은 것이 된다. ② 또한 우리는 인간의 정신이 피조된 정신이 아니라는 희랍인들의 가정을 가지고서 시작할 수도 있다. 인간 정신이 피조된 정신이 아니라면, 그 해석도, 궁극적으로는, 하나님의 정신에 의존하는 것이 아니다. 그러면 이 피조되지 않은(즉, 독자적인) 정신은 신의 정신에게도 (생경한) 순수 사실(a brute fact)이 되고, 이것은 신의 정신이 그 자신의 존재와 동연적이지 않음을 함의하게 된다.

그러므로, 기독교 철학을 수립해 보려는 칭찬할 만한 노력에도 불구하고, 질송(Gilson)은 그것을 할 수 없었던 것으로 나타난다. 그는 하나님의 통일성이나 단순성에 공정할 수 없었던 것이다. 그렇기에 천주교 사상은 오늘날 우리를 둘러싸는 유한한 신들의 융기에 대한 참으로 효과 있는 해독약을 제공할 수 없는 것이다. 천주교 저술가들은 종교 개혁의 원리를 종교적 세상에 있는 현대적 허둥지둥과 당황의 결과라고 비난하는데 익숙해 있다. 예를 들어서 풀톤 쉰(Fulton J. Sheen)은 『하나님 없는 종교』(Religion Without God)라는 책을 썼는 바, 여기서 그는 자유주의 신학자들의 많은 신(神)들을 검토하고, 이 혼란과 원래의 종교 개혁 신학을 연결시키려 하고 있다. 그러나 사실은 현대주의와 다신론의 동료가 된 것은, 하나님에게서 존재와 본질이 동연적(同延的, coterminous)임을 제대로 생각하지 못한, 천주교 신학인 것이다.[64]

여기서 우리는 다시 한 번 더 바르트와 그의 학파에 주의를 돌려 볼 수 있다. 그의 운명론적 신개념은, 사실상, 하나님의 단순성(the simplicity of God)에 대한 부인이다. 만일 하나님의 합리성이 그의 본질과 동연적(同延的)이라면, 하나님은 당신 자신을 부인하실 수 없으시다.[65] 또 그렇다면, 이 피조된 우주 안에 그의 계획에 대한 합리적 표현이 있을 수 있고, 있어야만 한다. 그런 경우에는 사람의 정신은 하나님의 형상으로 만들어진 것이고, 그런 것으로서 사람에게 하나님의 진리를 전달하는 적절한 수단이 된다. 이런 사람의 정신은, 일단 죄에 빠진 후에는 중생의 씻음을 통해서만 하나님의 자기 표현의 매개물(the medium)이 될 수 있는 것이지만, 바르트가 주장하듯이 본래부터(inherently) 그런 계시의 매개물이 되기에 부적절한 것은 아니다(원래는 될 수 있으나, 죄악 때문에 그리 될 수 없게 된 것이다-보역).

각주

1) 여기서 반틸은 신학 자체의 고찰에 대해 전통적 순서, 예를 들면, 하나님의 성호들, 비공유적 속성들, 삼위일체 등의 순서를 따른다. 이에 대해서는 다음을 참조하라. Herman Bavinck, *Gereformeerde dogmatiek*, 4 vols. (Kampen: Kok, 1923-30), vol. 2; 이후로 GD로 표기될 것이다. *Reformed Dogmatics*, ed. John Bolt, trans. John Vriend (Grand Rapids, Baker, 2003-), vol. 2; 이후로 RD로 표기될 것이다. 본장의 모든 인용은 제2권에서 발췌한 것이다.
2) 이 점은 이름의 진리와 그것의 동형동성론적 표현을 주장한 바빙크에 의한 것이다. *RD*. 제3장을 참조하라. 반틸은 즉시 변증학을 시작한다.
3) 제11장 안의 "성경적 권위에 대한 현대의 대립"이라는 제목의 내용을 참조하라.
4) 반틸의 멘토인 아브라함 카이퍼는 특별히 교회 안에와 서구세계에 범신론이 침투하는 것을 걱정했다. 그의 주요 관심사는 하나님을 발전과 진보와 같은 이상과 동일시함으로 하나님과 세상의 경계를 희미하게 만들고 하나님이 심각하게 제한되는 점에 있었다. 이것에 관해서는 그의 Methodist Review 75 (1893): 520-37; 762-78에 있는 "범신론의 경계 허물기"를 참조하라.
5) "특별계시의 양식"이라는 제하로 된 제10장에서의 특별원리에 대한 초기 논의를 참조하라.
6) 19세기 다수의 철학자들과 신학자들 가운데 J. C. F. 쉴러는 하나님의 우주적 부성과 인간의 형제성에 대해 논했다. 반틸은 이 견해가 형이상학과(창조주로서의 하나님이 모든 인류에 의해 이해될 수 있는) 윤리(우리가 오직 그리스도 안에서 중생될 때에만 하나님의 자녀로 불릴 수 있는)를 혼동하는 이 견해를 비판한다.
7) 신적 단일성의 교리는 하나님을 나눌 수 있다는 시도들을 배격하기 위해 보호되어야만 한다. 하나님은 숫자상 하나일 뿐만 아니라 그 본질에 있어서도 하나이시다. 앞으로 설명되겠지만, 하나님의 속성의 다양성도 삼위일체 교리도 단일성과 모순되지 않는다.
8) Bavinck, *GD*, 2:111; *RD*, 2:119. 하나님의 존재에 있어서 속성들이 공연적 경계에 있다는 견해는 바빙크와 초기 신학자들에게서 발견된다. 반틸은 특별한 열정으로 변증학적 관점에서 이것을 발전시킨다. 다른 적용점들에 대해서, 이것은 본질과(오직 부정적으로만 알려질 수 있는) 내용을(긍정적으로 알 수 있는) 부당하게 분리시키는 일에서 보호해준다. 제10장 미주 30번을 참조하라.
9) 이 용어들은 "원형적" 그리고 "파생적"을 의미한다. 오직 하나님께서만이 충만하게 자의식적이시다. 우리는 유비를 통해서만 그를 알 수 있다. 그러나 우리의 지식은 단지 상징적이지 않고 파생적으로 참된 것이다.
10) 부정의 추상적 방법은 우리가 하나님을 하나님 자체로 알지 못한다고 주장한다. 그러므로 그것은 타락한 인류가 하나님의 심판을 받지 않을 수 있다고 꼬드긴다. 부정의 확고한 방법은 우리가 하나님을 철저하게 완전히 알 수는 없다는 겸손의 표식이다.
11) 제14장에 있는 과학과 계시에 대한 바르트의 견해에 관한 논의를 참조하라.

12) 토마스 아퀴나스에 대한 이전 논의를 참조하라. 바르트는 종종 토마스의 유비의 견해를 비판함으로 그를 반대하는 중심축으로 간주된다. 그러나 여기서 반틸은 그들 모두가 어느 정도 창조와 과학적 지식에 대한 자율권이 있다고 주장함으로 계시의 기능을 방해한다는 점에서 서로 유사하다는 점을 밝힌다.
13) 이것은 인간의 특징을 따라서 하나님을 해석하는 것이다. 신인동형동성론의 합당한 사용은 칼빈이 의미한 "조절"에 있다. 하나님은 우리가 이해할 수 있는 용어들로 말씀하시는 것이다.
14) 엄밀히 말하자면, 하나님의 모든 속성들은 비공유적이다. 왜냐하면 그는 창조를 초월해 계시는 거룩하신 분이시기 때문이다. 그러나 어떤 속성들은 다른 것보다 인간적 속성에 좀 더 명백한 유비를 지닌다.
15) Bavinck, *GD*, 2:139; *RD*, 2:151.
16) *GD*, 140; *RD*, 152.
17) 제2장에서 설명한 캔터베리의 안셀름의 표현인 *proslogion*이다. 이것은 "하나님은 그 어떤 위대한 존재가 생각하는 존재 이상의 존재"라는 진술로 시작해서 그러한 위대성이 반드시 인간의 지성 밖에 존재해야 한다는 것으로 끝마치는 하나님의 존재에 대한 그의 "존재론적 논증"의 구성적 부분이다. 그러나 반틸에 의하면, 이 논증은 여전히 하나님을 인간적 개념을 정의하는 것이기 때문에 별로 확신하지 않는다. 이와 동시에 그는 한 개념이 적절하게 진리를 향한 유비가 될 수 있다는 것을 인식한다.
18) 피터 코페이(1876-1943)는 토마스주의자로서 종국에 가서 한 권으로 재 출판된 (New York: Peter Smith, 1938) 세권의 저자이다. 그것들은 *The Science of Logic: An Inquiry into the Principles of Accurate Thought and Scientific Method* (1912); *Ontology, or the Theory of Being: An Introduction to Metaphysics* (1914); 그리고 *Epistemology* (1917)이다. 반틸은 그의 존재론으로 시작하지만 그의 논리학을 인용하기도 한다. 우리는 그 출처에 대해서 반틸이 정확히 명시하지 않았기 때문에 이 2차적인 인용에 대해 언급하지 않을 것이다.
19) Coffey, *The Science of Logic*, 1:204-6.
20) Cf. Joannis Duns Scoti, *Summa theologia ex universis operibus eius conncinata*, ed. Hieronimus de Montefortino (Rome, 1900), 1:106, *ad tertium*.
21) Cf. Coffey, *The Science of Logic*, 1:119-20.
22) Cf. Scoti, *Summa theologia*, 1:104, 129; 또한 Juan Urraburu, *Institutiones philosophiae quas Romae in Pontificia Universitate Gregoriana*, vol. 3. Ontologia (Rome: Jacket, Vallisoleti, 1891), 155.
23) Coffey, *Ontology*, 32-36.
24) 반틸에게 있어서 추상의 개념은 "인격" 그리고 "구체화"와 반대되는 용어이다. 이 모든 부분은 특별히 토마스주의에서 발견되는 추상화의 과정을 하나님의 존재에 근거한 구체화의 과정과 대조하기 위한 것이다. 존 프레임은 다음과 같은 그의 논고에서 이 주제를 고찰한 바 있다. *Cornelius Van Til: an Analysis of His Thought* (Phillipsburg, N.J.: P&R, 1995), 60, 71-76.
25) 로마 가톨릭주의자로서 코페이는 실재가 비실재를 향해 상승한다는 헤겔의 개념은 그것이 하나님을 비인격적인 존재로 만들기 때문에 수용하지 않는다. 그러나

그는 하나님이 "불확실한" 궁극적 존재를 요구하는 자유자가 되기를 원한다. 그러나 반틸은 이것이 사실상 헤겔의 비실재와 같은 것으로 평가하며, 따라서 코페이의 주장은 성립 불가능한 것이 된다.

26) 환언하면, 많은 토마스주의자들과 같이 아리스토텔레스의 계보를 잇는 코페이에게 있어서, 부정적 방법에 의하면, 유사물이 궁극적 존재보다는 좀 더 하등한 존재이어야 하기 때문에, 하나님과 관련된 그러한 실재는 긍정적인 것이어야 한다. 예를 들면, 영원하신 하나님은 우리의 미진한 개연성의 경험을 통해 이해될 수 있다는 것이다. 따라서 예를 들면, 우리는 직접적으로 영원성을 그 자체로 이해할 수는 없으나, 그것이 일시적이지 않다는 것을 이해할 수는 있다는 것이다. 그러나 이러한 접근법의 결과는 반틸이 표현하듯이 창조주와 피조물을 "희미하게 연결된" 연속체로 간주해 버린다는 것이다. 반면에 개혁주의적 접근법은 창조주와 피조물을 매우 다른 두 존재로 철저하게 분리한다는데 있다. 전자는 자충족적이시며, 후자는 파생적이다. 이것은 그 어떤 부정의 방법도 폐기시키지 않으며, 반틸이 아래에서 설명하고 있듯이 오직 부정확한 것만 제거할 뿐이다(아래 미주 34번을 참조하라).

27) Bavinck, *GD*, 2:141; *RD*, 2:153.

28) *GD*, 2:142; *RD*, 2:154.

29) *GD*, 2:142; *RD*, 2:154.

30) *GD*, 2:144; *RD*, 2:156-57. I. A. Dornor, *A System of Christian Dcotrine*, trans. A. Cave and J. Banks, 4 vols. (T & T Clark, 1888-91). 헤라클리투스에 대해서는 제2장 미주 16번을 참조하라.

31) Bavinck, *GD*, 2:147; *RD*, 2:158.

32) 버스웰은 인간의 자유의지를 궁극적 원인으로 보며 불변성이 그 의지에 영구한 관계가 있는 것으로 파악하지만 바빙크를 따라서 반틸은 하나님만이 절대원인자이심을 단언한다. 그럼에도 불구하고 이것은 결코 하나님을 단조로운 일률성이나 완고한 고정성으로 제한시키지 않는다. Bavinck, *GD*, 2:147; *RD*, 2:158.

33) 반틸은 여기서 계속해서 바빙크의 순서를 따른다.

34) 위의 미주 24번을 참조하라. 올바른 부정의 방법은 피조물(추상에 의하여)로 시작하지 않는다. 왜냐하면 그것이 하나님을 창조되지 않은 분으로 묘사하지만 매우 막연하며, 모호하기 때문이다. 오히려, 만일 우리가 하나님에 관한 확증으로 시작한다면, 피조물과는 달리 하나님을 올바로 묘사할 수 있을 것이다.

35) "추상개념"에 대해서는 위의 미주 24번을 참조하라.

36) 이신론에 있어서, 하나님은 우주의 원래 입안자 즉 자리를 비운 집주인에 불과하다. 이 이론은 추상적이며 논리적으로 사라지고야 말 지점으로 인도한다. 디드로는 이신론자가 무신론자가 될 만큼 오래 살지 않았던 자라는 유명한 비평을 한 바 있다. 범신론에 있어서 하나님은 정의로부터 사라지고야 말 결과를 낳는 다른 방식으로서 만물 안에 있는 존재가 된다.

37) 다시 한 번, 반틸은 창조된 세상을 설명하기 위해 다른 방법이 아닌 충만하고 풍성하신 하나님을 전제하는 일을 호소하고 있다.

38) 제4장 미주 19번을 참조하라.

39) 적지 않은 신학들이 하나님의 것을 훼손하기 위해 세상의 중요성을 찾으려 시도했다. 오늘날 우리는 소위 개방성의 신학을 생각해 볼 수 있다. 이전에는 하나님께서 피조물과 순응하기 위해 자원적으로 당신의 능력과 무한성을 제한하고 축소함으로 자기를 비운다는 견해가 있었다. 또 다른 형태로서의 알미니안주의 아래에 논의되어 있다. 또한 제2장 미주 29번을 참조하라.
40) 제6장 미주 40번을 참조하라.
41) James Oliver Buswell Jr., *What Is God?* (Rrand Rapids: Zondervan, 1937), 25.
42) 반틸은 여기서 무엇인가 완전히 계획되지 않고 따라서 피조물의 자율성을 보장하는 "단지 공허한 가능성"이라는 표현에 주목한다. 이것은 시간이 하나님의 피조물로서 하나님의 뜻의 결정으로 말미암아 그의 목적에 완전히 봉사함으로 하나님께서 창조주이시며 역사의 주인이시라는 성경적 사상을 전혀 전달하지 않는다. 대신 버스웰은 하나님의 주권을 자충족적이시며 무한하신 계시의 하나님으로서가 아니라 창조주와 피조물의 관계, 시간과 영원의 관계로 정의한다.
43) Buswell Jr., *What Is God?* 26.
44) Ibid., 33.
45) 토마스 아퀴나스의 존재의 유비(*analogia antis*)에 대한 바르트의 비판과 오직 합법적인 유비는 신앙의 유비라는(*the analogy of faith*) 그의 견해를 고찰함에 있어서 이것은 풍자적이다. 다음을 참조하라. Karl Barth, *Church Dogmatics (Kirchliche Dogmariek)*, 4 vold. (Louisville, Ky.: Westminster/ John Knox, 1996), 1.1; *Fides quaerens intellectum* (Munich, 1931); *Anselm´s Proof of the Existence of God in the Context of His Theological Scheme* (London: S.C.M. Press, 1960). 바르트와 토마스의 유비에 대한 가장 철저한 연구는 다음과 같다. Henry Chavannes, *L´Analogie entre Dieu et le monde selon saint Thomas d´Aquin et selon Karl Barth* (Paris: Cerf, 1969).
46) *Kirchliche Dogmatik*, 1.2.14.
47) Ibid.
48) 반틸은 일관성 있게 바르트와 같이 하나님의 본질과 피조물 다움 즉 세상과 시간에 대한 유비적 본질이 아니라 하나님과 창조의 관계로, 영원성과 시간의 관계로 귀속시키는 그 어떤 견해도 비판한다.
49) 이것은 "합리주의"이다. 왜냐하면 우리가 반드시 하나님을 우리의 사고에 대한시키는 인간적 개념을 사용해야 하기 때문이다. 또한 이것은 "비합리주의"이다. 왜냐하면 바르트는 하나님이 인간의 이성 밖에 있기를 원하기 때문이다. 완전하지는 않지만 진실하게 하나님의 생각을 따라서 생각하려는 반틸의 개혁적 대안은 유비적일 수 있다.
50) 반틸에 의하면, 바르트는 창조되고 인간적이며 시간에 제약을 받는 역사 안에(월력에 따른 시간) 발생한 구속 사건의 중요성을 확립할 수 없다. 결과적으로 그는 실재는 단지 추상적 실재일 뿐이라고 주장하는 관념론과 근본적으로 다르다.
51) 이것은 또 다시 추상개념과 구체화의 문제와 연결되어 있는 것이다.
52) 이 논증은 시간에 관한 이전의 요소와 직접적으로 병행된다. 시간과 같이 공간은 완전히 자충족적이신 비추상적인 하나님으로부터의 지지(후원, 실체로부터 또는 토대로부터)에 의존적이다.

53) 반틸은 하나님의 단일성에 대한 전통적 접근법과 하나님의 하나 되심을 그의 최후의 공유적 속성으로 분류하는 바빙크의 순서를 따른다. Bavinck, *RD*, 2:17of.
54) 반틸은 하나님의 단일성을 피조물적인 연합과 비교하는데 관심이 없다. 하나님께서는 당신의 하나 되심을 절대적인 자의식적 존재로서 그렇게 하시듯 스스로 정의하신다.
55) 플라톤과 아리스토텔레스에 관한 많은 언급 가운데 하나이다. 제4장 미주 19번을 참조하라.
56) 위의 미주 제18번을 참조하라.
57) 제13장 미주 7번을 참조하라.
58) Etienne Gilson, *The Spirit of Mediaeval Philosophy: The Gifford Lectures, 1931-32* (New York: Charles Scribner's Sons, 1936), 45.
59) 에프렘(303-73)은 시리아의 수도사이며 교사이자 찬송작가이며, 마니교의 평판으로 유명한 *Discourses to Hypatius*의 작가이다. 보나벤투라(1221-74)는 프란체스카 신학자이며, 추기경이자 *Breviloquium*의 저자이다.
60) Gibson, *The Spirit of Mediaeval Philosophy*, 51.
61) 플로티누스(205-70) 신플라톤주의의 창시자이다. 그의 저작들 가운데는 *Enneads*를 포함한다. 그는 실재를 세 가지로 분류했다. 하나, 지성 그리고 영혼이 그것이다. 이 철학은 지난 수세기에 걸쳐 유행한 존재의 규모이론의 주요 근원이 된다. 알렉산드리아에서 신플라톤주의와 기독교의 혼합이 발생했는데, 신플라톤주의는 르네상스의 주 영향이었다. 그러나 하나라는 사상은 낮은 배수구에 물을 대주는 샘이나 웅덩이와 같이 너무 막연해서 성경의 인격적 하나님과 조화시키기 어려웠다. "부도의 발의자"라는 개념은 부분적으로 신플라톤주의에서 파생된 것이다.
62) Gibson, *The Spirit of Mediaeval Philosophy*, 82ff.
63) 또 다시 반틸은 토마스주의자들이 그렇게 주장하는 것처럼 그의 존재 또는 실존을 떠난 하나님의 본질이란 없다는 것을 의미한다. 하나님의 본성으로 인해 그의 속성과 그의 지식은 그의 존재와 동연적인 것이다. 제10장 미주 30번을 참조하라. *Defense of the Faith*, 3rd ed. (Philadelphia: Presbyterian and Reformed, 1967), 35에서 그는 "하나님의 존재는 그의 자의식과 동연적이다"라고 말한다. 이것은 어떤 종류이든지 범신론과 그 어떤 존재의 규모이론도 피하게 만든다.
64) 이것들과 함께 반틸은 현대의 분열과 개인주의를 종교개혁의 탓으로 돌리는 로마 가톨릭의 전형적인 역사편찬방법을 논의한다. 이것이 자유주의나 신정통주의에 있어서 사실일지는 몰라도 오히려 하나님의 연합과 단일성을 변증한 역사적 개신교의 관점에서는 결코 사실이 아니다.
65) 우리가 제14장 미주 9번에서 이미 살펴보았듯이, 유명론은 사물을 분류하는 이름이나 범주는 오직 명목일 뿐이라는 것을 의미한다. 우주는 참되게 실재하는 아니다. 여기서 반틸은 구원이 역사 안에서 발생하지 않고 어느 정도 추상적인 실재를 통해 발생한다고 주장하는 신정통주의를 "유명론적"으로 보는 것이다.

제17장

하나님의 삼위일체

하나님의 비공유적 속성들에 대한 고찰로 나아가기로 하자.[1)] 하나님께서 구체적으로 자충족적인 존재로 존재하신다는 사실은 삼위일체 교리에서 분명히 나타난다. 여기서 다른 모든 형태의 존재와 비교해서 구체적으로만이 아니라, 숫자적으로 하나이신 분이 그 자신 안에 구체적이고 숫자적인 존재의 구별(a distinction of specific and numerical existence)을 가진 것으로 나타난다. 우리는 하나인 신성의 본질에 대해 신성의 삼위 (the three persons of the Godhead)를 대조하여 말하는 것이다. 우리는 하나님을 인격(a person)이라고 말한다. 그러면서 또한 신성의 삼위(three persons in the Godhead)를 말하는 것이다. 하나님의 각 속성들이 하나님의 존재와 동일시 될 수 있다고 말할 때, 동시에 그것들을 구별할 수 있듯이, 삼위일체의 각 위(各位)가 신성 자체를 다 드러내면서도(exhaustive of divinity itself), 삼위 간에 참된 구별이 있다고 말하는 것이다. 하나님께서 통일성(Unity)과 복수성(plurality)이 꼭 같이 궁극적이다. 신성의 각위는 서로를 다 드러내면서(exhaustive of one another), 따라서 신성의 본질을 다 드러낸다(exhaustive of the essence). 하나님은 하나의 의식을 가지신 존재이시면서, 동시에 세 개의 의식을 가진 존재(a tri-conscious being)이시기도 하다.[2)]

성경은 하나님의 삼위일체 교리를 가르친다. 먼저 성경이 제시하고 있는 증거를 요약하는 것이 좋을 것이다.

구약에 대해서는 우리가 피하여야 할 두 가지 극단적인 경향이 있어 왔다. 구약에서 완전한 신학의 체계를 찾는 사람들이 있었다. 따라서 그들은 삼위일체 교리가 구약에서 분명히 가르쳐졌다고 주장한다. 반면에, 성경이 하나의 통일된 교리의 체계를 가르치고 있음을 부인하는 사람이 있어 왔다. 그들은 구약에는 삼위일체에 대한 그 어떤 증거도 없다고 주장해 왔다.[3)] 이 두 가지 극단적인 입장에 대조해서, 우리는 성경이 사람에게 유기적으로 전달된 하나님의 계시의 기록이라고 여긴다. 따라서 우리는 삼위일체 교리가 구약에서도 가르쳐 졌으리라고, 그러나 신약에서 훨씬 더 분명하게 가르쳐졌으리라고 생각한다.[4)]

창조 기사에서 '엘로힘' (אֱלֹהִים)의 사용에 대해서, 우리는 최대한 말한다면 그것이 후에 계시된 삼위일체 교리에 대해 적합하다고 말할 수 있다(즉,

그 자체가 삼위일체를 계시하는 것은 아니지만, 후대의 계시의 빛에서 볼 때 적절한 것이라고 할 수는 있다는 뜻:보역), 그러나 우리가 의존하는 증거는 후대의 계시의 단계에서 나타난 삼위일체 각위(各位)간의 구별에 대한 증거이다.

1. 구약에 나타난 삼위일체에 대한 가르침

(1) 신성 안의 구별(the differentiation in the Godhead)에 대한 시사로서는 창세기 19:24을 생각할 수 있을 것이다. "여호와께서 곧 하늘 여호와께로서 유황과 불을 소돔과 고모라에 내리사," 여기서는 지상에 있는 여호와의 사자(the angel of Jehovah)가 하늘에 계신 여호와로부터 불과 유황을 비 같이 내리셨다고 한다.

(2) 창세기 16:13에서 하갈이 여호와의 사자(the angel of Johovah)를 "당신의 하나님이 나를 감찰하신다"(Thou God seest me)라고 부른다. 여호와의 사자가 한편에서는 하나님과 동일시되고, 또 한편에서는 하나님과 구별되는 것이다. 출애굽기 23:20, 21에서 우리는 다음과 같은 말씀을 읽을 수 있다. "내가 사자를 네 앞서 보내서 길에서 너를 보호하여 너로 내가 예비한 곳에 이르게 하리니 너희는 삼가 그 목소리를 청종하고 그를 노엽게 하지 말라 그가 너희 허물을 사하지 아니할 것은 내 이름이 그에게 있음이라." 여기서는 사자(the angel)가 여호와의 이름과 동일시 되었다. 한편에 출애굽기 33장에서 주께서는 말씀하시기를 그가 사자를 이스라엘과 함께 보낼 것이나, 그 자신은 가시지 않으실 것이라고 한다. 여기서 사자는 분명히 하나님과 구별되었다.

(3) 다음과 같은 구절들에서도 삼위일체의 구별이 시사된 듯하다.
① 시편 33:6: "여호와의 말씀으로 하늘이 지음이 되었으며 그 만상이 그 입 기운(the breath of his mouth)으로 이루었도다"
② 잠언 3:12-31에서는 '지혜'가 의인화되어 창조주와 구별되어 나타나고 있다.

③ 이사야 48:16: "너희는 내게 가까이 나아와 이 말을 들으라 내가 처음부터 그것을 비밀히 말하지 아니하였나니 그 말이 있을 때부터 내가 거기 있었노라 하셨느니라 이제는 주 여호와께서 나와 그 신을 보내셨느니라." 이사야 63:10: "그들이 반역하여 주의 성신을 근심케 하였으므로 그가 돌이켜 그들의 대적이 되사 친히 그들을 치셨더니." 이런 구절들에서는 성령이 구별되는 인격(a distinct person)으로 언급되고 있다.

④ 시편 45:6, 7: "하나님이여 주의 보좌가 영영하며 주의 나라의 홀은 공평한 홀이니이다 왕이 정의를 사랑하고 악을 미워하시니 그러므로 하나님 곧 왕의 하나님이 즐거움의 기름으로 왕에게 부어 왕의 동류보다 승하게 하셨나이다"(히 1:8, 9에서도 인용됨).

⑤ 시편 110:1: "여호와께서 내 주에게 말씀하시기를 내가 네 원수로 네 발등상이 되게 하기까지 너는 내 우편에 앉으라 하셨도다."

⑥ 이사야 61:1: "주 여호와의 신이 내게 임하셨으니" 이 본문들이 결코 전부는 아니다. 이 본문들은, 벌코프 교수가 말하듯이, 구약에 나타난 삼위일체의 각 위에 대한 시사들일 뿐이다.

2. 신약에 나타난 삼위일체에 대한 가르침

이러한 본문은 결코 총망라한 포괄적인 것은 아니다. 그것들은 벌코프 교수가 말한 것처럼, 구약에서 삼위일체의 삼위의 인격에 대하여 적어도 분명하게 암시하고 있음을 가리킨다.5)

신약에 대해서는 웨스트민스터 신앙고백서에 인용된 삼위일체를 가르치는 성구들만을 간단히 열거해 보려고 한다.

(1) 마태복음 3:16, 17: "예수께서 세례를 받으시고 곧 물에서 올라 오실새 하늘이 열리고 하나님의 성령이 비둘기 같이 내려 자기 위에 임하심을 보시더니 하늘로서 소리가 있어 말씀하시되 이는 내 사랑하는 아들이요 내 기뻐하는 자라 하시니라."

(2) 마태복음 28:19: "그러므로, 너희는 가서 모든 족속으로 제자를 삼아 아버지와 아들과 성령의 이름으로 세례를 주고."

(3) 고린도후서 13:13: "주 예수 그리스도의 은혜와 하나님의 사랑과 성령의 교통하심이 너희 무리와 함께 있을지어다"(엡 2:18을 보라).

(4) 요한복음 1:14, 18: "말씀이 육신이 되어 우리 가운데 거하시매 우리가 그 영광을 보니 아버지의 독생자의 영광이요 은혜와 진리가 충만하더라." "본래 하나님을 본 사람이 없으되 아버지 품속에 있는 독생하신 하나님이 나타내셨느니라"(히 1:2-6; 골 1:15-17을 보라).

(5) 요한복음 15:26: "내가 아버지께로서 너희에게 보낼 보혜사 곧 아버지께로서 나오시는 진리의 성령이 오실 때에 그가 나를 증거하실 것이요."

(6) 갈라디아서 4:6: "너희가 아들들인고로 하나님이 그 아들의 영을 우리 마음 가운데 보내사 아바 아버지라 부르게 하셨느니라."

3. 교리적 진술

이런 구절들과 다른 성경 구절들에 근거해서 웨스트민스터 신앙고백서는[6] 다음과 같이 진술하고 있다.(제2장, 제3장) "단일한 신성에 삼위(三位)가 계시니, 곧 그 본질과 권능과 영원성이 동일하신 성부 하나님, 성자 하나님, 성령 하나님이시다. 성부는 그 누구에게 속하시지 않고, 아무에게서도 나시지 아니했으며 나오시지도 않으시며, 성자는 아버지에게서 영원히 나시고, 성령은 성부와 성자에게서 영원히 나오신다."

이를 설명하면서 핫지(A. A. Hodge)는 이렇게 말한다.[7] "살아계신 한 분의 참된 하나님이 계심을, 그리고 그의 본질적 속성들이 모든 온전성을 포괄함을 밝힌 후에, 이 부분은 덧붙여서 다음과 같이 주장한다.

1. 성부, 성자, 성령이 똑같이 한 하나님이시고, 나뉘어질 수 없는 신적인 본질과 모든 신적 온전성과 대권들이 그 각각에게 같은 의미와 정도로 속한다.
2. 성부, 성자, 성령이라는 이 명칭들은 각기 다른 관계를 가진 한 분의 다른 이름들이 아니고, 다른 위(位)들의 이름들이다.
3. 이 삼위는 어떤 인격적 특성들(certain personal properties)에 의해서 구별되며, 그 존재와 작용이 일종의 질서를 가진 것으로 계시된다.

여기 언급된 세 가지 요점에[8] 대하여 핫지가 논의하고 있는 부분 전체가 아주 중요하다.

4. 이 교리의 역사

삼위일체 교리에 관한 성경적 진리의 온전한 진술은 오래고 힘든 성경해석의 열매이다. 이 역사에 대한 지식은 그에 반하여 이 교리가 진술된 여러 형태의 이단을 살펴보는 일에 있어서 아주 유용하다. 이 교리의 역사의 몇 가지 중요한 요점을 여기서 언급해 볼 수 있는 것이다.[9]

삼위일체는 우리에게 아주 실천적인 의미를 지니고 있다. 하나님의 여러 가지 다양한 속성들을 논의한 후에 칼빈은 다음과 같이 말한다. "그런데 우리에게 좀더 친근한 지식을 주기 위해서 하나님께서 당신 자신을 지칭하는 다른 특별한 마크가 있다. 즉, 그분은 당신 자신의 일체성을 선포하시면서도, 우리 앞에 삼위로(in three persons) 존재하심을 분명히 제시하신다. 신성의 이름이 아니면, 이것들은 아무런 참된 지식도 없이 우리의 두뇌 안에서 펄럭거리고 다니는 것일 뿐이라고 주장해야만 한다."[10] 이 때 칼빈은 그저 하나님께서 당신 자신을 삼위일체로 계시하셨다고 단순히 말하는 것은 아니다. 그것은 분명히 사실이며, 또한 하나님은 삼위일체적 방식외에 달리 존재하실 수 없다고 말하는 듯하다. 워필드(Warfield)의 말을 인용하자면,

"그러면 칼빈에 의하면, 단일론적 하나님(a monadistic God)과 같은 것은 있을 수 없는 듯하다. 다양성(multiformity)의 개념이 하나님의 개념 안에 들어가는 것이다."[11] 하나님의 본질이 단순하다고 하고, 삼위가 그 신성에서는 서로 동등하다고 말함으로써 교회는 모든 형태의 비기독교적 사상과 대립하는 것이다. 삼위일체는 별로 중요하지 않은 사변적 교리가 아니다. 최종적으로 분석해 보면 모든 형태의 이단은 삼위일체에 대한 공격인 것이다. 바빙크는 이렇게 말한다. "기독교의 본질, 그리스도의 인격에서 하나님의 절대적 자기 계시, 성령 안에서의 하나님의 절대적 자기 전달 이 모든 것은 본체론적 삼위일체 안에 그 근거와 원리를 가질 때에야 주장될 수 있는 것들이다."[12] 여기서 바빙크는 본체론적 삼위일체를 말한다. 이것은 중요하다. 모든 비기독교적 사상은 우리로 하여금 하나님을 전체로서의 우주의 한 부분으로 생각하도록 한다. 모든 이단들은, 이런 저런 방식으로 시 공간적 실존을 전체로서의 우주의 다른 측면으로 도입시키려고 한다. 이것은 분명히 현대 이단의 특성이다. 그리고 사실상 여기에 고대의 이단과 현대의 이단의 연관이 있는 것이다. 그렇기 때문에 교회는 본체론적 삼위일체(the ontological Trinity), 즉 피조된 우주와의 관계를 떠나서 그 자체 안에 존재하시는 삼위일체(the Trinity as it exists in itself)가 그 스스로 온전하며, 그 안에 단일성과 복수성의 동등한 궁극성을 가지고 있다고 강조해 왔던 것이다.[13] 그러나 교회가 삼위일체의 이 높고 고귀한 교리에 이르게 된 것은 오래고도 힘든 노정을 통해서였다.

삼위일체 교리사의 첫 시기, A.D. 1~325은 역사의 그리스도가 신성의 제2위이심을 밝히려는 노력의 시기였다고 특징지을 수 있다.[14] 그리스도인들이 그리스도를 하나님으로 경배하였을 때, 그들은 다신론자(多神論者)들이라는 비난을 받았다. 사람들은 그리스도를 영지주의자들의 로고스와 동일시하기를 원하였다.[15] 그들은 그리스도를 하나님과 사람 사이 일종의 중간적 존재로 여기려고 하였다. 이런 방식으로 그들은 그들이 필요로 하는 영원과 시간의 통일성을 찾을 수 있으리라고 생각하였다. 희랍 사상은 하나님을 말 없는 심연으로, 이 세상과는 절대적으로 다른 것으로 여기어 그렇게 말했고,

로고스에 대해서는 우주 안에서 하나님을 표현하는 수단으로 말하였었다. 자연스럽게 이런 형태의 사변은 하나님이 자충족적 존재되심에 반하는 것이었다.

제1세기와 2세기의 교부(敎父)들은 이미 에비온주의(Ebionitism)와 가현론(Docetism)과의 투쟁을 시작하였다.16) 그들은 삼위일체에 대한 논의에서 직접적인 성경의 진술을 벗어나 나아가지는 않았다. 그들이 유일하게 변호할 수 있는 철학적 진리의 체계를 가졌음을 밝히기에는 이 '하나님의 자기계시'로 철저히 무장되었었다고 하기 어렵다.

제2세기에 변증가들, 특히 저스틴 마터(Justin Martyr)는 그리스도의 신성을 좀 더 분명하게 드러내었다. "그러나 성부와 성자 사이의 내재적 관계는 저스틴 마터의 경우에서는 아직 분명히 나타나지 않았다"고 바빙크는 말한다.17) "마치 성자가 이 세상의 창조를 위해서 낳아진 듯이 여겨진 듯하다. 여전히 하나님 그 자신(God in himself)은 감추어지신 하나님(숨어계신 하나님)이고, 성자는 계시된 하나님인 듯이 제시되었던 것이다. 이와 비슷하게 저스틴 마터에게는 성령의 신성과 성부나 성자와의 본체론적 관계에 대한 언급이 거의 없는 것이다."18)

(1) 아이레니우스, 터툴리안, 오리겐

아이레니우스(Irenaeus)는 영지주의적 신개념과 로고스 개념에 대립하여 상당한 진보를 나타내었다. 바빙크는 이렇게 말한다. "로고스가 그 이중적 성격(his twofold nature-의미상 중간적 성격)을 벗어버리고 신성을 가진 것으로 진술되었다."19) 비록 언제나 일관성을 가진 것은 아니지만, 아이레니우스는 성자와 대립되는 '숨어계신 하나님' 개념에 대립하였다. 이것은 아주 큰 진전이었다. 그것은 하나님이 자기 표현의 수단으로서 우주를 어떤 방식으로든 필요로 하지 않으심을 보여주었던 것이다. 즉, 하나님은 (이미) 삼위일체 안에서 자기 표현적이셨음을 보여주었다는 말이다. 터툴리안(Tertullian)은, 비록 성자와 성령이 성부와 하나(a unit)이기는 하지만. 신성에는 통일성(unity)만이 있는 것이 아니고, 삼위일체성(trinity)도 있다고 주장함으로써 아이레니우스를 보충하고 있다.20) 터툴리안에 대해서 바빙크는 다음과 같이 말한다. "그가 종속설(subordinationism)을 언제나 온전히 벗어나지 못하였고, 삼위일체 교리 안에서 본체론적인 삼위일체와 우주론적인 삼위일체, 그리고 구원론적 삼위일체를 충분히 구별하지는 못했다는 사실에도 불구하고, 그는 삼위일체론의 진술을 위한 개념과 단어들을 제공하였다. 그는 로고스-사변을 아들됨의 관계(filiation)로 대치하였고, 그와 같은 방식으로 본체론적 삼위일체를 우주론적 사변에서 분리시켰다. 그리고 그는 각 위(各位)의 삼위일체성을 성부의 인격에서가 아니라, 하나님의 본질에서 이끌어낸 최초의 인물이었다.[21]

오리겐(Origen) 역시도 종속설(subordinationism)의 오류에 빠졌다.[22] 그는 성자의 성부와의 하나됨(the unity)을 강조하였으나, 그가 필요하다고 느낀 그 안에서의 다양성을 강조하기 위해서 성부의 본질과 성자의 본질을 구별하였다. 그리하여 성부는 다시 한번 희랍적인 방식으로 가장 궁극적인 존재이며, 성자보다 훨씬 더 높은 존재로 생각되었고, 성자는 세상보다는 더 높은 존재로 여겨지게 되었던 것이다.

(2) 아리우스주의(Arianism)

핫지는 오리겐의 여러 추종자들이, 예를 들어서 알렉산드리아의 디오니시우스(Dionysius of Alexandria)와 특히 아리우스(Arius)가 오리겐보다 훨씬 더 낮은 교리를 가르쳤음을 지적한다. 아리우스에 의하면, "그리스도는 하나님의 본체로부터 창조된 것이 아니라, '무로부터'(ek ouk ontoon) 창조되었고, 따라서 성부와 동일 본질이 아니라고" 한다.[23]

(3) 사벨리우스주의(Sabellianism)

삼위일체에 대한 또 하나의 불만족스러운 형태의 진술은 흔히 사벨리우스주의라고 언급되는 것이다.[24] 아리우스주의가 삼위의 본질적 통일성을 충분히 강조하지 않고서 삼위의 다양성을 가르쳤는데 비해서, 사벨리우스주의는 삼위의 다양성을 충분히 가르치지 않고서 본질의 통일성(단일성)을 가르쳤다고 일반적으로 대조되어 설명된다. 이것은 옳다. 그러나 문제의 뿌리를 분명히 파헤치지는 못하는 것이다. 이것은 마치 범신론은 하나님의 내재성을 강조하고, 이신론(理神論)은 하나님의 초월성을 강조하는데, 유신론은 그 모두를 강조한다고 말하는 것과 비슷한 구별이다. 요점은 교회가 진리에 이르기 위해서 단순히 아리우스주의와 사벨리우스주의를 연합하기만 하면 되는 것이 아니라는 데에 있다. 아리우스주의와 사벨리우스주의는 둘 다가 그 근저에서는 시간적인 것을 영원한 것과 동일한 수준에서 연합시키는 같은 이단에로 환원될 수 있으므로, 그 둘을 다 거부해야만 한다. 이것이 '아리우스주의'(Arianism)의 이름으로 요약된 모든 종속론적 사변에 해당되는 것이다. 그러나 사벨리우스주의 역시도 전체로서의 실재의 통일성을 제공해 주는 영원 세계에 대한 보충으로 시간 세계가 복수성(the plurality)을 제공하도록 해 보려고 한 것이다.

(4) 나이신 신조(혹 니케아 신조 The Nicene Creed)

니케아 공의회가 삼위일체에 대한 바른 교리를 진술하고 변증하려 모였을 때, 니케아 공의회는 그리스도가 '성부와 동일 본질'(*homoousion to patri*)이라고 진술함으로써 아리우스주의를 거부하였고, 삼위들(the persons)이 단순히 세상과 관련한 경륜적 표현일 뿐 아니라, 본체론적 삼위일체의 삼위들이라고 진술함으로써 사벨리우스주의를 거부하였다.[25] 그것들은 전혀 그 종류가 다른 것(allo kai allo)이라고 한 것이다. 이 두 이단을 거부함에서 니케아 공의회는 한 이단의 두 가지 형태를 거부하였다고 말할 수 있는데, 그 삼위일체에 대한 한 가지 기본적인 이단은 시간적인 것과 영원한 것을 궁극적 연합으로 혼합시키는 것이다. 이 한 이단의 두 가지 형태에 대립하기 위해서는 아리우스주의와 사벨리우스주의에 대해 언급한 두 요점을 주장하는 것이 필요할 뿐 아니라, 신성 안의 각 위의 내적인 관계가 피조된 우주에 대한 하나님의 관계에 대해 선행(先行)하며, 독자적임을 강조해야 한다. 찰스 핫지(Charles Hodge)는 이렇게 말하고 있다. "신성의 본질이 각 위에게 공통적이므로, 그들은 공통적 지성과 의지와 능력을 가지고 계신다. 하나님 안에는 세 지성과 의지와 세 작용의 능력이 있는 것이 아니다. 삼위가 한 하나님이시다. 따라서 한 정신과 한 의지를 가지신다.26) 이 밀접한 연합을 희랍교회는 '페리코레시스'(περιχώρησις)라는 말로 표현하였는데, 이를 라틴어 'inexistentia'(內在), 'inhabitatio'(內在) 또는 'intercommunio'(상호 연합, 침투) 등의 말로 설명하였다."27)

(5) 콘스탄티노플 회의(381)

나이신 신조에는 참된 성경적 교리의 모든 요소들이 나타나 있다. 그러나 그 이후에 일어난 것이 별로 중요하지 않은 것이 아니다. 참된 교리가 주장되려면, 그것은 계속적으로 재진술되고, 세련되어야만 한다. 그래서 아들만이 아니라 성령도 아버지와 아들과 동일 본질이심이 더 분명하게 진술되어야만 했다. 아다나시우스와 어거스틴은 삼위 모두가 동등함을 더 분명히 하려고 상당한 노력을 하였다.28) 여기서 중요한 점은 성령이 성부로부터만이 아니라, 아들로부터도(filioque) 나오심을 밝히는 일이다. 성령이 성부와 성자 모두로부터 나오셔야만 삼위일체 삼위의 내적 교통이 영원히 온전한 것이다. 서방교회는 동방교회보다 삼위의 동등성을 더 분명히 보았고, 그들의 배타적인 내적 교통은 '아들로부터'(filioque)라는 어귀 없이는 표현될 수 없음을 더 분명히 보았다. 성부에 의한 성자의 출생('낳아지심')이 영원한 출생이므로, 성령의 나오심도 성부와 성자로부터의 영원한 나오심이어야만 한다. 핫지는 이렇게 말한다. "나이신 신조의 가장 분명한 결함은 성령에 대한 어떤 분명한 진술이 없는 것이다. 콘스탄티노플 공의회는 나이신 신조의 '우리는 성령을 믿사오며'라는 말에 "주님이시오, 생명의 수여자이시고, 아버지와 아들과 함께 경배를 받으시며, 영광을 받으시고, 선지자들로 말씀하셨던"(성령을) 이란 말을 덧붙였다"('아들로 부터도' filioque)라는 말은 최종적으로 589년 톨레도(Toledo) 공의회에서 수납되어졌다).

(6) 칼케돈(451)

삼위일체에 관한 모든 이단들은 영원과 시간을 혼합하는 하나의 커다란 이단으로 환원될 수 있다고 말한 바 있다. 그러므로 칼케톤 공의회에서 거부되어진 네스토리우스주의(Nestorianism)와 유티케스주의(Eutychianism)도 교회의 삼위일체 교리에 대한 반대의 변형된 형태 외에 다른 것이 아니다.29) 칼케돈 신조에 대해 필립 샤프박사는 이렇게 말한다. "니케아의 첫 공의회는 그리스도의 영원하며, 선재하시는 신성을 수립하였으나, 제4차 공의회의 신조(칼케돈 신조)는 땅 위에서 걸으시고, 아버지 우편에 앉아 계신 성육신하신 로고스와 관련하였다. 칼케돈 신조는, 아리우스주의에 반해서 나이신 신조에 동의하기는 하나, 그리스도의 신성과 인성의 관계를 잘못 생각한 네스토리우스와 유티케스의 오류에 반하는 것이었다.30)

칼케돈 신조의 진술 형태에 대해서도 샤프의 말을 인용해 볼 수 있다. "정통 교리는, 유티케스주의에 반해서 성육신 이후에도 혼동이나 변화없이 (*asygchytoos, inconfuse* 그리고 *atreptoos, immutabiliter*), 또 한편으로는 (네스토리우스주의에 반해서)구분이나 나뉘어짐없이(*adiariretoos, indivise* 그리고 *achoristoos, inseparabiliter*) 있는 각 성질의 구별을 주장한다. 그리하여 신성은 영원히 신성이고, 인성은 영원히 인성인데, 그들이 계속적으로 하나의 공통된 삶을 가지고, 삼위일체의 각 위(the persons)와 같이 서로 침투하는 것이라고 가르친다.31)

(7) 웨스트민스터 신앙고백

여기서 우리는 웨스트민스터 신앙고백서의 말을 덧붙여 생각할 수 있을 것이다. "삼위일체의 제2위이시오, 참으로 영원하신 하나님이시오, 아버지와 동일 본질이시오, 동등하신 하나님의 아들은 때가 찾을 때에 인간성(man's nature)을 취하셨는바, 그 본질적 속성들과 그 일반적 약점을 모두 같이 취하였지만 죄는 없으시다. 그는 성령의 능력으로 마리아의 태에 잉태되사, 그녀의 본질로부터 나셨다. 따라서 두 가지 온전하고 완전하며 구별되는 본성인 신성과 인성은 변화됨이나 혼합이나 혼동없이 함께 한 인격 안에 나눌 수 없게 연합되어졌다. 그 인격은 참 하나님과 참 사람의 인격이며, 한 그리스도이시고, 그는 사람과 사람의 유일한 중보자이시다."32)

이 진술로부터 우리는 교회의 주된 관심 중 하나는 하나님과 사람을 혼동이나 혼합없이 바른 관계에 있도록 하는 것이었음을 깨달을 수 있다. 하나님은 삼위일체적으로 존재하신다. 그러므로 그는 스스로 온전하신다. 그런데도 그는 세상을 창조하셨다. 이 세상은 본체론적 삼위일체의 자기 온전성에 불구하고가 아니라, 그 온전성 때문에 의미를 가진다. 이 하나님은 피조된 우주의 토대이시고, 이 우주를 초월하시는 것이다. 그가 이 우주의 토대라고 먼저 생각되지 않고, 이 우주와는 다른 분이라고만 정의되면, 우리는 하나님의 '절대적 타자성'(絕對的 他者成, absolute otherness)을 만나게 된다. 그러나 이 '절대적 타자성'이 결국, 시간적 우주와 연관되게 되면, 전체로서의 실재의 한 측면이 되는 것이다. 그렇게 되면 (이신론 [理神論] 처럼) 하나님의 섭리를 부인하든지, (희랍사상이 그러했던 것처럼) 그의 창조와 섭리를 모두 부인하는 교리는 결국 영원과 시간을 혼합시키고야 만다. 이신론(理神論)과 범신론(汎神論)은 이렇게 영원과 시간을 혼합하고 혼동하는 근본적 오류의 두 가지 다른 형태일 뿐이다.33)

(그러나 기독교적으로 바르게 이해하면) 죄가 세상에 들어 왔을 때나, 삼위일체의 제2위가 인간성(human nature)을 취하셨을 때에도 영원한 것과 시간적인 것은 혼합되거나 혼동되지 않았다. 네스토리우스주의는 역시 참된 교리에 대한 이신론적(理神論的) 형태의 대립이며, 유티케스주의는 명백히 범신론적 형태의 대립인 것이다.

(8) 현대의 반삼위일체주의

한 마디로 말해서 현대의 신학적 이단들은 그 기원을 거짓된 삼위일체론에 두고 있다고 하든지, 그런 왜곡된 개념에로 거슬러 올라간다고 시사할 수밖에 없다. 고대에서와 같이 현대에도 사람들은 영원한 것과 시간적인 것을 한데 섞었던 것이다. 그런 한 가지 대표적인 예는 칼빈이 정리한 삼위일체 교리에 대한 반대에서 찾아 볼 수 있다. 칼빈은 신성의 삼위(the three persons of the Godhead)의 동일 본질성(the consubstantiality)을 주장하는데 아주 관심이 있었다. 워필드의 말을 인용해 본다. "성자의 '스스로 신적이심'

(the *autotheotes*)에 대한 그의 주장에 있어서, 칼빈은 결코 자신이 새로운 것을 드러내고 있다고 생각하지 않았다. 그는 니케아 공의회의 교부들 자신들이 '아주 많은 말로' 이를 주장하고 있다고 인용할 수 있었던 것이다. 그러나 칼빈은 이 주장에서 삼위일체 교리사에서 획기적인 일을 하였다고 할 수 있다. 그 이전에는 사람들이 성자의 하나님으로서의 자기 존재와 주장을 믿지 않았다는 의미에서가 아니라, 삼위일체론을 진술하는 현대의 양식이 성자의 신성을 파악하는 데 있어서 결함있는 양식의 도입을 넓게 열었으므로, 성자의 '스스로 하나님되심'(autotheotes)에 대한 날카로운 주장이 필요했다는 의미에서 말이다."34) 워필드는 다음과 같이 덧붙이고 있다. "삼위일체 교리의 진술을 위해 교회가 가장 큰 빚을 지고 있는 세 사람을 든다면 터툴리안, 어거스틴, 그리고 칼빈이다. 그러므로 칼빈의 진술이 굉장한 반대를 받은 것은 별로 놀라울 일이 아니다. 그들 내에서 칼빈의 교리에 대해서 많은 논란이 있는 천주교 사상이나 자세한 몇 부분에서 반대하는 루터파는 말할 것도 없고, 알미니안적 반론을 간단히 주목해 보기로 한다. 루터파에 반대해서 알미니안주의자들은 오리겐주의자들의 종속설적 성향을 매우 분명히 가지고 있다."35) 알미니우스 자신은 성자의 '스스로 하나님이심'을 부인하지만 "그의 정통성을 어느 정도는 견지했다." "그러나 알미니안주의의 무게의 중심은 하향적이 되었다. 그래서 에피스코피우스(Episcopius)의 가르침에서는 벌써 '영원한 출생'과 '나오심'에 대한 니케아 신조의 가르침에서 말하는 삼위 간의 질서상(in order) 종속이 아니라, 삼위 간의 본성상(in nature)의 종속을 위한 출생과 나오심이 언급됨을 발견하게 된다."36) 그리고 "컬셀레우스(Curcellaeus)는 삼위 간의 '특정한 통일성'(a specific unity) 이상을 가르치지 않았다."37) 조오지 벌(George Bull)은 컬셀레우스보다는 덜 극단적이었다. 그러나 벌(Bull) 이후에는 사무엘 클락(Samuel Clarke)이 오는바, 그는 "성자가 무(無)로부터 만들어질 수 있는 가능성도 동등하게 있음을 허용하기는 하였으나," 성자가 성부의 본질에서 낳아졌음을 인정하려고 한다.38)

바른 삼위일체론에 대한 알미니안주의의 대립은 좀더 급진적인 일탈의 길을 준비하였다고 할 수 있다. 그리하여 관념론 철학자들은 삼위일체를 전체로서의 실재 안의 정·반·합 원리와 동일시하였다.[39] 이 철학자들의 영향을 받아서 많은 신학자들이 신앙에서 벗어나 나아갔다. 결국 유니테리안주의도 시간적인 것과 영원한 것을 섞는 옛 오류의 새로운 형태에 불과한 것이다. 그리고 현대주의(modernism)는 이 모든 이단들의 행복한 상속자들인바, 그 모든 이단들에게 있어서 기본적인 것은 성자와 성령이 성부와 동일 본질이심을 부인하는 것이다. 또는 그 오류가 좀더 깊이 나타나서 현대주의에 있어서는 성부 자신이 실재의 한 국면에 불과한 것이다. 참된 삼위일체론을 재확인하고 가르칠 필요가 있는 때가 있다면, 지금이야말로 바로 그러한 때이다.

바르트의 삼위일체론에 대해서도 하나님의 초월성에 대한 그의 개념에 대해서 만큼이나 많은 오해가 있다.[40] '하나님의 자유'에 대한 바르트의 칸트주의적 원리는 자충족적인 본체론적 삼위일체에 대한 전통적 교리와 같은 것이 있을 여지를 허용하지 않는다. 이 경우에도, 다른 경우에 있어서와 같이, 정통주의의 용어들은 사용하나 그 의미는 거부하고 있는 것이다. 하나님의 모든 비공유적 속성들은 바르트에 의해서 (상호) 상대적인 것이 되었다. 그의 역동주의는 그로 하여금 그리하도록 한다. 마찬가지로 본체론적 삼위일체도 (상호) 상대적인 것이 되었다(correlativized).

그러므로 바른 삼위일체론을 세우기 위해서 교회는 세상과 생사의 투쟁을 하기 위해 준비한 듯하다. 그 삼위일체론을 진술함에서 교회는 자충족적이고, 신비하신 하나님에 대해 흔들리지 않는 신앙을 확언하였다. 이 자충족적이시고 신비하신 존재께서 당신 자신을 사람에게 계시하시려 낮추신 것이다. 그분은 그분 자신이 그러하시듯 반드시 존재하시는 분으로 계시하셨다. 그러므로 우리는 하나님이 반드시 삼위일체 하나님으로 존재하신다고 말할 수 있다. 성경이 어떤 사역을 특히 성부께 돌리고, 어떤 사역을 성자께 돌리며, 어떤 사역을 특별히 성령께 돌릴 때, 우리는 그렇게 돌리는 것(ascription) 배후에 신성 안에 참된 구별이 있음을 전제하게끔 된다. 반면, 각 위에게 돌려진 사역은 절대적인 한 분의 사역이다.[41] 바빙크는 삼위일체 교리에서 우리가 기독교의 핵심을 찾을 수 있다고도 지적한다.[42] 우리는 언제나 신성 안에 있는 참된 위격적 구별(personal distinctions)을 무시하여 하나님의 존재의 절대적 통일성을 허용함으로써 사벨리우스주의의 방향으로 나아가거나, 하나님의 존재의 절대적 통일성을 무시하도록 신성 안의 삼위의 구별을 허용하므로써 아리우스주의로 나아갈 위험을 가지고 있다고 말한다.[43]

그러면 이 위험을 어떻게 피할 것인가? 우리가 다음과 같이 하면 이 위험을 가장 잘 피할 수 있을 듯이 보인다. (a) 이 교리를 분명히 제시하고, 그 안에서 현대철학과 현대신학의 교리와는 정면으로 대립하는 신론을 발견하여 보는 것이고, (b) 삼위일체 하나님만이 유일하게 언급 가능한 전제라고 아무런 변명없이 제시하는 것이다.

이런 과제를 수행하는 일에 있어서의 주된 난제는 우리가 우리의 사고를 잘못된 데서 시작하기가 너무나도 쉽다는 사실에 있는 듯하다. 우리는 먼저 하나님을 전제하지 않고서 삼위일체 하나님에 관해서 추론할 수 있는 것으로 가정하고 시작할 수도 있고, 유비적(analogically)으로 추론하기보다는 일의적으로(univocally) 추론하는 것이다.[44]

만일 우리가 그렇게 일의적(一義的)으로(univocally) 추론을 하면, 우리는 다음과 같은 두 가지 오류 중의 하나에 빠지지 않을 수 없게 된다. 즉, 삼위일체가 자연인의 전제에서 합리적인 교리로 비그리스도인에게 밝혀 질 수 있다고 주장하거나, 삼위일체는 비합리적이라는 의미에서 신비라고 말하는 것이다. 이 두가지 오류를 잠시 생각해 보기로 하자.

때때로 우리가 하나님이 본질에 있어서는 하나요, 그 위(person)에 있어서는 셋이라고 말하는 한, 우리는 사람들에게 그들이 비합리적이라고 생각할 어떤 것을 주장하는 것이 전혀 아님을 사람들에게 증명할 수 있다는 말을 듣는다. 우리는 통일성(unity)과 삼위성(trinity)이 정확히 같은 것이라고 주장한 것은 아니라는 것이다.

그러나 이것은 전부 다가 아니다. 우리는 하나님, 즉 전체로서의 하나님(the whole Godhead)이 한 분(one person)이라고 주장한다.[45] 우리는 각 속성이 하나님의 존재와 동연적(同延的, co-extensive)이라는 것을 살펴 본 바 있다. 어떤 종류의 해석되지 않은 존재 개념을 피하기 위해서 이를 주장하게 되는 것이다. 다른 말로 하자면 우리는 소위 '순수사실'의 망령을 피하기 위해서 하나님의 속성들과 그 존재의 일치성을 주장하게끔 된다. 또 비슷하게 우리는 신학자들이 신성의 각 위(the persons)가 신성의 존재와 동연적이라는 주장을 관찰하였다. 그러나 이 모든 것은 위격적 특성의 구별이 단지 이름만의 것이라고 말할 수는 없다. 더구나 각 위의 구별이 단지 이름만의 것이라고 말하는 것도 아니다. 우리는 각 속성과 각 위의 하나님의 전체 존재와의 절대적 동연성을 필요로 하며, 또한 그 속성들과 위격(the persons)의 참된 구별(distinctions)도 필요로 하는 것이다. 바빙크는 이렇게 말한다. "각 위(each person)는 하나님의 전체 본질(the whole essence of God)과 동등하며, 다른 두 위(位)와도 동연적이고, 삼위 모두와도 동연적(同延的, coterminous)이다."46) 따라서 우리는, 모든 다른 존재들, 즉 피조된 존재들에 반해서, 하나님의 존재의 절대적인 숫자적 단일성을 제시하고 주장해야만 한다. 그리고 본체론적 삼위일체 안에서도 하나님이 숫자적으로 하나이심을 주장해야만 한다. 그는 한 분(one person)이시다. 우리가 한 하나님을 믿는다고 할 때, 우리는 단순히 '인격성'(personality)이란 수식어구가 그에게 대해 붙여질 수 있는 하나님을 믿는다고 말하는 것이 아니다. 하나님은 인격성을 가지신 본질이신 것(an essence that has personality)이 아니라, 그는 절대 인격체(absolute personality)이신 것이다. 그러나, 이 한 분의 존재 안에서 존재의 구체적인 형태나 유형(a specific or generic type of being), 그리고 삼위의 위격적 존재 방식(three personal subsistences)사이의 구별을 알 수 있다는 허용과 강요를 성경에 의해 받게 되는 것이다.47)

그리스도인들로서 우리는 이런 삼위일체가 우리의 철저한 파악을 넘어선 신비라고 말한다. 그것은 분명히 신비이다. 하나님 자신은, 그의 존재의 전체성 가운데서, 우리의 파악을 넘어 서신다. 동시에 이 신비하신 하나님은 그가 그 자신 안에서 전적으로 합리적이시므로 신비하신 것이다. 이것은 마치 우리가 성경을 떠나서, 합리성이 있기 위해서는 삼위일체 하나님이 계셔야만 한다는 사실을 먼저 규정할 수 있다는 것이 아니다. 만일 우리가 그리스도인들이라면, 우리의 모든 해석은 우리가 말하는 이 하나님의 용어로 이루어져야 한다. 하나님께 대해서 우리가 무엇을 알 수 있기 전에 하나님께서 먼저 그의 피조계 안에서 당신 자신을 계시하셨다. 성경 가운데서 분명한 것으로 여겨지는 한 가지 사실이 있다면, 그것은 해석되지 않은 순수 사실은 없다는 것이다. 세상에 대한 하나님의 관계를 떠나서 하나님의 존재를 생각하면, 존재와 의식이 동연적(同延的, coterminous)이다. 그렇게 때문에 세상의 사실들은 피조된 사실들, 즉 하나님 편에서의 온전히 자의식적인 행위의 결과로 존재하게 된 사실들이다. 그러므로, 신성이 왜 삼위적으로 (tri-personally)존재하셔야 하는지를 말할 수는 없어도, 하나님이 삼위일체적 존재로 존재하시며, 이 세상의 통일성과 복수성은 그 배후에 그 안에서 통일성(단일성)과 복수성이 동등하게 궁극적인 하나님을 기반으로 하고 있음을 들은 후에는 사실을 어느 정도는 이해할 수 있다. 그러므로 우리는 이 세상이, 적어도 그 몇 가지 측면에서는 삼위일체에 대한 유비를 보여주고 있다고 말할 수 있다. 이 세상은 하나님에 의해 만들어졌다. 따라서 이 세상이 할 수 있는 한에 있어서는 이 세상이 하나님이 존재하시는 대로 하나님을 계시한다고 생각될 수 있다. 그런데 하나님은 삼위일체적 존재로 존재하시는 것이다.[48]

그러나 비그리스도인들에게는 이 모든 것이 비합리적인 것으로 보일 것임에 틀림이 없다. 그는 사람이 궁극적이라고 가정함으로써 그의 사유 과정을 시작하였다. 이런 가정에서는 그는 기껏해야 그 자신보다 더 높은 다양한 인격들(a species of personality)을 허용할 수 있을 뿐이다. 그가 그리한다면, 그는 자신이 더 이상 궁극적이지 않다고 여기는 것이다. 예를 들어서 그가 존재의 문제에 대해서 생각할 때, 그에게는 존재가 모든 형태의 인격성에 대립되어서 보편적인 것으로 나타날 것임에 틀림이 없다. 그에게는 하나님의 본질이란 인격성에 대응해서는 공허한 심연(*buthos*)에 불과할 것이다. 이런 의미에서는 비기독교적 사상가도 흔히 신비와 초이성적인 것을 받아들일 준비가 되어 있다. 이런 형태의 비합리성은 그의 자만에 아무런 손상도 주지 못한다. 그것은 자신이 가정하는 독립성을 침해하지 않는 것이다. 그러므로 비그리스도인들이 '초합리적인 것' (the super-rational)이라고 부르는 것은 이런 형태의 비합리성이다. 이것은 합리화 될 수 있는데, 아직은 합리화 되지 않은 것이다. 반면에 그리스도인들이 '초합리적인 것'이라고 부르는 것, 또는 사람의 이성 너머에 있는 것을 비그리스도인은 반박하고 반대하는 나쁜 의미에서 '비합리적' 이라고 부르게 되고, 또 그렇게 부른다. 동시에 절대적인 인격성 개념, 절대적 존재와 대립하지 않고 동연적인 의식 개념은, 비그리스도인들에게는 모순에 찬 것이다. 그는 그런 개념이 무엇인가를 말한다고 공언하기는 하지만 아무 것도 말하지 못한다고 말한다. 하나님이 한 분(one person)이신데, 동시에 삼위(三位, three persons)로 계신다고 말하는 것은 언어적으로 스스로를 모순에 빠뜨릴 뿐만 아니라, 모든 언급이 분석적이라고 말하는 것이라고 불신자는 말할 것이다. 그것은 존재가 이미 충분히 온전해서, 더 이상 더해질 수 없다고 주장하는 것이다. 이렇게 하여 파르메니데스가 직면한 모든 난제들이 기독교 신자 앞에 직면해 있다고 하는 것이다.[49]

  이렇게 우리는 딜레마에 직면해 있다. 그리스도인은, 우리가 그의 존재를 다 파악할 수는 없으나, 그가 우리에게 말씀해 주시기를 그 안에 단일성과 다양성이 동등히 궁극적인 것으로 있다고 하시는 성경의 하나님이라는 근거에서 만이 언급의 가능성(possibility of prediction)이 있다고 주장한다. 반면에 비그리스도인들은 그런 하나님에 대한 신념을 가지고서는 언급의 가능성이 있을 수 없다고 한다. 이 난제를 완화시킬 수 있는 가능성은 없다. 또 이 문제를 없는 듯이 여길 수도 없고, 그럴 마음도 없다. 만일 우리가 삼위일체론을 반대할 만한 비합리적 요소들을 자연인이 '반대하지 않을 만한 비합리적인 것'으로 만족할 만하게 설명할 수 있다고 말한다면 우리는 사실상 "기독교적 관점에서 반박할 만한 비합리적인 것을" 세우시는 것이다.

  그리스도인들과 비그리스도인들은 그들이 자신의 입장들에 충실하는 한 속이거나 그들의 신비를 다른 것과 바꿀 수 없는 것이다. 그러므로 결국엔 누구의 '초-이성적인 것'(super-rational)이 참으로 반박할 만한 것인가 하는 문제가 남는다. 이를 논의하기 위해서 우리는 서로가 다른 이의 입장에 한 번씩 서 보아야만 한다. 그리할 때에 그리스도인들은 비그리스도인들이 순수 사실을 숭배하는 데 비해서, 그 자신은 비록 사실들을 철저히 다 해석할 수 없음을 기쁘게 받아들이지만, 하나님께 갈 수는 있으나, 하나님에게는 순수 사실이 없기 때문이라고 주장해야만 한다.50)

천주교회는 처음 보기에는 삼위일체 교리를 자연인에게 반박되지 않을 정도의 것으로 환원시키는 오류를 피하는 듯이 보인다. 왜냐하면 삼위일체 교리가 인간 이성의 한계를 훨씬 넘어 가는 신비임을 천주교회는 아주 강조하기 때문이다. 그러나, 우리가 좀더 자세히 살펴 보면 천주교회가 기독교적 합리성 개념과 비기독교적 합리성 개념을 섞고 있음을, 발견하게 된다. 즉, 현상계에서는 기독교적 해석의 원리와 비기독교적 해석의 원리 사이에 아무런 차이가 없다고 하는 것이다. 이성(즉, 중생하지 않은 이성)으로 사람이 피조계의 많은 측면들을 바르게 해석할 수 있다고 주장하는 것이다. 그리고는 덧붙이기를, 이성의 범위를 너머가는 영역이 있으니, 신앙의 영역이라고 불리우는 이 영역 안에 삼위일체가 있고 그것을 믿도록 요구한다고 말한다. 그러나 이것은 기독교적 신비 개념과 비기독교적 신비개념을 동일시 하는 것이다. 그리고, 삼위일체 개념에 소위 모순이 있다는 혐의에 대해서는 통일성과 복수성의 연합에 대한 비기독교적 개념에 호소하여 그 혐의를 제거해 보려고 한다. 우리는 이전에 천주교 신학이 추상적 존재 개념을 가지고 사유하기를 시작한다는 것을 살펴본 바 있다. 그리고 비기독교적 사상가들은 이 추상적 존재 개념에 대해 반대하지 않는다. 그러므로 천주교가 하나님의 본질을 이런 추상적 존재 개념과 동일시하고, 이 추상적 존재에 하나님의 인격성을 더한다면, 비기독교적 사상가 그 누구도 별로 반대하지 않을 것이다.

물론 우리는 천주교가 때때로 여기서 우리가 그들이 주장한다고 제시한 삼위일체론보다 더 나은 것을 제시하지 않는다고 말하는 것은 아니다. 우리가 말하고자 하는 바는 오직 천주교가 사용하는 그 방법에 의하면 그들은 더 나은 교리를 낼 수 없다는 것뿐이다. 천주교는 방법론의 본질적인 점에서 비기독교 사상과 절충을 하였고, 그것은 올바른 교리를 발전시키는 일에서 아주 치명적인 일이다.

이제까지 삼위일체에 대해서 말한 바를 요약하고, 전 장에서 하나님의 비공유적 속성들에 대해서 말한 바와 연관시키면서 우리는 일관성 있는 기독교 신학을 위해서는 신성 안에 개별화의 원리(the *principle of individuation*)가 있어야 한다고 말할 수 있다.51) 하나님께서는 영원 전부터 당신 자신을 유일하게 자존적인 존재로 여기셨다. 그는 자신이 그로부터 구별되어야만 하는 다른 사실들을 필요로 하지 않으시는 분으로 여기셨다. 그가 한 특정한 예가 되는 보편적인 존재가 있는 것은 아니다. 하나님 자신 안에서 그 자체를 주장할 수 있는, 절대적 존재에서 독립해 있는 정신은 없는 것이다. 그리고 삼위일체의 삼위 사이의 관계에는 깊고도 풍성한 차이(differentiation)가 있다. 그러나 신성의 각 위는 서로를 다 소진하고(exhaustive), 따라서 신적 본질도 다 소진하는 것이다.

이에 반해서, 모든 비기독교적인 사변에서는 개별화의 원리(the principle of individuation)가 자충족적인 신 밖의 다른 곳에 있는 것이다. 합리주의자들은 이 개별화의 원리를 어떤 영원한 비인격적인 이성에서 찾고, 경험론자들은 그것을 '시공간의 연속'(the space time continuum)에서 찾는다. 그들 모두가 기독교가 그 원리를 찾는 곳 밖에서 그것을 찾는 데 동의한다. 오직 기독교만이 그 원리를 하나님의 절대적 인격성에서 찾는 것이다.

이런 배경을 가지고 이제 우리는 하나님의 공유적 속성에 대한 고찰로 나아갈 수 있을 것이다. 만일에 개별화의 원리가 참으로 하나님의 절대적 인격성에서 찾아질 수 있다면, 사람은 하나님의 형상을 가지도록 창조된 존재인 것이다. 하나님께서는 사람에게 당신 자신의 '존재'와 비슷한 '존재'(being)를 전달하신다. 그 전달은 하나님의 영원한 존재에의 참여가 아니고, 신적 존재의 유한한 반영(the finite replication)일 뿐이다. 이 공유적 속성에 공정하기 위해서는 이제까지 논의한 '하나님의 존재의 충만함'이라는 근거에 서야만 할 것이다.

각주

1) 이것은 *Reformed Dogmatics*, ed. John Bolt, trans. John Vriend (Grand Rapids, Baker, 2003-), vol. 2, chpaters 5-6에 나타나는 공유적 속성과 그 다음에 삼위일체를 다루는 바빙크의 순서와 정반대이다. 반틸은 아마도 실존적 삼위일체의 기초 하에서만 가능한 단언의 가능성을 증명하기 위해 이렇게 하는 것 같다. 공유적 속성에 대한 이른 논의는 아마도 삼위일체가 오직 그러한 단언과 부차적으로 관련된다는 인상을 줄 것이다.
2) 반틸은 이 문장을 아주 잘 채우고 있다. 다른 문제들 가운데 그는 삼위일체 하나님의 충만한 상호내주와 하나님의 한 존재라는 상호내재의(perichoresis) 강력한 소견을 제시한다.
3) Abraham Kuyper, *Dictaten dogmatik*, vols. 1-2, *Locus de Deo*, pars altera (Kampen: n.p., 1907), 52-55.
4) 이것은 바빙크와 그 배후에 있는 칼빈과 일치된다. *RD*, 2:261-79를 보라. 이어지는 글은 요약에 있는 대로 도식적이다.
5) Louis Berkhof, *Reformed Dogmatics*, 2 vols. (Grand Rapids: Eerdmans, 1932), 1:62-63.
6) Westminster Confession of Faith, 2:3.
7) Archibald Alexander Hodge, *Commentary on the Confession of Faith, with Questions for Theological Students* (Philadelphia: Presbyterian Board of Publications, 1869), 84.
8) Ibid., 84-89.
9) William Greenough Thayer Shedd, *A History of Christian Doctrine* (Minneapolis: Klock & Klock, 1978); Philip Schaff, *The Creeds of Christendom*, 6th ed. (NewYork: Harper, 1919).
10) John Calvin, *Institutes of the Christian Religion*, 1.13.2.
11) Benjamin Breckinridge Warfield, *Calvin and Calvinism*, vol. 5 of *the Works of Benjamin Warfield* (1931; repr., Grand Rapids: Baker, 1981).
12) Herman Bavinck, Gereformeerde dogmatiek, 4 vols. (Kampen: Kok, 1923-30), 2:301; 이후로부터 *GD*; *RD*, 2:296. 반틸이 가장 선호하는 "실존적 삼위일체"라는 이 표현은 바빙크로부터 온 것 같다.
13) 하나와 다수의 동등한 궁극성에 관해서는 제2장 미주 15번을 참조하라.
14) 또 다시, 반틸은 여기서 일반적으로 바빙크의 사료를 따른다.
15) 영지주의는 고대에 만연되어 있었으며 오늘날 다시 출현한 복잡하고 정교한 교훈이다. 이것은 일반적으로 구원은 이 죄악적인 물질세계로부터 선한 영적 영역의 세상으로 인도해 주는 지식을(그노시스) 통해 온다고 가르친다. 종종 영지주의는 조물주나 로고스나 심지어 가현적 그리스도와(참되게 성육신하지도 고난 받지도 않은 그리스도) 같은 일종의 매개체를 믿었다. 때문에 영지주의는 신약성경과 교부들에 의해 끊임없이 공격을 받았다.

16) 이것들은 초대교회의 이단들이었다. 에비온파는 청빈하고 가난하게 살 것(*ebyonim*)을 서약했으며, 유대 의식법들을 옹호했다. 그들에게 있어서 예수님은 요셉을 아버지로 두었고 선재하지 않았던 인간적 선지자일 뿐이었다. 도케티즘 즉 가현설은 만일 그리스도가 진정한 신이시라면, 정말 고난을 받을 수는 없었을 것이라 가르쳤다. 영지주의와 가까운 도케티즘은 예수님이 현세의 악한 세상 밖에서 오신 메신저로서 이 세상 밖으로 나갈 빛을 주시기 위해 오셨다고 믿었다. 반틸은 교리적 정의들이 신경과 종교회의에서 작성되기 이전에 교부들은 이러한 이단들을 대적하기 위해 단순히 성경에 호소했다고 지적한다.
17) Bavinck, *GD*, 2:284; *RD*, 2:280-81.
18) *GD*, 285; *RD*, 282.
19) *GD*, 287; *RD*, 283. 이레니우스(ca. 130-200)는 『이단을 대적하여』*Against Heresies*라는 저서를 통해 우리로 하여금 영지주의를 가장 잘 알게 만들어 준 제2세기 영지주의 이단을 대적한 헬라교부였다. 영지주의를 대적하면서 그는 둘째 아담이신 완전히 신이시며 완전히 사람이신 그리스도께서 인류가 실패한 소명을 성공적으로 수행하셨다고 지적한다.
20) 터툴리안(ca. 155-220)은 하나님이 "세 위격으로 구성된 한 본질"이라고 가르쳤던 라틴교부였다. 바빙크를 따라서 반틸은 성자가 존재론적으로 성부 아래 계시다는 종속설을 터툴리안이 확실히 극복하지 못했다고 본다. 뿐만 아니라 그는 하나님의 존재(존재론적 삼위일체)를 그의 창조적이며 구속적인 기능(경륜적 삼위일체)과 적절하게 구분하지 못했다고 본다.
21) Bavinck, *GD*, 2:288; *RD*, 2:284.
22) 오리겐(ca. 185-254)은 위대한 헬라 교부 가운데 한 사람이었다. 그의 『셀수스를 대적하여』*Against Celsus*라는 작품은 기독교 신앙에 대한 이교도의 공격에 대한 답변이다. 이 작품을 통해 그는 성부 하나님은 창조주이시며, 성자 하나님은 영원하신 로고스이시며, 성령 하나님은 인간에게 구원의 은사를 가져오신다고 주장한다. 삼위 일체적 견해는 아다나시우스와 갑바도기아 교부들의 정통신학의 기초가 되었다. 이와 동시에 오리겐은 삼위하나님이 동등하심에도 불구하고 성자와 성령은 성부에 종속적이라 가르쳤다. 한편 극단적 종속설은 아리안에 의해 전파되었다.
23) Charles Hodge, *Systematic Theology*, 3 vols. (New York: Charles Scribner's Sons, 1871-73; Grand Rapids: Eerdmans, 1979), 1:453. 아리우스는 4세기 초반에 가르쳤다. 그의 견해는 궁극적으로 교회에 의해 거부되었다. 그는 하나님이 불변하시기 때문에 절대로 자신의 본질을 다른 존재에게 나누어 줄 수 없다고 주장했다. 따라서 그리스도는 선재하지 않았으며, 피조물처럼 출생했으며 따라서 종속적이라고 가르쳤다. 따라서 아리안주의에 따르면 그에게 성자라는 이름이 주어졌음에도 불구하고 그는 성부와 호모우시우스(동일본질)가 아니었던 것이다.
24) 단일신론과 성부 수난설 그리고 시벨리안주의(시벨리우스의 이름을 따서) 하나님은 한 분이시며, 세분으로 나뉘어 질수 없는 "절대군주"라고 주장했다. 따라서 예수는 로고스이지만 단순히 성령을 입은 사람일 뿐이다. 이 견해는 제3세

기에 거부되었다. 아리안주의는 그리스도에게 하나님의 첫 창조라는 이름을 부여함으로 시벨리안주의의 오류를 피한다고 주장했다. 반틸은 아리안주의와 시벨리안주의가 모두 하나님에게 본질적이지 않은 다원성을 정의하기 때문에 동전의 양면과 같다고 지적했다.
25) 니케아 종교회의는 교회의 가장 최초의 연합적 회의였다. 니케아 회의는 시벨리안주의를 피하면서 특별히 아리안주의를 다루기 위해 325년에 소집되었다. 니케아 종교회의에서 초기 교회의 명확한 신조를 정의하는 신앙고백서로 제정된 니케아 신조는 그리스도가 성부 하나님과 호모우시우스(동일본질)라고 선언했으며, 또한 "만들어지지 않고 독생하신 분"이라고 정의했다.
26) 아래에서 반틸은 하나님이 한 분이시라고 단언한다.
27) Hodge, *Systematic Theology*, 1:461. 반틸은 특별히 이것에 대한 핫지의 표현으로부터 많은 것을 이끌어낸다고 볼 수 있다. 위의 미주 2번을 참조하라.
28) 아다나시우스(ca. 296-373)는 알렉산드리아의 감독으로서 니케아 종교회의의 주요 공헌자이다. 아리안주의의 강력한 대적자로서 그는 말씀 또는 로고스가 하나님과 동등하며 하나님이신 구세주만이 인류를 죄에서 구원하실 수 있다고 가르쳤다. 콘스탄티노플 종교회의(381년)는 초기 교회에서 두 번째로 큰 연합적 종교회의 였다. 콘스탄티노플 종교회의는 니케아 종교회의의 정통주의를 다시 한 번 확인했고 여러 가지 이단들을 정죄하고 박탈했다. 이 회의는 나아가 성령의 신성을 더욱 공고히 했다. 예를 들면, 콘스탄티노플 종교회의는 성령이 "생명의 주이자 수여자이시며, 성부와 성자와 함께 경배를 받으시고 영광을 받으셔야 할 분"이라는 것을 부가했다. 우리는 콘스탄티노플 종교회의에서 처음으로 성령께서 성부뿐만 아니라 성자에게서도(*fillio*, 성자; *que*, 또한) 발출된다는 589년에 가서야 공식적으로 수용된 "휠리오크베 절"의 암시를 발견한다. 반틸은 여기서 성부와 성자로부터의 성령의 발출은 동방교회보다 서방교회에서 더 잘 이해된 삼위 하나님의 협력에 대한 명백한 표현이라고 훌륭하게 증거한다. 비록 그 교리적 진술의 공식적 표현이 상실되어 왔지만, 그 본질과 정수는 니케아 종교회의와 콘스탄티노플 종교회의에서 발견되어 왔다. 전통은 우리가 니케아-콘스탄티노플 종교회의를 언급할 수 있도록 그것들을 서로 묶어준다.
29) 네스토리우스는 428년에 콘스탄티노플의 감독이 되었다. 그의 견해는 잘 못 이해되었을 수도 있다. 네스토리안주의는 그리스도가 두 사람, 즉 한 사람은 인간이며, 다른 한 사람은 신이라고 가르친다. 유티커스(d. 454)는 그리스도께서 신성을 지니신 오직 한 분이시며, 인간의 육체와 혼합된 그리스도의 단성설을 가르쳤다. 칼케돈 종교회의(451년)는 네 번째로 가장 큰 초기 교회의 종교회의였다. 위대한 정의의 신조로 알려진 칼케돈 신조는 그리스도께서 두 본성, 즉 신성과(하나님과 동일본질이며, 하나님을 지닌 마리아에게서 나신, 데오토코스), 인성을(인간성에 있어서 우리와 동일본질인) 지니셨다고 진술한다. 두 본성은 한 분 안에서 연합되었으며 "섞임 없이, 변화 없이, 분할 없이, 분리 없이" 함께 존재한다. 이것은 두 본성의 영속적인 연합을 의미하는 위격의 연합으로 알려졌다. 반틸은 창조주와 피조물에 대한 그 어떤 혼란에 대한 모든 대답을 칼케돈 신조에서 찾는다.
30) Schaff, The Creeds of Christendom, 1:30.

31) Ibid., 31.
32) Westminster Confession of Faith 8.2. 웨스트민스터 신앙고백서는 1643년에 영국 의회의 명령으로 소집되었으며, 웨스트민스터 총회의 신앙고백서는 1646년에 완성되었다. 소요리문답은 1647년에 구성되었으며, 대요리문답은 1648년에 완성되었다. 신앙고백서, 대소요리문답을 포함해서 예배모범과 장로교회정치의 5가지의 문서가 바로 웨스트민스터 표준문서이다.
33) 반틸은 앞서 범신론을 지성주의와 비교한 바 있다. 그런데 여기서는 이신론과 비교한다. 이신론에 있어서 하나님은 창조세계와 아무런 관계가 없다. 반면에 범신론에서의 하나님은 창조세계와 관계가 있다. 그러나 양자 모두 창조주와 피조물의 참된 관계를 부정하는 이단들이다. 성육신의 시금석으로 비추어 볼 때, 반틸에 의하면 네스토리안주의는 신성이 인성으로부터 떠나 있기 때문에 이신론과 닮아 있다. 반면에 유티커스주의는 신성과 인성을 혼합한다는 점에서 범신론과 닮아 있다.
34) Warfield, *Calvin and Calvinism*, 384.
35) Ibid., 263. 알미니우스에 대해서는 제2장 미주 29번을 참조하라. 오리겐에 대해서는 위의 미주 22번을 참조하라.
36) Warfield, *Calvin and Calvinism*, 264. 시몬 에피스코피우스는 17세기 알미니안주의의 협력자였다. 그의 *Opera theologia*, 2 vols. (Amsterdam, 1650)을 참조하라.
37) Warfield, *Calvin and Calvinism*, 270. 스테파누스 켈셀레우스(1586-1659)는 알미니안 신학자였으며, *Opera Theologica*, 2 vols. (Armsterdam, 1675)의 저자이다. 켈렐레우스 보다 좀 더 관용적이었으며, 성 다윗의 감독이 된 조오지 벌(1634-1710)은 *Defensio Fidei Nicaenae* (1685)를 통해 삼위일체에 대해 썼다. 사무엘 클락(1675-1729)은 이삭 뉴턴의 옹호자로서 또한 라이프니츠와의 서신 왕래로 잘 알려진 인물이었다. 그는 *A Demonstration of the Being and Attributes of God* (1705)의 저자이다.
38) Warfield, *Calvin and Calvinism*, 270.
39) 이 역사의 삼중적 역동성은 헤겔의 것이다. 이것은 그의 필요적 과정이 세상과 이성에서의(헤겔이 서로 동일한 것으로 간주함) 진보를 이끈다는 변증법적 유물론에 속한 것이다. 하나의 사건/ 사상이 다른 사건이나 사상에 의해 극복되고 이런 과정은 해결이 될 때까지 계속해서 발생한다. 그러므로 정과 반의 모순은 합으로 극복되고 그러한 한 궁극적 완전에 도달할 때까지 그것 자체로 모순되고 극복되는 것이다.
40) 여기서 칼 바르트를 언급하는 것은 적절하다. 그 안에서 그는 마땅히 대접받을 위치에 삼위일체의 교리를 둔다. 특별히 다음을 살펴보라. *the Church Dogmatics*, 4 vols. (Louisville, Ky.: Westminster/ John Knox, 1996), 1.1; 2.2; 3.1; 4.1. 도움이 되는 개론서에 대해서는 다음을 참조하라. Robert Letham, *The Holy Trinity: In Scripture, History, Theology, and Worship* (Phillipsburg, N.J.: P&R, 2004), chapter 13. 반틸은 여기서 바르트가 하나님을 상관화, 즉 하나님이 완전히 자유롭고 완전히 능동적이 되게 하기 위해 각각의 속성을 각각의 국면에 속한 속성이 되게 하도록 가르친다며 바르트를 호되게 비판한다.

41) 반틸은 다섯 문장 아래에서 이것을 더 강력하게 재 확언한다.
42) Bavinck, *GD*, 2:262; *RD*, 2:296.
43) *GD*, 263; *RD*, 297.
44) 일의론적 또는 이의론적으로 논증하기보다 유비적으로 논증하는 것은 반틸의 인식론의 기초이다. 제5장 미주 41번을 참조하라. 하나님은 인간의 이성과 동등하지 않고 그 신비적인 반대와도 동일하지 않으시기 때문에 일의론적 논증은 절대로 삼위일체에 도달하지 못한다.
45) 이것은 신학 그 자체에 있어서 반틸의 가장 위대한 독창적 공헌 가운데 하나이다. 본장 서두에서 그가 이미 밝혔듯이 하나님을 한 분으로 말하는 것은 하나님이 인격이라고 말하는 것이다. 이것은 우리의 일상적인 경험과도 부합된다. 예를 들면, 우리는 기도할 때 한 분에게 기도한다. 이것은 또한 하나님을 끊임없이 인격자로 묘사하는 성경적 데이터에도 부합된다. 이것을 상기하면서 반틸은 두 가지 오류를 피한다. 첫 번째 오류는 주로 서구 신학에서 발견되는 것으로서, 하나님을 도무지 접근 불가능한 분으로 만드는, 하나님의 본질을 인격과 분리시키는 경향이다. 다른 하나는 그것을 실존적 의식의 기초로 간주하는 대신 인격을 관계로 격하시키려는 신정통주의의 오류이다.
46) Bavinck, *GD*, 2:311; *RD*, 2:304.
47) 위의 미주 45번을 참조하라.
48) 이 문단은 반틸의 세계관의 근본원리를 한 마디로 요약해준다. 창조의 본질은 완전히 합리적인 삼위일체 하나님의 결정으로부터 파생된 것이다. 우리가 반드시 이 전제로부터 시작해야만 실재를 이해할 수 있게 된다. 우리가 반드시 하나님의 속성과 존재가 동연적이라는 것으로 시작해야만 우리의 서술이 의미를 지닐 수 있게 된다. 제10장 미주 30번을 참조하라.
49) 여기 많은 부분에서 반틸은 존재의 근거를 위협하거나 애매모호하게 만들지 않으면서, 한 분 그리고 세분으로서의 삼위일체를 비교하고 있다. 오직 전자만이 도전적이며 종국에 가서 위로가 될 것이다. 그리고 오직 삼위일체만이 인간의 단언의 기초가 될 수 있다. 우리는 여기서 불신자들이 우리가 만일 삼위일체로 시작하면 주장이나 서술적 원리를 만드는 것이 불가능하다는 반대를 주장하기 때문에 딜레마에 빠진다.
50) 여기 요약된 접근법은 때로 초월적 방법이라고 불린다. 참되신 하나님과 함께 시작함으로써, 우리는 서술하는 것이 불가능하다는 그들 자신의 기초로부터 논증하면서 불신자들의 주장을 도전할 수 있다. 로마 가톨릭 교회의 변증학 유형에 따르면, 우리는 불신자의 체계와 반응하기 위해서는 참되신 하나님의 권위를 실제로 포기해야만 한다. 더 상세한 논의에 대해서는 반틸의 *The Defense of the Faith*, 3rd ed. (Philadelphia: Presbyterian and Reformed, 1967), 제6장을 참조하라.
51) 개별화라는 말은 개별적 사실의 참된 중요성을 확인할 가능성을 의미한다. 이것은 추상적인 우주적 원리의 개별적 사례를 통해서가 아니라 오직 하나님께서 하나와 다수 안에서 완전히 합리적이어야만 가능하다.

제18장

하나님의 공유적 속성들

하나님은 사람과는 다르시다. 그는 비공유적 속성들을 가지시는 것이다. 그러나 하나님은 또한 사람과 비슷하시기도 하시다. 즉, 공유적 속성들을 가지시는 것이다.[1] 그는 추월적이시며, 또한 내재적이기도 하시다. 사람은 하나님에 의해 피조함을 받았고, 그와 비슷한 면도 있으므로 하나님이 사람과 비슷하다고 말하는 것은 옳을 수 있다.

이렇게 공유적 속성을 말하면서 우리는 가장 먼저 하나님의 영성을 말할 수 있다. 하나님은 영이시므로, 그를 예배하는 자가 신령과 진정으로 예배해야만 한다. 하나님이 영이시라고 말할 때, 우리는 하나님이 그 특정한 한 예(例)이시고, 사람이 또 다른 예가 되는 어떤 모호한 영성 개념(some vague generic concept of spirituality)을 생각하는 것이 아니다. 하나님은 절대 영(the absolute Spirit)이시다. 그리고 그분은 자충족적인 영(the self-contained Spirit)이시다. 그분은 자신을 개별화하기 위해 어떤 물질을 필요로 하는 분이 아니시다. 그는 스스로 개별화하신 영(the self-individuated Spirit)이시다.

이 영성(spirituality)에 대해서, 하나님의 형상으로 피조함으로 받은 사람은 그 안에 희미한 반영을 가지고 있다. 그러나 사람에 대해서는 그가 영이라고만 말할 수는 없다. 사람은 영-육적 존재(a physico-spiritual being)이다. 이로써 우리는 시공간적인 어떤 것이 사람은 개별화의 기본적 원리라는 의미에서 물리적으로 개별화된 존재(a physico-individuated being)라는 것을 뜻하지는 않는다. 자충족적인 영이신 하나님이 사람의 개별화의 궁극적 원리이시다.

하나님께서는 당신 자신의 파악할 수 없는 경륜에서 결정하신 바와 같이 각 개개인을 창조하셨다. 그런데 사람을 영육적 존재(a physico-spiritual being)로 만드신 것이다.[2]

모든 형태의 유물론(唯物論, materialism)이 하나님의 영성 개념에 의해서 제쳐 놓아진다는 것은 말할 나위도 없는 것이다. 어떤 의미에서든 간에 시공간적 세상이 창조함을 받지 않은 실체로 생각하는 것은 하나님을 기껏해야 이 시공간적 세계에 대한 상대물로 생각하는 것이 된다. 그렇게 되면 하나님은 '영적이며-물질적인 실재'(a spirito-material reality)의 영적인 측면으로 환원되고 만다. 관념론 철학은 하나님의 영성을 이와 같은 방식으로 생각한다. 현대주의 신학이 영적 가치들(spiritual values)에 대해 많은 언급을 할 때, 그 의미는 이 세상에는 우주의 눈에 보이는 측면을 초월하는 영적인 다른 측면이 있다는 것뿐이다. 하나님이 자충족적인 영적인 존재이심을 분명히 볼 때에라야 우리는 그를 바르게 섬길 수 있다. 어떻게든 묘사할 수 없는 종류의 영적 가치들을 숭배한다는 것은 영과 진리로 하나님을 경배하는 것이 아니다. 또한 어떻게든 형언할 수 없는 삶의 (차원) '높은 것들'을 자주 명상한다고 해서 영적이라고 할 수 있는 것도 아니다. 그 용어의 의미가 자충족적인 영적인 하나님의 자기 계시가 의도하는 것임이 우리의 정신에 분명히 의식될 때라야 우리는 '인생의 (차원)높은 것들' 또는 '영적 가치들'과 같은 어귀들을 적절하게 사용할 수 있을 것이다.

하나님의 영성과 관련해서 우리는 하나님의 불가시성(invisibility)도 말할 수 있을 것이다. 성경이 하나님께 신체 부위를 적용하는 언급을 할 때, 그것은 분명히 표상적인 의미에서 그리하는 것이다. 하나님만이 죽지 아니하시고, 보이지 아니하신다. 예수께서는 그를 본 자는 아버지를 보았다고 하셨는데, 이 때 '본다'는 것이 영적인 봄(a spiritual seeing)이란 의미로 이해되어야 한다. 예수의 인간성에 표현되지 않은 예수의 신성을 볼 수 있는 자는 아무도 없다. 바빙크는 지적하기를 위디오니시우스(Pseudodionysius)의 영향 아래서 '하나님의 본질을 보는 것'(the visio Dei per essentiam)이 궁극적인 인간의 성취물로서 가능하다는 거짓된 개념이 기독교 신학에 들어 왔다고 한다.3) 스콜라 신학은 그에 의하여 피조물적 제한을 벗어나 하나님의 존재 자체에 대해서 상당한 통찰력을 얻을 수 있는 '영광의 빛'(lumen gloriae)에 대해서 말할 때, 사변적인 경향에 빠지고 말았다.4) 루터파 사상에서도 비슷한 경향을 찾아볼 수 있다. 개혁 신학자들 중에서도 어떤 이들은 '하나님의 본질에 대한 인식'(a visio Dei per essentiam)을 말하기도 한다.5) 그러나 대부분의 개혁 신학자들은, 칼빈의 예를 따르면서, 그런 한가한 사변에 관여하기를 거부하였고,6) 후에도 하나님의 본질에 대한 인식(visio Dei per essentiam)을 전부 거부하였다. 그들은 하나님의 불가해성을 주장하였으므로 그리했던 것이다. 하나님은 무한하고 인간은 유한하다. 그것은 현 상태에서만이 아니라 영광의 상태에서도 참된 것이다. 인간은 언제나 피조물적 방식으로만 하나님을 볼 수 있는 것이다. 바빙크는 이렇게 말한다. "그러므로 대상은 무한하고, 그 대상이 인간 의식에 나타난 것은 언제나 유한할 것이다. 그러나 하나님에 대한 인식은 그의 본질에 대한 것일 수 없다. 하나님은 사람에게 낮추셔서 당신 자신을 알리시기 위해 계시를 주셔야 한다. 마태복음 11:27은 영원히 타당한 것이다.7) 하나님의 본질을 뵈옴이란 개념은 결국 사람을 신격화하는 것이며, 창조주와 피조물의 경계선을 제거하는 것이 된다."8) 사람의 구원은 분명히 '지복적인 하나님을 뵈옴' (a visio Dei beatifica)을 함의한다. 그러나 이 지복적 뵈옴은 유한한 인간에게 가능한 한도 내에서의 뵈옴일 뿐이다.9)

1. 이해의 속성들

우리는 성경에서 하나님은 빛이시고, 그에게는 어두움이 조금도 없으시다는 말을 듣는다(요일 1:5).10) 그는 그 누구도 접근할 수 없는 빛가운데 거하신다(딤전 6:16). 바빙크는 이렇게 말한다. "이 표현에는 하나님이 당신 자신을 충분히 의식하고 계시며, 그가 그의 존재 전체를 통해서 보시고, 그의 존재 안에는 그의 의식에 숨기워지는 것이 하나도 없다는 개념이 포함되어 있다."11) 또는 "하나님에게는 어두움이 없고, 있을 수도 없다. 그는 전적으로 빛이시고, 빛에 거하시며 빛의 원천이시다"고 말한다.12) 또 다르게는 이렇게도 말하고 있다. "하나님은 영원하고 순수한 존재이다. 그의 영원한 지식은 온전하고 영원한 본질을 그 대상으로 할 뿐이다. 하나님에게는 존재와 지식이 동연적(同延的, coterminous)이다."13) 이와는 대조적으로 알미니안 신학자 노르만 바트레트(C. Norman Bartlett)는 이렇게 말하고 있다. "그의 무의식적인 온전함은 다소간 다루기 힘든 자료들을 신적인 원형에 최대한 가깝게 형성시키는 활동을 통해서 의식적인 자기 인식에로 개화되어 진다."14)

그러므로 하나님의 자기 지식과 하나님의 존재의 동연성(同延性)을 주장할 때에만 우리는 모든 형태의 범신론적 사상을 피할 수 있다. 만일 하나님의 지식이 그의 존재와 동연의 것이 아니라면, 그의 지식은 기껏해야 그 존재에 대한 상호 연관물(corelative)가 될 뿐이다. 그런 존재는 그 나름의 잠재성을 가진 것이 된다. 그리고 하나님의 지식은 더 이상 내적으로 온전한 지식이 될 수 없을 것이다. 오히려 그것은 독자적으로 존재하는 존재의 탐구 과정을 통해 얻어지는 지식이 될 것이다. 그런 것은 사실상 바트레트(Bartlett)의 견해이다.[15]

하나님의 지식과 존재의 동연성 개념에 의해서 우리는 하나님의 자의식과 세계 의식의 동일시를 피할 수 있다. 만일 하나님에게서 존재와 지식이 동연적(同延的)이지 않다면, 존재는 하나님의 지식에 대립하여 설 것이다. 그렇게 되면, 창조되지 않은 존재와 피조된 존재를 구별할 가능성이 사라지고 만다. 그렇게 되면 선재하는 물질을 형성한 것뿐이라는 플라톤적 의미의 창조 외에는 창조가 있을 수 없게 될 것이다. 그 때에는 하나님의 자의식이 그의 세계 의식과 같이 섞여지게 된다. 그것 역시도 바트레트(Bartlett)의 견해이다. 물론, 우리는 하나님의 지식과 그의 존재를 구별해야만 한다. 그것은 우리가 하나님의 다양한 속성들을 구별해야 하는 것만큼이나 참된 것이다. 그러나 이런 구별이 그 충분한 의미에서 참으로 주장될 수 있으려면, 그것들이 그들만큼이나 근본적인 동일성 원리(a principle of identity)에 상응하는 것으로 주장되어야만 한다. 범신론의 공허한 동일성을 피하기 위해서 우리는 신성 안에서의 구별(differentiations)에 철저히 상응하는 동일성(an identity)을 주장해야만 한다. 또한 이신론(理神論)의 추상적인 구별화(abstract differentiations)와 다의화(多義化, equivocations)를 피하기 위해서, 우리는 신성 안에 있는 동일성 원리에 철저하게 상응하는 구별을 필요로 하게 된다.

당신 자신에 대한 하나님의 지식은 필연적 지식(necessary knowledge)이라고 언급될 수 있다. 그 자신이 필연적 존재로 존재하시기 때문이다. 따라서 당신 자신에 대한 그의 지식도 필연적으로 존재하시는 존재로서의 자신에 대한 지식이라는 의미에서 필연적이다. 그리고 하나님은 당신 자신에 대한 이 온전하고도 포괄적인 지식을 필연적으로, 따라서 철저하게 가지심으로, 그는 또한 그 외의 모든 가능성에 대해서도 전포괄적인 지식을 가지시는 것이다. 그 가능성 자체는 그것들에 대한 하나님의 계획에 의존한다. 하나님께서는 당신 자신께서 기뻐하시는 대로 창조하실 자유를 가지고 계신다. 따라서 하나님께서 당신 자신 외의 모든 가능성에 대해 가지고 계시는 이런 지식은 하나님의 자유스러운 지식(the free knowledge of God)이라고 불리울 수 있다. 이와 같은 방식으로 우리는 하나님의 지식과 그의 능력을 엄격히 구별할 수 있는 것이다.[16] 바빙크는 하나님의 필연적 지식에 대해서 사람이 유한한 모사물만을 가질 수 있을 분임을 지적한다.[17]

관념론적 철학은 이런 구별을 할 수가 없다. 왜냐하면, 관념론 철학에 의하면 가능한 것과 현실적인 것 사이의 참된 구별이 없기 때문이다. 그들은 하나님이 우주를 자유롭게 창조하시지 않으셨고, 우주 안에서 당신 자신을 필연적으로 표현하셨다고 한다. 그러므로 하나님은 가능한 것에 대한 자유스러운 지식을 가지실 수 없는 것이 된다. 또한 그는 가능한 것에 대한 필연적 지식도 가질 수 없게 되며 사실상 그 어떤 지식도 가질 수 없는 것이 되어 결국 그는 절대 인격으로 존재할 수 없는 것이 된다.

알미니안주의는 우주에 대한 하나님의 지식을 우주에 대한 하나님의 통제하심에 근거시키지 않는다.

만일 우리가 당신 자신에 대한 하나님의 지식이 절대적이고 필연적인 지식이며, 그는 자유롭게 창조하실 수 있으시고, 당신 자신 외의 실재는 자유롭게 아신다는 것을 분명히 유념하기만 하면, 하나님의 예지(foreknowledge)가 마치 하나님 외의 어떤 것의 선행적 존재에 의존하는 것인 양 말하는 거짓된 개념에 대해서 안전을 보장 받을 수 있다. 엄격하게 말하자면, 하나님 안에는 예지(fore-knowledge)란 없는 것이다. 그래도 우리가 예지란 말을 쓸 수 있는 것은, 유비적(analogically)으로 하는 말이다. 하나님께서는 당신 자신 외의 모든 것들을 그것들에 대한 당신 자신의 계획에 단번의 인식(one act of vision)에 의해서 아신다. 우리가 하나님의 지식이 분석적(analytical)이라고 말했을 때 우리는 바로 이것을 의미한 것이다. 우리는 이 말을 '자기 의존적'(self-dependent)이라는 현대 철학적 의미로 사용하고 있다.[18]

하나님의 지식은 분석적(analytical)이라고 생각되어지므로, 우리는 흔히 하나님이 가지신 '중간 지식'(the mediate knowledge of God)이라고 언급되는 것을 거부한다.[19] 이것을 주장하는 이들에 의하면 어떤 경우에는 하나님의 지식이 사람이 이루어야 하는 어떤 조건들에 의존하는데, 그런 것에 대한 하나님의 지식이 중간 지식이라는 것이다. 그러므로, 예를 들어서 사무엘상 23:11에서 다윗이 여호와께 그일라 거민이 그를 적에게 넘길 것인가를 물을 때, 여호와의 대답은 하나님 자신이 주관하지 못하는 어떤 조건에 의존하는 듯이 보이는 것이다. 또는 예수께서 그가 행하셨던 권능들을 두로와 시돈에서 행하셨다면, 그 도시들이 멸망하지 않을 것이라고 하신 것은, 예수 자신도 주관하지 못하는 어떤 조건이 있는 듯하다고들 한다. 이런 중간 지식 개념에 대해서 찰스 핫지는 이 세상에 가능한 것과 현실적인 것 두 범주만이 있을 뿐이고, 하나님은 그 둘 모두를 온전히 다 통제하고 계시다고 옳게 주장한다. 하나님의 미리 정하심은 일어날 모든 일을 다 통제하시는 것이다.[20] 만일 하나님이 무엇을 알기 위해서 그 자신과 상관없이 어떤 일이 일어날 것을 기다려야만 한다면, 그런 하나님은 유한한 하나님이시고 그의 지식은 추론적(inferential)인 것일 것이다.

같은 반론이 하나님의 지식은 그의 미리 정하심(fore-ordination)과 분리될 수 있다는 알미니안적 개념에 대해서도 주장될 수 있다. 이것은 이 우주 안에서 일어나는 사건들이 하나님의 계획과는 무관하게[하나님의 계획과 상관없이] 일어난다는 것을 의미할 것이다. 그렇게 되면 그런 사건들에 대한 하나님의 지식은 추론적인 것, 사건이 일어난 후에(post-eventum) 얻게 되는 지식일 것이다. 여기엔 제3의 대안이 없다. 하나님에게는 순수 사실이란 없는 전적으로 자의식적인 존재라고 생각하든지, 아니면 하나님을 순수 사실들에 종속시키든지 둘 중의 하나인 것이다. 세상에 대한 당신 자신의 작정에 근거해서 하나님께서는 세상에 대한 온전한 지식을 가지신다.

만일 우리가 이렇게 성경적으로 하나님의 지식을 생각하면, 우리는 인간의 지식이 하나님의 지식에 비해 유비적인 것이라고 생각할 수 있게 된다. 그렇게 할 때만 우리는 참으로 기독교적인 변증학을 가지게 될 것이다. 예지도 신앙에 근거한 구원을 말하는 알미니안주의와 인간의 자유에 대한 반(半)-펠라기안주의의 천주교 사상은 그 사유를 신지식에 대한 잘못된 개념에 근거시키고 있다. 따라서 그들은 관념론 철학에 대한 유효한 반론을 펼 수 없는 것이다. 특히 관념론 철학이 인격적 하나님을 추상적인 선험적 원리로 환원시킬 때 말이다. 그런 하나님은 똑같이 궁극적인 후험적 원리를 필요로 하는 데도 말이다. 이렇게 관념론 철학에 대해 유효하게 반박할 수 없음을 루이스(C. S. Lewis), 바트레트(Norman Bartlett), 그리고 토마스(John Thomas)의 글에서 나타나고 있다.[21]

칼 바르트(Karl Barth)와 그 학파에 대해서도, 그들은 하나님의 지식에 대한 성경적 개념을 파괴하고 있다고 말할 수 있다.[22] 그들은 이 세상에 있는 모든 것들에 대한 미리 정하심(fore-ordination)을 말하지 않는다. 그러므로 그들은 그 어떤 방식으로든 조직적이고 체계적인 방식으로 안전하게 된 이 세상에 대한 하나님의 지식을 말하기를 원하지 않는다. 그들은 사람이 하나님께 대해서 가지는 유비적 지식의 타당성을 부인한다. 심지어 이 지식이 하나님의 자기 계시에 근거하고 있어도 마찬가지이다. 이렇게 하는 이가 어떻게 세상에 대해서 주권적으로 자유로운 하나님의 지식에 공정할 수 있으려는지 알 수가 없다. 하나님께서 당신 자신께 대해서와 우주에 대해서 바른 지식을 가지고 계실 때, 하나님의 형상으로 피조함을 받은 사람이 그 하나님의 지식에 대한 유한하고, 그러나 조직적인 모사물을 가지지 못할 이유는 없는 것이다. 만일 바르트가 암묵리에라도 세상에 대한 하나님의 자유스러운 지식을 부인하면, 그는 또한 그 함의상 하나님께서 당신 자신에 대해서 가지고 계신 절대적이고 필연적 지식도 부인하는 것이 된다. 세상 지식은 하나님 자신에 대해 지식에 근거하는 것이기 때문이다. 우리는 하나님의 절대적으로 필연적인 자기 지식을 가지고 시작할 것이다. 이로부터 우리는 세상에 대한 하나님의 자유로운 지식에 대한 결론을 내리게 된다. 또한 이로부터 우리는 사람이 하나님의 그의 뜻에 대해서 전포괄적인(comprehensive) 것은 아니지만, 유비적으로 구성되고 체계적인 지식을 가질 수 있다고 결론지을 수 있을 것이다.

2. 지 혜

하나님의 지식과 관련해서 우리는 하나님의 지혜를 언급해야만 할 것이다.[23] 이 지혜는 성경에서 많이 높여지고 있다. 하나님은 당신 자신의 한 가지 포괄적인 목적을 이루시기 위해 가장 효과적인 수단을 사용하시는 분으로 제시된다. 우리는 지혜에 대한 기독교적 개념과 비기독교적 개념을 대조시킬 수 있다. 지혜에 대한 기독교적 개념은 자충족적인 하나님 개념에 의존한다. 그의 자충족적이며 필연적인 지식 때문에, 하나님께서는 당신 자신이 원하시는 때에 우주를 창조하실 수 있고, 이 우주를 당신 자신이 원하시는 대로 창조하실 수 있는 것이다. 그러므로 이 세상은 "가능한 세계들 중에서 최선의 것"(the best of possible worlds)이다. 하나님의 지혜가 그 안에 나타나는 것이다. 사람은 그가 하나님을 따라서 하나님의 사유를 생각할 때에만 이것의 일부를 이해할 수 있을 것이다.[24] 그러나 여기엔 난점이 있다. 관념론 사상은 진(眞), 선(善), 미(美)의 어떤 영원한 원리들을 부가시킴으로써 이 세상 안에 있는 질서와 계획을 생각해 보려고 하였다. 이 때 관념론 사상은 인간의 정신을 기준으로 삼아서, 그것으로써 이 원리들이 세상 안에서 실현되는 듯한 원리들의 유효성을 판단하도록 하였다. 그래서 관념론자들은 하나님이 그 아래 처해 있는 제한을 염두에 둘 때에 이 세상은 아마도 하나님이 만들 수 있는 최선의 세상이라고 여길 정도로 관대했다. 그러므로 결국 라이쁘니츠의 신정론이 말하는 '최선의 가능한 세상'은 유한한 신에 대한 변호일 뿐이다.[25]

기독교적 신정론(theodicy)은 아주 다른 원리들에서 그 변호를 시작해야만 할 것이다. 솔직하게 자충족적인 하나님이라는 전제에서 출발해야할 필요가 있을 것이다. 모든 것을 통제하시고, 당신 자신이 모든 것을 통제하시므로 모든 것을 아시는 자충족적인 하나님이 당신 자신의 목적에 대해 최선의 방도를 사용하실 수 있다는 것은 더 말할 필요도 없는 일이다. 그런데 최선의 방도란 무엇일까? 그것들은 하나님의 보시기에 적절하게 사용될 수 있는 것들이다. 그리고 하나님의 사용하시기에 적절한 것이므로, 인간 이해의 범위를 완전히 벗어나 있을 수도 있다. 욥이 왜 고난을 당하는가 하는 것은 전혀 욥의 이해의 범위를 벗어난 것이다. 그 친구들은 욥에게 그의 인격을 계발하려는 목적에서 고난이 주어진 것이라고 충고할 수 있었다. 형식적인 원리로서는 옳은 말일 것이다. 그러나 왜 그가 자신보다 못한 사람들보다 그렇게 많이 고난을 받아야만 했는가? 욥은 그가 주권적인 하나님의 손에 자신을 온전히 그리고 종국적으로 항복시켰을 때에 질문에 대한 해답을 발견했다. 분명히, 하나님의 지혜는 이 세상에 나타나지만, 사람은 그것을 부분적으로만 볼 수 있을 뿐이다. 그리고 하나님은 당신 자신을 숨기시는 하나님이시라는 것은 참되고, 그 누구도 자신이 만들어낸 기준에 의해서 거룩하신 분의 행위를 용인하거나, 정죄하려고 해서는 안될 것이다.[26] 그러므로 개혁파적 '신정론'(theodicy)은 천주교나 알미니안의 신정론과는 아주 다른 것이다. 그들은 하나님이 당신 자신을 온전히 실현하기 위해서 이 우주 안의 대상들을 필요로 하신다고 여기기 때문이다.[27]

3. 하나님의 도덕적 속성들

지금까지 살핀 지적인 속성들에서 이제는 도덕적인 속성들의 고찰로 나아가 보기로 하자.[28] 첫째로 우리는 하나님의 선하심을 다룬다. 여기서도 우리는 그 자신 안에서의 하나님의 어떠하심(what God is in himself)과 피조된 우주와 관련해서의 하나님의 어떠하심을 구별해야 한다. 하나님은 첫째로 그 스스로 선하시다(good in himself). 선한 분은 한 분밖에 없는 것이다(막 10:18). 선이란 단지 하나의 주체이신 하나님께 돌려져야만 하는 어떤 속성이 아니라, 하나님 자신이 선이시다. 그 안에서는 개념과 존재가 하나인 것이다.[29] 그렇기 때문에 하나님께서는 그의 모든 도덕적 행위들에서 자기-중심적이셔야만 한다. 그가 당신 자신 이외의 어떤 것을 도덕적 행위의 종국적 목적으로 추구하실 수 없는 것이다. 하나님께서 당신의 피조물에 대한 그의 선하심을 표현하실 때, 그는 결국 그 자신을 위하여 그리하신다.

알미니안 주의자(바틀레트, Bartlett)는 그런 하나님관은 그를 자기만을 위한 존재로 만드는 것이라고 한다.

그러나 참된 기독교 윤리의 토대를 형성하는 것은 하나님의 선하심에 대해서 이렇게 하나님 중심적으로 생각하는 개념이다. 하나님은 반드시 사람의 최고선(summun bonum)이셔야만 한다. 사람의 최고 목적은 하나님을 영화롭게 하는 것과 그를 영원히 즐기는 것이다.[30] 여러 종류의 비기독교적 윤리에게는 궁극적 최고선(summun bonum)이 선의 추상적 원리 밖에는 안되는 것이다. 관념론 철학이 선의 영원한 관념을 말할 수는 있지만, 이 관념은 그렇게 보이는 것처럼 영원한 것이 아니다. 그것은 변화하는 우주와 상관하는 것일 뿐이다. 모든 비기독교 원리에서는 변화가 궁극적인 것이고, 따라서 사람들이 발견했다고 생각하는 윤리의 궁극적 원리도 상관적인 것일 뿐이다. 그 결과로 이 세상에서 절대적으로 불변하는 것은 아무 것도 없는 것이 된다. 관념론에서도 인격성은 궁극적인 것을 수가 없다. 여기서는 하나님도 선의 원리(the principle of the good)옆에 있는 것이고, 따라서 실제로 그 원리에 복속하는 것이다. 그러므로 궁극적 윤리적 실재의 보편과 구체, 또는 대상과 주체가 분리되는 것이다. 이렇게 그 둘의 분리가 있게 되면, 사람이 그들의 윤리 이론에서 얼마나 나아가게 되려는지 말하기 어려울 것이다. 만일 하나님의 절대적인 나라가 사람에게 대해 최고선(the summun bonum)이 안되면, 결국 사람을 자기 자신의 최고선으로 만드는 일을 막는 것은 아무 것도 없는 것이 된다. 그래서 결국은 창조주를 경배하고 섬기는 이들과 피조물을 경배하고 섬기는 이들이 있게 되는 것이다. 그 외의 다른 집단은 있지 않다.

둘째로, 우리는 그 스스로 선하신 하나님께서 당신 자신의 피조물들에게 선을 행하심을 보아야만 한다. 그것은 마치 그의 존재가 자연히 다른 존재에게 넘쳐 흘러가는 것과는 다르다. 이 세상에 대한 하나님의 창조는 자의식적인 행위이시다(이에 비해서 바트레트[Bartlett]는 하나님이 자의식적이 되기 위해서 세상을 창조하셨다고 한다).[31] 그러나 하나님의 창조는 전적으로 선하신 분의 자의식적인 행위였다. 그러므로 하나님 안에 원천을 가지지 않은 선은 피조물 안에 있지 않다. "하나님의 모든 선의 유효한 원인(*cause efficiens*) 이시오, 그 구현체(*exemplaris*)시오, 그 목표(*finalis*)이시다. 그 선이 얼마나 다양화되어 있든지 말이다."32) 하나님께서는 이 세상을 처음 만드셨을 때 그것을 선하다고 여기셨다. 성경은 계속해서 하나님의 선하심을 찬양하도록 부르신다. 고난의 세상에서는 이 하나님의 선하심이 자비와 동정으로 나타나는 것이다.33)

하나님의 선하심이 전혀 그것을 받을 수 없는 것에 나타날 때, 그것은 은혜라고 불리운다. 우리가 여기서 은혜에 대해서 모든 것을 다 말할 수는 없다. 그것은 구원론에서 논의할 문제이다. 여기서는 은혜를 하나님의 선하심의 표현으로써만 말할 뿐이다. 성경의 하나님, 즉 충분히 자의식적인 하나님, 그 안에서 존재와 개념이 동연적(同延的)이신 하나님을 믿는 사람만이 성경적 은혜 개념에 대해서 참으로 공정할 수 있다. 성경의 하나님을 믿지 못하면 모든 선이 하나님에 의존한다고 말하지 않을 것임에 틀림이 없다. 그리고 죄가 하나님의 선하심에 대한 범과가 아니라고 한다면, 그런 이가 말하는 은혜는 기껏해야 운좋게 그와 같은 상황에 처해 있지 못한 존재들에 대한 하나님 편에서의 일종의 동정이 될 뿐이다.34)

그러므로, 현대 신학은 관념론 철학에 근거하고 있으므로 죄인들에 대한 하나님의 은혜를 말할 자격이 없는 것이다. 모든 점에서 현대주의에 강하게 반대한다고 자처하는 바르트 신학도 은혜 개념을 공정히 다룰 수 없으니, 왜냐하면 바르트 신학도 사람 편의 고의적인 불순종의 결과가 아닌 악의 존재를 주장하기 때문이다. 바르트주의는 하나님께서 사람을 원래 온전하게 만드셨으며, 또한 낙원에서 살던 역사적 아담의 타락에 의해서 죄가 세상에 들어 왔다고 믿지 않는다. 바르트주의자에게는 낙원 이야기 전체는 역사적 사건들에 대한 기록으로 취해져서는 안되고, 영적인 진리를 가르치는 상징적인 것으로 취해져야만 하는 것으로 여겨진다. 이와 같이 해서 변증법 신학은 사람에게 주시는 하나님의 은혜에 대한 바른 교훈의 기초를 제거해 버린다. 알미니안 신학도 하나님의 은혜에 대한 온전한 성격적 교리를 일관성 있게 선포할 수 없으니, 알미니안 신학은 사람이 그 행동의 어떤 점에서는 하나님의 경륜에서 독립적일 수 있다고 생각하기 때문이다.35) 낙원에서 하나님의 법을 깨뜨린 사람의 범죄가 알미니안주의에서는 전적으로 절대적인 하나님께 대한 범죄가 아닌 것으로 여겨진다. 알미니안주의는 전적으로 절대적인 하나님을 주장하지 않는다. 어떤 점에서 사람의 궁극적 독립성에 대한 알미니안주의의 가르침을 포기하려고 하지 않는 한, 알미니안주의는 전적으로 절대적인 하나님을 주장할 수 없다. 그리고 죄를 절대적인 하나님에 대한 적대 행위가 아니라고 한다면, 은혜도 절대적인 하나님에 반한 범과인 죄를 제거하는 주권적인 행위가 될 수 없을 것이다.

그러므로, 사람에 대한 하나님의 전적으로 비공적인(unmerited) 은혜에 대한 온전한 선포에서 개혁 신앙은 "그 모든 덕과 선하심에서 자충족적인 하나님"에 대한 전적으로 성경적인 개념에서와 같이 비할 바 없는 것으로 홀로 서는 것이다. 물론 다른 이들도 어느 정도는 하나님의 은혜를 선포한다는 것은 의심할 바 없는 사실이다. 그러나 이 주제에 대한 온전한 성경적 가르침에로 사람을 돌이키게 하는 것은 개혁 신앙의 사명이다. 칼빈주의의 신론만이 하나님이 자유로우신 은혜의 복음에 공정할 수 있는 것이다.

4. 일반 은총

우리가 하나님에 대해서 구체적으로 생각해야만, 피조된 세상의 것들에 대해서도 구체적으로 생각할 수 있다.36) 또한 그래야만 많이 논의된 교리인 '일반 은총' 교리에 대해서도 성경적으로 생각할 수 있다. 우리가 이 문제에 대해서 구체적으로 생각할 때, 우리는 곧 '일반'(common)이라는 말이 은총 개념에 대해서 아주 느슨한 의미에서만 적용된다는 것을 알 수 있게 된다. 구원받은 자들과 구원받지 못한 이들에 대한 하나님의 태도는 그 어디에서도 엄격히 공통적일 수는 없다. 여기서부터 시작해 보는 것이 좋을 것이다. 하나님께서는 항상 유기된 자들을 유기된 자들로서 다루신다. 그러므로, 하나님께서는 유기된 자들에게 이 세상에서 그들이 감히 받을 수 없는 은사를 주시고, 같은 은사를 (예를 들어서 햇빛과 비를) 구원받은 자들에게도 주신다고 해서, 햇빛과 비에 관한 한 하나님께서 신자와 불신자에게 같은 태도를 가지신다고 결론지을 수 없는 것이다. 우리가 불신자에 대한 하나님의 태도를 말할 때, 우리는 하나님에 대한 불신자의 관계 전체를 고려해야만 한다. 그러므로 신자들에게 주신 비와 햇빛의 은사는 그 백성의 죄를 용서하시고, 그의 백성이 이 은사들을 필요로 한다는 것을 아시는 언약이 하나님의 은사인 것이다. 불신자들에게 주신 비와 햇빛의 은사는 하나님께서 미워하시는 자들에게 주신 은사요, 그들이 그들에 대한 하나님의 목적을 이루기 위해서 그와 같은 것들을 필요로 하기 때문에 주어진 것이다. 하나님께서는 바로에게도 생명과 다스리는 능력을 주셨으니, 그것은 하나님이 그를 세우신 그 목적을 이루도록 하시기 위한 것이다.

알곡과 가라지 모두가 햇빛과 비를 받으니, 그것은 하나님의 영광의 계시를 위하여 심판의 날에 이를 수 있도록 하기 위한 것이다. 이 모든 것에서 하나님께서는 그의 계심에 대한 증언을 하여 주셨다(행 14:16). 사람들은 이 증언을 통해서 아무런 변명의 여지를 가지지 못하게 된다. 이와 같이 하나님께서는 모든 사람들과 민족들에게 자연적 삶과 문명을 위해 필요로 하는 것을 주셔서, 그들로 하여금 하나님의 목적을 이룰 수 있도록 하신다. 또한 하나님께서는 항상 악에로만 향하는 그들의 자연적 성향을 억제하셔서, 그들이 자신들의 내재적인 악한 성품에도 불구하고, 외적으로는 하나님의 법의 요구에 따르는 듯한 것을 하도록 하신다(롬 2:14, 15). 이처럼 죄인들에 대한 하나님의 은사에 의해서 죄의 온전히 악마적인 성격이 나타났고, 나타날 것이다. 세상이 그 지혜로 하나님을 알지 못할 때, 하나님께서는 그의 은혜로 죄인들을 당신 자신에게로 구원하시는 것이다. 사람의 의가 더러운 누더기 같이 나타날 때 하나님께서는 하늘로부터 사람들 중에 당신 자신의 의(義)를 계시하신다.

그러므로 우리는 결론짓기를 '일반 은총'은 엄격히 '공통적'(common)인 것이 아니라고 말할 수 있다. 신자들에 대해서는 '일반' 은총이 하나님 앞에서 용서받은 지위와 연관해서 임하고, 불신자에 대해서는 그들의 용서

받지 못한 지위와 연관해서 임하는 것이다. 외적으로 생각할 때의 사실은 같지만, 이 두 경우의 틀(the frame work)은 전혀 다른 것이다.

그러므로, 우리에게 원수들이 선을 행하며, 즉 필요한 것을 주고 도와줌(눅 6:35)으로써, 하나님의 모범을 따르라는 권고가 주어졌을 때, 우리에게는 그들에 대해 하나님께서 가지시는 태도와 같은 태도를 가지라는 요구가 주어지는 것이다. 그들이 하나님을 미워하는 이들임을 잊어서는 안되는 것이다. 그러나 우리는 이 사실에도 불구하고 그들에게 선을 행해야 하는 것이다. 우리가 그리해야 하는 이유는, 적어도 부분적으로는 하나님이 그들에 대해서 가지고 계신 목적을 이루도록 하려는 것이다. 물론 우리는 절대적으로 판단해서는 안된다. 절대적인 판단은 오직 하나님께만 속한 것이다. 그러나 사람들의 사악한 행위가 나타남을 볼 때에 우리는 그들이 하나님의 원수라고 밖에는 생각하지 않을 수 없다.

이것은 전체 상황의 한 요소일 뿐이다. 우리는 이것이 유일한 요소라고 말하지 않는다. 하나님께서는 당신 자신의 손으로 만드신 것을, 그리고 그것들이 그 종국적 성취를 위해 이루는 진보를 사랑하신다. 그러므로 우리는 인류의 역사가 전개되는 것에 대해서 하나님과 함께 즐거워할 수 있고, 또 즐거워해야만 한다. 하나님의 의가 가장 온전하게 드러나도록 하기 위해 사람의 사악함이 전개되는 중에서라도 말이다. 그러나 만일 하나님께서, 사람의 사악함에도 불구하고, 또 스스로 정죄하기 위해 하나님이 주신 은사를 오용한다는 사실에도 불구하고, 하나님께서 그들을 오래 참아 보신다고 말하신다면, 하나님께서 불신자에게 대해서 여호와는 마음을 가지신다는 것이 말도 안되는 것이라고 결론지을 필요가 없다. 또한 하나님이 신자들을 애호하지 않으신다(disfavor)고 말할 수도 있는데, 그들 안에 있는 새로운 생명에도 불구하고, 그들이 하나님 보시기에 죄를 범하기 때문이다. 그러므로 자신 안에 있는 죄의 원리에도 불구하고 하나님께서 그에게 주시는 '상대적인 신' 때문에 불신자를 애호하실 수 있으시다. 만일에 우리가 하나님과 세상에 대한 그의 관계를 일의적(一義的, univocal)이고, 추상적인 방식으로 생각한다면, 구원받은 자들에 대한 하나님의 애호와 구원받지 못한 자들에 대한 하나님의 애호 사이에 질적인 차이가 없다고 주장하는 이들의 말에 동의할 수 있을 것이다. 알미니안주의자들과 바르트주의자들은 실제로 그렇게 한다. 또 우리는 하나님께서 유기된 자들에게 애호를 보이신다는 것은 전혀 말이 되지 않는다고 주장하는 자들에게 동의할 수 있을 것이다. 그러나 만일 우리가 하나님과 세상에 대한 그의 관계에 대해서 구체적으로 추론한다면, 우리는 이 문제에 대해서 그의 말씀 가운데서 우리에게 말씀하신 것을 들을 수 있을 것이다. 그럴지라도 성경이 말하는 것에 충실하고 공정한 '일반 은총' 론을 구성하는 것이 아주 어려울 것이다. 그래도 우리는 성경을 우리 사고의 표준으로 삼아야지, 우리의 사고를 성경의 표준으로 삼아서는 안 된다. 사람의 모든 활동은 그것이 지적인 것이든지, 도덕적인 것이든지를 막론하고, 모두 유비적(analogical)이다. 그러므로 구원받지 못한 죄인도 어떤 의미에서는 '선' 한 것을 행할 수 있고, 신자들도 어떤 의미에서는 '악' 한 것을 행할 수 있는 것이다.

성경이 실제로 하나님이 불신자에 대해 어느 정도까지는 애호의 태도를 보이신다고 가르치느냐의 문제와 관련해서 우리는 과연 그렇다고 말할 수 있다. 불신자가 하나님의 모든 은사를 오용하고, 그의 사악함을 더 잘 나타내기 위해 사용한다는 사실을 충분히 인정할 때에도, 성경에는 하나님께서 이 세상에서는 불신자들에게도 일정한 애호의 태도를 가지신다는 증거가 있는 듯하다. 다음과 같은 구절들을 인용해 볼 수 있을 것이다. 시편 145:9에서는 "여호와께서는 만유를 선대하시며 그 지으신 모든 것에 긍휼을 베푸시는도다"고 한다. 우리가 이런 구절에서 의미를 찾을 때는 주의해야만 한다. 첫째로, 하나님께서 당신 자신의 백성을 중심으로 해서 사람들 모두에게 그의 선하심을 끊임없이 나타내심을 기억해야만 한다. 출애굽기 34:6, 7: "여호와께서 그의 앞으로 지나시며 반포하시되 여호와로라, 여호와로라 자비롭고 은혜롭고 노하기를 더디하고 인자와 진실이 많은 하나님이로라 인자를 천대까지 베풀며 악과 과실과 죄를 용서하나 (형벌 받을 자는) 결단코 면죄하지 않고 아비의 악을 자여손 삼사대까지 보응하리라." 이 구절에서는 지금 우리가 생각하고 있는 문제를 구체적으로 생각해 보라는 경고를 받고 있다. 어떤 의미에서라도 그 죄가 용서되지 않았으면, 하나님은 죄악을 간과하지 않으신다는 것을 항상 기억해야만 한다는 것이다. 그러므로 시편 145편에서는 시편 기자가 출애굽기 34장과는 모순되거나 잘 맞지 않는 것을 가르친다고 생각할 수 없다. 그러므로 시편 145편의 기본적인 의미는 역시 당신 자신의 백성에 대한 하나님의 큰 호의이다. 신자가 아닌 이들에게 큰 은사를 주실 때에라도, 그 은사는 더 근본적인 의미에서는 신자들에게 주신 은사인데 (불신자들에게도 나누어 주는 것이다). 불신자들에게 주시는 하나님의 은사는 신자들의 삶을 가능하게 하며, 또 어느 정도는 그들의 삶을 유쾌하게 하는 데 도움이 되는 것이다. 그러나 이것은 불신자 자신도 어느 정도는 하나님의 애호의 수혜자라는 사실을 무시하는 것이 아니다. 불신자들에게 생명과 그 자연적 축복의 은사를 주실 때, 그것에도 어떤 기쁨은 있는 것이기 때문이다. 시편 145편은 이것을 염두에 두고 있다고 생각하는 것이 좋을 것이다. 그러나 불신자의 삶에 있는 그런 기쁨은 이 세상에서의 생명이 끝난 후에는 더 이상 그 안에 있지 않은 것이다. 그러나 그 때에라도 상실된 자들은 하나님의 손으로 하신 일에 속할 것이다. 그리고 하나님은 악한 사람들과 악한 천사들의 일을 통해서도 기쁨을 가지시고, 그의 영광을 수립하신다. 그러나 그것은 시편 기자가 의미하고 있는 것은 아니다. 시편 기자가 의미하는 것은 불신자가 피조물로서 현재적 기쁨을, 결국에는 비참함과 쓰디쓴 일이 될 그 기쁨, 그러나 그것이 계속되는 한은 기쁨인 그런 기쁨을 누릴 때에 하나님 편에도 어떤 만족이 있는 듯하다는 것이다.

또 간단히 살펴볼 구절은 마태복음 5:44, 45이다. "나는 너희에게 이르노니, 너희 원수를 사랑하며 너희를 핍박하는 자를 위하여 기도하라 이와 같이 한즉 하늘에 계신 너희 아버지의 아들이 되리니 이는 하나님이 그 해를 악인과 선인에게 비취게 하시며 비를 의로운 자와 불의한 자에게 내리우심이니라." 이 구절에서 예수의 제자들은 그들을 미워하는 자들에게 대해서 적개심을 표현하는 이기적 기쁨을 부인하라는 명령을 받았다. 그러나 그것만을 해서는 안된다. 그들은 증오의 태도를 사랑의 태도로 바꾸어야만 하는 것이다. 그는 지금 그를 미워하는 이가 언제 신자가 될지를 알지 못한다. 이

것이 이 문제의 한 면이다. 그러나 이것만을 생각해서는 안된다. 그것은 또한 그의 원수를 사랑해야 하는 명백한 이유도 아니다. 원수에 대한 신자의 행동에 대한 하나의 지침은 그 원수에 대한 하나님의 태도이다. 신자들은 그 원수에 대한 하나님의 태도를 본받아서 그 원수를 사랑하라는 분명한 명령을 받았다. 그러므로 그 원수에 대한 하나님의 태도는 어떤 의미에서는 사랑의 태도인 것이다. 이 원수들에 대한 사랑이 하나님의 경우에 있어서 그의 자녀들에 대한 사랑과 결코 같은 종류의 사랑이 아니라는 것은 의심할 바 없는 사실이다. 사람들이 주님의 원수들로 존재한다는 것을 우리가 아는 한, 우리 역시도 동료 신자를 사랑하도록 명령받은 그 같은 사랑으로 사랑할 수는 없다. 하나님께서는 분명히 심판날까지는 알곡과 가라지가 같이 자라게 하신다. 그러나 비록 그럴지라도, 불신자들에 대한 하나님의 궁극적 목적은 그들의 파멸과 함께 하나님의 영광의 증진이지만 하나님의 당신 자신의 자유로운 은사로써 그들 안에 사악한 원리가 온전히 표현되도록 하지 않으시며, 어떤 의미에서는 그들을 사랑하시는 것이다.[37]

우리는 흔히 보편적인 선한 의도의 구원의 제시라고 불리우는 것에 대해서도 그렇게 생각해야만 한다. 우리는 하나님의 은밀하신 경륜 가운데 하나님이 구원하지 않으시려는 이들이 있다는 것을 안다. 그러나 우리 주변에 있는 이들에 대해서 누가 구원을 얻고, 누가 구원을 얻지 못할지에 대해서는 알 수 없다. 그러므로, 어떤 의미에서는 (그 문제에 대한) 우리의 무지가 복음을 선포할 때 일반적인 양식을 사용하도록 한다고 할 수 있다. 그러나 이것만이 예수께서 예루살렘을 향하여 우셨던 유일한 이유는 아니다. 대부분이 그를 거부하리라는 것을 아셨던 예루살렘을 향해서 말이다. 이처럼 하나님께서는 자신들의 마음을 굳게 하실 것임을 아시는 자들을 부르신다. 그는 종국적 파멸의 날이 오기 전에 그의 백성을 내어 보내기 위해서 바로와 씨름하셨다고도 할 수 있다. 그러나 그가 바로를 세우셨던 것은 그 최종적 파멸을 위해서였다. 원래는 범죄하지 않는 것이 인간의 의무였듯이, 회개하는 것도 인간의 의무이다. 사람들은 언제나 하나님의 음성을 들어야만 하는 의무를 가지고 있다. 불신자가 받은 회개에의 부름은 그가 그것을 듣고도

주의하지 않았다는 것 때문에 그들의 심판을 더하는 것이 될 것이다. 그러나 그들의 심판을 더하기 위해서, 그 경고와 회개에의 부름은 참된 의미를 가져야만 하는 것이다.38) 그렇게 말하는 것은 개인주의적 알미니안주의에 빠지는 것이 아니다. 구속의 부름을 듣지 못한 이들은 그들이 아담 안에서 아담과 함께 죄인들이기 때문에 심판을 받게 될 것이다. 그러나 그 부름을 받고서, 그것을 받아들이지 않은 이들은 더 큰 정죄를 받을 것이다. 그러므로 그들에게 임하는 회개에의 부름에는 참된 의미가 있어야 한다. 우리가 하나님의 속성들에 대해서 참으로 유비적으로, 또는 구체적으로 생각할 때라야 우리는 성경 진리의 모든 측면에 대해 공정할 수 있는 것이다.

이 모든 것을 염두에 둘 때에 우리는 바울이 로마서 2:14, 15에서 자연인이 그 본성으로 율법의 행위를 한다고 말하는 그 의미를 어느 정도 이해할 수 있다. 이것은 사람의 죄된 성품이 더 이상 죄악된 것이 아님을 의미할 수 없다. 만일 그런 의미를 가진 것이었다면, 이것은 그가 이미 복음을 받아들였다는 의미가 될 것이다. 그러므로, 이것은 그의 죄악된 심정에도 불구하고, 외면적으로 볼 때에 그들이 율법의 요구를 이루는 것들을 습관적으로(habitually) 행한다는 의미가 된다. 그의 선한 행동은 그의 죄된 마음을 생각할 때에 우연적인(adventitious) 것이다. 그러나 그럼에도 불구하고, 그 자신 안에는 자신을 외적으로(after a fashion) 선한 것을 하도록 인도해 가는 옛 본성과 같은 것이 있는 것이다. 그것은 아주 악한 것이 아닐 수 있고, 어떤 의미에서는 선할 수도 있다. 이 세상에서 불신자가 외적으로 선한 삶을 사는 것은 그것이 그의 심정으로부터 나오는 것은 아니어도 불신자에 대한 하나님의 은사인 것이다. 불신자의 행위들은 빛나는 악덕들(splendid vices)이 분명하며 동시에 또 다른 것이기도 하는데, 곧 하나님의 애호하시는 은사이다. 또 그것은 하나님의 어떤 애호의 대상이 되기도 한다.

그것이 은혜에 적용되든지, 복음의 부름에 적용되든지, 일반성(commonness)의 모든 개념은 그 앞뒤의 개념과 밀접히 연관되어야만 한다. 일반성은 항상 어느 정도까지 일반성이고, 그것이 어느 정도까지 인가는 다른 것이다.

그러나 일반성은 좀 더 앞에 오는 개념일 경우가 더 많다.[39] 사람 일반은, 그가 신자이든지 불신자이든지 간에, 그들에 대한 구별화 과정이 아직 발전되지 않았을 때는 비슷하게 여겨지고, 비슷하게 다루어져야만 한다. 택자와 불택자의 구별이 아직 표현되지 않는 한, 그들 모두에 대한 일반적 진노가 있는 것이다. 일반 은총과 보편적 복음의 부름에 대해서도 같은 생각을 할 수 있다. 그러므로 사람을 다소가 구별되지 않은 상태에서 생각할 때 '일반성'이란 용어가 적용되어진다. 역사는 참된 의미를 가진다. 선택 교리는 그 의미를 파괴하는 식으로 해석되어져서는 안되는 것이고, 오히려 그 기초가 되도록 해석되어져야만 한다.

5. 하나님의 거룩성

우리가 하나님의 거룩성을 논의하면서 다시 한번 그의 자충족성으로부터 시작할 수 있을 것이다.[40] 모세는 출애굽기 15:11에서 이렇게 말한다. "여호와여 신 중에 주와 같은 자 누구니이까? 주와 같이 거룩함에 영광스러우며 찬송할 만한 위엄이 있으며, 기이한 일을 행하는 자 누구니이까?" 사무엘상 2:2에서는 한나가 하나님을 다음과 같이 찬양한다. "여호와와 같이 거룩하신 이가 없으시니 이는 주밖에 다른 이가 없고 우리 하나님 같은 반석도 없으심이니이다." 이처럼 하나님의 거룩성은 그의 비교할 수 없는 자존성(self-existence)에 근거를 두고 있다. 하나님은 거룩성을 가지신 것이 아니라, 바로 거룩 자체(holiness)이시다. 아모스 선지자는 이를 다음과 같이 표현하고 있다. "주 여호와께서 자기의 거룩함을 가리켜 맹세하시되, 때가 너희에게 임할찌라. 사람이 갈고리로 너희를 끌어 가며 낚시로 너희의 남은 자들을 그리하리라"(암 4:2). 만일에 하나님의 거룩하심이 그 자신과 동일한 것이 아니라면, 여호와께서 당신 자신의 거룩하심으로 맹세하실 수 없으신 것이다.[41]

그러므로 우리는 하나님의 거룩하심이란 말로써 하나님의 절대적인 내적 도덕적 정결성(absolute internal moral purity)을 의미함을 알 수 있다. 하나님의 이 속성이 사람에 대한 하나님의 계시에서 표현되었을 때, 그것이 그의 온전한 정결함을 요구한다는 것은 자연스럽게 기대할 수 있는 것이다. 사람 안에 있는 이 온전한 정결함은 사람의 도덕적 활동을 하나님의 도덕적 영광에로 온전히 드림으로 이루어진다. 소극적으로 표현하면, 이것은 죄로부터의 구별로써 표현되어야 할 필요가 있다.

구약 성경에서는 하나님의 거룩성에 대한 이 소극적 표현이 전면에 나온다. 사람과 사물을 세속적 용도에서 거룩한 용도로 하나님께 드리는 여러 방식에 대해 나오는 것이다. 죄 때문에 인간의 삶 전체가 더럽혀졌다는 것이 기본적인 개념이다. 원래 그랬던 것은 아니고, 그런 일이 발생한 것이다. '세속적인 것'(the secular) 그 자체는 악이 아니며 사람의 죄 때문에 악이 되는 것이다. 바르트주의 신학은 역사 안에서의 사람의 타락을 주장하지 않는다. 따라서 거룩한 것과 세속적인 것에 대한 성경적 구분에 공정할 수가 없다. 바르트의 견해는 물질 그 자체에 악이 있다고 말하는 것이 된다. 그러므로, 바르트에 의하면, 원칙으로라도 참으로 거룩한 것이 현세적 사람에 의해서 행해질 수 없다는 것이다.42)

바르트의 입장은 현대주의의 입장과 근본적으로 다르지 않다. 그 둘 모두가 이 세상에서 참으로 거룩한 것의 여지를 허락하지 않으므로 그 둘 모두가 원래의 온전한 창조도 또 역사적 타락도 믿지 않기 때문이다. 또 그들 모두가 이 세상 배후에 계신 자충족적이신 거룩한 하나님을 믿지 않는다. 만일 그들이 하나님을 믿는다면, 그들은 시간적 창조(temporal creation)와 역사 안에서의 인간의 타락도 믿어야만 했을 것이다.

신약 성경에서는 하나님의 거룩성에 대한 적극적 표현이 소극적 표현보다 더 강하게 나타난다. 하나님께서는 당신 자신의 백성들이 하나님의 은혜의 선물로 인해서 자원하여 스스로를 드리기를 원하신다. 사람 안에 하나님에 대한 참된 거룩성을 창조하시는 이는 성령이시다. 물론, 소극적[부정적]인 면이 다 사라진 것은 아니다. 거룩하신 분을 거부하는 그 사악한 자들에 대한 심판에서 그런 면이 나타나는 것이다. 사악한 자들에 대한 영원한 심판은 하나님의 거룩성의 자연스러운 결과이다.

6. 하나님의 의(義)

하나님의 의(義)라는 말은 신적 존재의 내적인 자기 일관성(the internal self-consistency of the divine being)을 의미한다.[43] 하나님은 당신 자신에 대해 법이시다. 그는 절대적으로 자존하시는 인격이시오, 따라서 동시에 절대적인 법이시다. 하나님은 법을 가지신 것이 아니라, 법 자체이시다. 그의 자의식적 활동은 신적인 존재 안에서 발견되는 다양성의 다양한 측면들 사이의 관계의 내적 옳음을 온전한 자기 만족으로 여기신다. 그는 자신의 존재의 한 측면이 그의 존재의 다른 측면에 종속하는 것을 허용하실 수도 없고, 그러지도 않으신 하나님의 속성들과 위격들은 모두 동등하신 것이다.[44]

이 자충족적 일관성은 사람들 사이에 피조된 일관성을 주장하심으로써 피조된 세상 안에서 그 자체를 표현한다. 물론 이 하나님의 의가 사람들 사이에서 표현되는 데는 적극적인 측면도 있고, 소극적인 측면도 있다. 하나님께서는 사람들 중에 정의를 분배하시고, 그들 중에 온전한 정의를 종국적으로 이루실 것이다. 그는 불의를 심판하시고, 정의에 대해 보상하신다. 이렇게 하나님께서 정의에 대해 보상을 주시려면, 정의가 있어야만 한다. 그런데 죄인들 사이에는 정의가 없다. 물론 사람들 사이에는 어느 정도의 시민적 의가 있다. 그러나 이것은 그들이 온전히 억압하지 못한 그들 안에 있는 '옛 사람'에게서 나오는 것이다. 사람들은 자신들이 하나님의 피조물임을 알므로 옳은 것을 할 수 있다. 그러나 그들이 자신들의 자의식적으로 취한 원리들에 따라 사는 한, 그들은 전적으로 불의한 것이다. 그러므로 죄인들의 세계에 그 어떤 참된 정의가 있으려면, 그것은 그들에게 주어져야만 한다. 그것은 하나님의 은혜의 선물이어야만 하는 것이다. 그리고 하나님의 은혜의 의가 주어진 자들에게는 하나님께서 더 큰 은혜로 상 주신다. 그들의 죄에 대해서 그들을 징계하시고, 결국에는 은혜로 그들의 것이 된 의에 대해서 더 큰 은혜로 상을 주시는 것이다.[45]

그러므로 신자들 안에서 발견되는 일관성은 하나님 안에서 발견되는 일관성에 상응한다. 신자들 안에 있는 이 일관성은 하나님의 사유하시는 바를 그를 따라서 사유하려고 하는 의지, 하나님께서 뜻하시는 바를 그를 따라 행하려고 하는 의지, 그리고 하나님께서 느끼시는 감정을 그를 따라 느끼려고 하는 의지로 구성된다. 만일 그리스도인이 이를 인식하면, 그는 그 자신 안에 그리고 그 동료들 가운데서 할 수 있는 한도 내에서 하나님의 일관성과 인간의 일관성을 일치시키는 것이 그의 의무라는 것을 발견할 것이다. 그는 언제, 어디서나 사람들에 대한 하나님의 법을, 하나님의 법에 일치하는 방식대로 유지하려고 추구할 것이다. 그는 그들의 비일관적인 자연적 결과가 그 일관성 있는 이로부터의 영원한 구별임을 사람들에게 시사하기를 주저하지 않을 것이다. 또한 그는 연약하고 흔들리는 자에게 의로운 분에게서 영원한 빛이 나온다는 사실을 분명히 지시해 줄 것이다.[46]

현대주의가 하나님의 의에 대해서도 공정할 수 없다는 것은 말할 나위도 없는 것이다. 현대주의에게는, 과거의 관념론 철학이 그러하였듯이, 사람들 사이의 의(義)는 내적으로 일관성 있는 하나님의 본성에 상응하는 것이 아니라, 현존하는 영원한 법이라고 생각되는 것에 상응하는 것이다. 그러나, 자기 일관성 있는 하나님의 전제에 의하지 않고서는 법이 변하지 않으리라고 생각할 근거가 없다. 참된 법은 기독교적 근거에서만 존재할 수 있는 것이다.

현대주의에 대해서 참된 것은 변증법 신학에 대해서도 적용된다.[47] 에밀 부룬너(Emil Brunner)는 그의 책 『계명과 질서』(Das Gebot und die Ordnungen, 영어역의 제목은 The Divine Imperative)에서 변증법적 원리에서 이 세상에 대한 하나님의 규례에 공정할 수 있다고 주장하고 있다.[48] 그러나 시간적 창조를 믿지 않는 이가 성경적 섭리 개념을 믿을 수 없음은 쉽게 관찰할 수 있다. 그리고 섭리를 믿지 않는 이는 하나님의 규례에도 공정할 수 없다. 변증법 신학자들은, 사실상, 역사 안에서 원칙적으로라도 또 어떤 영역에서든지 하나님의 규례를 구현하는 것이라고 할 수 있는 어떤 조직체가 발견될 수 있다는 가능성을 부인하는 것이다. 바르트에 의하면, 그 역사적 구현체에서 죄되지 않는 국가도 교회도, 또 어떤 조직체도 없다는 것이다.

여기서도 극단은 서로 만나는 것을 다시 발견할 수 있다. 현대주의와 변증법 신학은 역사적 기독교의 입장을 거부하는 데서 하나가 되는 것이다.

7. 주권성의 속성들

자존(自存)하시는 존재로서 하나님께서는 자신의 목적으로 당신 자신을 의도하신다.[49] 그는 전적으로 자율적(自律的, self-ruled)이시라는 의미에서 그는 스스로를 통치하신다고 할 수 있다. 이것은 유명론적으로 취해져서는 안된다. 하나님은 그가 존재하시는 것과 다른 방식으로 존재하실 수 없으시다. 그의 의지는 그의 성품을 떠나서 독자적으로 행동하지 않으신다. 그의 의지는, 마치 그의 본성이 그의 의지에서 표현되듯이, 당신 자신의 본성을 의도하시는 것이다.

그러므로 하나님의 의지에 관한 생각을 시작할 때에도 다시 한 번 더 자충족적인 하나님으로부터 시작하게 된다. 이렇게 할 때, 우리는 하나님에게 필연적 지식과 자유로운 지식이 있듯이, 또한 '그 자신에 대한 성향'(*propensio in se ipsum*)과 '피조물에 대한 성향'(*propensio in creaturas*)이 있다고 말할 수 있을 것이다.[50] 그리고 피조물에 대한 성향(의지)을 그 자신에 대한 성향(의지)에 의존하는 것이다.

문제를 이와 같이 진술하였을 때, 우리는 하나님의 의지에 대한 기독교적 개념과 관념론적 개념 사이에 근본적 대조가 있다는 것을 볼 수 있다.[51] 관념론은 우리가 방금 말한 이 구분을 할 수가 없다. 관념론에게는, 그의 존재에 관한 한, 그 안에서 자의식과 본질이 동연적(同延的)인 하나님은 없는 것이다. 따라서 자신을 실제로 궁극적인 분으로 의도하실 수 있는 하나님도 없는 것이 된다. 관념론에서는 모든 의식이 언제나 그에 대립하는 어떤 종류의 비의식적 존재와 나란히 서는 것으로 생각되어진다. 관념론 철학이 무의식의 철학이라고 불리우는 것은 공정치 못한 것이 아니다. 관념론에서 하나님은 기껏해야 그 안과 밖에 있는 순수 사실들(the brute facts)에 대해서 그의 뜻의 에너지를 펼치시는 유한한 신(神)일 뿐이다.

피조된 의지에 대한 하나님의 의지의 문제로 나아가면서 우리는 기독교적 입장과 비기독교적 입장의 구별을 분명히 하기 위해서, 도덕적 행위는 그것을 하나님이 원하시므로 옳은 것인지, 그것이 그 자체로 옳으므로 하나님께서 그것을 원하시는 지를 물어 볼 수 있을 것이다. 기독교적 해석의 원리에 참으로 일치하는 것이 기독교의 대답이라면, 우리는 하나님께서 그것을 원하시므로 그것은 옳다는 말을 해야만 한다. 반면에, 만일 비기독교적 대답이 참으로 그의 해석의 원리에 일치하는 것이라면, 비그리스도인은 그 것이 그 자체로 옳기 때문에 하나님께서 그것을 원하신다고 말해야 한다. 비그리스도인에게는 옳은 것이 하나님의 존재 안에서 궁극적 근거를 가지고 있지 않기 때문이다. 이에 비해서 그리스도인에게는 옳은 것의 궁극적 근거가 오직 하나님의 존재 안에서만 발견되고, 또 그럴 수 있다. 그리고 사람에게 대해서 옳은 것과 관련하여 하나님의 존재는 최종적 판단자(the final court of appeal)로서의 하나님의 뜻과 대조되지 않는다는 것도 항상 유념되어야 한다. 사람에게는 하나님의 뜻이, 철저히 다는(exhaustively) 아니지만 그래도 참되게, 하나님의 본성을 표현하는 것이기 때문이다.52)

우주에 대한 하나님의 뜻을 좀더 자세히 생각하면서 우리는 하나님의 은밀하신 뜻(the secret will of God)과 계시되신 뜻(the revealed will of God)을 구별할 수 있다. 또는 하나님의 작정적 의지(the will of God's decree)와 하나님의 교훈적 의지(the will of God's command)를 구별할 수 있는 것이다.

하나님의 은밀하신 뜻, 또는 그의 작정적 의지에 대해서는 다음과 같은 말들을 할 수 있을 것이다.

(1) 이것이 '은밀한'(secret)이라고 불리워지는 것은 사람이 이에 관해서 전혀 아무것도 모르기 때문이 아니다. 하나님의 은밀하신 뜻의 상당 부분은 이미 실현되어졌다. 따라서 실현된 것으로써 계시된 것이다. 그러나 사람은 이를 미리(in advance) 알 수는 없다. 그리고 이것조차도 전적으로 참된 것은 아니다. 왜냐하면 사람은 일반적으로 하나님께서 당신의 뜻이 승리하도록 하시리라는 것을 알 수 있기 때문이다. 그러나 사람은 하나님께서 무엇을 일어나게 하시려는 지를 정확하게, 그리고 자세히(in detail) 알 수는 없다.53)

(2) 하나님의 작정적 의지는 피조된 우주 안의 모든 실체와 세력의 원천이다. 그것은 모든 것을 포괄하는 것이다. 모든 것이 그로부터 나온다. 첫째

로는 창조가 그러하니, "주께서 만물을 지으신지라 만물이 주의 뜻대로 있었고 또 지으심을 받았나이다."(계 4:11)고 한다. 또한 이 세상을 다스리는 것도 그의 뜻에 의한 것이니, "왕의 마음이 여호와의 손에 있음이 마치 보의 물과 같아서 그가 임의로 인도하시느니라."(잠 21:1)고 하며, 또한 "땅의 모든 거민을 없는 것 같이 여기시며 하늘의 군사에게든지 땅의 거민에게든지 그는 자기 뜻대로 행하시나니 누가 그의 손을 금하든지 혹시 이르기를 네가 무엇을 하느냐 할 자가 없도다"(단 4:35)고 하고, "모든 일을 그 마음의 원대로 역사하시는 자의 뜻"(엡 1:11)이라고 말하는 것이다. 또한 그리스도의 수난도 이 하나님의 작정적 뜻에 따라 된 것이니, " 그러나 내 원대로 마옵시고 아버지의 원대로 되기를 원하나이다."고 하셨다(눅 22:42). 그리고 선택과 유기도 그러하니, "내가 긍휼히 여길 자를 긍휼히 여기고 불쌍히 여길 자를 불쌍히 여기리라"(롬 9:15)고 하시는 것이다. 중생도 그러하다. "그가 조물 중에 우리로 한 첫 열매가 되게 하시려고 자기의 뜻을 좇아 진리의 말씀으로 우리를 낳으셨느니라"(약 1:18). 성화 역시도 그러하니, "너희 안에서 행하시는 이는 하나님이시니 자기의 기쁘신 뜻을 위하여 너희로 소원을 두고 행하게 하시나니"(빌 2:13)고 하신다. 신자들의 수난 역시도 하나님의 작정 하에 있다. "선을 행함으로 고난받는 것이 하나님의 뜻일진대"(벧전 3:17), 그리고 우리의 전 생애와 그 안에 사소한 것도 그러하니, 우리가 흔히 쓰는 하나님의 뜻(Deo Volente)이 이를 반영한다(행 18:21; 약 4:14; 마 10:29).[54]

(3) 하나님의 작정적 의지는 죄의 사실에 대해서는 내포적이고 허용적이다. 내포적이라는 말은 곧 죄의 기원에 대한 문제를 야기시킨다. 피조물들의 물리적, 도덕적 영역 모두에 대해서 하나님의 뜻이 절대적으로 그 모두를 포괄하고 있다고 하면 곧 "그러면 하나님이 죄에 대해서 책임이 있다"는 반응이 나온다. 따라서 하나님께도 불구하고 우주 안에 죄가 들어올 수 있도록 하려는 시도가 있어 왔다. 그러나 이것은 하나님이 창조하지 않으신 하나님 이상의 세력이 있음을 함의하게 된다. 그래서 이 문제를 해결하려는 두 번째 시도로 하나님도 그에 복속해야 하는 어떤 필연성을 상정하여, 하나님도 그의 피조물을 선하게, 특히 도덕적으로 선하게 창조하시기 위해서는 악을, 또는 최소한 악의 가능성을 허용하셔야만 했다고 생각하였다. "그

의 본질적 성품이 거룩한 사랑이신 하나님은 힘으로 통치하시지 않으실 것이고, 또 그리하실 수도 없다. 그렇기 때문에 자유롭고 유한한 존재들의 세계에는 필연적으로 악이 있을 것이다."[55] 그러나 죄를 지으실 수 없는 온전하시고 도덕적인 존재이신 하나님께서 죄를 지을 수 있는 유한하고 도덕적 존재를 창조하실 수 없을 이유가 없는 것이다. 성경은 말하기를 그것을 통해서 당신의 영광을 드러내기 위해 악의 가능성을 사용하셨다고 한다. 그러나 그것을 하나님께서 악의 가능성을 수단으로써만 사용하셔야 했다고 말하는 것은 아니다.

악의 문제는 창조의 문제보다 더 어려운 것이 아니다. 그 두 경우 모두에 있어서 논리적 난점은 아주 비슷한 것이다. 그러므로 우리는 그 두 경우 모두에 있어서 성경을 따라서 범신론을 피해 보려고 한다. 그 두 경우 그 어떤 다른 체계가 문제를 해결했거나, 어느 정도라도 해결에 접근하였다고 확신할 수는 없다. 즉 그 두 경우 모두에 있어서 우리의 입장이 유일하게 합리적인 해결책으로써, 이는 절대적인 하나님을 중심에 두고 있으며, 이에 비해 다른 체계들은 상대주의의 늪에 근거하고 있기 때문이라고 우리는 주장한다. 그러므로, 죄에 대해서 하나님의 뜻이 허용적이라고 말할 때, 우리는 난점을 다 해결했다고 주장하는 것이 아니라, 다음 두 가지 점에서 성경을 따랐다고 생각하는 것이다: ① 하나님이 죄에 대해서 책임이 있다고 하는 것을 부인하고, ② 그에게 반해서, 그의 목적을 우회하여 발생하는 일은 없다고 선언하는 데서 말이다. 하나님의 작정은 죄의 대해서는 허용적이지만, 그래도 유효한(efficient) 것이다.[56]

(4) 하나님의 작정적 뜻은 자유로운 것이지, 필연적인 것이 아니다.

① (이에 비해서) 하나님 자신에 대한 하나님의 뜻은 필연적이고, 또 자유적이다. 즉, 만일 하나님이 자신을 최고선으로 의도하지 않으셨다면 하나님은 당신의 본성을 부인하는 것이 될 것이다. 그런데 하나님께서는 그 자신 이상의 어떤 것에 의해서 당신을 추구하시기로 의도하지 않으신다. 하나님 자신에 대한 하나님의 뜻과 피조된 우주에 대한 하나님의 뜻을 구별하기

위해서 우리는 전자를 필연적이며 자유롭다(necessary and free)고 하며, 후자를 필연적이지 않고 자유롭다(not necessary but free)고 하는 것이다.57)

② 그 보다 더 중요한 것은 하나님의 의지의 자유와 필연성에 대한 범신론적 개념을 구별하는 것이다. 범신론적 필연성 개념이 있고, 기독교 유신론적 필연성 개념이 따로 있다. 유신론적 필연성 개념은 절대적 인격으로서의 하나님의 본성에 근거한다. 이에 비해 범신론적 개념은 하나님 이상의 것으로 생각되거나, 아니면 최소한 하나님의 인격성의 절대성을 굽히는 것으로 생각되는 것이다. 그 두 가지 필연성 개념은 아주 대조되는 것이다. 기독교 신학은 유신론적 필연성 개념에 의해서는 파괴되고 말 것이다. (만일 어떤 이가 범신론적 필연성 개념을 가지고 신학을 한다면, 그것은 기독교의 신학을 파괴할 것이다-보역).58)

따라서 (피조물에 대한) 하나님의 뜻이 자유롭다고 할 때, 그것은 주로 범신론적 필연성에 대립하여 말하는 것이다. 범신론적 필연성은 비그리스도인의 단일론적 가정의 결과이다. 그들은 하나님께서 세상을 창조하셨어야만 한다고 주장하며, 그래야만 세상의 창조가 하나님의 영광이 도덕적으로 완벽한 존재를 창조하실 수 없다고 한다. 이 모든 것 배후에는 시간적이고 인간적인 것이 영원하고 신적인 것에 대해 기준이 된다는 (그 역이 아니라는) 전제가 있다. 유신론은 하나님께서 자충족적이신 한, 하나님께서는 세상을 창조하셔야만 하는 것은 아니라고 주장한다. 또한 그가 세상을 창조하시기로 작정하셨을 때, 그가 몇가지 안되는 선택의 여지를 가지신 것이 아니라고 주장한다. 그래서 라이쁘니츠가 말하는 대로, 이것은 모든 정황 가운데서 '가능한 최선의 세계'인 것이다. 하나님은 자유롭게 창조하셨고, 무엇을 창조하실지에 대해서도 자유로우셨다. 그는 당신의 본성에 일치하는 것은 무엇이나 창조하실 수 있는 것이다.59)

③ 그러나 여기서 말하는 것은 자유(freedom)이지, 무관심(indifference)이 아니다. 어떤 신학자들은 범신론적 필연성의 위험을 감지하고서는 모든 형태의 필연성을 부인하는 극단적인 방향으로 나아갔다. 그들은 하나님의 자유와 무관심을 동일시하였던 것이다. 하나님께서는 우연히(just happened) 세상을

창조하셨다는 것이다. 유명론(唯名論)의 아버지인 둔스 스코투스(Duns Scotus)는 (『롬바르드의 명제들』 the Sententiae of Lombardus 에 대한 주석에서) 이 개념을 끝까지 밀고 나가서 그에게는 우연(chance)이 하나님 이상의 것이 될 정도였다. 만일 하나님의 뜻이 그의 지성에 의해 인도함을 받지 않는 무관심의 의지라면, 우연은 하나님보다 더 높은 것이다. 그리고 우연은 결국 다시 필연을 도입하게 되는데, 이 때는 범신론적 필연성을 도입하게 되는 것이다. 왜냐하면 우연은 비인격적인 것을 인격적인 것 위에 놓게 하고, 원리를 인격성 위에 놓게 하기 때문이다.60)

따라서 기독교 신학은 간접적인 범신론적 필연성이나 유명론을 부인함으로써 하나님의 뜻에 대한 그 개념에서 양쪽의 난점을 다 피하려고 해왔다.61) 여기서도 역시 기독교 신학은 '그 논리적 난점'을 해결했다고 주장하지 않는다. 그 논리적 난점이란 하나님의 뜻이 자유로운데, 우주의 창조에서 작용할 때는 이 표현이 있게 된다는 것이다. 영원히 능동적인 존재, 충분히 자의식적인 분이 어떻게 자유로울 수 있는가? 하나님 자신의 본성과 관련해서 최대의 필연성은 최대의 자유이다. 우주에 관해서는 그것을 창조하신 것이 하나님이 필연적이시라는 의미에서는 필연적이지 않다는 뜻에서 자유로운 행위라고 우리는 주장한다. 창조 개념은 영원부터 하나님께 존재했으나, 실제 성취는 그렇지 않은 것이다. 그리고 우리의 유한한 정신이 이를 수 있는 한계가 바로 여기이다. 여기서 우리는 우리의 시간적 범주들을 영원에로 부과시킬 위험에 처해 있다. 우리는 우리의 사유가 단지 유비적(analogical)임을 인식한다. 또한 우리는 우리의 사유가 참으로 유비적이여서, 우리가 하는 구별이 그 한도 내에서는 참되다는 것을 말할 수 있다.

(5) 하나님의 작정적 의지는 절대적이다. 절대적 의지와 조건적 의지의 구분은 하나님의 은밀한 의지에는 적용되지 않으며, 은밀한 의지는 하나님의 뜻이 어떻게 실현되는 지에 대해서는 온전히 다 말해 주지 않기 때문이다. 모든 것이 하나님의 계획에 따라서 일어날 것이라고는 말하나, 그것이 구체적으로 어떤 방식으로 이루어지려는 지는 온전히 시사하지 않는다. 이 특정

한 사건이 일어날 것이지, 아닌지도 그것이 부분적으로 일어날 것인지, 또는 유한한 인격의 행동을 통해서는 결코 일어나지 않을 것인지는 때때로 계시되지 않은 채로 있는 것이다. 하나님의 뜻의 절대성은 하나님의 본성의 절대성과 그의 뜻의 전포괄성에 함의되어 있는 것이다. 그의 뜻이 절대적이 아니라면 전포괄적일 수 없고, 또한 전포괄적이 아니라면 절대적일 수 없는 것이다.

(6) 하나님의 뜻은 단일체(a unit)이다. 하나님의 선행적 의지(an antecedent will of God)와 결과적(후속적) 의지(a consequent will of God)에 대한 구별이 하나님의 뜻에는 적용되지 않는다. 하나님의 뜻이 시간적 행위가 아닌 한 그런 구별이 있을 수 없다. 그것이 시간적 순서가 아니라 논리적 순서를 지칭하는 말이라고 한다면 그런 구별이 사용될 수도 있으나, 이 용어의 사용이 역사적으로 시간적인 것을 영원한 것에 넣는 데에 사용되어 왔고, 교회는 그것을 허용할 수 없는 것이다.[62]

8. 계시된 하나님의 뜻

계시된 뜻, 또는 '교훈적 의지'(the will of command)라고 불리우는 것과 관련해서 우리는 다음과 같이 말할 수 있을 것이다. 하나님의 계시된 뜻은 그것에 의해 사람들이 자신들의 삶을 규율해야 하는 피조물들에게 주신 규범이다.[63] 하나님의 계시적인 뜻은 우리가 무엇을 해야만 하는가를 말해 준다. 이에 비해서 은밀한 뜻은, 사람을 통해서든 직접적으로든 하나님께서 무엇을 하시는지에 대한 것이다. 그렇다면 이 둘의 관계는 무엇인가 물을 수 있다.

첫째로, 이는 흔히 주장되듯이 명백히 모순적인 것일 수 없다고 말할 수 있다. 역사 안에서 실현된 하나님의 은밀한 뜻의 넓은 영역은 전부 교훈적 의지를 통해 실현되는 것이 아님을 주목해야 한다. 사람이 그 주체로 행동하지 않는 우주 안에서 일어나는 모든 일에 대해서는 전혀 갈등적이라고 할 수 없다.

둘째로, 우리는 이 두 가지 하나님의 뜻, 또한 한 하나님의 뜻의 두 측면이 다 같이 작용하는 영역에서는 하나님께서 선으로 악을 이기지 못하신다고 주장되지 않는 한, 모순은 없다고 주장한다. 만일 하나님께서 악을 통제하신다면, 즉 그럼에도 불구하고 세상에 들어오는 일이 없다면, 유한한 인격의 행위에 악이 나타난다는 것은 하나님의 궁극적 목적을 방해할 수 없는 것이다.

셋째로, 하나님의 은밀한 뜻과 계시된 뜻 사이에 어떻게 할 수 없는 이원론이 있다고 주장하는 입장들의 근본적 가정은 사람이 하나님에 대해 절대적으로 적대적일 수 없는 한, 사람은 도덕적으로 책임있는 인격이 아니요, 그에게 주어진 명령은 무의미하다는 것이다. 이것은 유한하고 의존적인 인격에게는 책임성이 없다는 것을 의미한다. 책임있는 것으로 생각되기 위해서는 절대적인 하나님께 저항할 수 있어야 한다는 것이다(이상이 하나님의 은밀한 뜻과 계시된 뜻의 모순 관계를 말하는 이들의 논리적 결론을 이끌어 낸 것이다.-보역). 그러므로 오직 하나님만이 책임있으시고, 하나님만이 책임의 원천이 되져야만 하므로 그는 책임이 있을 수 없다는 것이 된다. 그러므로 우리는 절대적으로 참되신 같은 하나님의 표현들이므로, 하나님의 뜻의 두 측면에 모순이 있을 수 없다는 결론을 내리게 된다. 하나님의 은밀한 뜻과 계시된 뜻 사이에 모순이 있다고 말하는 것은 사람이 하나님으로부터 독립해서 행동할 수 있다고 가정하는 것이다.64)

하나님의 교훈적 의지를 사람이 실제로 범한 것이 하나님의 뜻의 두 측면 사이에 모순이 있다는 것을 증명하는 것일 수 없다. 불순종 자체는 하나님의 은밀한 뜻에도 '불구하고'가 아니라, 하나님의 은밀한 뜻의 실현에 사용되는 것이다. 여기서의 문제는 위에서 논의했던 죄가 세상에 유입된 문제와 정확히 같은 것이다.

그러나, 그 두 가지 뜻(의지)이 모순적일 수 없다고 말하는 것은 사람이 아무런 문제 없이 그 둘을 합리화하거나, 조화시킬 수 있다는 의미는 아니다. 그러므로 여기서의 난점노 이 세상의 죄의 기원의 문제와 같은 것이다. 하나님께서 죄를 미워하시고, 동시에 우주에 죄가 들어 오도록 허용하시는 것이 어떻게 가능한가? 하나님께서 살인을 금하시고, 동시에 그런 일이 계속

되도록 허용하시는 것이 어떻게 가능한가? 이 난점은 하나님께서 악을 극복하시므로 범과로 선을 위한 것이라고 말하는 것에 의해서는 논리적으로 명백하게 해결되지 않는다. 성경 자체는 하나님께서 악을 극복하신다고 말한다. 그러나 이 난점은 하나님의 전적으로 자충족적인 성격을 지시함 없이는 완전히 해결될 수 없다. 그리고 기독교의 자충족적인 하나님 개념의 근거에서만이 인간의 책임 개념이 의미를 지니는 것이 된다. 그 어떤 비기독교적 사상 체계도 인간의 책임 문제에 대한 해결을 찾을 수 없다. 또한 그들 자신이 요구하는 충분한 독립성을 찾을 수도 없는 것이다. 많은 사람들은 그 문제를 해결할 가망이 없는 것으로 여기고서 포기해 버린다. 그들은 사람을 무력하고 책임없는 '운명의 희생물'로 여긴다. 그런 비관주의는 하나님께서 제공하시는 해결책을 받아들이기를 거부할 때에 기대할 수 있다.[65]

하나님의 은밀한 뜻은 때때로 그의 계시된 뜻을 통해서 직접적으로 실현되어진다. 하나님의 뜻의 상당한 부분은 사람의 2차적 활동을 적극적으로 실현한다. 하나님께서 순종을 요구하실 때, 사람이 그에 순종하면, 하나님께서는 그로 인하여 크게 영광을 받으시는 것이다. 우리는 여기서 잠시 윗 단락에서 우리가 살펴 본 것과 같은 논리적 난점을 살펴 볼 수 있다. 그에 대한 반론이 타당한 것이었다면, 이 문제에도 타당한 반론이 된다. 사람이 죄를 통해서 하나님의 은밀한 의지를 참으로 좌절시킬 수 있다고 주장한다면, 일관성을 유지하기 위해서는 순종을 통해서 사람이 실제로 하나님의 영광을 증진시키는 것이 없다는 것도 같이 주장해야만 한다. 합리주의는 그 둘 모두를 부인함으로 일관성이 있다고 할 수 있다.

하나님의 뜻에 대한 건전한 개념은 종교적 중요성의 면에서 볼 때 아무리 강조해도 지나치지 않은 것이다. 이것은 창조의 영역에서도, 또한 구속의 영역에서도 모두 참된 것이다. 만일, 예를 들어서, 진화론이 성경적 창조개념을 손상시키면 쉽게 찾아 볼 수 있는 것이다. 창조에 대한 건전한 개념은 기독교를 건전하게 실현하기 위한 것이다. 모든 비성경적 창조개념은 범신론적으로 물들어 있다. 그것들은 창조주와 피조물의 관계를 자유스럽게 보다는 필연적으로 보려고 한다. 그렇기 때문에 우리는 하나님의 뜻의 자유를 옹호하는 데 힘써야 하며, 하나님의 뜻의 자유는 앞서 언급했던 다른 특성들도 역시 가지고 있지 않다면 주장될 수 없는 것이다. 둘째로, 구원의 영역에서는, 하나님의 뜻에 대한 건전한 개념이 우리를 절망에서 구원할 수 있다. 만일 죄인이 하나님의 은밀한 뜻을 알지 못해 좌절하고 만다면, 하늘은 텅비고 하나님께 영광이 될 수 없다(그러나 계시된 뜻으로 죄인이 하나님을 믿어, 그에게 영광이 되는 것이다-보역). 또한 하나님의 계시된 뜻에 대한 바른 개념은 우리로 하여금 우리의 힘쓰는 것이 주 안에서 헛되지 않다는 확신 속에서 강하게 해 주는 것이다.

9. 하나님의 능력, 또는 전능성

비록 하나님의 뜻이 그분이 원하시는 바를 성취할 능력을 함의하더라도, 하나님의 능력은 그분의 뜻과 동일시 되어서는 안된다.[66] 하나님의 전능성은 그가 거짓말을 참말로 하실 수 있다든지, 그가 죄를 범하실 수 있다는 것을 의미하지 않는다. 그의 온전하심과 모순되어 작용하는 하나님의 절대적 능력이란 없는 것이다. 하나님은 가능성의 원천이시다. 가능한 것은 하나님의 본성에 의해서 규정되어 진다. 하나님께서 불가능한 것을 하실 수 있느냐 하는 질문은 그 질문 자체가 불가능한 것이다. 이것은 하나님을 떠나서 불가능성이란 것과 같은 것이 있다고 먼저 가정되지 않고서는 전혀 의미가 없는 것이다. 그런데 그런 불가능성이 있다면, 하나님은 하나님이 아닐 것이고, 그러면 이 질문은 제기되지도 않는다. 반면에 그런 불가능성이 없다면, 즉 만일 하나님이 가능성의 원천이시라면, 이 문제는 제기되기도 전에 해결되어진다. 즉 그러면 하나님은 불가능성을 깨뜨리기를 원하지 않는다고 대답하시는 것이다(이 때는 불가능성도 그의 의지에 의해 성립되는 것이 되는 것이다-보역). 그는 자신을 부인하실 수 없으시다(cf. 민 23:19; 삼상 15:29; 딤후 2:12; 히 6:18; 약 1:13, 17).

하나님께 가능한 모든 것이 실제로 다 실현되지는 않는다. 이런 의미에서는 가능성이란 현실적 실재(actual reality) 보다 더 큰 것이다(창 18:14; 렘 32:27; 슥 8:6; 마 3:9; 마 26:53). 원리를 인격 위에 놓음으로써 우주 안에서 가능한 모든 것이 또한 실현되어졌다고 주장하는 범신론에 반해서, 이것을 다시 한 번 주장할 필요가 있다. 그것은 결국 다시 한 번 하나님의 자유와 독립성을 절충하는 것이 되기 때문이다.

각주

1) 우리는 이제 삼위일체의 중요성을 제한하는 위험 없이 공유적 속성을 논할수 있을 것이다. 전통적인 신학적 용어로 볼 때, 초월적 속성이라고 알려진 비공유적 속성은 그렇지 않은 반면, 도덕적 속성이라고 알려진 공유적 속성이란 인간의 속성에 대한 약간의 유비를 지닌다. 사실상 이 두 가지 속성 모두 정말 공유적이지는 않다. 이 점에 있어서 하나님과 인간 사이에 공통성은 존재하지 않는다. 이와 동시에 하나님의 형상을 닮은 우리는 모든 부분에 있어서 하나님을 닮아 있다. 본 장에서 반틸은 삼위일체(제6장)를 논하기 이전에 먼저 비공유적 속성(제4장)을 논하는 바빙크의 *Gereformeerde domatiek*, 제5장을 철저히 따른다.
2) 따라서 형상을 지닌 자로서 우리는 하나님의 영성과 반응할 수 있는 어떤 것, 즉 인간의 영을 소유하고 있다. 그러나 우리는 또한 육체도 지니고 있다. 하나님의 영은 "자아개별적"이시며, 그것을 정의하기 위해 그 어떤 물질과도 비교될 필요가 없으시다.
3) Herman Bavinck, *Gereformeerde dogmatiek*, 4. vols. (Kampen: Kok, 1923-30), 2:179; 이후로부터 *GD*; 영문번역판, *Reformed Dogmatics*, ed. John Bolt, trans. John Vriend (Grand Rapids, Baker, 2003-), 2:188; 이후로부터 RD.
4) *GD*, 180; *RD*, 189.
5) *GD*, 180; *RD*, 190;188.
6) John Calvin, *Institutes of the Christian Religion*, 3.25.11.
7) "내 아버지께서 모든 것을 내게 주셨으니 아버지 외에는 아들을 아는 자가 없고 아들과 또 아들의 소원대로 계시를 받은 자 외에는 아버지를 아는 자가 없느니라"(마 11:27).
8) Bavinck, *GD*, 2:181; *RD*, 2:190.
9) *GD*, 181; *RD*, 191.
10) 반틸은 좀 더 면밀하게 바빙크의 순서를 따른다. 바빙크는 지성적 속성들을 지식, 예지, 중간지식의 문제, 지혜, 그리고 신뢰로 세분화한다.
11) Bavinck, *GD*, 2:182; *RD*, 2:191.
12) *GD*, 182; *RD*, 191.
13) *GD*, 186; *RD*, 195. 여기서 바빙크는 실재와 지식이 하나님 안에서 동연적이라고 주장한다. 제10장 미주 30번을 참조하라.
14) C. Norman Bartlett, *The Triune God* (New York: American Tract Society, 1937), 118.
15) 이미 이전에 반틸은 이 점을 몇 차례 지적한 바 있다. 이것은 그의 변증한 전체의 기초와도 같다. 제10장 미주 30번을 참조하라. 여기서 동연성이란 당신을 모든 피조물과 전적으로 구별해주는 하나님 자신과 세상에 대한 하나님의 지식에 적용되는 말이다.
16) Charles Hodge, *Systematic Theology*, 3 vols. (New York: Charles Scribner's Sons, 1871-73; Grand Rapids: Eerdmans, 1970), 1:394)을 참조하라. 반틸의 요점은 하나님에게 있어서 외부적인 가능성이란 존재하지 않는다는 것이다. 그에게 있

어서 가능한 것은 모두 다 필연적인 하나님의 지식에 근거한 하나님의 계획에 따른 것이다. 그러므로 그의 지식은 절대적이기 때문에 그는 창조하실 자유도 창조하지 않으실 자유도 있는 것이다. 관념론과 알미니안주의에 의하면, 물론 앞으로 반틸이 지적하겠지만, 가능성이 그의 계획 안에서 단지 추상적으로 존재하기 때문에 창조가 필요하게 된다고 말한다.

17) Bavinck, *GD*, 2:187; *RD*, 2:195-6.
18) 알미니안주의는 예지를 그의 현재적 지식과 하나님의 계획과 너무나 분리하기 때문에, 그것은 하나님의 통제를 벗어난 능력을 긍정적으로 가정하게 된다. 그러나 성경에 의하면, 하나님의 지식은 분석적이다. 즉 종합적 지식 또는 사실 이후에 오는 것을 반대하는 즉각적이며, 논리적인 것이다.
19) 반틸은 여기서도 계속해서 "중간 지식의 문제"라는 하위범주를 지닌 바빙크를 따른다. "중간" 또는 "중재적" 지식은 예정론의 문제에 대한 해결과 몰리나와 예수회 수사들에 의해 소개된 중요성을 의미한다. 이것은 신의 법령과 창조된 사건 사이의 범주, 즉 가능한 결말의 지식을 뜻한다. 하나님은 그것들을 미리 결정하지 않은 채 무슨 일이 발생할지 알며, 어떻게 그 사건에 반응할지를 안다는 것이다. 반틸은 이것을 단호하게 배격한다.
20) Hodge, *Systematic Theology*, 1:399.
21) 말하자면, 이 견해들은 후험적 지식, 사실에 따른 지식이(*posteriori*) 선험적(*priori*) 지식을 결정하기 때문에 인간적 선택의 중요성을 변호한다. 이것은 인간적 지식이 유비적인 것이 아니라 자율적인 것임을 뜻한다. 그 결과는 하나님을 미리 정하시는 계시의 하나님이 아니라 추상적 원리로 격하시킬 뿐이다. 반틸이 생각하고 언급하고 있는 이 세 명의 저자들은 의심의 여지없이 다음과 같다. C.S. Lewis, *Miracles: A Preliminary Study* (London: G. Bles, the Centenary Press, 1947); C. Norman Bartlett, *The Triune God* (New York: Americal Tract Society, 1937); John Thomas, *Philosophic Foundations* (London: Westminster City Publishing, 1937).
22) 제6장 미주 28번을 참조하라.
23) 반틸은 계속해서 바빙크의 순서를 따른다.
24) 다소간 뜻밖에, 반틸은 라이프니츠에 의해 제기된 구절을 사용하는데, 아주 다른 의미로 그렇게 한다. 라이프니츠는 하나님이 가장 최선을 선택하신다는 추상적 집합로서의 가능성을 고찰한다. 반틸에게 있어서 최선은 가능성의 집합이 아니라 하나님께서 수행하시는 모든 선택의 특질로부터 오는 것이다.
25) 다음을 참조하라. G. W. *Libniz, Theodicy: Essays on the Goodness of God*, trans. E. M. Huggard (Lasalle: Open Court, 1985). *Theodicy*의 본래 출판은 1710년 판이었다. *Theodicy*는 문자적으로 하나님의 정의를 의미하며, 악의 실재에 대한 선하고 강력하신 하나님의 관계에 대해 다룬다. 제5장 미주 23번을 참조하라.
26) 욥 23:8-9; 시 30:7; 104:29를 보라. 반틸은 흠정역 성경을 암시하고 있다.
27) Cf. Barlett, *The Triune God*.
28) 반틸은 계속해서 도덕적 속성 아래 선함과 거룩성 그리고 의를 열거하는 바빙크를 따른다.
29) Bavinck, *GD*, 2:205; *RD*, 2:211.
30) 웨스트민스터 소요리문답 제1문.

31) 바틀렛은 하나님이 자의식적이 되기 위해서 세상을 창조했다고 생각한다.
32) Bavinck, *GD*, 2:207; *RD*, 2:212.
33) 바빙크는 하나님의 선하심이라는 제하 아래서 하나님의 자비와 은혜와 사랑을 논한다.
34) 반틸이 이 점에 있어서 바르트의 신학을 비판할 것이지만 "열린 신론"이라고 알려진 동시대의 운동을 예감하는 것이다.
35) 제2장 미주 29번을 참조하라.
36) 여기서 반틸은 바빙크에 대해 논하는 것을 멈추고 일반은총의 개념을 소개한다. 바빙크가 이런 개념을 확실히 수용했을 테지만, 아브라함 카이퍼가 이 교리의 현대적 개념의 근원자에 더 가깝다. 이에 대해서는 카이퍼의 다음을 참조하라. *De gemeene gratie*, 3 vols. (Armsterdam & Praetoria: Hoveker & Wormser, 1902). 이 교리에 대한 개혁주의 진영의 연구에 대해서는 다음을 참조하라. Herman Kuiper, *Calvin on Common Grace* (Goes: Oostebaan & Le Cointre, 1928). 이 교리에 대한 반틸의 주요 저작들은 그의 책 *Common Grace and the Gospel* (Nutely, N.J.: Presbyterian & Reformed, 1972)에 모여 있다. 본문을 통해 반틸은 일반은총과 반정립 사이의 상호 의존을 강조하는 자신의 견해를 요약한다.
37) 여기서 반틸이 상당 부분 성경과 반응하고 있다는 점을 반드시 주목할 필요가 있다. 왜냐하면, 그의 비평은 반틸이 충분히 성경과 반응하지 않는다는 점에서 비판을 받고 있기 때문이다.
38) 이것은 신학에 있어서 가장 명백하게 어려운 모순 가운데 하나이다. 한편으로 약간은 유기되는 것이다. 다른 한편으로 그들을 향한 복음의 제공은 무조건적이며, 참된 것이다. 이것에 대해서는 *Common Grace and the Gospel*, 23-29을 참조하라. 또한 그의 동료였던 존 머레이의 "Common Grace," in *Collected Writings of John Murray*, 4 vols. (Edinburgh: Banner of Truth, 1977), 2:93-119; "The Free Offer of the Gospel," in ibid., 4:113-32를 참조하라.
39) 반틸은 단지 마지막 종말에서만 아니라 역사 안에서도 구별화가 발생할 것이라고 말하고 있는 것이다. 그는 어떤 특정한 역사적 실례를 제공하지는 않지만 단지 역사가 중요하다는 것을 진술하고 있는 것이다.
40) 반틸은 다시 바빙크의 순서로 돌아온다. 거룩성이란 하나님의 자충족성과 죄로부터의 도덕적 분리 모두를 지칭한다.
41) 하나님의 속성과 그의 존재 사이의 동연성은 본장 전체에 걸쳐서 강조되어 있다.
42) 타락도 구속도 역사 안에 기초하고 있지 않기 때문에(오직 구원의 역사 안에, 바르트에 대한 반틸의 이해에 의하면) 거룩과 세속의 참된 구분은 가능하지 않게 된다. 후자의 대조에 대해, 반틸은 종종 중세신학과 다른 신학에서 발견되는 위의 영역과 아래의 영역이 아닌 거룩과 죄를 의미한다.
43) 또 다시 그는 바빙크를 따른다.
44) 또 다시 속성과 실재가 동연적이다.
45) 로마서 5:20절을 참조하라.
46) 벧후 1:19절을 참조하라. 일관성과 모순에 대한 이러한 반영은 반틸 변증학의 일부분이다. 불신자는 항상 그의 입장과 계시에 대한 자신의 조우 사이에 근본적인 모순을 나타내게 될 것이다. 이것이 일종의 접촉점을 허용하며, 초월적인 논증을 통해, 우리는 그 자신의 용어를 통한 불신자의 모순을 폭로함으로 그의 입장을 조사할 수 있다.

47) 전체에 걸쳐, 현대주의는 자유주의 신학(슐라이어마허, 리츨, 틸리히 등등.)을 의미한다. 변증법적 신학은 신정통주의를 의미한다(바르트, 부르너, 니버 등등.). 반틸은 신정통주의가 역사에 의미와 중요성을 부여할 수 없다고 본다.
48) 독어로 된 제2판의 완전한 제목은 다음과 같다. *Das Gebot und die Ordung: Entwurf einer protestantichen Ethik* (Tübingen: J. C. B. Mohr, 1932). 이것은 문자적으로 다음과 같다. *The Command and the Orders: An Outline of a Protestant Theological Ethic*. 새로운 영문판 제목은 다음과 같다. *The Divine Imperative was given with Brunner's approval* (trans. Olive Wyon [Philadelphia: Westminster Press, 1936]).
49) 이것은 바빙크의 두 번째로 큰 주제이다. 바빙크는 "주권의 속성"이란 제하에서 궁극적인 하나님의 의지, 하나님의 자유롭고 필요한 의지, 유명론, 악의 문제, 계시되어진 의지와 감추어진 의지 그리고 전능성을 포함한다. 반틸은 똑 같은 순서는 아니지만 이것들 가운데 대부분을 다룬다. 그는 항상 그래왔듯이, 하나님의 본성과 그의 의지의 통일성을 강조한다. 따라서, 하나님은 그 이름으로서(유명론적으로) 하나님이실 뿐만 아니라 실재에 있어서도 하나님이시다. 하나님의 내적인 자율적 완성에 대해서, 바틀렛은 "신성 안에 있는 인격들의 각 부분의 자아부정을 통한 자아성취..."로 대체할 것이다. Bartlett, *The Triune God*, 148.
50) Bavinck, *GD*, 2:232; *RD*, 2:232.
51) 제2장 미주 5번을 참조하라.
52) 우리는 아마도 『에우티프론』 *Euthyphro*에 나타난 플라톤의 유명한 질문을 기억할 것이다. "경건한 자들은 신들이 그들을 사랑해서 경건한 것인가, 아니면 그들이 경건하기 때문에 하나님이 그들을 사랑하시는 건가?" 반틸의 관심사는 의의 그 어떤 추상적 원리도 또는 그 자체로 의로운 어떤 것이라도 회피하는 것이다. 하나님께서만 무엇이 옳은지의 기초가 되신다.
53) "신비"에 대한 성경적 사상은 이전에 감추어졌던 것이 이제 밝히 드러나는 것이다 (엡 3:3).
54) 반틸은 이 성경적 인용들을 한꺼번에 제시한다. 바빙크는 하나님의 의지의 주권 사상에 대한 더 풍성한 설명을 제공한다.
55) Bartlett, *The Triune of God*, 120.
56) 이것은 악에 대한 전통적인 개혁주의의 입장이다. 하나님은 그것 때문에 정죄를 받지도 그것에 책임을 질 필요도 없으신 분이다(웨스트민스터 신앙고백서는 하나님이 죄의 조성자가 아니심을 분명히 밝힌다. 3.1). 그럼에도 불구하고 하나님은 발생할 모든 일을 정하신다. 따라서 하나님은 죄를 유효하게 포고하시는 것이다. 바빙크는 악의 문제에 대해 두 단락을 할애하고 있으며, 반틸은 여기서 얼마간 떨어져서 그를 따르고 있다.
57) 바빙크는 하나님 자신에 대한 하나님의 관계에 있어서 자유와 필연성이 공존한다고 말하지만 그의 피조물과의 관계에 대해서는 자유가 필연성을 수반하지 않는다고 말한다. 하나님은 하나님 자신을 사랑하실 수밖에 없으며, 피조물을 통치하시기 위해 의지를 자유롭게 행사하실 수밖에 없으신 분이다. *GD*, 2:333; *RD*, 2:233.
58) 범신론에 있어서는 하나님과 우주가 하나이기 때문에, 하나님의 결정은 자유로울 수 없으며, 사물의 방식에 의해 규정된다.

59) 제5장 미주 23번을 참조하라.
60) 존 둔스 스코투스(1266-1308)는 종교적 언어의 의미론, 우주의 문제들 그리고 인간의 자유의지 등을 포함하여 여러 가지 다양한 주제를 말하고 저술한 프란체스코 수도사로서 "명민한 박사"로 불렸다. 1300년부터 그 이후로 그는 피터 롬바르드의 4권의 글을 두 번씩이나 주석했다. 첫 번째 작품은 *Opus oxoniense*인데 이중에서 *Ordinatio*가 핵심부분이다. 이것은 현대어로 재출판되었는데 그것은 다음과 같다. *Five Texts on the Medieval Problem of Universals*, trans. and ed. Paul Vincent Spade (Indianapolis: Hackett, 1994), 57-113. 두 번째 작품은 또한 *reportatio examinata*로 알려진 *Opus parisiense*이다. 그의 *Opera omnia*, 12 vols. (Lyon: Durand, 1639)를 보라. 여기 언급된 피터 롬바르드의 작품은 *Sententiae in IV Liberis distincate*이다. 이 작품의 현대어 출판에 대해서는 다음을 참조하라. 3rd ed., 2 vols. (Gottaferrata: Colleggi S. Bonaventura et Claras Aquas, 1971-81). 바빙크는 병행 페이지를 통해 둔스 스코투스와 대응하고 있다.
61) 제14장 미주 9번을 참조하라.
62) 전체를 통해, 반틸은 하나님의 비밀스런 의지의 절대적인 무조건성을 수호하는데 열정적이다.
63) "주권성의 속성들"에 관한 바빙크의 마지막 범주는 계시된 의지와 감추어진 의지에 관한 것이다.
64) 반틸은 여기서 인간의 죄와 관계해서 하나님의 의지의 문제와 씨름한다. 표면적으로만 보면, 이것은 하나님의 비밀스런 의지(모든 것이 예정되어 있는)와 계시된 의지(명령된 말씀) 사이에 모순이 존재하는 것처럼 보인다. 후자는 하나님의 의지를 폐지할 여지를 제공하는 듯 보인다. 그러나 반틸은 그와 정 반대를 주장한다. 심지어 그의 계시된 의지에 대한 반역으로서의 죄는 궁극적으로 도무지 왜 그러한지 우리가 알지 못할지라도 하나님의 계획, 즉 하나님의 비밀스러운 의지의 일부분이 된다.
65) 죄의 실재와 하나님의 완전하신 뜻 사이에는 아무런 궁극적 문제도 없지만, 인간은 이러한 명백한 모순을 절대로 합리적으로 이해하지 못할 것이다. 더 나아가 우리는 절대로 하나님의 의지를 좌절시키지 못한다.
66) 비록 주권성의 속성들에 관해 바빙크가 마치는 부분 즉 전능성의 문제에서 반틸도 멈추지만, 바빙크는 "완전성, 행복, 그리고 영광"이라는 한 가지 부분을 더 다룬 이후 그의 장을 마감한다. 바빙크는 모든 속성을 하나님의 영광과 관계시킴으로 결론짓는다. 반틸은 여기서 불가능성에 대한 그 어떤 사상도 폐기시키는 하나님의 본질과 실재의 절대적인 동연성을 주장한다.